U0103069

唐君毅全集　卷十八

哲學論集

臺灣學生書局印行

目錄

哲學論集

中篇

下篇

哲學論集

本書輯集作者歷年有關哲學問題之單篇論著、講演詞及若干未發表之手稿，以發表（或寫作）之先後爲次序，經全集編輯委員會校訂並加書名。

孟子言性新論(註)

孟子之言性善，此稍有中國哲學史之常識者咸能知之，然孟子所謂性之涵義何若，則人罕有加以探究者。故大均以孟子所謂性卽吾人通常所謂性或中國其他論性者如荀韓諸子所謂性，吾初亦以爲然。後細按孟子一書，乃知事乃有大謬不然者。孟子之所謂性，蓋有其特殊之涵義也。緣中國哲學名詞素無統一之涵義，同一名詞以用者異而歧義生：孔子之所謂「天」爲「自然流行」，墨子之所謂「天」爲「主宰」，孔孟以「仁義」爲「道德之異名」，老莊以「仁義」爲「道德之末端」。故究中國哲學家之哲學，若不先明其名詞之涵義，則一誤百誤，必無由識其眞諦。以故，作孟子言性新論以論孟子所謂性之涵義。

欲知孟子所謂性之特殊涵義，不可不先明通常所謂性或中國其他論性諸子所謂性爲何義。吾人通常者謂性，大均相當於近世心理學上本能之義，卽生而具有之能力或行爲傾向之義，中國其他論性諸子如告子謂生之謂性（孟子）；荀子謂生之所以然者謂之性（荀子正名）；劉向謂性者，生之質也（春秋繁露）；王充謂性，生而然者也（論衡本性）；韓愈謂性也者，與生俱生者也(原性)；

均與吾人通常所謂性之義不相遠。

欲知孟子所謂性之特殊涵義，其道有二：一則以通常所謂本能之義按諸孟子性善論而見其與孟子之言相枘鑿；二則舉孟子書中有關孟子所謂性之內容之言，以見孟子所謂性之內容不同於吾人通常所謂性之內容，然後指出孟子所謂性之涵義爲何。今請先以本能之義按諸孟子性善論。若以本能之義按諸孟子性善論，則性善論不外二義：一人之本能有善無惡；二人之本能雖有善有惡，然惡不敵善，善常勝惡。然此二義均與孟子之言不合。

〔孟子告子篇〕

公都子問曰：「鈞是人也，或為大人，或為小人，何也？」孟子曰：「從其大體為大人，從其小體為小人。」曰：「鈞是人也，或從其大體，或從其小體何也？」曰：「耳目之官，不思而蔽於物。……心之官則思。」

耳目之官之蔽於物，孟子所謂人爲小人、人爲惡之原也。思，孟子所謂心之能也。耳目之官，不思而蔽於物者，言耳目之官離心則爲惡之原，是孟子以耳目之官本身爲惡也。「耳目之官」在孟子之意卽相當於「耳目之欲」。蓋若「耳目之官」只有「能聽能視之機能」之義、則不至有「蔽於物」之結果而使人爲小人也。孟子以耳目之官爲惡者，即以耳目之欲爲惡也。

孟子曰：「養心莫善於寡欲。」

此言宋明儒者大均以爲孟子以欲爲惡之證，吾意亦同。唯戴東原謂孟子言寡欲而不言絕欲，可知孟子實不以欲本身爲惡（見孟子字義疏證）。然其說實未得孟子意。蓋孟子雖不言絕欲，只言寡欲，然若孟子果不以欲本身爲惡則安用寡之？寡之者，言必加以裁制壓抑使不至自然放縱之謂也。孟子以欲必加以裁制壓抑使不至放縱而後可，是猶謂江河之水必以堤防之而後不至於潰決。是孟子之以欲本身爲惡明矣！孟子雖言寡欲而不言絕欲，惡害其以欲本身爲惡哉？

或將謂孟子謂「義亦我所欲」、「可欲之謂善」，孟子何嘗以欲爲惡乎？（此說初見於羅整庵困知記）答曰：不然，孟子所謂欲有二義：一爲宋儒所謂義理之欲之義，二爲耳目食色之欲之義。此處所謂欲爲後之一義。故言寡欲。若爲前之一義，則何寡之云哉？

由上所論，可知孟子以人有惡之欲。若孟子所謂性，相當於本能之義，則，欲，本能也。孟子言人有惡之欲，即等於言人有惡之性也，由此可知，孟子所謂性善論之義，非人之本能有善無惡之義。今再看孟子所謂性善論是否人之本能有善有惡然惡不敵善，善常勝惡之義。

孟子曰：「……心之官則思，思則得之，不思則不得也。」（1）

孟子曰：「仁義禮智…四端…苟能充之，足以保四海；苟不充之，不足以事父母。」（2）

孟子曰：「自暴者，不可與有言也；自棄者，不可與有爲也。」（3）

由（1）與（2）可知孟子以爲人之能爲大人能爲聖人，全賴乎生後之「思」，「充」。思也，充也，均人之努力也。人必待努力而後得爲大人，得爲聖人，是人之本性善不敵惡也。

由（3）可知孟子以爲人有自暴自棄者。自暴自棄者言人自動爲惡，自趨於小人惡人之途也。言人有自暴自棄者，卽言人之性善不敵惡、惡反勝善也。

由上所論又可知孟子所謂性善論，亦非人之性有善有惡而惡不敵善，善常勝惡之義。

以上已由一方面證明孟子所謂性非本能之義。今請由他方證明孟子所謂性非本能之義。卽舉孟子書中有關其所謂性之內容之言，以證孟子所謂性之內容，實不同於吾人通常性之內容，以見孟子所謂性之涵義爲何。

孟子曰「……君子所性，仁義禮智……。」

由此段可知孟子只以仁義禮智爲性。不然，彼何以不以耳目食色之欲附於後乎？或將謂此處性義同習，謂君子所學習者不過仁義禮智而已。答曰：不然。孟子以爲聖人君子不過盡性。故曰「堯舜，性之也」，不承認聖人君子特有所習也，縱特有所習亦不外乎性也。

孟子曰：「養心莫善於寡欲。」又曰：「耳目之官，不思而蔽於物；心之官則思。」

孟子以心與欲對舉，以耳目之官與心之官對舉，可知孟子以心與欲，耳目之官與心之官，爲截然不同之二物。孟子書中心與性二字無大分別義，故孟子言性善下恆接以惻隱之心羞惡之心辭讓之心是非之心，又如謂「仁，人心也」，均可證孟子於心性二字無大分別之義。（王陽明報羅整庵書謂「自其理之凝聚而言謂之性，自其凝聚之主宰而言謂之心」。實最得孟子之意，心性之別在儒家蓋盛於張橫渠朱晦庵而嚴於羅整庵（參考正蒙，近思錄，困知記）。孟子不大分別也）。孟子以耳目之官與心官之對舉，卽孟子以性與耳目之官對舉；孟子以心與欲對舉，卽孟子以性與欲對舉。孟子既以性與欲、性與「耳目之官」對舉，則孟子不以欲爲性明矣！孟子之所謂「欲」與「耳目之官」之義卽耳目食色之欲，是孟子不以耳目食色之欲爲性也。

孟子曰：「口之於味也，耳之於聲也，目之於色也，鼻之於臭也，四體之於安佚也，性也，有命焉，君子不謂性也。仁之於父子也，義之於君臣也，禮之於賓主也，智之於賢者也，聖人之於天道也，命也，有性焉，君子不謂命也。」

此段自古稱爲難講，然其所以難講者，以不知孟子所謂性有特殊涵義。不知此段卽孟子自言其所謂性之內容也。不知「君子不謂性」，卽「君子不以之爲性」也。孟子此段，蓋明言其所謂性與通常所謂性有別，明言其不以耳目食色之欲爲性也。（戴東原釋謂爲藉口之義，君子不謂性者，言君子不藉口於性而縱之也。此說極牽強。然近人多從之。如梁啓超之戴東原哲學、江恆源之中國先哲人性論、繆鳳林學衡二十六期闡性，均徵引是說。今以二義駁之：一則孟子道性善，性既爲善，則藉口縱之又何妨？縱性者，盡性也。二則如戴氏之釋，至少須添四字於孟子本文。孟子文以朗暢稱，何至晦塞如此？五字之句須添補四字而義乃顯也！）或將謂孟子不以口之欲味、耳之欲聲、目之欲色等欲爲性，直言其不可謂性已耳，何必曰君子不謂性乎？曰：此處所謂君子無大意義，蓋自稱之詞。亦猶荀子勸學篇言之自稱曰「君子曰」也。

有上四證，可知孟子所謂性之內容決不同於吾人通常所謂性之內容。孟子所謂性，係專指吾人所謂性中之一部如仁義禮智而言，至於吾人所謂性中之耳目食色之欲，則不認之爲性。

或將問孟子何以獨以吾人所謂性之一部爲性，而他一部則不承認之爲性歟？曰：此卽我所欲論之孟子所謂性之特殊涵義也。孟子所謂性之特殊涵義爲何乎？曰：孟子所謂性之涵義爲吾人所謂性中之「求諸己而可得」者。孔門之學，最重求諸己，所謂「盡己之心」「盡己之道」，所謂「正其誼不謀其利」，行仁義禮智均重在盡己之心盡己之道而已。故仁義禮智爲求諸己而可得者。孟子所謂「求則得之」也。至於耳目食色之欲，在孟子意則爲求諸物而後可得者，孟子所謂「求之有道，得之有命」也。求諸己而可得者，乃可謂自己所具。孟子所謂「求在我者也」，孟子以爲「天之所以與我者」也。故孟子以仁義禮智爲性也。至於求諸物而後可得者，則非自己所具，孟子所謂「求在外者也」。孟子未嘗以爲「天之所以與我者」也。故孟子不以耳目食色之欲爲性也。口之於味也一段，卽其所謂性顯明之定義。其謂口之於味耳之於聲……爲有命，不謂之性，卽謂口之於味耳之於聲之係求諸物者也，求在外者也；其謂仁之於父子、義之於君臣？……爲有性，不謂之命，卽謂仁之於父子、義之於君臣，係求諸己而可得者也，求在我者也。

由此可知孟子所謂性自有其特殊涵義與吾人通常所謂性或中國其他論性者如荀韓諸子之不同也。

（一九二八年十二月·「國立中央大學半月刊」第一卷第六期）

註：本篇發表時署名唐毅伯——編者

研究中國哲學所應注意之一點（註）

中國之學問，本無嚴格之劃分。文學哲學，尤治爲一爐難尋畛域。文學上之名詞主含蓄蘊藉，哲學上之名詞主清晰確切。中國以文哲不分之故，於是哲學上之名詞均帶文學上之色彩。其無一定之意義，駕歐洲印度而上之。孔子正名，是證名分；荀墨正名，和之者少。故中國哲學史上之名詞恆以用者異而歧義生。研究中國哲學者於此須特加注意。然一般研究中國哲學者，或不知此；或知之而不特別加以注意。前本校哲學研究會請黃建中先生講演「研究中國哲學之方法」黃先生特提出正名及明系二者，不可不謂特有卓見。然黃先生論及正名時，惟知求一名詞之訓詁而定一名詞之定義，然不注意一名詞不只一義而有多義。即如其所舉性字之例。黃先生詳徵博引舉中國過去學者於性字之十種詁訓，而歸納性之定義爲「人類生理上心理上之自然傾向」然同一性字而中國哲學者所謂之性各有不同，性字之定義決不是如此單一。即如荀子唯以耳目聲色之欲爲性而以人之爲善由於心（荀子正名篇謂「心也者，道之工宰也」，解蔽篇謂「人何以知道，曰心」，又謂「心者，形之君也，而神明之主也，出令而無所受令……。是之則受，非之則辭」。均係彼以心爲善之證。參考陳登元著荀子哲學）。是荀子所謂性僅有生理上之傾向之義（故謂「生之所以然者謂之性」），而無心理上傾向之義也。孟子以仁義禮智爲性，而不以耳目聲色之欲爲性（參考拙作孟子言性新論，半月刊六期），是孟子所謂性僅有心理上傾向而無生理上傾向之義也。李翺著復性書主性善情惡，以聖人有性而無情。謂：「聖人寂然而不動，不往而到，不言而神，不耀而光。雖有情也，未嘗有情也。」（復性書中篇）情卽傾向之表現，李翺謂有「有性而無情」是其所謂性不含傾向之義也。（至少其所謂傾向與通常所謂傾向之義不同也。）由上觀之，人類生理上心理上之自然傾向一定義雖可適用於許多中國哲學者之所謂性，然亦同時不能適用於許多中國哲學者之所謂性也。

吾人不知名詞之殊義，其必然產生之結果，一爲妄解古人之哲學，二爲妄評古人之哲學。有妄解恆繼以妄評，妄解誣人，妄評自誣，同爲求眞之大障。玆爲伸此意起見，特舉爲昔賢時彥所忽略之數例以明之：（一）名，（二）欲，（三）知。

（一）名　名有名分之名，有名實之名，有名譽之名，此人人所共知也。在中國哲學書中如論語正名，名分之名也；惠子公孫龍子循名覈實，名實之名也。孝經揚名後世，名譽之名也。然學者以於此不知注意之故，於是有以名實之名爲名分之名者。有以名譽之名爲名實之名者。司馬談論六家要旨，論名家謂「其明君臣父子之分，雖百家不能改也」。此誤以名家所討論之名實之名爲名分之名也。胡適之著中國哲學史大綱，其論楊朱哲學一節，舉列子楊朱篇「名無實，實無名，名也者僞而已矣。」一語以爲楊朱對於名家所討論之名實問題之意見，因而謂楊朱爲西洋中世紀哲學中之唯名主義者。殊知楊朱篇此語前所接者爲「實名貧，僞名富」，後所接者爲「昔者堯舜僞以天下讓，許由善卷而不失天下，享祚百年；伯夷叔齊實以孤竹君讓而終亡其國，餓死首陽之山。實僞之辨，如此其省也！」其意蓋在證明人如眞求名，則必如其所謂「苦其身，憔其心」，以貫徹其享樂主義也（其享樂主義之思想，在楊朱篇處處可見）。胡適致誤之由，雖由於斷章取義，然亦係不知注意「名」有名譽之名與名實之名之故也。

（二）欲　欲字之意義在中國哲學史上重要者亦有三：一爲所謂七情之一，其意義相當於近代心理學中所謂希望之情緒（Hope）如「生亦我所欲，義亦我所欲」。二爲欲求之欲，此含有本能之意味，如「飲食男女，人之大欲存焉」。此二義者，人大都知之。然外尚有宋明儒者所謂「理欲之欲」，既非僅七情之欲之義，亦非僅本能之義。陽明謂「七情有着，俱謂之欲」（見傳習錄），此欲非七情中之欲之謂也。晦庵謂雖「聖人不能無人心」，其所謂人心卽飲食男女之欲也。然同時謂聖人「人欲淨盡，天理流行」，此欲非本能之謂也。然學者以不知其分辨之故，於是有誤以理欲之欲爲七情之欲，有誤以理欲之欲爲本能之欲者。羅整庵困知記反對程朱「人欲淨盡，天理流行」之說，謂「欲爲七情之一。……不可謂之惡。其善與惡，係於有節與無節耳！」不知程朱所謂「理欲之欲」正指其無節者，而言其有節者，則爲其所謂「天理」而非人欲矣！若有節者亦爲人欲，則「聖人不過喜怒發而中節，」非聖人亦不能無人欲乎？（此顯然與程朱之說衝突也。）此誤以理欲之欲爲七情之欲也。戴東原著孟子字義疏證反對程朱「人欲淨盡，天理流行」之說，謂「人之生也，莫病於無以遂其生，欲遂其生，亦遂人之生，仁也。欲遂其生至於戕賊人之生而不顧者，不仁也。不仁實始於欲遂其生之心，使其無此欲，必無不仁也。然使其無此欲，則於天下之人生道窮促亦將漠然視之，己不必遂其生而遂人之生，無是情也。然則謂『不出於正，則出於邪；不出於邪，則出於正』，可也。謂『不出於理，則出於欲；不出於欲，則出於理。』不可也。……詩曰『民之質矣，日用飮食』，託曰『飮食男女，人之大欲存焉』。聖人治天下體民之情遂民之欲而王道備」。近年胡適之、梁啓超更揚戴之說以闢程朱，不知程朱所謂理欲之分，正爲邪正之分。吾人或不能確定何以程朱以理爲正而欲爲邪，然其所謂理欲之分卽邪正之分則可推考而得。如其所謂理欲之欲爲戴東原所謂飮食男女之欲，則聖人既「人欲淨盡，天理流行」，何得謂「不能無人心」乎？又何得謂「聖人……道心常爲一身之主而人心乃聽命焉」？（朱子中庸章句序）此誤以理欲之欲爲本能之欲之故也。

（三）知　「知」在中國哲學史上之意義重要者，亦有三（黃建中先生著中國認識論史——載東方雜誌——謂中國哲學史之知有八義，然其所指八義亦可歸納入此三義）：一爲知識之知。老子所謂「絕聖棄知」，莊子所謂「生也有涯，知也無涯」。二爲識見之知。如論語所謂「知之者不如好之者」，「蓋有不知而作之者，我無是也」。朱子所謂「知與行常相須，如目無足不行，有足無目不見」。三爲體驗之知。如老子所謂「其出彌遠，其知彌寡」，「知者不言，言者不知」，論語所謂「五十而知天命」（天命爲宇宙之自然流行之意，知之必待於體驗）。此三種知，第一種近乎「理智之知」，第二種近乎「意志之知」，以其爲關於行爲之趨向之知也，第三種近乎「感情之知」，以其純賴體驗也。書經上「知之匪艱，行乎惟艱」，觀其前後文乃指人之道德行爲之知而言。此第二種識見之知也。王陽明主知行合一，謂「知之眞切著實處是行，行之明覺精察處是知。如好好色，如惡惡臭。見好色時，便已好了，非見好色後再立個心主好。聞惡臭時，便已惡了。非聞惡臭後再立個心去惡」，「知而不行，只是未知」（誠然陽明謂任何知均與行合一，似不只指體驗之知。而已然細觀陽明之語，總只就體驗一義而言。大約以就體驗一義而言，一切知均含體驗之成分。故陽明謂一切知均爲體驗之知，故謂一切知均與行合一也。觀傳習錄載陽明一日答其弟子問，謂「若會得知行同一，便說是二也無妨」，可見其亦承認以另一義談知行也）。　孫中山先生著孫文學說，舉作文，醫……等十事爲例，主知難行易，其所舉之例，大均關於知識之知也。此三種知，就其本體上而言，是否同一，玆非所論。然就其現象言，則顯然不同。既是不同，其難易亦自異。曰「知難行易」，曰「知行合一」，曰「知易行難」，雖同一「知」字，同一「行」字，然所指者，固絕不相謀。言非一端，各有所當。知易行難，指人之道德行爲之知言，人關於道德律之知固甚易，然道德律之實行，固甚難也。知行合一，指體驗之知言，體驗之知，必與行並，固爲二而一者也。知難行易指知識之知言，知識之知必奈精思積慮，固較其應用於事難也。三者蓋可並存不悖。而淺學之徒，聞知難行易之新說，遂以爲足以摧毀舊說，取而代之。而不知「知難行易」僅可謂吾人學理上之發明難，而不可謂道德之修養亦「行易知難」，藝術上之會心，亦「行易知難」也。此亦不知一名詞有殊義之過也。以上三例，不過略舉以證明學者不注意名詞之殊義，則必妄解妄評古人之哲學。此外之例尙多，惟卽此已足見一般也。

讀書之道，善學者，得魚而忘筌，渡江而舍筏。不善學學者，執辭而害意，望文以生義。不知異名或有同解，同名反生殊義。於是楚材晉用，李戴張冠。妄加揣託，舛謬叢生，自來主奴出入之見，門戶意氣之爭，大均由於此。聚訟嚣嚣，徒殫精力。然以學本所以知「共相」，故異中見同易；知「共名」後易執此爲「共相」，故同中別異難。且近年作文論「異名時有同解」之文者，亦漸不少。然論「同名反生殊義」者則尙未多覯。此本文之所以只論一名詞之有殊義而不論異名詞之有同解也。

（一九三〇年六月。「國立中央大學半月刊」第一卷第十六期）

註：本篇發表時署名唐毅伯。——編者

柏格孫與倭鏗哲學之比較（註）

一千八百九十九年，赫克爾發表其震驚一世、翻譯為廿四國語言、十數年中銷行卅萬册之「宇宙之一」。有人謂此作以出版之時間而論適劃斷十九世紀與廿世紀，以其著作之內容而論，亦可謂對於十九世紀之哲學告一結束，十九世紀之哲學自十九世紀初以至十九世紀末，可謂在一「地位逐漸降落」之過程中。承繼康德之玄學家日為人所厭惡，自然科學之理論，日漸有取哲學而代之之勢。哲學日漸屈伏於自然科學之下，以自然科學之假設為其假設、結論為其結論，而不敢有所批評。至赫克爾，則哲學之地位降至極低，哲學上之問題，均全賴科學為之解決，哲學殆全無其獨有之任務。十九世紀之哲學，初盛行唯智主義，末盛行自然主義，赫克爾則可謂一方秉持充分之唯智主義之精神，故以科學概念可以解決一切；一方集自然主義唯物論之大成。然自廿世紀以來則哲學之地位日益上升，與十九世紀迥然不同，或對於科學價值欲由哲學重加估量如柏格孫、Groce·，或於科學基礎欲由哲學根本加以審定，如羅素、懷特海；而德之文化哲學派，尤能影響於教育社會心理各方面有具體之成績；同時哲學上之派別亦突出十九世紀哲學派別之外，新說蠭起，異路揚鑣，哲學系統之多，使哲學界呈未有之燦爛光華之觀。故吾人可謂十九世紀之哲學與廿世紀之哲學，雖不無承襲之關係，但其面目則迥然不同。然十九世紀與廿世紀哲學之分水嶺爲誰乎，即所謂今哲學界之雙星柏格孫與倭鏗是也！

柏格孫與倭鏗著作均甚豐富，倭鏗尤多。柏氏重要著作影響最大者，如「時間與自由意志」、「創化論」。倭氏著作，如「人類思想與行爲中精神生活之統一」、「大思想家之人生觀」、「宗教之眞諦」、「生活之基礎與理想」，均適於一千九百年左右震耀於出版界。二氏之哲學，一方反對十九世紀科學化之哲學觀：倭鏗以爲十九世紀之科學將人生裂爲斷片，使世人對人生無整個之認識，唯賴哲學之通觀合覽以補救之；柏格孫以科學只涉及靜物而不能了解流動之精神，唯哲學始能使人了解流動之精神而認識眞正之生命全體，故二氏均對科學化之哲學，作澈底之批判：對於十九世紀不可一世之唯智主義自然主義與以致命之創傷。廿世紀以來之哲學家雖批評十九世紀哲學者不少，然發難最早，旗幟最明，影響最大者則非二氏莫屬。一方開啓廿世紀新起之哲學：廿世紀以來之新哲學派別，除二氏外可以五派盡之——美之實用主義，英美之新實在論，德之文化哲學派、生機哲學派，意大利之新唯心論；然此五派均不免間接直接正面反面受二氏之影響。美之實用主義大師詹姆士謂「非柏格孫，我幾不能脫理智之迷宮」。杜威於中國講今世三大哲學家講及柏氏，於其說深致傾倒，其所主創造的智慧與柏氏之「智慧的同情」亦不無因緣，此可謂正面受柏氏影響者。英新實在論大師羅素之主張多對柏氏而發，其著作中殆每册均有針對柏氏之論，殆以柏氏爲唯一之敵派，此可謂反面受柏氏影響者。生機哲學派鉅子如杜里版摩根（按摩根爲偏重新實在論之層創創化論者，然氏之哲學自生物學出發，其著重點亦在生命爲突出物質之一新層，就此點而論亦可謂生機哲學派），主張生命與物質爲截然不同之構造，生命非可用機械原理解釋，則顯係直接受柏氏生命爲自由之學說之指示者也。德之文化哲學家，誠係直接西南學派而來，然其間接受倭氏影響之處，亦至顯然。意大利唯心論者，均自謂承黑格耳之緒。然 Croce 之藝術觀以直覺卽表現卽創造與歷史觀之以過去均融入現在。Gentile 主唯一可信者爲直覺之經驗，著 A theory of mind as pure act，與柏氏之說多合一契，有人謂其所以諱言與柏氏說有關係者，蓋意法國家間仇使然，此雖不能深信，然就其相同之處之多而言，亦似不能謂其毫未受柏氏之暗示也！由此觀之，謂柏倭二氏之哲學爲十九世紀哲學之分水嶺，寧非至當之論哉！

雖然，倭鏗與柏格孫固同爲反對十九世紀科學化之哲學觀，同反抗十九世紀主智主義自然主義之哲學，同開啓廿紀之新哲，然就二氏哲學之本身言，則或同或異，未易槪論。用是不揣其陋，將二氏哲學分爲人生論、宇宙論、眞理論及其他四方面比較觀之，顯其一致，判其殊塗，管窺蠡測，謬舛必多，博聞君子，正之爲幸！

（一）人生論之比較

十九世紀之哲學均係由宇宙問題、認識問題而入人生問題，故十九世紀哲學家人生哲學均爲其宇宙哲學認識哲學必然之結論。故其人生哲學只可謂其宇宙哲學認識哲學之附屬，然柏格孫與倭鏗則不然。二氏之哲學均以人生哲學爲中心，其人生哲學均奠基於其內心之體驗，而二氏之宇宙哲學認識哲學反可謂由其人生哲學引出而成人生哲學之附屬。此二氏哲學與十九世紀哲學之根本不同一點，卽吾之所以先論二氏之人生哲學而後論其宇宙哲學之故也。

就柏格孫與倭鏗之人生哲學而論，則二氏均主張生活非可用機械原理解釋，非可用純粹理性了解者。柏格孫謂唯空間性之物質乃可用機械原理解釋，乃可用理智劃分而認識，倭鏗謂唯自然界之存在，乃可用機械原理控制，乃可用理智取得而認識。柏格孫謂時間性之心靈，爲變動不居，活躍生動的；倭鏗謂精神界之精神爲突出自然界之一切束縛，不受自然界之一切定律規範的。二哲於生活之觀念，蓋如出一轍，以故，二氏均以人有意志之自由，人爲自己之主宰者，人非受命運決定。人之前途純賴人自己創造力，不爲「理智」所預料而限定，濡浸於十九世紀機械主義理智主義深感世紀末之悲哀之西洋人，而得廿世紀之新生命，皆二氏示以人之意志自由與以人生之勇氣也。

柏格孫與倭鏗雖均以人生哲學爲其哲學之中心。然二氏注重之點則不同，倭鏗原極相信基督敎，其著作中基督敎佔不少之部份。其著大思想家之人生觀，於 Augustine 深致崇拜。雖其基督與敎會迴然不同，然究不失爲一基督敎信仰者。故其哲學頗有歸宿於宗敎之趣，譬如其嚴格劃分精神界與自然界，卽係受基督敎分人間天國之影響也；譬如其主張超絕神秘之精神生活，卽係受基督敎極示天國觀之影響也。柏格孫之人生哲學，於倫理方面無所建設，雖據云其正努力著其倫理學，然迄今未見出版，究其所出版之諸書而論，則其闡明其人生哲學之處，均極少以人之倫理生活爲例，而大均以藝術創造爲例，且曾著笑之研究一書，以其學說解釋滑稽美原理。爲自來解釋滑稽美者，別開生面，同時亦可見其學說便於解釋藝術原理之一般。而普通應用柏格孫哲學者，亦多運用於建立藝術學說者，較運用之於建立道德學說者爲多。羅素謂柏格孫名爲騙巴黎時髦婦人所得，語雖嫌刻薄，然柏格孫思想之富於藝術性故使人惟覺其眩爛光怪亦有以致之也。

倭鏗人生哲學之偏重宗敎，柏格孫人生哲學之傾向藝術，此二氏人生哲學不同之點一也。

柏格孫與倭鏗雖同鄙棄自然生活而注重精神生活，然倭鏗以爲精神生活與自然生活爲截然不同之二種生活。如由自然生活倭進至純粹之精神生活，必先經一與自然生活奮鬪之時期，顯然有嚴格之階段。然柏格孫則以精神生活與自然生活，只爲生命之向上與向下之分。生命緊張，卽爲精神生活，生活弛緩，卽爲自然生活，並無嚴格之階段，縱最富於精神生活者若一念懶散，卽墮落爲物質，縱最最缺乏之精神生活者，如一念警覺，卽升上爲精神，柏氏之敎，使人兢兢自持以免墮落，倭氏之敎，使人勇猛精進，求向上一着也。

柏格孫之以精神生活與自然生活無嚴格之階段與倭鏗之以精神生活與自然生活截然不同一種生活，此二氏人生哲學不同之點二也。

柏格孫與倭鏗雖同主張意志自由，然柏氏之意志自由論與倭氏之意志自由論不同，柏格孫之意志自由論可謂爲絕對自由論，柏格孫以純粹精神之創造，全爲自動自發，不能預期，不能先料，既無先天之規範，亦無後天之定軌，故不僅反對機械論，且反對目的論，其於創化論中謂目的論與機械論之不同，不過機械論以人之意志爲後推的，目的論以人之意志爲前引的，其否認意志之能自動自發，其否認意志有絕對之自由則一。然倭鏗則不然，倭鏗以爲人在突破自然生活後，誠覺自我之自由，然此自由，不過覺脫離自然生活之自由，並非卽入一毫無規範毫無軌道之境界，倭鏗謂人在脫離自然生活而入於精神生活後，一方面感到自由誠然，然一方亦感着若有超絕之精神界定律支配吾人，藝術家創作藝術時之恒感如有神助，如奪天功，卽是理也。故所謂意志自由，並非絕對自由，同時亦感着一種不自由者也。倭鏗雖未嘗倡言目的論，謂何者爲人生之究竟目的，然就其說推之：既承認精神界有所謂客觀定律，則此客觀定律如發現之後，勢必成爲人生之究竟目的也。

柏格孫之絕對自由論，倭鏗之以自由僅爲脫離自然生活，非卽入一毫無規範毫無軌道之境界，此二氏人生哲學不同之點三也。

以上略論二氏人生哲學上之異同竟，今進而論二氏宇宙哲學之異同。

（二）宇宙論之比較

柏格孫與倭鏗於宇宙論上蓋同反對十九世紀下半期機械宇宙觀之視宇宙爲物質的機械的。柏格孫與倭鏗均以爲宇宙在創造中，吾人之精神卽參與宇宙之創造者，宇宙決非已成，亦非前定，宇宙之將來純視精神之努力而定，故宇宙之前途爲有希望的，樂觀的，非絕望的。悲觀的，物質不過宇宙之一部，且爲死的，不動的，只可爲精神之工具，絕對不能支配精神，人之所以覺精神爲物質支配者，實不過在精神懈弛之際，覺有物質爲吾人之阻礙耳。然此物質之阻礙終必可去，以精神爲能動而物質爲所動，所動不動，終必爲能動所征服也！

柏格孫與倭鏗雖同主張宇宙非機械的，然由倭鏗之說則宇宙雖非機械的，但亦非混亂的，而爲有條理的，精神之創造，誠不可範以固靜之形式，然亦非漫無準繩，不知指歸，而自有其定律在。由柏格孫之說，則宇宙既非機械，亦非處處均有條理顯然。物質誠條理然卽此條理亦係人爲實用而假立，至精神之創造則爲周流六虛變動無常，當其創造既成，吾人或可以理智分析之，而得其條理，然當其創造之時則全爲自發自動，既不可用理智認識，何條理之可尋求哉！

柏格孫之以宇宙無一定之條理與倭鏗之宇宙爲有條理，此二氏宇宙哲學不同之點一。

柏格孫與倭鏗雖同主張宇宙中有精神之存在爲參與宇宙進化者，然柏格孫以精神與物質不過生命之上下兩潮，就其本質言，本無極端之分別。柏格孫嘗謂：「人飲食，則食物流入生命而轉爲精神矣；人廢弛一切則精神昏沈而轉爲物質矣。爆竹火花四射，則精神也；降於地上，則物質矣。」倭鏗則不然，倭鏗以爲精神與物質爲截然不同之二元，精神存於精神界，物質存於自然界。所在不同，本質自異。人生存於自然界與精神界之間，惟有努力奮鬪，由自然界昇入精神界。萬無精神物質互相轉化之理。由柏氏之說，則精神有全墮落爲物質之可能，然物質亦有全變爲精神之希望。由倭氏之說，精神或永無完全征服物質改變物質而統一宇宙之時，然精神亦永遠不至淪爲物質而失其存在。各得其得而各失其失，二哲之說蓋未易軒輊也。

柏氏之精神物質一元論，倭氏之精神物質二元論，此二氏宇宙哲學不同之點二也。

(三) 真理論之比較

柏格孫與倭鏗於眞理論，同反對十九世紀以來之理智主義之眞理觀。柏格孫與倭鏗均以爲眞理之獲得，並非由於論理之思辨，而由於生活之體驗。以眞理之獲得，非如明鏡之映物，唯在客觀之攝取；以眞理之獲得，爲如水銀之瀉地，重在主客之融會。總之，以取得眞理爲動的非靜的。故倭鏗敎人由與自然生活奮鬪而知人生之眞義，柏格孫於時間與自由意志首卽敎人直覺其自己心態之變遷，因此倭氏柏氏之人格均與其思想一致，倭鏗以八十歲之高年在耶納大學教書時，猶孜孜研究、誨人不倦，柏格孫以七十歲之高年猶聞其努力著倫理學，平居兢兢自持，見人懶散，則謂其墮落物質，蓋二氏之眞理均自其生活中體會所得也。

再二氏之所謂眞理，自論理學觀之，均偏於價值方面，而忽視事實方面，此亦不可不注意。世人評柏氏哲學者如 Eliot The modern science and illusions of prof Bengson，均以昧於此點故也。

二氏之眞理論，頗難尋其異點，惟柏格孫以爲吾人所能認識之眞理，不能超乎吾人所能直覺之外，吾人由體驗得之眞理，只能內吾人之體驗而存在，不能外吾人之體驗而存在。倭鏗則以爲眞理雖必待體驗，此所體驗之眞理本身並非內吾人而存在，而自有其客觀性也。

（四）其　他

以上已由宇宙哲學、人生哲學、眞理論三方面比較二氏之哲學，或同或異，大略已明，唯有數餘義，棄之可惜，因列此項，以便附納。

甲、柏格孫與倭鏗雖均反對主智主義及自然主義，然注重點仍稍有異，柏氏之哲學之敵，首爲主智主義，次爲自然主義；倭氏哲學之敵，首爲自然主義次爲主智主義。此可由二氏哲學書批評討論此二主義內容之多寡而知也。

乙、柏格孫較傾向心理主義，倭鏗較傾向論理主義。

倭鏗雖反對眞理可由純粹思辨而得，反對宇宙爲論理的結構，然其主精神界有客觀之定律，眞理本身非內體驗而存在，則頗似傾向論理主義也。柏格孫雖反對聯想主義之以眞理不過心的原子的聯合，然其以一切文化均不過人心之創造，眞理僅內體驗而存在，則頗似傾向心理主義也。

丙、柏格孫哲學之根據，爲其生物學及心理學之研究；倭鏗哲學之根據爲其文化史及宗敎史之研究，故柏格孫之哲學，較切近現實而便於應用，雖有宗敎家曲解柏格孫哲學，謂由之可以與上帝接觸，然究非柏格孫之本意。倭鏗哲學似頗帶宗敎傾向之故，因未免令人難以揣測其意旨。吾人讀其書而不能知如何應用其學於切身之問題，惟覺其高深博奧而已！二氏之別其或由於所在之國不同，各所受之哲學環境之薰冶不同，柏氏爲法籍受法傳統自然科學、實證哲學之影響，倭氏爲德籍受德傳統之超絕主義（Trancendentalism）之影響之故歟？

十九年四月十日

（一九三〇年十二月・「國立中央大學半月刊」第二卷第五期）

註：本篇發表時署名唐毅伯——編者

英法德哲學之比較觀

哲學爲求宇宙人生普遍原則之學，理不宜有國界之分。故陸象山有「東海南海北海西海有聖人出，此心同，此理同」之語。但在事實上哲學常常有民族的界限，這可由下之原因去解釋：

（甲）哲學將來會變得怎樣，我們不可知。但就過去說，哲學可謂界乎科學與藝術間的。科學是客觀的敍述；藝術是主觀的表現；哲學是主客的融會；所以哲學家一方努力探求客觀不變的原理；一方生活形態常常影響其哲學；哲學家的思想常常不免被情調薰染。所以詹姆士於其實用主義一書中謂：哲學家之分別決於其性情之柔軟與剛強（Tender and Hard）。勃拉得雷（Bradleg）於英國現代哲學中某論文謂：哲學是尋找壞的理由來證實我們本能的信仰底工作。白老特（Broad）亦於同書中一文謂：哲學決不能與哲學家之歷史離開。這三人一是實用主義者，一是唯心論者，一是實在論者，但在這方面意見完全相同。一個哲學家所屬的民族文化環境，顯然是決定哲學家的性情信仰歷史的，所以一個哲學家的哲學決不能如科學家那樣客觀，而不免帶民族性。

（乙）因爲哲學家哲學常帶主觀色彩，所以其傳播性不及科學之快。一種科學上的發明，因係客觀之故，可立刻普遍被承認；而哲學家之哲學，因不免帶主觀色彩，故與其環境相同者恆易先接受其哲學，此其一。再則哲學非若科學可觀察實驗，而賴於思辨與體驗之處甚多，所以親炙一哲學家者以接觸機會多，相與辯論會晤，則可由辯論而知其思想，由會晤知其生活而知其所體驗，於是易被影響而成風氣。

有此二因所以哲學家雖無人不求哲學之普遍，而哲學仍不能不有國界之分也。

近代的哲學以英法德爲中心，美與意大利均屬新興，前途雖未可限量，以過去成績言，殊不足比。此三國哲學以上述二故，亦處處現不同的學風。我們可以簡單從下幾方面去比較一下：

(一)自哲學之出發點觀
(二)自哲學方法觀
(三)自哲學之影響觀
(四)自形而上學觀
(五)自人生哲學觀
(六)自認識論觀
(七)自哲學之成績觀

今從第一項談起：

（一）自哲學之出發點觀　從三國哲學的出發點上說：我們可以說德國哲學是偏於從形而上學，開始走到哲學中其他部份的；英國哲學是從認識論，走到哲學其他部份；法國哲學是從科學出發的。德國哲學家多先有一套形而上學系統而後向認識論人生哲學方面演繹。如萊布尼玆，翁而胡 Wolff 之理性論，固被稱爲獨斷的形上學。卽康德雖稱爲認識論上的批評論者，然其實踐理性批判中所假設之「上帝之存在」「靈魂之不死」「自由」之概念，則純爲未經批判者，彼據此三概念以建設其人生哲學，非自玄學出發而何？至於康德以後之黑格耳、非希特、息林之爲形而上學，更無容論。德國十九世紀後半期中雖然產生了不少對於黑格耳一般玄學家不滿意的自然科學底哲學，——機械的唯物論者——但是他們不過自唯心的玄學之一極端，走到唯物之玄學一極端，如赫克爾之神的概念全屬獨斷的玄學上之假設，而絲毫無認識論之根據者也。至於英國哲學則自霍布士培根開啓英國哲學後，洛克以降之英國哲學家卽無一不先覺認識問題之困難。由柏克萊而休謨，而常識學派，以至現在之摩爾、羅素，均係由認識論出發，以論究哲學上之諸問題。至於法國則從笛卡兒起，許多大哲學家均同時爲科學家，以科學爲其哲學之根據。如笛卡兒之自明理性論，顯然受其數學之暗示。馬爾布朗西同時爲物理數學家。孔德達德 Tard 涂爾幹 Durkheim 拉維布魯 Levy-bruhl 之哲學，全據其社會學。故於許多哲學上深切之問題全未涉及。Cland Bernard 自生理學出發研究哲學。Cournot 據其數學上 Probability 之研究反對獨斷論。Taine 自心理學出發研究哲學。近代之柏格孫之哲學全據其心理學與生物上特殊之主張。以上所述，雖忽略不少例外，然大體看來，我們可以說德國哲學自形而上學出發，英國哲學自認識出發，法國哲學自科學出發。

（二）自哲學之方法觀　有人講法國哲學特重方法，其實西洋哲學均重方法，不過方法有不同耳。我們可以說德國哲學方法偏於演繹，英國哲學偏於歸納，德國哲學家多自幾個原理開始推理，卽欲以之牢籠宇宙。黑格耳以爲理性所推出之答案爲確切不移，當時太陽系中僅發見七行星，黑格耳遂謂照理性之推論看來，應只有七個。但言未及一週，而海王星發見。羅素於數年述此語，意謂不知黑格耳將此星如何安頓。但今又發見一星，更不知如何安頓矣。德國哲學家除尼采叔本華 Vaihenger 倭鏗少數以外，均爲論理主義者。自純粹理性範疇出發。然英國自培根講歸納法以後，直至 J. S. Mll 著邏輯之系統，集歸納邏輯之大成。學者均以歸納法爲治學不二法門。直至卡萊爾 Carlyre 柯律芮齊 Coleridge 介紹非希特息林黑格耳思想於英，漸產生新黑格耳學派之鮑桑奎勃拉得雷格林，始注重普遍邏輯。法國之哲學方法，則介乎英德之間。法國初期哲學偏於演繹：如笛卡兒之由我思而推我在神在。斯賓諾薩之幾何學式之倫理學，均偏於演繹。然自百科全書介紹英國思想於法，孔德以降之社會哲學家均重在搜集事實以成己說，故又漸重視歸納。現代葛布羅 Gablot 之論理學，余近於 Gournal of philosophy（?）上閱一文，卽謂其爲調和歸納演繹者。

（三）自哲學之影響觀　哲學爲一切學問中影響於實際人生最大者，以其關係者至廣也。德國因為注重超驗之理性，故其哲學自上而下，如瀑布落潭，恆有欲支配一切之氣概。故其哲學影響於實際生活者，則為重視意志之表現。如萊布尼玆之動力主義 Dynamism，康德嚴刻不容情之理性的道德律；非希特我與非我之戰爭；黑格耳矛盾衝突之理性的發展；哥德重人格之奮鬪；尼采權力欲之擴張；人謂德哲學家與其帝國主義之雄心有密切關係，此實不容否認之事實。惟不能如俗見之以一切罪名歸之尼采一人耳！英國哲學因著重經驗，故於現實之問題甚為重視，於是養成國民之實際性，如霍布士之哲學所以擁護君權，卽擁護其所屬之 Troy 黨。洛克之研究認識問題起源於欲建設道德哲學以維持人心。柏克萊之主張精神主義，以反對當時之無神論，為其主要動機，以彼為教士也。休謨於其「人類悟論」一書首章卽言其書似無用而實有用。亞丹斯密邊沁彌耳之哲學均偏於經濟學、倫理學，哲學家既均重視實用，當然其影響於國民者亦是實用。至於法國哲學則因自科學出發不偏演繹歸約之故，其影響於民族性者為比較著重一般理性。如盧梭伏祿特爾之哲學反抗傳統思想，主張自由批判；笛卡兒思想方法為明白清晰。一般哲學家之文均能通俗，稱為 Bad freneh 僅孔德李洛未 (Renouvier) 等少數人耳。柏格孫之講演，巴黎士女皆喜聽。所以羅素譏誚柏格孫，說他的盛名是騙巴黎時髦婦人得來。再法國許多哲學家均著可以普遍世人之方法論，如笛卡兒之「方法論」，馬爾布朗西之「方法論」，柏格孫之「形上學序論」。法哲學家之主張自由批判，重視明白清晰，以方法論與常識銜接，均其重視一般理性之表現也。

以上不過就英法德三國哲學大體而比較，今再將法英德三方哲學分爲形而上學人生哲學比較之：

（四）自形而上學觀　英法德三國中雖以德爲最重視形上學，然他國非無形上學可言。大約德之形上學爲重視普遍，英國之形上學爲重視特殊。英國近世哲學始於Roger bacon williaw Okham，然二人均帶唯名主義之色彩。後有培根霍布士洛克巴克萊均重視特殊之個體，而否認普遍之原則，遂對於知識之確當性無由建立，終陷於休謨之懷疑論而無以自拔。休謨後彌兒等雖著重邏輯之系統，然以自然齊一律說明歸納之可能，又以歸納說明自然之齊一，致墮循環論證，如無德哲學思想之輸入，英國哲學殆將陷入無可收拾之境，德國哲學於文藝復興時有 Eckhart boehme 等神秘主義，繼轉成超越理性論之翁而胡等，以理性爲推諸一切而皆準者。康德之先天方式亦爲普遍必然，故勢必統爲黑格耳等之絕對論也。至於法國則其形而上學與德較接近，然又不全同，如笛卡兒馬爾布朗西斯賓諾薩以至近代之李洛未（Renouier）均相信普遍的理性。然法國哲學家不承認理性爲超越，如笛卡兒之以思想於松子腺與肉體接觸；斯賓諾薩之以神爲無乎不在；馬爾布朗西謂吾人通過神以觀萬物；均爲泛神思想。至近代之法國哲學，則如社會學派之哲學，更不承認超越理性之存在矣。

（五）自人生哲學觀　英國之哲學以注重特殊之故，遂以個人爲實在，而以社會爲非實在。霍布士之君權論以原始社會之人爲不相統屬之個體，爭鬪攘奪，終無已時，遂爲共同利害而立君，此純爲自個人主義出發點以論社會之起源也。洛克當啓明運動時，欲保障人權遂謂人各獨立。巴克萊之唯心論亦爲多元，謂各個人各有體。邊沁彌耳均以個人爲社會之基礎，將道德純建設於個人的快樂之上。直至近代席其維克 Sigwick 霍布浩 Hobhouse 仍以個人爲較社會眞實。鮑桑奎勃拉得萊雖主張個人應爲超個人而犧牲，以社會爲更實在。然其思想非英國固有，而係自德傳來。至於德國哲學則以注重普遍之故，遂以個人之實在不及全體之實在。康德雖以個人之人格爲各自獨立，然各個人心中之道德律，則爲普遍必然，人不能以個人之快樂爲道德之標準，而應以對人類之義務爲道德標準。及至黑格耳更倡個人純爲理性實現之工具視國家爲絕對。非希特亦以小我爲大我之一部，依大我而存在，爲大我而與非我戰爭。至於法國則一方反對英國之個人主義倫理學。如孔德之以利他主義爲倡，以利他心爲人類之本心。近代社會主義始於路易不朗克 Louis Blanc 聖西蒙，蒲魯東莎雷 Sorel 等，然他們之論進步，均集中於利他主義之實現一概念。然法國哲學者少有以反對個人主義爲圖超越理性之實現者。故法國哲學家少有以個人爲純粹之幻影 (Illusion) 者，孔德雖以社會爲實在，然其說仍建設於個人之利他心上；且主張人道教以歷史上之人格爲神而拜禮之。李洛未 (Renovier) 以權利與義務並重。居友 Guyau 以人之爲社會不過爲個人生命擴張結果。均近調和英德二國之思想者。所以我們可以說英國人生哲學比較重個人；德國人生哲學比較重國家社會；法則介乎此兩者。再則我們從另一方面看，可說德國人生哲學家所論之道德純爲意志的。康德以吾心之道德律與天空之星同樣嚴肅。吾人受絕對命令而實現之；非希特以實現道德而與非我戰也；尼采以道德者擴張意志也；叔本華以道德者消滅意志也；擴張意志，重視意志，消滅意志，亦重視意志也。英國人生哲學所論之道德，則多為工具的：快樂主義者為求快樂而行道，功利主義者為得功利，而行道德，均以道德為手段也。至法國人生哲學所論之道德則多為感情的：如盧梭之鼓吹博愛；孔德之發揚利他心；李洛未之排斥康德森嚴之道德律說；居友之重視生命情調；均自人類天然之感情出發也。

（六）認識論之比較　關於此項比較殊覺困難。大約我們可以說，英國哲學家在認識論上多主觀念論。哲學史上最著名的觀念論者柏克萊休謨詹姆士彌耳約翰彌耳均英哲學家。德國哲學家比較傾向實在論。德國哲學雖素以唯心論著。然德之唯心論為客觀唯心論。黑格耳菲希特息林等後康德派，柯亨李卡特等新康德派，以至現在之虎塞耳均屬於客觀唯心論者的陣營。客觀唯心論者在本體論上誠是唯心論，然在認識論上毋寧說是實在論者。且客觀唯心論者，都是承認有超乎個人觀念的實在或上帝——絕對——普遍心（均是異名同實的）。以為個人觀念不能搆造實在的，而是實在搆造個人觀念的。所以代表客觀唯心論者的近代哲學家鮑桑奎著近代極端派哲學之會合。（The meetnigs of extremes of contemporaray philosophy）將客觀唯心論與新實在論認為在認識論上全是一致的。泰羅 Turner 著直接實在論 Direct Realism 最後一章，專論德客觀唯心論者的領袖黑格耳，在認識上是主張實在論的。德國哲學除客觀唯心論外，康德之物之自身（Ding an sich）自然是實在論的概念了。唯物論在德亦較他國發達，唯物論大師佛爾巴哈赫克爾均德哲學家。唯物論之為實在論是誰也承認。所以我們可以說德哲學在認識論方面全是實在論的勢力。至於法國哲學在認識論方面則既無德國那般澈底的實在論者；亦無英國那般澈底的觀念論者，法國哲學家很少主張超乎人類經驗的實在或絕對存在；也很少主張世界是由我們觀念搆成者。如十八世紀 Condiac 之唯感覺論，十九世紀孔德之否認現象後之本體。二十世紀柏格孫之反對超經驗的本體，以本體卽變化之生命主觀之觀念，與客觀之實在均屬生命之內容。所以法國哲學書籍很少看見觀念論與實在論之斷斷爭辯，同時認識論也不及英德之發達。

（七）自哲學之成績觀　以上將三方哲學籠統比較了。由三方面哲學努力趨向之異，故其成績亦不相同。大約有幾點比較重要的可以說：

一、德國哲學所建設之系統最多，英國最缺乏，法亦少，德國哲學因方法偏於演繹，並自形上學出發，所以容易建設系統。因之德國哲學之系統最多。由萊布尼玆到康德及現代的德哲學家，殆無人不努力於建立其系統。所以德國的哲學出版物特多，因爲每一哲學對於所有問題均要發表意見。英國哲學因方法偏於歸納，並自認識論出發，所以立論比較謹愼，要創立系統當然不容易。因此我們在英國哲學家找一個氣魄雄大的非常困難。如斯賓塞雖著系統哲學，然其人讀書甚少，比起黑格耳之一時欲稱霸知識界便奐乎遠矣！近代之鮑桑奎羅素誠然氣雄學富，然究屬少數。法國亦然；笛卡兒斯賓諾薩與柏格孫自可比武德哲，然亦數人而已。

二、德國哲學對於宗教哲學之建設，較其他二國多。英國哲學對於政治學經濟學之成立與發展，功勞最大。法國哲學對於社會哲學最多貢獻。近代德國哲學大均爲客觀唯心論，客觀唯心論者，以上帝爲最高之概念，以上帝即實在之全部。故上帝即無限，而符耶敎中上帝之概念。比起人格唯心論之以上帝不過一較高人格；實用主義者之以上帝不過用以安慰人生之工具；客觀唯心論當然是最能抬高上帝之地位。而對宗敎哲學上貢獻較多。至於英國與法國哲學則均對於上帝存在問題，無大精彩之學說。有亦不多（如斯賓諾薩）。近代英國哲學始於霍布士洛克，霍布士是首先主張社會契約說的。洛克是第一個著書爲立憲政治辯護者。近代的經濟學始於亞丹斯密，發揚光大於邊沁約翰彌爾，但他們都是英國的哲學家。社會學的正式成立始於法國哲學家孔德。近代社會主義的先導，是法國的聖西蒙福利埃路易布朗。現代在社會學派最負盛名的也是法國的實證主義哲學家涂爾幹。所以我們說德國哲學對於宗敎哲學建設較多；英國哲學對於經濟學政治學之成立與發達最有功；而法國哲學對社會哲學貢獻較多。

我們看了三國哲學之比較，我覺三國哲學各有所長。德國哲學最能大膽假設，舖排系統，然恆失之獨斷，不顧事實，又以多涉宗敎問題不免流入神秘。英國哲學最能小心論證，故洛克、柏克萊、休謨認識論之發展，均一脈相承，秩序相連，然太拘泥於事實，以瑣屑之經驗爲哲學之基，故無由成統貫。法國哲學最切近人情，與科學於事實理論均能顧及，然又太重常識，而陷於庸常。所以現代各國哲學均日漸截長補短，如英新實在論、新黑格耳派之承受德之論理主義：德社里舒、斯賓格勒Vaihe-nger之重視生命情調；然到底尚未有兼具衆長之哲學系統出現，中國民族精神之弱點在模稜兩可，然其優點在博大雍容。於一切思想均主兼收並蓄，接受新思想性極強，故晉唐之佛學輸入，而蔚爲宋明理學。今處此新說蠭起，異論縱横之際，若能不梗成竹，宏納衆流，則融通各國哲學之所長與舊說之精英，以成圓融周遍之新哲學。則當仁有何讓焉！是惟待諸有心人努力矣。

廿年六月十一日

（一九三二年四月•「建國月刊」第六卷第四、五期合刊）

真偽問題(註)

判斷有錯誤與正當之別，這是不容否認的事實。因為你否認判斷有錯誤與正當之別，你已下了判斷無錯誤與正當之別的判斷；若以之為正當，則必以判斷有正當與錯誤之別為錯誤。所以莊子泯是非之辨，其結果只是以無是非為是，有是非為非。禪宗以煩惱卽菩提，眞境卽妄境，其結果仍然不能不罵立文字的諸宗，而自以為是「見性成佛」的不二法門。因為泯是非之辨，只有泯泯是非之辨；若尚有「泯是非之辨」的一回事，則雖自以為「終身言未嘗言」，然而「言無言」已是言。要以眞卽是妄，只有面壁枯坐棒喝俱無；若尚有欲自命敎外別傳者，雖自以為不立文字，然直指本心，已須文字。有言有文字，是非何能免？以言遮言，用名相遣除名相，以是非去是非，這種方法用來敎人證道，許是有相當效果。然而用來攻擊論敵，卻是必然自己矛盾而歸失敗。

正當與錯誤的嚴格分劃，這是人類思想進化最重要的條件。中國思想史之無大進步，原因固多，正當與錯誤問題的不重視，恐怕是重要原因之一。中國學者自來就少詳細深刻的討論，致正當與錯誤

註：本篇發表時署名唐毅伯。——編者

的問題，眞義莫明。概括的講，中國人講的是非之辨，均是倫理上的善惡之辨。老子以大辯若訥。孔子學天何言哉。墨子辯仍爲實用，故謂「言足以舉行」。周秦三大派思想界領袖都不十分重視正當與錯誤之嚴格分劃，所以中國學術的進步，總是姍姍其遲。然而在西洋則自始至終，把這問題牢牢執着。所以純理的科學隨這問題進步而進步。尤其到了現代這問題尤見重要。黑格爾以後之唯心主義最顯明的破綻，就是善惡錯誤的問題，莫有很好的解釋。雖然攻擊唯心主義者並不一定從此入手，然而此點卻是被人引起攻擊的嚴重的顯明的弱點。現在哲學界最時髦的新唯實論所最感困難的也是這一點；批判實在論正是爲這個問題而豎起反抗的旗幟。如批判實在論的巨子菊克（Drake）在 Approach to Critical Realism 一書中明白說他反對新唯實論的理由：一、新實在論與科學常識相距太遠；二、爲如新實在論的認識論不錯，勢必無所謂錯誤。至於久爲國人熟知的實用主義哲學，也全集中於其眞理論。可見錯誤與正當之問題在西洋哲學上是如何的重要了。關於這個問題現在原沒有最終的解決，但只因要解決這個問題，使人們的思考更加精進；觸類旁通而引起許多新的觀念和學說；牠好像黑暗中的星光引誘我們奔向聖智的境界。所以，這裏把各家的學說介紹出來，並給他們一個是非的評論：

代表實在論之相符說

代表實在論是人類感到眞僞問題困難時，欲求解決的最初的嘗試。當人生之初，或原始的民族都是相信一種樸素的實在論者，Naive Realism 以爲我們所見聞者卽外物之本相。所以小孩子做夢他就以爲他眞是到夢境去了；原始民族以爲做夢就是靈魂出売漫遊一新的地方。但是人類經驗稍多便知夢境並無其處，而純是心理的幻景。因之更發現許多心理與物理不同的現象，卽種種錯覺同幻覺。因此稍爲大一點的小孩與開化一點的民族都相信兩個世界：一是外物的世界，一是內心的世界。我們並非直接見外物；是外物與我們接觸時在我們心上生一外物的印象，我們才見外物。這印象有時與外物相符，有時不相符。當我們內心的印象與外物相符時，這印象便是眞的。如普通的知覺。不然便是僞的，如錯覺與幻覺。這一種常識的眞僞論通常叫 Copy Theory。經哲學家取來便是代表實在論。所不同者不過在代表實在論的哲學家，如加利略、陸克等對常識的眞僞論有所修正而已。他們以爲色、聲、香、味等是隨主觀而變，故非外物所本有。外物所本有者，如硬度體積等等名之爲第一性質。前者名之爲第二性質。代表實在論從常人眼光看來，似乎是最簡截了當的眞僞論。但我們稍加反省，便發現其困難：

（一）照代表實在論看來，譬如我們心中有某花黃的印象，我們要知某花是否黃，只有拿我們心目中某花之印象，與外界某花相比。但是根據代表實在論的假設，我們就根本不能知某花本身。因當我們見某花時，我們仍然只能見某花在我心目中之印象。是則以印象比印象而已。如是我們便永不能知客觀外物，亦永不能得一合理的判斷。並且我們既未嘗見客觀外物，我們又何以知客觀外物之存在呢？

（二）照代表實在論則共同之知識爲不可能。因照代表實在論我們認識外物就是心理上起一外物之印象。那麼我們有五人看一花，便有五印象。我們五人各看各人的印象，那麼我們便不能說我們是同看一朶花。因爲所謂一朶花是不能見的。也許有人說我們根本上便不能共同看一朶花。所謂同看一朶花者不過五人所得的印象相似而已。這在多元的唯心論常如此主張。如巴克萊（Berkeley）及佛法中之唯識。不過嚴格講來相似的意義就是部份相同。我們說我們五人看的花底印象相似，便是說我們五人看的花底印象部份相同。便是說我們五人同看一朶花的某部份。所以問題仍然在我們五人如何能共同看一朶花的某部份呢？假如我們的對象不是同一的。

唯心論之配合說

因爲常識與陸克等之代表主義的眞僞論不能解決眞僞問題的困難，所以必然走到客觀唯心論之配合說上去。此派之眞理論自黑格耳以至鮑桑奎、勃拉得雷、勞逸士、鳩痕，可謂已發展到很圓滿的境界了。這派的眞理論從他的本體論的主張上引申出他對於代表主義眞理論兩種困難的解除。這派的本體論顧名可思義：一是唯心，一是客觀。因爲主張唯心，所以否認所謂內心的印象與客觀的外物之別，以爲一切存在都是我們可意識的。根本上旣無外物，我們也不必去求知其本身，而審其是否與吾人內心印象相同否。因爲主張「客觀」，所以一對象可爲數人所認識，而確立共同知識的可能。客觀唯心論者在解除了代表主義眞理論困難之下產生了他的配合說。

配合說以爲眞理就是觀念與觀念間之配合。我們說某觀念眞，便是說某觀念能在諸觀念組成的系統中配合。說某觀念僞，便是說某觀念在諸觀念組成的系統中不配合。譬如我們說地圓是眞的，這不過就是說地圓與我們之其他觀念如可環繞地面，海上觀船先見船桅……等相配合。說地平是僞的，不過就是說地平與這些觀念不相配合。又如我們從前說有「以太」(Ether) 現在說無以太。我們從前說有以太，是因爲以太的觀念與我們當時物理的知識可相配合。現在說無以太，亦是因爲以太與我們現在關於自然知識不相配合。就是數學上所謂自明眞理，如二加三等於五。在一般人看來是不容疑的眞，然在唯心論者看來，則也不過因其能與吾人其他數學觀念相配合而已。不然則二加三等於六，也是同樣可說是眞的（註一）。

批駁唯心論的配合說的理由很多，如唯心論的配合說本身不能用配合說證明。因二觀念可同時配入一系統，並且我們也可以構成一錯誤系統。這是一般哲學概論的書對於唯心論的批評。不過這些並非配合說的致命傷。其實配合說本身正是可用配合說證明的。所有唯心論者做的關於配合論的論文，都在辯明唯心論的配合說是同人類知識相諧和，相配合，不相矛盾的。這正是在用配合說來證明配合說。或有人說你用配合說證明配合說，卻已先假定配合說是眞理。這似是有力的駁論。但卻犯了羅素所謂混淆邏輯品類的錯誤（Confuse the logical type fallacy）此種錯誤姑不具論。不過我們可以替唯心論者答復道：「我先假定的配合說，仍然可用配合說證明的。」在駁唯心論者自然可將其駁論再反復一次，但我們也可將我們代替唯心論的答復再反復一次。這樣配合說縱然永遠不能立住，然亦永遠駁不倒。可見這種駁論是有若無的。至於說二觀念可同時配入一系統，這是否可能很是問題。任何科學家都在不斷的剔除不同的二解釋之一，而且不斷的成功。雖然羅素說未見得將來亦成功（見其Problem of Philosophy）然而過去既然不斷的成功，我們相信將來亦成功的理由總要多些。羅素於哲學上找了人生是一夢與人生是眞實一例來說，但我們稍一反省便知此唯一之例亦不能成立。因爲羅素所謂人生是一夢之語，是無意義的。我們決不會有人生是一夢之觀念。因夢對覺言，我們永未離人生，則永無覺亦永不知人生是夢。人生一夢之語只是一個類似觀而已。因吾人醒時事與夢相同，遂謂人生一夢。然若如此，則謂人生一夢之意義與人生是實在毫無別矣。至於說我們可構成一錯誤系統，這也不足以難倒唯心論。因爲唯心論以爲全宇宙之觀念配合爲眞僞之標準。一錯誤系統縱能自配成一系統，然必與全宇宙中之他部份不能配合，所以不能算是眞理。（譬如有人做一世之夢——俗傳之黃粱夢——雖自成一系統，然與宇宙中他人經驗不能配合。）

我們以爲唯心論之配合說所不能免的困難，是其說使我們認爲性質不同的錯誤與眞理只是程度的不同而已。唯心論者以爲一觀念爲眞理就是一觀念能與他觀念相配合。但是爲眞理之觀念與宇宙中其他一切觀念——或事實——是同樣的構成宇宙全體之一部，無一動一靜之別。所以唯心論者進一步的推論勢必是：「爲眞理之觀念，既然與他觀念配合便成眞理。那麼全宇宙中其他一切觀念——或事實——亦是互相配合，（因爲全宇宙一定是 Consistent with It-self）是則全宇宙中其他一切觀念都是眞理。如此全宇宙在唯心論看來，便是一眞理系統。既然是一系統，那麼便是一個統一體了。鳩痕說求知的理想，不是在求得許多眞理構成的系統，而在求一個眞理的系統。……配合乃是一個形式，各種材料經過他的陶鑄，而失去他們自己的獨立性（註二）。因爲全宇宙是一有統一性的眞理系統，於是要知一單獨眞理必須知眞理全部。我們所知一單獨眞理之眞理性，視吾人所知於眞理全系統中之多少而定。吾人知於眞理全系統者愈多，則此單獨眞理愈增其眞理性（註三）。然以吾人永不能知眞理全系統之故，其眞理性遂永不能達於最高程度卽達於絕對。於是吾人所認識之眞理遂均爲相對的。只有部份眞，他部份爲僞。又因爲全宇宙是一有統一性的眞理系統，所以一切錯誤觀念因其內容均爲宇宙之一部，（Bradley 說過 every error contain "some truth" since it has a content which in some sense belongs to the universe）（註四）於是亦含有部份眞理。唯心論這樣一來把我們所謂眞理錯誤都看作是相對的，我們看這種主張能否解答我們下面的問題：

（一）一切眞理均有錯誤嗎？　假如我們說一切眞理都有錯誤，那麼我們請問唯心論者所主張之配合論，是否亦有部份錯誤？唯心論者所承認之同一律（A is A）、矛盾律（A is not non A）是否亦有部份錯誤？唯心論者所主張之宇宙全體爲一眞理系統，是否亦有部份錯誤？唯心論者既未嘗知宇宙全體這個眞理系統，當然不敢說這是絕對眞理，而必得認爲有部份錯誤之可能。如同一律矛盾律亦有部份錯誤之可能，則何足用以判一切觀念之眞僞？宇宙全體爲一眞理系統，如亦有部份錯誤，則焉知宇宙中非有一大部錯誤（或非眞理）混於眞理系統中？是何必待認識全體宇宙，焉知吾人之知識未嘗將宇宙中眞理之部一一獲得呢？

（二）一切錯誤都有眞理嗎？　唯心論者主張唯心，唯物論者主張唯物，在唯心論看來唯物論當然錯了。然則唯物論是否含有部份眞理呢？唯心論者當然答道正是，唯物論者亦含部份眞理。唯物論看着宇宙中物的實在，亦便是牠所含部份眞理，不過唯物論者只知物之實在，遂否認宇宙中心之心遂錯誤耳。不過我們還有請問唯物論者以其部份眞理爲全部眞理，只承認物之實在而否認宇宙中心之心，這一種態度，是否仍含部份眞理呢？如其不含部份眞理其故安在？如其仍含部份眞理，那麼以部份眞理爲全部眞理，也有一部份眞理。那部份眞理有時就是全部眞理，那麼錯誤不僅含部份眞理，而且含全部眞理了。那只承認物之實在而否認宇宙中心之心，也有部份眞理。那只承認物之實在而否認宇宙中心之心有時也是正當的，那麼唯物論與唯心論可並立了！

由上二段可見唯心論之一切眞理含有錯誤說，或一切錯誤含有眞理說，都是自相矛盾的。不論那個唯心論者都自以爲知道了實在或絕對，已得至高無上之眞理。不論有那個唯心論者，都以他的反對派之自以爲是爲絕對謬妄的。可見眞僞之別，絕非程度之別，而爲根本上的不同。

實用主義之真偽論

實用主義在眞理論上極端反對舊之靜的觀念說。不管是代表實在論或唯心論都是把觀念作靜的，殊不知觀念，並非靜的，觀念是一種活動。是趨向於引導於某物的（Intend to or lead to something），決非固定呆板的。一觀念之眞與僞，就在其能否完成其活動；能否趨向於引導於某物；能否實現其機能，或者是否有用。所以在實用主義看來眞僞原來完全是加在我們活動觀念上的副詞；決不是加諸靜的觀念上的形容詞；也不是單獨存在的名詞；因此我們要辨別觀念的眞僞，應該從其是否施諸實際而有效這方面着眼。這可說是實用主義的眞理論的最簡單的敍述。

我們對於實用主義之主張觀念是動的；眞僞原是加在動的觀念上的，是副詞非形容詞名詞；這些我們是非常贊成的。不過我們對於實用主義仍有不能滿足之點：

實用主義眞僞論之意義的含混。本來實用主義站在唯心論與實在論間：一方接近唯心論；一方接近實在論。這在勒夫局（Lovejoy）於批判實在論集中 Pragmatism versus the pragmatist 一文已舉出五六點來證明得很詳細。此外培黎於現代哲學趨勢書中亦稱此爲實用主義之兩難。此種實用主義之含混性，同時當然包括其眞僞論之含混性。這一種含混性使實用主義眞僞論，一方採相符說，一方採配合說。

甲、實用主義雖然在本體上要打破心物的區別，然而在認識論上卻無形中承認了我們的觀念與客觀外物的分別。譬如杜威說我們所知是只限於我們所知覺。客觀的物質的原因是不能爲我們所知的。(The things known by perception is by the hypothesis in relation to a known while the physical cause is not)（註五）所以他以爲一觀念之活動，而要求事實證明時，我們心中有一關於事實之觀念的內容 ideal content 呈現。這觀念的內容與證實滿足時吾人意識中所呈現者是不同的（註六）。並且以爲一觀念活動之要求證實，就是我們「關於事實之觀念的內容」指示「當吾人證實時事實之內容」能同樣呈現（註七）。這顯然是與代表實在論之相符說相差無幾的。這不難從詹姆士和杜威的舉例中證實。詹姆士以爲觀念好比鈔票；觀念之爲眞理，好比鈔票可兌現洋；但是我們要問鈔票與現洋之關係是否相同 Correspondence 的關係。杜威以爲我們聞玫瑰香，於是有一玫瑰花之代替者呈現於吾人之前，後來我們眞見玫瑰花，則此代替者爲眞。我們要問此代替者與玫瑰花之關係是否代表與實物之關係？恐實用主義者也不能不承認吧！

乙、實用主義者雖然不承認宇宙是一元，是唯一之系統。然而以爲一切觀念均在組織破碎之經驗歸於完整。新觀念如眞，必融入舊經驗，與之滲透而成經驗系統。新觀念如不能融入舊經驗，反生矛盾，則新觀念應摒諸外 (Rolled out) 因其爲僞。這很顯然是唯心論之配合說。所不同者在唯實用主義者不承認宇宙有絕對之系統，而比較重視經驗可型性 (Plasticity) 耳！這不僅許多評實用主義者如此說，即詹姆士亦謂求知之 Satisfaction is marrying precious part of experience with newer parts。杜威於何謂實用主義一文中，亦謂實用主義視智慧之滿足與系統之要求同是人類實用的要求！

以上是實用主義眞理論中所含兩種成分，不過實用主義眞理論中所含之意義尚不止此。

丙、詹姆士杜威之哲學均自生物學心理學出發，故特別看重人生之普遍幸福，而以能使人生得幸福的知識就是眞的，此項理論乃大反自來只以滿足理性的要求爲眞理的那些主張。所以一切政治上文學上宗教上的主義，與科學上哲學上的思想同樣的有眞理性了。

這三種眞理的標準均同時爲實用主義的眞理論中所採納。在實用主義者本身也許覺三者均已攝在實用的意義中，正可表示實用主義眞理論內容之豐富。不過在我們看來此三種眞理標準顯然時時相衝突，絕對不能並行不悖。譬如我們向病人說病的實狀，這照第一標準的眞理論來說是獲得了眞理。但照第三標準來說便是錯誤，因爲使病人不快。請問在這種情形之下，是不是要捨去一種標準？我想當然要的！因爲詹姆士於實用主義中批評各種哲學如唯物唯心樂觀悲觀等問題，均是捨棄了第一第二標準，而用第三標準。其於信仰之意志中論上帝存在與否之問題，亦是不就上帝觀念之有無事實與之相應，而純就上帝之觀念可否安慰人生立論，這是道地的實用主義了。但實用主義是不是一定於三種眞理標準衝突時則採用第三種，這在實用主義者自身並無明白表示。據一般人同自實用主義字面上看來，很容易說是的。如果如此則實用主義成了狹義的功利主義，把善與眞混而爲一，並且把「眞」的事實抹殺了。否則在何種情形下當採何種標準？這也是我們希望實用主義者答復而未曾答復的！

我們認爲實用主義否認絕對的眞理，這也是錯誤的。因爲有許多眞理是不能否認的，即如席勒說，同一律矛盾律等都是變動的，其前途都是危險的，這就顯然是不對的了。因爲你反對同一律矛盾律已在用同一律；如以你的實用主義是實用主義，已在用矛盾律；（如實用主義非非實用主義），不然則實用主義與非實用主義同，何用啜啜爭辯呢？

總之我們認爲實用主義者之注重觀念的活動是對的，其批評代表實在論、唯心論許多地方我們只有鼓掌讚嘆；不過他對於眞理的意義莫有明確，同時否認絕對眞理，我們是很不滿足的。至於此外有許多人用「實用主義本身不能用實用主義證明」，或「關於過去事的觀念不能用實用主義方法判其眞僞」；以爲「實用主義所謂觀念都是涉及未來的」來批評實用主義，這在杜威的 Experimental logic（註八）中有很好的答復，我最初也以其答復爲遁辭，但是在拋開成見之後便知其答復實在是正確的。

批判實在論之眞偽論

批判實在論本來在新實在論產生之後，照理應先述新實在論；不過批判實在論比較與實用主義接近，所以提前討論。

批判實在論是爲反對新實在論而起，然反對新實在論最要的地方，就是新實在論不能解釋錯誤。所以批判實在論中之眞理論之重要，頗似實用主義之眞理論在實用主義中之重要。並且批判實在論是正在發展的學說，我所看過關於批判實在論中只限於 Critical realism，士屈郎 (Strong) A Theory of Knowledge，勞交士 (Roger)：What is truth，菊克 (Drake)：Mind and its place in nature。如批判實在論中最精細的勒夫局所著 Revolt against realism，我就只看過二章。恐怕敍述不免有誤，今就所知，簡單述三點：

（一）批判實在論承認在我們的心理狀態以外有客觀的外物。這是牠同於代表實在論的地方。不過批判實在論以爲在認識的過程中不只是心理狀態同客觀的外物，還有一個居中的媒介，就是 Sense-data 或名之 Essence 或名之 Character Complex。這居中的媒介，在批判實在論分兩派去解釋他的地位：一派以勒夫局爲代表，以爲這 Essence 是有心理學上的存在。(Psychological existence) 一派以士屈郎、菊克爲代表以爲 Essence 只有邏輯上的存在 (Logical existence)。

（二）批判實在論承認心是有作用的，眞僞是因心理活動而有。這是批判實在論與實用主義相同的地方；但他反對實用主義以認識過程是渾然一體不可分「能」「所」的學說。他以爲這「能」「所」的劃分，在認識活動中是有的。他以爲我們的心理狀態在認識過程中所擔任的活動，是投射一種 Essence 或 Character Complex 或 Sense datum 出來。把牠指派在外物上。眞理的意義就是我們指派的 Essence 與客觀外物所具 Essence 的一致。錯誤的意義就是不一致。這是批判實在論同實用主義不同的地方。

（三）批判實在論以爲我們不能知外物，然則我們如何知我們投射之 Essence 與外物所具者符不符呢？批判實在論以爲這仍只有賴 Test by Consistency。這是與唯心論相合的地方。但是批判實在論認爲眞理並無唯一系統，所以我們可以單獨認識眞理而且不含部份錯誤。這又是牠與唯心論不同的地方。

我們了解了這三點，我們便知批判實在論之眞僞論之產生實非偶然，而是過去許多學說的綜合，同時努力避免各種學說的困難的。我們可以讀勞交士在批判實在論集中一篇論眞僞的文章，同勒夫局那篇評實用主義之矛盾的文章，我們便可知道。不過批判實在論者有一最大的困難是可以使批判實在論功虧一簣、敗於垂成的，就是批判實在論假設的外物是超經驗的，而無充足理由以保證之。批判實在論批判的始點，就是假設我們的心理狀態與物質界之物是各自獨立的。（當然是認識論上的意思非本體論上的意思。）所以他們說 The psychis state and the physical thing are Unquestionably two and Matually in dependent（註十）。並且以爲外物本身決不能入我們意識。則我們請問如何可承認外物之存在？因爲我們既然永遠不能由我們心理狀態跳入外物，那麼無論關於外物的 Character 知道如何清楚，然我們只限於此 Character；我們是被關禁（Being shut）於此 character 中。我們就只有理由說這 Character 存在；我們有何理由說 Character 還附着於一東西呢？所以批判實在論對於外物之存在問題只好訴之於信仰來解決。所以塞勒士（Sellers）說。The reason for a belief in the Physical world can be given back up our in stinctive assertion of it（註十一）。士屈郎說所有動作好像相信外界是有東西的（註十二）。並且又說這信仰是不能再問的；你問人何以如此信仰，猶如問人何以要睡一樣（註十三）。因爲這信仰是人同動物所共同具有的（註十四）。我們縱然莫有理由證實這信仰，也莫有理由反對這信仰（註十五）。勞交士在「何謂眞理」書中討論此點也如此主張。並說這信仰是先理性的（註十六）。菊克在「心及其在自然中之地位」一書中專論信仰關於外物之存在，說這信仰是合理的（註十七）。但是他所舉的九個理由也不過證明是有此信仰也不見得不合理而已。我們要知哲學的使命就是要「阿坎薙刀」剃去一切不可靠的假設，莫有充足理由去保證的假設，動物可以保留，常人可以保留，但哲學家莫有理由保留。以批判自命的批判實在論的哲學家，尤其是不可保留的。所以籐羅（J.E. Turner）在 A Theory of Direct Realism 書中 Inadequecy of Critical Realism 一章中謂批判實在論乃二元論。華達(Verda) 在 New realism in the light of Scholaiitism 文中謂批判實在論爲唯心論。不爲無因也！

批判實在論說眞理由於我們之 Essence 與外物所具 Essence 相同；錯誤由於不相同。然而若外物本身尚不足靠，則何眞理錯誤之可云呢？

批判實在論說外物之存在爲常識所信仰。不錯，但常識所信仰的外物，是有色有聲有香有味的外物呀！常識何嘗信仰色聲香味後面的外物呢？常識都是認爲我所見的就是外物的眞相，何嘗認爲我所見的是指派在外物上的呢？批判實在論重視信仰，何以不更重視這更普遍的信仰呢？批判實在論因爲一心一意想避免新實在論同其他眞僞論的困難，不料前門閉虎，後門進狼，這是我們很替批判實在論惋惜的！

幾位新實在論者之眞僞論

新實在論是現代英美哲學之主潮。此名不過表示大體的趨勢，至於各個新實在論者的意見，大不一致。並且關於眞僞問題，亦無共同之理論。現在將新實在論中幾個對於眞僞問題的見解略述於後。

一、霍爾脫（E.B. Holt）　霍爾脫在 "New Realism" 一書著有 Illusory Experience 一文，

另在 Concept of Consciousness 一書著有 Error 一篇，可代表其對於眞僞問題的見解。霍爾脫以爲錯誤就是矛盾。他說：「當一個人遇着錯誤的時候，他經驗A是B同時A又不是B。」所謂A是B同時A又不是B，就是邏輯的矛盾（註十八）。又說：「經驗中的許多錯誤，就是在知識中包含了許多互相衝突的命辭。如X是燈塔，X是一顆星。」（註十九）霍爾脫以爲我們雖然應將 Reality 與 Being 分開，但 Reality 與 Being 同是客觀的。錯誤由於 Being 表現的矛盾。所以錯誤亦是客觀的。一般人之所以把錯誤當作是主觀構造，由習於以兩相矛盾的命題不能同眞之故。遂不得不將那所謂錯誤的命題歸罪於主觀，其實都是客觀的。

對於霍爾脫的眞僞論，我覺得其根據生理去解釋知覺錯誤的客觀基礎是很可取。但是他解釋到判斷錯誤上，則殊不滿人意。因爲假如兩個矛盾的命題是同時存在於客觀界。則此矛盾的命題，必可並行不悖。譬如霍爾脫所舉之例：我們在夜間見一光遠看疑是燈光，細看是星光，則此相矛盾之命題不能同眞。但是，我們之所以以爲不能同眞的原因實由於我們心理上只願接受其一。如我們既接受其一之後，又接受其二，我們實不見其何眞僞。X是燈光，與X是星光本身並不互相干涉。我們所以只接受其一，而不接受其二；顯然是有心理作用。如我們把心理作用認爲是主觀而不能影響於二相矛盾的命題，則此二命題均應如霍爾脫所謂是 Being。即 As it is 我們實不能有眞僞之辨！

二、孟泰荀 Montagul　孟泰荀所著關於錯誤眞理問題之文，重要的有三篇：一是 New Realism 中 A Theory of Truth and Error：一是其大著 The ways of Knowledge 中附錄 The knower and the Known 中之一部：一是與 Murihead 等合著的 The problem of truth 中 Truth substantial and existential。此三篇之意，大體相同。彼謂 The true and the false are respectively the real and the unreal, considered as objects of a possible belief or judgement（註二十）又說 We may define the true as the real considered as the object of a Possible judgement. Truth is reality viewed from Certain angle the angle of actual or possible judgement.（註廿一）他以爲一眞理之眞，由其對象爲實在。一錯誤之誤，由其對象爲非實在。故與吾人之判斷信仰無關的。所以他說 No judgement depends for its truth upon Whether somebody actually states it or believes it（註廿二）他以爲我們把眞與僞隸屬於判斷或信仰，犯了一種心理物理的比喩的文字錯謬。(Verbal Fallacy of Psychophysical metonymy) 所以他說：True and false only apply to beliefs in a metonymous or horrowed sense.（註廿三）這些意思大略與霍爾脫相同，其困難也與霍爾脫相同。因爲實在和非實在既均是客觀，則說不上錯誤。我們的判斷的對象，若是非實在，並不能說就是錯誤。譬如我們說：「夢是夢」。夢原是非實在的，但這判斷並不錯。要說，也只有我們以夢境爲實境才錯。但假若我們以夢境爲實境才錯，則我們判斷的對象就不可說只是非實在的了。並且以之爲非實在已是心理作用了。

三、羅素　羅素的哲學，廿年來不知變了許多次。然而他對眞僞問題的意見，卻是前後很一致。廿年前之 Problem of philosophy 與一九二一年的 Analysis of mind 及前兩年出版的 Outline of philosophy. 均是主張「相符說」的。他於 Problem of philosophy 中謂 If we take such a belief oihello believe that Desdemmona loves Cassio. We will call Desdemmona and Cassio the object terms and loving the object relation. If there is a complex Unity "Desdemona's love for Cossio" Consisting of the object term related by the object relation in the same order as they have in the belief, then the Complex unity is called the Fact Corresponding to the belief.(註廿四)

羅素的相符說與代表實在論之相符說，其不同之點：在代表實在論勢必以我們所代表的對象是不可知的。而羅素則不以爲我們的信仰外之信仰的對象是不可知的。不過他分開我們的信仰與信仰的對象。以爲眞就是我們的信仰與信仰的對象相符。錯就是我們的信仰與信仰的對象不符而已。

羅素這種相符說誠然較代表實在論爲優，不過仍然不能解釋錯誤之可能。因爲照羅素之意，我們的信仰與信仰的對象，從定義看來是兩個東西。同時我們知道我們的信仰不管錯不錯必有一內容。若無內容，則不成信仰。但如有內容，則我們的信仰便可說是我們的信仰對象外另外的一事實，與我們的信仰對象這事實是各自獨立的。如此則我們請問我們的信仰與我們信仰的對象之相符，與一石頭與另一石頭相似究有何不同。我們的信仰與我們信仰的對象不相符，與一塊石頭與另一塊石頭不相似又有何不同？假如這問題是正面的答案，則我們何以對於一塊石頭與他石頭相似時，不說這石頭含有眞理？對於一塊石頭與他塊石頭不相似時，不說這石頭含有錯誤？而獨於一信仰與信仰對象相符時，便說信仰含有眞理；一信仰與信仰對象不相符時，便說信仰含有錯誤呢？假如有什麼不同，那末不同在什麼地方？羅素卻並無明白的答復。

我的真偽論

以上對於各派理論，稍有敍述，雖未詳盡，但頗有助於我的理論的了解：

（1）Marhemke 曾說 The problem of error consists of two independent problems: Problem of judgemental error and problem of perceptual error. These two problems are usually treated together, as if they were different aspects of one and the same problem.（註廿五）我覺這話非常之對。不過嚴格講來，知覺的錯誤實不能說是錯誤。因爲錯誤的知覺，也是一件事實，無所謂錯不錯。縱然要討論也應歸於生理學、心理學方面去討論，不能由從認識論上去討論。所以我此篇專以討論判斷之眞僞爲目的。如上批評各派之眞僞論，亦祇批評其判斷之眞僞論而已。下面對於眞僞問題之意見，亦是關於判斷方面。這是我爲着明白起見，要聲明的第一點。

（二）帕拉圖曾說在意義上的錯誤大異於在文字上的錯誤。有許多在一般人認爲錯誤的命題，常常祇是文字的錯誤。這一種錯誤嚴格講來，實不能說是錯誤。譬如德人馬因羅（Meinong）所謂「圓的方」，在我們看來祇能說是名詞的結合，無意義。決不能成爲思維的對象的，也決不能說牠錯誤或不錯誤。又如佛家所謂「龜毛兎角」既是龜又有毛；既是兎又有角；和「圓的方」同例。又如哲學家中有主張「超經驗的本體」，在我們看來也是名詞的結合爲無意義的，以此語之本身卽拒絕任何意義之故。所以也是屬於文字的錯誤的。因爲我們不能拿超經驗來形容任何事物。此外在推論中，如有人說「沒有貓有二尾，一貓比沒有貓多一尾，故一貓有三尾」，也是無意義的。因爲兩個「沒有貓」之意義全不相同，今有此推論乃假設其相同。但我們在假設兩個「沒有貓」相同時，我們並不能思維兩個「沒有貓」的情景相同，所以兩個沒有貓相同之假設，爲文字的結合推論，爲無意義的。也只有是文法上的錯誤而已。在論理學上所謂「合謂謬誤」、「分謂謬誤」、「偶性謬誤」、「兩難謬誤」，與「中名詞不周延」、「大名詞違法」、「小名詞違法」、「非法之換質換位」、「雙關語之誤解」、「讀音輕重之謬誤」，都可說是文字上之謬誤。從本文中嚴格的錯誤定義講來，都不能說是錯誤的。在我們看來只有有意義的命題或推論，才有所謂眞僞可言。

假如我們承認一個可名之爲眞或僞的判斷，都是有意義的有內容的。那末我們便可進而討論以下諸問題：

(三) 判斷作用之兩難 (The Dilemma of judging Process)。眞僞問題之所以困難，在於判斷的對象究在判斷內或判斷外的問題，如判斷的對象在判斷內，這就是說我們作一判斷時，我們判斷的對象是爲我們所意識的；譬如看見一白色之物，我們於是說這是白的。「這」是我們判斷的對象，「這」就是爲我們所意識的。但假如說判斷的對象是爲我們所意識的，則嚴格講來此判斷不是判斷，因爲此判斷的對象既爲我們所意識，則此判斷只是敍述一我們所意識的事實。既是敍述一我們所意識的事實，這就不能說眞的或僞的。譬如說我們所意識的這是白的，這當然無所謂眞亦無所謂僞。縱然這眞是白的，我們說我們所意識的「這」是白的，也並不可說是眞了。因爲我們說的只是我們所意識的「這」是白的！縱然這不是白的，我們說我們所意識的「這」是白的，也不可說是僞了。又因爲我們說的只是我們所意識的「這」是白的！在我們說我們所意識的「這」是白的時，我們所意識的「這」當然是白的，不然這話便無意義。我們要對我們所意識的「這」—「這」當然是白的—加以眞僞之辨，當然只能加眞而不能加僞。因爲我們說這話時，我們意識的確是白的。但是我們知道「判斷」一定是可加眞僞，既可加眞亦可加僞的；然而假如說判斷的對象是爲我們所意識的，則這判斷不能加眞僞，或只可加眞而不可加僞；顯然判斷的對象爲我們所意識時，判斷就成非判斷了。但反之，我們說我們作判斷時，判斷的對象是在判斷外，在意識外，則判斷仍非判斷。因爲若我們作一判斷時判斷的對象在判斷外，在意識外，那就無異說我們判斷這心理作用有「能」無「所」。然而根據我們的經驗，「能」與「所」是絕對不能離的。我們意識「能」，亦必意識「所」，我們既知我們「見」，必知我們「所見」。同樣我們經驗我們判斷作用的進行，我們一定要經驗判斷作用的對象。判斷作用與判斷對象應均是被意識着的。我們判斷這是白時，若判斷的對象在判斷外，應只說「……是白」而不能說「這是白」，那就不成判斷。

以上所說判斷作用之兩難，前一難是唯心論者新實在論者必然要遇着的，後一難是代表實在論實用主義批判實在論所必然遇着的。前派因後一難而走到前一難；後派因前一難而走到後一難。這兩難的確是難於同時逃脫的。不過不逃脫此兩難，眞理與錯誤問題是沒有出路的。所以我認爲研究眞僞問題應從此着眼，應努力設法跳出此兩難之關，以下便是我跳出此兩難的辦法：

（四）研究眞僞問題可勉強分爲「眞僞之起原」，「眞僞之意義」，「眞僞判斷之形式」三者。但此三者，義實一貫，玆依次論之：

甲、欲知眞僞之意義，須先明瞭可加眞僞之判斷。凡可加眞又可加僞判斷，至少由三項構成：譬如我們拿一極簡單之例來說；我們在林中走，遠遠見一黑影，似與他樹相隔，於是我們認爲人。下一判斷：「這黑影是人」這判斷可眞可僞。這判斷似只有二項，但是我們若稍加反省，則知此判斷中所謂「這黑影」決非單獨的「這黑影」而爲與其周圍環境有關係的「這黑影」。我們注意「這黑影」時不只注意「這黑影」而且相當注意「這黑影」所關係的環境。因爲假如我們是只注意這黑影，則當我們走近這黑影發見並非人而爲樹之時，我們何以通常以爲原來所見之黑影卽後來所見之樹呢？黑影與樹本身既是截然不同之二直接「與件」（The given）。假如我們見黑影時不曾注意與彼有關係之環境，覺這黑影與樹站同樣之地位，我們何以會以截然不同之二直接「與件」爲一呢？所以這黑影是人之判斷，實實在在是「與環境相關係之這黑影」是人之判斷。這黑影是人之判斷，實不僅這黑影與人二項構成，而爲「這黑影」，「人」，與「這黑影之環境」，三項構成。所以假如我們用S代黑影，M代人，E代黑影環境，R表示普通關係，R' 表示「是」這種特別關係，則這黑影是人之判斷，非 SR'M, 而爲 SRER'M.

假如承認了我所謂凡可加眞僞的判斷必由三項構成，那末我便可進而說我們通常認爲一判斷者，實可謂爲兩判斷。譬如當我們在林中走時，我們見黑影時，我們便下一 SRER'M 之判斷。當這判斷產生時，誠然有我們對於「當前與件」之解釋。但當我們作此判斷時，我們確實覺得 SRER'M。所以這判斷是我們心理上所感到的事實的敍述，是無所謂眞或僞的。要加眞僞，也只有加眞而不能加僞。因爲當判斷時，的確有這件心理事實。其所以有僞，並非由於此判斷而由我們「執着」此判斷。以此判斷爲必然的眞。以爲 SRE 必 R'M。所以當我們發現這並不是人而是樹時，這判斷並非必然眞時，則 SRE 不必一定 R'M, SRE 可以 R't（t 代表樹）時，這判斷遂被認爲錯誤了。其實被認爲錯誤的，並不是最初之判斷，並不是最初之 SRER'M 而是對最初之判斷之「執着」的那樁事。而是執着最初判斷之判斷，即執着 SRER'M 一判斷。假如我們對於 SRER'M 不執着，則 SRER'M 實說不上錯。最初之 SRER'M 與後來之 SRER't 在純粹經驗的立場上實同樣是實在的。

假如承認了我所謂一判斷之所以錯誤，由於最初之判斷之執着，那末我們就可問什麼是「執着」？「執着」這字很難解釋，這字是印度哲學中的名詞，要解釋，以中國哲學中「蔽」字，與西洋哲學中新實在論常謂之 "Exclusive Particularity" 一字庶幾近之。

所謂 Exclusive Particularity 在新唯實論一書時引言中謂「It is ordinarily assumed that a particular term of any system belongs to such system exclusively. That this is a false assumption is proved empirically. The point "b" of the class of points that Constitutes the straight line a b c may belong also to the class of points that constitutes the intersecting straight line x b y」(註廿六) 我想這種意思就是說一種關係者與其他關係者發生關係，便只能同這一組「其他關係者」發生關係。凡是與此一種關係發生關係的，只這一組「其他關係者」。假設是如此，那末所謂錯誤顯然就是這個 Exclusive particularity 的意思。因爲吾所以執着 SRE 必 R'M 乃誤以爲 SRE 只能與M發生關係，以爲 SRE R'M Exclusively。不能再容有 SRE R't。但是從經驗上證明是不對的，譬如 "b" 點既可是 ABC 線中的一點，也可是與此相交的 xby 線中的一點。

以上是說一判斷之所以有錯由於執着，但是執着不一定發生錯誤。譬如我們執着這是人但一會兒發見那兒站着的果然是人，那末顯然我之執着是對的。當然不能說錯。所以我們對於判斷之有錯誤起原於執着，應加以限制，換言之就是判斷的錯誤，由於執着的失敗。

判斷的錯誤由於執着的失敗，那末反過來說判斷的正確，當然就是執着的成功了。

這種眞僞之起源論，顯然與實用主義有相同之點。我同實用主義者一樣相信沒有人心理的活動，就沒有眞僞之別。不過有兩點是我與實用主義不同的：第一點，是我不承認一切人的心理活動的成功失敗，都可加以眞僞。我不贊成「眞善合一」之說。我所謂心理活動，只限於判斷的執着那一種。此種乃靜的觀照的態度，是純粹屬於知的方面。不過並不像鏡子一般，可以觀照萬物，仍然含有若干活動的意味的。第二點我承認宇宙間有那些絕對的眞理，因爲那些判斷可以任我們無限次的執着。譬如二項式的判斷：如A是A，B非非B，你可在任何時地去執着而不會失敗的。這些是祇可加眞，而不可加僞之判斷。這些便是絕對眞理。若是我們連這些都不承認的話，則滔滔天下各非其所非；各是其所是；因爲大家都憑自己的感覺所得去執着牠，誰個能申辯一下呢？

或者有人駁我的眞僞起原論，謂有許多命題可以無人執着牠但仍不失其眞僞。譬如我們遇着「北極閣在鷄鳴寺側」一命題，我們一見而知其爲眞。反之，我們遇着「北極閣在北平天壇」一命題，我們一見而知其爲僞。這種眞僞好像不待有人去執着牠。是則不然，我們將先問君所看見之命題，究竟有無意義？或只是文字的排列而已？如無意義只是文字排列，當然無眞僞可言；如有意義，那末這兩個命題都應有牠相應的印象。說北極閣在鷄鳴寺側的人，一時一定有北極閣在鷄鳴寺側的印象。說北極閣在北平天壇的人，也一定有一模糊的北極閣在天壇畔的印象。不管此印象是如何湊成，要必然須有此印象。否則便只是文字排列而無意義。假使我們承認了這兩個命題都有他相應的印象，我們現在再問此二印象本身可有眞僞否？我想這是不能的。因爲這二印象不過宇宙間兩件事實。（也許是物理的，如北極閣在鷄鳴寺側。也許只是心理的，如北極閣在北京天壇。但自純粹經驗之立場上言之，則同是事實。）假如任何兩件事實都可加眞僞，則宇宙間一切現象都可加眞僞。筆墨紙硯都可加眞僞了。這豈不是把眞僞的範圍擴大到無限嗎？簡截變成實在的和非實在的意思，無關於我們所講的用於判斷的眞僞了。所以在「北極閣在鷄鳴寺側」、「北極閣在北京天壇」此二命題若無人執着之，實在說不上眞或僞的。我們之所以一見而知其眞或僞，並非由於牠本身有眞有僞，而由於我們先假設其爲我們通常所謂判斷，於是有被吾人執着的可能性的。

以上是我對於眞僞起源的意見；現在再來說我所謂眞僞之意義：

上面所述的眞僞的起源，眞就是執着之成功，錯就是執着之失敗——這也就是眞僞之意義。執着就是執着，這是不能再加分析的。因這是最簡單的心理原素。不過我們如要勉強加以說明，也可從他方面設法——就是我們站在離開這執着的心理活動的客觀地位，不從執着本身加以剖析，而從其所指示的目的加以說明。

假使我們從此方來說明執着，那末所謂執着的活動就是一種要求。就是我前面所講的這種心理狀態是繼續的活動。譬如前例在林中見一黑影我們第一判斷謂爲：「這是人」。實有那黑影是人的潛伏的要求，因爲我們總希望判斷能與事實相符。這是我們判斷的目的。若是從我們執着時的「執着的本身」看，則並無此明顯的要求呈現於意識內。因爲當我們執着一判斷時，在我們意識中呈現的只有我所謂第一判斷，而無後來與之相符的事實。然而若吾人意識中有一明顯之要求，希望將來之事實與我所謂第一判斷相符，則吾人意識中必須呈現後來之事實而後可。然而後來之事實決不能呈現於意識中，若呈現於意識中，則應仍與我所謂第一判斷同，而非後來之客觀事實，仍爲一心理事實也。是則仍爲無眞僞的與件，而有待吾人加以眞僞的執着了。

此種眞僞意義論，又顯然與代表實在論、批判實在論有相同之點。我也很可以承認眞僞由於客觀事實與心理事實之相符與否。但是我根本上和代表論不同的有一點，就是我不以爲只要心理事實與客觀事實二者間有相符性一致性(Correspondent agreement)便有所謂眞僞；我以爲只此二者間相符性一致性，還不能產生眞僞。眞僞不僅由於心理事實與客觀事實的相符，而由於我們對於心理事實有一種執着的活動。這活動的性質，我們站在離開這活動的地位來說，就是要求心理事實與客觀事實的相符合。假使無此要求，只有心理事實與客觀事實之相符也可生眞僞，則二物之相同，二念之相同，也應有眞僞了。豈不成笑談?·霍爾特在意識的概念一書有以下的說法：

In regard to the relation of Correspondence to truth as when a theory is said to be true, if it Corresponds to some real manifold, it seems to me that nothing is here meant beyond the statement that Correspondence is true. If that which is wanted, as truth, is an abstract system that Corresponds is its structure to some more con-cret Real system, then truth is found if such corresponding abstract system is found

（註廿七）亦以相符合之爲眞理，由於吾人有一個把抽象系統和一具體實在的系統相符合的要求。批判實在論之以吾人賦麗於實物上的所謂「感覺與件」所謂“Character Complex”都在要求眞實。亦正此意。不過批判實在論者以爲心理事實與客觀事實爲截然不同，即以吾人心中之觀念與外物之性質爲截然不同，則吾人未敢贊成。因吾人並不假設一離心之外物，所謂心理事實與客觀事實，不過先後呈現於意識之別而已。我們見一桌初以之爲白，繼知其爲黃，黃對白爲客觀，然吾人以顯微鏡照之，又知其中有極小之赭色點，爲黃漆所未塗處現之木本色。則此赭黃混之色，對黃爲客觀。所以心理事實與客觀事實非截然不同的二物，乃呈現意識中先後有以致之。

現在把我的眞僞起源、眞僞意義論都講了。現在再來把我對於眞僞判斷之形式的意見，略述於後：

前既以眞由於執着的成功，僞由執着的失敗，眞由心理事實與客觀的相符，僞由不相符，而心理事實與客觀事實實無絕對的分野。所以眞判斷的形式乃在其符合性（Consistency），僞的判斷的形式乃在矛盾性（Contradiction），不過此處所謂符合性乃指自相符合性而言，所謂矛盾乃指自相矛盾性而言。「這是樹」之眞，由「這是樹」是樹，「這是人」之僞，由「這是人」是樹；因爲一主辭同時有二矛盾之謂語，始有錯誤。所以若有二相反之命題存於宇宙間，然其主辭，並不合而爲一，則雖相矛盾，然無所謂錯誤。眞理亦然。由此則錯誤與眞理實爲絕對相反，眞理無部份錯誤；錯誤無部份眞理；唯心論者把錯誤融入實在中或大的系統中，則失去其錯誤性。此說不能滿足知的要求。Bradley 以爲卽「這是人是樹」之判斷雖然錯誤，但「這」應爲全實在，故「這」中包有樹和人。因此當「這是人是樹」之判斷，融入實在中，則可易其排列（Arrangement）（註廿八）而失其錯誤性，卽眞理中含有錯誤部份。但是我們所謂判斷的對象非指「全實在」而言，並且眞僞只是心理執着的那種活動的成功失敗與「全實在」無絲毫關涉，這是我們與唯心論者不同之處。至於眞僞的性質是主觀的抑或客觀的，從上面討論的結果，我們不能不承認這乃是客觀的事實——心理執着也是客觀事實——但其詳非另文討論不可。

（一九三三年•「建國月刊」第七卷第四、五期）

註：本篇發表時署名唐毅伯——編者

原　註：

註　一　見Jaacham the nature of Truth Chap IV The Negative element and error

註　二　見前書　第二章

註　三　見Bosanquet Logic Coherence and Truth

註　四　見Mind(N.S) vol xix p 162

註　五　Dewey Experimental logic P.254-255

註　六　Dewey Influence of Darwinism on philosophy P.89.

註　七　仝上 P.90

註　八　Dewey Experimental logic P.150

註　九　Schiler Formal logic chap. Laws of thought

註　十　Strong: On the nature of the datum in critical realism P.240

註十一　Sellars: Knowledge and categories in critical Realism P.195

註十二　Strong: A Theory of Knowledge P.59.

註十三　Strong:A Theory of Knowledge P.61

註十四　Strong: A Theory of Knowledge P.58

註十五　Strong: A Theory of Knowledge P.59

註十六　Roger: What is truth P.11

註十七　Drake: Mind and its place in nature P.47 Belief in Physical world

註十八　Illusory Experience, New Realism P.361

註十九　Error, Concept of Consciousness P.270

註二十　A Theory of Truth and Error, New Realism

註廿一、廿二、廿三　均見 Truth substantial and existential, Problem of truth P.248

註廿四　Problem of philosophy P.202

註廿五　The problem of Error in Problem of truth

註廿六　New Realism P.14

註廿七　Concept of consciousness P.37

註廿八　Appearance and Reality chap X VI especially P.193

三論宗與勃拉得來現象論之比較

一

哲學的任務，從一方面說是要擗開現象以見本體；從另一方面說，又要卽本體以說明現象，以包攝現象。此二種任務是否能同時完成，或完成到什麼程度，這是很難決定的另一個問題。有的哲學家也許以爲要擗開現象以見本體，便不能再說明現象、包攝現象；要造成一能說明現象包攝現象的哲學，便只好犧牲本體的槪念。大約不少哲學家是持此種見解。不過姑無論此種見解對與否，我們至少可以說從傳統的哲學的努力上看起來，哲學所擔任的任務，確有此兩方面。從這兩方面任務的次序看起來，應該以前者爲先。所以希臘很早的依里亞學派（Elea School）便在開始證明現象界之虛妄，（依里亞派以前的米利塔斯學派 Miletus School 雖已知現象外求本體，然於現象界之虛妄猶無眞正之論列。）印度吠檀多派卽已有以現象界非眞實之論據提出。這種欲擗開現象之努力無論在西洋從柏拉圖語錄中的討論，直到近代的康德、黑格爾；或在印度從吠檀多派佛法經量部至成實宗、三論宗，均着重在證明現象界之充滿矛盾，或以現象界爲究竟眞實必致陷於矛盾而無由拔，故非承認有本體不可。所謂辯證法在哲學上的主要功用，殆卽在此。但是關於證明現象界之充滿矛盾，則在西洋我覺得以勃拉得來 Bradley 在他「現象與實在」(Appearance and Reality) 一書中講得最發人深省。所以詹姆士、羅哀斯 Royce、斯泡丁 Spaulding、摩爾 G.E. Moore（註一）許多文字都專對勃拉得來而發。勃拉得來的思想成了反對者共同的目標，同時也是啓示反對者思想的源泉。在印度則以三論——連大智度論則爲四論——爲最犀利透澈。這兩派思想雖含蓄很多未解決的問題，然而確可以啓發人的思想（註二）。尤其有趣的是這兩派思想許多地方幾完全相同，對勘起來看，可以看出人類的思想常常是遵循一定的路徑進行。然而不幸在中國三論宗的研究幾全爲唯識宗所掩；勃拉得來——這個哲學家中的哲學家，英國哲學界公認的先導（註三）——竟然極少被人論到。所以本文雖重在比較兩派思想然而也些微帶一點介紹的意思。

二

現在我們可開始來比較三論宗與勃拉得來之論現象。從哲學歷史上看來，哲學上所謂現象不外是指時間、空間，時空中表現的動變，動變中表現的因果關係，與主觀的我，客觀的物。自來哲學上關於現象的論著，均可歸入此數項下。唯以三論宗，論空間處不多（中論十二門論均未嘗論空間，只百論中有破「方」處亦少），且時間空間有相同性，故將論空間一項略之。今姑分為論時間、論動變、論因果、論物我四項，去比較兩家之現象論。至關於比較時所用之材料，則三論宗材料多取十二門論及中論，百論材料多瑣碎，除萬不得已時不取。勃拉得來材料則逕據其「現象與實在」一書。又為避免誤解計，於三論多引用原書字句。唯組織次序，則全憑己意。

甲、論時間

勃拉得來論時間不實在的理由，簡單說來便是：

時間一方既不能只是一種關係，需要有綿延，而同時又不能有綿延，只能是一種關係。時間之二種性質互相矛盾，不能調和，所以時間不能是實在，而只是現象。

時間為什麼不能只是一種關係呢？因為假如時間是指事物之前後，則一段時間只不外無限之前後關係，此一段時間必失其一貫性 Unity，而時間之流為不可能。所以時間不能只是一種關係，需要綿延。

時間為什麼不能有綿延？因為時間若有綿延，此綿延必有長短，必自有其前後，「分析不已，仍不外許多前後關係。」（現象與實在，頁三九、頁四一）所以時間不能有綿延，只能是關係。

照前一段，時間是關係不可能；照後一段，時間是綿延亦不可能。然而時間非同時是關係與綿延不可。現此二性質既互相矛盾，所以時間不實在，而只是現象。

我們現在來看三論宗也差不多有同樣的論據：

我們說時間是一種關係：即是說所謂現在過去未來都不外表示時間上先後關係。照三論宗看來，若現在未來過去是表示時間上先後關係，則這三種關係應各自獨立；過去便不會變作現在，現在也不會變作未來。但過去若不變作現在未來，眞各自獨立，則時間應無流行，應只有現在，以過去已過去，未來尚未來。所以百論又說「若未來是如無，若有不名未來，應名已來。過去過去者，不名爲過去，離自相故，如火捨熱不名爲火」。所以三論宗同勃拉得來一樣，不能承認時間只是關係，而非承認時間有綿延不可。因此「中論觀時品」只得承認現在過去未來，因待故成，以成立時間之一貫性。但是若過去現在未來因待故成，則過去既可變作現在未來，是「過去已墮未來相，云何名過去」（百論卷十二，二十八頁）；現在未來既由過去變來，則「未來及現在，應在過去時，以若過去時中無未來現在，未來現在時，云何因過去？」（中論觀時品）由前者則過去非過去；由後者則現在未來非現在未來。這豈不又不能把時間看作綿延的，而非把時間看作過去現在未來分開的不可嗎？豈不是時間的一貫性依然建立不起來嗎？

乙、論動變

勃拉得來與三論宗之論時間未盡之意，均見於其論動變之中。因爲動變中必然含有時間，時間的作用唯於動變中方才可看出。二家之論動變均較詳，所以分爲六項來說。唯以此六項均連續，故不分列，而並論之。今先論勃拉得來。

勃拉得來以爲（一）譬如A變，A不能不是永續的。如A不是永續，則所謂A變一命題之主辭，便無意義。我們說A變我們必假設有一A這東西相當永續。但從另一方面說：（二）我們既然說A變，A便只是 A′A″A‴……。A若成 A′A″A‴ 則A到那裏去了？我們便只有非A的 A′A″A‴ 而無A了。A既成非A，我們如何尚可說A變呢？（三）所以這樣一來，我們非得把A與 A′A″A‴ 連起不可。但是我們若把A同 A′A″A‴ 連起，究竟A與 A′A″A‴ 間是什麼關係呢？假如莫有關係，則A莫有變。假如有某種關係，那就是加一種A之外的差別相於A上。A如何能與A之外的差別相連起，仍然是不可理解的！（四）有人一定要說A在經過時間之後，變爲 A′A″A‴。但勃拉得來以爲加入時間，這困難仍不能解決；因爲A經的時間或是有綿延的，或是無綿延的；假如是有綿延的，那麼綿延一定不是一單獨不可分的，一定是可以分成更小的許多單位。分到最後，如前破時間說，便變成許多前後關係。在這分立的無限前後關係間，我們要找時間之流 lapse 是不可能的。這樣變動當然不可能。（五）然而若是無綿延的一時間，那就是說A有許多繼續的雜多性（指 A′A″A‴），然而是同時有的。這顯然是不通的。莫有綿延的時間，根本就不是時間。而且如此抽象的方法來講「A的變爲雜多」，「A′A″A‴ 間前後的繼續」，根本也就是不能想像的。（六）由此觀之，變化的困難就在既要把一物的差別相連貫起來，然而又不能把差別相連貫起來。於是我們不得不勉強想一種解決的辦法，就是一方面我們要承認A有其繼續的差別相，然而仍有一片時間的綿延，可以是單一的。(a piece of duration as present and as one, Ibid 頁四八) 但是這一種辦法並不能眞解決問題，這辦法不過使你要求變化的一貫性時，便想着一片時間的綿延可以是單一的，而閉眼不願這綿延的分裂性；又使你要求變化的差別性時，便想着時間原是繼續不同的。這一種解決的辦法以爲說：A在不同繼續的時間有不同的狀態，一方面承認A的自同性，一方面承認A的差別性。似乎什麼都和諧了，不知其仍有其內在的矛盾性，並且我們縱然拋開其矛盾性來講，這也不能說是變。因爲所謂自同的A在不同的繼續的時間有不同的狀態，這自同的A本身也不能不經歷時間。因爲一過程不經歷時間；過程的部份，當然也不經歷時間。A的差別相既經歷時間，所以A亦必經歷時間。所以A變時，A一定要於時間關係中以其自同性與差別性相關係。(The oneness must be in temporal relation with the diversity) 但是這樣一來A便無變了。從A之經過一段時間說，A在此一段時間中A是A，A莫有變。我們可以說A經過這段時間只是現在而未嘗流。從A之各種狀態說，爲 A′A″A‴ 則是許多獨立的片段事情，也莫有變，從A變到 A′A″A‴ 之整個的事件，這是一個單一體而若現於意識，亦莫有變。

三論宗之論動變也差不多有相類的論據：

「中論破行品」設問語：（一）「諸法若無性，云何說嬰兒，乃至老年，而有種種異?」這就是說變化似乎一定要假設不變的法不變的A。但（二）「若諸法有性，云何而得異？若諸法無性，云何而有異？」這就是說A既是A如何又變爲A′A″A‴，既變爲A′A″A‴就是表示A無性。A既無性，就是莫有A。既莫有A如何我們能說A變呢？（三）破行品又說：「是法則無異，異法亦無異」，「若是法卽異，乳應卽是酪；是事不然，乳與酪有種種異故，故是法不異。若謂異法異者，是亦不然：離乳更有何物爲酪。」這就是說A變不只是A變，如只是A變，則A變仍是A，乳變酪，應仍是乳。然乳變酪實已非乳而爲酪，可知A變必加非A之A′。此卽同勃拉得來之A變必須使A與A′A″A‴連起。但是A變亦不是非A之A′變：如是非A之A′變，則乳外應有非乳之物變作酪，然離乳更有何物爲酪？可知，「非A之A′」變不能離A，卽A變非「非A之A′」變。此卽同勃拉得來之謂A′A″A‴不能在A外，而再使之與A連起。以A′A″A‴在A外，則其與A連，將不可理解也。（四）「中論破去來品」就是破物之能因時間而有變動。破去來品說：「已去無有去，未去無有去。離已去未去，去時亦無去。」「去時名半去半未去，不離已去未去故。」這就是說時間總可加以分析，分析到最後仍不外前後諸關係。所以找不着去的一種時間之流Lapse。這正同勃拉得來之說A經時間而變動，其經之時間是不能綿延，有綿延一定可分爲無綿延一樣。（五）破去來品又說（假設問者說）：「動處則有去，此中有去時。非已去未去，是故去時去。」這就是說我們要承認去，非假設一既非已去亦非未去的去時不可。這就是說非假設一不分爲前後的去時不可。這雖名爲去時，然而實爲不去，這正是勃拉得來所謂無綿延的時間。所以破去來品駁道：「云何於去時，而當有去法？若離于去法，去時不可得！」這就是說只是去時並無去，離開去法便無去時。這就是說無綿延的時間，既無前後則不能有變動，卽不能有A的許多繼續的 A′A″A‴（去法）。使A變動可能的時間（去時）根本就是由變動的 A′A″A‴ 構成（去法）。這就是說，去時不能離去法而獨爲去時。卽說去時仍然是可分爲前後，仍然是可分爲已去未去。卽說莫有不可爲前後的去時，卽說一切變動均以化爲已去未去而不可能。這又不是同勃拉得來之駁無綿延不分前後的時間一樣嗎？

關於破動變之第六點在三論宗中找不着，因此根本不外前述諸點也。

丙、論因果

論時與論動變我覺勃拉得來較論得好，所以先論勃拉得來，後論三論。然而論因果；三論較論得好，所以先論三論宗破因果之理由。

（一）三論宗破之理由最大者爲「果先於緣中，有無俱不可。先無爲誰緣？先有何用緣？」（中論破因緣品第一）「先有則不生，先無亦不生。」（十二門論觀有果無果門）

(a)先有不生者：「若衆緣和合，而有果生者；和合中已有，何須和合生？」（中論觀因果品）

(b)先無不生者：「若衆緣和合，是中無果者；云何從衆緣，和合而生果？」（中論觀因果品）

(c)先有若生者：「若果，因中先有而生，是則無窮，如果先未生而生者，今生已應復更生，何以

故？因中常有故。」（十二門論觀有果無果門）

(d)先無若生者：「若謂緣無果，而從緣中出。是果何不從，非緣中而出？」（中論破因緣品）「若果緣中無，而從緣中出。是果何不從，非緣中而出？」（十二門論觀緣門）

(e)因不能先有果：「略廣因緣中，求果不可得。因緣中若無，云何從緣出？」（中論破因緣品）「若衆緣和合，是中有果者；和合中應有，而實不可得。」（中論觀因果品）「果於衆緣中，畢竟不可得。亦不餘處來，云何而有果？」（十二門論觀因果門）

(f)因中不能先無果：「若衆緣和合，是中無果者；是則衆緣中，與非因緣同。」（中論觀因果品）

此難是說無論因中有果無果，均不生，有果無果生均有過。而且因中既不能有果，也不能無果。

(二)三論宗破因果的第二理由是「若因與果因，作因已而滅，是因有二體，一與一則滅」，「是因有二體：一謂與因，二謂滅因。是事不然，一法有二體故。」然若因不與果作因已而滅亦有果生，又有困難：

(a)若因不與果作因已而滅：「因滅而果生，是果則無因。」（觀因果品）在觀因緣品又以同理專破次第緣：「果若未生時，則不應有滅。滅法何能緣？故無次第緣。」並且若因滅果生，我們不從果方面看而從因方面看，則：

(b)「因是法生果，是法名爲緣。若是果未生，何不名非緣？」（觀因緣品）作因已而滅有果生之困難如上述。現在再來看作因不滅不已而有果生之困難：

(c)「若衆緣和合，而有果生者，生者及可生，則爲一時俱。」（觀因果品）如爲一時俱，何得名因果？若非一時俱，勢必：

(d)若因變爲果，因卽至於果，然如此：是則前生因，生已而復生。但是事不然。何以故？已生物不應更生。若謂是因卽變爲果，是亦不然。若卽是不名爲變。故曰「又若因在果，云何因生果？」

三論宗破因果之第二理由，你們可拿「中論觀因果品」中最後以一異破因果概括之，其最後一段以一異破因果如下：

「因果是一者，是事終不然；因果若異者，是事亦不然。若因果是一，生及所生一。若因果是異，因則同『非因』。」因滅已而有果生之困難，卽因果異之困難。因不滅已而有果生之困難，卽因果一之困難。又「破六情品」亦有同類語「若果似於因，是事則不然；果若不似因，是事亦不然」。

(三) 三論宗破因果之第三理由是：「諸法不自生，亦不從他生。」因諸法自性，不在於緣中。衆緣中無自性，自性無故不自生。自性無故，他性亦無。何以故？因自性有他性，他性於他，亦是自性。若破自性，卽破他性，這是說一切果不能有生之者。其自己因不能生自己，他因亦不能生之。以他因亦待他因緣生，亦無自性。旣無自性，自不能作生此果之他性。

以上把三論宗之破因果之理由說了，我們再來看勃拉得來有無同樣破因果之理由。

（一）勃拉得來於其論因果文中首謂A變爲B，並不能說是A爲因而生B果。A單獨不能生B，必待A＋C，始能生B果。但是他說A＋C中並無B，然則我們如何能將這不同的B聯繫於A＋C上呢？但若A＋C與B並無不同，則又莫有因果了。這不是正是三論宗之破因果之第一理由說，因中已含果則不生果，因中不含果，則不能生果嗎？

（二）勃拉得來於其論因果文中最後段謂「因果一定要是連續的，然而又不能是連續的」。爲什麼因果間一定要連續呢？因爲假設因果間不相連續，那麼你一定可以在因果過程中切下一段出來，這一段是不變的。但這不變的一段一定有牠的綿延，這樣一來在你因果過程中，一定有一段「因」經歷相當的時間而忽然變果。這顯然是不可能的。誰能使因忽然變出果來呢？所以我們不能說因果間可以不相連續，可切下一段來。假如有一段能截下來經過相當時間，那就永不能忽然變果，而與果永遠隔斷。如此便永遠不能由因過渡到果。因既不能過渡到果，那當然就是不能生果的因，而不是因了！爲什麼因果間不能連續呢？因爲假如因果間是連續的，那就是說因後馬上有果，因毫無綿延，不經任何時間。這樣一來我們簡直不能說「因」是「因」，除了說「因」在「因果的繼續過程的時間」上有個地位。然而這種時間以係由許多無綿延的因果過程上之各事件構成，所以也無綿延，而根本不是時間。我們說這種時間是時間，也猶之乎我們說許多無長寬高的點構成線，無高寬的線構成面，無厚的面構成體同樣是抽象，同樣不是實在，同樣是一種爲某種便利而假設的概念。我們現在來看勃拉得來之說因果不能不是連續的，說如因果不連續則因不能變爲果，不能過渡到果；這不是三論宗所謂因滅而果生，則因不生果一樣的嗎？勃拉得來之說因果不能是連續的，因果若是連續，則因無綿延，因與果將無時間的差別，則因不能爲因；這不正是三論宗所謂因若至於果則因不生果嗎？

（三）勃拉得來於論因果文中又謂因果間不能分開，因更有因，因更有因。所謂我們要說某因生某果，我們必得說某果的眞因是某刹那間全部自然的現象。誠然我們爲便利起見，我們可以將因後的因置諸不理，因爲因後的因對於此因之生果常常莫有什麼關係，所以把因後的因置諸不理是很合法的抽象。但是我們眞眞要嚴格講起來，我們說某果的因，我們卻非得包括宇宙全部現象不可。（勃拉得來「現象與實在」五十六頁）但是我們知道包括宇宙全部現象的因是不可能的，因爲因後有因、因後有因，我們順因而推終無已時，我們永無完全包括一切因之時。我們看勃拉得來之破因果，這又不是與三論宗之破因果之第三理由相同嗎？三論宗破因果之第三理由說：因不從自生，亦不能從他生，因他性亦是自性，亦待因緣，因緣復待因緣。這正是勃拉得來所謂因待因生、因復待因生。三論宗之以因緣無盡破因果，不正是勃拉得來之以包括全宇宙因之不可能破因果一樣的嗎？

丁、破物我

三論宗之破物我之話在三論中非常多。

「中論破然品」：「若人說有我，諸法各異相。當知如是人，不得佛法味。」「觀法品」：「滅我我所故，名得無我智，得無我智者，是則名實觀。」「觀有無品」：「若人見有無，見自性他性，如是則不見，佛法眞實義。」三論中破物我的理由是：

「若法實有性，後則不應無。性若有異相，是事終不然。」（觀有無品）「若法實有性，云何而可異？若法實無性，云何而可異？」（觀有無品）「定有則著常，定無則著斷。是故有智者，不應著有無。」「若法性空者，誰當有成壞？若性不空者，亦無有成壞。」（觀成壞品）「諸法有異故，知皆是無性。無性法亦無，一切法空故。」「若法是有者，是卽無有滅；不應於一法，而有有無相。」「若法是無者，是卽無有滅。譬如弟弟頭，無故不可斷。」以上諸偈都是說物我並非實在，因物我都是有變化消滅，既有變化消滅可知物我並非實在。我們談到物我，我們一方面似乎須承認有物我，因爲若無物我，似乎就莫有變化消滅。所以說「若法實無性，云何而可異？」所以說「定無則著斷」；所以說「若法是無者，是則無有滅。」然而從另一方面看，我們亦復不能說物我是有。因爲若有物我，似乎也就不應有變化消滅。所以說「若法實有性，云何而可異？」所以說「定有則著常」，所以說「若法是有者，是則無有滅」，所以說「若法實有性，則不應無法」，所以說「諸法有異故，皆知是無性」。因此三論宗之破物我是既破有物我，亦破無物我。既覺斷之不可，亦覺常之不可。說有物我固不對，一定執個無物我也不對。所以中論破行品說「大聖說空法，爲離諸見故。若復見有空，諸佛所不化」，「若有不空法，則應有空法；實無不空法，何得有空法」。「觀四諦品」又說：「汝謂我著空，而爲我生過。汝今所說過，於空則無有。」「我所說性空，空亦空」。三論宗雖論空而並不自認執空。「破然可然品」一段辯得很明白：「若離世俗言說，則無所論。若不說然可然，云何能有所破。若無所說，則義不可明。如有論者欲破有無，必應言有無。不以稱有無故，而變有無。」因此「觀四諦品」最後說：「一切法空故，何有邊無邊，亦邊亦無邊，非有非無邊。何者爲一異，何有常無常，亦常亦無常，非常非無常。諸法不可得，滅一切戲論，無人亦無處，佛亦無所說。」

上面是說物我既有常又有斷，既有一又有異，所以不能得實相，所以不能有。然則我們能否離開物我之諸相而另求物我之本體呢？如能則我們仍可以說有物我，但三論宗告訴我們這又是不可能的——

「破本住品」問曰：「有人言眼耳等諸根，苦樂等諸法，誰有如是事，是則名本住。若無有本住，誰有眼等法？以是故當知，先已有本住。」但中論作者駁之曰：

「若離眼等根及苦樂等法，先有本住者，以何而得知？」

「以法知有人，以人知有法，離法何有人，離人何有法？」

他打一譬喻：「若離眼耳等而有本住者，亦應離本住而有眼耳等。」此外「破染染者品」亦曰：「染法不能離染者，染者不能離染法。若先定有染者，則不更須染，染者先已染故。若先離人定有染法，此則無因，云何得起。似如無薪火。」又如「破去來品」亦謂：「以無去法故，何得有去者。若離於法故，去者不可得。」「破苦品」亦謂：「若人自作苦，離苦何有人。」「觀顛倒品」亦謂：「無有顛倒故，何有顛倒者。」「觀破作作者品」亦謂：「又離作業應有作者，但是事不然。」這些都是證明物我不能離物我相，物我相外無物我本體的。

我們現在反過來看勃拉得來之論物我。勃拉得來於「現象與實在」第八章論物，第九、十章論我，第十一章論本體、論物之自身。勃拉得來說物之爲物，一定要二條件：一是有自同，一是有變異。若缺其一，則不能說是物。所以繼續存在的性質與新生變異的性質，同是構成物的條件。我們若假設一物毫無新生變異的性質，那我們便不能說是物。勃拉得來論我比較複雜：在第九章論自我之意義，第十章論自我之實在性，都曾舉各種不同的對自我之意義，自我之實在性的學說拿來依次批評。他說無論從那方面看均找不着自我之一定的範圍。他說所謂自我的感情，固不能定自我之範圍；自覺亦不能確定自我的範圍；人格的同一，亦不能建立自我的實在；以至以自我爲活動爲力，爲意志爲靈子 Monad 均不能建立自我的實在性。他說 We found that the self had no contents that were fixed. (頁一〇一) 他說自我無一定的內容故常欲自己超越。所以所謂自我之自同外，一定有其變異。然而我們知道物之自同、我之自同純是以我們之觀點而異。從某點我們可說某物仍爲某物，某我仍爲某我，但若吾人改一觀點則吾人可謂某物已非某物，某我已非某我。所以自物我本身言，實可謂常、可謂斷，可謂一、可謂異。此常與斷、一與異，實無法調和而爲相矛盾者。所以他說物仍爲現象，我不過一束之差異（a bundle of discrepancies 頁一二〇）而已。這又不是與三論宗之因覺物我非常非斷不一不異而說我們既不能說物我有，也不能說物我無；說諸法不可得，應滅一切戲論；一樣的嗎？

勃拉得來在十一章論物之本身，又說假如因爲我們覺得一切現象均自相矛盾，於是假設一個物之本身以爲本之本身可以免除這一切矛盾如物我之一性異性，這也是不對的。他說這樣一個超脫一切現象與一切現象不相干的鬼怪，就可以作一切矛盾的救星，實是不可能的。他說這現象誠然不等於本體，然而若假設一個永不能現於物之本身卻永不能說就是本體（頁一三二）。這些又不是與三論宗之說物我無法外之本住，本住不能離法一樣嗎？

三

由前面四項的比較，我們可知勃拉得來與三論宗之論現象之不眞實的論據是何等相類，不過本來比較兩種思想的論文裏，除了提出兩種思想相同之點外，還須指出其他相異點，不過由上面的比較來看，則他們論現象不眞實，殆全無根本相異點，我們假如要找出他們兩家思想之相異點，我們只能從他們由論現象到論實在的地方去找。不過他們之論實在，雖然同樣反對以實在爲現象後之物之自身，這剛才已說出，而主張實在是不離現象的，然而就二家對於實在與現象的估價與二家對於實在認識的方式看來，則二家顯然不同。唯關於此二點，本可屬本文或不屬本文，故今不加詳論，唯略加說明如後：

（一）照三論宗看來，一切現象既然均不眞實，所以我們要打破一切由執着現象所產生的迷惘，所以要把一切時間空間物我的障蔽都空了然後可以證入彼界，然而照勃拉得來看起來，則一切現象的執著在本體界中均有地位，所以在他的書之第二部「覆按」Recapitulation 中便一一把他前一部認爲現象的歸到本體界中去，因此他雖然以爲一切哲學科學宗教藝術之均不外現象，然而並莫有一舉而空之的意思，而且似乎主張惟其有本體界的存在，才使一切現象有意義，一切哲學科學宗教藝術的努力是必需的。所以三論宗的理論似乎是在導人出世，而勃拉得來的學說終於是入世的，這裏始終有一個印度西洋思想的根本不同點存在着。

（二）勃拉得來總是一個哲學家，他以爲玄學的目的是在滿足人理性的要求，所以他既然主張有本體界的存在，而又承認他的哲學也只是現象，於是他不得不答覆他關於本體界的知識如何可能的問題。他在此不得不說關於本體界的詳細知識是不可能。他說：「我們雖不能知道本體界的詳狀，然而其大綱是可知道的。」（全書最後一章）但是眞正要照他的學說，本體界中一切現象會歸則融化，則此大綱之知識仍然不可能。所以勃拉得來雖自以爲避免了懷疑主義不可知主義，然而批評他的人仍然呼之爲懷疑主義者不可知主義者。而在三論宗則莫有這一個問題，因爲三論宗是宗教的理論，關於本體界知識如何可能的問題他不討論，因爲於此問題他不用理智來解決，而用行爲來解決，他以爲本體界究竟是何境界只有修行使我們證悟。你可以說他不是澈底的哲學，但他可告訴你哲學本來不能澈底，哲學的本質是要到宗教的修行裏去解決它的矛盾的。從這一點，我們又看出哲學的理論與宗教的理論的根本不同。

以上已將勃拉得來與三論宗之現象論同異各點，約略比較，至於關於他們思想的批評則非本文範圍內，只好留之異日吧！

（此文已作三年，作後曾見張東蓀先生於一書內，偶提到勃拉得來與三論宗教思想相類一語，可知見及此者，不僅我一人。）

（一九三四年六月・「哲學評論」第五卷第四期）

註一　如詹姆士 Essays on Radical Empiricism 論關係之文，羅哀斯 World and Individual 附錄之

一文，羅素 Our Knowledge by external World 之第一章，斯泡丁 New Rationalism 論內在外在關係之數章，摩爾 G.E. Moore, Philosophical Studies 論實在之意義一文及論外在關係之文，均可謂係專對勃拉得來而發。

註二　勃拉得來於其書序中謂其書之目的在引起思想。

註三　英唯心論者霍恩萊 Hoernle 於其 Idealism as Philosophy 稱勃拉得來為 Philosopher of Philosophers。勃拉得來為英國現代哲學中公認之先導，可參考 Muirhead 編 British Contemporary Philosophy序。

朱子道體論導言

形上形下之分，周秦儒道已然。而嚴別二者，蓋在宋儒。漢儒論太極爲元氣，猶在形下。濂溪太極圖說，首言無極而太極，動而生陽，靜而生陰，陽變陰合生五行，二氣五行化生萬物，而太極爲萬化樞紐。復不淪于形下之物之意始顯。然太極圖說于無極而太極之意，一無所釋。通書言萬化之原，一本于誠，而未言無極太極，故滋陸子靜之疑。及于橫渠，暢論虛氣聚散，神化性命，于形而上者始有細密之論。橫渠以太虛無形，爲氣之本體。氣所出入，是爲太虛。然氣之出入，必循理則，斯能升降浮沈，有條不紊。于是來伊川虛中皆是理之論。謂陰陽皆氣，所以陰陽者道。形上形下，遂截然分別。直至晦庵，標舉道體一歸于理，而理之形而上的討論，於以大備。晦庵論理，廣大精微。嘗試析之，歸于四義。一理先于物義。二理氣湊泊成物義。三理先于氣義。四理生氣義。此四義者皆含有現見之物外有自存之理，理可不依氣而有之意。然此實與常識之見相違。朱子之言曰：未有天地之間畢竟也只是理。未有天地，理無附着，何能自存？故卽在篤信朱子之薛文清、羅整庵，均以此爲朱子病。然余以爲不了朱子所謂自存之理，于朱子論道體之一切義，皆無法解。故認爲欲知朱子之論道體，必先成立理自存之義。此義他方學者所論，頗有足參證者。爰就所聞，加以融鑄，略釋此義，以為了解朱子之道體論入門之助。至於闡述朱子之意，則非今之所及。

朱子言理或言天地萬物共同之理，是曰太極。或言一事一物之理，如謂階磚便有階磚之理，竹椅便有竹椅之理。二種理為同為異，今所不論。今為方便，取一物之理為例。譬如取朱子所取階磚便有階磚之理為例。階磚之理中，又可方便析為數項。如階磚之用，階磚內部之物質構造，外部之形，皆階磚之理。今為更簡單計，專取階磚之方形為理。吾人今所欲成立者，即方之理為能離方之階磚、一切方物而自存。但此義一立，則一切物之一切理能離一切物而自存。天地萬物公共之理能離天地萬物而成之義立。而朱子之道體論可逐漸了解矣。

下文以四證證方之理能自存（方之理下文簡稱方。）

第一證分三段：（一）方不限於一方物。方若限于一方物，則此物方，彼物應不方。此方物毀，餘物應不能成方。是事不然。可知方不限於一方物。（二）方不隨方物數之增減而增減。方不限于一方物，則方物數可由一增至無窮，而方之為方不增；由無窮減至一，而方之為方不減。（三）方不隨方物數之增減而增減，即不隨方物之有無而有無。以所謂由一增至二者，即所增之一原無而今有；所謂由二減至一者，即所減之一原有而今無；增即由無之有，減即由有之無，故方不隨方物之數之增減而增減，即不隨方物之由無之有由有之無而有無；故今縱將全宇宙之一切方物連成一串，一一減去，一一由有入無，直至最後之一方物亦由有入無，而方之為方不減至零，即方之本身並不由有入無。若最後一方物由有入無時則方即入無者，應早入無。每一度之減均為一方物之由有入無，其類同故。又方不隨方物由有入無而入無，亦不隨方物之由無入有而入有。故方之為方不隨方物之有無而有無。故方自存。

第二證：方不附于方物故自存。方若附于方物者，方物分時，方應被分；方物變形時，方應變形。然方實不隨方物之分而被分，不隨方物之變形而變形。方物分後，成方物或成不方物。若成方物，則大小雖異，其方不異，方性仍舊，未嘗被分。成不方物，則物成他形，是謂變形，方物變形，方形已失。他形顯而方形隱，非方被分，非方變形，方形為方終古不變，但有隱顯。以是知方不附于方物，故方可離方物自存。

第三證：方不賴方物而有故自存。方物離方，即非方物。是方物賴方，而為方物；然方不賴方物，而為方。若賴方物而為方者，方離方物應即不方，然方離方物仍號曰方，是方不賴方物而方。方不賴方物而方，是方不賴方物而有。故方能自存。

第四證：凡非自存者必由他作，不由他作者必自存。方之為方，不由他作。非方之物不作方，非方故。方物亦不作方，若方物作方者，方物在方前或與方同時。若方物在方前，應非方物，若是方物，不在方前，方已顯于方物故。若方物不在方前，而與方同時，不可證方物作方。方物與方並顯，並顯者不必相作故。方不由非方物作，不由方物作，故當自存。或復難言：方物與方雖並顯，然方物成時，卽引生方。故仍當謂有方物始有方。此亦非理。所以者何？若方物引生方者，方在方物外或方物內。若在方物外，則方物外有方，適足證成有自存之方。若方在方物內，則不可云引生方。方物中已有方故。反可云方引生方物，方物中無方則方物不能爲方物故。

或復又言：方不由非方物作，不由方物作，然方物之成，由各種非方物作，如方石由截石而成，方物成時方亦成，故方間接由非方物作。此亦非理。以鑽錯攻石，只爲方石造成之諸條件。此諸條件未具時，方石未方，方性尚隱；諸條件聚時，方性卽顯。諸條件之聚，與方性之顯同時，不可云先有諸條件之聚。諸條件聚而方性不顯，此諸條件必尚非眞聚，尚未足爲方性顯之充足條件故。諸條件之聚既與方性之顯同時，不應云方性由諸條件之聚始有，不可云方由非方物作。或復又言：方之爲方，不由方物、非方物作。然現見方不自存，吾人未嘗見單獨之方，吾人心中所想像單獨之方，乃由意識之抽象作用，自物物中抽象而出，乃吾人意識之抽象作用作。此亦非理。以抽象作用能抽出方形，必方形本可自方形中抽出。若方形不可被抽出者，則無能抽出方形者。以不可者必不能故。方形之自方物中抽出，卽使方形離方物。（若方形未離方物者，方形必尚未抽出。）故方形本可自方物抽出義同方形本可離方物。是抽象作用之抽出方形不過顯方形本有離方物之可能。方物本有離方物之可能，是方形本不賴方物之存始能爲方形。若賴者，則方形無離方物之可能，離則無方物可賴，將不能爲方形故。

由上所論，可知方之爲方，實可離方物而自存。推而廣之，一切理均可離其所由表現之事物而自存。其表現于事物也，不過理之顯，其未表現其事物也，不過理之隱。曰隱曰顯，皆係自事物上而觀，就理之本身則固無所謂隱顯。其隱非隱，故冲漠無朕，而萬理畢具。其顯非顯，故萬象森羅，實無聲無臭。常人耳目外馳，唯見有形，顯則謂有，隱則謂無。謂理可離物而存，即攀緣失據，至於謂天理浩浩不窮，仁義禮智之道自在天壤，惟視人體之盡不盡，尤覺不可解。然但能姑舍事物而觀理，則實可確然無疑。先賢之中，惟朱子言此最詳，余嘗欲就文初所舉四義說明之，而愧未能。又深感常人執物之見之牢不可破，故舉淺例，而以繳繞之辭，論理自存之義。讀者若能會其言外之意，實可爲讀朱子之一助，至於理如何自存，理與物何關係，理之爲一爲多，最高之理爲何，則問題綦繁，非所及論。

（一九三七年七月•「論學」第八期）

意味之世界導言

著者附註：意味之觀念乃東方哲學之一鑰，由理智到智慧之媒。西洋之勃拉特萊與懷特海最能會其義，黑格耳與柏格孫尙有所不逮。此中問題甚繁。此文略示其端，絕去論證分析與徵引，唯事描述，此所以爲導言也。

一、意義與意味

什麼是意味的世界？這不在所謂世界之外。整個世界卽是一意味的世界。世界卽是意味，一切精神物質的存在，上界下界的存在，都是意味。從意味的觀點，也不復有所謂精神、物質，上界、下界之分別，也不復有各種存在之分別。整個的世界、整個的宇宙只是一大意味，包攝無窮意味，在彼此融化，而我們人生的意味卽融攝於宇宙之大意味之中，而尋得了他自己的意味。

什麼是意味？意味不是意義，但我們必須先了解意義，而後了解意味。

什麼是意義？所指示的卽是意義，所引導到的卽是意義。犬字的意義是如何如何的一四足獸之動物，我們曾見。然而犬的一字如此之四筆，實與我們關於實際之犬的影像截然不同，然而犬的字卻使我們發生那影像，或去看當前可以使我們生那影像之物。意義即所指示的，即所引導到的。了解意義即須超越所以指示引導之工具，此工具之謂符號。

但是一切我們認識之對象都是符號，我們認識中任何對象我們都是把他當作符號。我們認識任何對象都要想到他的用，即是要想到他所指示引導到的義。而想到意義即是要我們超越符號。所以我們認識任何對象，都要超越此對象之認識，而向他所指示引導的方向去。

一切認識所對都有意義，即是一切認識所對都要我們超越他自己、忘卻他自己，所以我們所見的整個宇宙之現象，都是在要求我們超越他自己。

如是則整個宇宙現象亦當可當作一符號，而指示引導我們到另外一東西，整個宇宙現象只是一另外東西的象徵。

但是人們不能持如此看法。因爲人們儘管承認一切對象都可作符號，都有意義，然而他們只互爲符號、互爲所指示的意義。人們追求意義的活動只是在現象與現象間進展，所以人不能將整個的宇宙視作一另外的東西之符號。

其實我們何妨把整個的宇宙現象混合成一塊，而說他有一所指示引導之意義？但是人們不能。因爲人所認識的宇宙現象永遠只有一部份，一部份的宇宙現象只能以另外一部份的宇宙現象爲其意義，所以人追求意義的活動只能在現象與現象間活動。

但是人爲什麼不能從他追求意義的活動之貫澈於宇宙現象間，他之追求意義的活動在現象與現象之虛處進行?他可以無遠弗屆，而想到一切現象只是他此活動之材料，一切現象只是他此活動經過之處，如鳥之飛過山川。

如果人眞能如此，人將可把一切現象整個的把握之而視作一整個的符號，而相信另外的一東西之存在了。

然而人不能。因爲人之追求意義是以一現象爲符號爲始點，他自一現象始，他終將落到其他之現象。他追求意義的活動只能在現象與現象間活動，他此活動桎梏於現象與現象之間。

只有突然能把他的心超出一切現象，然後能不以一現象的符號爲始點而表現他追求意義的活動，而後能視整個的宇宙現象爲一符號，相信另有其所指示引導到的東西。

然當人將整個宇宙現象視爲一符號，整個的宇宙現象便混亂起來。我們在說整個宇宙現象時，我們永不知我們所想的是什麼，我們之符號是一混淆不淸的符號，我們也將不知如何去追求他的意義。我們永不知整個宇宙視作符號時，他將代表一什麼東西，我們只有一朦朧的信念說：宇宙外另有一東西。

然而我們追求意義的活動，則要確指一東西。一切符號的意義必須淸晰，然後符號才有意義，我們追求意義的活動才滿足。然而在此處我們卻永不能清晰，因爲符號是混淆的。於是我們將整個宇宙現象視作符號時永不能滿足我們追求意義的活動之本能，我們追求意義之活動在此只有失敗而歸於毀滅他自己，只留下一曚矓的另外的一東西之信念。這信念不是宇宙現象之意義，因爲我們不曾由以宇宙現象爲符號而滿足我們追求意義之活動。

但是，我們如果眞將整個宇宙現象視作符號而姑追問其意義，最後留下一曚矓的東西之信念，我們雖不能算得宇宙現象之意義，我們卻感到一種意味，由混淆的符號到一曚矓的東西之意味。意義必須清楚，而意味則正須不清楚。任何人對於任何事任何物所感到之意味，是他所不清楚的，因爲當清楚時，意味便喪失了。

我們上面的話只是用一種方便的辦法，來使人對於整個的宇宙可以感爲一種意味。我們尙未眞正說明宇宙是一意味，亦未說明意味與意義何別，意味究竟是什麼。

我們說意味是未意識到的意義之領略。一切認識對象都有意義，直接的認識對象是什麼？即是感覺與料。每一感覺卽包含其與料（此名包含感覺與料本身如聲色等及其呈現之條理形式），此與料指示引導我們去認識其意義，但是在我們未自覺的認識其意義以前，我們之感覺與料已含有此意義。如我們這時的心理活動，除對此與料之感覺外，復領略其意義，我們便感一種意味。如我們飮食時感一意味，實際上我們只有一些味覺，此味覺有其與料如酸甜及酸甜之程度之類。然而我們此時不僅覺此與料且覺一「味之好吃與不好吃」，這味乃生於此酸甜之與料所指示之意義：如我身體已發生及將發生之何種變化，此變化對我身體之全部有損或益。然而此酸甜聯繫於我身體已發生將發生之何種變化，當食物初到口時我們並不感覺，卽此酸甜之意義尚在我意識之外，然而我們卻已感好吃不好吃，便知我們此時於與料之酸甜以外，對其意義已有所領略，這卽我們於酸甜與料之外所感之意味。唯我們能感此意味，然後而有好吃不好吃之感，正式的好與不好之價值判斷又是第二步。

我們說一切有意味的東西都必有意義，我們在已感其意味時並不意識其意義，但我們不能不承認我們對其意義有一種關係，這一種關係卽名爲其意義之未意識化的領略。

在我們突然見一人或物而頓生好惡愛恨之情時，常由此人或物過去曾與我發生什麼關係。或將來可與我們發生什麼關係然我們見此人此物時，此人或物之對象在我意識之前都只一堆感覺與料，我們並不必曾想到他過去未來與我們之關係，那只是此一堆感覺與料所涵之意義，而我們竟馬上可生好惡愛恨之心，這卽證明我們的心能直接超越當前的感覺與料、能領略至其意義。

對於意義之領略是謂意味。所以一種認識對象的意味不在其本身，而在其與其所含意義之關係上。每一認識對象我們可視作一符號，則其意味存於符號與意義之間。我們說符號指示引導我們認識其意義，則其意味存於符號之指示引導之作用上。我們未自覺的認識符號之意義，而已感此指示引導之作用及其所到，是爲感此符號之意味。

我們說一切認識對象都有其意義，都可作符號而指示引導我們認識其意義，所以一切認識對象，我們都可以說他含一種意味。

每一種認識對象的意義都在他本身以外，所以每一對象的意味都不在此對象，而在由他到其本身以外之作用上。感每一對象之意味卽是要我們超越此對象。所以當我們只注視對象本身時，則對其意味若無所感。

要感一對象之意味，必須超越此對象。所以要求感一對象之意味者，目光不能停滯於對象，然而又不能想由認識對象到認識其意義，因爲認識意義不等於感意味。感一意味是尙未認識其意義而在現在領略其意義，所以感意味只能感不能求，感意味時之超越對象是一純粹的超越而無所到的心境。唯其無所到所以又不離此對象，因此感意味的心境與對象之關係，是一種不卽不離之關係。感意味時便有此關係，然而不感意味時要於對象上尋意味是尋不到的，因爲一尋便離了。

但是我們只要相信了一切對象都有其意義，則一切對象都必含使我感意味的可能。而且我們在日常生活中是有眞絕對只注視在我們所感之對象本身之時，除了在作純理智之冷靜的分析似是如此。所以我們對於所接觸之對象都無不感其意味。我們實際上是在意味的世界中生活。然而我們卻並不能對於每一對象都說出我們所感之意味是什麼，意味正感時是不能說的，成爲可說時必須自覺之，且自覺其所附意義而後能說。然而我們對我們所感意味不必能自覺，也不必能找得出其所可附之意義。所以我們常只感一意味而說不出所感之意味是什麼。

二、如何化宇宙為一大意味

我們生活於意味之世界，因任何對象都有意義而啓示一意味。但對於同一之對象，我們所感之意味各人不同，因我們對其意義之領略有不同。我們如果把宇宙當作一通體相關之宇宙，則任何對象以通體相關之宇宙爲背景，其意義都可說通於一切對象。所以我們嚴格說起來，我們應當可以於一對象中領略其一切意義，而感受一全宇宙之意味於一對象中。

然而人們不能如此，人之不能如此，猶如人之不能眞由一對象而了解其一切意義。人之了解一對象之意義之有限度，同時人對一對象所感之意味也有限度。我們對於一對象意義的了解有限度，由於我們涉及對象的背景底自覺的知識內容之有限度。我們對於一對象意味之感受有限度，由於涉及一對象的背景，屬於我之不自覺的生活內容者之有限度。各種對象與我們知識內容之各方面有各種意義關係，所以我們對各種不同之對象有不同意義的了解。而各種對象與我們之生活內容之各方面亦有不同的意義關係，所以我們對於各種不同的對象感各種不同之意味。

但是，如果我們對於一對象之意義的了解，可以不斷的增加而擴大，我們對於一對象之意味的感受豈不亦可增加？我們說我們要求對於一對象之意義的了解有所增加而擴大，我們必須使我們知識內容逐漸開拓在更廣大的知識背景下，了解有對象更豐富的意義而不可單就他爲「我」之對象上看。我們必須視一對象本身若卽含有意義，我們才能盡量去了解其意義。這樣我們要求對於一對象之意味的感受要有所增加而擴大，亦便不能從他爲我之對象上看，而必須視一對象本身若卽含有意味，然後我們生活內容之逐漸開拓，有更廣大的生活背景下，才能感受更豐富的意味。我們要忘掉「我」才能盡量了解一對象之意義，我們亦須忘掉「我」才能盡量感受對象之意味。

但是我們追求意義時，我們的追求意義的活動總是在對象與對象間活動。我們總是透過一對象又到一對象，所以我們必須先注視在對象本身。因爲我們必須注視在其本身，然後才能透過之而到更深遠之意義。我們的心此時總是向外用以把握對象，我們的心如散在對象世界中的流光而貫串的前進。我們在每一階段皆必須有所照，因有所照而後有所透入，而後能照更深遠的所在。因而我們在追求無窮意義的活動必須肯定一對象之世界。然而我們要感受意味，則我們只能在當下感，我們不能向外追求。所以我們雖必須先視對象本身若卽含有意味，我們卻不能希望我們的心由注視一對象而透過之以得更深遠之意味。我們的心根本不能向外用以把握對象，因那樣我們只能得其意義。我們要得其意味我們正須忘掉對象，因爲一對象的意味，只在由一對象到其本身以外的作用上。所以我們要想感受更爲豐富的意味以至無窮的意味，便必須繼以取消一對象之世界，因爲當我們肯定一對象世界在前時，我們總覺有一「外」，便引起我們追求意義的活動。在眞感受意味時，我們的心是有所感而無所對，或卽超越當前所對又不到其他所對之有所感。我們的心根本不能如散在對象世界中的流光而貫串的前進，而當似不動的光源照澈當前的對象如照澈一黑暗。然照過去透入其他黑暗時，並不覺有黑暗可見，此時之心是不離光源而照黑暗。因此我們要想漸感受無窮的意味，我們必須把一切對象都視作只是一純粹的意味，不把任何對象當對象。因爲必如此我們的心才無所對，無所留住，無所注視，以免引發我們追求意義之活動。

我們現在希望在我們生活內容開拓的過程中，逐漸感受更豐富的意味，便必須取消對象世界，把一切對象都不當作對象而當作純粹的意味看。我們不能只說某一對象有某意味，我們且當說某一對象只是某一意味，某一對象之意義之某一對象又是某一意味。一對象以某一對象爲意義，卽某一意味由另一意味而得其意味。對象與對象互爲意義，卽意味與意味互以對方爲其意味。每一對象之意義如果可說是通於全宇宙、一切對象，卽一意味以一切意味爲其意味，一切意味以一意味爲其意味，一切意味以一切意味爲其意味。在我們從意義的觀點，我們可以姑以某一對象爲符號，其餘對象爲意義而屬於此對象，此對象爲主體。然而從意味的觀點，則無一意味能爲主體，一切意味都是主體，都是隸屬於其他主體。所以從意義的觀點我們只可以說宇宙是一互相貫穿意義系統；而從意味的觀點，則只能說宇宙是一互相攝入的大意味。

我們如何把一切對象不當作對象看，把對象世界劃除，將一切對象視作意味？這我們最容易的辦法是自一切對象之有無生滅上看。我們說任何對象是一對象，是一若外在於我而成我之所對者，我們必須根據於他之有。但是一切對象都在生滅的過程中，生是有，滅卽無。生有卽有此對象，滅卽無此對象。每一對象是一由生而滅，卽每一對象一方是有一方是無，必合有無二者而後可以界定這一對象本身。一對象非無，因已有此對象。但不能只說是有，因彼亦由滅而無。所以一對象只是一生滅，卽是說一對象只是一純動。所謂對象與對象之相續只是生滅之純動之相續。我們若這樣去想一切對象，則一切對象均無對象之相可得，因言可得相，唯在念其有時；然再念其無時，則可得者成不可得。於是最後所得者唯無所得，卽唯是一生而滅之感，唯是一純動之感。然而此相續不已之生滅與純動則畢竟是有，不得說無，以生者雖滅、有者雖無，然此生至滅、有至無本身則唯是有，不得是無。必有生而後有滅，必有有而後有無。滅、無唯是否定，否定者必有所否定，否定待有肯定而成其為否定，以否定必有所否定。故滅、無必待生、有。生有在先，滅無在後。所以滅無雖否定當前生有，然其否定當前生有，卽謂有當前生有由生有至滅無之過程之有，故其否定當前生有亦不能否定使以後滅無成可能之生有，而必預設有使滅無成可能之生有。卽其不能否定此由生有至滅無之相續不已之過程，而必預設使此相續不已過程成可能之生有。故由生有至滅無之相續不已之過程為實有，純動是實有，使純動可能之生生不已之生有是實有。此卽存在之本義。（此段包含極 dehoatc 之問題，不及一一論之。）如果我們眞把一切對象之相化除，只有此生滅之過程、此純動，則當前宇宙便無一切對象可見。而但見一串一串之生滅與純動。這純動並無相可得，只是流行不息之純動。我們所謂物即我們所指定之一相續不已之純動，而無色聲香味一切感覺與料可得。

同時我們可以把一切時間空間的觀念化入此純動之觀念中。所謂時間只是此純動之流之相續不斷相，所謂空間只是許多純動之流之並立分佈相。所謂物質佔空間即是各別之物質所代表之純動之流彼此相望而並存。所謂空間之距離即各種純動之流出發點之間有間隔。常言之物質之所在，即純動之流之出發點。物質之相互之力，即各種純動之流通過其間隔，相動而互傳遞其動。

時間何以顯過、現、未三世？以純動相續不斷則前所承為過去、承之者為未來。但有相續義則有三世義。

空間何以顯三度？以純動之流有三世，而各種純動之流並立分佈有各別之出發點，則相望而成空間之三度。（此理自思辨上說明極費力，今不暇，但眞能視宇宙萬相為純動者將旦暮得之。）

各種純動之流之出發點何以有距離，以動之意義即是超越，超越之意義即含有所超越，此所超越之謂出發點。一切動均當有所超越以成其動，故一切動之流有其各別之出發點。又超越之意義必含超越之所向，此所向之謂歸宿點。每一動之流之出發點，乃所以使其本身成為可能，亦即使其他動之流成可能，以其出發點即其他動之流之歸宿點故，亦即使其他動之流之出發點成可能，以此動之流復要求之為其本身之歸宿點故。質力均是假名，但有動之流之出發點與歸宿點，自一出發點望其他之出發點，則視其他之出發點爲其歸宿點，則視之爲質；自一出發點望其他出發點之以其自身爲歸宿點，則視他出發點爲一力。

我們將質力時空一齊攝入純動之觀念中，則我們不難將一切表現於時空中萬殊之物一齊混融起來。因一切表現於時空萬殊之物其所以萬殊，都可說由其時空中之位置之不同、質力之組織之不同。常人之錯誤在認爲實有時空與質力，但是我們現在把時空質力都視作純動之流表現的方式，則我們將不見一切時空質力，而只有各種分佈而相成的純動之流存在於我們心目之中。我們必須視萬殊之物相如海上之波相，波波互相往來，而銷其相其本質只是同一之流水，只是同一之純動之流在交相感通。如此我們將覺一切物都只是一純粹之意味，一切物對於他物只是一動過去，這動過去是一純粹之超越，動過去之兩頭卻並無物，因兩頭亦只是其他「動過去」。因兩頭都只是其他「動過去」，所以一物對於他物又無所謂動過去，因爲他們並無去處，他只是在自己內部動，他的動只是一純粹之展現。而他物之感其動便又可說不是眞感其動，因此物並未動過去。所以他物受感而動，實卽其自身之相應而在其內部自爲一純粹之展現。所謂一切物之相感，實卽一切物之動之相應而展現，然而我們卻可說他們於相應而展現中是互相攝入其他之展現。我們爲什麼可說他們之展現又是互相攝入，因爲他們之在其自身內部動爲純粹之展現，亦卽超越其自身。超越其自身卽又不特在其自身之內部爲純粹之展現，且可謂在其自身之外透入於他物中爲純粹之展現，所以我們說他們交相攝入。

一切物之動交相攝入，則我們可視一切物之動之純粹意味交相貫澈。一物感他物之動時，卽感他物之爲一意味，而不眞感之爲一對象。對象之感只是一影子一象徵，此爲物與物交感之本態。

一切存在物根本卽是一意味之能感者與使其他存在感意味者。用通常的語言來說，物之感意味卽其被動的攝受其他物之力，使其他物感意味卽是自動的發力爲他物所攝受。攝受他物之力之攝受本身，卽所謂消極之抵拒力，此消極之抵拒力化爲積極之力則爲反動力，此反動力又同於自動之發力，通常所謂物之維持其存在卽維持內外二力之平衡。通常所謂物之存在亦卽存在於不斷求平衡的關鍵上。在此關鍵之外，通常所謂物之存在無意義。用我們的話說，卽通常所謂物之存在乃指其存在於所感意味與使他物所感意味有一種感上的統一上。

我們說在純粹的物質，其自動力與被動力總得維持一均衡，卽此感上的統一總得常存在。但是一物與一切物交相感，所以一切物都得維持一共同之均衡，而維持一公共的感上的統一之統一。所以在整個純物質界，我們可以稱之爲一體。但是我們卻又不能說這公共的感上之統一之統一，爲任何特殊物所感。因爲他們是平等的並列的，每一物可感其他物與之意味，但不能感其他物之有感。所以我們說他們是役於時空系統中的存在，他們雖在一大時空系統中並列的存在，而有一種外在的統一，然而他們不能感此更高的統一，因爲他們不能感他們自己之感與他物之感是同一的感。

但是生物便不同。生物我們說他不僅在時空中維持其存在，而且求繼續的獲得未來的存在，要獲得未來的存在便須純自動的對其自身之物質與環境之物質之關係加以調整。所以生物有適應環境之行爲，適應環境卽是活動於環境之物質與其自身之物質之間。所以我們說生物的生命是超乎並列的物質之上，他雖在時空中表現其活動，然而其活動之所以可能則由其站在時空之上。生物之感其他物之意味，不是在時空中感，而是在時空之上感，他所感的不是他物之力與現在其自身物質的關係，而兼是感他物之力與其自身物質之將來的狀況與關係。所以他不只是感現在的他物之意味，而是感現在他物之意味對於將來的他自身之物質所可發生的影響，亦卽他在現在感了他物對他將來的自身之物質的意味，所以他不是感他物爲他現在感之所對者，同時感他物爲他將來的感之可能的所對者。所以他不僅感他物之意味在其現在的自身，而且感他物在他現在自身之外爲一獨立的存在而與他對待。這卽是說他一方感到他自身之存在，同時感到他物之存在。他感到他自身之存在，卽是感到他自己之物質是能感力發力的主體。他感到他物之存在，亦卽感到他物爲能感力發力的主體。卽是說他已感到他自身與其他之物同爲一能感的中心。所以我們可以說生物是感了其自身之物之感，同時感了環境中之物之感，而在上面感到一「感之統一」。生物之求繼續的存在卽是要求此上面的感之統一之繼續的存在。

我們說生物與物質之不同，卽在物質能感他物之意味而不能感其自身之爲能感者與他物之爲能感者，而生物卻能感其自身爲能感者及他物之爲能感者。所以物質之存在只是存在，生物則能感其自身之存在於環境中，享有其自身存在於環境中。所以物質只能感他物爲一意味，生物則能感其生命本身爲一意味，因其當下之身體之物之存在通於其過去未來的身體之物之存在之一種純粹的超越，亦可爲其所感故。

但是生物之感其生命本身爲一意味，乃是直接的感其當下生命之通於過去未來。生命在時間的拓展過程中不斷的將其過去生命之意味通過其現在，而投注到未來，使其所感之生命意味日益加濃。但是在其每一階段均緊接於此階段之過去與未來，故他雖感過去未來之生命意味，仍是在現在感，他不能眞覺超出現在所有感。然而人心則能自覺回憶過去與想像未來，即能自覺超出現在而對其生命意味有所感。人能感過去之生命意味如在過去，感未來之生命意味如在未來。這一種純粹的「如在」，即表示人能超越生物之現在，脫離那種過去未來之緊接關係。

而人之感過去未來如在過去未來，即是人在人之現在中包攝了生物之過去未來現在之階段，而將過去未來現在之生命意味客觀化而反映之。這客觀的反映表示一更高的超越，這超越乃整個時空之一齊超越而人遂爲宇宙之主宰，這對於整個時空之超越之感又爲其所感到之意味。

人能自覺，於是生物之感覺知覺化爲人類之認識。人之繼續用其認識力而有求眞的活動，人之能以過去經驗解釋現在之對象而有判斷推理以推斷未來而有各種眞理之逐漸發現。然而人以過去經驗解釋現在推斷未來有與現在未來新經驗矛盾之時，所以有錯誤。人能自覺於是人可將其自己之過去經驗情調加以反省而能組織過去之經驗情調成想像而表現之，於是有藝術之活動，是謂表現美。能於現在對象中發現其足以表現我之經驗情調者而欣賞之，是爲欣賞美。然表現可不適合，於望發現美之處可不得所冀之美，於是有醜。人能自覺於是能通己之情以度人之情，於是有愛。然又或不免陷溺於生物之現在，於是愛不能常有。然人之特性爲自覺必求發展其愛，愛得發展常言謂之善，已知善、已知當發展愛之時而不免陷溺於生物之現在而違於善，於是有惡。又人之求眞美亦必待人之能超越其生物之現在，超越生物之現在乃愛與求眞求美心共同之源，故求眞求美亦爲善。凡超越生物之現在者皆爲善，而自定爲當超越時未能超越者皆爲惡。

人由自覺有眞善美與僞醜惡之別，於是又有自覺的求眞善美之努力，是謂理想之追求。此理想之追求又表示一更高之超越。此乃超越由自然的自覺以達眞善美，而爲自覺的運用自然的自覺以達最高眞善美，這成爲一切理想追求者所感到的其精神之意味。

人精神發展，將來究將到什麼階段，我們不必在此處說。我們在此處所要說明的，只是宇宙一層一層的存在，在時間的歷程中顯現，現空間的外表中併列。所象徵的只是一層層的超越，一層一層的意味的感受。所感受的是意味，能感意味者亦可成所感受的意味。宇宙之一層一層的存在即表示低層的意味可爲高層所感受而融入更高的感受者。如物質爲生命所執持，則物質之意味爲生物之意味。人心駕御人之身體，則人之生命之意味爲人心之意味。有精神的人格統制其心理，則心理之意味爲精神之意味。我們在另一章中說人之精神同隸屬於同一之精神實在，則人之精神爲此精神實在之意味，人上升至與此同一，則感此精神實在之意味。然而此層層的「超越」、層層的意味之融入更高的存在爲其所感本身亦是一超越，亦是一意味。所以全宇宙無論從橫看從豎看都是意味。宇宙間無任何有定相的對象之存在，而只是無窮的意味之周流交滲。

假如有人根據一切物質有不爲生命所執、一切生命有不爲人心所駕御者，而說宇宙並立之一切意味之流，並非絕對的貫通包融於最高之精神實在。這我們在現在此文中並不否認，但是我們根據生命意志之涉及於全物質界，人心之支配全物質界及生物界，人之智慧的要求欲知一切物之秘密，人之美的要求，欲化全宇宙爲藝術品，而於全宇宙中發現美，偉大人格之精神欲使一切人咸成與之同等偉大之人格而與精神實在同一，則我們可以說整個宇宙一切意味之流是在逐漸更加融滙，而向一最後的貫通的路上走。這條路何時完成如何走法，這我們不知道。我們縱知道我們此世界的人如何努力轉化此世界向此路走的辦法，我們亦不知道其他世界的存在如何努力轉化其世界向此路走的辦法。但是只要我們一朝相信了宇宙一切存在只是各種的意味之流，相信了由物質而生命而人心而精神而精神實在中間的貫通之路，同時相信了人性之善，一切惡終必被轉化，則我們將相信一切世界中之存在者都是向此最後的貫通之路上走。這路是一永遠的路，實際上也許永遠不能達到，然而亦不須眞完全達到。因爲一切都是一過程、一純動，一超越，一意味，宇宙的路正當是永遠的路。我們正視此宇宙爲一永遠的路，才能相信宇宙是一大意味。

我們以上的話不是要爲說明宇宙而是要我們視宇宙爲一大意味，而不復以認識對象的眼光去看宇宙。我們眞能反覆體玩我們以上所論，我們將覺宇宙間實無任何特定之對象可得。所謂宇宙只是如此之一大意味。我們最後可覺宇宙之大意味完全融化在我們眼前而覺當前宇宙完全沉入我們當下一念之活潑潑的眞心，成了我心自身之意味一般，則我們可以算眞了解以上的話了。

但我們縱然把以上的話完全相信了，而了解化宇宙爲我心中之一意味，然而此意味只是我心中之意味。此意味之原，只生自我們之把一切平時關於宇宙橫加劃分的觀念彼此消除，我們只算把那許多觀念化爲意味的觀念，而於意味的觀念不視作心之所對，把他與我之心對待之關係自己拆斷，故全沉入此觀念，而此觀念又不能引我們到任何一對象，因對象之觀念已先消除；於是我們之心在意味的觀念與求對象的活動之彼此相消中，而使我們感覺一意味。這意味又證實了我們之意味觀念。於是我們覺當前宇宙全沉入我們當下一念活潑潑的眞心中，而覺化宇宙爲一意味。所以這到底只是我心中暫時之意味，此意味不過是我們追求意義的理智初次自殺時，我們所感到之意味。我們眞要增加我們生活的意味，我們還須回到日常生活中的對象世界去感受，我們現在只是相信了感受意味卽所以接觸宇宙之眞實，我們當於隨處感受意味而已。

三、人生活於意味之世界之說明

我們相信了宇宙是一大意味，我們再回頭到我們日常生活的世界中去，我們這時還得與對象世界相對。一面是對象世界中的形色，一面是能感形色的我。我們現在只是相信了在我與形色兩端之外全爲宇宙之大意味所包裹。我們是在此宇宙之大意味中生活，但是這宇宙之大意味卻並不能呈現於我，這宇宙之大意味是無限的而我們所感之當前對象之意味是有限的。這究竟是怎樣一回事，於此我們便要記起我們是宇宙中存在之一。宇宙一切存在是同時存在，而互相間隔，因爲互相間隔，所以每一存在本身雖都是能感意味者，然而都只是以自己爲中心去感其他存在之意味。一切存在之意味最後要滲融貫通，這是站在宇宙之外說。然而我們是站在宇宙之內。我們說宇宙是一大意味，我們始終不忘大意味中的萬殊。我們說宇宙一切存在之意味都在超越他自己而爲更高之存在所感，與更高之存在合一，我們始終不忘當前之一切存在之各有其自己而互相限制有間隔。也因爲有間隔而後有超越。但是人可以問存在與存在間雖有間隔，但是感意味卽超越間隔何以感一意味不一齊都感？時間空間既如此連續，一切存在之意味既然是交相攝的，何以不可說感一意味卽感一切存在之意味？答我們自然可以說感一意味卽感一切存在之意味，但是此所感一切存在之意味，只是當前所感意味中選出之一切存在之意味。這樣，對當前所感意味言，後者便是間接感。間接感與直接感始終不同。有間接感而無直接感，便可謂未感，便可謂有間隔。如果我們再要問何以不一齊直接感？則我們便要說這是感意味，不能不有所感，有所感便必須有選擇，便不能平等的一齊都感。若平等的一齊都感則無所感，所以必須有直接間接之分，而陪襯出直接感者，以爲所感之感。卽必須有間隔，遠近不同之間隔。若果再問何以必須有所感，則我們便說有所感就是一切存在自己最初之限制，他必須有自己最初之限制然後能超越其限制，猶如純動不能無出發點與歸宿點。因一切存在有其最初之自己限制，卽有其自己如何超越其限制之途程，卽有其開拓直接感之一串歷史，此之謂一存在之以自己爲中心去感其他存在之意味。此卽所以說明一存在不能在當下直接感一切存在之意味、不能窮盡宇宙大意味之一切意味之理由。這亦卽所謂一切存在互相限制之眞義。

所謂一切存在互相限制，實卽由其最初之自己限制，其最初之所以自己限制卽所以使其有一如何如何之超越限制之途程，亦卽所以使其以後之超越限制而感新意味之活動爲可能。於是我們了解了我們當前所感之宇宙之意味是有限的之理由了。

然而我們當前所感之宇宙意味是有限的，並不能取消宇宙之大意味是無限的，我們爲宇宙之大意味所包裹一語。因爲我們感有限卽是要超越有限而到無限，所以無限卽透露於有限中。宇宙之大意味卽透露於我們當前所感之有限之意味中，所以我們所感之有限意味卽爲宇宙之大意味所包裹。當我們眞如此相信時，我們感到我們是在宇宙的大意味中生活。唯一的問題只是我們如何去感他而已。

但是我們在未論如何去開拓我們所感之宇宙意味由感有限之意味而逐漸感無限之意味，使我們之生活與宇宙大意味打成一片時，我們當下實在意味的世界中生活，意味的世界是我們所接觸的眞實。

我們接觸「眞實」，卽已是在用感受意味的一條道路。

如何說人生活於意味之世界？我們首先要說的是人生活於價值感之世界，一切價值感都是一意味。我們從人之價值感處處支配人的生活之全景，便可反悟到人之生活於一意味之世界。

什麼是價值感？苦樂眞僞美醜善惡都是價值感。這些價值感通通是一純粹之意味，而我們與任何感覺之形色都不曾一刹那離開這些價值感。

這許多價值感之不能從感覺之形色上去了解，同樣的感覺之形色對不同的感者可生不同的價值感，證明引生這些價值感的感覺之形色本身不含價值感。牠們必需超越其自身而成一純粹之意味，然後使人生價值感。

一境遇使人苦，我們說這是由此境遇與我們意願之違拂。然而當我們注視在境遇之形色等感覺與料時，我們並不見其苦在於上。我們但想着我們之意願時，我們亦不覺苦存其上。我們同時想着此境遇與意願時，我們也並不覺苦存於二者之上。一境遇之所以使我們苦，只在我們的當前能覺境遇之心，後面背負着意願，境遇突通過我們之心而與所背負之意願一打擊，而後有所謂苦。這打擊之所以是打擊使我感苦，只因我們覺我們之心同一於意願而又同一於當前之境遇，而二者間有一矛盾，這卽是苦之源。然而此矛盾純粹是一意味，卽此境遇自外而超越到內之意味上；同時，內之意願亦欲克服此境遇而由內而超越到外，卽在此二者相交之際，於是有所謂苦。然而境遇之由外到內與意願之由內到外，都是一純粹之意味。他們都是離其原位而毀滅其原位之自身成爲一純動。而此內外之二純動二意味相向而動而相阻，遂成矛盾，遂成苦，是苦之原生於意味。

我們說我們之所以有苦，唯因我們之心兼同一於我們之意願與外來之境遇之刺激二者，二者之矛盾成我自心之矛盾，然後有苦。然而此矛盾之所以爲矛盾，則全在二者之交欲貫澈其純動而達於對方。這卽是說我們不安於此矛盾中二者之並立狀態，而求其合一，然後有苦。於是我們說苦之所以是苦，正是因我們之要求合一，而所謂要求合一則是要否定此矛盾而到合一。這又是一超越之純動。我們唯有此超越之純動而後感苦，所以我們之感苦之原亦一意味。苦本身只是一意味。

苦爲感矛盾而求合一，欲超越矛盾到合一，而未到合一的過程中之意味。而樂則原於矛盾而得合一。所謂合一者不外意願與外境之矛盾本身超越，而感樂卽不外此超越。此超越又是一意味。我們唯在感此意味時有樂，所以意願全達後，外境與意願全無矛盾以供超越時，則無樂可感，所以樂亦是一純粹之意味。

感苦是感一種矛盾，感錯誤亦是感一種矛盾。感錯誤是感所意指的所對與用以指此所對之符號之矛盾。感醜亦是感一種矛盾，感醜是感所望之有的表象與「對之生此望的所對」之矛盾。感惡是感一種矛盾，感惡是感所要實現的善與阻其實現的勢力之矛盾。而所謂眞美善感則是感這些矛盾之破除，所以感眞僞善惡美醜通通只是感一種意味。

然而我們的生活無一時曾離價值感。因爲我們見一切對象都在對之有所判斷，每一知覺卽是一潛在的判斷。判斷其是什麼，是卽眞，以爲是而不是卽僞。對於一切對象，這是最普遍的價值感。此外，凡覺其屬於我或覺其與我發生利害關係之物者，無不有順適不順適之感。此卽時時有的苦樂之感。對於與我無利害關係之物則無不有其表象，能否表現我之生命情調之美與醜之感，對於人則無不對之有善惡之感，且兼有美醜眞僞順適不順適之感。如不對人有善惡之感，則係不注意其所以爲人的特質方面。然此時至少必有對於物之美醜眞僞順適不順適之感。我們絕對莫有任何時離開我們對任何對象之價值感，亦卽是說我們無任何時不把對象視作一意味的象徵。

再從另外一方說，我們所謂一對象存在，我們都是須想着他存在於一背景。說他存在的意義都是由其背景投映過來。想一對象存在，卽是想其有所在。在於所在，構成存在之意義。然其所在並非對象本身，而外在於此對象者。此所在外在此對象而若支持此對象，卽構成存在之意義。此支持便似一活動，由所在而達此對象本身者，亦卽使對象自己超越而達所在者，此卽是一意味。唯我們感此意味而後有所謂此對象存在。所以我們說筆存在，便念其存在於桌，念桌存在便念其存在於室，說室存在便念其存在於地，說地存在便念其存在於太陽系。說太陽系存在便念其存在於某星雲系統，說星雲系統存在便念其存在於無窮之太虛。我們這樣想便成一意味之展開。卽反證當我們覺一對象存在時卽感一未展開時之意味。復次我們說一對象存在，便預想其用，首先我感到他之刺激我，我卽覺他之用。

此用卽其自身之超越至我感官，此卽一意味。其次我們復了解他其他之用，此其他之用亦構成其爲存在者，此用又一意味。又我們說此時我與此對象相對而存在，而我之認識活動去認識他是一超越是一意味。我說我有感我之認識活動之我，然所謂此我者實不可得。正只是一意味。我說此我卽能自覺，能自覺只是去自覺，卽一超越，卽一意味。自覺自覺又是一意味。我們所以有無窮之自覺，我們所得的都只是如此如此之意味。我去求我，我所得的只是如此如此之意味，卽證明我之感「我」只是感未展開時之如此如此之意味。感我之認識活動之我，也只是如此如此之意味。如此則所謂我，所謂對象，我們都是在一意味中肯定他們之存在。而我們說對象存在最後歸到無窮之太虛，然太虛我們如何可說他存在，我們在他章說他存在於我當下思之之認識活動，這又是一超越一意味。我又如何可說我存在於實際物質宇宙，我們便只能說我有身體爲萬物中之一。我之認識活動對於我之身體而使我存在於實際物質宇宙，這又是一超越一意味。對象之物存在於我，我存在於對象之物中二者互相環抱，這又是一超越一意味。這一意味亦潛在於我們對於對象之認識之後。所以我們在任何感對象時我們都是通過意味以感對象，以對象爲我們所感意味之象徵。

此外看我們之所求的，其實也都是意味之感受，以意味爲唯一之眞實。我們所求的只是意味之充實深厚。譬如我們求眞善美樂而要想避去錯誤惡醜苦。本來我們說錯惡醜苦亦是一種意味，但是我們他們是說我們要求由矛盾到合一而未到合一時所感受之意味。矛盾是兩種意味之矛盾，各要求貫澈而不能貫徹。所以在我們感到矛盾之意味，則覺到產生矛盾之兩種意味之相否定，這便使我們不滿足而苦痛。苦痛之原正在我們之求更高合一之和諧中更充實深厚之意味。然而當矛盾破除時則兩種意味相滲而和諧，則皆得滿足。所以在矛盾破除時，我們一方感矛盾破除之意味，同時在此更高意味中包含原來之二意味，於是我們實現了我們求更高意味之目的，同時亦卽滿足了原來之二意味而感樂。我們之希望樂卽是希望求得更高之意味。一切錯惡醜均生於矛盾之感，依同理我們之所以覺其錯惡醜亦由於我們求更高之意味中之和諧。而眞善美中我們得此和諧，亦卽得此更高之意味。所以人之求眞善美樂，我們都可歸之於求更高和諧中充實深厚之意味。

復次，我們對於一眞理，我們說他所解釋之事理愈廣我們對其眞之感愈深。這是因此眞理解釋之事理愈廣卽能通之其他之事理愈多。通得愈多卽是愈使我們的心由此理而超越到其他之事理，我們所謂超越原是純粹之超越，卽不離不卽之超越。所以我們並不覺此超越。我們只覺愈眞之眞理愈能放出光，而照到其他事理。這卽是我們對此眞理所感之意味愈濃厚。所以我們說一眞理系統愈博大而各部愈能相映發者，此眞理系統愈有眞理價值。因爲各部愈相映發，卽各部愈互能超越其自身而增濃其眞的意味。一藝術品之愈完整而各部愈能相和諧者，此藝術品愈有美之價值，因爲藝術品各部愈能相和諧亦卽各部愈互能超越其自身而增濃其美的意味。一人之行爲前後愈一貫而各時期之行爲能互相照應者，愈有善之價值，因爲各時期行爲愈能一貫而互相照應，亦卽各時期之行爲愈互能超越其自身而增濃其善的意味。

最後，我們說人求眞時對片段的眞理不相配合而感矛盾時，會忽然得一觀念解決一切盾矛，謂之悟會。人在求美時對零碎的美的意像覺不能組織成一圓滿無缺的藝術品時，會忽然得一靈感而構成整個的美的意像。人求善在自己內部感到理欲之交戰時，會忽然有覺一種似自天而降的力量把他靈魂提升，所謂神的賜恩，內在的奮發。這一種知上的開悟、情上的靈感、意上的奮發之感，在日常生活亦可突然降臨。然而他們降臨時，最初都是一純粹的意味，以後才慢慢淸楚展現爲理想的眞美善之景像。而他們卻正是一些求眞美善的人所最盼望的。

我們說能見最廣博的眞理的人之謂有識見；能創造最優美的藝術品的人之謂有風韻有意境；能行最卓絕的善的人之謂有志願有魄力。現在識見也、意境風韻也、志願魄力也均存於人之胸襟，胸襟之最直接的表現是氣象。所謂識見意境風韻志願魄力胸襟氣象通通只能從各種精神意味的貫通滲透充實增厚上去發現、去了解，然而這些正是人所認爲最値得具有或接觸的。

我們之生活於價値感的世界，而價値感則是意味。人之認識對象卽在意味中認識對象，人之所求的都是意味之充實增厚。可見我們實際上乃生活於意味之世界。

（一九四四年•「哲學評論」第八卷第五期）

易傳之哲學淺釋

易傳乃發揮易經中啓示之哲學而作。易經啓示之哲學我們前已有所論列，那是直接自易經上下經上說的，尚未論及易傳。易傳對於易經哲學之發揮，我們可以簡單說有下列數點：第一是指出太極之存在，以爲乾坤陰陽之統貫，爲天道地道之統貫；第二點是指出一陰一陽之謂道，而見道表現於陰陽之中，即表現於六十四卦一切卦爻之中。六十四卦之卦爻在易經已以之象徵天地萬物，所以道之表現於六十四卦之中，即道表現於天地萬物之中，於是指出天地萬物皆道之表現；第三是指出道理命性情仁智義之一貫。這三點都是易經上下經本義所未有，而由易傳之作者加發揮出的。易傳之作者之種種發揮，蓋多本於孔門之遺敎，然而易傳之著成，蓋在晚周，因爲其中許多話和思想，均後於中庸樂記；而偏重自宇宙論本體論以說明人生亦是儒學後期之趨向。

易傳之指出太極以統攝乾坤，這見於繫辭上傳「易有太極，是生兩儀」一語。本來在易經本經中，言乾元坤元，原是相通，這從乾坤二卦之卦爻辭之兩兩相應可以見之。但是正式就乾坤相通而指出統攝乾坤之太極之存在，則是易傳作者之功績。不提出太極，但可云乾坤天地之相感通；提出太極，則乾坤天地爲太極之二面，乾坤天地之相感爲太極以其二面自相感。不提出太極，則乾坤天地只是相對，絕對之觀念隱沒於相對之觀念中；提出太極，則相對之觀念依於絕對之觀念下。

易傳以太極統乾坤，卽將乾坤之德更抽象化而視之爲一宇宙之相反相成之二最高原理，此相反相成之二最高原理，卽統於一最高之原理，此最高之原理卽易之原理，生生之原理，卽統乾坤之太極之原理。因生生之所以可能，卽本於乾坤之交感，而太極卽就乾坤之相感以立名。

什麼是乾坤？易傳說「乾其靜也專，其動也直，是以大生焉；夫坤其靜也翕，其動也闢，是以廣生焉。」又說「夫乾，天下之至健也，德行恒易以知險；夫坤，天下之至順也，德行恒簡以知阻。」「天尊地卑，乾坤定矣。卑高已陳，貴賤位矣。動靜有常，剛柔斷矣。方以類聚，物以羣分，吉凶生矣。在天成象，在地成形，變化見矣。是故剛柔相摩，八卦相盪，鼓之以雷霆，潤之以風雨，日月運行，一寒一暑。乾道成男，坤道成女。乾知太始，坤作成物。乾以易知，坤以簡能。易則易知，簡則易從。易知則有親，易從則有功。有親則可久，有功則可大。可久則賢人之德，可大則賢人之業。易簡而天下之理得矣。天下之理得而成位乎其中矣。」

我們從上數段便知易傳作者之解釋乾坤，正頗同於樂記之以乾坤分別代表宇宙之動與靜，剛與柔，羣分而差別，與合同而變化、創始與成就之二種原理。所不同者，在樂記對此二種原理尚未多加發揮，而且樂記無太極以統之。我們根據易傳可以說創始卽顯剛健之力，成就卽成柔順之實。一切開闢創始都是一種對困難的克服，所以乾德行恒易以知險。一切成就歸結都是歸於一種定形，與其他定形互相阻隔，所以說坤德行恒簡以知阻。乾卽創始之原理，每一創始都是由力或功能之凝聚集中而顯發，所以說乾其靜也專，其動也直。坤是成就之原理，每一成就都是一翕合收斂，而繼以擴大展開，所以說坤其靜也翕，其動也闢。宇宙萬物之所以生生不窮，卽一方面有凝聚集中的生生之功能之不斷的顯發，而另一面卽是一切物之由翕合收斂而擴大展開。宇宙之無盡的生生之功能不斷的創始是乾，現實宇宙之事物之不斷的成就而無窮的豐富是坤。生生之功能不竭的流出，是謂「日新之盛德」。成就的事物無窮的豐富，是之謂「富有之大業」。然而生生之功能卽顯於其成就之事物，已成就之事物本身卽含繼續不斷之生生的功能；所以乾坤不二，乾卽通過坤以表現其自身，而坤則承順乾而爲乾之生生之功能所通過之處。

原來宇宙之所以爲宇宙，在易傳作者看來，只有此易簡之原理。宇宙萬物從其各居其位各有定形定實看來，便只是多，所以陰爻以⚋表示。然而就各種萬物之互相感應，則見此物之作用功能之貫徹於彼物，彼物之作用功能之貫徹於此物，天地萬物之作用功能原是互相貫徹。從此作用功能之互相貫徹處，才可見萬物之統一。所以陽爻於⚊表示。且由萬物作用功能互相貫徹，於是萬物才互相影響，而後有改變，而後有創新。然而每一創新同時卽是一新事物之成就，而新事物成就以後又有一功能作用以影響其他萬事萬物，於是舊事物又受改變而創新。宇宙就是這樣永遠創新復成就，成就復創新下去。於是能生生所生，所生復是能生，宇宙萬物卽由此而生生不窮，宇宙似不斷擴大展開，成有無窮豐富內容之宇宙。在此宇宙不斷的創始成就向前擴大展開的過程中，以前的舊事物不斷的變化，以成新事物，新事物又得成新事物，從此生生相續、生生不停之全體宇宙看，一切物便亦都如海上之波，在互相融化之過程中，但不只是後波代前波，如莊子之說，而是後波抱前波，繼長增高，成海之一重重如山如岳之波。如是我們從全體宇宙看，便不見所謂萬物，而只是一創新復成就、成就復創新之宇宙原理在那兒表現他自己。以此創新與成就，乃相反而相成，創新卽有所成就，成就者無不可爲以後之創新之根據。所以此二原理卽一原理，卽一生生之原理，卽易之原理。乾坤不是二，乾坤只是一絕對之太極之運動的二種姿態。

這一絕對之太極卽宇宙之最高原理，亦卽宇宙生命宇宙精神。此生命精神之運動的方式，是一方面使宇宙萬物合同而融化，一方又使之分別定形。由融化而創新，由定形而成就。創新卽開闢，成就卽凝聚而翕闔。所以說「闔戶謂之坤，闢戶之謂乾，一闔一闢謂之變」。以此闔闢的更迭而無窮。所以此太極既在形而上，又在形之中。太極是道，道卽表現於器。道卽自己表現成就他自己於器之中。於此，易之太極遂近於中庸之誠，其不同者唯在中庸未嘗明言誠之含創新與成就之二面，及未明言其含自己與其所實現成就之自己之二面。

這太極之合合同而化之乾道，使萬物相感應，感應卽此物覺攝彼物，彼物覺攝此物，所以說「乾以易知」。一物與他物感應，卽受影響而別成一物，所以說「坤以簡能」。物之相覺攝卽相通，卽物之相親，所以說「易知則有親」。物之受感應影響而變化，卽物之相隨從而有成就，所以說「簡則易從」，「易從則有功」。物之相感應而變化，變化存於時間，在時間中之感應變化不窮，則顯宇宙之永恒，所以說「有親則可久」。物之受感應影響而變化而有所成就，其所成就皆在物之自身，以表現物內在生命之充實豐富與擴大。所以說「有功則可大」。物之相感應而相通相親，卽物之功能作用之互相流貫，卽物德之互相流貫，於此而見天道之仁焉。而此仁之中有物之相覺攝，於此見天道之智焉。物之受感應而順從其所知者，願從其所知者而成就其所應成就。於此見天道之義焉，於此見地道之禮敬焉。所以易傳說「一陰一陽之謂道，仁者見之謂之仁，智者見之謂之智。」在乾文言傳中於乾之元，則首繫以仁以說明之，說「體仁足以長人。」以繫元，而又於繫辭傳說，「知崇禮卑，崇效天卑法地」，在文言傳雖未明言天道之知，但是後說君子學以聚之，問以辨之，寬以居之，仁以行之，都是法天道，而學與問皆知之事。於坤文言則特繫以「敬以直內，義以方外」。敬卽禮之本，所以說卑法地。在乾文言中又說「君子黃中通理，正位居體，美在其中而暢於四支，發於事業。」正是說坤道之以乾道之德爲內容，而顯於禮之威儀、義之事業。所以在乾文言中雖未明說知，然而曾說「嘉會足以合禮，利物足以和義。」嘉會者其物之會聚而相感應，此中卽有知。坤之禮承乾之知。所以說嘉會足以合禮，利物足以和義，亦是自乾之仁智之德之通於坤而言之。所謂變而通之以盡利也。關於此點我們因不能就卦爻之變化上一一指點，所以只能說到此，如能就卦爻之變化上指點，則更可看出易傳之何以對乾坤分繫以仁智禮義之理由。易經之六十四卦，原是一象徵宇宙萬物之變化的圖畫。八卦之每一卦初乃以象徵一事物；六十四卦之每一卦，由二卦合成，卽象徵事物之交會。事物與事物之交會卽可能有互相影響而生之變化。一切事物之會互相影響卽每一事物內部有不平衡或內力有所不足，有所待於外，或內力有多餘，欲貫注於他物，卽或欲有所施，或欲有受。施卽要有所創始，卽乾道；受卽要有所成就，卽坤道。易經卽於此陰陽爻之不得正，以象徵之。不得正則陽求陰、陰求陽，欲受者求施、欲施者求受，一施一受而變化起，而新事物生成。卽乾坤陰陽交會而變化起，新事物生成。所以說「一陰一陽之謂道」、「道有變動，故曰爻」、「爻也者，效天下之動也」、「爻有等，故曰物」。所以易傳之論道，卽在卦爻之變化中論道，論乾坤之創新成就之功能卽在卦爻中論。而每一卦爻之變化卽指一實際事物之交會，所以易傳中之道遂得爲遍在於萬物中之道。不僅遍在，亦且是全部整個表現於每一事物。因每一卦爻之變化所遵之道乃同一之道，故六十四卦三百八十四爻所象徵之無窮萬物無不有道之全體表現於其中。所以易傳說「天下之動貞乎一者也」，又引孔子說「天下一致而百慮，同歸而殊塗」。

從一切萬物之都要遵陰陽和諧乾坤交感之道而行，一面見不同事物之理之可會通於一共理一道，另一面卽見不同事物具有此會歸於此道之性，欲實現此道之性。所以道卽性之根原，性卽欲實現道之動向，亦卽道欲表現於事物之動向，所以易傳說「一陰一陽之謂道，繼之者善，成之者性也。」在乾文言傳說：「利貞者性情也」。利是什麼？「變而通之以盡利」，即陰陽爻不得正而變通之謂，亦即求陰陽乾坤之和諧之謂。可見利即和諧之道之求實現之動向，而貞即和諧之實現，情即性之求實現，亦即求和諧之實現，亦即求貞。所以說「利貞者性情也」。得其貞之謂盡其性，盡其性即盡其情，盡其情乃指實現其自身所求之和諧而言，然自身所求之和諧，即宇宙之大和原理，即宇宙之乾坤相感之原理，即太極之原理。所以貞實現其自身所求之和諧，即實現太極之意志、太極之命令。所以說「窮理盡性以至於命」，又說「乾道變化，各正性命」。知乾道變化最後必歸於各正性命，知大和原理之必實現，遂能樂天知命，故不憂。這樣一來，於理性情命皆在「一陰一陽之謂道」之觀念下得說明。而人性之所以善，天命之所充即性，皆可歸之於太極之含陰陽乾坤交感之大和原理，其中本有仁智禮義之德。此太極表現爲一切事物，而□□□□□□化所會歸，所以人之內在的性向亦不得不會歸於此。人之性向之必會歸於此，即太極之意志命令之表現，所以說「天命之謂性」。

這樣說下來，直說到我們之修養之方，即不外遷善改過。遷善改過即改自己之不正者以歸於正，此在易經即以改陰陽之不得正者成得正以象徵之。善即仁智禮義。仁即愛人，與人通情。情感上與人融合無間。要情感上與人融合無間，即當如天道之使萬物之合同而化，有無盡生生之功能，使人我之生命意義互相流貫。所以要仁，即當法天，法天而生生之功能無盡，即使自己之生命如宇宙生命之流之健行不息，遂符於易大象所謂「天行健，君子以自強不息」。有仁然後有智能知其仁，同情的了解他人，此則當法天有日月之大明。至於禮義則當法地道。地道是使萬物散殊而各居其位，是收斂聚合之道，法地道則美在於中，正位居體，自守其分位不以驕人，所以說：「德言盛禮言恭謙也者，致恭以存其『位』者也。」有禮則守其分位，能自盡其實，所謂發於事業，所謂「敬以直內，義以方外，敬義立而德不孤」。言仁知之德與禮義相應而人格之內外貫道，誠於中者皆有以形於外。仁智則知天之尊而高明，禮義則知地之卑而博厚，所以謂「知崇禮卑」，「勞而不伐，有功而不德，厚之至也」。由人之自盡其實行其禮義，卽人之道德顯於政治社會之事業，所以說：「舉而措之，天下之民謂之事業」，「理財正辭，禁民為非曰義。」理財經濟，正辭正政治上之命令，禁民為非卽化民成俗。

易傳這種論太極道理性情命仁義禮智的辦法，純是根據易傳中之宇宙論而引之到形上學到人生哲學的論法。然而其歸宿與其他儒家並無不同。其歸宿點是要使人知宇宙之本體之神化，而完成其最高之人格以與天地參，而體驗宇宙之本體。所以說「神而明之，存乎其人；默而成之，不言而信，存乎德行。」又說「精義入神，以致用也；利用安身，以崇德也；過此以往，未之或知也。窮神知化，德之盛也。」所以又說易之為書所顯之理：「與天地相似故不違；知周乎萬物而道濟天下故不過；旁行而不流，樂天知命故不憂；安土敦乎仁故能愛，範圍天地之化而不過，曲成萬物而不遺，通乎晝夜之道而知，故神無方而易無體（無形體）。」

（一九四五年四月・「學燈」渝版第二九三期）

孟子性善論新釋

我們在論孟子性善論之前，當先論孟子論性之下手處。在孟子當時，原已有性無善、無不善，性可以爲善、可以爲不善，有性善、有性不善諸說。公都子曾提出以難孟子，而孟子之答覆是「乃若其情，則可以爲善矣！乃所謂善也。若夫爲不善，非才之罪也。惻隱之心，人皆有之；羞惡之心，人皆有之；恭敬之心，人皆有之；是非之心，人皆有之。」「無惻隱之心，非人也；無羞惡之心，非人也；無辭讓之心，非人也，無是非之心，非人也。」又一次，孟子與告子辯論，告子說「食色性也」，又說「生之謂性」。孟子之答覆，是「生之謂性，猶白之謂白歟？白羽之白猶白雪之白，白雪之白猶白玉之白歟？然則犬之性猶牛之性？牛之性猶人之性歟？」

由此三段，可知孟子之論人性，着重在兩點：一是就「乃若其情，則可以爲善矣！乃所謂善也」上說性善。這卽是表示孟子所謂性善，不是就人之實然上說人之已善，而是就潛伏的功能內在的心靈活動的趨向，與此活動之顯發上說人之性善。所以孟子說「人性之善也，猶水之就下。」「就下」是水之性，然而此性只是其潛伏的功能，活動之趨向。所以就實際上論人有善有不善，或性無善無不善，與孟子之說全不相干，所以孟子概不加以答覆。至於性可以爲善可以爲不善之說，亦是從功能上、趨向上看性，則與孟子之看性的着眼點相同，而結論不同。孟子之異於此說者，在只取此說之前半，至于後半之人之可以爲惡，則說其不由於性本身，所以說「非才之罪也」。第二點是孟子論人性，是要就人之所以爲人之特色上論人性，所以不應就人與其他動物之所同處論人性，而當自人之所以異於其他動物處論人性。我們忽略人與動物之所異，便如我們只就白玉白雪白羽之共同之白上論白雪白玉白羽之相同，而忘卻玉雪羽之差異一樣。孟子說人之所以異於禽獸者幾希，孟子論人性，卽要論此幾希之處。於是我們可以說孟子之論人性的着眼點便有二：一是由顯見隱，一是察人之所以爲人之特色。由此二者遂引出孟子對於人性善之論證。

一、人皆有四端　孟子對於人性之善的第一論證，卽上所已引到之人皆有四端。人皆知仁義禮智之爲美德，孟子卽就仁義禮智之端之見於惻隱、羞惡、辭讓、是非者，以指出人之性善，惻隱卽有所不忍。所以孟子以「今人乍見孺子將入於井，皆有怵惕惻隱之心」爲言。羞惡之心是有所不爲，辭讓之心是有所不受，是非之心包含有所不以爲然。這通通是人之消極的道德情緒。然而孟子卽從人之有所不忍、不爲、不受、有所不以爲然，指出人有自內發的道德主宰力量之存在，有內在的道德自我之存在，有內在的善性。孟子這一種不先自人之積極的道德情緒上指示人之善性，而先自人之消極的道德情緒上指示人之善性，是有很深的意義的。因爲如只從人之積極道德情緒上說，我們可以說這是由於外在之刺激本身所激發所決定。而現在從消極道德情緒上說，從人之有所不忍上說，則證明此道德情緒純由自己內部發出，只能是由自己內部發出。其次在孟子論惻隱之心特就乍見孺子將入於井爲例，亦有其深長之意義，乍見即忽然見。忽然見孺子入井即有怵惕惻隱之心，即證明此怵惕惻隱之心之發出不是由先前之計慮，而是一種直接自當下的自我內部生出的反應。所以孟子下面說此怵惕惻隱心「非所以納交於孺子之父母也，非所以要譽於鄉黨朋友也，非惡其聲而然也」。孟子之舉出其不出自此等等之動機，卽表示此怵惕惻隱之發出不是外有所爲，而是對孺子之將入於井本身之一種直接的反應。於是便不可不說不忍之心爲出自內在的天性。

此外孟子論性善亦有自人之積極的道德情緒上論人的，這卽是小孩子之心理上說。孟子說「人之所不學而能者，其良能也。所不慮而知者，其良知也。孩提之童，無不知愛其親者。及其長也，無不知敬其兄也。親親仁也，敬長義也」。這雖是一種自人之積極的道德情緒上論，然而其就小孩子之此種心理以證明性之善，是從小孩子之此種心理不待學習與思慮上看出的。此與乍見孺子之例之自忽然見以論人之性善是同類的。

二、人心之所同然　孟子之性善論之第二論證是就人心之所同然上論。孟子說：「口之于味也，有同嗜焉；耳之于聲也，有同聽焉；目之于色也，有同美焉，至于心獨無所同然乎？心之所同然者何也？謂理也，義也，聖人先得我心之所同然耳！故理義之悅我心猶芻豢之悅我口。」

在孟子此段話中，我們所特當注意的在最後二句，卽「理義之悅我心猶芻豢之悅我口」。這卽是說道德是能滿足心之要求的。道德之能滿足心之要求，由理義悅心證之。理義之悅心，是行道德者之所直接經驗之事實。孔子已說仁之樂，孟子在他處亦說反身而誠，樂莫大焉。道德本身是一內心的幸福，是孔子孟子親切體驗到而且自覺的加以把握的事實。從道德本身是內心的幸福，卽證明道德是爲人內在的深處心自始所要求。必內在的深心自始是要求道德，然後才能說明理義悅心之事實。猶如必口自始是要求美味，然後才能說明芻豢悅口之事實。心自始要求道德，卽好善出於內心。至於如何可從行道德者之感道德理義悅心，便可知一切人皆有自內心發出之道德要求，皆好善，皆性善；則孟子是根據類推。卽同類者必相似。聖人亦是人，聖人能感道德理義之悅心，聖人之性善；則一切人之性亦善。換句話卽是孟子他自己能感到道德理義悅心，卽可以推知他人感道德理義之悅心；或我們自己能感道德理義之悅心，便可推知他人能感道德理義之悅心。至於我們爲什麼不可從一般人不似聖人之感道德悅心而說道德非悅心，人性非善，則推孟子意，當是道德理義之悅不悅心唯有眞行道德而獲得道德之聖人才能討論此問題。一般人之不感道德之悅心，只是其尙未眞行道德而獲得道德。其未獲得道德而不感道德之悅心，並不足以否定道德之悅心，亦卽不足以否定道德爲人之內在的深處心之所要求。感與不感是有無的問題，而非同異的問題。聖人與一般人的差別是聖人先感一般人之所能感，感一般人之所未感，所以說聖人先得我心之所同然者，如易牙之先得我口之所嗜。我們不能由我們之未食易牙所食美味，便說此美味非能滿足我之口之所欲者，說我之口不以美味爲美，不知求美味。我們亦不能就我們之未如聖人之行道德而獲得道德，便說道德非能滿足我們心之所欲，說我們之心不以道德爲善不知求善。我們之所以能說口原欲美味，是從我們之食美味卽甘此美味證明，所以我們亦可從我們之獲得道德而安於道德樂於道德，證明心之原欲道德。

孟子性善論之論證只此二者，一是從自發之情緒性之表現於外之端倪上指出性善，一是從人心之所安上指出性善。前者是由四端之因，指出其必有仁義禮智之果以說性善。後者是從人之悅仁義禮智之果，指出必有悅仁義禮智之性爲因。

人性既善何以有惡？惡之起原如何？孟子之答覆是人之可使爲不善，皆由於未能盡其性，卽是未能盡其潛伏的爲善之功能。所以他與告子辯說「今夫水搏而躍之，可使過顙；激而行之，可使在山，是豈水之性也哉，其勢則然也。人之可使爲不善，其性亦猶是也」，他又說「若夫爲不善，非才之罪也」。水性本就下，然而他可以遇阻礙而不就下。人性本善但可遇不適宜外物之環境而不善。不適宜外物之環境可以戕賊人之性，關於此點孟子有幾段話說明：「富歲子弟多賴，凶歲子弟多暴。非天之降才爾殊也，其所以陷溺其心者然也。」「公都子問曰：鈞是人也，或爲大人，或爲小人。何也？孟子曰：從其大體爲大人，從其小體爲小人。曰：鈞是人也，或從其大體，或從其小體，何也？曰：耳目之官不思而蔽於物。……心之官則思，思則得之，不思則不得也。此天之所以與我者。先立乎其大者，則其小者不能奪也。」「牛山之木嘗美矣；……斧斤伐之，可以爲美乎？……雖存乎人者豈無仁義之心哉！其所以放其良心者，亦猶斧斤之於木也。旦旦而伐之，可以爲美乎？其日夜之所息，平旦之氣，其好惡與人相近也者幾希，則其旦晝之所爲有所梏亡之矣！梏之反覆，則其夜氣不足以存。夜氣不足以存，則其違禽獸不遠矣。人見其禽獸也，以爲未嘗有才焉者，是豈人之情也哉？……孔子曰：操則存，舍則亡，出入無時，莫知其鄉。惟心之謂歟！」在此三段話中，前段明說人之爲不善，由於外物之環境使人陷溺其心，第二段話中說人之爲小人由於耳目之官不思而蔽於物，亦是心陷溺於外物之意。第三段說旦晝之所爲足以梏亡其良心，旦晝之所爲，亦正當是指日間與外物之環境接觸，足使人心陷溺於其中之行爲而言。所以此段以夜氣平旦之氣與旦晝之所爲對比，夜氣平旦之氣卽不與外物環境接觸之靜夜所培養出之清明之氣。所以我們可以總括的說，孟子對於人之爲不善的解釋，卽是「由於人心之陷溺於外物之環境中」。人心何以會陷溺於外物之環境中而人有不善，依第一段說凶歲子弟多暴，這是說由於人之生存困難，常爭取物質，遂養成暴戾之習而不善，而人之求生存與耳目之好、聲色之欲，都是依於人之自存欲與感覺性而有的，亦卽依於人與其他動物所同有之性而非依於人之所以爲人之特性。人之所以爲人之特性，見於人心之思。而在人之爲自存欲感覺性所束縛支配，專以逐取外物爲事而流於惡時，正是在人不思時，亦卽人之所以爲人之特性未表現顯發時。人之特性未表現顯發而後有不善，這卽人心之梏亡，人心之陷溺，人心之不存。此所謂梏亡陷溺不存，只有消極意義，只所以表示心之未顯現其思之功能，亦卽未表現其性，所以不能由之以證明心之無思之功能，性之不存在；亦卽不能由之以證明性之不善；而由心之不思性及未表現而後有不善，到反是以證成性之本善。

由上我們可知孟子論人之性，是就人之所以爲人之特性上說。但是我們尙須知道孟子就人之所以爲人之特性上論人之性，尙有一層更深的理由。卽照孟子看來只有從我們自己內部發出，而我們自己能完成之的活動，才可謂眞是出自我們之性。亦卽只有我們自己主宰的才是我們之性。關於這一點孟子有下列一段話：「口之于味也，目之于色也，耳之于聲也，鼻之于臭也，四肢之于安佚也，性也，有命焉，君子不謂性也。仁之于父子也，義之于君臣也，禮之于賓主也，智之于賢者也，聖人之于天道也，命也，有性焉，君子不謂命也。」

此段話前段所舉耳之於聲、目之於色等卽指耳目之欲，孟子在此先說他們是性，然而馬上卽說有命焉，君子不謂性也。所謂有命卽其滿足與否有待外在環境之決定之意。亦卽是求在外，其得與不得，我們不能主宰，不繫于我們之求本身之意。此卽孟子他處所謂「求之有道，得之有命，是求無益於得也」。後段所舉仁之於父子、義之於君臣等，孟子在此則先說他們是命，卽是說仁之必行於父子間，義之必行於君臣間，亦若是有一外在之環境決定我們之仁義道德。然而孟子馬上卽說有性焉，君子不謂命也。這卽是說行仁義等在我們自己，我們自己有權決定，行與不行是求在內，求則必得，舍則失，得與不得主宰在我們自己，繫於我們之本身之意，此卽孟子他處所謂「求則得之，舍則失之，是求有益於得也，求在我者也。」於前種活動非自己能主宰，卽表示我們在此不能自由，亦卽此活動不眞是自內在的自我發出，不是出自眞正的自動，而一半是被動。此種活動之能繼續與否繫於外在之環境之能否與我們以滿足。如不與之以滿足，則此活動被阻撓；如繼續與之以滿足，則成無盡的追逐聲色之欲。所以此活動不能算眞正自內在的自我發出，亦卽不是出自我們之眞性，而行仁義道德，則我們道德行爲之方式雖以所在之外在之環境之不同而不同，如或爲處父子間、或爲處君臣間，然而我們此時所求的不是外境之如何，此時所求的只是自己的行爲，服從自己所下之道德命令，去依仁由義。這是我們自己絕對能自己主宰的。我們之要行道德，全出於內在的自我之要求，全是自動。此種道德的活動之繼續與否，與通常所謂外在之環境之順遂與否無關。無論環境如何惡劣，我們可以殺身成仁，舍生取義，其結果便是無外力足以阻撓我們於道德的意志。所以此活動可以算全是自眞正的內在之自我發出，亦才算出自我們之眞性。然而我們要認識此二種活動的不同——一是有待於外，一是無待於外，必我們躬行道德以後才能知道，卽必須躬行道德之君子才能知道。所以孟子說「君子不謂性也」、「君子不謂命也」，只有我們自己能主宰的自發的活動才是出自我們之性，所以只有道德的行爲所自發的才當認爲是我們之性。所以孟子又說「君子所性，仁義禮智根於心」。君子所性，卽君子所當認爲性而盡之者，從順仁義禮智之性出發以安排自己之生活行爲卽以道德之活動統制感覺性之活動，以心之官駕御耳目之官，亦以心主宰身，其結果則是身體本身化爲道德人格表現之工具，身體之動作態度成爲道德人格之外表的象徵，所以孟子說「君子所性，仁義禮智根於心，其生色也睟然見於面，盎於背，施於四體，四體不言而喻」。身體之動作態度成爲道德人格之外表的象徵，即身體耳目之官感覺性之活動成爲道德的活動之象徵，於是身體之耳目之官感覺性之活動亦即成我們內在的自我之眞性之象徵。所以身體之耳目之官感覺性之活動亦可說爲即我們之性。所以孟子說「形色天性也，惟聖人然後可以踐形」在「形色天性也」下即連以「聖人然後可以踐形」，即是說唯實踐道德然後可以踐此形色，與以價值的內容，而使形色成道德的人格之表現或象徵，亦唯在此意義下然後可以說形色是天性。

既然順仁義禮智之性而行之結果，便可以使形色——即身體之耳目官感覺性之活動成道德人格之表現與象徵，所以此形色本身便亦不能說是不善。順仁義禮智之性之發展，必歸於以形色爲道德人格之表現與象徵，即仁義禮智之性本來是滲貫於我們之形色之身體之耳目之官感覺性之活動中，亦即在我們內在的自我中，本有以仁義禮智駕御我們身體耳目之官感覺性活動，以成爲一整個的道德人格之性。亦即我們內在的自我中本有以人之異於禽獸者支配人與禽獸所同的性，這也就是說從整個的人性來看人性是善的，從整個人性的眼光去看人自身體之耳目之官發出之感覺性的活動也是善的。一切不善，只是人之感覺性活動與仁義禮智之性分離；身體耳目之官與心之官分離，小體與大體分離，以致人只求由身體耳目之官之發出之感覺性的活動之滿足，爲外在之欲所蔽，及使心之功能仁義禮智之性無由顯發。所以人之爲不善，只是由於人不能盡其全體之性，而只去盡其部分之性，人只去盡其部分之性，也就根本不是盡性，不能盡性。因爲一切依於身體耳目所生之欲之滿足與否，其主宰不在我自己而在外在之環境，卽證明此等之欲望不是出自眞正之內在的自我。人只有行仁義禮智才能說是主宰在我，所以只有行仁義禮智才是眞正內在的自我，自發的活動，才出自「性」，只有行仁義禮智才是盡性；而盡此性的結果則使自身體耳目之官發出之感覺性活動同統率於仁義禮智之道德的活動之下，而身體耳目之官等感覺性之活動遂成爲道德人格之表現。所以仁義禮智之性卽整個人格之性，卽身體耳目之官之性，不僅仁義禮智之性爲善，整個的人格之性亦善，從整個的人性中去看其中部分感覺性活動亦是善。這是孟子主張人性善、人無有不善的最深義。

（一九四五年七月‧「文化先鋒」第五卷第四期）

易經經文所啓示之哲學思想

本文不擬討論易經成書之年代，亦不擬詳細討論易經一書之性質。大體看來，易之一書，最初當是一面作卜筮之用；一面於卜筮中寓一種人生之教訓與宇宙觀。其作卜筮之用，可由左傳所載以易占卜之事，禮記所謂「易抱龜南面」，及秦以易爲卜筮之書而未焚證之。其寓有人生之教訓，與一種宇宙觀，則可由中國後來哲人均喜依附易經以發揮其哲學證之。後人對易之解釋，固多爲其自己之思想，然易本身若全無哲學思想之萌昭，後人亦無從依附，故荀子謂「善爲易者不占」，論語亦論易說「不占」，而繫辭傳謂有聖人之道四，卜筮只居其一。本篇卽依此見地而論易之哲學思想。

上下經本文但有爻辭，相傳爲周公作，十翼爲孔子作之說。自歐陽修以來，人皆疑之，其非孔子親作，已成定論，大約十翼之作者，可遲至秦漢之際。但其中之象辭，本人以爲，當與卦爻辭不可分。以象辭中之小象，乃直接說明爻辭者，如離象辭，則爻辭全無意義。大象雖非直接說明象辭，然如作易者同時作爻辭與小象辭，則大象辭亦當與象辭同時作。且繫辭傳乃統論繫辭之哲學，其中對象與象爻二名，平等加以解釋，而有「是故謂之『象』，象也者像也，象者材也」之言。如原經中無象辭，則象字根本無有，何必對象之哲學涵義反覆加以發揮。在繫辭傳中有「所樂而玩者，爻之辭也」，似易經本文只有爻辭。然所謂爻之辭可統指爻下所繫之辭，因上下經中並無爻辭或象辭之二名。故吾人假定易經之象爻象辭出於同一作者或同時之作者之手筆。

關於易經上下經象象辭中所寓之人生教訓及宇宙觀，至少有十點可以提出，至於繫傳文言等的發揮者則更為精深，在另一章中討論。

一、無固定不可易之本體義　易經中之八卦原以象徵天、地、水、火、風、雷、山、澤八種物。在希臘及印度，均曾有以水、火、土、氣為宇宙之本體，或基本質料之學說。而以世界為由不可分之物質原子組成之學說，然在中國則自來無以世界為由不可分之物質之原子組成之思想，亦無以地、水、火、風為宇宙之本體或基本質料之學說。易之八卦本近乎宇宙八元之說，故人或以之與西洋印度之學說相比附。其實易經以八卦表達八物，即同時顯露中國原始之哲學心靈，不視世界由固定之原子組成，八卦之爻只陰陽二種，以三爻、陰陽排列之不同表八物，以☰表天☷表地☵表水☲表火☶表山☳表雷☱表澤☴表風，使人一見即將八個物之固定性劃除，同時亦即使人不再執定之為宇宙之本體或基本質料。而八卦中各卦互相對應，卦爻互相對應，即使人絕對無法執定其中任何一偏之卦所表示之物質而為宇宙之本體。八卦之表示八物，僅去表示八物之意味作用品德。乾坤震巽坎離兌艮即為表示之辭。所以後來之說卦傳即謂乾健也，坤順也，震動也，巽入也，坎陷也，離麗也，兌悅也，艮止也。健順動入等顯而易見只爲表示品德表示意味作用之辭。此種但就物之品德意味作用以觀物，正顯示中國原始哲學心靈之不以物爲不可分之固定之原子。同時八卦所表之八種物，皆互相對應。天高地下，其爲互相對應，可不必說。他如水火相滅，水滅火，火蒸發水；山凸出，澤凹下，山顚倒則與澤相涵，風乃空氣之下沉，風自上而下，自外而內，雷則使空氣外拓，自內而外，自下而上。亦爲互相對應，先民注意於此八種互相對應之四對物，而以陰陽爻互相對應之四對卦分別表示之，正顯示出中國原始哲學心靈對於宇宙相反之物兩面平等觀之態度。此兩種平等觀，卽阻止執一偏之物以之爲宇宙本體之學說的產生，所以八卦之畫出，顯示中國原始哲學心靈之所以無希臘印度之唯物論之故；同時表示出中國原始哲學心靈不視物有固定不可分之本體爲自物之品德作用意味上觀物，不只自一偏之物上觀物，而自兩兩互相對應之物以觀物。

二、乾坤爲萬物本原義　易經陰陽二爻組成八卦，初以表示自然界之八物，繼則以表示其餘萬物，講易經之重象數者謂易每一爻所繫之辭中之字，均在卦爻中確定的表示出。此固尙是一問題今不論。然而八卦之不限於表天地水火等八物，而兼表他物，如以兌表澤、表口、表言、表羊，乾表天、表首、表龍、表君，坎表水、表血，……則不成問題。此種以同樣之陰陽剛柔動靜，表示不同之物，乃原於相信宇宙由陰陽二者組成，而陰陽之觀念則原於天地。故八卦以乾坤二卦爲主，含有乾坤爲萬物之本原之思想，餘六卦皆由乾坤二卦之爻相錯而生，說卦傳中遂有坤生六子之說，而乾彖辭謂「大哉乾元，萬物資始」，坤彖辭裏「至哉坤元，萬物資生」。此不以天帝而以乾坤爲萬物之本原，卽爲一種超宗教的對宇宙之根本原理的了解。

三、乾坤相感義　易經以乾坤爲萬物之本原，而乾坤之所以能爲萬物之本原，則在乾坤之相感。此由「天地感而萬物化生」（咸卦），「天施地生，其益無方」（益），「天地相遇，品物咸章」（始）等語可以證之。所以乾卦謂天「首出庶物」，坤卦謂地「坤厚載物」，於乾言統天，於坤則言順天。由乾坤之相感，於是乾動而坤亦順之而動，亦卽天動而地亦順之而動。天四時變化而地氣亦變化以生萬物，由此而動靜不離，剛柔不離。而其最重要之哲學涵義，則爲時間與空間之不離。因天之動而時變，時變而地上之物變，卽佔空間中之物之空間形式變。此中卽孕育有時空不離之思想。故乾卦彖辭說時成，時乘、終始，乾又言傳說時舍，天時；坤卦彖辭卽說東南西北之方向，六二爻辭說直方大。至於空間中之物之空間形式隨時間而變，則由坤卦之坤之承天而時行一語以表之。易經之以乾爲主，正是以天動統地靜，以時間統空間之意，關於易中時空不離之義，本章第八段再附論之。

四、有形質之物生於無形質之力義　先民不以天之日月星爲實質之物而但視之爲象，故以爲天之運轉有象之變化，而無形質之變化，易經以乾通變化爲萬物所自始，卽以天之越形質的象之變化爲地上萬物之形質所自始。故繫辭謂「在天成象，在地成形」。由天象之變化而產生形質之變化，卽天象有一純粹之大力，不自形質而生之大力。由其運轉變化以顯示之大力，卽爲有形質之物之本。乾卦於乾言「雲行而施」明明只重在表示其變化運動之大力，而於乾之功之顯於地者，則言「品物流行」，蓋設物之形質由於其「行」「施」之大力也。故益卦謂天施，乾文言傳說乾以「美利利天下，不言所利大矣哉」。能利而不言所利者，謂乾但爲一變化運動之大力，發動創始之功能，而無形質。然於坤象辭則直言由順承天坤厚載物而品物咸亨。此即地上形質之物，生於天之超形質之運動變化之大力之意。此種以形質原於無形質之力，由無形質之力轉化爲有形質之物之思想，近人嚴幾道以爲含有質力不二之思想，然此中同時有力爲質主之觀念。亦即後來有形生於無形之哲學思想之原始形態。

五、生命與物質不二義　易經以萬物生於天地之交感，天爲乾，爲變化運轉之大力，爲發育創始之功能——即發育創始之天爲乾；地爲坤，爲順此大力而轉化出萬物之形質者——即成就實現之原理。故乾坤象辭說「大哉乾元，萬物資始」「至哉坤元，萬物資生」，易繫辭傳說「乾爲大生，坤爲廣生，生生之謂易」。易經之宇宙觀，不以天地爲純粹之物質能力，而以之爲含生生之機一種生命與物質能力不二之說。

六、自然含價值意義　以自然含生生之機，即以自然含生生之德，亦即含價值意義。此種思想，在繫辭傳文言傳之中最可見。文言傳於乾坤皆謂其含美，繫辭傳謂乾坤「易簡之善配至德」。此外吾人猶有證據得謂易經作者心靈中有自然含價值之思想，因八卦與其所配成之六十四卦，明明最初表示自然物或自然物間之關係；然而六十四之判卦以元亨利貞，又明明含價值意義。其卦名如否泰剝復益損謙無妄亦明含價值意義。象及大象中，對每卦均繫以人生道德政治之教訓，更表示易經作者之善在自然物或自然物之關係間，發現其所含之價值意義。前文所述中國周代以前所傳下之道德政治之理想，率皆保留於易經象及大象中。（查此所指之文名「中國原始民族哲學思想之特徵」——新中華復刊三卷五期）

䷎謙象　「天道下濟而光明，地道卑而上行。天道虧盈而益謙，地道變盈而流謙，……人道惡盈而好謙，謙尊而光，卑而不可踰」。大象「地中有山，謙，君子以裒多益寡，稱物平施，」此即欲人於地中有山，以透識謙之道德價值。故彖辭中即論天道地道中之謙，而以之為人道中之謙之根據。

䷞「山上有澤感，君子以虛受人」。䷆「地中有水、師，君子以容民畜衆」。䷌天與火同人，「文明以健……唯君子為通天子之志」此即欲人於觀山上之有澤，地中之有水，火之照於天，以透識寬容之道德價值。

䷣明夷「明入地中，明夷，內文明而外柔順，……君子以蒞衆，用晦而明」，此乃以火在地中，象徵外柔內慧溫其如玉之品德。

䷙「天在山中，大畜，剛健篤實輝光，日新其德，……君子以多識前言德行以畜其德」。此則以天在山中，象徵人當盡量學習承受傳統的學術文化。

䷊「天地交泰，后以裁成天地之道，輔相天地之宜」。「天地交而萬物通也，上下交而其志同也」䷋「天地不交，否」，「天地不交而萬物不通也，上下不交而天下無邦也」。此以天在地下為泰，反之則爲否。一面表示天之功當透入於地下，一面卽表示君之當下民。

䷪「澤上於天……夬，君子以施祿及下，居德則忌」䷚頤，「天地養萬物，聖人養賢以及萬民。」前者由低下之澤在天上以言君當愛民，不應自居其德，後者則謂聖人應學天地之養萬物以養賢及民，此正表示傳統政治中之重民尊賢的政治理想。

䷇「地上有水，比，先王以建萬國親諸侯」此言政治上協合萬邦之理想，可由地上之水之無所不貫而認識。䷤「風自火出，家人」，「女正位乎內，男正位乎外，男女正天地之大義也。家人有嚴君焉，父母之謂也。父父子子兄兄弟弟夫夫婦婦而家道正，正家而天下定矣。」此正說明周代之別男女，正家以正國之社會教育，可由風火之呼應而認識。

易之寄人生道德政治理想於自然物所配合而成之卦，正是承認自然物之配合中，卽含價值意義。故以自然爲能與人以教訓，非爲近代科學中之自然之爲無情的無價值無意義的機械系統。

以上所論易經中之哲學涵義，均就卦上看，惟就易爻之位與爻之變動上看，則至少尚可看出下列之哲學涵義。

七、陰陽交映義　易之爻之位，一般公認一三五爲陽位，二四六爲陰位，（但如王弼、胡煦等均謂初上無位，惟中四爻有陰陽相錯義，胡煦則謂新初上爻尚有首尾相涵義）陽位居陰位之下。此種陰陽相錯，位陽於陰下，卽所以表示天地之交感。天高而氣下貫地中，地低而氣上升於天，陽入陰中，而陰入陽中，所以乾卦以龍爲象徵，龍卽蛇，蛇乃最卑陰之物，故基督教聖經以蛇爲墮落之象徵；而中國之易經則化蛇爲龍，而想像飛龍之在天，以象徵天。馬本飛馳於地上，天馬行空而易以象徵地。此已爲自地中看天天中看地，陽入陰中陰入陽中之思想，亦卽一種相反者相對者交相徹交相映之思想。所以易傳以「泰」之天在地下內陽而外陰，內健而外順爲吉，「否」之天高地下外陽而內陰爲凶。而咸卦乃直接表示感應之理者，更明爲柔上而剛下，二氣感應以相與。

八、中和義　由易經有相反相對交相映交相徹之思想，故貴中和。其象徵貴中之義者，如易內外卦各有三爻，三爻中則特貴中爻。象徵貴和之義者則如內外卦陰陽爻之相應，二與五相應，初與四相應，三與上相應。王弼等據繫辭傳「近而不相得，則凶」一語，謂附近二爻亦求陰陽相應，是附近二爻間亦有和義。若然，則一爻與他爻間有兩重和諧與否之問題，一爲與近者之和諧；一爲與遠者之和諧。

據各家易，皆謂易卦不當位人爻必變動而求當位而正而貞貞原於得和。而當位卽陽居一三五，陰居二四六之理。是卽明證易經中涵有，一切萬物之變動，皆以求和諧爲目的之思想。爻變動之規則，據焦循之說，本卦之陰陽爻不可互易時，則旁通相反之卦而使陰陽爻互易，求而得其正位。如以一卦表示一種物事，則一卦本身各爻之求和諧，卽一物事本身各部之求和諧。一卦與其相反之卦旁通以求和諧，卽一物事本身不能求得和諧，而要求與其他事物相結合以互換其內部之各部以求和諧。這正是表達出了宇宙中物事互相結合之一極重要的原則。

易之以一切事物之變動，皆以求和諧爲目的之思想，卽不自爻之變動之規則而自其他易辭之明白之文字上亦皆可見。復卦「反復其通，七日來復，天行也，復其見天地之心乎」。泰卦：「無平不波，無往不復」。豐卦：「日中則昃，月盈則虧。天地盈虧，與時消息」。剝卦：「消息盈虛天行也」。一切事物之往復、消息，盈虛之更迭，乃宇宙之韻律，作易者特所注意，而宇宙韻律所顯示者正是兩兩相應成和之理。關於此宇宙之韻律，序卦中論六十四卦之次序時論之尤詳，則易卦排列之次序亦所以顯示此求和諧之原理者矣。

九、和諧之不斷擴大義　如吾人承認旁通之說，則每一卦卽一旁通他卦的中心。按照焦循所說，易爻之變動雖以和諧爲目的，然而兩卦之互易其不正之爻，於皆得其正時，卽又旁通其他未得其正之卦。所以和諧永不能限於兩卦內部之陰陽爻之和諧。此種限於兩卦之封閉自足的和諧，永不能達到。如達到，則無所謂易。如此不際的旁通未得正之卦，遂可直接間通六十三卦，而此所象徵者正是一事物與其他事物直接間之相感，一事物之力用拓展於一切事物，宇宙事物永在不斷的求和諧以擴大和諧之境界之理。關於此種解釋，此地雖不能詳細介紹。且其是否皆易經作者原意，亦有問題，然易經之已含有「事物之力用，直接間接遍於全宇宙」，「宇宙事物永在不斷求和諧擴大其和諧之境界之思想」，則尚有明文可證，如：萃「觀其所聚，而天地萬物之情可見矣」。咸「觀其所感，而天地萬物之情可見矣」。睽「天地睽而其事同也，男女睽而其志通也，萬物睽而其事類也，上火下澤睽，君子以同而異」。益「動而巽，日進無疆」。大壯「正大，而天地之情可見矣」。

此諸語中，豈不明明含有一種萬物相感睽異而可和諧，求和諧之動可日進無疆」之思想，再爲恒「天地之道，恒久而不已也，利有攸往，終則有始也。日月得天而能久照，四時變化而能久成，聖人久於其道而天下化成，觀其所恒，而天地萬物之情可見矣」，乾「天行健，君子以自強不息」。又六十四卦終於未濟。吾人試會通此等語以觀，豈不明明有宇宙永遠健行不息的思想，何處有世界末日之思想來？

十、秩序內在於事物義　易經中不僅有一切事物之變動，繼續不斷，求擴大和諧之思想；且含一切事物之變動皆有秩序，而秩序內在事物本身之思想，此種事物之秩序觀，焦循以時行之概念表之。卽易經之爻不得正者，必皆求得正。二五中爻不得正，當先變，次爲初爻四爻變；再次爲三爻上爻變。中爻爲內外卦之主，居內外卦之中。中卽不偏，不偏者應先求和。中爻先得和，繼以初四三上之求和，是爲內外卦之上下偏之繼所求和，於是皆得其和。偏與偏相補足，卽不偏，亦卽應於中。是謂大中而上下應之。時行者卽先二五、次初四、次三上，順序而變動。由此變動而顯四時之流行，故曰時行。易卦之有三爻，當是直接象徵事物之上中下三段，間接象徵變動之初中末，時間之過去現在未來。爻一變動則位變，正以象徵吾人前文所言之時空不離。以事物之秩序表現於事物之變動中，表現於時空中，又以眞正之秩序卽偏之動應合中之動之秩序，卽明明以秩序內在於事物本身，而非事物之秩序爲超時間的永恒律。後來中國之自然哲學對宇宙秩序宇宙條理之看法，大都正是承此一脈而來。

易之以變動之事物自身有秩序，卽除去焦循之說，亦可引易經本文之二語爲證。豫卦云：「天地以順動，故日月不過而四時不忒。」節卦曰「天地節而四時成」。此二語中明明涵有秩序內在於事物之變動之意義。

總括以上所說，吾人可言，易經中實含一以宇宙爲大和之境的宇宙觀。所以易經不視水火土風等爲固定不可分之原子，而視之爲一意味作用，且兩兩互相對應，互相交映，而六十四卦，卽八卦之互相配合，亦卽八卦之互相對應交映而成。八卦，六十四卦，原於乾坤二卦，乾坤二卦之爲互相交映而和諧者，則易於開始時卽已指出。故乾卦彖辭曰：「保合太和」。保合太和者，乾六爻發揮旁通於坤之謂。（和卽含中，和則相應，相應則不偏。相應自動言，不偏自靜言。乾主動故多言和，以乾統坤，故乾亦可言中。坤主靜故坤於文言傳特繫以「中」，如謂文在中也，黃中通理，正位居體，美在其中）。陰陽位之交錯，二五初四三上之求相應，兩相近之爻之求相得，皆所以顯和之理；每三卦爻以中爻爲貴，則所以顯中之理，變動之求當位，或內外卦爻互易或旁通他卦，皆以求和。至於和諧之不能限於兩卦內部或封閉自足的和諧，必旁通於陰陽爻不得正之偏，以擴大宇宙和諧之境界，卽所以象徵此大和原理貫於一切事物，爲一切事物變動所遵之道，爲宇宙所以不毀，乾坤所以不裂之故；而其依秩序變動，先中爻二五而繼以初四三上，則所以象徵偏之動，須承順中之動而應於中之動。（亦卽偏爻之動與中爻之動，求有一和諧）。中爻之動不爲一和諧之實現，偏爻之動又各本身爲一和諧之實現，則偏爻之動承順中爻之動之和諧，卽爲和爻諧與和諧之相和諧。至於時空之不離，質力之不二，物質生命之合一，自然之含價值意義，舉皆表示。似相反相對者之和諧。由此吾人可言整個易經一書，處處以和諧之原理貫穿，其用以範圍天地之六十四卦八卦乾坤二卦，各各爲一互相對應交映之一陰陽和諧之一大和圖，故乾坤彖辭曰：「大哉乾元，萬物資始，……雲行雨施，品物流形。乾道變化，各正性命，保合大和……首出庶物，萬物成甯；至哉坤元，萬物資生……坤厚載物，德合無疆，含弘光大，品物咸亨。」

對此二節，借能多加玩索，自可感到易經所啓示的宇宙觀，是一種天地萬物並育並生，各得其正安甯和暢之大和境界。

以上係吾人認爲在易經上下經本身卽含有之哲學思想。至於繫辭傳文言傳中對太極、兩儀、道、理、命、性、情、仁、智、禮、義之發揮，亦可認爲根據易經中所含有之思想，加以精深化，以向形上學人生哲學深處發展之產物。俟以後再討論。

（一九四六年一月•「文化先鋒」第五卷第十七期）

略辨老莊言道之不同

莊子之論道與老子有同有異，其同處一、在莊子與老子同以道爲絕對之眞實存在，爲天地萬物所由生之根原，而含絕對性。所以莊子說「道自本自根，未有天地，自古以固存，神鬼神帝，生天生地。在太極之上而不爲高，在六極之下而不爲深」。(大宗師）二、莊子與老子同以道雖先天地生，然而不是超絕於天地萬物之外，而是遍在於天地萬物之中含內在之普遍性。所以莊子說「六合爲大，未離其內，秋豪爲小待之成體，天下莫不沉浮。陰陽四時運行，各得其序，油然不形而神，萬物畜而不知，此之謂本根」。(知北遊）莊子答東郭順子問道惡乎在曰無不在，在螻蟻，在稊稗，在瓦甓在屎溺。三、莊子與老子同以道大而無限際，而含無限性。所以莊子說「夫道於大不終，於小不遺，故萬物備。廣廣乎其無不容也，淵淵乎其不可測也」，(天道）又說「道覆載萬物者也洋洋乎大哉。」(天地）四、莊子與老子同以道爲永久存在者而含永恆性，所以大宗師又說「道先天地生而不爲久，長於太古而不爲老」，又說「道無終始，物有死生」。(秋水）五、莊子與老子同以道爲無形象不可以感覺思慮得，不可以名言表示。所以莊子說「道不可聞，聞而非也。道不可見，見而非也。」(知北遊)

「視乎冥冥，聽乎無聲。冥冥之中，獨見曉焉：無聲之中，獨聞和焉」。（天地）這都是說道無形不可以感覺得。至於道之不可以思慮得言語表示則可以莊子中下列故事表示。

知謂無爲謂曰「何思何慮則知道？何處何服則安道？何從何道則得道？」三問而無爲不答也，非不答不知答也，知不得問……問乎狂屈，狂屈曰「唉，予知之將語若，中欲言而忘其所欲言。」知不得問。……見黃帝而問焉。黃帝曰「無思無慮始知道，無處無服始安道，無從無道始得道」，知問黃帝曰「我與若知之彼與彼不知也，其孰是邪？」黃帝曰「彼無爲謂眞是也，狂屈似之，我與汝終不近也。夫知者不言言者不知，故聖人行不言之敎」。（知北遊）

至於整個的說道之不可以感覺思慮得名言表，則有下列故事。

黃帝遺其玄珠使知索之而不得，使離朱索之而不得，（離朱善視者不可以感覺得也）使喫詬索之而不得也。（喫詬力爭者。喫詬不得，謂不可以言語辯論得也）乃使象罔。象罔得之。黃帝曰異哉，象罔乃可以得之乎。（象罔無心無象起思慮形色言語之謂）（天地）

關於此二故事之意義今可不爲加解釋，讀者自去玩索。

然而莊子與老子論道雖有這許多同點，然亦有其異點，其異點有下列數者：

一、老子說道只說到道之無形，故就道之非有形之有而言，可以「無」表狀之。然而莊子對於道不僅就其非有形之有而以無表狀之，且莊子恐人之執着無，所以不僅說道爲無，且說道爲無無。所以他說「予能有無也而未能無無也」，（知北遊）以說自己之未見道，此外在齊物論中有下列一段話「有始也者，有未始有始也者，有未始有夫未始有始也者，有有也者，有無也者，有未始有無也者。有未始有夫未始有無也者」，這一段的話皆在講明道。照老子則對萬物之有說道是天地之始，始是無已足：而莊子在此惟恐人之執著無與始爲道，所以一直說上去至「無」之未始，「始」之未始。莊子又恐人執此無之未始始之未始，於是又說有未始有夫未始有無，未始有夫未始有始。不僅要人不以道爲有，且要人不以道爲無。說道不是有，亦不是無，亦不是無無，以更顯出道之超絕思慮與名言，是莊子所異於老子者。在老子說道，一方說其對有其形之有言是無，一方就其自身言說之是有，故老子說道，是無又是有，是有一無形的道。而莊子：此道則不僅對有形之有言名之之爲無，且謂之既不是有，亦不是無，於是莊子說道不只是說有一無形的道，而是說的有一非有非無的道，這卽是說莊子之講道要從其超有無之範疇上講，而老子之道尙落在有無的範疇中。

二、老子只說道之無形，道不可以感覺思慮得以名言表，然而未明白的明道之何以無形，道何以不可以感覺思慮得以名言表，而莊子於此有較明白的說明。

道何以是無形，以道不是物。唯特定之物乃有形，所以說物成生理謂之形（達生），又說「凡有貌象聲色者皆物也」。道何以不是物，以道是萬物所以生存之根原。如其亦是物，則不能爲他物之根原，所以知北遊篇說「有先天地生者物耶？物物者非物，物出不得先物也」。這卽是說天地萬物之根原不能是物，物物者是使物成爲可能者，不能是物，如果這是物，則他便已成特定之物，而出與他物無不同不相遠（達生有物與物何以相遠），便不能先其他物。道要是道，便不能是物。不是物，便不能有形。其次莊子在知北遊又說：「物物者與物無際。而物有際者，所謂物際者也，不際之際，際之不際者也。……彼爲盈虛非盈虛，彼爲衰殺非衰殺……彼爲積散非積散也。」這就是說唯特定之物乃有際，有際卽有形。道爲物物者，卽物之所以成爲可能者，物之所以生存之根原，所以道遍流於物之變化中，遍流於物之盈虛衰殺積散之中。道遍流於物之盈虛衰殺積散中，使物盈虛衰殺積散，卽不爲物之盈時或虛時衰時或殺時，積時或散時，特定之形際所限制，遂與物無際，所以說道是際之不際之際。道是不際之際際之不際，亦卽是莊子他處所謂不形之形形之不形。這卽是說道要是物之所以生成之根原，便是遍流於物之變化中：是遍流於物之變化中，便不能爲物之特定形際所限定，而不能說他是有形，而只是一不形之形形之不形。

莊子說明了道之無形，同時卽等於說明了道之不可感覺得。其次莊子又說明道之不可以知慮得名言表，大宗師說「夫知有所待而後當，其所待者特未定也」，知有所待，卽要求有所定。要求有所定，卽仍只能及於有限之對象所謂「知之所至，極物而已」（則陽）便不能接觸無所不在道。所以又說「道未始有封。言未始有常」。道未始有封，卽道是遍在而無畛域之限定。常者普遍應用也，言未始有常，卽言不能是絕對普遍應用於一切。言必有所限定。然而道必無限定，所以道不可言表。言道只是：「言無言」「無言之言」。所以莊子說言道，是「終身言未嘗言，終身不言，未嘗不言。」（寓言）而且言道則以道對待人，眞與道合一，則無道何言。有道可言。卽表示我們與道爲二。所以說「天地與我並生，萬物與我爲一。旣已爲一矣，豈得有言乎？旣已謂之一矣，豈得無言乎。一與言爲二……」（齊物論）所以眞要知道與道合一，必須忘言，卽必須忘能知所知之對待而忘知之本身，此卽爲超知之知，莊子所謂不知之知（徐無鬼）。

三、老子雖與莊子同以絕對之道爲遍在萬物，然對於如何知有道遍在萬物呢？老子全無論證之說明。而莊子對於絕對遍在之道之存在，則雖未自覺的作論證之說明，然而其許多話實啓示出二論證之說明。

（一）一是莊子對於萬物特重觀其變化無常，於是在萬物之變化無常上指出必有遍流於萬物的道之存於其間。因萬物變化無常卽任何物都一方是他自己，一方卽化爲不是他自己。亦卽萬物之外表的分異隔絕，不是眞正的分異隔絕。因爲萬物之分異隔絕，唯由於我們從萬物之各是其所是各然其所然上看，然而從萬物之變化無常，便使我們不能從萬物之各是其所是各然其所然上看，以萬物爲彼此分異隔絕。當萬物未變時，我們可以說他是其所是之特性，而若與他物分異隔絕。但當其已變時其特性失則失去其與他物隔絕之憑藉。所以我們如果把整個宇宙萬物都當作一無盡的變化之流看，則我們無法說任何物可與他物隔絕。因在此無盡之變化之流中，一切物便都如海上之波，方興方逝，永是在向其他之波融入，而其他之波亦復照樣把他自己向其他之波融入。於是整個宇宙萬物便成互相通貫之一體，如衆波之同隸於一大海水。如此我們便可說有不是萬物而又表現於萬物之道的存在，猶如我們之不可以說有不是衆波，而表現於衆波之海水存在一般。莊子說：

「方生方死，方死方生。」(齊物論)

「物有死生，不恃其成。一虛一滿，不位乎其形。物之生也，若驟若馳無動而不變，無時而不移，何為乎？何不為乎？夫固將自化。」(秋水)

「萬物皆種也以不同形相禪……」(寓言)

「臭腐復化為神奇，神奇復化為臭腐，故曰通天下一氣耳。」(知北遊)

「消息盈虛，終則有始。」(秋水)

「消息滿虛，一晦一明，日改月化，日有所為而莫見其功。生乎有所萌，死乎有所歸，始終相反乎無端，而莫知其所窮。非是也孰為之宗」。(田子方)

「始卒若環，莫得其倫，是謂天鈞。」(寓言)

「萬物出乎無有，有乎出入乎，無有，出入無見其形，是謂天門。天門者無有也有不能以有為有，必出乎無有。」(庚桑楚)

莊子這許多話我們把他會合來看，正是從物之變化無常以看出萬物之非分異隔絕，而指出其間之通貫的一體之道之存在，由物之死生以見物之不恃其成，一虛一滿以見物之不位乎形，不恃其成不位乎其形而變化爲他物他形，卽以不同形相禪。物以不同形相禪而自己起化其已成之形態以成他形態，此之謂日改月化其所爲。物之旣是其所是然其所然，而復否定其所是所然自化除喪失其與他物分異隔絕之定相，由此遂可見萬物之相融而不礙通貫於一氣，有一體之道存於萬物之互相轉化間。

物之生也有所是有所然，其死也復失其所是所然，是爲有始有終。然而此物終而彼物始，此物死而彼物生，死生終始相反而互代，如環之無端。所以萬物雖無不變化無不轉入無有，喪失其所是所然，由有形歸之無形，然而我們不能由此而疑萬物一體之道亦將化爲空無，失其存在性。因萬物雖由有形而無形，轉入於無有，無有中亦轉出萬物，由無形而有形。此物入乎無有，卽所以使他物出乎無有成爲可能。故無有爲萬物出入之門。假如我們可由一一之物之無不可轉入無有，而爲萬物根原生萬物之道亦將化爲空無，失其眞實存在性，亦當可由後繼之物之一一出乎無有，轉入有，而推爲萬物根原生萬物之道爲永恆之眞實存在。如果此道非永恆之眞實存在，何以宇宙萬物永是終則有始方死方生？所以莊子說始終相反乎無端，……非是（指道）也孰爲之宗。

宇宙間之所以可說有一體之道旣是由萬物之互相轉化上看出，所以道之遍在於萬物中遍流於萬物之變化中，亦卽萬物在道中隱顯升降起伏來去，正如波在海中之隱現升降起伏來去，每一波都不恃其成，不位乎其形，而超越其已成之形態而開啓其他之波，我們亦卽在波之相代一波雖逝而後波起處，透視海水之存在。海爲波所沉入，故可稱爲無有，然此無有復湧出後波。此喻爲萬物之又自無有出。如海中一度波興一逝而永不波，我們誠將疑海水之非眞實存在。然而海中之波之相代，相引無窮，於是我們剛欲由波之逝以判斷海水之爲無有，而後波之興卽否定吾人之判斷，使我們不能直下之斷語。但我們又不能轉而就此各波生起之際本身，說各波本身之爲眞實存在。因我們之意念着於波，卽隨波之隱顯升降起伏來去，而自己否定其對分立之各波各各本身之執着，於是終歸於肯定一融化衆波之大海水之存在，爲波所以生成之根原。在此大海水中無衆波之特定相，對衆波之特定相所生之意念，亦隨波波之往來於此沉入大海水之觀念中。於是我們不得以說衆波者說大海水，不能以波有形而說大海水有形，我們要從波說到海水必須從波說到波之流。從波說到波之流，卽須超越我們對波之所說。所以我們要說道，不能從物說到道，而必須從物之變化說到道。而從物之變化說到道，則必須超越我們對特定物之所說，如是而由有特定之形者以至無形。所以表物之名言不能以之表達道。認識物形之感覺知慮，不能認識道。這也就會歸於我們以前所論莊子何以說道無形不可以感覺知慮得不可名言表之意。

（二）莊子對於一體之道之存在此外尚有一論證卽從知識論上，說明我們之知識都是彼此相待而成立，卽一切物都是彼此相待而成立，以指出有一體之道之存在。關於此點我們先引莊子一段話再加以解釋：

「物無非彼，物無非是。自彼則不見，自知則知之。故曰彼出於是，是亦因彼。彼是，方生之說也。雖然，方生方死，方死方生。方可方不可，方不可方可。因是因非，因非因是。是以聖人不由而照之於天，亦因是也。是亦彼也，彼亦是也，彼亦一是非，此亦一是非。果且有彼是乎哉？果且無彼是乎哉？彼是莫得其偶，謂之道樞。樞始得其環中，以應無窮，是亦一無窮，非亦一無窮也。故曰莫若以明……可乎可，不可乎不可。道行之而成，物謂之而然，惡乎然，然於然；惡乎不然，不然於不然。物固有所然，物固有所可，無物不然，無物不可。故為是擧莛與楹，厲與西施，恢恑憰怪，道通為一。其分也，成也，其成也，毀也。凡物無成與毀，復通為一。惟達者知通為一，為是不用，而寓諸庸。庸也者，用也；用也者，通也；通也者，得也；適得而幾矣，因是已。已而不知其然謂之道，……是以聖人和之以是非而休乎天鈞，是之謂兩行。」（齊物論）

這一段極重要的文字，通常許多人都把他講錯。這一段是從我們對於所謂物之知識上，指出一貫通一切物的道之存在。我們通常所謂物必有所是所然，此卽物之性質，亦卽我們據以標指一特殊之物者，由是我們才能說此物是此物，而彼物是彼物。由是我們才覺一切物爲互相分異隔絕對峙者，而無由指定通貫其間之道的存在。然而莊子，此處卽要就我們通常所謂此物是此物彼物是彼物之意義中，指出必有通貫之道之存在，貫乎彼此之間而起乎彼此之上。其論證的方式是分析我們之所以能說此物是此物，此之所以是此，乃我們就此本身看之故。我們之所以說有此，亦只是在此中卽有此。然而此對他卽爲彼，彼自身對他自己卽此。所以從他物自身看他自己，則只見他之此，而不見我們所說之此。所以我們所說之此，便一方在其自身是有，而對他則爲無。故曰自彼則不見，自知則知之。亦卽在一物自身我們可說是他有所是，然而在他以外看，根本不見他，卽不能說他有所是。於是我們便可轉而說，物之要在其自身有所是，必待「其在其自身以外之不能有所是」而成。我們對於物能加以特定之謂辭，對他說是什麼，要待「在他以外我們之不能對他說是什麼」而成立。此卽如方生方死，說生卽涵蘊說死說死卽涵蘊說生。我們在一方能說物之是什麼，卽涵蘊我們之在另一方不能說物之是什麼。我們一方不能說物之是什麼，乃所以成就我們一方之能說物之是什麼。此從此以看彼，則可說此之是什麼，而對此以外之彼不可說其是什麼。從彼看此，則可對彼自身之此，而說彼之是什麼，而對彼以外之此則不可說其是什麼。故曰此亦一是非，彼亦一是非。於是我們如通彼與此來看，則彼與此便都可說其有所是，然而又都不可說其有所是。我們一方能說處，卽一方不能說處。在一方看來有所謂是什麼之物，卽在另一方看來無所謂是什麼之物。於是從最高的通此二面的眼光看來，我們根本不能從事物之各是其所是而將事物分立對峙起來。因從最高通二方面之眼光看來則一方可說彼此事物之各是其所是，一方卽不可說彼此事物之各是其所是，而且卽從彼此事物之各是其所是上看，亦不當得彼此事物分立對峙之結論。因彼此根本是相待而有，此物之自是而非彼，彼物之自是而非彼，其相非之力不應是互相排斥，表示物之分立對峙者，而應是互相成就。卽此由非彼而顯其爲此，彼由非此而顯其爲彼。於是彼此事物之各是其所是，亦得互相融合無礙。彼是彼而貫通於此，此是此而貫通於彼，將無所謂彼此之分立對峙是謂照之於天。在此照之於天之眼光中，一方見此之是此，而知其所以能是此，卽以有彼，彼之所以能是彼，卽以有此。如離開彼此互相依存之關係，則彼此皆不能有所是而存在。所以彼此皆存在於彼此相依之關係中。在此關係中，彼此卽失去其互相分立對峙之性。故曰彼是（此）莫得其偶。偶者，與之對峙之對方也。莫得其偶者，不相對峙而相待也。彼此失去其互相對峙之性，而互相依存，卽見有包括彼此貫通彼此之道。此道卽表現於彼此之不相對峙，彼之待此此之待彼上。所以此「待」之本身，卽道之樞，亦卽彼此是互相依賴的環之中。「我們站在道樞環中上去看相待的彼此是正反之兩端，則可看彼與此意義之交互投映，每一宇宙間之物都由與他物相待而取得其意義。與任何他物相待皆能顯其自身之有所是，且顯其在其自身外之不能有所是。故曰是亦一無窮非亦一無窮。斯卽爲能以智慧透識萬物之爲一貫的整體者，故謂之以明。由如此之智慧，才是不僅能眞觀萬物之各然於其所然，不然於其不然，可乎可不可乎不可；而且能知萬物之無不有所然。無不有所可。由知萬物之無不有所然有所可。而後知萬物之各然其所然。可其所可。皆各待他物之能然其所然可其所可；知萬物之互相依存與包括通貫萬物的道之存在。此道卽顯於彼此互相待互相依存之和諧的全體中，故名之曰天鈞。（他處或名之曰天和）而聖人卽由此以通觀萬物之各有所是各有所非相反相成於此和諧之全體中，是之謂之和之以是非，而休乎天鈞。

莊子說有包括通貫一切物的道之存在之論證，不外上列二者。但由莊子上列二者說道存在之論證，於是莊子對於特殊物有下列二種看法。

一是因道卽表現於萬物之互相轉化中，所以一特殊物之生或死存或亡同樣是道之表現，而且特殊物之由生存而死亡，是不可避免的。任何物必須由生而死由存而亡，其由生而死由存而亡，正所以使道得表現其自身，二是因道卽在一切物之彼是相待互相依存中表現，所以任何物之是怎樣，都有待於其他物之是怎樣。如果他物不是怎樣，則此物亦不是怎樣，所以說任何物都是有所待而然。

這二層意思互相通貫，後一層卽包括前一層。任何物之怎樣都待他物之是怎樣，則任何物之是生存或死亡，亦是待其他物之怎樣來決定。所以莊子說「有待也而生，有待也而死」。但是由任何物之是怎樣，都待他物之是怎樣而是怎樣，所以通過任何物之是怎樣，便可通於天地萬物之是怎樣，於是道不僅是表現於全體之天地萬物化生爲全體之天地萬物，而且由任何特殊物可通於道自身之全體，任何特殊物都可通於道自身之全體，所以任何物在其短促之生命中，亦卽可通過道而有永恒之意義。於是任何物皆可自得其得自樂其道，這樣才可說道眞是無乎不在。

（一九四六年六月・「中國文化」第二期）

漢代哲學思想之特徵

中國政治至秦而統一。秦統一政治同時也統一學術，焚民間之詩書，焚民間流行之百家之書，要學者以吏爲師。雖政治上之暴力不能眞斷絕民間學術之傳承，然先秦諸家學術之發展自不免受一打擊。但是從另一方面看，則秦之欲以政治力量統一先秦紛歧之學術文化，實代表一種使以前分立之各家學術凝合之時代要求。這一種要求是自然會從統一的政治之意識啓示激發出的。所以漢承秦興，整個的學術潮流便是向凝合融化先秦諸家之學術思想之路子上走。同時漢代之學者更努力於求政治與學術文化之打成一片，這一種想使學術政治表現成一整個的統一的文化體之祈求，實兩漢學術思想發展之內在的動力。所以將兩漢之學術思想與先秦比較，則先秦之各家學術思想大均出自各哲人獨立自主之思維，大都是一人面對着茫茫的宇宙整個的人生社會，自抒其思想的結晶，對宇宙人生之認識與對政治社會之理想。所以都有一種發揚剛健高明的氣象。其徵引六經及先哲之說，大均以爲其自己思想之註腳。然而兩漢之學者則特重讀古人之書，承秦火之後收輯斷簡殘篇，不遺餘力，愛如拱璧。以天下一統之意識激發，使他們迫切於求先秦各家學術思想之凝合融化。對先哲之學術思想非常尊重，尊師與崇聖，好古而敏求，於是將其自己在學術思想之新見，皆歸諸古人，而常以其自己之思想爲古哲思想之註腳。他們同時重學以致用，欲以學術改造政治。但此時天下已統一，他們之談政治，便重治術，不尚空談理想，務重切合事情。故漢代學者特有一種切實厚重敦篤之氣象，但是除此透露於文章中之人格氣象之美不論外。以他們讀書之功多於深思之功，故在學術上之特殊創見較少。以自己思想納於註疏說經之作中，致純粹之學術思想與考證訓詁之學不分，通經致用，而多就當時之事以談政治原理，遂多只寄政治理想於談政治制度之中。尊重師法，好古敏求兼收並蓄之心過切，而組織力不足以濟之，遂不免於勉強牽合，雜糅異說，系統遂不覺缺邏輯之一貫，自己之新見爲舊文所掩，至隱而不彰。因此漢代學者對哲學本身之貢獻不及其對整個中國文化之貢獻。漢代學者之保存文獻，應用先秦之政治理論以創制立法，化民成俗，使先秦不同之學術思想凝聚融合，而使之滲透於社會政治文化之各方面，使中國民族成整一之政治文化體，乃漢代學者之首功。此外，漢代學者在史學文學上皆有開闢之功。馬班之史，規模博大，述古今社會之人物之精神氣度及禮樂政治制度之詳，上及天文，下及地理；與漢賦之比事屬辭連類不窮，賦山則情瀰於山，賦海則意溢於海，情志雍容魄力雄厚。二者同爲中國社會大帝國成立政治文化統一時之宏濶之心靈狀態之最好的象徵。至於哲學思想方面，則大均只是承先秦思想之餘緒，而只在其兼包並蓄處表現一宏濶之心靈狀態而已，漢人所承之先秦思想主要者爲陰陽儒法道四家。此數家中尤以陰陽家爲盛。此蓋由於自秦以來，天下一統交通發達。使人更覺空間之大，而空間意識發達。同時漢人之好古敏求復覺歷史之長而時間意識發達，於是對於實際時空之事物變化更感興趣，而哲學上之宇宙論之討論，因而特別引起。陰陽家之思想源自鄒衍，其大九州五德終始之說，正有關於實際時空之想像與推測。其說之生於齊，正由齊地濱海而人眼界亦擴大之故。其說之孳蔓，當在秦漢天下一統之後。陰陽家思想在先秦爲唯一之論宇宙論者，秦漢以後以實際時空之意識發達，宇宙論興趣自然濃厚，於是陰陽家之思想遂大盛於漢。故西漢以來各家思想無不自有陰陽家之思想之成份，經學十四博士亦九爲齊學。直至漢末之經生，猶援以註經，至於漢儒思想所承於儒道法各家者，則以兩漢爲一努力追求統一政治文化之時代，故儒道法之學者皆特重實際之政治，趨重治術。諸家之盛衰亦與政治風氣之轉移互爲因緣。初則黃老與法家並盛。其時之學者如賈誼明申商，淮南宗道。武帝以後經儒法之對辯，儒家漸勝而有董仲舒、揚雄出。東漢光武尤尊儒術，儒學日行於民間，而養成東漢風俗之美。至於漢末，則以儒術之治不免寬緩柔懦，故仲長統、桓譚、王符之倫復主張儒法並用。然此諸家之代盛仍只是略偏重者之不同。就諸哲學著作思想本身而論，則大皆兼取各家，如賈誼之書，亦言道德仁義。淮南取儒者之性善主義，且重仁義禮樂過於先秦道家。董仲舒亦取法家重刑之意，揚雄亦有取老子。所以漢代哲學思想純爲先秦諸家思想混合之產物，其兼包並蓄之氣度雖宏濶，其宗旨頗欠鮮明，欲詳辨其與先秦各家異同，非今之所及，故本文專就漢代哲人之繼續先秦各家哲學之問題而有思想上之新發展，加以略述，以見漢代哲學思想之特徵。

漢代哲人繼續先秦各家之問題而有思想上新發展，可分為下列九項論之：

一、元氣，氣

在先秦形上學方面，道家以道為形上之最高實在，儒家以天或誠或太極為形上最高之實在。太極之觀念乃易傳所提出。易傳以太極統陰陽乾坤，然太極卽在陰陽乾坤之中，以陰陽乾坤為其內容，故太極乃一純形式之概念。太極卽道，而一陰一陽之謂道，道卽以陰陽為內容，道亦一純形式之概念。然而自秦漢之際以來流行之緯書中，則以元氣為形上學之究竟的實在。這一種元氣之觀念，蓋由陰陽家之推測天理，剖判以前之混淪狀態，與道家之「氣母」「沖氣」，及易、春秋之「元」等觀念融化而成。既成以後，卽以說明易之太極與道、與老莊之道之內涵。所以緯書中之春秋說題辭謂「元，清氣以為天，渾沌無形體。」宋均註曰：「元、言元氣之初如此也，混沌未分也，言氣在易為元，民老為道，義不殊也。鄭康成註易有太極曰：「極，中之道，淳和未分之氣也。」何休公羊解詁隱元年註曰：「元者。氣也。無形以始。有形以分。」所謂元氣。漢儒通常視之為一切形質之根本，所以稱之為無形以始、有形以分。春秋公羊傳疏春秋說亦云「元者端也，氣泉。無形以起，有形以分。窺之不見，聽之不聞。宋氏注曰「：元為氣之始，如水之有泉，泉流之源。無形以起，在天成象，有形以分，在地成形。有形與無形，皆生於元氣。故曰造天地之始也。」元氣為一切形質之泉源，其含形上之意義甚明。漢儒大均以一切通常認爲有實質之物必先有形，而形之先是無形，此乃同於先秦儒道者。然而對此無形之實在，漢儒卻賦以積極之內涵，名之爲元氣。同時漢儒復以此無形之元氣，統易之乾坤與陰陽或天地，所以漢書前律歷志曰：「太極元氣，涵三爲一。」涵三者陰二與陽一也。乾坤鑿度曰：「太易始著，太極成。太極成，乾坤行。乾坤行，太極大成。一大之物名天，一塊之物名地，一氣之部兩名混沌。……斷氣爲二。」又說：「元氣澄陰陽，易大行。」雒書甄耀度：「元氣無形，洶洶隆隆。偃者爲地，伏者爲天。」董仲舒春秋繁露五行相生曰：「天地之氣，合而爲一，分爲陰陽。」其雨雹對又曰：「天地之氣，陰陽相半，……陰陽雖異，所資一氣。」重政篇又曰：「是以春秋變一爲元，一元者萬物之本。」統此三言以觀，亦可知董子以元氣統陰陽天地。

漢儒之論元氣尚有一特色，卽不僅以之爲理論上最高的形上實在，且以之爲實際上的天地萬物之始。元氣乃在時間上的天地萬物之最先者，實際天地萬物皆由一元氣狀態之宇宙開闢出來。此種實際宇宙如何發生之討論，而歸本於一元氣在天地萬物之先，乃先秦哲人所未有之思想。先秦哲人之論道論太極，皆只視之爲理論上之形上實在，而非實際上之天地萬物由此而開闢，故道太極之爲形而上爲純粹之形而上。而漢人之元氣，則一方爲形而上，一方爲溝通形上與形下者，故復以此元氣。爲實際存在於宇宙之最初。關於漢人之以元氣爲存在於宇宙之最初者，由以前所引之話中亦可見之。此外則如白虎通天地曰「天地者爲元氣之所生」，則明說天地由元氣而生出。易緯乾鑿度曰「太初者，易之始也；太始者，形之始也；太素者，質之始也」；又說「氣形質具而未離，故曰渾淪。渾淪者，言萬物相浮而未相離，視之不見，聽之不聞，故曰易也。易無形畔。易變而爲一。一者形變之始。清輕者上爲天，重濁者下爲地」。渾淪爲質形之始，本無形畔，變乃有形質；可知其中尙無質形，質形唯統於氣，這都是以元氣爲實際宇宙、實際天地萬物所自開闢出之說法。

但「元氣」雖爲天地萬物之始，又非謂天地萬物生則元氣不存，故元氣仍可謂存於當前之天地萬物中。如以前所引之話所謂「乾坤行而太極大成」，太極卽元氣，是元氣於天地分以後不特仍存在，且由之而大成，正謂其能包裹已分之天地也。董仲舒所謂天地之元氣，亦明存於現在之宇宙，但其於現在存在之元氣或卽以氣名之，而不明言爲元氣耳。此種以元氣或氣爲形上學之最高概念，漢儒殆皆取之。直至漢末之王充，雖反對陰陽家之思想之許多方面，仍以氣爲宇宙之本質。氣雖無形質，但其本身是實有，而非無。且此氣是要化爲形質者，故更不得謂之爲無。遂與老莊之道之意義不同。老莊之道雖爲一有，然老莊之論道，恒就其不是有形質之物以論，所以恒逕稱之爲無，或無形者。以無形表道，卽自反面表道，重說其不是什麼，而且要破人對於道之本身之置定。所以莊子論道曰：「因其大而號之，則可也。已有之，則譬狗焉。」謂：「道不可有，有不可無。道之爲名，所假而成。」卽不能對道加以置定（Position）之意。元氣亦與易之太極不同，以易之太極卽見於陰陽之中，卽由陰陽之相轉易相交通處見。而元氣或氣則爲陰陽之氣未分之中和狀態之氣。太極乃相轉易的陰陽之氣共同的根據，陰陽之氣乃由之而分出者。同時元氣不含價值之意義，乃非善非惡者，其分化爲陰陽後，然復有善有惡，故爲價值上之中立實在。此與易之太極可以乾坤之仁義禮智之德爲其德者不同，又與中庸之誠、孔孟之天道之爲至善者不同。因元氣不含價值之意義，亦不偏含精神之意義，其初開闢出者乃天地之物質，後乃由天地中生出人，故元氣又爲精神物質間之中立的實在。

二、宇宙之初之道

漢代之淮南子爲本道家以詮合諸家者，然淮南之道，亦不特爲理論上之最，事實上且爲宇宙開闢史之最先之存在。淮南亦謂宇宙萬物由一在時間上最早存在之道展現開闢發生而出。所以詮言說：「道始生虛廓，虛廓生宇宙，宇宙生氣，氣有涯垠。」同時說明道之展現開闢發生爲天地萬物，是由一混沌之狀態開始。由此混沌之狀態中分化出陰陽二力。其重視陰陽有本於老莊，以老子亦言萬物負陰抱陽，莊子亦言至瑟蕭，主陽赫，兩者交通而和成萬物。但老莊並不如淮南之明白以陰陽爲道所統屬之第二重的概念。老莊之道連接直繫於物得以生之德之概念。德可謂其第二重概念，而未明白以陰陽概念爲物與道間之過渡。而淮南則以陰陽之概念爲道所統屬之第二重概念，物爲由之以生者。所以精神訓說：「太古未有天地之時，惟像無形，窈窈冥冥，芒芠漠閔，澒濛鴻洞，莫知其門。有二神混生（陰陽），經天營地，孔乎莫知其所終極，滔乎莫知其所止息，於是乃別爲陰陽，離爲八極，剛柔相成，萬物乃形，煩氣爲蟲，精氣爲人。是故精神天之有也，而骨骸地之有也。精神入其門，而骨骸歸反其根，我尚何存?」這明以由道而有陰陽、而有物。這其中尚可特注意者，即說明精神本於天、本於陽，身體本於地、本於陰。以身體物質爲陰，以精神屬陽，乃先秦所未有。至於其以道爲展現開闢發生出天地萬物者，尚有俶眞訓上引莊子齊物論「有始也者」一段之語而解釋之一段話：

「有始者，繁煩未發，萌兆牙蘖，未有形埒垠堮，無無蠕蠕，將欲生興而未成物類。有未始有有始者，天氣始下，地氣始上，陰陽錯合，相與優游，競暢於宇宙之間，被德含和，繽紛蘢蓯，欲與物接而未成兆朕。有未始有夫未始有有始者，天含和而未降，地懷氣而未揚，虛無寂寞，蕭條霄霓，無有彷彿，氣遂而大通冥冥者也，有有者，言萬物摻落，根莖枝葉青蔥苓蘢，萑蔰炫煌，環飛蠉動，蚑行噲息，可切循把握而有數量。有無者，視之不見其形，聽之不聞其聲，捫之不可得也，望之不極也，儲與扈治，浩浩瀚瀚，不可隱儀揆度而通光耀者。有未始有有無者，包裹天地，陶冶萬物，大通混冥。……有未始有夫未始有有無者，天地未剖，陰陽未判，四時未分，萬物未生……。」

莊子「有始也者，有未始有始也者，有未始有夫未始有始也者，有有也者，有無也者，有未始有

無也者，有未始有夫未始有無也者」一段，依我們以前之解釋，只是要人超現實之「有」，「溯有」之於始現道之意，並非以之解說宇宙之發生。而淮南子則以之解說宇宙萬物之發生。這一種以道爲宇宙萬物所自發生，爲天地之未開闢前之混沌狀態，正是使老莊之道同化於緯書中之元氣之觀念，這一種反溯時間之原始，至於混沌未開中之元氣或道，一方表示當時人時間意識之發達，故依時間流變之秩序因以反溯到時間之原始，以把握整個時間之流之意識，一方表示當時人之愛渾樸的統一整體之意識；一方表示當時人要在時空中找出一般最高初的時空爲超時空之形上實在之存在，以溝通形上形下境界之一種努力。

三、玄

此外，漢儒之談宇宙最高之實在者尙有揚雄。揚雄以玄爲宇宙之最高實在乃由老子之「玄之又玄」而來。然揚雄談玄亦重其統陰陽天地。如說「陽知陽而不知陰，陰知陰而不知陽。知陰知陽，知止知行知晦知明者，其唯玄乎？玄一而得乎天，故謂之有天，再摹而得乎地，故謂之有地，三摹而得乎人，故謂之有人」。此亦視玄如眞有普遍之知、有普遍之行爲之本體，與易傳之以普遍之知直接屬於天道，普遍之行直接屬於地道者不同。太玄曆卽重玄之表現於實際之時間之流變中之秩序。所以我們可以說，談宇宙之最高的實在，以之上臨於陰陽之上，而置定之爲一陰陽未分前之陰陽中和狀態者，且對實際宇宙之時間之流變之秩序加以追溯，去尋求形上形下溝通之路；乃漢代形上學之特徵。

四、陰陽

漢代哲人都假定宇宙之最高實在是陰陽未分之元氣或道或玄。元氣、道、玄，是一；陰陽是二。元氣之一與陰陽之二，在漢代哲人之心目中，是一自覺的觀念。漢儒卽由此以引出其宇宙論之系統，以說明宇宙萬物如何由之而展現開闢發生出。

但是現在有一問題：卽元氣之一如何能分化爲陰陽之二？則推漢儒之意應當是：元氣之一卽以分化出爲陰陽之二爲性，卽以能分化爲二爲其意義。所以此一只是表示二未實際分化出之狀態。此一中本含有分化爲二之性，此性顯出卽成二。一雖是一，然可含藏二之性。實際上之一，與含藏之二之性並不矛盾。若人再問一既是一，如何能使其含藏之二之性顯出？則漢儒的答覆應當是：你說一是一則其含藏二之性不能顯出，是假定此元氣或道或玄只能以一爲性，這卽假定此元氣或道或玄之一性是不變的，但是這一假定，卽本於你之以元氣或道或玄爲靜的，只以靜爲其性。但是從我的假定，則開始便不假定元氣或道只以靜爲其性，是不變，而且是以動爲其性，是變的。我假定其含陰陽，卽假定其含靜勢與動勢，靜性與動性，以其不只含靜性，能靜且能動，故可不守其最初之一。不守其最初之一，由靜而動，由動而靜，卽顯爲陰陽之二。你所謂不能成二之一，只能是指其能靜一面，卽指其所含陰一面，此是二中之一，相對之一，而非指統靜與動之元氣之絕對之一。此絕對之一你根本不能先假定之爲只能靜，而須自始卽須假定之爲能動而靜者。如此，則對此一之如何能分化爲二之問題，根本可不發生。

元氣或道，卽以能動能靜爲性，所謂動卽一創始、靜卽一成就。創始是開新，成就是守此所開之新。依一般漢儒之說，創始（陽）是由無形而有形，成就（陰）是由有形而有質。由無形而有形，只是一動態，由有形而有質，則成靜。因由無形而有形，是由無至有；由有形而有質，是有此「有」定置下此有。由無至有，是開始，有此「有」定置下此「有」，則是完成。宇宙一切萬物之興起，都是由無而有，由有而置定下此「有」。此種不斷的使萬物由無而有動勢，卽宇宙之太陽，置定一切有而成就之者，卽宇宙之太陰。此一切「有」之置定而成就，由成形而成質，卽與他物對待，於是顯爲多。所以陰爲衆。然而那不斷專創始之太陽，則其雖引發一可能之有而使之顯發，然而他對顯發出之有並不作加以置定之事，方引發出此有，又去引發彼有。所以太陽周流於萬物間，故陽爲一。所以說天道圓，地道方。太陰置定下一切顯發之有，而成形而成質；太陽不僅不對於一切顯發之「有」加以置定，而且其本性卽要去使爲太陰所置定下之「有」——由成形而成質之「有」，與其他之「有」之形質相感相融。所以太陰太陽卽互相反對之兩種物勢。一是開新之勢，一是守成之勢；一是發散之勢，一是凝固之勢；一是分佈以成多之勢，一是使多感通而融化之勢。所以說：「陽動在下，造生萬

物於冥昧之中也。」（荀氏易卦集解）又坤卦註曰：「陰性至靜，得陽而動。」（同上）

然而，漢儒在論陰陽時所特注重者，在以陰勢與陽勢爲平等的相對抗之二邏輯上之矛盾概念，而此二相矛盾之概念之統一者，歸之於未分化爲陰陽、居陰陽之上之元氣或道。因此陰勢與陽勢在邏輯概念上是平等的相對抗者，所以漢儒以陰勢陽勢之表現乃互相代替更迭，不得同時存在，亦即所以說明時間之秩序。董仲舒在春秋繁露天道無二篇及基義篇中說此最明白。他說：「天之常道，相反之物也不得兩起。故謂之一。一而不二者，天之行也。陰與陽相反之物也，故或出或入，……陽之出常懸於前而任歲事，陰之出常懸於後而守空虛。」此種注重陽先陰後，陰陽之構成時間上之秩序，乃漢儒思想之特色，而其原則在以陽勢與陰勢爲平等的對抗之邏輯上的矛盾概念。

因陰陽乃互相代替更迭用事，所以陽陰二相反之勢力不致於互相抵消。陽創始後，陰成就之。陰之成就在後，故陰必承陽。陰成就之後，陽雖可復欲使之變化，而表現新陽，然以陰之已成就在先，所以陽不能整個的否定陰，即不能整個否定舊事物而另自空無中創始新事物。陽必須本已成就之陰得爲現新陽之憑藉，此即是說明宇宙萬物之新生必本於已成就之過去之萬物之故；同時說明何以實際宇宙中之事物內容逐漸豐富之故，原來每一創始，即須繼以一陰，後陰承前陽，後陽又憑藉前陰，於是宇宙之大，陰陽由互相代替更迭其表現，而重重增積其創始成就之功能。陰陽自相包裹，所以實際宇宙之事物不斷的豐富。同時實際宇宙時間之順序之永不回頭，亦可由此而說明。

因爲陰陽之互相代替更迭是陰陽自相包裹，陰承陽，陽據陰，所以陰陽互相涵攝，卽陰中有陽，陽中有陰，卽陽未消而陰卽承之，陰未消而陽已先動。

但是陰性與陽性又是相反的，所以陰一面承陽，另一面仍欲顯其本身之性質以反陽，所以陰於承陽後，復可表現一直顯其本身之性質以反陽，這卽是一切物由氣而形而質，卽有一直凝固以趨於全停滯不動之性質。一切物之停滯不動至極卽其死亡。所以漢儒於此遂以陽氣主生，陰氣主殺。陽氣生故吉，故善故仁，故爲德。陰氣殺故戾，故惡，故爲刑。所以董仲舒說：「陽氣生而陰氣殺，陽行於順而陰行於逆。」春秋繁露王道通三曰：「陽爲德，陰爲刑。」（屢見董書）虞翻易注曰：「乾生故吉，坤殺故兇。」這一種獨以陰爲惡，乃漢儒之思想，在先秦無此說。而此說之所由生，則在以陰既承陽，而又可一直順其自性以反陽。這一種陰一直順其自性，亦卽陰要盡其自性，亦卽陰要繼續他自己，亦卽陰自己有一開始與完成。陰之開始是物之完成，而陰之完成則是物之死亡。陰之開始是其承陽，陰之完成是其承陽而反陽。先秦學者只說到陰之開始，故只說陰是成物，而漢儒是由陰之成物說到物既成之後之由凝固而停滯不動以至死亡，這死亡正是說陰之成物一直下來的最後終局點，亦卽陰之成物之作用之徹底完成。然而此作用之徹底完成，則無物可成，卽物之死亡。所以陰之完成卽物之死亡。因爲陰之完成卽物之死亡，所以漢儒復有陽主生而陰主殺，陽主愛而陰主惡，陽主仁而陰主貪之說。陰之主貪卽本於陰爲攝聚之原理。攝聚以成形，既成形而復攝聚他物、佔有他物卽貪。貪欲無厭，則毀他之生，復自毀其生，故主殺主惡。是爲陽善陰惡之說。漢儒將陰一方視作承陽，一方則旣承陽後又反陽，於是以陰本身有其開始與完成，因而陽要與陰亦有其開始與完成。又以陰陽一面相反，一面又必須替代而起，於是陰之終處卽陽之始處。以陰陽皆有其開始與完成，由陰至陽，由陽至陰之過程遂由二而分爲四，再加上陰陽轉折之際，陰陽平衡之交點，於是由陰至陽之過程，遂成爲五。此卽由陰陽之說而成五行之說。

五、五行

所謂五行卽木火土金水。五行之名本原於洪範。然在洪範中五行只五種常之物。先秦鄒衍說五行，只言其相尅。墨經說「五行無常勝說在宜」，蓋已有相生之義，而兼重五行相生相尅之義成一系統之五行說，當在秦漢之後。

五行說之相生義，木生火，火生土，土生金，金生水，水生木。木是陽之開始，火是陽之完成，土是陰陽之平衡，金是陰之開始，水是陰之完成。

五行之相尅義，木尅土，火尅金，土尅水，金尅木，水尅火。尅卽相反義。此中所值得注意者在每一行所生出者之所生者卽其所尅者，亦卽任一行經二度之變化，卽轉入其反面。

五行說所以表示陰陽之互相轉變，亦卽表示任一物之由始而終之全部過程。所以五行說首先應用於一年之時間，卽氣候之轉變。於是以春爲陽之始，爲木；夏爲陽之成，爲火；季夏爲陰陽之平衡，爲土；秋爲陰之始，爲金；冬爲陰之成，爲水。或覺土爲陰陽之平衡，卽相當於元氣，當爲流行於四時者，所以以土爲四時之中氣。但關於此二說，我們不必一一詳加討論。

五行可以象徵一年之始終，一年之四季。一年中有五行之氣分主四時，則一月中一日中亦有五行之氣分主之。於是漢儒之時間觀念不是如一些西洋哲學家所謂無內容的外在於事物變化之純粹形式，而是流行著五行之氣、具藏着一種「使事物生長發育衰落枯死的氣爲內容的形式」。五行一面可象徵時間，同時可象徵空間。因爲一物之由生長而發育而衰落而枯死，卽有其形質之變化，形質之變化卽空間上之變化。四時運轉一面是時間變化，一面卽萬物之形質在變化，而地上四時萬物形質之變化，乃由於太陽與地球方位關係之不同，這一種方位關係從古代中國人看起來，而春日出自東，夏偏南，秋偏西，冬偏北。由日光射來地球從東南西北方向來，於是四時之萬物形質變化；卽證明時間上之四時，與空間上日光射來之東南西北四方向，有一種相應。於是漢儒遂以木象徵東方，火象徵南方，金象徵西方，水象徵北方，而土則象徵中央；以表示空間上之地上萬物與日光之方位關係，直接反映於地上萬物之在時間上發展變化之階段，而將空間觀念與時間觀念彼此溝通。

五行觀念原所以表示事物生長發育衰落枯死之時間過程，引申而表示空間上之方位關係，再引申而表示事物與事物之關係，卽一事物在一事物之全體系統中含陽氣者則爲木爲火，含陰氣者則爲金爲水，和陰陽者則爲土，於是漢儒以五行象徵人身之各部，動物植物之各種，色聲香味之各種，以至政治上之各種職官，倫理關係中之各種，道德之善之各種，而成一套五行哲學。

六、五行系統、八卦系統及律曆之融合

五行出於陰陽家，八卦出於易。但二者同是以陰陽爲基本觀念，二者同是以表示宇宙事物之變化流行爲目的。八卦之乾卦三爻，據緯書乾鑿度解釋是「物有始有壯有究，故三畫而成乾。卽陽之生有始，壯有究」。陽之生正可相當於木；陽之壯相當於火；陽之究，卽陽之終，陽之終爲陰陽和之土。坤卦三爻之故，緯書雖未說，然依此推之，則陰亦有始壯究。陰之始爲金，壯爲水，陰之終則爲木。易乾坤二卦之上爻相連而環抱則成五行，八卦不外由乾坤二卦相錯而成。此卽已顯示五行與八卦之可以溝通。所以漢儒一方講五行方位，一方卽講八卦方位。漢儒多說陽性上升，自下而上，故以震☳爲東方。以陰之性降，自上而下，故兌☱爲西方。陽盛於離，故離爲南方。陰盛於坎，故以坎爲北方。於是得八卦方位圖。其循環之次序，正與五行生生之次序相合。

至於京房則以六十四卦中坎離震兌配四時，此四卦之二十四支配二十四氣，又以辟六十卦分主一年之三百六十五日，平均每一卦主六日七分，所謂卦氣之說是也。

至虞翻則以易之十二辟卦表示十二月中之陰陽之由始而終。

而虞翻與京房同信五行說，於是五行與八卦同與月日之曆配合。在音律中有十二律，十二律之不同由於樂管長短不同，而所受之氣之不同，故十二月地面陰陽所受之氣之不同可與十二律之不同相應。於是漢儒復以十二律配十二月與易卦。所謂納音之說是也。

中國傳統紀年月日時之干支，爲甲乙丙丁戊己庚辛壬癸子丑寅卯辰巳午未申酉戌亥，漢儒既以五行之氣更迭流行於四時十二月，進一層卽謂五行之氣更迭流行於年與年間，時辰與時辰間。於是漢儒復以五行配天干地支，以甲乙爲木，丙丁爲火，戊己爲土，庚辛爲金，壬癸爲水。地支中亦各分別含不同成份之五行。由是而六十甲子中每一年各有其不同之五行之氣，一日十二時中各有其五行之氣。再以六十甲子十二時與易卦爻配合，則成所謂納甲爻之說。

關於漢儒此種以五行八卦與律曆配合之說，其必須如此配合之邏輯上之必然性，漢儒並未說出。但是我們可以從漢儒之喜作此種配合工作，不僅以五行配四時，且以五行配八卦，以八卦來配四時，以五行八卦配月日、配干支、配六十甲子、配十二時、配音律，可以看出漢儒對於宇宙之幾種堅強的信仰：一是對於時空之不相離之堅強的信仰，二是不以時空爲空洞的形式，而以時空爲有五行之氣爲內容的堅強信仰，三是其以十二月之氣候與音樂之十二律相配，則表示漢儒對於宇宙事物變化之律動性，有一堅強的信仰。

七、調和孟荀之性論

漢儒的宇宙論主要是調和儒道與陰陽，而在人性論方面則主要是調和孟荀。漢儒在人性論方面之主張，或主性九品之說如王充荀悅，此卽主張人性上者善，下者惡，中者善惡成份相等。此遠源於世碩公孫尼子之說，世碩公孫尼子之說則或源於孔子所謂「中人以上」「中人以下」之分，「上智下愚不移」之言。但正式成立性九品之論，則在漢之王充荀悅。依他們之說則孟子言性善乃指中人以上，荀子言性惡卽指中人以下。其次爲揚雄善惡混之說。揚雄謂性爲善惡混，亦明爲調和孟荀。此外則爲董仲舒班固的白虎通之性善情惡之說。白虎通爲諸儒集議之公論，最可代表一般漢儒之思想。據白虎通情性篇說，性者陽之施，情者陰之化，故孝經鉤命決曰：「情生於陰欲以時念也，性生於陽以理也。陽氣者仁，陰氣者貪，故情有利欲，性有仁也。」董仲舒春秋繁露謂：「天雨有陰陽之施，人亦兩有貪仁之性。」彼亦以人之貪源於天之陰，仁源於天之陽，因彼在他處明謂「陽氣仁而陰氣貪」。據論衡本性篇則董子亦主以善者爲性，惡者爲情。論衡本性篇說「董仲舒覽孫孟之書，作情性之說，曰天之大經一陰一陽，人之大經一情一性；性生於陽，情生於陰；陰氣鄙，陽氣仁。曰性善者是見其陽也，謂惡者是見其陰者也」。此外，許愼說文亦謂「性，人之陽氣；性，善者也」。此諸說皆爲調和孟荀之說。諸說中性善情惡說尤爲漢儒論性之特殊學說。以性本於陽，情本於陰，性善而情惡正與宇宙論上陽善而陰惡相應。

陽善而陰惡之本在陽主生而陰主殺，陽主愛而陰主惡，陽主仁而陰主貪。依性善情惡之說，其所謂性乃指人之陽，卽指通常所謂性中之仁方面。人之仁乃人之自內部發出，故特名之爲性爲理。至於人之情，則指通常所謂人性之貪一方面。人之貪必及物而後見，故特名之爲情爲欲。此乃性善情惡論者立名之由。

八、教刑之並重與三綱之確立

由漢儒論人性立人性中有善有惡之說，於是在教育政治思想方面，多主張教育與刑罰並重，而兼採儒法，因人性中有善故須教育以培養之，因人性中有惡故須刑罰以裁制之。所以董仲舒遂主張德刑並用之說，謂德卽象天之春夏，刑卽象天之秋冬。刑罰之主殺主惡爲陰，乃所以遏制人之惡性，卽人之陰。故刑罰乃以陰制陰。所以謂刑反德而順於德。然而天以春夏之生爲本，人以善性爲本，刑罰反德而以順於德，所以德教重於刑罰，德教爲刑罰本。這卽是以儒家統法家。

由漢儒之以陽爲善、陰爲惡，故陰必順陽而爲善，一方引出其性善情惡之思想，必制情以從性之思想；一方復引出倫理上之三綱之說。卽君爲臣綱，父爲子綱，夫爲妻綱之說。本來君父爲陽，臣子妻為陰，易傳已言之，君父夫尊，臣子妻卑，亦儒家原有之義。然而在易傳中陰並非惡，先秦儒家亦重視君對臣之禮，對子對妻之敬，而自漢儒正式本陽善陰惡以成立陽尊陰卑以來，於是更特尊君父夫，於是三綱之說乃亦正式確立。

九、自人之軀體論天人合一說

在先秦儒者論天人合一，大約直接自人之精神可與宇宙同大，而人之性本於天道上論天人合一。而漢代儒者之論天人合一，雖一方亦自人之精神可與宇宙同大，人之性本於天道上論，然而漢儒特注重人之精神之表現於軀體，此乃由漢儒對於人之存在於現實宇宙一點特別注意之故。漢代哲人之論天論道，均注重其中流行之氣。而氣之觀念直接連繫於形質之觀念，所以漢儒論天人合一遂有一種自人之軀體之像自然宇宙以論天人合一之說。這種說法本是從漢儒之形上說中可極自然的引申出的。

因天之陰陽五行之氣表現於任何具體之事物。則具體之事物中自可有能表現陰陽五行之全者。此卽為像天之人，此種說人之身軀與天之相似，以明天人合一之說，在淮南子董仲舒春秋繁露中均有詳細之討論，今略徵引之於下。

淮南子：「頭之圓也象天，足之方也象地，有四時五行九解(八方中央)三百六十六日，人亦有四支五藏九竅三百六十六節。天有風雨寒暑，人有取與喜怒。故膽為雲（金），肺為氣（火），肝為風

（木），腎爲雨（水），脾爲雷，以與天地相參也，而心爲之主（火）。是故耳目者。日月也；血氣者，風雨也。」

董仲舒春秋繁露爲人者天第四十一：「人之血氣，化天志而仁（血氣周流，卽天之仁之表現）。」「人生有喜怒哀樂之答春夏秋冬之類也。」又人副人數第五十六：「心有計慮，副度數也；」心有哀樂喜怒，神氣之類也；」「乍哀乍樂，副陰陽也；」「乍視乍瞑，副晝夜也；」「小節三百六十六，副日數也；大節十二分，副月數也；內有五藏，副五行數也；外有四肢，副四時數也；」「耳目聰明，日月之象也；體有空竅理脉，川谷之象也；」「身首妥圓，象天容也；髮象星辰也；耳目戾氣象日月也；鼻口呼吸，像風氣也；」「足布而方，地形之象也；」「頸以上者精神尊嚴，明天類之狀也；頸以下者豐厚卑辱，土壤之比也；」「腹胞實虛，象百物也。」

他們以五藏像五行，四肢像四時；以十二節像十二月；以三百六十六節像三百六十六日，以九竅像九方，以取與喜怒哀樂情緒之變化更迭，像四時陰陽氣候之變化更迭；以心之計慮像天之度數，卽像天之自然之秩序；以人之血氣之周流及於全身像天之仁之及於萬物；以耳鼻口出入之氣，象天之風氣雲雨；以耳目像日月，以頭圓像天，足方像地；以人體之空竅理脉像川谷；以髮象星辰；於是，人儼然卽一整個自然宇宙之化身。這一種自人之身體看出人與整個天之相像而成立之天人合一論，充分表現漢代哲人注重說形而下之形質之相似，以見形而上之共同原理之根本精神。

（一九四六年六月廿四日、七月一日・「學燈」渝版第三四一、三四二期）

佛學時代之來臨

此文旨在由魏晉玄學時代至佛學時代之客觀精神之轉化，以說佛學時代之來臨，乃拙著中國哲學史之一節，可與理想與文化第八期宋明理學之精神合看，後者即說明佛學精神之所以轉入理學精神者也。

佛學自前漢季世即傳入中國，惟最初所傳來者，僅修禪定之法。魏晉以來，譯經漸多。南北朝時，高僧如鳩摩羅什等，絡繹來華，佛學乃盛。至唐玄奘等留學印度歸來，廣譯佛經，佛學之盛乃如日中天。在此數百年中，中國固有之哲學，幾全衰落，佛學乃取其地位而代之。其所以能如此者，時論多以爲由佛學之輸入，正得其時。南北朝輸入之佛學爲大乘空宗，大乘空宗所談之空，與魏晉玄學所談之無，正有相涵接之處。然實則佛學之能劃一時代乃文化精神之自然發展。玄學之被佛學所代，實由玄學家之以道爲無，不似漢人之以道爲實有，但可以對魏晉人虛靈超脫之藝術的心靈下一哲學的解釋，而不足以解決魏晉人精神生活之深一層之問題。緣魏晉人一往沉酣于藝術的欣賞觀玩之生活中，對道德政治均不眞重視，天下大亂而精神惟盤旋于空闊之境，則上無所蒂下無所根，此最易引起人生無寄之悲感。故魏晉時之詩文一方表現極洒脫超妙之胸襟，一方亦表現哀樂無端難以爲懷之情。如霸氣桓桓之曹孟德有人生譬如朝露之嘆，篡漢爲帝之曹丕有人生如寄之句，至於阮籍嵇康等於人生之感嘆尤深。當時流行之薤露歌曰：「薤上露，何易晞。露晞明朝更復落，人死一去何時歸？」更可見人生無常之感已普遍於民間。當時最虛靈超脫之文學家藝術家無過於陶淵明與王羲之。淵明一方雖謂：「縱浪大化中，不喜亦不懼。」一方亦覺「人生似幻化，終當歸空無」。其自祭文以「人生實難，死如之何？」終之皆不免幻滅之情調。王羲之之蘭亭集詩與序乃一時之作，亦表現此兩相矛盾之二種心境。其詩曰：「仰視碧天際，俯瞰綠水濱。寥闃無涯觀，寓目理自陳，大矣造化功，萬殊莫不均。羣籟雖參差，適我無非新。」誠有觀化自得之趣。而其序則又不勝「情隨事遷，死生亦大矣，」之感慨。此正因虛靈超脫之胸襟，不獲自持，一轉手即爲上下無依無所歸宿與虛幻之感。佛家講空於此可相契。然佛家之空乃明現象之幻有。明現象之幻有正所以顯眞實之有，豈所講世間諸法之幻，無常，無我，苦，不淨，乃所以講涅槃之爲常，樂，我，淨。其講輪廻，講不朽，可以寄託人對未來之希望，可以慰人所感之空無常之苦，使人心靈有究竟之依止處，魏晉之玄學則無此效用。此乃佛學之所以代玄學之眞因，佛學傳入後，最得當時一般人之信從者，即在其福報輪廻之說。而在南北朝一次學術上之大辯論，即由佛學所引起之神滅與不滅之辯。神不滅之反對者范縝，乃一中國老莊自然之教的信仰者，在此次辯論中竟成衆矢之的。由宏明集可知當時人要求靈魂存在之迫切，而渴望死後生活之保障，輪廻及神之不滅並非佛學最深義，然一般人由此可以信佛，可見佛學之興原於人生無寄之感也。抑尤有進者，卽佛學在南北朝時，西域來之高僧多居北朝，當時衣冠南渡，北方爲胡羯所居，胡羯君主雖亦崇尙中國文化，然所受陶養不深，故外來之佛化更易普被。彼胡羯爲帶原始性之民族，宗教要求皆甚強而易於接受宗敎信仰。故吾嘗謂北朝諸異民族佛化之易，正如西洋諸爾曼人之南下，旋卽基督敎化，皆同原本於帶原始性民族之強烈的宗教信仰。此種原因雖屬次要，然亦爲人所忽略，至於隋唐繼北朝而興，帝王類皆酷信宗敎，以西域交通之發達，道景摩尼各敎皆相繼並興。佛敎當此宗敎精神發達之會，而陳義獨深，於是求法者紛紛西去，玄奘義淨等歸來，廣譯羣經，宏揚有宗，以救六朝時偏宏空宗之失。金剛智不空等復傳來密宗，中土大乘根器觸類引申，自蔚成宗派，此皆佛學大盛之外緣，非佛學之所以能劃一時代之眞因，（眞因唯當求之于歷史文化發展過程中之精神要求，此爲本書一貫之主旨）。

欲論此時期中國佛學之精神，必須先論印度佛學之精神，欲論印度佛學，且將及于其所對之外道，此事誠難。不特非此篇之所能盡，亦非個人學力之所及。今惟姑先就魏晉人之藝術性的玄學精神之異于佛學精神，對較論之，並說明其自然之轉化，以申論玄學時代所以爲佛學時代所代替之眞因。吾上之不許就佛之說空與玄學之論無，可互相援引爲佛學得盛於中國之眞因者，蓋以談空談無在理論上有相類似，爲二種精神承一線而發展之證，乃一大誤。其誤在以由宗敎精神出發之思想與由藝術精神出發之思想爲一談。佛學之根本精神爲宗教的，此所謂宗教的，自卽現實世界中之煩惱求究竟之解脫以契入眞實界之意。佛學爲求解脫之學，其所承之問題爲印度諸學派共同之如何解脫之問題，佛陀之求法，初原於感生老病死之苦，其求道之過程爲：初習印度多派所崇尙之苦行，及知苦行不足以解脫，乃觀苦之因緣生老病死之因緣生，終知生老病死之源於無明，於是以智慧爲解脫之門。其說十二緣生，說三法，說四諦，皆所以使人知苦之所以生而知滅苦之道。故大乘六度以般若波羅密爲首。般若波羅密者，華言智慧到彼岸。以其重智慧，故有其哲學，然其哲學唯用以得解脫，卽爲一工具一方便之門。故佛教徒之論哲學，非對哲學本身負責，而爲對究竟解脫之目的負責，眞正之佛教徒之追求其究竟目的乃一極端嚴肅之態度，其所論哲學乃念念照見其究竟目的而論，反是則唯是戲論。在佛教徒極端嚴肅之態度下，實時時感覺現實生存之爲一重擔，求有以進於現實生存之生活，此卽宗教性之人生感觸。而魏晉之玄學家則毫無此感觸。魏晉玄學家之談無，談自然，談獨化，其底子純爲藝術上之欣賞態度，其破造物者破先物自存之道，破漢儒之含實質性的天，惟是求其精神凝注於當下所見之現象而欣賞之玩味之。故就魏晉之玄學家之文章情調觀之，旣無對政治社會之眞正道德責任感，而談玄之士身爲貴族，優游卒歲，亦無個人生存嚴肅感。其文章之風格盡飄逸超妙之能事，誠如莊子所謂若風之還，若羽之旋，而未嘗表示作者之篤信，其論理雖善於宛轉，以無篤信爲之支持，在眞正佛教徒觀之，將不免於戲論之譏，此爲魏晉之藝術性的玄學精神與佛教精神根本不同者。

魏晉人之藝術精神與佛家之宗教精神不同，然此藝術精神必轉爲佛家之宗教精神，乃得解救其自身之矛盾。此卽上文所謂魏晉人精神唯盤旋於空闊之境，同時其精神卽上無所蒂下無所根而有人生如寄之感。然上文尙唯述事實未深及所以致此之故，今請進而深論其故。原魏晉之藝術精神之根本唯在欣賞，其表現亦所以爲欣賞。此種欣賞之條件，一爲心之虛靈灑脫，一爲所欣賞對象之存在。然虛靈洒脫之胸襟，必有所以保持之者，乃能不爲無端之哀樂所擾。然此胸襟之本身，並不能保持此胸襟之長有，莊子於此蓋有深悟。其言曰：「山林歟，皐壤歟，使我欣欣焉而樂歟，樂未畢也，哀又繼之，哀樂之來，吾不能禦，其去，弗能止。悲夫！」故有虛靈洒脫之胸襟，而不知所以保持者，必與哀樂無端之感慨爲緣。故魏晉人一面虛靈洒脫，一面則一往情深，忽而喜極忘形，忽而泫然流淚，此卽魏晉人之眞情。世說新語於此常多及之，人此眞情之無顧忌的發抒，乃魏晉人之可愛處。然可愛云者，乃黑格兒所謂對他的好而非對自的好，卽在被他人或他時之自己反觀欣賞時乃見其好，並非對正哀樂無端時之自己爲好。蓋哀樂無端，終爲自己對自己之不能主宰，而足擾亂其欣賞態度者。欣賞態度欲維持其自身，必不安於哀樂無端，而對此哀樂無端所生莊子所謂之悲感。然欣賞態度之本身，又不能使哀樂不無端，此卽欣賞態度本身之不能自足處，此不能自足處，構成欣賞態度背後的空虛之感。此空虛之感惟有在欣賞對象之際，似不爲欣賞者所覺而若不存在。故欣賞態度必要求可欣賞之對象之繼續展現於前，以維持此欣賞態度之繼續存在。若一朝可欣賞之對象不繼續展現於前，則背後之空虛之感遂突現於前，成自覺的空虛之感。欲去此自覺的空虛之感，遂不免於自覺的向外追求可欣賞之對象之存在。（此卽構成魏晉人之多欲奢侈一面）然外在的可欣賞的對象之存在，又爲欣賞態度本身所不能保障者，此更爲欣賞態度不能自足處。此二種欣賞生活中者不足以知之。必透過此生活而對藝術性之欣賞態度加以反省，知此態度之不能免哀樂之無端之襲擊，知可欣賞之對象之不能得保障者乃能透識之。然一朝透識此點，一朝自追溯其所以哀樂無端之故，可欣賞之對象之存在不能保障之故，則欣賞態度必歸自毀或暫息，有藝術心靈者將不自負其能游心萬物，而將發現其不能免於哀樂，乃凡情所縛而欲超拔之，知可欣賞對象乃在一變化無常之現實世界中，不堪任爲精神凝注之眞實究竟。此種藝術精神所以引起之精神矛盾，唯宗教精神眞正之哲學精神道德精神可以解救之。然直接能解救之者爲宗教精神，蓋宗教直接教人超脫凡情，集中人之信仰使之有所定而免於哀樂無端，使人知現實存在之一切對象本不眞常，不堪爲精神之究竟依止處，而使人自然嚮往一更高之精神境界也。且宗教精神與藝術精神同爲象徵的，由藝術之以圖像聲音象徵藝術意境，一轉手卽爲宗教之圖像聲音儀式象徵宗教意義。由藝術對於象徵符號之內在的運用以象徵吾人之精神境界，一轉手卽爲對於象徵符號之超越的運用，以象徵超越吾人現實生活之精神境界。故黑格爾以宗教精神爲藝術精神直接化出者。由魏晉人之藝術精神發展爲佛家之宗教精神。乃最自然之趨向，故魏晉人之書畫，一轉卽爲唐代佛像之雕刻與宗教性之壁畫，而融入唐代之宗教精神中。

上述論魏晉之藝術精神與佛家宗教精神之不同，及前者必然轉化爲後者之故。今請再評論魏晉玄學中之藝術精神以證之。魏晉玄學家王弼何晏宅心虛無之教，要在明體無乃能於衆有無所不包通，此前已詳介，然既曰體無以包通衆有，則雖曰宅心虛無，而所感應之萬物仍爲森列之衆有。彼雖又論衆有緣無而生，以無爲本。然依彼等義，唯道是無，非衆有即無。佛家卽有卽空卽有觀空之義，彼等終是一間未達。然此一間之未達，卽使其精神境界不能更深一層。其言衆有之以無爲本，而不言卽有觀空，徒足使當前森列衆有，如虛靈之心先所透明，此已是藝術家之凝神物象宛爾凌空之靈境之註釋。終未能如佛家之卽有觀空，起象忘相，外無所繫，以達於更高之精神境界。王弼又言宅心虛無則可滅私而無其身，而未嘗注意及人私之不易滅，身執之難除，亦未嘗言所以宅心虛無之道。王弼論易，玩辭觀象得意，以見寂無至無之道本有觀託之事，而不識行修之重要，正是藝術精神之限制處，至於郭象之論自然，破造物者與因果，以觀萬物之獨化，則其藝術精神更顯。破因果關係之連繫，乃藝術欣賞中欲觀照對象使對象孤立絕緣之首務。西哲叔本華於此論之綦詳。觀萬物之獨化，卽藝術精神中之視每一欣賞對象爲唯一特殊者絕對無二者之態度，此點康德早已論之。以獨化論物物遂皆自成，爲自生自因之絕對，外無所謝，內無所矜，無所待而自足之實有，郭象雖言萬化日新不守故常，然新新不已，新者無不獨，每獨皆實有，則其不免於執有與吾人之心相對的客觀的物，以爲彼藝術性的哲學心靈所觀照所寄託者甚明。而其逍遙自得之論，謂大鵬小鳥同爲絕對無二，外絕所慕，則同自得逍遙，放乎日新之途，雖千變萬化仍可無時不自得逍遙。然彼不知現實存在之物無能自得逍遙，人自知其爲絕對無二，固或可至得逍遙，然人不知其絕對無二，而終外慕不已，將奈何？此外慕不已爲煩惱之根，大亂之本，其所植根於人心之深處者，郭象未必知之也。若知之則當論之，論之必悲之，悲之必求所以對治之。然郭象未及此。彼外不能忘日新萬化中之一一對象之獨，內不能深思人不自得逍遙之故，亦其哲學心靈中之藝術性限之也。然佛學則不然，佛陀之求解脫，亦求逍遙自得之問題，然佛陀初不如莊子郭象之自逍遙自得狀態上之想像，而以宛若自得搖曳生姿之文筆表達之，而惟自人之所以不逍遙自得上措思。於是知人實衆煩惱之所聚，衆苦之所煎迫，故四諦首爲苦諦，三法卽終爲有漏皆苦，樂唯佛能得之，未成佛時皆苦。故世界爲一苦海，而大悲之情生，夫然而後知求大解脫，而後能追問此煩惱之根衆苦之本，求解脫之道以拔苦。苦由何而生？因貪欲不遂而生。貪欲由何而有？由我有所執而有。我之執與我俱始，我執物以物爲我，我執物卽復執我。我執我與物，而不知我之所以有執，是惑也。我所執之我與物果有乎，果可爲我所執乎？知諸行之無常，而知我所執者之終不可爲我所執也，知我所執之我與物皆和合諸緣以成，而知我與物之不可執也，故曰：諸行無常，諸法無我。無常者，不可執，而執以爲常，無我而執有我者何邪？本無而以爲有，妄也。妄原於以本無爲有，則知本無者之本無則妄息。妄以不知本無者之爲本無而生，故妄卽無明，知本無者之爲本無，則無無明，無無明則無妄，無妄則不執，不執則無貪欲，無貪欲則無衆苦，故佛學家之學以智慧照見所執者之妄，爲破執以拔苦之學。然破執何易言，執與我俱生，若不以嚴密之修持工夫將此我加以究竟澈底之再造，豈能去執，若不發大心，深心，豈能有再造此我之大勇大志，此非郭象之所及，亦非王弼之所及，以佛家眼光以視魏晉玄學家所謂宅心虛無，一時滅私忘身以觀萬物之心境，不能自守。向之所欣，俯仰之間已爲陳迹（王羲之語），何足以解人生憂患？蓋其內未嘗盡其去我執之道，而外則游心萬有，知萬有之以無爲本，而不知所執有者之空。知萬有之變化無常，而信一一皆獨，所執之有相獨相未嘗遣，則不能契入更高之眞實，其虛靈超脫之心何能眞冷然絕待哉？若眞順其所倡之冷然絕待之理想，而進一層求所以達到之，則必由藝術精神之玄學轉化爲宗教精神之佛學矣。

（一九四六年十月・「靈巖學報」第一期）

泛論陽明學之分流

一

中國佛學以崇拜自心以外之佛始，而盛於以自心卽佛之禪宗。宋明之理學以崇拜聖人而學聖始，而盛於以自心有聖人之陽明。禪學與陽明學皆中國哲學重反求諸己之精神之表現。自慧能以自心卽佛而禪宗之大師繼起，自陽明以自心有聖人而陽明後學中之心學大師亦繼起。「明儒學案」以地域分王門爲六派，其中以浙東、泰州、江右之傳爲最盛，浙東之王龍溪，泰州之王心齋、羅近溪，江右之聶雙江、羅念菴，皆造道至深。龍溪、心齋、近溪是一路，江右又是一路。王學分流主要卽此二路。其中龍溪、心齋、近溪一路，大體而言，皆直指本體卽是工夫。江右則標歸寂主靜之工夫以識本體。龍溪、心齋、近溪於良知之本體，赤手承擔，「從渾沌裏立根基」（龍溪語），「直悟仁體之樂」、「當下渾淪順適，解纜放船，順風張棹，微談劇論，皆能所觸如春雷行動，雖素不識學之人，俄頃之間能令其心地開明，道在眼前。」（「明儒學案」論近溪語，然用之於龍溪、心齋，亦無不當。）透闢直截，縱橫自在，專提向上一機，直是霹靂手段。陽明之學，至此乃光芒射，震爍眼目。諸人自得之深，未必在陽明下。王學普被之功，亦當歸諸彼等。然聞者或承擔太易，忽略修持，故傳至於趙大洲以至管東溟、何心隱、李卓吾、周海門之倫，匪特融釋佛老，亦復時帶游俠縱橫之習，而儒學亦漸失其本。龍溪、近溪可謂於良知爛熟，而其末流諸人之於良知，則可謂由熟而爛。至於江右之傳，則雙江、念菴、塘南之倫，皆求道甚苦，鞭辟近裏，不敢輕易承擔。歸寂以通感，主靜以凝照，以言高明渾化，誠遠非龍溪、近溪之比。龍溪謂彼等於良知本體，未能眞信得及，蓋亦近是。然諸人沉潛淵靜之工夫，則或尤勝於陽明。且正由於彼等於良知未能眞信得及，故反能下開一派意爲心之所存、良知之本之說，爲王學更進一解，而和會晦菴與陽明，爲宋明之理學作最後之殿軍。心齋與近溪、龍溪近狂，而江右近狷。言自得功深，簡易直截，不可不推龍溪、近溪、心齋之流。若言精微細密，在王學理論上，更能加以推進，以融釋朱子，則當循江右以下至蕺山之一流也。

二

欲知陽明學之所以主要開爲江右與龍溪心齋泰州二流，必須循陽明學中之一問題之討論，乃能眞了解。原陽明之學，以致良知爲教，良知是本體，卽本體以顯工夫，卽致良知。致良知而本體日顯，故工夫卽所以顯本體，此爲陽明之圓教。故依陽明之義，致良知之工夫，是一種工夫。而識得本體，亦卽是工夫。在陽明通常敎人，皆取致良知以顯本體之一途。而罕敎人直接承擔，當下湊泊此本體者。故其集中多專以「去人欲」、「存天理」、「集義」、「必有事焉」、「事上磨練」爲言。然陽明旣言卽本體卽工夫，則自有一識本體爲工夫之一種法門。據「天泉證道記」，龍溪疑陽明之四句敎而與錢德洪辯。陽明卽答以其接人方式有二，其一爲對利根人卽說以識本體爲工夫之敎。其言曰：「利根人直從本源上悟，人心本體，原是明瑩無滯的，原是個未發之中。利根之人，一悟本體，卽是工夫，人己內外，一齊俱透。其次不免有習心在，本體受蔽，故且敎在意念上實落爲善去惡。工夫熟後，渣滓去得盡時，本體亦明盡了。」然以陽明本人而論，則彼之有造於道，實由於其龍場之一透悟，而此透悟則由一切放下，靜臥石棺中得來。故其初敎人亦常以默坐澄心爲學，以收斂爲主，發散是不得已事（「明儒學案」論陽明之敎三變中之第一變）。唯其通常敎人，則罕敎人習靜，亦罕敎人直接透悟本體，而惟敎人在「必有事焉」、「實落爲善去惡」上用功，「在事上磨練」，此中實可有一大問題，卽陽明旣由靜極以悟良知本體，何以彼不重習靜？又敎人不重直接從本體悟入之一途？若只言在爲善去惡之事上實落用功，則以前各家，亦莫非敎人爲善去惡，陽明又何必要立此良知之說？陽明之所以要立此良知之說，自言是要人識得良知頭腦，然後工夫有眞下手處。然旣要人識得良知頭腦爲工夫下手處，何以又不敎人先透悟本體，何以只有利根人，方能敎之透悟本體？若說一般人有蔽，不能透悟本體，故只敎其在爲善去惡上用工夫，以後本體自然乃明白，則此語尤可引生一疑團，卽爲善去惡，乃致良知之事。依陽明說，識不得良知頭腦，則不能致知，便不能爲善去惡，其說爲善去惡，乃顯本體，則在良知本體未顯未識得之先，如何能爲善去惡乎？爲善去惡者，良知本體之用。今良知本體旣未顯，則爲善去惡之事尚無本，何能由之以識良知本體乎？如此，則必先透悟良知本體，乃能識良知，致良知，而爲善去惡。如良知本體不能先被識得，必待一一爲善去惡之事以致顯此知，而後識得，則識待先致，致待先識。今旣不能先識，永不能言致良知矣！而唯有一爲善去惡之敎足耳！若然則陽明又何異於先儒，又何必立良知之敎乎！

然吾人對此問題如欲求得一答覆，須於陽明所謂識得良知爲一頭腦一語，不必作透悟良知本體解。須知陽明所謂識得良知爲頭腦，非必透悟良知本體之謂。亦不待透悟此本體，而良知之敎仍有其所以當立者。陽明所謂良知，據吾人以前所論，通常實卽指日常生活中之能知善知惡，而好善惡惡者。所謂知善知惡是良知，良知只是一好惡是也。此平平常常之良知之存在，人皆一念反觀而皆可識得者。人誠能有此一念反觀，此所反觀去識之活動，亦卽本體之透露，而更能使此良知有以益顯其明，以爲善去惡。由爲善去惡而知又益明。卽此知行之交轉並進，作聖之道於是乎在。此吾人以前所論之陽明致知之義也。故說由識以致可也，說由致以識亦可也。蓋由識而益能致，由致而益能識，實交轉並進，如環無端也。良知自始卽有，不待致而後有。好善惡惡、爲善去惡，卽良知之發用，亦自始卽有，不待識良知而後有。故非不識良知卽不能爲善去惡之謂也。亦非必爲善去惡而後有良知之明之謂也。所以要必說識良知爲大頭腦乃能爲善去惡者，乃謂識得良知，乃能益顯其明而更能爲善去惡耳。所謂爲善去惡而後本體乃自然明白者，亦只謂爲善去惡而良知益明之謂耳。非謂爲善去惡之先，不須識良知之頭腦，不能識良知之頭腦也。尤非必透悟本體，乃爲識良知，乃能爲善去惡之謂也。陽明之所以立此良知之教者，其初意不過所以使人常有此一念之反觀，以自識其平常之良知而益顯其明，益顯其致之之能而已。蓋無此良知之教，則人或以善惡標準在外，認理爲外，認理在物，而向外馳求，卽不免於徇物喪己，溺於見聞之知，益以蔽其良知。有此良知之教，則知善惡之標準在內，知理之在心，不在外物，便能攝物歸己，以自明其良知。此一念之反觀，所觀者，雖不外此平平常常之良知，然由此積累將去，便能益顯良知之明，免於求理於外，以徇物之蔽。由此而爲學之態度，乃坤轉乾旋，可以言爲己之學。此之謂必識得良知，乃有下手之工夫，亦卽良知之教之所以立。非必透悟良知本體，乃爲識得良知。唯陽明雖立良知之教，而不必以透悟本體之言教人，此其言之所以多平實而常只以必有事焉爲善去惡以致良知於事事物物之言教人之故。而上來之疑難，不可以施於陽明也。

然上述之疑難之不可施於陽明，由於陽明之立良知之教，不必自透悟良知本體上說。唯陽明本人之有造於道，既原於龍場之一透悟，且實有此透悟本體卽是工夫之一法門，如「天泉證道記」所言。所謂透悟本體，則「人己內外，一時俱透。」，則陽明又何必專用此法門於利根人，終是一疑問。既然人同此良知本體，人胸中同有一個聖人，何以只於利根人乃直示以識本體卽工夫之義。而於愚夫愚婦，便不能向之直指本體示以識本體卽工夫之義？此則無理由可說。愚夫愚婦無知見障蔽，豈非更易直透本原乎？「明儒學案」及「龍溪語錄」，謂陽明之學凡三變，最後一變「所操益熟，所得益化，開口卽得本心，更無假借湊泊」。是其此時施敎蓋已近乎處處用此直指本體之法門。此卽心齋龍溪之學所由出，而將此直指本體之法門用於一切人而普被羣機之故也。又陽明早年旣由靜中透悟本體，乃得力於默坐澄心。則欲求透悟本體，豈可不卽在靜上提撕？言本體卽工夫，而承擔太易，豈可不矯之以主靜歸寂之功夫。是卽江右學派聶雙江羅念菴之所本。此二派之所以同出自陽明也。然二派之施敎，一是直指本體，一是歸寂主靜，而皆歸向於良知本體之透悟，念菴亦有內外人己，一齊俱透，遍體通明之悟境，見於其傳記。二派皆意謂不透悟良知本體，不算識得良知，不能眞致知。能透悟本體，則爲善去惡之事，自然稱體而行。不去在透悟良知本體上用功，而徒在爲善去惡上用功，在諸人之意皆不免是捨本逐末，在善惡之念上頭出頭沒。故諸人之施敎方式以陽明例之，則皆是注重由識良知以致良知，此與陽明悟道之途徑相似，而與陽明施敎之方式重在由致以識實不同。觀諸人之言致良知，多是致此對良知本體之透悟之識，而非陽明所常言之致知善念惡念之知，以切實爲善去惡，致良知於齊家治國平天下之一一之事上之謂。此諸人之說之所以深透，過於陽明而平實不及者。然陽明旣以識得良知頭腦爲言，有重先識以致之意，則充其意而極之，固非歸宗於透悟之識，不可以言得良知之頭腦。而陽明晚年，如黃梨洲所言亦正是開口卽說本心，則諸人之求向上一機，以透悟本體，固是陽明學自然發展之趨勢。其深透之處，謂之爲眞能發揚陽明之精神亦可也。

由上所論，則陽明學之開爲二流，實表現王學之發展，而非只各偏執陽明學之一方面。此發展即表現於江右與泰州龍溪皆特重如何透悟良知本體。二派之不同唯在泰州龍溪皆主直下承擔良知本體，而江右則欲由主靜歸寂以顯良知之本體。今試分別論此二派之根本精神如下，然後再另章分別論諸家之學說。

三

吾人上言心齋及二溪之敎人透悟良知本體，是直指本體，使人識得本體，而識本體即工夫。如何於本體可言直指，此即根據於陽明「人胸中皆有個聖人」、「個個人心有仲尼，只將聞見其遮迷」之言。眞了解人胸中皆有個聖人，則作聖問題便只在自信得及與否。自信得及，則聖人之德現而眞成聖人矣。人固皆有蔽，然陽明已言，人皆有此良知之明，而一隙之明與大明，其量不同，其質不異。則只要人能自信得及，不從量看，而從質對，此明處，撲而自照，猛然自覺。則雖蔽障重重，皆可不關對此靈明之直下承擔事矣。「傳習錄」載黃以方問先生格致之說，隨時格物以致其知，則知是一節之知，非全體之知也。先生曰：「人心是天淵，心之本體無所不該，原是一個天，只爲私欲障礙，則天之本體失。心之理無窮盡，原是一個淵，只爲私欲窒塞，則淵之本體失了。如今念念致良知，將此障礙一齊去盡，則本體已復，便是天淵了。乃指天以示之曰：此如面前見天是昭昭之天，四外見天也只是昭昭之天，只爲許多房子牆壁遮蔽，便不見天之全體。去房子牆壁，總是一個天矣。不可道眼前之天是昭昭之天，外面又不是昭昭之天也。」陽明答黃以方之說，乃以去障蔽即見本體之說成就其通常之隨時格物以致知之說。重在說明人心之蔽節節去盡，便顯本體。其所謂一節之知即全體之知，全體之知即一節之知，乃所以成就節節用功以去蔽之意。說明節節用功以去蔽，便能至全體之知，謂一節之知即全體之知，此語是捨量言質之頓教語。然陽明之爲此言所欲說明之工夫，則是隨時去物，逐漸去蔽，以顯其「明之全量」之漸教工夫。然心齋龍溪近溪之倫，卽由此頓教語以言頓教之工夫。蓋一節之知卽全體之知，乃就其同是此知而言。專就其同是此知而言，單提此知之同而言，一節全體之差，卽非重要。吾人能忘一節與全體之差異，則當下唯此一知。由此悟入，卽開頓教法門，而不須將一節之知與其障礙平等對待說。一節卽見全體，全體之知中無障礙無蔽，一節之知上亦無障礙無蔽。卽在吾人之知其無障礙上，不作有障礙想上，吾人之障礙卽銷融。卽在吾人之知其無蔽上，不作有蔽想上，吾人之蔽亦卽銷融，由此而吾人只須眞自信得及，此一節之知卽全體之知。多一念自信，卽多去一障礙，多去一蔽，自信愈深愈眞切，則去障礙與蔽之功愈深，愈眞切。念念自信得及，則自然人欲無安頓處而淨盡，而天理流行。於是不須說去人欲，而去人欲之功夫自在。不須說邪思枉念惡念之銷除，而一切邪思枉念惡念已自無滋生處。卽不須在善念惡念之計較安排，亦不須如陽明之說要搜尋惡念之根，而自然能存善去惡。此方是畢竟了義之識本體本身卽工夫之敎也。

由此識本體本身卽工夫之敎，與陽明所常言之致良知之敎之不同點，卽在依此說，知善知惡、爲善去惡，皆是第二義，龍溪所謂後天之學，非先天之學。若執爲第一義，皆自信不及。而陽明通常言良知，實重在言知善知惡之知。知善知惡之心，乃有惡念與善念相對之心。而有善念惡念相對而相抗，則惡念固不安穩，善念亦不得安穩。善念敵不過惡念，則成退墮。善念戰勝惡念，亦無保障，使惡念不再發。則「有善惡念爲所知之良知」本身有病痛在。而有善念惡念之相對，皆原於人之自信良知不及。若能自信得及，則由此良知之自信，直透良知本體，充塞此心，通是本體靈明，人欲邪思枉念惡念在此靈明中，本無安頓處，何能與善相對。不見惡與善對，此不見有惡，便是去惡之工夫。於是一切惡念皆在此自信得及之良知靈明下，自爾銷融，不復與善作戰，成勝敗無常之勢矣。然惡念銷融，善念失其所對抗，亦不勞向虛言搏鬬。故此時自信得及之良知靈明，雖通體是善，而無善念之立。何謂善念，卽念善之念是也；緣何念善，以欲對抗惡也。不見惡在靈明中，卽不覺有惡堪爲對抗，而無善可念。無善可念，方爲至善。若有善可念，則有善相。有善相，卽有與之對照之惡相。有惡相而惡念遂可引出，此之謂燒香引鬼，念佛來魔。故眞在自信得及上用功者，但須直下承擔此靈明，以靈明自信靈明，此純是在質上，求自充自實之工夫。質上充實，便是量上擴大。念念自信得及，相續無間，便是去惡爲善工夫之相續無間。不須更說去惡爲善。故人只要念念常提得起此靈明，便是呼出心中聖人，常在靈臺之上，不須燒香念佛，而一切魑魅魍魎自爾向幕後逃遁，化入無形。更不須搜尋惡念之根，追逐剿滅，自墮鬼窟。此龍溪所謂先天之學，在心上立根。近溪所謂：「此性惟不能知，若果知時，便骨肉皮毛，渾身透亮，河山草木，大地回春，人欲自化，太陽一照，則魍魎潛消，將帥登壇，而兵卒自嚴。」此之謂識得本體卽是工夫。此種識得本體卽工夫之法門，必須於本體上見善惡念之對待之不立。故人亦必超善惡念之對待，乃能悟入此本體。故循此識本體卽工夫之教，恆不免重在說良知本體之超善惡念之對待一面。此陽明四句教「無善無惡心之體」一句之所以特爲此派人所發揮。龍溪之以知代良知，周海門之九諦明性無善不善義，皆由於此。陽明與諸家皆非不知良知之至善義，然多是自用上說（下詳）。誠以在直指本體之施敎方式中，必須人先超越良知所知善念惡念之對待，乃能反觀良知之本體而契入，故不得不提出此無善無惡之語，以爲用功之資藉也。

以上言龍溪近溪之倫，皆重在使人超善惡念之對待，不重在知善知惡、爲善去惡上用功夫，而要在使人由超善惡念，以直透悟本體。然此本體畢竟如何悟入而自信得及，此則並無他妙巧，只在指點一人之當下一念現前之良知靈明，自證其良知靈明。此一自證，便是良知靈明之自信自肯，便透入良知本體。自證便自證了，自信便自信了，自肯便自肯了，便更無其他話可說。此是何境界，如人飲水，冷暖自知。別不能着一語。亦唯在着不得語處，方有此自證自信自肯。然人不求自證自信自肯將奈何，若眞不求，亦無奈他何。然人但非眞不求自證、不自信、不自肯，而要聽人講法，則講法者便能奈得他何。講法者便能以其昭昭使人昭昭，以其自證使人自證，不求自證則已，人求自證便是「自證」之求實現於人。人有求自證之機，講法者便能以其所自證示人，一受一施，兩相湊泊，便能使人自證。此便是禪宗之應機施設名言，以立教之方，而龍溪近溪之所取。然應機施設，則語言皆唯對當時之機而有意義，亦以機之不同而變化無方，其言不能以拘定之格式論。禪宗之一切語言，所以使人自證自信之菩提；龍溪近溪之一切語言，所以使人自證其良知本體，其目標固不必同。然禪宗與龍溪近溪應機立言有一同處，即均是要人剝落向外之知見，以爲自證之資。蓋一切凡情私欲，一切彌天之大惡，均緣於向外逐取，此乃儒佛之所同。而向物逐取，則始於知見之向外用。知見之向外用最初之表現，唯是一擬議。所謂擬議，其實只是一知見之外向，由外向而外用，由外用而逐物，逐物而情欲紛然，情欲紛然而彌天大罪皆由是出。故惡之流行，雖泛濫無際，而其根則只是一心之外向之擬議。若能將此外向之擬議打掉之而折轉之，便是絕萬惡之根以反證自心之道，爲最簡易直截之修行止至善之方。故教人剝落向外之知見，止息擬議，爲禪宗與龍溪近溪心齋等之所同。欲打破人向外用之知見，止息人之擬議，禪宗有棒喝交馳之辦法，有故作轉語，對人說自相矛盾之語，使人隨語擬議，又自打消其擬議之辦法。或說無意義之語，使人無從擬議之辦法，如麻三斤之類。或提出一話頭，指示一擬議停息之境界，使人參究，即自然停息擬議，如萬法歸一，一歸何處，父母未生前面目之類。然大率而言，皆重在以消極的破執之言，打破向外之知見擬議。而二溪及泰州諸人，則較少此類消極之破執之言，以打破人之向外之知見擬議。而恆順積極的指示良知之當下即是超知見擬議者。如心齋之言「心有所向便是欲，有所見便是妄。既無所向又無所見，便是無極而太極。良知一點，事事分明，不用安排思索。」一同類之言，龍溪近溪皆有。或積極的指示一超擬議之境界，使人覺此境界之不容擬議，而自停息其擬議而一念折反，以悟入超擬議境界之良知本體。此則或為龍溪之直顯示此知之變化無方，感應不窮，使人當下即見此知之不容擬議，而契入良知之體之超擬議而自證。或如泰州之王東崖之直就自然境界自然生活之「鳥啼花笑，山峙川流，飢食渴飲，夏葛冬裘」謂如至道無餘蘊矣。以自然世界、自然生活之不須擬議，而使人契入良知之超擬議而自證。或如近溪之自赤子之不學不慮，日常生活中視聽言動之知能之不容擬議，以使人契入良知之體之超擬議而自證。此則諸師說法方式，與禪宗諸師說法方式之大體上之不同。而由此以教人證得者，則諸師或說靈明或說仁體，或說良知，皆同一物，與禪宗之專標自性菩提以為言者，則又不必同。自性菩提即自性之靈明，與諸師之所謂靈明，意固相近，然龍溪近溪之所謂靈明，即良知之靈明。就此靈明以言，至善至仁，皆從此中流出，生生化化，與物同體而繁興大用，成就家國天下之事業，則其所以為靈明固不必同也。

四

至於由江右以至蕺山之傳，其根本精神，則在由工夫以識本體，其歸結為識工夫即見本體，而不主張識本體卽是工夫，亦根本無自當下一念，日用尋常之視聽言動中，當機指點之法門。彼等最反對龍溪等現成良知一念自反卽可承擔之論。而主良知之本體，必用一眞正之歸寂之工夫而後見，必在至靜中養出一端倪，乃能通感。此實近乎陽明早期講學重默坐澄心之精神，而與陽明晚期講學之精神適相悖。據梨洲所言，陽明晚期之講學，「開口卽得良知，不容假借湊泊」，正在江右以後，然江右之聶雙江羅念菴在當時皆未師陽明。陽明死後乃以錢緒山之證而稱陽明弟子，故吾人可謂彼等於陽明晚期講學精神，若非無所契入，卽心有所不謂然，而有意欲轉進一層。唯有意欲轉進一層，其結果反近乎陽明初期講學精神耳。觀念菴雙江之言，必歸寂乃見良知之體，而能通感，靜中乃養得出端倪，明是以良知之體不顯現於未歸寂以前之心。明是以良知之體並非呈露於正發之當下一念或日用之視聽言動之中，而爲暫超越於當下一念或日用之視聽言動之上或深潛於當下一念日用之視聽言動之內者。此實以良知在未顯之先，純爲未發，純爲在內。不僅異於龍溪近溪之以良知爲當下呈露，亦漸遠於陽明之以良知爲貫已發未發，合內外之義。此龍溪之所以以雙江念菴爲信不及良知，而雙江念菴之恆以良知爲寂體也。良知爲寂體之說，卽下開王塘南於良知之中，提出一生幾一意之說者。塘南不以意爲心之所發，而爲心之所存，而意爲良知所以爲良知之根據或良知之主宰。劉蕺山尤暢發此義，至喻意如良知之定盤針。以意爲心之所存，爲良知之主宰，而良知乃有一內在而又超越之根原。以意爲心所存之說，泰州王一菴先言之，然未能深切著明言之。程朱之所謂理，原是其所謂心之超越的根原。然此理復遍在外物。陸王等則疑此超越之理對其心爲外在，故融理歸心，使超越之理皆失其超越性，而純爲內在於心與良知，或即此心此良知。唯象山慈湖陽明，皆強調本心良知與習心私欲之對較，對習心意念而言，本心良知之超越義，仍甚顯著。然陽明以降，龍溪心齋及近溪等，因更重當下一念日用之視聽言動之生活中之直指本心良知，故本心良知與習心私欲之對較義，亦不顯。而本心良知之超越義，較少有所論，而疑若全失。然由江右以至蕺山，提出意爲心之所存爲良知之主宰，則爲重就良知之超越義而推深一層以用思，而重發現一良知之超越的根原，而近乎朱子之以理爲心之根源。朱子之理，因遍在外物，故超越於心而有外在之嫌。而劉蕺山等之意，則純爲良知之主宰，而絕不致有外在之嫌。而自江右至蕺山之一流，皆重良知之至善義，意之至善義，與泰州浙東之傳之信奉陽明所謂心體「無善無惡即是至善」之說異。而與朱學之以理爲至善，絕不持無善無惡即至善之說同。凡此等攝朱學之精神於王學，皆可以矯泰州浙東之現成良知，性無善惡，不學不慮之言所滋生之弊端。

溯此一流之由歸寂主靜之工夫，以歸宿於良知之主宰之指出，固亦原於陽明。默坐澄心，陽明早期之教、江右精神之所近者，上已言之，而良知之含主宰義，固無疑義。良知知善知惡，而又好善惡惡，爲善去惡，以顯發其自身，肯定其自身，非主宰此身心而何。然陽明之言良知之主宰義，與江右之王塘南至劉蕺山之以意爲良知之主宰義，仍不可同日而語。蓋陽明之言良知之主宰義，唯在良知之用上說。就良知本身說，則恆不免說之爲一「一體平鋪」之靈明，故下開龍溪之以空寂說良知之論。而良知之良一點，不免忽略。陽明固無「意」爲良知之主宰之義也。依陽明之說言之，意乃心之所發。所發有善有不善，故曰有善有惡意之動。良知之主宰之用，唯見於其知意之善惡而好善惡惡、爲善去惡上。然此中實有一問題，由此卽可逼出意爲良知之主宰義，與良知之本體不可以一體平鋪之靈明說之之義。蓋陽明言無善無惡心之體、有善有惡意之動，其所謂善意惡意似並直根於心，而爲其所發。則吾人可問心體何以能發惡意？直承心而發，善惡皆有，良知從而覺之，而好其善者、惡其惡者，則良知有落後着之嫌。而良知之知善知惡而好善惡惡、爲善去惡之貫徹，乃成就良知之爲良而至善者。若良知於善惡之意念之覺爲落後一着，則良知之至善義亦落後一着，此將卽助成心體無善無惡之說。然吾人若善釋陽明之言，則當言良知卽是心體，心體雖能發或善或惡之意，然好善惡惡亦心體所發之意。故良知心體之全幅呈露，乃爲一方發善惡之意，一方發好善惡惡之意，通好善惡惡之意以觀所發之善惡之意，則惡被惡而無惡，善被好而成至善，則心體良知所發眞意之流行，唯止於至善。然吾人若如此說，則須辨二種意：一爲自然發之或善或惡之意念，一爲主宰此或善或惡之意念之好善惡惡而止至善之意。此二種意不在一層級。前種意善惡無定，起伏無常，後種意則主宰前種意而止至善、定向於善之實現者。前種意之惡意，不可溯其根原於心體或良知。故未發卽無。蓋心體能發好善惡惡之眞意卽有好善惡惡之意爲根，心體有此根，則惡意之根被惡被否定，而無根故。然好善惡惡之意，則必須溯其根原於心體或良知，而未發非無，或根本無所謂未發而爲一常存者。蓋若好善惡惡之意無根於心體或良知，則當起伏無常紛然雜出之或善或惡之念呈於前而爲吾所知之時，無好善惡惡之眞意主於中，則此知不成良知而爲善去惡之行亦無根故。然吾人若承認此二種意之不同，則當有以區別之，而唯此種未發非無或本無未發而常存之意，爲良知之所以爲良知之根據。良知之所以爲良唯在其好善惡惡而不在知善知惡也。唯通過此意乃可言吾人道德生活之爲善去惡，乃可言有主宰之者，亦乃眞有所謂良知之流行。則此意爲良知有主宰之作用之根據以至可言爲良知之主宰，此卽王塘南劉蕺山等之所以唯以此心之所存有定向而中涵存發只是一幾者爲意。而以起伏無常憧憧往來者爲念。念皆發而始有，未發卽無，亦皆着於物者，與意之爲心所存，而存發一幾獨立不倚者異，由是而意爲良知之主宰之說生。蕺山所謂知藏於意是也。此意之發一方爲善善，一方爲惡惡，蕺山所謂一幾而二用。唯其爲一幾二用，復獨立不倚，故此意之爲良知之主宰，遂使良知不得只說爲一體平鋪之靈明，而只能說爲依意之樞極而運轉以施其主宰之用而凸顯之獨體。而此意旣以善善惡惡而得名，一方善善，一方惡惡，故只能說是至善，決不能以無善無惡說之，遂可杜無善無惡之說之流弊，而致良知之工夫亦不須在無善念惡念上用，而唯當在誠其好善惡惡之意上用。此意旣誠，紛然雜出有滯礙夾私意之善惡念自歸於純一。此蕺山之所以以誠意愼獨代致良知之敎也。然實則陽明之致良知之工夫，正在誠意，陽明之良知正原含蕺山所謂之意之義。唯徒以知與靈明爲言，則良知之主宰義不顯，且可流爲玩弄靈明流連光景之弊，並忽視良知之所以爲良。而指出意爲良知之主宰，則良知之所以爲良知之根據見，而良知主宰義亦躍然於心目之中。而玩弄靈明流連光景之不足以言致良知，亦昭昭然矣。

五

吾人以上總論王學二流之根本精神。至於諸家之說亦出入頗大，另有分論。總括而言，則浙東泰州之傳皆是以識本體卽工夫，而江右之傳則識本體尙有賴於歸寂主靜之工夫。然至於劉蕺山承江右之精神而發展，則其由良知之發爲好善惡惡爲善去惡之意以言意爲知之主宰，而歸宿於誠意。則是由工夫以釋本體亦可謂之爲識得工夫卽見本體之敎。以識本體爲工夫者，必超紛然雜出之善惡念，故或不免言本體之無善無惡。單指本體而言則可不須說善惡。而實則此不須說善惡者，亦正對其求超善惡雜念以識本體之工夫，而不須說其至善。若離此工夫而言本體無善惡則悖矣。故龍溪之只言知體靈明必轉進至近溪之言仁體，而此派之發展乃無弊，而至乎其極。而由識工夫以見本體者，則初雖可只以歸寂主靜爲敎，終必須注目於本體之運轉於善惡念之中，而好善惡惡，故必言本體之至善義，且見得意爲知之本。陽明致良知之敎，本是重指人之有知善知惡而好善惡惡之良知，而使人實在爲善去惡上用功。而浙東泰州則見此知善知惡之知之超善惡念，而重超越善惡念以湊泊知體，而言先天之學、言乾坤知能。江右欲由歸寂主靜之工夫，以絕紛然雜出之妄念之根而使良知本體以工夫之至而透露，而下至蕺山則見及此良知之所以能主宰吾人之妄念乃以好善惡惡之意爲根極爲樞紐，而點出良知之所以爲良之血脈，而陽明所謂致良知之功夫在誠意乃可得其正解。宋明理學之發展自周子之太極圖始，朱子言格物窮理，至陽明言致良知，蕺山言誠意言人極，王船山由內聖以及外王治平之事以立人極，皆一脈相承。卽大學八條目之終始，誠有不知其所以然而然者也。

（一九四八年．「學原」第二卷第一期）

張橫渠之心性論及其形上學之根據

一、張橫渠思想在宋明理學中之地位

宋明理學中，我們通常分爲程朱陸王二派，而實則張橫渠乃自成一派。程朱一派之中心概念是理。陸王一派之中心概念是心。張橫渠之中心概念是氣。宋明理學通常說始於周濂溪，周濂溪之思想主要在通書，通書主要是講學聖賢之修養工夫。其太極圖說，如無朱子之解釋，實太簡單。張橫渠著正蒙，則是自覺的求構造一系統的哲學，以爲學聖賢之修養工夫之理論根據。他著正蒙，程伊川謂其不免有苦心極力氣象。這在當時是視作涵養工夫不到家之證。但在我們現在看，則張橫渠之哲學境界，雖未必如明道晦菴陽明之高，然而其用心則特細密而謹嚴。他對中國傳統思想中，最渾涵之名詞如天人、性命、神化、心性、虛氣及所謂窮神知化，盡性至命等，皆一一賦以確定不移之意義。此在宋明理學家中，只朱子可以相比。其哲學理論乃由客觀宇宙之存在說到人生，其思想乃直接針對當時之佛家或禪宗之近於唯心之思想，而與一澈底的翻轉。同時其言心又與禪宗之言心有相通之處。他實爲宋明理學中，在哲學理論上，由佛學禪學轉到儒學之一關鍵人物。程朱陸王學派之人物皆與張橫渠不同。除朱子本人外，皆不大著重自然宇宙之討論。然他在人心論上，則是承繼了張橫渠所提出之問題與好多觀念，而向深處發展，以一步一步的提高人心在宇宙的地位的。直到陸王一派之思想極盛，明末乃再出一大思想家王船山，再回到張橫渠。王船山一方討論宋明理學之問題，而其重歷史文化之精神又同于顧亭林黃梨州。故同爲明清之際之轉捩學者。由王船山之重張橫渠，而見張橫渠之精神對宋明理學之成始成終的價值。但他的思想系統，雖極細密謹嚴，然而因爲文字過於簡老，並多用短句表達，所以常被人誤會。我們只徵引其文句分別加以註解，常不能得其全部意思之所在。所以我在此文中，特提出橫渠思想中被人誤會最多之人心論，連其人心論之形上學根據，加以一綜合的解釋。我認爲我們如對其人心論眞正了解，則其全部思想之精神卽被我們把握；而張橫渠之人心論再進一步，則成程朱之性理之學，陸王本心良知之學。張橫渠之言心重心之虛，心之虛本於太虛，「理」之觀念在其系統中，乃第二義以下之概念。程朱乃以理代虛，並以性卽理。橫渠言我外有天地而主張以人合天；明道則謂「天地之用皆我之用」，謂「天人本不二不必言合」。象山則謂「宇宙卽吾心，吾心卽宇宙」。陽明更謂良知卽天理，一人之良知卽天地萬物之良知。橫渠以後之理學家，都是更要提高人的地位，人心之地位，直到說人心之理，卽天地萬物之理，人心卽天心。然而若非張橫渠先建立一心之客觀宇宙的根原，則後來之理學家亦不會一步一步把人心之地位提高至同于天心。而不了解橫渠所謂心之虛，亦不能了解程朱所謂理或陸王所謂與天地萬物同體之本心，或良知之虛靈一面。他們之言心，都須我們先透過橫渠之思想以了解之，所以我先作此篇橫渠之人心論。

二、張橫渠之論心與禪宗之人心觀

張橫渠之講心，朱子特稱其「心統性情」一語。通常又喜徵引他所說「由太虛有天之名，由氣化有道之名；合虛與氣有性之名，合性與知覺有心之名」。但此二語皆不易了解，我們以下再講。眞要了解他如何講心，應當先注意下面一段話：

「由象識心，徇象喪心，存象之心，亦象而已，謂之心可乎？」（大心篇）

此處所謂象，即心所識之物相，識物相後心中所留下之印象觀念等。我們通常人之所以知道我們有心，初皆由心能認識物相，留下印象觀念而知。如西方內省派心理學，亦常就我們心中之印象觀念，以了解心之一切知情意活動等。西哲如巴克萊休謨穆勒一派經驗主義者，亦以心之內容即無數印象觀念之集結。然而在中國傳統思想中之言心，則重在說心之自動的情意之活動。即在講心之認識活動方面時，亦自來不注重心中所存之印象觀念一面，而注重心之「能呈現物相印象觀念，而又能讓所呈現者過去」之「虛的攝受作用」一面。此義在先秦之莊子荀子及管子之內業白心等書，發揮最多。魏晉王弼何晏之重「體無」，亦實不外顯此心之虛靈之義。中國傳統思想，罕有以心爲一羣印象觀念之結集者。因爲印象觀念在心中不斷憧憧往來。當其來而呈現時，固然明顯是有。然當其往而不呈現時，卽隱而無。往來隱顯相銷，我們卽不能眞置定印象觀念於我們之心，而視之爲心之本性之規定者，更不能視心爲一羣物相印象觀念之結集。要說心之認識活動方面，只當說其是一純粹的能覺。此能覺能呈現任何物相或印象觀念，而復能超越之以呈現其他。因而其本性是虛的。這個思想，我認爲是中國傳統思想中對於「認識心」（卽從事認識活動時的心）之根本觀念，佛學在印度之唯識宗，本亦有「結集名心」之說，然傳入中國後，中國人所喜者乃空宗而非法相唯識。唯識宗最後雖然亦要使人知此積集之心爲變滅無常，爲無自性，爲假而非實；然其第一步總是要說積集名心。依此說，人之心卽無數現實的或可能的意念之和。（卽無數的現行種子之和）然而中國自創之禪宗之根本精神，則直接了當的，教人在當下便不要從物相印象觀念意念之留住於心上者，去看心。禪宗要使我們之心對於任何所感之物相印象觀念，都無所留住或執着，以眞正的明心見性。所以禪宗雖不是以物在心外之實在論，然亦非以物在心中爲心中觀念之觀念論。說有物在心外，固是自外對心加一限制束縛。然定說物在心內，如法眼禪師之「安片石在心內」，亦是對心加以一束縛。因此禪宗有時「奪境不奪人」，有時「奪人不奪境」，有時又要「人境俱奪」。凡是由物相觀念上看心，都是從心之所對或心之狀態上看心，而未能眞明心而知心之虛靈本性。不過在禪宗所賴以明心見性之工夫，卻又不容人再反而認定我之心，確有此虛靈之本性。因這樣又成一執着。留住執着此虛靈，亦便非虛靈了，故有時又要「人境俱不奪」。禪宗的工夫重要處可說在「無住」，六祖初卽由聞金剛經「無所住而生其心」有所悟。無住則「念念不思前境」，「諸法上念念不住」。由是「於諸境上心不染著」，曰「無念」。「於自念上常離諸境」曰「無相」，故六祖壇經四十一說「無念爲宗，無相爲體，無住爲本。」禪宗之無住使過去還過去，現在還現在，未來還未來，後念不牽掛於前念之境上。剎那剎那截斷，則內外主觀客觀之相對，亦自然泯除，而頓悟成佛。人只要眞能在當下一念，將三際截斷，則當下可以明心見性而得解脫。禪宗之根本宗趣在解脫，其一切言說，實皆是重講工夫而非講本體。說的話隨說隨掃，其一切話均不是要論一個什麼，本非我們所謂哲學。然而我們從哲學眼光看，我們卻仍可說禪宗之根本精神，是在他們對於心之虛靈性，心之「能呈現任何物相或印象觀念，而復能超越」之性質，有極深的了解來的。禪宗之精神，由中國傳統思想來，宋明理學又由禪宗而轉出。所以在宋明理學家中，對於心之虛靈性之重視，亦幾乎是各家所共同的。張橫渠之上列一段話的意思是說：我們最初雖然是由象（物相印象觀念）而知我們有心，然而我們的心，如留住執着陷溺於象，則將喪我們的心之虛靈性。此種存象之心，便只是象而不是心。這全是從中國傳統思想中，對「認識心」之根本觀念來，而與禪宗之精神相銜接的。

然而張橫渠論心，整個來看畢竟異於禪宗。此異處有三點，第一點是禪宗不論此虛靈心之客觀宇宙的根原；第二點是禪宗不講心性中含有德性，或仁義禮智之價值；第三點是禪宗不講由盡心盡性而產生之社會道德之實踐。然而此三點不同之關鍵，如從張橫渠來看，都可歸到禪宗不問此能虛靈之心之客觀宇宙根原。所以我們以下唯就此講。禪宗之所以不論人心之客觀宇宙的根原，是因禪宗只講明心之工夫，此工夫是要當下用的。重明心之工夫時，便可根本不去問什麼是此心根原。因吾人之如此問，便已是把心當作一物事，而對心加以一硬性的把握，執着。此即立將受到禪宗之棒喝。其次是禪宗所承之佛家之教理，如唯識宗、華嚴宗、天台宗之所講，已對此問題已先有一答案擺在那裏。即心是無始以來卽有，在父母未生前卽有，此卽一唯心論之宇宙觀。張橫渠則不信此唯心論之宇宙觀，而信我們之心或心之性，有一客觀宇宙根原。此卽其一套虛氣不二之太和論的宇宙論。他一方要說人心當「于虛中求出實」，一方又說此心之虛依於「天地之道無非以虛爲實」（皆見其語錄）。張橫渠之所以要爲心找一客觀宇宙的根原，是因張橫渠並不以心能離開身。如果身非自始存在，則我們之心亦不能自始存在。我們之身由父母而生，由天地萬物而養。其存在乃我以外之客觀宇宙使之存在；則心之性，亦當有一客觀宇宙之根原。客觀宇宙中之天地萬物，從根原方面看，卽虛氣不二之太和。此虛氣不二之太和，就其太虛一面言之曰天，就其氣化一面言之曰道。人本此虛氣不二之太和而生，故亦卽稟此太虛與氣化之道，以爲其性。人之性顯於與物交感之際，曰知覺。至所謂心，卽合此知覺而又能虛靈不滯地發生知覺之「性」而言。人對物有知覺時，人同時亦卽依於吾人之氣，而對物表示一態度。此卽吾人對物之情感意志。所以他說「由太虛有天之名由氣化有道之名，合虛與氣有性之名，合性與知覺有心之名」（太和篇）又曰「心統性情」。（宋元學案橫渠學案性理拾遺）

三、氣之意義之現代的解釋

張橫渠之此種由客觀宇宙之存在，以論心之根原與心之性情的說法，很難被人正確的理解。恆被人視為西方唯物論一類的說法。其以虛與氣化二名，合以說明宇宙之太和及人之性，尤有「虛與氣不相資」，而二元之嫌。然實則張橫渠所謂虛氣不二之太和，自其實在性方面言之，實只是一氣。其所謂「虛」，一方看似在氣化之外，而實在氣之中；我們眞要了解之，須先知中國傳統思想中所謂氣是指什麼。氣之概念乃中國哲學思想中之一特殊概念。中國從前人常只由體會而知其意義，現在人則常以為是指一種物質。如馮友蘭等又以氣為相當於西方哲學中如亞里斯多德所謂材料，實則皆不是。中國先哲用氣字，可以指精神之氣如志氣；可指生命之氣如生氣；亦可指物質之氣如地氣。此三種氣，在中國思想家又常是貫通之為一以說。於是以氣指物質之氣時，亦常同時指生命之氣精神之氣。中國傳統思想中所謂氣，與西方科學或哲學中之物質或材料（matter）之義，亦截然不同。在西方希臘柏拉圖亞里士多德思想中，所謂物質（matter）恆是與物體之形式相對的。一物體有形式，但只有形式不成物體。此形式之所依附或實現此形式之材料卽物質。但是中國思想中所謂氣，無論是指精神上的志氣或生命的生氣，或物質世界的氣，都是先於形質之概念。形有定相而氣無定相。質有對礙而氣無對礙。秦漢時代緯書及後代之陰陽家與儒者，大皆主張物質宇宙，亦先有氣而後有形。形定而又有一固定之傾向，不易爲他物所透入，卽曰質。在量子論、相對論物理學未出現前，西方近代科學家言物質有惰性與不可入性，以此爲物質基本性質。中國思想家則自來不取此看法，而以質爲依形氣而有之後起概念。所謂「氣變而有形，形變而有質」，幾爲一中國思想家思索自然宇宙問題之極普遍的思想。至於以亞里斯多德所謂原始材料說明中國哲學中氣一名之所以不當，則是因亞里士多德之原始材料（Primary matter）爲一絕無形式之潛能。此乃對一物體之概念，加以一邏輯的分析，將其形式抽去後之一剩餘的托底者（substratum），其本身乃絕對無形之潛能而非現實的存在。而中國思想中所謂氣，則無形，亦能表現爲有形。唯氣不受任何定形之限制，而又能包於一切形之外。故氣又可說爲一超形或包含形之無形，而非絕對之無形。而且無論亞里士多德之原始材料或原始物質，及近代量子論相對論出現以前之物理學家之物質，皆爲不能自動必待力而後動者。而中國思想中所謂氣，則皆爲一能自動者，因而亦可說其本身卽包含力者。氣之一字原爲「气」，乃表示雲氣上下升降之動態的。故吾人欲了解中國思想中所謂氣，吾人決不能只視之爲一絕對無形，或形以下之物質或潛能，而當視之爲「能動能靜，能表現一定形而又能超此定形，以表現他形」之實有的存在者。此存在之性質，卽在其「如是次第表現一定形，而又次第超越之歷程」中。其表現一定形，卽成一特殊之物，此卽氣之聚，氣之陽或陽氣。其超越此定形，而使此定形融解，卽氣之散，此卽氣之陰或陰氣。其能表現之能，卽是力。故吾人必須綜合「有形」與「超形」與「力」之概念，以言氣之無形；綜合存在與歷程之概念，以言氣之實有。故氣可界定爲一「涵形之變易於其中一的存在歷程」(existential process)，或涵形之變易歷程於其中之存在。由此而氣遂可成爲說明宇宙之一形上的第一原理。此乃我對中國傳統思想中，所謂氣一名之大體共許的意義之一現代方式的解釋。

四、張橫渠之虛氣不二論

我們上所論中國傳統思想中此種關於氣之觀念，亦卽爲張橫渠之所承。所以張橫渠說氣總是與化連說，曰氣化。而張橫渠之進於秦漢儒者對氣之說明者，則一在張橫渠特重氣之虛靈性，而加以提出，說「虛空卽氣」。在秦漢儒者，雖知氣之無定形與定質，然他們皆罕以虛說氣。緯書多說元氣爲天地萬物之始。道家重虛重無，或以無爲天地萬物之本，又偏重在虛無一面去。張橫渠反對一切有無虛實互相對立之論。他認爲佛家之說空，亦不免與有對立。他的意思正是綜合秦漢儒者所重氣與道家佛家所重之虛無或空而一之。此綜合之結果，則是復歸於先秦易傳之思想，而予以一新說明。

此新說明我們如加以分析，可以分爲二面：一方面是縱的，從一切有形質之物，均一方不斷形成，而一方不斷融解其形質，而化爲他物上；以說萬物皆在一「不斷顯出亦不斷隱伏之歷程中」。其顯出，老莊謂之有，佛家謂之生；其隱伏，老莊謂之無，佛家謂之滅。然而此有無生滅之對待，在張橫渠看，都是從形質之有或無上說，而非自形質所自生之氣上說。我們在此處必須由形質之概念，透入氣之概念。我們如何可由形質之概念透入氣之概念？則須知一切形質既是由生而滅，由有而無，則有形質卽是無形質。於是宇宙眞有者便只此由有形而無形，無形而有形之存在歷程。此卽是氣之流行。此氣之流行，乃綜合有與無，虛與實之概念的。我們再依此氣之流行，以看物之生與有或滅與無，便不當再以生有只是一個生有，而當說其涵有滅無。亦不當以滅無只是滅無，而當說是涵生有。這卽是說，物之生有，是實而又涵虛，物之滅無，是虛而又涵實。從有到無，並非眞入於無，而是入於幽。從無到有，是出「幽」以入於「明」。以幽明代有無，卽綜合了有無二概念，亦綜合了虛實二概念。所以橫渠之宇宙觀，名其「太和」爲「有無混一之常」說：「若虛無窮氣有限，則體用殊絕」（太和篇）又謂「彼語寂滅者，往而不返。徇生執有者，物而不化。以言失道則均焉」。（太和篇）太和篇又說「虛空卽氣」「太虛無形，氣之本體」。（此乃體性之體非本體之體）他又以知幽明之故代知有無之故。他說「方其聚也，安得不謂之有？方其散也，安得遽謂之無？形聚爲物，形潰反原」。又說「聖人仰觀俯察，但云知幽明之故，不云知有無之故」。又說「方其形也，有以知幽之因。方其不形也，有以知明之故」。（太和篇）

幽明之故卽萬物顯而隱隱而顯之理由。此理由卽在氣之虛而實實而虛上，卽在氣之原非固實，而有虛爲其體性也。

張橫渠之所以說明虛氣之不二之另一面之理由，卽是橫的說。從一切有形之物，皆由舊物之互相感通以生出，而此有形之物又不斷與其他有形之物，互相感通，以生新物上說。由此卽見氣之多而一，分散而復相通。故氣非一質實之物，而是具淸虛之性者。此思想，尤是直接原於易傳。易傳之講一切有形之物之生之理由，都是從原先之物之相感通上講。天地萬物之相感而生新物如父母感通而生子。但是物與物之相感通，卽物與物之相涵攝。一物之能涵攝他物，卽見一物之有虛以涵他物之實。此「虛」應卽在一物之內部，或一物所自生之氣之內部，而非在一物之外。此處如只從物之形質上看，則凡一形皆只是一實，此形以外者皆爲虛，遂只見虛與形之互相外在。（如近代牛頓物理學中以物質存於無盡之太空中。）此乃橫渠所最反對。所以他說「若謂萬象爲太虛中所見之物，則物與虛不相資。形自形，性自性。形性天人不相待，而陷於浮屠以山河大地爲見病之說。」（太和篇）故要說一物之虛，只能自物之內部，說一物所自生之氣，自身卽有虛上說。而一物之氣之內部之有虛，只須直接從一物之恆在與他物感通，以產生變化歷程中便能見得。因一物與他物感通，卽超越其本身之形質，以伸展自身，達自身以外之形質。此正我們前所說之氣之功能。一物之氣之功能，卽使此一物超越其自身之形質，以涵攝他物而求與之感通者。如男子之氣，卽使男子超越其自身之形質，而伸展其自身，以達於其自身以外之女子之形質，而涵攝女子於其精神中，而求與感通者。故氣之功能，卽能自虛以涵其他之實之功能，而此虛卽在氣之內部。我們必須深切的認識：凡一物與他物之感通，都是一物以其虛容他物之實而涵攝之。此義在西洋近代哲學中英之勃拉得雷 Bradley 與懷特海 Whitehead，亦有相類的意見。勃氏以狼吃羊比喻人對外物之感攝關係。（他名之爲 feeling）。懷氏則擴大此概念，以說一切現實存在之交感關係，皆爲一相覺攝之關係 Prehension。他在歷程與實在一書 *Process and Reality* 曾說他之此種思想，與西方傳統思想不同而近乎中國。這是不錯的。中國傳統思想從易經一系統下來之自然觀，都是以物之互相影響關係，爲一感通而相涵攝之關係。但直到張橫渠，才更明白確切的指出此感通而涵攝之可能，本於氣之原有虛於其內部；此氣之虛，卽物與物互相感通涵攝之根據。天地萬物之所以生生不已而爲實，乃由天地萬物之氣之原爲至虛。所以他在語錄中才說「天地之道，無非以至虛爲實」又說「天地以虛爲德」。依橫渠說，各物之分散之氣，卽依於其內部之虛而伸展其自身達於對方，而於多中見一。此種依虛而相伸展之活動，在張橫渠卽名之曰「神」。神之義卽伸之義。由神而萬物之互相感通，以變化更易其固有之形質，以生新物，此在張橫渠名之曰「化」。由「神」而見二物或分散之氣之相交而統一。由「化」而見二物或分散之氣之銷解而成新物。神是由屈而伸，由靜而動，由沉而浮，由負而勝之歷程中所顯。化是由伸而屈，由動而靜，由升而降，由勝而負之歷程中所顯。神而化，化而神，則宇宙萬物生生無窮。所以他說：

一、「太和所謂道，中涵浮沉升降動靜相感之性。是生絪緼相盪勝負屈伸之始。……散殊而可象者爲氣，淸通不可象爲神。不知野馬絪縕，不足以知太和。」（太和篇）

二、又曰「物無孤立之理，非同異終始屈伸，以發明之，則雖物非物也。事有始卒乃成，非同異有無相感，則不見其成。不見其成，則物非物也」（動物篇）

三、又曰「一故神，兩故化」。（參兩篇）「二端故有感，本一故能合」。（乾稱篇）「神天德，化天道，德其體，道其用。一於氣而已。」（神化篇）「天地之法象，皆神化之糟粕爾」（太和篇）

這各段話合起來，正是說氣之依其虛以相感，而後分散者乃相伸展而聚合以成物。所謂物只是一終始屈伸始卒之歷程，其所以生，乃承前之物之相感通而生，故前物不化，則此物不生。此物既生，復與他物相感而有事，故此物無神，則此物之事不成。前物化而此物乃生，即此物之生，乃依於其與前物之有所異。然此物既與前物相續相承，則又有所同。此物生與他物相感而有事。故此物之事，由於此物與他物之異而相感通。相感通而相交。在相交處，則又有所同。此物與他物之異，即此物之有其所有，而無他物之所有。因萬物各有所有，各有所無，而後相感。唯因有此相感，乃有事成。故「非同異有無相感」，則物無事可成，物不能有事則「物非物也」。這都是說明「事物」唯在一宇宙之虛氣不二之太和之神化之歷程中安立，而非固定不變之實質。故氣亦非固定不變之實質。其所謂「不知野馬絪縕，不足知太和」。野馬卽空中之游氣，絪縕卽此氣之依於虛而互相滲透，而互相感通涵攝之狀也。

張橫渠之此種宇宙觀，與西方唯物論或一般自然主義之思想有一更大之不同。因在後者常以爲宇宙乃無價值或爲羅素所謂守倫理的中立的。中國傳統之思想，則自易傳之系統下來，直到漢儒與宋明儒，皆以宇宙爲充滿元亨利貞或仁義禮智之價值的。此亦頗同於懷特海所謂宇宙之一切存在之歷程，皆爲一價值實現之歷程之說。因爲依易傳之系統下來之宇宙觀，皆以宇宙一切存在之歷程，各爲依感通而生化之歷程。生化本身卽爲一有價值之事，而表現一道德性。由是而不論吾人之心之自覺之與否，或吾人之精神活動之參與與否；此自然的宇宙，亦爲一表現價值性充滿道德性之宇宙。依張橫渠之說，旣特別着重一切感通之依氣之虛而可能，故氣之虛之本身，卽客觀價值存在之根據。所以其語錄中說「天地以虛爲德，至善者虛也」。物依氣之虛而有之感通以生化之歷程之全體，卽氣化之歷程，亦可稱爲神化之歷程。於是客觀存在的世界之全體，亦卽表現價值，充滿價值之存在世界之全體。自此全體中萬物不斷分別各得其成就言，卽同於人所謂義。因義只是使他人與我都各得成就。自萬物之不斷生出，而互相感通言，卽是同於人所謂仁，因仁只是我與人通情。萬物之分別成就，卽氣之各方伸展或氣之神之各方之表現。萬物互相感通而互融化其體質或形質，以合生新物，卽氣之互相融化，氣之化之各方面之表現，故曰「仁敦化而無體，義入神而無方」（神化篇）。由宇宙之具此神化仁義之天道天德，故人亦當窮神知化而事天地，崇敬天地如對父母，以合天德而成聖。

五、心之性情之意義

至於人之所以以藐爾七尺之軀而能事天地合天德者，則關鍵不在人之心之本身，而在心之知覺所以可能之性。此性乃客觀宇宙或天所賦予吾人者，亦卽人之所受於天或客觀宇宙者。此性卽內在於吾人之身。只自吾人之身之七尺之軀上說，此身自客觀宇宙所分得之氣，誠然至少。如果張橫渠所謂氣只是一物質，則吾所分得之物質，既非他物他人所分得之物質，我與我以外之宇宙，便只能取一對立相抗或互相利用，以各保其身體之物質之態度。一切眞正的道德與對外物之直接的認識，對宇宙之崇敬及合天德而成聖之事，均不好講。然而張橫渠所謂氣，不是一物質，而是能虛以與他物相感通以相涵攝的。於是人所分得於宇宙之氣雖極有限，然其氣之虛靈而善感通之性，則可超乎此氣所成之形質之限制之外。人所分得於宇宙之氣，乃人之所受命於天者，故曰「命行乎氣之內」。（誠明篇）而吾人之善感通之性，則又超乎吾人所受之氣，所成身體之形質之外，故曰「性通乎氣之外」。「氣無內外，假有形而名之耳。」（誠明篇）由人之氣之虛靈而善感通之性，可超越身體之限制，於是人之依此性而與他物相通而加以認識知覺，對之致情意之範圍，則可無限。譬如我身體之形質在此，天上之日月星在彼。此從空間上看，明是各在不同之空間，相對而並存的。然而我們卻能認識知覺天上日月星。此何以故？我們可以說，這是天上之日月星之作用，或所放射能力，貫注於我感覺或知覺中，但是亦可說這是我之知覺能力貫注到天之日月星。我之知覺能力，如何能貫注到天上的日月星？如果要說我之知覺能力，亦自我們之身體之感官發出；那我們就必須一方承認我們之知覺能力，能超越身體之形質所在之空間；一方承認此知覺能力，亦卽由我們身體之自己耗費其形質，或我們身體之形質之自己超化而融解以發出。此知覺能力亦卽一種氣。我們知覺能力之達到天上的日月星，卽我們之氣，達到天上之日月星。於是我們的身體之形質，雖是與天上日月星，各在不同之空間而相對並存，然而我們卻不能說我們身體之「形質之自己超化而融解成之氣」，是與外物相隔絕的。由我們身體之形質，能自己超化融解，以發出知覺能力之氣，卽同時證明我們身體之形質之本來只是氣。此氣本與外物相通，而非相隔絕，亦卽本是合內外的。於是我們之隨處與物相接發生知覺，而此知覺又不爲任何特定對象所限制之處，卽都是我們之氣，原與天地萬物之氣內外相通之直接的證明。至於我們在接物後，對之發生知覺，而又同時對之表示態度情感而生之行爲，則是我們之氣，直接貫注於對象之氣中之證明了。

我們了解了在我們認識知覺對象或對對象表示態度情感行爲時，卽有我們之氣與天地萬物之氣之相通而合內外；便知從「我們身體之形質上看，我與天地萬物相對並存似相隔絕等」，遂謂「我只是我，天地萬物之本身在我之外，我根本對之不能直接認識，只能對其刺激加以反映」；謂「我只是我，我之性只是要保全我自己這個身體之物質」之唯物論的說法，根本是與張橫渠之說相反的。這一種看法，忘了我之所以爲我，以至我的身體之所以爲身體，在根本上只是氣。我之身體之形質，本不是什麼恆常的東西。他時時在與他物感通中，亦卽時時在變化中。時時在變化中，亦卽時時在超化其固有之形質之歷程中。時時在與他物感通，亦卽時時存在於我以外之他物中。由是我之所以爲我之性，卽我之能自己超越，而以「初非我之我外之人或物」爲我。我身體之形質，所以爲我身體之形質，卽在其不斷的由天地萬物之氣之凝結以形成，而亦不斷融解，以散歸於天地萬物之氣之中。由是而我根本不能執定有一與天地萬物相對相隔之我，或我之身體之存在。我亦不能說我之性，眞是只知保存我之身體之形質的。我只當說我之性原是要與天地萬物相感通，依此心之虛，以知覺一切，涵攝一切，而視人如己，而視物如我的，以遍致吾人之情感意志於所感通之物的。所以橫渠說性只與感及神相連而說。他說「感者性之神，性者感之體」（乾稱篇）「妙萬物而謂之神，體萬物而謂之性。」（乾稱篇），「未嘗無之謂體」「體之謂性」（動物篇）。性之所以能體萬物，非謂在氣之外另有一性。而是卽人之氣能虛處，便是其能體萬物而未嘗無萬物之證明。此能虛處，卽人之能與萬物相感通，向萬物伸展吾人之氣，對之表示情意之所依。故曰「性通極於無」（乾稱篇）無卽虛也。又謂「不能無感者謂性」（誠明篇）

我們了解了張橫渠所謂性，乃自吾人之氣能超乎我身體之形質，而依虛以與天地萬物相感通上說；則知張橫渠之所以言性善，言性中具仁義之理由。因爲一切仁義之善，皆由無我無私而自己超越來。人之性能「通極於無」卽是能忘我。忘我而情通於人，視人如己，以成己成物，使人我各得成就，此卽是仁義。由此而性善之義立。性善之義立，而吾人後天之一切道德行爲，卽有一心性論，宇宙論之根據。性善之義立而大其心，盡其心，抱一「民吾同胞，物吾與也」之心境，以求「立必俱立，智必周知，愛必兼愛，成不獨成」（誠明篇）；卽是由盡心以盡性，以至於命。可爲社會之仁子，可爲天地之孝子，合天德而成聖矣。

六、天地之性與氣質之性

張橫渠之言心性最難了解者，在於其性中，又分天地之性與氣質之性二者。天地之性是純善，而氣質之性則恆使人趨於不善。因而人要合天德而學聖賢。其切實功夫，便在變化氣質。變化氣質，乃使人之天地之性全部呈露。這似乎是人性之二元論。張橫渠之宇宙觀，又似只是一虛氣不二合成太和之一元論。彼既以天道爲至善，何以人又有向惡之氣質之性?此顯似有一矛盾，這究竟是否眞是一矛盾?我們須加以一解釋。

我們對此矛盾之解釋是：我們須知張橫渠之說天地之性與氣質之性，並非在一層次上，將二性對立的說。在根本上，人之性只有天地之性。此性是直接通於天道或宇宙之氣化的。氣質之性乃是天地之性，爲氣質所蔽之所生，亦卽氣之凝成人之形質後而有之性。氣質之性重在質字，而不在氣字。所以他說「形而後有氣質之性。」此卽是說：純從人之所自形成之氣上看，人根本無所謂氣質之性。天地之性，有根原於客觀宇宙。而個人或其他一切個體物之氣質之性，則只能依於個人生後之形質上說；在客觀宇宙之虛氣不二之太和本身上說，最後是無根的。由氣質之性而人有惡，此惡在客觀宇宙之虛氣不二之太和上，亦無根。何以人既由虛氣不二之太和來，而人之氣之成形成質以後，則有趨向惡之氣質之性呢？此是因氣原是一無形而又能凝聚以表現爲形者。當其表現爲形質時，卽可謂之爲氣之特殊化或個體化。當其特殊化個體化時，他卽與其他個體之人物相對，因相對遂互爲礙。人之一切罪惡，皆不外由人之自私執我，與其他人或萬物互相對峙阻礙而生。人有此形質之身，人卽有與其他人物互相對礙之趨向。有此對礙之趨向，卽有自私之愛惡之情。此與其他人物互相對礙之趨向，卽爲由人有形質而後有之性，此卽是氣質之性。亦卽一切人之罪惡之根原之性。所以所謂氣質之性，卽氣之成形質後，而失其清通之虛而成之性。所以他說：「氣本之虛，則湛本無形。而感生，則聚而有象。有象斯有對，對必反所爲。（此言與其他人物有對，則與其他人物相反，而有自私之恨惡等。）仇必和而解。（此言既與他物相對相仇，又欲和解此仇，故對他物有愛欲。）故愛惡之情，同出於太虛，而卒歸於物欲。（太和篇）

這一種理論說人之天地之性本善，唯由人之氣之成形質，乃有可趨向惡之氣質之性，不是將人之二性同時對立說，而是分本末以說。在本上看，人只有天地之性。在末上看，人乃有氣質之性，如何本善而末不善？既然從末上看，人明有趨向不善之氣質之性，人明明常自其軀殼起念而與其他人物相對峙互阻礙，依其自私之心以起愛惡之情；然則，我們何不由末以觀本，而謂人之性根本卽不善的，說客觀宇宙之虛氣不二之太和本身，亦含有不善之成份呢？但是從中國儒家傳統思想，論人性與宇宙之善惡，大均只許由本之善說到末之有不善。而不許由末之不善，以推測本之有不善，或將末之不善推致於本。如性爲本，情爲末，則情之不善不能推本於性。如宇宙爲本天道爲本，而人爲末人性爲末；則人或人性之不善，均不能推致於人之直接所受於天處，更不能推致於天本身。此猶如西方基督教雖以人由上帝造，而人之罪，不可直接推致於上帝造人之一點上，更不能推致到上帝本身。人之不善，只能在人份上說。張橫渠亦復如此。人之由有形質氣質之性而生之不善，所以不能推致於天者，因我們從天的立場看，此不善卽是不存在的。從天的立場看，宇宙間莫有任何有形質之物（連人在內）最後不融解於太虛或太和。因而其一時之與他物之對礙性，亦只是暫時的。人之氣質之性，只在人之形質存在時可說是有。故人有此氣質之性，而天則無此氣質之性。人有惡而天無惡。天不特是無氣質之性，且只有「使一切由氣而成形質之物，最後被銷解融和於太虛太和中」之性。天不僅無惡，而且有「使人之一切惡失其所依之此形質」之性。因而從整個天地說或自虛氣不二之太和說，其中無惡或不善之根。任何物之自天地中生出，皆依於天地中舊物之依虛相感通以生，亦卽依於「萬物之自已超越其形質而顯一氣化」之歷程以生。亦卽依於天之神道，天之仁德而生。由此而其生所依之性——亦卽天對其生之所命——遂只能說是善而非惡。惡皆只能在其成形質以後說，而不能自其所以成形質之客觀宇宙本源上說矣。

人之性就其根本上說，只是一純善之天地之性。因為天地，或客觀宇宙本原之虛氣不二之太和本身，原是至善無惡。故人雖有氣質之性，使人趨向於自私執我；然而人畢竟不能眞安於只是自私執我之小人。人不能眞安於處處從軀殼起念。人必求超越其對於形質之執着與物欲，而顯其氣本具之能虛之性——亦卽人之天地之性——以大心盡心而成己成物，以成聖。人之所以不當自私執我，而當以仁義存心以成聖者，亦卽因人之氣質之性，原非我之眞正的本性。我不能自限在我個人之形質軀殼中，以實現我之眞自己。我只能在大心盡心，盡我性中之仁義，而用此形質軀殼（此之謂踐形）以成物成己之事中；求一方「悅諸心」，一方「通天下之志」之天理（見誠明篇），以實現我之眞自己。此在橫渠名窮理盡性，而性合乎天德。由此而使我所承於天命之氣質，皆變化為合理者。此在橫渠名曰「立命」，使命皆合乎天理。在天上說曰「神天德，化天道」。（神化篇）在人上說與「性天德，命天理」。（誠明篇）（天理偏在人上說，天道偏在宇宙上說，此與程朱理學大不同者。）二者相應，人遂眞可為天地之孝子，天人合一以成聖。在聖賢分位，氣質之性卽皆同於天地之性。所以張橫渠說「氣質之性，君子有弗性者焉。」（誠明篇）。由是而可趨向惡之氣質之性，遂既在天地之本原上爲無根，而最後在聖人君子身上，亦無寄托處。他只是在人生以後，人未盡心大心以實現其天地之性時，爲一暫時之存在而已。

七、結　論

我們以上論張橫渠之論心性可歸納爲五點。

一、自人心爲一能認識者方面說，是虛靈的，而非一羣印象觀念之結集。人亦不當自心中之印象觀念等說心。

二、人心之所以能虛靈，有一客觀宇宙的根原，即有無混一，虛氣不二之太和，或氣化流行而既實且虛之天道。

三、客觀宇宙之氣化流行（或神化歷程）本身，表現同於人之仁義之價值性或道德性而具天道天德。故人當大心盡心以合天道天德。

四、人之所以能合天道天德，由於人之所分於天地之氣雖少，然依其氣之虛，（此卽人之性）則可涵攝天地萬物。故人性中具仁義之性德而人性善。

五、人有氣質之性，然與天地之性不在一層級。氣質之性在天地之本原上說，爲無根，聖人之身上亦無寄託處，故非眞正之人性。然人欲實現眞正之人性，必須用變化氣質之工夫，使氣日益清明，而善感通。由此而橫渠有其一套極嚴肅之道德上之修養工夫。此則非本文所及論矣。

（一九五四年一月・「東方文化」第一卷第一期）

「羅近溪之理學」按語(註)

余初讀明儒學案，近溪學案，及近溪語要（金陵刻經部刊本），于近溪求道之堅苦，卽深致嘆服崇仰之意。然覺其言，如龍蛇夭矯，抓拿不住。又若解纜放船，順風張棹，疑其泛無歸宿，而加以輕忽。後以友人牟宗三先生，于盱壇直詮（復性書院重刊）深加推許。常與余談論近溪之意。乃一細讀盱壇直詮，漸略識其旨歸所在。並于其言，加以撮錄論列。次于余之論龍溪語錄之後。悠悠九載，舊學荒疏。稿存篋中者，亦未暇加以整理。比南來香江，求近溪書，竟不可得。念宋明理學，已漸將成絕學。而近溪之言，尤解人不易。然居今之世，細讀近溪之言，實最能蕩滌凡心俗態，而啓人上達之幾。余五年來，爲民評寫文，多師心自用，以論時下問題。民評百期紀念，理合一徵述先儒向上一着之言，以待好學深思之士。因據舊稿，整飭辭句，以成此篇。至于光大發揮，敬俟賢哲。

（一九五四年三月・「民主評論」第五卷第五期）

註：本篇爲「羅近溪之理學」發表時之按語。「羅近溪之理學」後編入「中國哲學原論原教篇」爲第十六章。

——編者

王龍溪學述

一、前　言

龍溪于陽明晚年之學，所得至深，嘗謂師門致良知之旨，唯彼能眞信得及，陽明謂良知卽心之本體，而龍溪則常言良知卽本體，陽明言良知卽天理，而龍溪罕用天理二字，而言良知感物所表見之則，此則卽天理。陽明言良知爲心體，心體無善無惡，是謂至善。龍溪亦言之。然陽明尙多發揮良知之至善義，而龍溪則多發揮良知之無善無惡之義。其論至善，恒是就良知之常顯，而常能自致自守上言。故曰「良知如定盤針，針針相對之謂至善」。龍溪語錄（卷八第六頁）下所引卷數頁數皆指龍溪語錄成都古堂排印本）是至善一名惟在良知之用上安立，而非以善爲知之本性之說矣以是，龍溪多卽以知代良知之名。並以知說仁，頗類謝上蔡。其言曰：「仁者知之不息，痿痺則爲不仁，靈氣有所不貫也」。（八卷三頁）是仁之名唯在知之靈氣之不息，亦卽知之常自致自守，一直貫注處安立。龍溪復謂仁義禮智皆可統于知。故曰「仁統四端，知亦統四端。良知是人身靈氣。醫家以手足痿痺爲不仁。

蓋言靈氣有所不貫也。故知之充滿處卽是仁，知之斷制處卽是義，知之節義處卽是禮。說個仁字沿習已久，一時未易覺悟，說個良知，一念自反，當下便有歸宿，喚醒人心，尤爲簡易，所謂時節因緣也」。（卷四第五頁）凡此等皆可見龍溪講學宗旨，重在發明此良知之「知」也。

二、知識意之辨

龍溪之論良知也，特重辨良知與聞見之知之不同及良知與意之不同。良知卽心。卽德性之知。聞見之知在龍溪名之爲識。于良知與識之不同，心與意之不同龍溪辨之綦詳。皆本于陽明之意而復有所引申。龍溪之論良知與知識之不同曰：「知無起滅，識有能所，知無方體，識有區別」，（卷三第八頁）又曰「知本渾然，識則其分別之影」。（卷八第十四頁意識解）蓋聞見之知，必有所見聞之色聲之物相。物相有生滅，則聞見之識，隨之生滅。物相有分別，則聞見之識隨之分別。然依龍溪意，識實依于知。識之有差別生滅，唯依所識者而有。識之所以爲識，則本于知。此知則無差別生滅。人不悟此識所本之知，原無差別生滅，而以識爲知，則識顯知隱，知滯于所識之境，乃爲境所蔽。故人必須自知其「知」，知「識」之根于「知」，變「識」爲「知」，之用乃能入道。故曰「變識爲知，識乃知之用，認識爲知，識乃知之賊」。（卷三第八頁）又曰「識顯則知隱。……識根于知，知爲之主，則識爲默識，非識神之恍惚矣」。龍溪辨良知之非意，復重此頗似慈湖。彼蓋以意爲心之感物之趨向。故曰「意者心之應感之迹」，識二名乃自「知之有所見所聞之相」上言。意之名則卽自「此心之有去見去聞之用」上言。心有去見去聞之用，此用卽連于所見所聞之相。用滯于相，成對相之逐取，卽名爲欲。龍溪視欲之生，乃原于不知意之本于心，而以意爲心。以意爲心，則心之用滯于意中之物相，而爲物相之變化之所牽引，乃浸成對物相之逐取。人以意爲心，宛若有意無心，故爲離心起意。離心起意者，此意之所以化爲欲之幾也。然人若能知意之本于心，則有意而意不滯于物相，知亦不滯于物相，自然應照，而欲亦隨之以化矣。有意而意不滯于物，則意統于心，眞爲心之用，非離心起意，良知之明亦復矣。故曰「意者本心自然之用，如水鑒之應物變化。方爲萬物畢照，未嘗有所動也。離心起意，則妄。千過萬惡，皆從意生」。不起意則塞其過惡之原，所以防未萌之欲也。不起意則「本心自淸自明，不假思爲，虛靈變化，妙用固自若也」。（卷五第九頁）又曰「萬欲起于意……意統于心，心爲之主，則意爲誠意，非意象之紛紜矣」。

「知」無差別生滅，而識則隨物相而差別生滅。「知」無欲，而意則可化爲欲。「知」無差別生滅亦無欲，故常虛常寂。識意皆生于知之感。自知之感而及物言曰識，自知之寂而若向感以趨言曰意。故曰「知者寂之體，物者感之用。意者寂感所乘之機也」。

三、良知之前更無未發良知之後更無已發義

辨得知（卽良知）與意識物之異，則知良知之用唯是明覺，而不必連其所覺之物以說。虛寂則良知之體也。虛寂明覺，皆在良知上說。故龍溪常論「良知之前，更無未發。良知之後，更無已發」。蓋良知以虛寂爲體，卽體呈用，故感而常寂，應而常虛。明覺卽虛寂。如鏡之照物，黑白姸媸不留，卽是常明覺而常虛寂。是之謂卽體卽用。非卽體發用。卽體發用，則體用猶非一如。因此中可有未發之體與已發之用之別，則終必歸于「寂體」與「觀用」爲二，而同于朱子之說。龍溪謂主卽體卽用，而非主卽體發用，卽虛寂卽明覺。如良知之前，尙有未發，則未發之體，徒爲虛寂，而非明覺。一味求此虛寂，而離明覺，則必沉空。若謂良知之後，尙有已發，則已發之用，將只指有所覺之明覺，而非虛寂之明覺。明覺有所覺而不虛寂，則隨所覺者之分別生滅，而唯是分別生滅之識。故龍溪之言良知也必曰「前無未發，後無已發」。未發之中已發之和，同此良知。此良知之寂卽在感中。故曰「良知卽是未發之中，卽是發而中節之和，此是千聖斬關第一義。所謂無前後內外渾無一體者也，若良知之前，別求未發，卽是二乘沉空之學。良知之外，別求已發，卽是世儒依識之學。或攝感以歸寂，或緣寂已起感。受症雖若不同，其不得良知二字則一而已。（卷六第一頁致知論略）

「有謂良知主于虛寂，而以明覺爲緣境，是自窒其用也。有謂良知主于明覺，而以虛寂爲沉空，是自泊其體也。……虛寂原是良知之體，明覺原是良知之用。體用一原，原無先後之分」。（卷一除陽會語）

良知之體唯是虛寂，虛寂而感，故感而常虛常寂。唯感而常虛常寂，而感應乃不窮。故說良知，當說其虛寂爲主，而不以明覺爲主。寂則無知，感則有知，故良知之本寂而生感，卽無中生有，無知而無不知。所謂良知無知者，言其本無是非，所謂良知有知者，言其無是非而能是非。故良知時時知是知非，時時又無是無非，方是眞是眞非。知是非者，言知善知惡，而爲善去惡，有思爲而不沉空。無是無非者，言知善知惡，而爲善去惡，則惡去而善亦不立，有思爲而無所思爲，乃不溺境。寂而感，無思爲而有思爲，其名爲幾。故曰「良知者無所思爲，自然之明覺，卽寂而感行焉，寂非內也。卽感而寂存焉，感非外也。動而未形，有無之間，幾之微也，動而未形，發而未嘗發也。有無之間不可致詰。此幾無前後無內外。聖人知幾，故曰幾者動之微，吉之先見者也」。知幾而常寂常感，常寂常感而上不沉空，下不溺境，無思爲而思爲不窮，生生不已故常體不易，而應變不窮。常體不易之謂誠，應變不窮之謂神。應變不窮則生生不已，故幾爲生幾。常體不易則常止至善，故幾爲吉之先見。故又曰「此幾無內外，無寂感，無起無不起，乃性命經綸之本。常體不易，應變不窮，譬之天樞居所，而四時自運，七政自齊，未嘗有所動也。此幾之前，更無收斂。此幾之後，更無發散。蓋常體不易卽所以爲收斂。感而寂也。應變無方，卽所以爲發散，寂而感也。恆寂恆感，造化之所以恆久而不已，若此機之前更加收斂，卽滯，謂之沉空。此幾之後，更加發散，卽流，謂之溺境。沉與溺，雖所趨不同，其爲未得生機一也」。（卷三汪子唔言）所謂良知之前無未發，卽良知自無生有之幾之不容收斂。收斂則無不生有，是謂沉空。所謂良知之後，無已發，即良知之自無生有之幾，不容發散，發散則只生有，而不本于無，是謂溺境。

四、自信凝翕與先天正心之學

知龍溪之言良知與意之分別，及「良知之前無未發，後無已發，自無生有，其幾常在」之義。則知龍溪之所以重自信得及一念頓悟之意。教有頓漸，龍溪未嘗不知。然龍溪之所以必先以自信得及，求一念自證者，亦大有故在。蓋良知既原至善，不善皆生于欲，欲又原于離心起意；故不離心起意而無欲，以絕惡之原。方是眞正之在惡之先下工夫。乃先天正本清源之學。至于及意之將發，而正之誠之，則是在惡將生之際用工夫，便是隨惡欲之起，以下工夫。至于待惡念已成而制之，則是隨惡欲之後以下工夫。皆非正本清源之學。故其論懲忿窒欲之工夫曰「懲窒之工夫有難易，有在事上用工周之拙，明道之端坐，皆此義。……凝者經綸之本，化育之機也。」（卷五天柱山房會語）

凝翕者將「向外精神，打併歸一，從一念獨知處。朴實理會。自省自訟，時時見得有過可改，徹底掃蕩以收廓清之效」。（卷二水西會約題詞）凝翕者「從本原上徹底理會。將無始以來種種嗜好，種種貪著，種種奇特技能，種種凡心俗態，全體斬斷，令乾乾淨淨，從混沌中立根基」。（卷一斗山會語）此所謂「從混沌中立根基」一語，乃龍溪所最喜常言者。能精神打併一路，此之謂一切放下。

一切放下而眞機透露，「只將自己一點靈明，默默參究。無晝無夜，無閒無忙，行立坐臥，不論大衆應酬，與棲心獨處，時時理會照察，便知念中有得有失。此一點靈明，不爲念轉。境上有逆有順，此一點靈明，不爲境奪。人情有向有背，此一點靈明不能情遷」。知此一點靈明。窮天窮地。亘四海，窮萬古，本無加損，本無得喪，是自己性命之根。「此之謂從混沌中立根基」。「在先天心體上立根」，以透露眞機，證得良知本體之方。故又曰「當下本體，如空中鳥跡水中月影，若有若無，若沉若浮。擬議卽乖，趨向轉背。神機妙應，當體本空，從何處識他。于此得箇悟入，方是在心上用功者。「事上（卽在事上用功）是遏于已然，念上（卽在意念發上用功）是制于將然，心上是防于未然。懲忿窒欲，方是本原易簡工夫，在意與事上遏制，雖極力掃除，終無廓淸之日」。念上事上用工夫，乃誠意以正其不正之工夫。在心上用工夫，則正心之學。在誠意上用工夫以去惡欲，努力克制，只是後天之學。在心上用工夫，使惡欲無自而生，方是先天之學。故龍溪曰：「吾人一切世情嗜欲，皆從意生。心本至善，動于意始有不善。若能在先天心體上立根，則意所動自無不善。世情嗜欲，自無所容，致知功用自然易簡省力。若在後天之意上立根，未免有世情嗜欲之雜，轉覺繁難」。故又曰「誠意後天之學，正心先天之學。謂大學于誠意外，特言正心。大有其故在，」。而龍溪所重者則先天正心之學。先天正心之學，乃正本淸原之易簡工夫也。先天正心之學，要在不離心起意而無欲。不離心起意而無欲，心須自信得及，一念自證其良知。人眞能不離心起意而無欲，亦自能由一念以自證其良知。

不起意而無欲之法，是謂滅擔法，滅得盡法，是卽，凝翕之義。故曰「凝是凝翕之意，乃學問大基本。……不專一則不能直遂，不翕聚則不能發散。……君子以此洗心退藏于密，吾人精神易于發泄，氣象易于浮動，只是不密。……故曰夙夜基命宥密。孔子之默，顏子之愚，無形象中，不著纖毫力中，大著力處」。（卷四第十頁）其謂「擬議卽乖，趨向轉背」者，蓋擬議卽意，趨向卽欲。起意起欲，便非良知。此良知不由思得，不可把捉，而唯可由一切放下，以使其眞機透露。以自悟耳。然人能一朝自悟此良知，仍須用凝翕工夫。故曰：「眞機透露。卽是凝。若眞機透露，未有個凝的工夫，便是沉空守寂」。（卷三第五頁）然此時之凝乃自然之凝。由凝而能常保攝此一念靈明，使之不昧。此中之保攝，亦是自然不容已，自然無可歇手。故曰「眞見本體之貞明，則行持保任，自不容已，莫不得其不容已之眞機」。（答吳悟齊）由是而一切學教格物，誠意，正心之工夫，皆當在此一念靈明上識取。故曰「千古聖學，皆在一念靈明上識取。當下保此一念靈明，便是學，以此觸發感通便是敎。隨事不昧此一念靈明謂之格物。不欺此一念靈明謂之誠意。一念廓然，無一毫意必固我之私，謂之正心。此易簡直截根原。能長保此一念靈明良知。時時作主，清明在躬，迴然無礙，則一切欲念當體消融。不容些子夾帶。」（卷四留都會紀）此之謂「學問得主，百體自然從命。主人在堂。奴婢自然不敢放縱」。（卷一第十八頁峴臺會語）于是于一切意欲之私，便能如顏子之「有不善未嘗不知，知之未嘗復行」，是之謂「纔動卽覺，才覺卽化」纔動卽覺，纔覺卽化之言本于陽明而爲龍溪所最喜言。然不能在先天心體上立根，以自證其良知者，豈能於一切意欲之私念「纔動卽覺纔覺卽化乎。」

五、良知與無生死超生死及良知之範圍三教

良知至寂而感，生幾常運以自無生有。良知之流行，卽顯爲生生不窮之至善至仁之道，而能贊天地之化育。故良知亦卽造化之本原。「所謂造者自無而顯于有，所謂化者自有而歸于無。不造則化之源息，不化則造之機滯」宇宙之所以爲宇宙「唯在其常無常有，生機常運，常造常化，生生不窮。良知之感物也，「一呼卽應，一應卽止，前無所來，後無所往」，良知正卽爲一常無常有，生機常運，生生不窮者，龍溪以此釋陽明所謂「良知卽造化之精靈（東游會語）良知旣爲造化之精靈，故無古今，無內外烱然獨存，萬化自此而出。（新安斗，書院會語）良知本超時空，故證得良知卽超時空。超時空卽超生死，生死本爲生滅法。良知非生滅法，證得良知則超生滅法，而自無生死。人之所以有生死者，以其識隨所識之物相而有生滅，意隨物相之生滅而起落。以識爲知，離心起意，則識意隨物轉，隨物之生滅而生滅，常欲執物以寄其識與意，故有生死。今證得良知，則識統于知，意統于心，此知此心，不隨物轉，卽不隨此身之物之存亡轉，自無生死矣。故曰「人之生死輪廻者，念與識爲之祟也，念有往來。念者心之二用，或之善或之惡。往來不常，便是輪廻，種子識有分別。識者發智之神，倐而起，倐而滅，起滅不停，便是生死根。因此是古今之通理，亦便是現在之實事儒者以爲異端

之學諱而不言，亦見其惑也已，夫念根于心，至人無心則念息，自無輪廻。識變爲知，至人無知則識空，自無生死。爲凡夫言謂之有可也，爲至人言謂之無可也」。（卷七第十四頁華陽明倫堂會語）

無生死由于證良知。良知萬古長存，則證得良知者，亦生而無生，死亦無死，故或問朝聞夕死之說，龍溪答曰：

「愛生死者，未可以死，只爲愛根在。聞了此道，此心已了，萬緣放得下，無復有愛根牽纏，可以死，其實死未嘗死也」。（華陽明倫堂會語）人之能死而不死之故，即在生前能致其良知，而心不逐境不沉空」，或問孔子答季路知生知死之說，龍溪曰：「此已一句道盡。吾人從生至死，只有此一點靈明本心爲之主宰，閒時不至落空，忙時不至逐物，閒忙境上，此心一得來，即是生死境上一得來樣子。順逆毀譽得喪諸境亦然。知生即知死。一點靈明與太虛同體，萬刧長存，未嘗有生，未嘗有死也」。（華陽明倫堂會語）知證得良知則生而無生死而無死，人乃可以任生死或超生死。任生死者，未證得良知而忘懷生死。忘懷生死者，所以爲超生死而不死。任生死忘懷生死之道，即上所謂，于一切毀譽得喪，諸境不生二念，而平等視之，不從軀殼起念以求長生。「應緣而生，是爲原始緣盡而死，是爲返終，一日亦可，百年亦可。忘機委順，我無容心，任之而已矣。至于超生死之說，更有向上之機。退以爲進，冲以爲盈，行無緣之慈，神不殺之武，固乎不扃之鑰，啓乎無轍之途。生而無生，生不知樂。死而無死，死不知悲……悟者常自得之」。然此超生死，亦不外能任生死而自證其良知。故曰「良知虛寂明通，是無始以來，不壞元神，本無生本無死，以退爲進者，乾之用九不爲首也。（毅案：言退藏于密，其神乃能專一而直遂），以沖爲盈者，滿損益謙天之道也。（言謙損凝翕其氣，乃能沖盈而暢達健行不息）。過化存神利（言于所過者而利之），而不庸（庸用也，不庸，言存神而其用不竭，如未嘗用也）。是爲無緣之慈。聰明睿智以達天德，（言其知之達天）是爲不殺之武。無扃鑰可守，（言其感通）無轍跡可尋，（言其虛寂）曠然四達，以無用爲用，（言其本虛寂以感通）千聖皆過影，百年如一息，又何生死之可言哉」。

又龍溪嘗與鄧定宇論道，鄧曰「學貴自信自立，不是倚傍世界做得的。天也不做他，地也不做他，聖人也不做他，求自得而已」。龍溪笑曰：「如此狂言，何處得來，儒者之學，崇效天，卑法地，中師聖人，已是世界之豪傑作用。今三者都不做他，從何處安身立命」？然龍溪旋即下轉語曰：「自得之學居安則動不危，資深則機不露，左右逢源則應不窮。超乎天地之外，立于千聖之表，此是世間大豪傑作用。如此方是享用大世界，方不落小家相。亦可謂見其大矣。達者信之，衆人疑焉。夫天積氣耳，地積形耳，千聖過影耳。氣有時而散，形有時而消，影有時而滅，皆若未究其義。予所信者此心一念靈明耳。一念靈明，從混沌裏立根基，專而直，翕而闢，從此生天生地，生人生萬物，是謂大生廣生，生生而未嘗息也。乾坤動靜，神智往來，天地有盡而我無盡，聖人有爲而我無爲。冥權密運，不尸其功。混迹埋光，有而若無，與民同其吉凶，與世同其好惡，若無以異于人者。我尙不知我，何有于天地，何有于聖人。外示塵勞，心游邃古。一以爲龍，一以爲蛇，此世出世法也。非子之狂言，無以發予之狂見。只此已成大漏泄。若言之不已，更滋衆人之疑，默成之可也」。（龍南山居會語）龍溪之言證得良知而知無生死，乃可任生死，超生死，在世界而超世界，所謂「超乎天地之外」，而密運生生之冥權；「立于千聖之表」，而忘聖與世人俱化。外示塵勞心游邃古。此自古儒者所未道，而其義則通于仙道之說佛氏之說。此龍溪之所以以良知之敎爲範圍三敎。故于老莊皆有所稱許，于仙家之論，亦有所說明。蓋良知卽氣之靈明，故能致知，則能養氣。氣之疑聚爲精，由氣之靈明而生之應物之妙用爲神。精成于氣之靜，神見于氣之動。能致良知，則精神皆得其養，而通于道家之說。故龍溪又有調息之術，以使心定而神氣往來，心息相依，以顯良知之靈明。此皆有有取于道家佛家之術者也。復次龍溪又有證得良知，卽超三界之說曰，「三界亦是假名，總歸一念。心忘念慮，卽超欲界，心忘境緣，卽超色界。心不着空，卽超無色界。忘念慮者，無意欲也」。忘境緣者，不以識爲知，以知統識也。不着空者，良知體雖虛寂，而明覺之妙用常存，生機密遇而感物不窮也。此則以儒之言攝佛之義，故曰：「二氏之學與吾儒異。然與吾儒並傳而不廢，蓋亦有道在焉，均是心也，佛氏從父母交媾時提出，故曰父母未生前，一絲不掛，而其事曰明心見性，道家從出胎時提出，故曰倐地一聲泰山失足，一靈眞性既立，而胎息已忘，而其事曰修心煉性。吾儒卻從孩提時提出。故曰孩提知愛知敬，不學不慮，曰大人不失其赤子之心，而其事曰存心養性。夫以未生時看心，是佛氏頓超還虛之學。以出胎時看心，是道家煉精氣神以求還虛之學。良知兩字，範圍三敎之宗。良知凝聚爲精，流行爲氣，妙用爲神，無三可住。良知卽虛，無一可還。此所以爲聖人之學。」良知卽虛，則致良知便是還虛，另更不須還。夫然而後入世與出世眞不二作賢聖事業，便作了成仙成佛事業。故龍溪兩言儒學明，佛學益有所證，（答五臺陸子問）儒學卽入世而出世，便可治國平天下，而道佛則不能。故東游會語（卷四）「謂本良知之敎，不求養生而所養在其中，是之謂至德，不求脫離而自無生死可出，是之謂大易，良知兩字，卽性卽命，卽寂卽感，至虛而實至無而有。千聖至此，騁不得一些精采。活佛活老子，至此弄不得一些伎倆」，（東游會語卷四）故儒中自有道佛二家之說，此龍溪之所以有三間屋之喻。謂儒學中原有佛道之二家義，而後儒只居中間一間，遂謂佛道之義，非吾儒所有。而龍溪則欲復還此三間屋于儒。此其所以以陽明良知之敎範圍三敎也。

六、結　論

曠觀龍溪之學，其言良知之本體工夫之論，固承諸陽明，然其特重識本體以爲工夫之頓敎。以正心重于誠意。嘗致嘆于陽明一生，專發揮誠意之旨，而未倡先天正心之學。故龍溪特尊象山之直指本心。其喜言無欲言幾，多同于濂溪，言不起意，則有契于慈湖，而于孔子之徒則特推尊顏子與曾晳，于孟子則較少論及。至其發揮良知之虛寂義，良知爲造化之精靈義，謂識得良知卽可無生死超生死，並融攝三教，可謂能引申陽明之義，以極高明而廣大儒學之門庭矣。然其言本體而重無善無惡之義，重良知之知，而不重良知之良。以至善唯在良知之用上說，不得在體上說。又重體是虛寂，唯是空空之義，謂善唯依「空」有。曰「人心無一物，原是空空之體。全體之空，仁之至也」。（卷三第三頁）則流弊頗大而最孳後人之詬病。又其融攝三教，雖頗多精義，然言三教之同而不言三教之異。聞其風者，將不免混儒學于釋老，而浸至忘儒學固有之精神，此儒學在晚明。多佛老化而日趨于絕喪之一故。至于論者謂龍溪以良知為現成，不待修證，則未是。觀上文之所論，便知龍溪之言參究固重在當下一念靈明上求默默自悟。然悟前仍須一大大打併精神以歸一路之工夫，悟後亦有保攝凝翕，與自然戒愼恐懼之事在以免沉空。則非享成現成良知之謂也。

（一九五四年・學海書樓講錄）

感覺界與超感覺界

今天我所講的題目是：感覺界與超感覺界。這可算是哲學上的一個問題，現在分爲六個層次來討論。在這六個層次中，先由感覺界逐次說到超感覺界，而這六個層次都是可以相通的。

第一層：感覺。感覺界可分析爲（一）現感覺、（二）已感覺、（三）可感覺的三個意義。現感覺是我們最容易明白的，例如你看見我，我看見你，這就是現感覺。現感覺之範圍是很小的。已感覺則是過去的經驗，但它的範圍也是很小的，它們都可以包括于可感覺界。通常所謂物質世界的現象都是屬於可感覺界，而且它是不限於個人可感覺，如父親看見花謝，原則上我也可以有此感覺。又如我們增加一個器具如顯微鏡來感覺之所得，也都是屬於可感覺界。

感覺界包括我與人憑其一切之感官可能感覺者之全體。通常人稱此感覺界之範圍爲世界。但感覺界之理念本身是有一問題的，就是現感覺與非現感覺好像相轉化的。而凡非現感覺的卽含有超現感覺性。例如我覺得諸位剛才所唱的歌聲很好，可是現在這歌聲已成過去了，我是不能將這很好的歌聲拿回來的，此就是已成爲超現感覺的。凡過去的就含有超現感覺性的。而現在的無不轉化爲過去的，已感覺的一切不會同時呈現于感覺之前。至於可感覺的更不能在一時成爲現感覺。故感覺世界自身是有一種不穩定性，同時不是一自己完足、自己圓滿的整體。

所以，我們假定要說世界是什麼，便不能說世界就是感覺界，因感覺界之全體便不呈現在感覺中。然而一般人的世界觀則以爲世界就是等於感覺界，一般人的人生觀亦恒認爲人生之活動不外求一種感性慾望的滿足，如穿漂亮的衣服，吃好的東西等。實際上此感性之慾望也是不能自己完足的，自己圓滿的。因爲滿足慾望的東西是在外面的，所以，欲望的成立由于缺乏那個外面的。依哲學上的名詞說，慾望是一種「有」Being，然「又缺乏另一種有」，所以我們又可說他同時又有「非有」，Non-being。缺乏是有所無，卽是有「非有」的成份。所以慾望也是不能自己完足圓滿的。其次慾望所要求的通常都是可感覺的，可感覺的東西的範圍是無定限的，所以慾望絕不能停止在某一階段，於是慾望本身也就是不能自己完足的，圓滿的。至少，理論上必然是如此。

第二層：主觀的自覺界，或稱之爲觀念界、想像界。主觀的自覺界和感覺界有什麼不同呢?簡單說：感覺界爲感覺之所對。感覺之活動本身爲直往的，主觀的自覺界爲反省之所對，反省是心之回頭看。此所謂主觀的自覺界又可稱之爲主觀心靈界。心靈界與感覺之關係，一時很不容易說明白。簡單說，我感覺就發現感覺界，我覺得我有感覺以及由感覺而生之印象觀念，便是自覺。我覺我之感覺與由之而生之印象觀念，則此一切皆爲自覺之所對而合以構成一自覺界。哲學上之唯物論，自然主義者，感覺主義者和一些實證主義者及心理學上的行爲主義者，都是重視感覺界而想否認此自覺界，然實不可能。因我們說一切感覺的東西是如何時則他們必須先爲我們所自覺，我們才能說。而且我們可說一切所感覺的都是可爲我們所自覺的。故從第一層的觀點，說世界是可感覺。從第二層的觀點說則世界是我們所自覺的或可爲我們所自覺的。於是我們可說世界是由被感覺的而化爲被自覺的。被感覺是外，被自覺是內，則世界是由外在而內在化的。

唯心論者叔本華曾經說過：「我的世界就是我的觀念。」他的這個思想，是從巴克萊而來的。這句話的意思最初我也不懂，後來才發現它的巧妙之所在：卽人最初是感覺此世界，而凡我們所感覺皆可內在化於我們之所自覺，故從我們的自覺上去看，則世界卽皆內在於我們之自覺中，而同於我們的觀念了。好像以鏡照物，外物可照於鏡內。然若鏡自照，則世界就爲它自己內部的影子了。同理，以鏡喻心，外物喻世界亦然。其次，我們對我們自覺的觀念，可以自由的加以組合排列，此卽爲想像，想像是一種主觀內部的創造活動。由此而想像世界構成。

第三層：理法界。這個名詞是佛家所用的，西方哲學則稱爲理型世界或定律世界。此卽一「理」之世界。西方思想遠自柏拉圖、亞里斯多德以至如近代的來布尼玆，史賓諾塞及康德，黑格爾等都是着重發現此理法界的。

事物之所以形成爲事物由於其形式。此形式卽其理。而事物又有「變化」與「運動」以變成其他事物或影響其他事物。「變化」與「運動」是向着未來發展；一切事物皆「變」皆「動」，卽是一切事物都向着未來發展，以發展成一個「什麼」呢？此「什麼」，或其向着未來發展之軌道就是「理」。如月亮之運動爲依一定之軌道，此卽月之運動之理。小孩之變長變大而不會變爲細小，其長大成什麼樣子，卽依於小孩之生理。這證明一切「變」「動」是要變成或向着一個「什麼」的形態或形式的。故從事物發展變化運動之方向形式中卽可見出「理」。理法界與上述兩個世界不同之處在於：感覺界與自覺界都是有生有滅的，雖然「心」有創造觀念之流動，但有時此種活動亦是會停止的。「理」卻不同了，它是不生不滅的，例如你說一物之消滅，則此物之消滅當有其道理；若再問其所以消滅之道理有沒有消滅呢？這不能說有所謂消滅，因如回答說消滅的道理是會消滅的，那麼，他便當不消滅了。我們能懂得這些不生不滅之「理」，則我們的心漸能分享永恒。

第四層：價值界。廣義的理法界可包括價值界。物的形成變化與運動發展皆依「理」，此「理」之爲成就好的事物之理與或是成就壞的事物之理從一般所謂理法界觀點看可以不管。然人總是有除去壞的東西成就好的東西的要求，這是原於人有價值的觀念，同時以此價值觀念來評判事物的緣故。從價值之觀點來說「好」的東西不一定都是已「存在」，或實際上存在的，而在一時可只爲一當然之「存在」Ought to be 或只爲一理想。所以世界除存在界外，有所謂當然界、理想界，此當然界理想界卽依於價值界。當然界中一切當然者或有價值的理想之「理」可稱爲當然之理。這亦可包括於廣義的理法界中。但一般所謂理法界之理，可以只是指一切實際存在之所以如此形成變動之理，這便與當然界理想界中之理不同。所以我們分爲二層來說。

第五層：我稱之爲人格界或人文界。人文卽人的文化，文化是由人追求他所認爲當然的文化理想文化價值之觀念以改變自然，所創造出來的。人格是「人依其所自覺之當然之人格理想的觀念、人格價值之觀念以主宰其生活所形成的」。一切文化上、人格上之當然的理想價值皆不可直接由五官感覺。然文化活動之成績、人格之外表生活，則表現於感覺界。故我們可說人文人格是人追求超感覺的理想或價值之精神之表現於感覺界中所形成的。人文界包括人類文化之全體。人格界是一切人格之全體所合成。不過我們同時應知道各個人之人格精神由其文化活動與生活而表現出來後就客觀化了。客觀化後，又成爲別人之精神之內容，成了他人精神內容後又成爲外面看不見而超感覺的了。由是而各個人之精神相互表現其文化活動，並相互表現其生活形態，卽形成一公共的客觀的精神世界。此便是與可感覺之客觀的自然世界、物質世界相對的高一層之超感覺的客觀世界。

第六層：這層所應用的名詞很多，可以稱之爲超人格界、超人文界或超世間、出世間等。這個「超」的世界，在宗教上也是給予很多名詞來稱呼的，如天國、上帝、極樂世界……等等。我們怎麼會知道有這個「超世界」呢？雖然宗教上的說明與哲學上的說明不一定衝突，但至少是不相同的了。哲學上是純從理論來說明。現在我也站在哲學上來把它討論一下：

我們回頭看看第五層的人格界與人文界，它們本身仍是不能圓滿自足的。凡是談文化都必須要着重它的表現或創造。然文化之表現創造，是帶有條件的，最起碼條件是人自然生命之存在。然無論何等偉大的人格，亦不免一死。這說明人的自然生命總是飄忽的，暫住的，人之自然生命是存在，然而存在中又含有不存在。人知道好的人格應當繼續存在，而好的人仍是要死的，這就成了一種矛盾。解決這個矛盾唯一的辦法便是生發出一超越之要求，望人與好的人永遠存在。所以很多人會相信靈魂是不朽的。

其次，人所要求嚮往的精神理想或精神價值不一定能表現于文化之活動，及表現了，亦未必爲人所了解所同情，而人所懷抱之社會文化理想，尤不一定都能完全實現。人與人間總像有一不可跨越的界限，人與人間心靈雖求相通，然不能全通而相了解相同情。同時人在世界上，是少不了受寃曲不平等的待遇的。于此，人想滿足其精神上之要求，嚮往實現其圓滿的社會文化理想，並期望平反一切人間之寃曲不平等的事，要使其一人之心與一切人心相通，則只有求之于超越此世的世界，此卽超人格界超人文界之所以成立之理由。

人對超人格界超人文界之信仰或想法，大約可說有四種：一種是認爲人自己卽可永恒存在，而由修養以成佛。人之佛心卽可與一切人心一切衆生心相通，相了解，相同情。一種是承認有神，神可了解人心之一切，並懲善罰惡，平反人間之一切寃曲。而且神是超越於人的，並不化身成人的，例如回教、印度教、猶太教等是。第三種形態如基督教，它是承認耶穌：人格與神之合一。這點也是基督教偉大之處。第四種則是中國之儒家，儒家以人有圓滿的人格，人之仁心卽天心並依充量的仁心，以觀天地則只見天地之生生，而不見死滅，只去求自己之心與人心之相通，而不怨他人之心之不與我相通。於是他可以在人格界中人文界中，識得一天人合德悠久完足圓滿的精神境界。

這些信仰與想法，我們現在亦不能詳細討論，是否其中有相通之處呢?很值得我們想一想。

（余允文記錄・一九五四年五月・「人生」第七卷總第八十四期）

晚明理學論稿

（本篇爲作者「中國哲學史」舊稿之部份內容，曾分章發表於「原泉」，署名弘之。今「晚明理學論稿」一名爲編者加。本篇各章曾經作者重寫收入「中國哲學原論原教篇」（參閱「原教篇自序」）。——編者）

述江右王門學（聶雙江與羅念菴）

宋明理學，至陽明學派出而日益簡易精微。尤以江右王門之言，居今之世讀之，更能收攝精神以鞭辟入裏，故將舊稿略加改正，寄原泉月刊發表。

江右王門之學，與浙東、泰州王門之學異。浙東王龍溪，泰州之傳至羅近溪，其學皆承陽明所謂識得本體卽是工夫之義而發展。彼等皆信自本體上言，良知爲當下具足，現成完滿；在工夫上，遂不免輕漸修而重頓悟。去悟便是致知。眞悟後，工夫便皆順本體流行，不容自己。悟之一事，要在當下「一念靈明」或現在日用之「知」「能」上默識。唯眞悟則大不易，觀龍溪自言於此道乃「挨來挨去，乃有悟入」，及近溪求道之苦可知。然學者聞彼等言良知爲當下現成，在日用之視聽言動中，卽完滿具足之論，或不免承擔太易。纔略有所見，便以爲大道在身。「天也不做他，地也不做他，聖人亦不做他，」則必歸於非聖無法，非聖而無所敬畏，無法則入於游俠。遂或狂放自肆，認情欲之鼓盪爲天機之流行，以機巧變詐皆爲良知之妙用。陽明已言「儀秦亦識得良知之妙用」，則末流之弊，固將不免。而矯此諸弊者，則由江右以至蕺山之傳是也。

聶雙江羅念菴之學，在以歸寂主靜之工夫，顯良知之體。原陽明龍溪無不以虛寂說良知之體。陽明最初講學，亦重默坐澄心，主於收斂，以發散爲不得已事。是卽主靜歸寂之義。龍溪之言「併歸一路」，言「凝攝」，亦是主靜歸寂之義。然陽明之敎，終重在於意念之善惡上，用明覺精察之工夫，以好善惡惡而爲善去惡。龍溪之言，「打併歸一路」，言「凝攝」，乃所以使人致力於一念之靈明之參究。皆未嘗如雙江念菴之處處以歸寂主靜之工夫爲言霹靂手段。許多英雄瞞昧，被他一口道著。如康莊大道，更無可疑。

念菴旣契於雙江之言，故亦主學問須從靜中入手。其答王龍溪曰：

「知善知惡之知，隨出隨泯。特一時之發見焉耳。一時之發見，未可盡指為本體。則自然之明覺，固當反求其根原。蓋人生而靜，未有不善。不善，動之妄也。主靜以復之，道斯凝而不流矣。良知者，靜而明者也。妄動以雜之，幾始失而難復也。故必有收攝保聚之功，以爲充達長養之地。」

又謂：

「白沙致虛之說，爲千古獨見。」

又答他人於感前求寂爲畫蛇添足之疑曰：

「不肖驗之於心，……自其後念之未生而吾寂然者，未始不存。謂之感前有寂可也。……感有時而變易，而寂然者未始變易。感有時而萬殊，而寂然者唯一。此中與和，情與性，所由以名也。」

又答人曰：

「寂然者一矣。無先後中外矣。然對感而言，寂其先也。以發而言，寂在中也。」「思固聖功之本，而周子以無思為言，是所以為思誠也。思而無思，是謂研幾。」「感無常，寂有常，寂其主也。周之靜，程之定，皆是物也。」「知者觸於感者也。念者妙於應者也。知與念有斷續，而此寂無斷續。」「夫良知該動靜合內外。其體統也。吾之主靜，所以致之。蓋言學也。」

念菴復由主靜歸寂，而言知幾之義。念菴極辨幾與一念初動之異，而有取於周子「動而未形，有無之間者幾也」之說，以幾爲「有而未嘗有」，常有而不雜於有，是謂研幾。眞能常有而不雜於有，則常幽常微，而幾不失，凡念皆能入微，無不善者矣。

念菴答蔣道林書，又自言其用主靜之工夫，證得之境界曰：

「當極靜時，恍然覺吾此心中虛無物，旁通無窮，有如長空雲氣流行，無有止極。有如大海魚龍變化，無有間隔。無內外可指，無動靜可分。上下四方，往古來今，渾成一片。所謂無在而無不在。吾之一身，乃其發竅，固非形質所能限也。是故縱吾之目，而天地不滿於吾視。傾吾之耳，而天地不出於吾聽。冥吾之心，而天地不逃於吾思。古人往矣，且精神所極，即吾之精神，未嘗往也。否則聞其行事，而能憬然憤然矣乎。四海遠矣，其疾痛相關，即吾之疾痛，未嘗遠也。否則聞其患難，而能惻然盡然矣乎。是故感於親而為親焉，吾無分於親也；有分於吾與親，斯不親矣。感於民而為仁焉，吾無分於民也；有分於吾與民，斯不仁矣。感於物而為愛焉，吾無分於物也；有分於吾與物，斯不愛矣。是乃得之於天者固然，如是而後可以配天也。故曰仁者渾然與物同體。同體也者，謂在我者亦即在物，合吾與物而同為一體。則前所謂虛寂而能貫通，渾上下四方往古來今內外動靜而一之者也。」

念菴之思想，初全與雙江同。後作困辨錄鈔序，中微不滿於雙江：「心爲主於內應於外，而後有外」「未發之時有寂體可指」之說；謂「收攝斂聚，可以言靜，而不可謂爲寂然之體。喜怒哀樂可以言時，而不可謂無未發之中。何也？心無時亦無體，執見而後有可指也。」此則正雙江立言之不精當處，然其大體思想，固與雙江無別。唯念菴所自得當更深耳。

雙江念菴對王學之貢獻，在倡歸寂主靜之工夫，發揮寂主乎感之義。雖念菴於心有未發之時，有寂體可指之說，後亦自疑之。然彼終喜標示寂與感，本與末，源頭與見在，性與情之差別，並指出隱微之幾之有而無，其不許良知心體爲即現成於當下之感應中者，實甚明。此其與龍溪近溪之即工夫即本體之教終不同也。

（一九五六年四月・「原泉」第三期）

王塘南與王一菴

王塘南與聶雙江羅念菴同屬江右王門。其與雙江念菴之學之不同，在一方不承認感前求寂，而主良知無未發之說。然同時復謂有先天之性爲知之所本。又提出意之相續無間以說「幾」之義。塘南之「幾」不復如念菴所謂幾爲「有而非有」者。而視幾爲眞正之生生不息者。而此生生不息之幾則本於性之生生不息之理。明儒學案言塘南五十罷官，反躬密體，如是三年，乃有見於空寂之體。又十年，漸悟生生眞幾無有停息，不從念慮起滅，可知其悟此生生眞幾之不易也。其言曰：

「性之一字，本不容言，無可致力。知覺意念總是性之呈露。皆命也。性者先天之理。知屬發竅，是先天之子後天之母也，此知在體用之間。若知前求體則著空。知後求用則逐物。知前更無未發，知後更無已發。合下一齊俱了，更無二功，故曰獨。獨者無對也。無對則一，故曰不二。意者知之默運，非與之對立而為二也。是故性不假修，只可云悟。命則性之呈露，不無習氣隱伏其中，此則有可修矣。修命者，盡性之功。」

依塘南之意，性爲先天之理，性之用見於知，是爲後天之意念。至於尅就知之本身言，則爲先天至後天之發竅，而通體與用者。性之呈露於知意念爲命。故先天卽呈露於後天，修後天卽所以悟先天。悟先天卽所以修後天也。「知」爲先天之子，後天之母，故「知」卽是中。知中含性，故不倚於空寂，亦不墮於形氣。故曰：

「知者先天之發竅也。謂之發竅，則已屬後天矣。雖屬後天，而形氣不足以干之。……此孔門之所謂中也。末世學者，往往以墮於形氣之靈識為知，此聖學之所以晦也。」

性之時時呈露於知之發竅，謂之生幾。故性廓然無際。生幾者，性之呈露處也。此幾生而無生，至微至密，非有非無，惟綿綿若存，退藏於密。此生幾之運，謂之意。意之著而發，謂之念。意之靈能識物，謂之識。故曰：

「意不可以動靜言也。動靜者念也，非意也。意者生生之密機。有性則常生而為意。有意則漸著而為念。未有性而不意者，性而不意則為頑空；亦未有意而不念者，意而不念則為滯機。」

「性無為者也，性之用為神，神密密常生謂之意，意者一也。以其靈謂之識，以其動謂之念。意識念各三，而實一。總謂之神也。」

「識察照了分別者，意與形之靈也，亦性之末流也。性靈之真知，非動作計慮以知，故無生滅。意與形之靈，必動作計慮以緣外境，則有生滅。」

塘南以生幾常密運，意常存，故念不息。念息則機滯矣。故心實不當有無念時。常言無念者，即一念，卽眞念。眞念者生生眞幾之意之所發，而異於通常所謂斷續之念者也。故曰：

「澄然無念，是謂一念，非無念也，乃念之至微至微者也。此正所謂生生之真幾，所謂動之微，吉之先見者也。此幾更無一息之停，正所謂發也。若至於念頭斷續轉換不一，則又是發之標末矣。」

就此性之以知爲發竅，而生生不息，非有非無，綿綿密運，相而無相，常虛常明而言曰本心。心者通知意以言，性體呈露之虛而明者也。

「太虛之中，萬古一息，綿綿不絕，原無應感與不應感之分。識得此理，雖瞑目獨坐，亦應感也。時時應感，卽時時是動也。常動卽常靜也。一切有相，卽是無相。山河大地，草木叢林，皆無相也。真性本無杳冥，時時呈露，卽有相也。相與無相，了不可得。言思路絕，强名之曰本心。」

「斷續可以言念，不可以言意。生幾可以言意，不可以言心。虛明可以言心不可以言性。至於性則不容言矣。」

心統性與知及性之用（意、識、念）而言，心之體性也。性之用，意識念之神也。體用之間者知也。性無爲，故寂然廓然，是謂乾。性體以知爲發竅，而呈用曰神，知發而爲照。知發而生幾密運而意立。意凝然而定曰坤。故乾坤之德，皆不出乎一心。故曰：

「吾心廓然之體曰乾，生生之用曰神。」

「夫乾，靜專動直。吾心之知體，寂然一也，故曰靜專。知發而為照，有直達而無委曲，故曰動直。夫坤靜翕動闢，吾心之意根，凝然定也，故曰靜翕。意發為念，則開張而成變化，故曰動闢。」

「或問知發爲照則屬意矣，然則乾之動直卽屬坤矣。曰：不然，知之照無分別者也，意則有分別者也，安得以照爲意。」

性無時不呈露其生幾，生幾之默默潛運卽意。意之動爲念，則能造作。意之靈爲識，而能分別物，故意爲澈體澈用者，生幾亦澈體澈用者。性本善，神動不知返，識念逐境，乃有惡。故修之工夫重息息歸寂。歸寂之工夫則在意上用。在意上息息歸寂，而常收斂，卽所以復其性也。故曰：

「生幾者，天地萬物所從出；不屬有無，不分體用。此幾以前更無未發，此幾以後更無已發。若謂生幾以前，更有無生之本體，便落二見。陽明曰：大學之要，誠意而已矣。格物致知者，誠意之功也。知者意之體，非意之外有知也。物者意之用，非意之外有物也。但舉意之一字，則寂感體用悉具矣。意非念慮起滅之謂也，是生幾之動，而未形有無之間也。獨卽意之入微，非有二也。意本生生，惟造化之機不克則不能生。故學貴從收斂入。收斂卽爲愼獨，此凝道之樞要也。」

塘南承江右之緒，而不求未發於已發之先，雖辨氣息之別，而主離氣無理之說。謂「宇宙至眞之氣，本無終始，不可以先後天言。故性卽在命中。」其言生生之幾。無時不運，以性知意念之一貫，通先天後天，以言乾知之澈乎坤能；明爲不滿於性體知體平鋪之說。龍溪所言之幾，已爲通有無之間者，然其所謂無者，乃指心體之虛寂，而其所謂有者爲意。而龍溪之意與念，實無大分別。其所謂幾可是指念之初動。至念菴雙江，乃以幾爲非有非無，而以幾非念頭之初動。然尚未直指生幾之密密常生而凝定者爲意。而塘南則指出此點。常在之「意」與斷續之念乃截然分別。是皆不滿於陽明之只言知善知惡之知，而疑此陽明所言之知爲斷續無常，無別於念，不可由之以見良知之體之恒在。故必特提出此生幾之密密常生而凝定者，以爲念之主，方見知體之澈上澈下，而恒在。此蓋頗近於近溪之言徹上徹下之乾知坤能，以徹性徹命之義。唯近溪是橫陳乾知坤能，而重說其明通妙應之德，復以乾坤相對成名，尙是性體平鋪之意味多。而塘南則以乾知爲性知，坤能爲意念，而豎貫以說之。且以坤能之意爲主，愼獨研幾之工夫，皆在意上用。重在修後天以悟先天，悟先天以修後天，斯大反於明儒之性體平鋪之說，而益近乎宋儒以人合天之旨矣。然塘南之言意猶是在性之用上說。其言涵「意在知中，意爲知中之主」之義，而未明言意爲心之所存，然當時泰州學派之王一菴，則明發意爲心之所存之說。其言曰：

「舊謂意者心之所發，教人審幾于動念之初。竊疑念旣動矣，誠之奚及，蓋自身之主宰而言謂之心，自心之主宰而言謂之意。心則虛靈而善應，意有定向而中涵。非謂心無主宰，賴意主之。自心虛靈之中，確然有主者，而名之曰意耳。大抵心之精神，無時不動，故其生機不息，妙應無方，然必有所以主宰乎其中，而寂然不動者，是為意也，猶俗言主意之意，故意字從心從立，中間象形太極圈中點，以主宰乎其間，不著四邊，不賴倚靠。人心所以能應萬變而不失者，只緣立得這主宰於心上，自能不慮而知。不然，孰主張是，孰綱維是。聖狂之所以分，只爭這主宰，誠不誠耳。若以意為心之發動，情念一動，便屬流行。」

李梴問曰：「心如穀種，意其所發之萌芽矣乎？」一菴曰：「子知穀種之萌芽，已發者爲意，不知未發之中，生生不息，機莫容遏者，獨不可謂之意乎。」又謂：「誠意工夫全在愼獨。獨卽意也。」以愼獨爲愼所獨知，乃陽明及一般陽明後學大體上公認之說。如此說則獨字虛而知字實。一菴則謂「獨」必實有所指，卽意也。愼獨者嚴敬而不怠之謂，卽立定主意不妄動之謂。夫然，故愼獨之工夫不在動念以後用。愼獨非辨已所獨知之念之善惡而好之惡之之謂。乃在動念之先用。則其言誠意之工夫與陽明所謂致知善知惡之良知之言微異矣。

一菴之以意爲心之所存，而以愼獨之獨爲意，可謂開蕺山誠意說之先河矣。

（一九五六年五月‧「原泉」第四期）

晚明王學修正運動之起原

晚明陽明學派中之王龍溪羅近溪，及江右王門諸賢，皆對陽明致良知之教，有新義之發揮，然皆未敢批評陽明。季彭山謂儒家以龍言心不以鏡言心，頗有輕知之意，而未申其說。鄒東廓弟子李見羅，始正式批評陽明。見羅以知爲用而非性，遂謂陽明之以知爲宗，實不知性之善，乃以止至善修身爲宗。彼謂大學之知本，卽知修身爲本。修身之道在知止。知止卽止於至善。要在隨其心之所接之當機之物，求至善之應之之道，而實止之，實修之，此之謂攝知歸止。於爲君也而止仁，於爲臣也而止敬，於爲子也而止孝，於爲父也而止慈，於與國人交也而止信。此所謂止至善也。不能止則修。隨病隨修，修所以歸止。徒言止善則止若無定所；然對當機之物而止善，則止有定所矣。人能常於當機之物實止實修，則仁敬孝慈，隨感流行，發而中節。是卽至善之體流行於明明德親民之用也。由見羅之評陽明而後有東林學派劉蕺山對王學之修正運動。

溯東林學派劉蕺山之修正陽明之教，又實遙承湛甘泉羅整菴對陽明之致疑。羅整菴辨心性之別，以虛靈明覺是心非性。湛甘泉以心貫乎天地萬物之中，又包乎天地萬物之外，故不以陽明評朱子之窮理爲求諸外之論爲然。而主隨處體認天理，以意心身皆至於理爲格物。格物卽止至善，故體天理卽心學。又言「煎銷習心，心得中正之謂天理。勿忘勿助，心中正時，天理自見。故體認天理，卽體認中，卽致中。致中卽所以致和。」遂反對陽明之除致和之工夫外無致中之說，亦反對白沙陽明之只講「必有事焉」不言勿忘勿助之說。其弟子洪覺山又發揮體認天理之義，說此是不離根之體認。避去隨處二字。不離根之體認者，卽在此眞知眞幾之流行不已上體認之謂。其意似在融貫王湛之說。唯洪氏尚無王塘南卽幾見意之論，亦未有王一菴劉蕺山以意爲知之主之說。唯謂在未感之先當有一眞志爲主宰耳。

又湛甘泉弟子唐一菴則以討眞心標宗，以理氣皆本於虛空而生。虛之極則能生，故流行而爲氣。虛之極則不滯，故靈通而爲理。理卽此氣之流行之生理。人由氣質之凝而成，似有住際。然以其所自成之氣，本虛而靈通，則無涯際。靈應萬事，通天地，包萬物。此萬靈之聚於氣之虛處曰心。人以氣之靈通，故常能不住於有所生，而有生生不息之眞幾。生於有所生則死於所生，而非眞生。眞生必生而不住於所以生。此不肯住卽人之自主處。有此自主之能之謂德，由此自主之德之發現而氣自流行相繼，卽見命之所在，善之所在。氣流行而靈通之理見，此之謂氣之成，此之謂成之者性。此之謂心之流行。人之有生皆生於眞生，人之心亦原是眞心。然人逐物滯實，而靈氣墮於有涯，生有際住，而只靈於一事一隅，乃舍生而就死。故必討其眞心，以復其相繼之命。故曰「不有命，則無以至其生。其爲生心也，而主之者是眞心也。於其生而思所以主之者，是討也。眞心卽無住際之生心，故爲中無所著。」故一菴於心之理名曰中理。

一菴以討眞心標宗，亦通於致良知之義。然其所著重者在心之主宰義。一菴之弟子許敬菴，則承一菴理氣不二之論，而極力主張性善；謂孟子一句分明。當時近溪之弟子周海門言性，以無善無惡標宗。敬菴作九諦難之。又謂心性非二非一。心爲靈覺，性爲帝則，爲明命，爲明德，爲至善，爲中。必靈覺當乎天則而心性始一。然此天則又自始卽靈覺之天則，故不可二。敬菴弟子馮少墟，則主知覺運動靈明中之恰好處，方爲義理之性。故性爲至善。有其善之心雖不可有，然爲善之心則不可不有。以反王學中之無善無惡之說。謂「吾儒之言心，無聲臭而有物則，以至善爲本體，知止爲工夫。」

此外之批評陽明之學者，則有呂巾石弟子唐伯元。伯元竟謂陽明心學爲惑世誣民，謂「吾儒無以知爲道者」。曰「性一天也，無不善，心則有善有不善。至於身則去禽獸無幾矣。」故上智順性，自性而心而身，其次，反身以復性，故「性可順心不可順，以其附乎身也。身可反而心不可反，以其通乎性也。」心不可反，然必求之於心以盡其性乃善。故謂「人當求於心而不當只求心」。謂王學之誤在只知求心而不知求於心。又甘泉弟子王順渠，謂孟子卽情言性，而欠源頭一句。又謂陽明所謂良知，是情之動，不知未動以前之性，蓋謂其不知性也。凡上所引湛氏門下之言，其評王學，雖不必盡當。然要在表示一不滿王學所標宗旨之趨向。其中許敬菴與李見羅最相契。劉蕺山則嘗師事敬菴，其以致中卽致和，明是遙承湛甘泉呂巾石之義。而其言心性理氣，則多同於王一菴。至東林學派之顧憲成高攀龍之言性善，則同於敬菴，言窮理，則正遙承甘泉之義。而蕺山與高顧皆喜發揮「止」之義，頗似同受李見羅之影響者。下文當分別述高顧與蕺山之學，故先溯其學術之淵源之異於陽明一派者如此。

（一九五六年九月・「原泉」第八期）

顧憲成與高攀龍

一

晚明理學之東林學派，以顧涇陽（憲成）高景逸（攀龍）爲巨擘。顧高對陽明之學之批評，皆集矢於陽明「無善無惡心之體」，與以明覺說良知之論。然皆不反對陽明之言良知。顧等謂良知爲是非之心，然欲辨是非，則當格物窮理。格物窮理，天理見，而至善之性顯。此方爲良知之是非。顧等言養心則謂當主敬。是皆明爲和會朱子之說以救陽明之言之弊。唯東林之言天理，言性，言善，與朱子之著重點有一不同。卽朱子似偏重由理或性言善，而東林則偏重由善以言理言性。而格物窮理卽爲明善之事。察一草一木之理自非所急務，便無朱子所謂「卽凡天下之物莫不因其已知之理而益窮之」以逐物不返之失矣。

涇陽「小心齋劄記」有云：

「或曰：傳習錄中一段言，蘇秦張儀，也窺見良知妙用，但用之於不善耳。陽明言良知卽天理，若二子窺見妙用，一切邪思枉念，都無栖泊處，如之何用之於不善乎？揆諸知善知惡之說，亦自不免矛盾。余曰：陽明看得良知無善無惡，故如此說。良知何病！如此說良知，未能無病。陽明應自有見。」（明儒學案原按：儀秦一段，係記者之誤，蕺山將此刪去。）

「近世喜言無善無惡。就而卽其旨，則曰：所謂無善，非真無善也，只是不著於善耳。余竊以為經言無方無體，是恐著了方體也。言無聲無臭，是恐著了聲臭也。言不識不知，是恐著了識知也。何者？吾之心原是超出方體聲臭識知之外也。至於善，卽是心之本色，說恁著不著！如明是目之本色，還說得個不著於明否？聰是耳之本色，還說得個不著於聰否？又如孝子，還可說莫著於孝否，如忠臣，還可說著莫於忠否？昔陽明遭寧藩之變，日夕念其親不置。門人曰：得無著相？陽明曰：此相如何不著！斯言可以破之矣。」

又涇陽「商語」有云：

「喜怒哀樂之未發謂之中；是所空者，喜怒哀樂也，非善也。上天之載，無聲無臭；是所空者，聲臭也，非善也。夫善者內之不落喜怒哀樂，外之不落聲臭，本至實，亦本至空也。又欲從而空之，將無架屋上之屋，疊牀上之牀也？」

陽明龍谿言心體中無善惡念，無善惡相，故說其爲至善而無善無惡。涇陽則謂空諸相非空善；善中已有空諸相義，何可更空善？且陽明龍谿之所以於心體說爲無善無惡，無善惡相，乃所以表示其虛明湛寂耳。然虛明湛寂，正是善之一種也。故涇陽又曰：

「或謂性體虛明湛寂，善不得而名之。以善名性，淺之乎其視性矣。竊意善者萬德之總名，虛明湛寂，皆善之別名也。名曰清虛湛一則得，名曰善則不得。十與二五，有以異乎？將無淺之乎其視善也！」

其「論學書」云：

「夫自古聖賢教人，為善去惡而已。為善，為其固有也。去惡，去其本無也。本體如是，工夫如是，其致一而已矣。陽明豈不教人為善去惡！然既曰無善無惡，而又曰為善去惡，學者執其上一語，不得不忽其下一語也。何者？心之體，無善無惡，則凡所謂善與惡，皆非吾之所固有矣。皆非吾之所固有，則皆情識之用事矣。皆情識之用事，皆不免為本體之障矣。將擇何而為之，未也。心之體無善無惡，則凡所謂善與惡，皆非吾之所得有矣，皆非吾之所得有，則皆感遇之應迹。皆感遇之應迹，則皆不足為本體之障矣。將擇何者而去之，猶未也。心之體無善無惡，吾亦無善無惡已耳。若擇何者而為之，便未免有善在。若擇何者而去之，便未免有惡在。若有善有惡，便非所謂無善無惡矣。陽明曰：四無之說，為上根人立教。四有之說，為中根以下人立教。是陽明且以無善無惡，掃却為善去惡矣。既已掃之，猶欲留之。縱曰為善去惡之功，自初學至聖人，究竟無盡，彼直見以為是權教，非實教也。其誰肯聽？既已拈出一個虛寂，又恐人養成一個虛寂。縱重重教戒，重重屬咐，彼直見以為是為衆人說，非為吾輩說也。又誰肯聽？夫何故欣上而厭下，樂易而苦難？人情大抵然也。投之以所欣，而復困之以所厭，畀之以所樂，而復攖之以所苦，必不行矣。故曰：惟其執上一語，雖欲不忽下一語，而不可得。至於忽下一語，其上一語雖欲不弊，而不可得也。」

言性善，所以使人之知心之有所主。有所主之心即道心；否則人心也。

「心活物也，而道心人心辨焉。道心有主，人心無主。有主而活，其活也，天下之至神也。無主而活，其活也，天下之至險也。」

夫然，故修養之工夫不可不謹愼小心。故曰：

「語本體只是性善二字。語工夫只是小心二字。」

二

高景逸之斥無善無惡之說，大體與涇陽同，然其言之精深透闢尚有過於涇陽。其言曰：

「陽明先生所謂善，非性善之善也。何也？彼所謂有善有惡者意之動，則是以善屬之意也。其所謂善，第曰善念云爾。所謂無善，第曰無念云爾。吾以善爲性，彼以善爲念也。吾以善自人生而靜以上，彼以善自吾性感動而後也。故曰非吾所謂性善之善也。吾所謂善，元也，萬物之所資始而資生也，烏得而無之？故無善之說，不足以亂性，而足以亂教。善一而已矣，一之而一然，萬之而萬行，爲物不二者也。天下無無念之心，患其不一於善耳。一於善，卽性也。今不念於善而念於無，無一念也，若曰患其著焉。著於善，著於無，一著也。」

故景逸尚有格物窮理之說，使人既不著無，亦不著善。其繼上段之言有曰：

「著善則拘，著無則蕩。拘與蕩之患，倍蓰無算。故聖人之教，必使人格物。物格而善明，則有善而無著。今懼其著，至夷善於惡而無之，人遂將視善如惡而去之，大亂之道也。故曰足以亂教。古之聖賢，曰止善，曰明善，曰擇善，曰積善，蓋懇懇焉。今以無之一字掃而空之，非不教為善也，既無之矣，又使為之，是無食而使食也。」（方本菴性善繹序）

格物窮理者，乃所以知如何應物之當然之理。此理必至善，故人得不著於無。而善必待窮理而後見，善非現成於心中者，故人得不著於善。

景逸特重格物窮理之教，以性理二字言儒釋之辨：

「聖人之學，所以異於釋氏者，只一性字。聖人言性，所以異於釋氏言性者，只一理字。理者天理也。天理者，天然自有之條理也。故曰天敘、天秩、天命、天討，此處差不得鍼芒。」

「老氏氣也，佛氏心也。聖人之學，乃所謂性學。」

此純爲發揮程朱之義，以論性理。

陽明學派多以爲格物窮理，爲離心而窮外物之理。景逸則以爲格物窮理，卽窮至於至善處。格物窮理，正所以窮良知之知而見理之卽心。故曰：

「纔知反求諸身，是真能格物者也。」

「人心之靈，莫不有知，良知也。因其巳知之理而益窮之，至乎其極，致良知也。」

「朱子曰：致知格物，只是一事。格物以理言也，致知以心言也。由此觀之，可見物之格，卽知之至，而心與理一矣。今人說著物便以為外物。不知不窮其理，物是外物。物窮其理，物卽是心，故魏莊渠曰：物格卽無物矣。」

「伊川曰：在物為理，處物為義，此二語關涉不小。了此卽聖人艮止心法。胡廬山以為心卽理也，舍心而求諸物，遺內而徇外，舍本而逐末也。嗚乎，天下豈有心外之物哉。當其寂也，心為在物之理。義之藏於無朕也。當其感也，心為處物之義，理之呈於各當也。心為在物之理，故萬象森羅，心皆與物為體。心為處物之義，故一靈變化，物皆與心為用。體用一源，不可得而二也。物顯乎心，心妙乎物。妙物之心，無物於心。無物於心，而後能物物。故君子不從心以為理，但循物而為義。不從心為理者，公也。循物為義者，順也。故曰廓然大公，物來順應。故曰聖人之喜怒，在物不在己。八元當擧，當擧之理在八元。當擧而擧之，義也。四凶當罪，當罪之理在四凶。當罪而罪之，義也。此之謂因物付物。此之謂艮背行庭。內外兩忘，澄然無事也。彼徒知昭昭靈靈者為心，而外天下之物，是心為無矩之心，以應天下之物，師心自用而已。與聖賢作處，天地懸隔。」（理義說）

「理者心也。窮之者，亦心也。但未窮之心，不可為理。未窮之理，不可為心。此處非窮參妙悟不可。悟則物物有天然之則。日用之間，物還其則，而己無與焉。如是而已。」

景逸之釋程朱也，其精處在其就義以言理，而無走作。義者我如何應物之當然之則也。我之如何應物之則，固在心。然我有如何應物之則，卽物有當如何被處之理。則此「則」爲在心之義，亦卽爲在物之理。故曰「心在物爲理」。心在物爲理，則物理不外於吾心，心外無物矣。心以義應物而物各付物，則無物於心，心物兩忘，澄然無事矣。然當心之寂而未感物之時，則物隱而不顯。物隱而不顯，則物理不顯，心之義心之則亦不顯。心之義心之則不顯，我亦不能應物，使物各付物，而無物於心矣。是眞欲識得心外無物，心理合一，正在乎感物而窮其理。心未窮理，則不可說心所見皆理，不可說物之理在心。是格物乃致知之本，故曰致知在格物。如陽明之開始一句卽致良知，則疑若格物在致知矣。

格物窮理，以知物之當如何處之理，卽知我之當如何應物之義，義卽善。故窮理卽所以知至善。致知在格物窮理，卽致知在知至善之謂。是當以知至善爲宗，而不當只以知爲宗也。故曰：

「談良知者，致知不在格物。故虛靈之用，多爲情識，而非天則之自然，去至善遠矣。吾輩格物，格至善也，以善爲宗，不以知爲宗也。」（答汪儀寶）

「陽明先生於朱子格物，若未嘗涉其藩者。其致良知，乃明明德也。然而不本於格物，遂認明德爲無善無惡。故明德一也。由格物而入者，其學實，其明也，卽心卽性。不由格物而入者，其學虛，其明也，是心非性。心性豈有二哉，則所從入者，有毫釐之辨也。」（答方本菴）

能格物窮理，循理而應物，使物各付物，我無與焉。則心自靜自虛自無，不格物窮理，則應物不當，心反不得虛無矣。故曰：

「聖人之學，物還其則，而我無與焉。萬變在人，實無一事。無之極也。是故言天下之至賾，而不可惡也，言天下之至動，而不可亂也。彼外善以爲性，故物曰外物。窮事物之理曰徇外。直欲一掃而無之，不知心有未盡，不可得而物也。理有未窮，心不可得而盡也。今以私欲未盡之心，遽遣之使無，其勢必有所不能，則不得不別爲攝心之法，外人倫庶物而用其心。至於倫物之閒，知之不明，處之不當，居之不安，將紛擾滋甚，而欲其無也，愈不可得矣。是故以理爲主，順而因之，而不有者，吾之所謂無也。以理爲障，逆而掃之，而不有者，彼之所謂無也。」（許敬菴語要序）

此格物之工夫通動靜，或問：

「靜中何以格物？曰：格物不是尋一個物來格。但看身心安妥，稍不安妥，格其因甚不安妥是也。問旣安妥如何？曰：體認此安妥，亦格物也。」

格物者使物還其物，物有當如何處之之理便如何處之，使物得其當如何處之之理。物已得其當如何處之之理，卽此身心已合乎當然之義，而此身心卽安妥。此安妥之身心，卽有當體認存養之義。故體認存養之卽格物。是無時無格物之工夫矣。

人能格物窮理，處處求止於至善，順理而動靜，由程朱之法門以爲學，自亦有悟境。景逸曾自述其悟道之經過，今摘錄於次，以見其學問之得力處。

「…一日古樵（陸粹明）忽問曰：本體如何？余言下茫然，雖答曰無聲無臭，實出口耳，非由真見。將過江頭，是夜月明如洗，坐六和塔畔，江山明媚，知己勸酬，為最適意時。然余忽忽不樂，如有所束；勉自鼓興，而神不偕來。夜闌別去，余便登舟，猛省曰：今日風景如彼，而余之情景如此，何也？窮自根究，乃知於道全未有見，身心總無受用。遂大發憤，曰：此行不徹此事，此生真負此心矣。明日，於舟中厚設蓐席，嚴立規程，以半日靜坐，半日讀書。靜坐中不帖處，只將程朱所示法門參求。於凡誠敬主靜，觀喜怒哀樂未發，默坐澄心，體認天理等，一一行之。立坐食息，念念不舍。夜不解衣，倦極而睡。睡覺忽坐，於前諸法反履更互。心氣清澄時，便有塞乎天地氣象；第不能常。在路二月，幸無人事，而山水清美，寂寂靜靜。晚間命酒數行，停舟青山，徘徊碧澗，時坐磐石。溪聲鳥韻，茂樹修篁，種種悅心，而心不著境。過汀州，陸行至一旅舍，舍有小樓，前對山，後臨澗，登樓甚樂。偶見明道先生曰：百官萬務，兵革百萬之衆，飲水曲肱，樂在其中。萬變俱在人，其實無一事。猛省曰：原來如此，實無一事也。一念纏綿，斬然遂絕；忽如百斤擔子，頓爾落地；又如電光一閃，透體通明。遂與大化融合無際，更無天人內外之隔。至此見六合皆心，腔子是其區宇，方寸亦其本位。神而明之，總無方所可言也。平日深鄙學者張皇說悟，此時只看作平常。自知從此方好下工夫耳。」

景逸謂從此好下工夫，乃謂此所悟者不過是心尚非性，故下文續述其以後之盡性窮理工夫，不具錄。

景逸嘗曰：

「人心一片太虛，是廣運處。此體一顯卽顯，無漸次可待，澈此則為明心。一點至善，是真宰處，此體愈窮愈微，有層級可言，澈此方為知性。或曰至善是現成天則，有何層級？曰：所謂層級，就人見處言；身到此處，見到此處，進一層，又一層，見到天然停停當當處，方是天則。此卽窮理之謂也。或曰：虛到極處，便見至善，豈虛是虛善是善？曰：只看人入處如何：從窮理入者，卽虛是理；虛是知覺，便是仁義禮智。不從窮理入者，卽氣卽虛；仁義禮智，只是虛靈知覺。緣心性非二非一，只在毫芒眇忽間故也。」

明心只知心之虛，必知性乃知善，而卽虛見理。否則卽氣卽虛，仁義禮智之善，皆只是虛靈知覺，便成無善無惡之說矣。

顧高皆反對陽明無善無惡之言。陽明以心體之無善無惡即是至善，顧高亦知之。然未下一轉語，便有病在。顧高處處扣緊性善義以立言，不放鬆一步，意在修正陽明立言之未諦當處。由景逸格物窮理之論，雖見出一從王學返諸朱學之趨向，而其以大學之致知為致良知，復謂心在物為理，則仍是陽明之敎。

其即心之義以言物之理，明窮理非徇外，誠可謂善釋程朱，合程朱密義，又不悖陽明之旨。又可救正王學末流輕信當下之心之弊。至其言「悟得心體後尚有知性之工夫」，且謂「必自窮理入，乃能由心見性，否則只是氣之虛靈知覺。」則窮理之工夫之所以為切要，不僅在悟前，亦在悟後。則離窮理以言悟者，不僅不能使倫物各得其正，且其悟亦止於知心而不能知性。其所論蓋頗同於羅整菴之言。王門諸人或以為自程朱法門入手，不能直下承擔良知之心之本體。而景逸整菴則以為王門之悟心，尚不足以知性。知性之工夫尤深於悟心；必先由窮理以入，方可言知性。是則彼等之引繹程朱之緒而以見其更有進於王學者也。景逸有云：

「姚江之弊，始也掃聞見以明心耳，究且任心而廢學。於是乎詩書禮樂輕，而士鮮實悟。始也掃善惡以空念耳，究且任空而廢行。於是乎名節忠義輕，而士鮮實修。」（崇文會語序）

觀此可知東林學派之所以修正王學之旨矣。

（一九五六年十、十一月・「原泉」第九、十期）

略述劉蕺山誠意之學

一

陽明後學，如龍谿近溪，皆主識得良知本體，卽是工夫，雙江念菴，則謂當歸寂主靜，方能眞見得良知本體。然雙江念菴於此良知本體，皆未嘗外於陽明龍谿，而別有所說明。至王塘南王一菴，乃於良知之中，指出意爲之主，而以生生之幾之密運說意之常主乎此知。李見羅遂力主知爲用而非體之說，而以止修標宗，倡止至善以修身之義。東林之顧涇陽高景逸承之，而同反對陽明「無善無惡心之體」之說。東林之孫淇澳，不僅言舍善無性，且言性卽氣質之性。氣質之性更無不善，不善惟在習。復明致中和之工夫之不可分，與未發之非空寂及愼獨之義。是皆下開劉念臺（宗周）之誠意愼獨之敎者。而念臺之誠意愼獨之敎，則可謂集諸人之義，更引而申之，觸類而長之，以完成江右一路下來之王學之發展者也。

二

念臺之言誠意之學，約言之，要義有三：一者意爲至善義，二者意主乎知義，三者致知之工夫，實卽誠意，聖學之眞正工夫在誠意義。

念臺之言意爲至善也，嘗指出孟子之以知愛知敬爲良知，與陽明之以知善知惡爲良知之不同；而陽明四句敎實自相矛盾。其言曰：

「知善知惡與知愛知敬，相似而實不同。知愛知敬，知在愛敬之中。知善知惡，知在善惡之外。知在愛敬中，更無不愛不敬者以參之，是以謂之良知。知在善惡外，第取分別見，謂之良知所發則可。而已落第二義矣。且所謂知善知惡，蓋從有善有惡而言者也。因有善有惡，而後知善知惡。是知為意奴也。良在何處？又反無善無惡而言者也。本無善無惡，而又知善知惡，是知為心祟也。良在何處？」（良知說）

「有善有惡意之動，知善知惡知之良二語，決不能相入。則知與意分明是兩事矣。將意先動而知隨之耶？抑知先主而意繼之耶？如意先動而知隨之，則知落後著，不得謂良。如知先主而意繼之，則離照之下，安得更留鬼魅？若或驅意於心之外，獨與知與心，則法惟有除意，不當誠意矣。且自來經傳，無有以意為心外者，求其說而不得，無乃卽知卽意乎？果卽知卽意，則知良意亦良，更不待言。」（語錄）

念臺上文所言知先主而意後繼，因而主張驅除意者，蓋卽指龍谿之說。然據陽明四句敎，則是指人先有善惡之意而知繼之。在知善知惡之知中，善惡皆爲所知，人有善知亦有惡知，此知宜非良知矣。然陽明之所以言知爲良者，以人在知善知惡時，同時知善之當好，惡之當惡。知善當好而眞好之，知惡可惡而眞惡之，卽陽明所謂致良知及誠意之事也。如此則陽明之言亦初無病。然此中之好善好惡之好惡卻是意。則知之良之根據便不當在說知善知惡之知，而在好善惡惡之意，此卽念臺之所以重意。蓋言好善惡惡之意，則必已知善知惡，且已知善之當好，惡之當惡。而只言知善知惡，則不足盡好善惡惡之意。故念臺必申言，好善惡惡是良知，以代陽明所謂知善知惡是良知之言，而見良知之所以良之本在意之良。則好善惡惡而致良知之事，惟是誠意之事耳。若舍意而言知，則與大學之敎之本意，終無由相合。其言曰：

「古本聖經，而後首傳誠意，前不及先致知，後不及欲正心。眞是單提直指，以一義總攝諸義。至末又云，故君子必誠其意，何等鄭重。故陽明古本序曰：大學之道，誠意而已矣。豈非言誠意而格致包舉其中，言誠意而正心以下，更無餘事乎。乃陽明宛轉歸到致良知，為大學宗旨。大抵以誠意為主意，以致良知為工夫之則。蓋曰誠意無工夫，工夫只在致知，以合乎明善是誠身工夫，博文是約禮工夫，惟精是惟一工夫，豈不直截簡要。乃質之誠意本傳，終不打合。及考之修身章，好而知其惡，惡而知其美，只此便是良知。然則致知工夫，不是另一項，仍只就誠意中看出。如離却意根一步，亦更無知致可言。余嘗謂好善惡惡是良知，舍好善惡惡，無所謂知善知惡者。好卽是知好，惡卽是知惡，非謂既知了善，方去好善，既知了惡，方去惡惡。審如此，亦安見所謂良者？乃知知之與意，只是一合相，分不得精粗動靜。且陽明既以誠意配誠身，約禮配惟一，則莫一於意，莫約於誠意一關。今云有善有惡意之動，善惡雜糅，向何處討歸宿？抑豈大學知本之謂乎！如謂誠意，卽誠其有善有惡之意。誠其有善，固可斷然為君子。誠其有惡，豈有不斷然為小人。吾不意為良知既致之後，只落得做半個小人。若云致知之始，有善有惡，致知之終，無善無惡。則云大學之道，正心而已矣，始得。前之既欲提宗於致知，後之又欲收功於正心。視誠意之關，直是過路斷橋，使人放步不得。主意在何處？」（語錄）

良知之良，原在好惡之意之良，致良知，非致其知善知惡之知，乃致其好善惡惡之意。致其好善惡惡之意者，好善惡惡而眞好善眞惡惡耳。眞好善惡惡之謂誠其意。好善惡惡者，乃一面好善，一面卽惡惡。一正一反，互相成就，方見意之至善。故此好惡是二用而一幾，非並立之二念。此好惡之幾，乃自內而出，以去惡念成善念為事，善念惡念自相對為二。此一幾則昭臨乎其上，而貫澈乎其中，以顯爲二用，而好善惡惡。好善惡惡，而惡去善成，此幾遂竟其用，意遂得實現而眞實成就。意得眞實成就之謂意誠。是見此幾此意之夙存於心，爲心知之主宰，而不可徒視爲心之所發而同之於念也。故又曰：

「心一也，自其主宰而言謂之意。……今言意為心之所發，亦無不可。言所發而所存在其中。終不可以心為所存，意為所發。意者心之所發，發則有善有惡。陽明之説，有自來矣。抑善惡者意乎？好善惡惡者意乎？若果以好善惡惡為意，則意之有善而無惡也明矣。然則誠意一關，其止至善之極則乎。」（語錄）

「好在善，卽是惡在不善，惡在不善，卽是好在善。故好惡雖兩用而一幾。若以所感時言，則感之以可好而好，感之以可惡而惡，方有用分之幾。然所好在此，所惡在彼，心體仍只是一個。一者誠也，意本一，故以誠還之，非意本有兩，而吾以誠之者一之也。」（語錄）

「意之好惡，與起念之好惡不同。意之好惡，一機而互見。起念之好惡，兩在而異情。以念為意，何啻千里？」（語錄）

「此心之存主，原有善而無惡。何以見其心有善而無惡也？以好必於善，惡必於惡。好必於善，如好好色，斷斷乎於此。惡必於惡，如惡惡臭，斷斷乎必不於彼。必於此而必不於彼，正見其存主之誠處。故好惡相反而相成，雖兩用而止一幾。所謂幾者，動之微，吉之先見者。盡此之好惡，原不到作用上看，雖能好能惡，民好民惡，總向此中流出。」(答葉廷秀)

意至善而後良知至善。意爲知主，故知藏於意。知爲意最初之機，而物則知之最初之機。故曰：

「意蘊於心，非心之所發也。又就意中指出最初之機，則僅有知善知惡之知而已。此即意之不可欺者也。故知藏於意，非意之所起也。又就知中指出最初之機，則僅有體物而不遺之物而已。此所謂獨也。故物即是知，非知之所照也。」(語錄)

三

意本善善而惡惡，而定靜於善，故曰善善惡惡意之靜，有善無惡是物則。然意恒善善惡惡，物則只是善。意之自身實無惡而惟是自善其善，自善其善而不與惡對，故若無善。其無善，正所以成其爲絕對之自善其善而至善。故念臺仿周子無極而太極之言，以無善而至善言心。意在心體常自善其善，自善其善，即善之自己肯定而生生不息。故念臺之言心體也不徒以寂與未發言，亦不言心體中具有一

沖漠無朕之理，而以此心在至靜之中，

「靜中自有一團生意不容已處，即仁體也。」（答葉廷秀）

此不容已之生意，周流而無間。此周流而無間，即天之元亨利貞之見於人者。此周流無間之狀態，念臺又以喜怒哀樂表示之。喜怒哀樂常言是情，然念臺則以喜怒哀樂表示此內在的生意之流行之狀態。由喜而怒而哀而樂，乃所以表示此生意之流行之由始，而暢，而斂，而藏。此表示生意之流行之狀態之喜怒哀樂，即表示心之德之仁義禮智。故仁義禮智非如朱子所謂更互的次序的顯於心之理，而是無時不自爾周流於此心之內者。故於喜怒哀樂之未發謂之中一語，念臺不釋爲有喜怒哀樂未發以前之一寂然不動之心境之謂。彼以此所謂中，爲「在中」之義。喜怒哀樂之未發謂之中者，即指此內在於心之喜怒哀樂仁義禮智之周流無間相生不已而言。由是而所謂寂而未發非靜止於中之意，而有感而發，亦非動發於中以離其中之謂。夫然，方可言未發之中與已發之和爲渾然之一性。已發之和以外，無未發之中之氣象，未發之中以外，亦無已發之和之氣象也。故念臺曰：

「寂然不動之中，四氣實相為循環，而感而遂通之際，四氣又迭以時出。」（語錄）

「中庸言喜怒哀樂，專指四德而言，非以七情言也。……故自四者之存諸中言，謂之中，不必其未發之前，別有氣象也。卽天道之元亨利貞，運之於於穆者是也。自四者之發於外言，謂之和，不必其已發之時，又有氣象也。卽天道之元亨利貞，呈於化育者是也。」（語錄）

「性無動靜者也，而心有寂感。當其寂然不動之時，喜怒哀樂未始淪於無。及其感而遂通之際，喜怒哀樂未始滯於有。以其未始淪於無，故當其未發，謂之陽之動。動而無動故也。以其未始滯於有，故及其已發，謂之陰之靜。靜而無靜故也。動而無動，靜而無靜，神也，性之所以為性也。動中有動，靜中有靜，物也，心之所以為心也。」（語錄）

「纔動於中，卽發於外，發於外則無事矣。是謂動極復靜。纔發於外，卽止於中，止於中則有本矣。是謂靜極復動。」（語錄）

心之寂而喜怒哀樂不滯於無者，以生意之無間也，心之感而喜怒哀樂不滯於有者，以生意之周流也。

以在中之喜怒哀樂，原自周流無間，存於中卽發於外者，故修養之方法不在於未發以前，求靜寂一機。而發於外之和，卽本於存於中之中。故亦不得捨致中以致和。求靜寂一機者，江右之所標宗。

而陽明之所謂工夫只在致和之說，則有舍致中以致和之嫌。陽明所謂工夫只在致和者，即謂工夫只在動念以後。動念而良知知其善惡，以好善惡惡，即是工夫，在動念之前無所謂工夫。然在念臺，則以在未發前求靜寂一機，則落空，而在動念後用工夫，則恒爲逐念，而落念之後著。至於既言未發前之涵養，又言已發後之省察，而以主敬貫之者，則爲朱子之教。自念臺視之，則涵養省察並舉，又近乎支離。故念臺本誠意之教，而以愼獨標宗。所謂存獨者，即存養以言察識，即致中以致和，而致中非求靜寂一機之謂。則有念前之工夫，而又可不致有落空之弊矣。

所謂獨有何，念臺或名之爲獨知，或名之爲獨覺，或又名之爲獨體，而實則爲此心之周流無間之生意之樞紐之見於寂感之際者是已。故念臺曰：

「造化流行不息之氣機，而必有所以樞紐乎是，運旋乎是，則所謂天樞也，即所謂獨體也。」（答門人）

「天樞轉於於穆，地軸亙於中央，人心藏於獨覺。」（語錄）

獨覺即天樞之在人者，亦天心之在人，爲人之道心者也。故曰：

「衆星晝夜旋轉，天樞不動，其不動處是天心，這便是道心惟微。其運旋處，便是人心惟危。其常運而常靜處，便是惟精惟一。允執厥中，天人之學也。」（論語學案）

原念臺所謂意者，彼或以心之定盤針喻之。意卽規定心之方向者。而所謂規定心之方向，卽使此心之生意之運，周流不息，而無所偏倚。才有所偏倚，是卽惡之原，意卽知之而惡之，而矯其偏倚以復歸中和。故此意實爲心之樞紐，常存常發，而幾見於知者。就意之存於心者謂之意，就意之爲知中之絕對而惟一無二之主宰者言，謂之獨。故曰獨覺、獨知。故曰：

「意字看得清，幾字才分曉；幾字看得清，獨字才分曉。」（答葉廷秀）

「大學之道，誠意而已矣；誠意之功，愼獨而已矣。意也者，至善歸宿之地，其爲物不貳，故曰獨。」（大學雜辨）

四

念臺所謂愼獨者，卽存養此獨覺獨知獨體之謂。此獨覺獨知以意爲之主，本是至善，故存之卽無惡，而生意周流，心無倚著。原一切私欲惡念之始，皆始自心之向外馳求。馳求之始，只原於此心一念之倚著。倚著之義至微，念臺於此或以心之餘氣釋之。緣人應物，卽有氣之動。此中如才發於外，卽止於中，一應卽止，則氣復歸靜，更無餘氣之留。便是發而中節之和，然人恒不能如是。人於應物以後，其心念恒若尙有所留滯，其應物之氣，遂不能一應卽止，而有餘氣之留。此餘氣之留積於中，卽名爲習氣。此餘氣習氣，卽爲人心一念所倚著處，而使人在未來生活中生心動念，偏向此處去。由是而其應物時之喜怒哀樂，不免於有過。過而不返，私欲惡念以成。而此中之工夫所在，則要在知此倚著之害，於應物時，當喜而喜，當怒而怒，使喜怒才應於外，卽止於中，更無餘氣之留滯，以成習氣。此卽所以致中。由是而繼起之喜怒，亦出自當下之心之隨感而應以周流不滯，此便是致和。能致中和，則心念才有倚著，便能自察識。蓋此心之本體之意，主乎此知，原是中立而不倚者，在中之生意，原是周流無間，無所留滯者。故才有留滯，便不相應，而可爲吾人所覺察。夫然，故存養卽該察識，能察識卽能辨倚著之私而克之，以運化其所留滯矣。故愼獨之工夫，卽致良知之工夫。然此非在惡念發後，而落後著以制惡念之工夫，乃在念前，先愼此獨，在惡念尙未發前，先絕惡念之原之倚著之私，使惡念無自而生之工夫也。此工夫卽使意常存常發，使意還其意，常成其爲生意，爲眞意，而誠意之工夫也。意誠而知自明，自能辨倚著之私而自克之，此之謂誠則明，明則誠。是卽念臺論誠意之工夫之大旨。其言之鞭辟近裏處，誠有爲宋明之儒所未逮者，今再舉其言以證之：

「心意知物是一路，不知此外何以又容一念字。今心為念，蓋心之餘氣也。（言一念生而有餘氣，可使後念緣此餘氣而生也。）餘氣也者，動氣也。動而遠乎天，故念起念滅，為厥心病，還為意病，為知病，為物病。……故聖人化念還心，要於主靜。（主靜言氣動而常止也。如此，則念依心起，無妄念矣。）（語錄）

此言惡之原於心之餘氣之動，而遠乎天也。

「程子曰：人無所謂惡者，只有過不及，此知道之言也。中庸言喜怒哀樂之未發，謂之中，即此是天命之性。故謂天下之大本。纔有過不及，則偏至之氣。獨陽不生，獨陰不成，性種遂已斷滅。如喜之過便是淫，又進之以樂而益淫。淫之流為貪財為好色。貪財好色不已，又有無所不至者。而天下之大惡歸焉。怒之過便是傷，又進之以哀而益傷。傷之流為賊人為害物，賊人害物不已，又有無所不至者。而天下之大惡歸焉。周子曰：性者剛柔善惡，中而已矣。兼以惡言，始乎善，常卒乎惡也。易其惡而至於善，歸於中焉則已矣。如財色兩關，是學人最峻絕處。於此跌足，更無進步可言。然使一向在財色上止截，反有不勝其扞格者，以其未嘗非性也。卽使斷然止截得住，纔絕得淫心，已中乖戾心，便是傷。學者誠欲拔去病根，只教此心有主，使一元生意，周流而不息，則偏至之氣自然消融，隨其所感而順應之。凡為人心之所有，總是天理流行。如此則一病除，百病除。除却貪財心，便除却好色心，除却貪財好色心，便除却賊人害物心。除其心而事自隨之。卽是不頓除，已有日消日滅之勢。此是學者入細工夫，非平日戒慎恐懼之極，時時見吾未發之中者，不足以語此。」(證學雜解)

念臺言惡之原惟在於過不及。故去惡之道不在欲上遏制，惟在使心有主，使未發之中之生意周流，此卽愼獨以致中和之工夫也。故念臺以大學誠意之工夫，代陽明所謂致知之工夫曰：

五

「予嘗謂學術不明，只是大學之敎不明。大學之敎不明，不爭格致之辨，而實在誠正之辨。……所關甚大。辨意不清，則以起滅為情緣。(言以起滅之念爲意，而爲情緣也。)辨心不清，則以虛無落幻相。(言不知心中之生意流行也。)兩者相為表裏。言有言無，不可方物，卽區區一點良知，亦終日受其顛倒播弄而不自知，適以為濟惡之具而已。……一誠貫所性之全，而工夫則自明而入。故中庸曰誠身，曰明善，大學曰誠意，曰致知，其旨一也。要之，明善之善，不外一誠，明之所以誠之也。致知之知，不離此意，致之所以誠之也。本體工夫，委是打合。」（語錄）

此言致知工夫即誠意工夫也。又曰：

「知在善不善之先，故能使善端充長，而惡自不起。若知在善不善之後，無論知不善無救於短長，勢必至遂非文過。即知善反多此一知，雖善亦惡。今人非全不知，只是稍後耳。」（語錄）

「知無先後，但自誠而明，便占先手。故曰：至誠之道，可以前知，若自明而誠，尚得急著。離誠言明，終落後著。即明盡天下之理，都收拾不到這裏來，總屬狂慧。」（語錄）

此言知不可落在念後，以往知念之善惡，而當依誠以言明也。

「國家將興，必有禎祥，國家將亡，必有妖孽。此興亡之先兆也。蓋人心亦有兆焉。方一念未起之先，而時操之以戒懼，卽與之一立。立定不至有歧路相疑之地，則此心有善而無惡。卽有介不善於善中，而吾且擇之精，有守之一。若明鏡當空，不能眩我以姸媸。此所謂善必先知之，不善心先知之。吾之言致知之學者如是。」（語錄）

「性光呈露，善必好，惡必惡，破此兩關，乃呈至善。……此時渾然，天體用事，不著人力絲毫，於此尋個下手工夫，惟有愼之一法。乃得還他本位，曰獨。仍不許亂動手脚一毫，所謂誠之者也。此是堯舜以來相傳心法，學者勿得草草放過。」（語錄）

「無事，此愼獨卽是存養之要。有事，此愼獨卽是省察之功。獨外無理，窮此之謂窮理，而讀書以體驗之。獨外無身，修此之為修身，而言行以踐履之。其實一事而已。知乎此者，謂復性之學。」（答門人）

「省察是存養之精明處。」（會語）

念臺又評朱子存養省察二者並重之說，及動靜之間求一幾而謹之之說曰：

「意誠則心之主宰處止於至善，而不遷矣。故意以所存言，非以所發言也。止善之量，雖通乎心身家國天下，而根柢處只主在意上。知此則動而省察之說可廢矣。非敢謂學問眞可廢省察，正為省察只是存養中最得力處。不省不察，安得所謂常惺惺者。存又存個甚？養又養個甚？今專以存養屬之靜一邊，安得不流而為禪？又以省察屬之動一邊，安得不流而為偽？又於二者之間方動未動之際，求其所為幾者而謹之，安得不流而為雜？」（答葉廷秀）

念臺亦言知幾。然念臺之釋幾也，不似龍谿之以動靜之間有無之間爲幾，而以知幾卽知「此意之知善知惡之知」中所呈露之好善惡惡之幾。故幾乃此意上之好惡之幾。幾者自其微隱而又見顯而言。知幾卽見獨體。故知幾卽愼獨。此固較以動靜有無之間者爲幾之說爲深遠矣。

六

念臺言以心之生意原自周流無間中和爲一理，已發未發不可分，故命與性，性與心，理與氣，心與氣，皆不可分。

念臺釋天命之謂性，非天所賦於我者爲性，而天命卽性，卽性便是天命，性外無天矣。故曰：

「天者萬物之總名，非與物為君也。」（語錄）

生意之周流無間，卽氣之周流無間。此氣之周流無間也，無而有，有而無，故虛而靈。統虛靈以言此生氣曰心。就此虛靈之心中生氣之周流無間，運而有常，自主而不自失處，言心有主宰。心之主宰曰意。生意生氣之流行，無過不失之謂理。顯理之心謂之性。故仁卽惻隱之心，義卽羞惡之心，禮卽辭讓之心，智卽是非之心。而性遂非如朱子所謂心所具之理，先於氣質者，而卽是此氣質之性。氣質之性非卽是氣質。乃此氣之條理。亦卽氣之流行之正正當當而無過不及之差者，以爲之名。故念臺以爲言性不可在人生而靜以前說，而只能因心之理以立名。於是性理之名之成立，其次序位於心氣之名之後。故曰：

生氣宅於虛，故靈，而心其統也。生生之主也。（心中之生意生氣周流無間，故生。生一，至虛而至實者也。）其常惺而不昧者，思也，心之官也。致思而得者慮也，慮之盡，覺也。思而有見焉，識也。注識而流，想也。因感而動，念也。（思慮覺純自心之能上言。識想者思之連於所思者以爲言。）動之微而有主者，意也。（念動而有餘氣者也，與意之常動常止者相對。）心官之眞宅也。主而不遷，志也。生機之自然而不容已者，欲也。欲而縱，過也。甚焉，惡也。而其無過不及者，理也。其理則謂之性，謂之命，謂之天也。其著於欲者，謂之情，交而不可窮也。其負情而出，充周而不窮者，才也。或相十百，氣與質也。而其爲虛而靈者，萬古一日也。效靈於氣

> 者，神也。效靈於質者，鬼也。又合言之。來而伸者，神也。往而屈者，鬼也。心主神，其爲是乎？……故善求心者，莫先於識官，官在則理明，氣治而神乃尊。自心學不明，學者往往以想爲思，因以念爲意。及其變也，以欲拒理，以情偶性，以性偶心，以氣質之性，分義理之性，而方寸爲之四裂。」(原心)

念臺雖於心上說理說性，此理此性畢竟爲心之所以爲心。性理爲形而上者，心爲形而下者，故人不可尊心而賤性。人仍當尊性。彼所反對者，外心而言性耳。故曰：

> 「夫心囿於形者也。形而上者謂之道，形而下者謂之器也。上與下一體兩分，而性若踞於形骸之表，則已分有常尊矣。…此性之所以爲上，而心其形之者與。卽形而觀，無不上也。離心而觀，上在何處？懸想而已。」(原性)

性卽理，理爲心之運行之當然之則。當然之則皆有善無惡者，此性之所以尊。惟其所以尊，正是對心而尊，故不可離心以言性之爲形而上也。

念臺之言性也，惟自心上言。言心則自心之思上言。思者心之知，而意爲之主者也。意主乎思，而思無過不及之謂理。理爲心之理，卽謂之性。故曰官呈而性著焉。

七

念臺言性自心上言，心卽在生氣之周流無間上言。性卽周流無間之生氣所已呈當呈之條理，故性卽氣質之性，理卽氣質之理。氣質之性卽善，不可外氣質而言善。然後可免於性論之歧出及工夫之歧出。故曰：

「獨之外，別無本體，愼獨之外，別無工夫。此所以為中庸之道也。……夫天命之所在，卽人心之所在；人心之所在，卽道心之所在。此虞廷未發之旨也。或曰有氣質之性，有義理之性，則性亦有二與？為之說者，本之人心道心而誤焉者也。……若既有氣質之性，又有義理之性，將使學者任氣質而遺義理，則可以為善可以為不善之說信矣。又或遺氣質而求義理，則無善無不善之說信矣。（善由氣之生生見，由生意之周流見，故離氣則善非善矣。）又或衡氣質義理而並重，則有性善有性不善之說信矣。三者之說信，而性善之旨復晦。……須知性只是氣質之性，而義理者氣質之本然，乃所以為性也。性則是人心，而道者人之所當然，乃所以為心也。人心道心，只是一心。氣質義理，只是一性。識得心一性一，則工夫亦一；靜存之外，更無動察，主敬之外，更無窮理。其究也工夫與本體亦一，此慎獨之說也。而後之解者，往往失之。昔周元公著太極圖說，實本之中庸。至主靜立人極一語，尤為慎獨兩字傳神。其後龜山門下一派，羅、李二先生相傳口訣，專教人看喜怒哀樂未發時，作何氣象。朱子親受業於延平，固嘗聞此。而程子則以靜字稍偏，不若專主於敬。又以敬字未盡，益之以窮理之說，而曰涵養須用敬，進學在致知。朱子從而信之，……謂慎獨之外，另有窮理之工夫，以合於格致誠正之說。仍以慎獨為動，屬省察邊事，前此另有一項靜存工夫。近日陽明先生始目之為支離，專提致良知三字為教法。而曰良知只是獨知時；又曰惟精是惟一工夫，博文是約禮工夫，致知是誠意工夫，明善是誠身工夫。可謂心學獨窺一源。至他日答門人慎獨是致知工夫，而以中庸本體，無可著力。此却疑是權教。天下未有大本之不立，而可從事於性道者。工夫用到無可著力處，方是真工夫。故曰勿忘勿助，未嘗致纖毫之力。此非真用力於獨體者，固不足以知之也。大抵諸儒之見，或同或異，多係轉相偏矯，因病立方，盡是權教。至於反身力踐之間，未嘗不同歸一路，不謬於慎獨之旨。無從向語言文字生葛藤，但反求之吾心，果何處是根本一著。從此得手，方窺進步，有欲罷不能者。學不知本，即動言本體，終無著落。學者但知即物窮理為支離，而不知同一心耳，舍淵淵靜深之地，而從事思慮紛起之後，泛應曲當之間，正是尋枝摘葉之大者，其為支離之病，亦一而已。」（天命章說）

念臺此說，評晚明以前儒者所講之工夫，謂盡是權教。惟謂先儒之實地用功，未嘗不賴愼獨。惜終未能自覺之，而以愼獨標宗。而能自覺之以愼獨標宗者，則念臺也。

念臺以由一心之生意之周流，卽可以觀陰陽四氣之周流，而見天命之流行之全，現現成成，當下全體具足於一心。不似朱子之說四氣之周流，多自天上說，人只具天命之理，以爲性。故由念臺之說，人眞用愼獨之工夫以存得此心，則當下便是以人盡天，立人極亦卽立太極也。故其「讀易圖」曰：

「君子仰觀於天，而得先天之易焉。維天之命，於穆不已。蓋曰天之所以為天也。是故君子戒懼於所不覩聞，此慎獨之說也。至哉獨乎！微乎！微乎！穆穆乎不已者乎！蓋曰心之所以為心也。則心一天也。獨體不息之中，而一元常運，喜怒哀樂，四氣周流。存此之謂中，發此之謂和。陰陽之象也。四氣一陰陽也。陰陽一獨也。其為物不二，則其生物不測也。故其中為天下之大本，而和為天下之達道。及其至也，察乎天地，至隱至微，至顯至見也。故曰體用一原，顯微無間。君子所以必慎其獨也。此性宗也。」

「君子俯察於地，而得後天之易焉。夫性本天者也，心本人者也。天非人不盡，性非心不體也。心也者覺而已矣，覺故能照。照心常寂而常感。感之以可喜而喜，感之以可怒而怒。其大端也。喜之變為欲為愛，怒之變為惡為哀為懼，則立於四者之中，喜得之而不至於淫，怒得之而不至於傷者。合而解之，卽人心之七政也。七者皆照，心所發也，發則馳矣，衆人溺焉。惟君子時發而時止，時返其照心，而不逐於感，得易之逆數焉。此之謂後天而奉天時，蓋慎獨之實功也。」

知此，可以知念臺之學之全矣。

八

陽明後學諸派之講學，多有不滿於陽明之在善惡意念發後用致良知之工夫之說。其中龍谿以陽明所謂誠意爲後天之學，而主在一念靈明上參究之先天正心之學。其在一念靈明上參究，蓋是由感以悟寂，以識本體。而識本體卽工夫。梨洲謂之致和不致中，固未盡當。然畧易其辭，謂龍谿之學，重在感物之靈明上用工夫，以識取此靈明之本體，重由和以識中，則近似。至於近溪之教人重在自日用尋常之視聽言動上之生幾活潑處識取仁體良知，亦同是在和上識中之路向。至江右一路，則主歸寂以通感，可謂重在悟寂以起感，識中以致和。可謂之爲重致中而不重致和。二派之人之立言，固多融貫之論，然其偏重之不同，決無由否認。故梨洲嘗謂：

「諸儒之言無不曰前後內外渾然一體，然或攝感以歸寂，或緣寂以起感，終是有所偏倚，則以意為心之所發一言為祟。致中者以意為不足憑，而越過乎意。致和者以動為意之本然，而遂失意。」

明儒中重意者，前有王塘南。而首倡意爲心之所發而以意爲心之所存之說者，則爲王一菴。東林學派以至善言性，而於心善之意未詳。至念臺乃暢發意爲心之所存，存發一幾之說，詳說愼獨之工夫，並合心性爲一，以言性善。乃一面矯陽明重在念發後用工夫之失，亦不主張舍感以歸寂之說，可謂能集一菴言意、東林之言性善、及陽明之卽良知卽天理卽心言性、三者之長，以申大學之愼獨誠意之學者矣。惟陽明無善無惡心之體一言，雖有語病，然陽明之言無善無惡卽至善，則其所謂知善知惡是良知亦明涵好善惡惡之意在。則念臺之責陽明，謂知善知惡之知在善惡外。致此知將落得半個小人，亦非允當之評。陽明不言勿忘勿助，而言必有事焉，以存養之工夫卽在致良知以知善知惡，而好善惡惡之中，確偏在致和以致中一路，在省察中言存養一路。而只在致良知之知善知惡而好善惡惡上言存養，謂在善惡意念未動之先，無處著工夫，亦言有未當。龍谿之言先天正心之學，近溪之言悟仁體，皆求一直悟入本體，而超出善惡上之辨別之知之外。而此悟入本體之事，正是工夫。念臺之言愼獨卽存養獨體，使一元生意，常周流無間，於倚著之微處覺察，以絕惡之原，亦是在善惡念形成之先下工夫。則皆足補陽明之所不足者也。

曠觀明代理學之發展，自陽明崛起，立言大異於伊川晦菴，而遙承明道象山之旨。其以良知言心，乃象山言本心之進一步。而陽明弟子龍谿則特有契於楊慈湖不起意之說。泰州學派羅近溪言仁體，則更近乎明道。至顧涇陽高景逸之言格物窮理，則爲重申伊川晦菴之義。至於念臺之學，則特有契於周子之言誠言幾，太極及人極之論。惟濂溪卽天道言誠，立人極以合太極，故著太極圖說。而念臺則言誠意以立人極，以太極爲萬物之總名，非與物爲君。人極立卽太極立，故著人極圖。由此而可見宋明之理學之發展，乃濂溪肇其始，念臺成其終，終始相生，成一循環。惟通觀宋儒理學而較論之，則宋儒較喜言天道。橫渠言氣，伊川晦菴於氣中指出理，理氣遂疑若爲二。而伊川晦菴講學之宗旨，可以格物窮理盡之。此發揮大學致知在格物之說者也。明儒少論宇宙，多直言人生。自陽明發揮象山心卽理之義，而以致良知標宗。此重大學致知之學者也。明代諸儒中，宗朱者如薛敬軒、曹月川、汪石潭、羅整菴，皆有疑於朱子理氣二元之論。陽明亦有理卽氣之條理，氣卽理之運用之言。陽明及其後學皆重言心，以心統理氣，而不於理氣二名，多所論列。王塘南及東林之孫淇澳，乃較多論及理氣不可二之義。塘南所謂生生不息之幾，卽生生不息之氣之幾也。至念臺則旣張明理卽氣之條理，氣乃依中和之理爲樞極而轉運之義，故理氣不可分。復言理尊於氣之義，蓋理爲氣之主宰也。是可謂能兼重理之超越於氣之義與內在於氣之義者。念臺之學，仍是以心爲中心觀念。其言理氣，依然只是言心外無性而附及。與宋儒之多就宇宙論觀點，以言理氣者不同。其卽心而言太極，重在發揮天下無心外之理，心外之學，尊性以尊心，以承千古傳心之統。仍是陽明之一路也。陽明後學龍谿言正心。泰州王氏言安身，以知本爲知修身爲本。後李見羅以止修標宗，亦主修身爲本之說。近溪之卽身言仁，亦原自泰州之安身之說。由王一菴王塘南至念臺，乃特發揮誠意之義。然大學齊家治國平天下之言，則宋明理學諸儒，未有以之標爲講學宗旨者。蓋宋明理學諸儒，皆攝外王之道於內聖之學，故其立教皆偏重言內聖，罕及外王。明末及清之儒者之喜言經世之道外王之學，卽所以矯宋明理學諸儒之偏處。而王船山則承宋明內聖之學以論外王之學之一轉捩人物也，此當俟後論之。

（一九五六年十二月．「原泉」第十一期）

略說中國佛教教理之發展

一、導　言

佛家精神要在以智慧破執拔苦，然此智慧之義，易滋歧義，不可不先進一解。佛家所求之智慧，爲照見所執著之虛妄之智慧，此智慧對執而照，故智慧增一分，則執滅一分，亦必執滅一分，而後智慧增一分，二者互爲消長。執著吾人深心之執，恆爲常情所不自覺之執，故此眞正之智慧，亦深心之智慧，而非止於通途所言之理知。通途所言之理知，以客觀之理爲對象，客觀之理在意識之前，爲意識之所對。依佛家義，人之理知或知解縱能思及宇宙人生最高之眞理，然若未能引此知解，以反諸心，在修持上用工夫，以破除此深心之執，皆不得爲眞正之智慧，故眞正之智慧實爲修行之果。此種智慧，由修行而後證得，故佛家之眞精神，唯在其實際之修行工夫上，其所言之宇宙人生之理，乃所以助人之了解其修行之道，而引入實際修行之工夫，故吾人謂宇宙人生之理論，屬於佛學之末節亦可。然此末節乃佛學與其他學問發生交涉之處，吾人論佛家哲學，姑就此點以言，亦未嘗不可，唯吾人絕不可忘佛家理論皆所以爲其修行之準備，故佛家之理論必歸於觀理境，如三論之中觀，唯識宗之唯識觀，天臺之止觀，華嚴宗之華嚴法界觀等。此觀之工夫，乃一方所以保持增進吾人對理境之了解者，一方亦卽爲使人專注此理境，而導引此理境入於深心，爲修行之資糧者。佛家之「觀」爲兼知與行之事，此義吾人宜先知。

二、空宗與僧肇

上文已論佛學之理論之歸宿，在由觀理境以起行而破妄執，人之妄執緣於不知諸行無常而執常，不知緣生無我而執有我，諸行之所以無常者，以諸行待緣而生，緣散卽滅。緣生之說，卽所以明無常，佛學之要義在緣生，有宗言緣生，重在正面說諸世間法之如何由衆緣和合而有。人知一法之「有」，待衆緣，則人可不執此一法之「有」。空宗明緣生，則重在顯諸法自性之畢竟空。畢竟空者，卽畢竟不可執，然以緣生破人之執，人既知其所執之法之無常，爲緣聚卽生，緣散卽滅，人心順其向外執取之習，或仍將執此緣生生滅之觀念本身，以成更細微之法執，人又或知無常故空，而執空之本身。前者蓋爲小乘說一切有者之弊，後者爲小乘惡取空論者之弊，於是印度大乘空宗興而破緣生之執。大乘有宗又破空之執，明空境不空心，空徧計所執，不空依他起之緣生。印度佛學大乘空宗之傳入，始於東晉，至鳩摩羅什譯大般若經之一部，復譯四論（中論、百論、十二門論、大智度論），此宗遂大盛。此宗要義，中論明言，爲「不生不滅，不常不斷，不一不異，不來不去」，吉藏疏論此中根本義在「不生不滅」，此卽破對生滅之執。中論首叉曰「因緣所生法，我說卽是空，亦唯是假名，是卽中道義。」緣生之名是假名，此卽破緣生之執。破緣生之執，非無緣生，唯破實有因緣能生。故曰「諸法不自生，亦不從他生，不共不無因。」言非無因，則與郭象之玄言，所謂自生自因之說不同，此所謂不從他生者，唯是言人不能執實有因緣能生，不執實有因緣能生，故緣生卽空，中論由是說八不之義，以破諸執。義蘊繁多，四論所載，不及備詳。粗淺言之，其破緣生生滅之執，卽破「時間流變之觀念」之執、「因有力能生果」之執。前者與希臘依里亞派帕門尼得斯等之問題無別，後者與西方近代經驗主義者休謨之問題無別。觀三論等書，論證之謹嚴，辯才之無碍，似若唯以純理之思辨爲事，與帕門尼得斯、休謨同。其論辨方式，與今之英哲勃拉德來「現象與實在」一書前半尤若合符節。吾昔嘗爲文論之，然三論等書之論此等問題，其目的實唯在使人不執「時間流變」之觀念，不執因有力能生果之觀念。蓋時間流變，永無終極；執因求果，由果溯因，因果鉤鏈，亦永無終極。心隨時運，以觀萬物，遂恆覺實有時之流變；以因有生果之力，因之物遂宛然眞實，果復爲因，有生他果力，果之物亦宛然眞實。此諸觀念與人原始之對物之貪欲相連，於是人遂隨時間之流變而瞻前顧後，患得患失。人以因能生果，欲果則希因，見因卽慕果。時間無盡，因果之鉤鏈無盡，而得失之患，希慕之欲，亦與之無盡，於是煩惱亦與之無盡，原佛陀之所以言緣生無常之本旨，乃所以使人知物之不可執爲定常而息貪欲。然今人執實有緣能生，因有生果力，執實有此時之流變，則貪欲將復隨此諸執而生，此大乘空宗所以必破時間流變及因有生果力之執也。以其破執在息貪欲，息貪欲在求解脫，故與西方休謨等爲說明知識而討論此問題者，意趣乃截然不同。誠知三論之論辨，皆爲破執，使人不執時間流變，因果之鉤鏈，以絕由是而生之貪欲，而助人解脫，則知其論辨方式，並無非如此不可之理。反之若承認流變與因果之觀念，以說明宇宙人生，而可以息煩惱得解脫者，與三論宗之精神亦並行不悖，而不取三論之論辨方式，姑先承認有「流變」、「因果」，而卽流變與因果以破流變因果之執著，與三論宗義亦一脈相承。此二途者唯識宗所說爲第一途，而僧肇則爲第二途。僧肇卽流變因果以破流變因果之執之文，爲物不遷論。此文實自具機杼，故最爲當時人所稱。至於其不眞空論般若、無知論涅槃、無名論諸文，則雖皆能思湊單微，言成統類，然所陳諸義，尚未必能溢於龍樹提婆所思之外。惟此中不眞空論之論有無之問題，深契大乘空宗非有非無，諸法畢竟空而空亦空之旨，以破當時「心無」「本無」「卽色」諸宗之偏執有無，未能心境雙淸之弊，是誠可爲王弼、郭象之論有無作進一解，故今唯就此二篇之文，略加提要介紹，以見中國大乘空宗學者之新義，以說明由玄學思想至佛家思想之發展，至於般若、無知論涅槃、無名論，則原文太長，其要義亦非短言所盡，則姑從略。

僧肇之物不遷論曰：

「夫生死交謝，寒暑迭遷，有物流動，人之常情，余則謂之不然。……尋夫不動之作，豈釋動以求靜，必求靜於諸動；必求靜於諸動，故雖動而常靜；不釋動以求靜，故雖靜不離動。夫人之所謂動者，以昔物不至今，故曰動而非靜。我之所謂靜者，亦以昔物不至今，故曰靜而非動：動而非靜，以其不來，靜而非動，以其不去。然則所造未嘗異，所見未嘗同，逆之謂之塞，順之謂之通。苟其得道，復何滯哉？傷夫人之惑也久矣，目對眞而莫覺。既知往物而不來，誰謂今物而可往，往物既不來，今物何所往？何則？求向物於向，於向未嘗無，責向物於今，於今未嘗有，於今未嘗有，以明物不來，於向未嘗無，故知物不去。覆而求今，今亦不往，是故昔物自在昔，不從今以至昔，今物自在今，不從昔以至今。……然則旋嵐偃嶽而常靜，江河競注而不流，野馬飄鼓而不動，日月歷天而不周，復何怪哉？……言去不必去，閑人之常想，稱往不必往，釋人之所謂往耳。是以言常而不往，稱去而不遷。不遷，故雖往而常靜；不往，故雖靜而常往。雖靜而常往，故往而弗遷；雖往而常靜，故靜而不留矣。人則求古於今，謂其不住，吾則求今於古，知其不去。今若至古，古應有今，古若至今，今應有古。今而無古，以知不來；古而無今，以知不去；若古不至今，今不至古，事各性住於一世，有何物而可去來？……」

「果不俱因，因因而果。因因而果，因不昔滅；果不俱因，因不來今。不滅不來，則不遷之致明矣。然則乾坤倒覆，無謂不靜；洪流滔天，無謂其動。苟能契神於接物，斯不遠而可知矣。」

僧肇此文之旨，在論物不遷，即以破時間之流變、物之流變，及物之因能生果，然自此文之外表觀之，則全不似百論、中論、十二門論、大智度論中之破因能生果、時間流變之論。蓋此諸論，大皆自此諸觀念本身所含之矛盾，以證此諸觀念之不可執。然僧肇在此，則姑先承認常人所執之時間流變之觀念，以進而說明動而非動，靜而非靜，動靜一如之理。動靜一如而流變之執破，時間過現未相分立之觀念亦破。常人因能生果之執，皆依時間流變而立，可不須另破。所謂其姑先承認常人所執之時間流變觀念者，即彼之論動而非動，重在指出通常所謂動者，已預設過去之不流到現在，此明無異於承認常人所謂過去與現在之差別，然彼此即由此過去之事之不流到現在，以證明過去之事如常在過去而不去，而人既承認過去之事在過去，即當承認現在之事在現在而不去，此即由不來以證不去，故曰：「往物既不來，今物何所往。」依此以觀，則所有時間之流中之事物之出現，雖新新不已，先者爲因，繼者爲果；然新新不已之事，復各各住於新新不已之時，因居因時，果居果時，順新新不已之時，以觀新新不已之事，則「各性住於一此，有何物而有去來」，故常人於事之新新不已之呈現，雖恒不免執之爲動，然就常人之承認事之在時間秩序中之各有定位，不相往來而言，即實已承認之爲靜。僧肇乃就常人所不自覺的承認者，以破常人之執，執破而常人所不自覺的承認者亦不須立，故此文其表面看若以物居時間，各有定位，而爲靜，實則惟以破動，破動而靜亦不立。故名物不遷論，而不名物靜論，今可姑名之曰動靜一如論。人誠能以此「動靜一如」之眼光觀萬物，則「旋風偃嶽而常靜，江河競注而不流，野馬飄鼓而不動，日月歷大而不周，乾坤覆倒，無謂不靜，洪流滔天，無謂其動。」於是可卽俗諦之動以見眞諦之「動靜一如」，是謂「契神於接物」，而常人竟不能如此，故僧肇曰「傷夫人情之惑也久矣，目對眞而莫覺。」是爲僧肇之物不遷論。

僧肇之不眞空論談有無問題，彼自言其所對治者，乃當時佛學中所謂六家七宗中之本無、心無、卽色三家之說，當時言佛學者，有六家七宗，卽本無宗（統稱本無宗）、心無宗、卽色宗、識含宗、幻化宗、緣會宗。六家七宗之詳，今不知，然就各宗遺言推測，後三宗中一法師之幻化宗，于法開之幻化宗，於道邃之識含宗，皆不過摭拾印度佛學之常談。此七宗中，唯本無宗、本無異宗、卽色宗與心無宗，直接論及有無問題。道安本無宗言：「無在萬化之先，空爲衆行之母，常人之滯，滯於末有，若託心本無，異想便息。」深法師本無異宗言：「無在有先，有在無後，故稱本無。」此二說與王弼以無爲本之說，頗遙相呼應，卽色宗之闕內卽色義，明色無自性，故言卽色是空。所謂色無自性，卽色由緣會而成，亦無甚新義，卽色宗之支遁卽色游玄論謂：「夫色之性，色不自色。色不自色，故卽色而空。」此卽謂一切色只如是有，而並非自有其如是有，故其有卽非有，卽空。溫法師之心無宗，謂不滯外色，則卽色爲空，頗同於郭象之順物變化脩然直往而不執之說。此三宗中，除關內卽色義，皆極有哲學意味，然而僧肇於此三宗皆加以批評。

其批評心無宗曰：「無心於外物，而外物未嘗無，此得在於神靜，失在於物虛。」卽謂依此宗，心雖可不滯於外物，然外物仍可自有定色，自在心外，則內外不能溝通。故雖可使人神靜，而不能卽物以觀其卽有卽無，以明物之自虛也（見後）。批評卽色宗曰：「夫言色者，但當色自色，豈待色色而後色哉？此直說色不自色，未了色之非色也。」此乃說依支遁之卽色游玄論，雖說色不能有其自身之如是有，然而說色不能有自身之如是有，仍說色如是有，是未能卽色如是有以見空，知卽有卽無也。批評本無宗曰：「情尚於無，多觸言以賓無，故非有有卽無，非無無亦無，尋夫立文之本旨，直以非有非眞有，非無非眞無耳。何必非有無此有，非無無彼無？此直好無之談，豈順通事實卽物之情哉！」此乃說，本無宗之說非有非無，爲有無皆無；不知佛家所以立非有與非無之本旨。所謂非有，只是說非眞有；非無，只是說非眞無；並非說有無皆無，說有無皆無，便是只知好無，而偏於無一面，不能通有無二者矣。

觀僧肇之批評三宗，便知僧肇之有無論，與王弼之以無爲有之本，無爲有之所依之說，及郭象之心隨物變化而不執之說皆不同。王弼不免以有無爲二，而郭象則能無常心，未能無境。故僧肇之不眞空論，特重卽物順通，卽僞卽眞之義。故曰：

卽物順通，故物莫之逆，物莫之逆，故雖無而有；卽僞卽真，故性莫之易，性莫之易，故雖有而無。……

雖有而無，所謂非有；雖無而有，所謂非無，如此則非無物也。

心無宗，無心不無境，卽色宗，尙不免執有；本無宗則不免執無，乃以非有非無，爲有無皆無。僧肇對此問題之主張，則取物順通，卽僞卽眞之說法；卽境之有，而見其無，以得有無不二之眞，是方見「非有非無」之本義，於是遂可去三宗之所短，而會通有無二者。故其言曰：

萬物果有其所以不有，有其所以不無。有其所以不有，故雖有而非有，有其所以不無，故雖無而非無。雖無而非無，無者不絕虛；雖有而非有，有者不夷跡。若有不卽真，無不夷跡；然則有無稱異，其致一也。

以下彼再根據佛家緣會之義，以說明有無不二之義：

夫有若真有，有自常有，豈待緣會而後有哉？譬彼真無，無自常無，豈待緣會而無也？若有不自有，待緣而後有者，故知有非真有；有非真有，雖有不可謂之有矣。不無者，夫無則湛然不動，可謂之無；萬物若無，則不應起，起則非無，以明緣起故不無也。……欲言其有，有非真生，欲言其無，事象旣形，象形不卽無，非真非實有，然則不真空義，在於茲矣。……聖人乘千化而不變，履萬惑而常通者，必以其卽萬物之自虛，不假虛而虛物也。

僧肇斥心不無境之論，主卽物順通，「卽萬物之自虛不假虛以虛物」，以達於心境一如之境，此其所獨造，六家七宗所未及，亦爲魏晉玄言之所未逮者也。

三、法相唯識宗精神與中國佛學諸宗

印度固有佛學除中觀宗卽所謂大乘空宗外，尙有瑜伽宗卽所謂大乘有宗之無著世親之學。中國傳大乘有宗者爲玄奘窺基。大乘有宗由廣論百法而終歸於唯識，唯識宗之異於三論宗者，在不破緣生而以依他起性說緣生。蓋不執緣生，緣生固不須空。唯識宗說空，唯空徧計所執之實法實我。實法實我無，而因緣所生之識之法有，卽以此識法統色法，心所有法，不相應行法及無爲法。因色爲識所變現，心所有法爲與心相應，繫屬於心。不相應行法依色心諸法，乃之分位上假立，無爲法爲識實性，故皆不離識。心所有法如煩惱等不離識，常人共喻。不相應行法，如時方數等，爲色心諸法上假立之法，常人亦易喻。唯色法爲識所變現，唯是識境，則與常識大相逕庭。然唯識之義所重，正在攝境歸心，以破常人之執境爲外。觀其論證，除安立一末那識及阿賴耶識外，亦頗似西哲巴克來等唯心論之說。然其所以必攝境歸心者，唯以常人一執有外境，則不免以我逐境，而貪求靡已，於是心光外馳，不能反觀，以自證悟識之實性。故成唯識論謂：「恐濫外而講唯識」，誠能知境非在外之實有，攝境歸識而不濫外，人復當自其識之爲因緣生，以知「識」亦依他起，無自性非實有而不執「識」，乃於此識之依他起性見其圓成實性，契識實性之無爲法，無爲法卽空我法實有之二執，所顯眞如，既空二執，識卽成智，以智緣如，卽證佛果，得大解脫，循是以觀，則唯識之論，亦爲方便應機助人解脫之道，故習唯識必當作唯識觀，作境不離識之觀，觀所執外境之本無，以杜逐境之貪欲，作識亦爲緣生觀，以破我執，此與習空宗須作空觀同，其明緣生以說有，實所以遮外境與實我之本無，故雖說緣生，乃以緣生破執，而未嘗執緣生，不執緣生而以緣生破執，則可不爲空宗所破，是與空宗之破緣生之執者，匪特並行不悖，亦未嘗不可相輔爲用，殊途同歸。然唯識宗深有契於常人所以之逐物之故，由於先有物境在外之執，故釜底抽薪，首重攝境歸識，使人逐境之欲失所據，而貪妄暫息。此卽爲空宗所較輕忽之義。關於唯識家之學說，義繁理密。唯中國玄奘窺基諸有宗大師，雖有翻譯經論，纂集衆義以疏解經論之助，然其思想大體，不出天竺規範。此章所重，在述中國人之佛學，故於此宗之義，今不加以講述，然其宗旨所在，則人或忽諸，故示此端緒，以爲講中國佛學其他諸宗之助。

中國佛學，除大乘空有二宗外，相傳共有十三宗之多。其中成實宗宗小乘之成實論，俱舍宗宗小乘之俱舍論外，尚有涅槃宗、地論宗、攝論宗、禪宗、華嚴宗、天臺宗、眞言宗等。其中涅槃宗宗涅槃一經，曇無讖以標宗，而未有發揮。涅槃經，後爲天臺宗所特重。而涅槃宗亦融入天臺宗。地論宗宗華嚴十地論，後卽併入華嚴宗。攝論宗宗攝大乘論，此論不過大乘有宗之一論。律宗明戒律，律爲三藏之一，修行者所當共守，若別無宗旨，亦可不獨立名宗。眞言宗雖盛於唐，旋卽東渡日本成日本佛教之主要宗派。宋後卽絕於中土，近乃自西藏日本重輸入。唯天台、賢首、禪、淨四宗則各有宗旨，大師繼起，迄今未斷。大弘揚天台宗者爲陳隋間之智者大師。華嚴始於陳之杜順，弘揚於法藏，稱賢首國師，故又名賢首宗。淨土開宗者，人謂爲梁時之善導大師，然在教義則至明代之蓮池藕益等乃盛加發揮。禪宗相傳始於梁之達摩，實則六祖慧能，乃眞顯禪宗之精神者。凡此諸宗，皆有本於天竺之學，如天臺宗宗法華、涅槃二經。華嚴宗宗華嚴經。淨土本於淨土三經，世親曾有淨土之論。禪宗相傳原於迦葉，固無可徵信，然其遠源仍是印度傳來禪定之法，是諸宗皆可溯原天竺。然天臺、華嚴皆稱圓教，以和會空有諸宗爲己任，禪宗則不立語言文字，直指本心，當下卽是，爲印度所未有之宗派，淨土宗在印度亦無此名。故此諸宗，有中國自創之義存於其中，可名之謂中國之佛學，今試一論諸宗中之中國佛學精神。

諸宗中隋唐以來，以天臺、華嚴二宗最盛。天臺華嚴諸大師與吉藏窺基等，同生當舉世崇佛之際，其所著書，科判經論，尋文繹義，皆卷帙繁重，名相繁多，禪淨繼興，一則不立文字，一則單持佛號，則皆由厭名相之繁而來。然禪、淨之異於上列諸宗者，在修證之方法，而未必在教義。故後代禪、淨諸師言教義，仍多不出天臺、賢首之義。禪、淨之大興，乃在佛家教義大體確定，佛學已深入人心以後之事。故論中國之佛學，宜當先論天臺、賢首宗，次及於禪，至於淨土則陳義較淺，且在明代始有人眞加發揮，故略而不及。

天臺、賢首二宗之有其自創之教義，可自二宗之重判教證之。天臺、賢首之判教，不同印度所傳般若、瑜伽二宗之三時判教之簡明。人或謂其多附會，然其判教之精神則不可非。蓋判教者類別佛家諸宗之教義，定其所應之機而判定諸教義之高下，明其是否了義之次序者也。佛學本以破執求解脫爲目的，故其言皆應機而施設，而不同之教義遂可各有其用；又佛學既以破執求解脫爲目的，則諸教有更切近於此目的者，有較遠於此目的者自有了義不了義之別。天臺、賢首諸師判教之詳，不能不謂有一融會諸教義，既使其並行不悖，又使其高下判別之宏願在。其中天臺分化法四教爲藏、通、別、圓，化儀四教頓漸秘密不定，前者以教理而分，後者以施教方式而分。華嚴則分小、始、終、頓、圓五教，而皆自居於大乘圓教。以今日吾人對印度之佛教更深之了解觀之，天臺、賢首之義，是否皆能得印度佛學之本旨，其對大乘空有二宗之了解與評論，是否皆是，又其是否堪稱究竟了義之圓教，誠皆可成問題。然自哲學史之眼光觀之，則天臺、賢首諸師於當時空有二宗之教義所宗之最要經論外，特提華嚴、法華、涅槃以爲宗，而發揚之闡說之，以評論其餘諸宗，則不可不謂之帶創造精神之中國佛學也。

四、天臺宗

三論宗言中觀。鳩摩羅什、僧肇之倫，亦皆神解超特，然其觀行工夫何似，實亦難言。天臺宗承印度所傳禪定之法，乃立止觀之法門，然後學佛者乃益知所以迴機就己，以作聖作佛之道。華嚴宗之華嚴法界觀，蓋繼天臺而起者也。天臺止觀之論以觀爲止惑之道，所謂一心三觀之說是也。一心三觀者，空假中三觀，以三觀觀三諦而除三惑，空觀泯一切法，以觀眞諦之平等相，假觀立一切法，以觀俗諦之差別相。中觀統一切法，以觀中諦之平等即差別，差別即平等，三諦圓融，每諦皆含餘二諦，所謂一空一切空，一假一切假，一中一切中是也。三諦圓融而一心三觀，是能除迷於空諦而不能見之見思惑，迷於假諦而不能見之塵沙惑，及不能見中諦之無明惑。其一心三觀之說，乃緣三論之中觀而建立，故佛祖統記載天臺初祖慧文，讀中論四諦品「因緣所生法，我說即是空」而大悟，遂明空有不二之中道。天臺將「中諦」與三論宗之眞俗二諦並立，而成三諦，故天臺宗六祖荆溪止觀義例，謂「天臺以法華爲宗旨，以智論爲指南，以大經（涅槃經）爲扶疏，以大品（大品般若經）爲觀法」，皆見其原本空宗。天臺宗之三觀本於三諦，三諦爲俗諦、眞諦及中諦。俗諦者，謂因緣生之諸法宛然差別。眞諦者，謂因緣所生法之畢竟空而畢竟平等。中諦者，謂此差別卽平等。此與三論宗之言相近而又不同。三論宗謂一切法因緣生，故空，知其空而不執空，空亦空，卽爲中道，亦卽解脫道。然三論宗未嘗特立中諦，而天臺宗卽本如是之解脫道爲中道之義，以立中諦。以中諦統二諦而又與二諦並立，成三諦圓融之義，一諦皆含三諦，此誠有進於三論宗，三論宗明非空非有，卽有卽空，卽有而空，便是中道，別無中諦。如以僧肇言例之，則「卽萬物之自虛」，便是中道。卽有卽無以外，別無卽有卽無之「中」。承三論宗義以評天臺，則其另立中諦，有如床上之床，既立此床上之床，又與空有二諦並立對待，再圓融之，使不相對待，尤爲床上之床。此中是非，今不能詳加評論，然吾人縱承認天臺之立三諦，在理論上不免爲重贅，然至少在觀行上，自有其眞實作用在而不可非。蓋卽有觀空，非智證眞如者不能，卽眞契三論宗之中道者，非成佛者不能。在吾人凡夫，觀空則溺於頑空，觀有則溺於實有，觀眞諦之空，則空而不有，觀俗諦之有，則有而不空，故在吾人凡夫，眞俗二諦實儼然對立，不由中諦則不能統攝。中道可證，中諦亦可觀。觀中諦爲眞俗二諦之統一者，是亦未嘗不可，然初習止觀者之觀中諦，終不免執中諦爲一單獨之所對，而與眞空俗有相對，故必繼以觀三諦之圓融，三諦之不相對待，然後中諦不成一單獨之所對，而彰其統一二諦之用，中諦圓融二諦，二諦又互圓融，復與中諦圓融，斯顯一心三觀之全體大用。故三諦圓融一心三觀之說之所以立，在理論上縱可評之爲床上架床，然在觀行上則仍當謂其原於止觀本身之宜有此次序也。

天臺標中諦以統眞俗二諦，標一心三觀以觀三諦圓融，明有和會空有二宗之意。蓋三論宗只言二諦，重在觀有之卽空，其着重點在空上，而天臺立中諦，其畸重點則自始卽在空有一如上，此其所以自視，爲空有二宗以上之圓教之一故也。

天臺宗以中諦統差別與平等，差別卽平等而三諦圓融，於是又有一念三千之說，以明三千諸法互相差別，而實在一念中相融不碍，畢竟平等。所謂一念三千，乃於世間分爲三：曰國土世間（非有情物）、衆生世間（有情物）、五蘊世間（色心諸法），此三世間各具四聖六凡十界之差別。每界與餘九界涵攝貫通，而具十界，故十界則具百界。每一界有其「性」、「相」，性相合成之「體」，體所生之「力」，所作之「業」，招果報者，曰「因」、曰「緣」。由因緣生者曰「果」、曰「報」，凡此種種之合而具於一界者，曰「本末究竟」。性、相、體、力、業、因、緣、果、報、本末究竟稱十如是。一界具十如是，百界則具於如是，三世界具三千如是之法，此三千如是法，概世間一切法，然此一切法皆具於當下之一念，是爲一念三千。夫然，故當下之一念卽含全宇宙，而佛心一念，亦卽涵具一切衆生而吾人亦皆在佛心一念所涵攝中。蓋諸法就俗諦言，固差別而爲多，然以諸法皆性空，就其性空而言，卽平等。本中諦以觀差別卽平等，則三千諸法亦畢竟平等無差別，是卽成「心佛衆生是三無差別」之義。緣是而我心自有佛，天臺乃以觀心爲主（荆溪止觀義例語）。緣是而佛亦當擔負衆生之罪惡，天臺乃以佛性有惡，惟佛之惡性不現行而已。

關於天臺一念三千之說，佛性有惡之說，誠與唐代法相宗教義，大相枘鑿，法相宗以為天臺之一念三千，一界具十界之說為亂法相，亂界繫。一界含十界而佛性有惡，則佛非佛，成佛將不可能，故法相宗與天臺宗辨難甚烈。此中之根本問題，在一元、多元之問題。法相、唯識宗以衆生各有八識，衆生之心識雖互為增上緣，交光相網，然衆生心識畢竟為多。衆生染而佛淨，染淨不兩立，則佛性中豈能有衆生之惡罪？此問題太大，今自不能討論其是非。今可言者，卽中國固有哲學本富一元論之色彩。如儒家之言天，道家之言道，皆含一元之色彩，故天臺宗之言十界相含實表現中國哲學之精神者，至於由佛界之含衆生界而言佛性有惡，與儒家之由人皆可以為堯舜，而言人皆有聖人性而性善，固立說不同。然皆同以人性為平等，凡聖之異在修行工夫上，天臺雖言佛性亦有惡，其惡既永不顯，亦同無惡，則謂其性惡者，不過明其與衆生心在究竟義上實無差別畢竟平等而不可二耳。

五、華嚴宗

天臺宗教義本於空宗而融合空有。華嚴教義則本於有宗而融空有。華嚴一經原為有宗所宗六經之一，而大弘華嚴之賢首國師，相傳曾與玄奘同譯經，以意見不合而出譯場，華嚴宗明萬法互攝，一攝一切、一切攝一、一切攝一切之思想，雖頗同於天臺之一念統三千諸法，然亦可由法相唯識宗之思想引申而出。蓋依法相唯識之義，以衆生之識如衆燈明，交光相遍，已含諸識相容不碍之義，又成佛果後，佛無人相、我相、衆生相，亦法相唯識宗所印持。佛必以他爲自，知在佛之願力上，衆生畢竟成佛，佛不獨成佛，則知在證一眞法界之佛心上，佛與衆生之差別，終無究竟之安立處。華嚴宗蓋卽本此而言一眞法界卽是一心，一切衆生同此一眞法界，同此一心，緣唯識宗言，衆生之識交光相遍，卽已涵互卽互入之義。唯識宗謂在一切衆生心識中，其一切色境及其他諸法，同屬於此心識。又謂在阿賴耶識中，一切諸法種子，相容不碍。而諸法實性，同是無爲，諸法實性旣同是無爲，則一切色境及其他諸法，在實性上畢竟平等。由此畢竟平等性以觀諸法之差別，則諸差別之色境及其他諸法，又皆當相卽相入，於是萬法皆當爲相卽相入，一攝一切、一切攝一、一切攝一切者，是卽成萬法互攝觀，爲華嚴宗所持以發揮者。此萬法互攝觀，卽名華嚴法界觀，亦卽華嚴之宇宙觀也。然此宇宙觀卽宇宙唯心觀，此宇宙唯心觀，非如天臺之重觀心而可說其重在觀宇宙或觀境。然華嚴之觀境，又非如唯識宗之觀境之非外，以破外境之執，而是觀外境唯是一眞法界之顯現，一心之顯現。心之所以異於境，在心之能攝。然依華嚴法界觀以觀法界中之一切法，皆能相攝，卽皆是心。如境是法，亦卽是心，萬境相攝如衆心相攝，我心觀萬境，卽我心觀萬心之互攝，於是充塞宇宙皆成一透明之心光所照耀，更無外境可執，無執可破。知在此一眞法界中，本無執可破，卽爲破執。在此世界觀中，差別與平等無碍，則差別與差別亦無碍。差別者殊事，平等者共理，殊事者緣生之萬法，共理者萬法實性之眞空。萬法非實有，唯是一心顯現。單就殊事而言法界，爲事法界，單就理而言法界，爲理法界。事多而理一，事法界卽俗諦，理法界卽眞諦，事卽所以顯理，理卽在事中，是爲理事無碍法界。是卽眞諦俗諦相容無碍，事理無碍。而一多相卽相入，一攝一切，一切攝一。事理無碍，則事無非理，而事與事亦相融無碍，是爲事事無碍法界，是卽由眞諦俗諦無碍而無俗非眞；無俗非眞，而俗諦與俗諦亦卽相融無碍，是卽事事無碍。則不特一攝一切，一切攝一，一切與一切皆成互攝，此卽華嚴之四法界觀。以此四法界觀萬法則不毀萬法，而萬法唯一法界，不攝境歸心，而萬境唯是一心顯現，如此則爲全體之一眞法界，與爲部份之一一法，卽復相融無碍，而又各不失其爲萬法之一。由此可言華嚴之六相論。六相論者，全體爲總相，部份爲別相。部份雖相別而同屬一全體爲同相，部份雖同屬於一全體，而部份又各不相同爲異相，各部份雖異而又和合相融爲一全體，爲成相。然雖和合相融爲一全體，而各部份仍各是其自身爲壞相，以六相觀萬法之於此心此理，則此心此理爲總相，萬法爲別相，萬法皆屬於一心爲同相，心觀萬法，一一還其萬法之異，爲異相。萬法異而互相攝入以和合相融，以成一心爲成相。萬法互相攝入和合相融以成一心，萬法仍各是萬法，未嘗失其爲萬法，是爲壞相。故以華嚴宗之法界觀觀法界萬法，則萬法互攝，是一法亦卽萬法，廣喩此卽一卽萬，卽多卽一之理者，爲華嚴之十玄門。十玄門有智儼所立之舊十玄門，與法藏所立新十玄門之別，唯二者差別不大。

其義，今無庸一一詮釋，讀者可閱原書，要之不外明卽一卽多之理，以打破世俗之只見萬法差別的宇宙觀，而知宇宙萬法實在一互相透明，往復交映，重重無盡之全體中，而此卽一「眞心顯現萬法皆心」之宇宙觀，如此之宇宙觀，常人可思之而恆不能眞有如此之觀。欲眞有如此之觀，必習其書，知其理，循理以澄其心，靜其慮，以觀萬物，心與理漸趨冥合，乃有少分相應也。

六、禪　宗

禪宗之傳承，自言爲敎外別傳，乃由迦葉心心相傳，至二十八祖達摩東來，爲中國此宗初祖。達摩傳慧可，慧可傳僧燦，僧燦傳道信，道信傳弘忍，弘忍傳神秀與慧能，慧能一花開五葉，分五宗，而禪宗成中國後世佛學之中心。此派稱達摩東來，不立文字，直指本心，見性成佛，故異於諸宗之重說敎理，而中國佛學有所謂宗下、敎下之別。實則二十八祖之說，本無根據。而由達摩至慧能，宗旨亦非一貫，其淵源於佛家之敎理者，亦頗有不同，未必可稱爲一系相傳，唯由慧能以至五宗，則支分派衍，可謂同出一源，故謂中國之禪宗創自慧能可也。

慧能之禪宗，據六祖壇經定慧第四言以「無念爲宗，無相爲體，無住爲本」，吾以爲論禪宗，常扣緊此語。壇經曰：「於諸境上心不染，曰無念。」於諸境上心不染則「於念上離念」。只須心不染著，便雖有念而離諸塵勞煩惱之心。自性原是眞如，故離煩惱之念，即依「眞如自性起念」。故又曰：「凡夫即佛，煩惱即菩提，前念迷即凡夫，後念悟即佛。前念著境即凡夫，後念離境即菩提」，由是而有頓悟頓修之說。蓋迷悟係一念，不悟則佛是衆生，一念悟時衆生是佛，故曰：「迷則累刼，悟則須臾」、「喻如慧劍斬千萬煩惱絲，一時頓斷」，曰：「恆沙妄念，一時頓盡；無邊功德，應時等備。」此種頓悟之說，在六朝之道生已倡之。然隋唐以還，多主漸修。及慧能乃倡頓悟頓修之說，爲後世禪宗諸師所共宗信。在印度佛學家言修行多詳分修道之層次，及見道後諸地之差別（如瑜伽師地論），並或以成佛心待三大阿僧祇刼爲言，而中國之禪宗，獨以當下離念即佛爲敎，其簡易直截處，不可不謂表現中國佛敎之精神者也。

上釋無念義，次當說無相義。壇經曰：「於自念上常離諸境曰無相」。無念則心不須離念，只須心不染著境，遂能自念上常離諸境，「于境而離境」即無境界相，是即無相，無相無念而心不亂是即禪定之工夫。故曰：「外離相爲禪，內不亂爲定」，禪定之工夫要在能即念即相而離相離念，坐禪非閉目靜坐之謂。故曰：「於一切善惡境界，心念不起，名爲坐，內見自性不動（即不亂）名爲禪」，「道在心悟，豈在坐耶」？

何謂無住？「於諸法上念念不住即無縛也」「念念之中，不思前境」，無住者，慧能之所以悟道，故壇經載其聞金剛經「應無所住而生其心」一句而發心求道，於是可不捨一切法，遍應萬法而皆無所住，則萬法頓空。「前念、中念、後念，念念不相待，念念寂滅」（馬祖語）於是定不碍慧「卽定之時慧在定，卽慧之時定在慧」斯可應境而不爲境縛，於日用尋常之事中常住道場。故壇經曰：「若眞見性時，輪刀上陣，亦當見之」。後來臨濟宗更盛倡此日用尋常中悟道之義。「佛法無用功處，祇是平常無事，屙屎送尿，著衣吃飯，困來卽臥」。趙州謂：「平常心是道」，著衣吃飯何以是道？佛法豈無用功處？此中蓋有二義：一者，著衣吃飯而念念不住，心無繫縛，是卽是道，無用功處者卽用無用功之功，所謂「恰恰無心用，恰恰用心時」也。蓋有功可用則縛於功，無功之功，乃爲無縛之眞用功。二者，平常心中亦實有道。蓋「終日說事，未曾掛着唇齒，終日吃飯穿衣，未嘗咬着一粒米，未曾掛着一縷絲，終日行，未曾踏着一片地」。（黃檗語）道固如是，而平常心中亦如是。平常心之穿衣吃飯，亦實未嘗念念着此唇齒，着米，着絲，着地也。此卽平常心中念念不住，平常心中之無縛心也，就此平常心中之無縛心，加以指點，一朝自覺，卽證入無縛之心，如此用功，則用功處卽在此平常心，亦可謂之別無用功處也。

由禪宗自性菩提卽心卽佛之說，故修悟所得，無增於修者本來具足。所謂修之工夫，唯是使本來具足者，如實呈顯，如非在自性自心外實有修爲之事。故馬祖曰：「道不屬修，若言修得，修成還壞」。蓋若實有修爲之事，則同屬因緣生法。因緣所生法皆無常，故修成還壞，執實有修持事，則念住修相，何能離念無相無住！有執何能成佛？故所謂修者，乃修而無修，無修之修，由修以知修所得者，本不待修，是爲修而無修，悟有此本不待修者之悟，卽爲修。是爲無修之修，修成而修不立，悟道而悟亦不立，故成佛實無當下此心以外之佛可成。若有當下此心以外之佛可成者，卽不信本來具足，而向外攀緣，亦復未能離念無相不住，而不免於法執矣，故禪宗遂有呵佛罵祖之論，而修道之儀式，亦非所首重。禪宗唯恐人之執語言相，住於語言，故其論修悟之道、之言，亦常自立自破，由此而禪宗不重教理之闡揚，乃或教學者單提一話頭，朝夕參究，而一旦豁然，或應機設施名言，旋說旋掃，末流所至，則徒逞機鋒以宛轉關生之應答爲樂，而轉似魏晉之淸談，非復佛學原有之精神矣。

吾人觀佛學之初傳入中國者乃在其禪定之法。佛學之盛興，乃多少賴魏晉人之淸談爲緣。魏晉人之淸談，不足以解當時人生如寄之悲感，佛學乃代之而興，六朝時一般人之所以崇信佛學，乃在福報輪迴之說，使人企慕超現實的常樂我淨之涅槃境界，故當時人崇信佛學，實出於純粹之宗教精神，至僧肇而盛揚大乘空宗之義，然其物不遷不眞空之論，仍重在說境之空。般若無知論論般若無知，純自知無所知上說，仍是就境空以說心無知而心空，及至天臺，乃以說心爲主，以一念滿三千諸法。唯識宗繼以唯識無境之說，華嚴繼以境無非心之說，而禪宗重心悟之說興。禪宗之主自性菩提，言心本來是佛，實中國佛學天臺、華嚴二宗同涵有之義。而中國所喜之佛學經論，如楞嚴、圓覺、大乘起信論，皆同此「本覺」、「常住眞心」、「圓覺」自性菩提之說，而不止於言無漏種與自性涅槃，旣有自性菩提之義，則自當離念即佛，頓悟頓修。於坐禪自不重在坐以入定境上，而重在時時提撕警策，使心常惺惺，即定即慧而離相不亂上，於是日用尋常中，無不可見道，而修道之儀式，教理之設施，自非所重，立言唯重應機矣，故禪宗之佛學乃中國佛學發展必歸至之階段。以前諸宗之教理，皆爲禪宗之所本，而禪宗之應機立言，變化無方，於印度中國之佛家各宗經論，亦皆自由徵引，不顧其本來之體系，隨意加以活用，故佛家之議論至禪宗而極變化無方之能事，佛家各宗派之界限，亦自禪宗而漸加以打破淆亂。中國佛學自求超現世之福報，信有超越三世流轉之涅槃，已能超越三世流轉之佛始，而以信我心自有佛，頓悟成佛之禪宗終。由坐禪入定之法輪入始，以「行住坐臥，運水擔柴，無往非道」之禪宗終。其由三論唯識天臺至華嚴教理之發展，則爲由觀境之空，攝境歸心，而重觀全境皆心。其論心也則由唯識之重多心之不一，轉爲華嚴之重言一眞法界一心，凡此等皆可見中國哲學固有之精神之融於佛學中。中國哲學原有心性本善之說，孔子曰：「我欲仁，斯仁至矣。」孟子曰：「子歸而求之餘師。」此即禪宗信心及頓悟之精神，孔孟言下學即所以上達，此即禪宗於日用尋常中悟道之精神。而儒道二家之言天、言道、言誠、言太極皆善圓融偏執，而天臺、賢首正能表現此中國哲學之精神，此其所以爲中國佛學也。

（自註：今年五月十七日應友人之約赴釋迦牟尼佛滅度之二千五百年紀念會。余論學固以儒爲宗，然對於世界各宗敎思想，皆望其並行不悖。而當今世俗多揚耶抑佛，未免偏叵。本刊對論佛學之文亦殊少刊載。此文爲余十年前於重慶任教時之講義，前年曾一度印作港大之參考材料。所述多不外中國佛學最簡單之常識以告初學者。唯因民評索稿，乃檢此舊作，自閱一通，覺此文在條貫諸宗敎義，以見中國佛敎敎理發展之跡相處，尙略具匠心，亦不無一二人所未道之見。故加以發表，以表紀念之意，兼就敎當世。）

（一九五六年六月•「民主評論」第七卷第十一期）

略述明道之學及其與橫渠之學之不同

明道之學與橫渠頗有出入。橫渠之言，苦心極力之功多，故析理密。明道之言，則多渾淪而含蓄，故涵義微。橫渠雖非釋老，然其重清重虛之義，則多同於道家；且對形上學宇宙論之興趣濃。明道則諱言清虛，而偏於論人生哲學，以承儒家之正統。橫渠以太虛言天，以氣化言天道，以氣之本虛而清通處言神，言天德。以氣之相感而聚或散、動或靜言氣化。合氣之能感之能，與其所以能感之虛，以言性。於氣化之不得已，物之受於氣者言命。以人之氣之依虛而感物之所生之知覺上言心。於本虛以感物，而以物爲我處言仁。仁以敦化。以感物而應得其宜上言義。義以入神。人物之應得其宜，則可轉易其所受於氣者之命，而使之合於義。卽於此氣之所當如何轉易處言理。其思想不可謂不密。然明道則不詳析此諸名之義，而惟就此諸名所表之義之相通處、而說天、道、性、命、氣、神、化、心理、仁之一貫。明道以生生之易，生生之仁道，卽天道。天命者言其賦於物。天者自其包涵偏覆之義言。天道者言其爲自然之道。故曰「有一個包涵偏覆之義則言天，言其自然者謂之天道，言其賦與萬物者曰天命。自萬物之得此天所賦者言曰性，天之付與謂之命，稟之在我謂之性。」又曰「無聲無臭，其體則謂之易，其用則謂之神，其命於人則謂性。」性卽生生之性，故曰「生之謂性」，生生卽氣之生生，故曰「氣卽性，性卽氣。」天道之生生卽化，化之無方，卽神。故無往非化，無往非神。清者爲神，濁者亦爲神。故曰「氣外無神，神外無氣。」而此天道爲自然而有其當然。當然卽是義，義卽是理。故又曰「在義爲理」。就此理主宰於身而言則曰心。於是天、道、性、命、氣、神、化、理皆統於生生之仁之道。此道爲天道，亦卽人道，故曰「天人本不二，不必言合。」由明道以觀橫渠，則將不免視橫渠爲支離，其關鍵則在其不滿意於橫渠太虛之說，故其言「橫渠爲世學膠固，故說一個清虛一大，然易引入歧途。」故又屢言以清虛一大爲道本之未安處。蓋不立「清虛一大」則唯有一氣，天與道二名之義亦無別。而橫渠之分天與道，神與化，性與命，仁與義，心與理，人與天，皆緣分虛與氣而來。故明道不滿橫渠「心禦見聞，不宏於性」，心小性大之說，謂「心與天地無異，不可小了他。不可將心滯在知識上，反以心爲小。」又謂「浩然之氣，乃吾氣也。養而不害，則塞於天地之間。」是見其於橫渠天人合一之說，及橫渠之言神言命言仁言義，皆有明白之異議。

蓋明道既不分立太虛與氣，則性、命、天、人、仁、義、心、理，自皆不能如橫渠之分別說。細察二人立說之不同，而探其本，則在橫渠之視氣爲實，實則不能化，故必謂氣以虛爲性，然後可以言氣相感之神化，與氣之生萬物，然明道之所謂天道，卽以生生爲義，變化爲義。道同於氣，故氣卽以生生爲義，變化爲義。能生則非定實，既非定實，則毋庸更立氣外之太虛，以言此氣所以能生變化之故。故其評橫渠曰：「立淸虛一大爲萬物之源，恐未安。須兼淸濁虛實，乃可言神，道體物不遺，不應有方所。」橫渠以生本於相感，相感必依虛。相感者爲二，虛則使相感者得通爲一，故言「兩以見一」。而明道則只言一生，生有兩端便是二，故說一生卽足。此卽橫渠與明道之不同之所本。

橫渠有虛與實之分別說，故有體用之分別說，橫渠謂「太虛無形，氣之本體」，則氣是用。由此而性是體，心是用，天是體，命是用。而明道則只有卽虛卽實之氣，故氣卽性，心卽天命，而體用無先後。然明道所謂天道卽生生，生生卽仁，天道既不外仁，故明道於天道少所討論。其於天道，乃只重觀其生生，體會其生生。故張橫渠曰：「明道窗前有茂草，不芟，謂欲常見造化生意。又常畜小魚數尾，時時觀之，謂欲觀萬物自得意。」故其言曰：「萬物之生意最可觀，靜後見萬物均有春意。」又曰「觀雞雛以觀仁」。蓋天道卽仁，識得仁卽識得天道。識天道，亦不外識天道之仁。故明道於天道少所論列，其觀天道亦不過以印證人道之仁，如觀天地生物氣象，觀雞雛之仁是也。故直接以仁言天道，於天道不多加討論，而惟以識仁，觀天道之仁爲事，乃明道之學之特色，抑其更有進於橫渠之處也。

論　性

明道之論性，主生之謂性，此上已提及，天道惟是生生，故天所命於我，而我所以承受於天者，即此生生之性。橫渠於正蒙，曾反對生之謂性之說。蓋最早主張生之謂性者爲告子，孟子嘗斥之。孟子之斥告子言生之謂性，即在其以人性物性同觀，不能別人之性於物之性。以人物皆同是此生也。而橫渠則於誠明篇謂：「以生爲性，既不通晝夜之道，且人與物等，故告子之妄，不可不詆。」正是承孟子之意以斥告子。然其復以不通晝夜之道爲言者，則意別有在。蓋所謂晝夜之道，據太和篇，即寤寐之道隱顯之道。橫渠以性本於虛故爲隱。盡性而後隱者顯，故徒生非性，必連「生」所本之「虛」言，乃是性。然明道則不於「生」外立「虛」，彼乃反而謂告子之說爲可。伊川蓋承其說而謂孟子亦未嘗非告子。其實告子所謂生之謂性乃指食色爲性，孟子明反對告子之只以食色說人性，致人性與物性無別。明道之說，實與孟子不同。而其言生之謂性之意亦與告子不同。蓋告子之所謂生惟是食色，而明道所謂生則原於生生之天道。食色之生，只限於個體，而生生之天道則通宇宙而立名，即是天之仁道。明道所謂生之謂性，乃謂人本此生生之天道仁道以生。然以此生生之天道無所不在，故其賦於物而爲物之性也，物亦各得此道之全以爲性。此其意義乃將物性提高，以與人性平等觀，而非如告子之將人性降低，以與物性平等觀。其宗旨亦與孟子之重辨人性與物性之異者不同也。明道將物性提高與人性平等觀以後，遂謂物性與人性之異，只在人之能推而顯其性，物則不能推而顯其性。而於此處異於告子，謂告子不知人物性之異。然此人物之性之異，實不在性之本身，而在性之推得出推不出上。故其不斥告子之根據，亦與孟子不同。二程語錄卷三曰：「萬物皆備於我，此通人我而言。禽獸與人絕相似，只是不能推。」又卷二曰：「萬物皆備於我，不獨人爾，物皆然，都自這裏出去，只是物不能推，人則能推之。雖能推之，幾時添得一分？不能推之，幾時減得一分？」「人在天地間與萬物同流，天幾時分得出是人是物。」卷二又曰：「所以謂萬物一體者，皆有此理，只爲從那裏來，生生之謂易，生則一時生，皆完此理，人則能推，物則氣昏推不得，不可道他物不與有也。人只爲自私，將自家軀殼上頭起意，故看得道理小了。他底放這身來，都在萬物中一例看大小，大快活。」此皆明言人與禽獸之物同得此理之全，差異只在禽獸之推不得，以氣昏而不能使性顯發上。此明道將物性提高與人性平等觀之說也。而此種平等觀之根據，則在人之能超出其自私之念，不以此理爲私有，故能以此理爲萬物所共有之性。換言之，亦卽本於人之仁，而後能視萬物皆有此理以爲性。蓋此理卽是仁之理，故吾本於吾之仁，而又不私此仁之理，則能視萬物皆具此善之理以爲性也。此可謂依於人生論上之仁，以安立宇宙論上客觀遍在於萬物內部而爲其性者之仁。夫然，人乃可由天地萬物之生意中以觀其仁，觀天地化機之仁，覺天地間無往非仁德之表現。乃能得仁者之眞樂，故明道曰大快活，此乃明道論性最深刻之處，而人皆忽之，故特加表出。

明道言生之謂性，一面主張人與物同此生生之性生生之理之全，以言此性之無乎不在。一面又說「人生而靜以上不容說」，謂說性只是說「繼之者善」，且言善惡皆自一本流出，皆是天理，以「過不及便名惡」。凡此所言，皆是自性之流行上說，此諸言似相矛盾，須加以疏釋。今先引其言性最重要之一段之全文如下：

「生之謂性，性卽氣，氣卽性，生之謂也。人生氣稟，理有善惡。然不是性中元有此兩物，相對而生也。……蓋生之謂性，人生而靜以上不容說，才說性便已不是性也。凡人說性，只是說繼之者善也，孟子言人性善是也。夫所謂繼之者善也，猶水流而就下也，皆水也。……有流而未遠，固已漸濁，有出而甚遠方有所濁；有濁之多者，有濁之少者。清濁雖不同，然不可以濁者不為水也。如此，則人不可不加澄治之功。……其清也，則却只是元初水也。亦不是將清來換却濁，亦不是取出濁來置在一隅也。水之清，則性善之謂也。故不是善與惡在性中為兩物相對各自出來。此理天命也。順而循之則道也，循此而修之，各得其分則敎也。自天命以至於敎，我無加損焉。」

明道言性，既言性善，性爲天理，又言善惡皆不可不謂之性，善惡皆天理，再言非性中有兩物各自出來。似互相矛盾，粗心者恒不得解，此須與橫渠之言性對較說之，其意乃明。蓋橫渠言性，於不失淸虛之本之天地之性，則名之爲善；於失淸虛之本之氣質之性，則名之爲有善有惡。然明道則不言太虛，而不分二種性。故謂人生而靜以上不容說。此語之意，卽別於橫渠所說之本於太虛之性論，而惟就氣之性上說性。故曰「性卽氣，氣卽性，生之謂性。」自生說性，則最初不得不說善惡皆性。然則何以又說性善？此則須知明道之論生之謂性，乃是自性之相繼上說性，亦卽自生之全程上說性。就生之相繼之全程而觀，此相繼之全程，乃以善爲歸，遂見性善，而惡初非眞實，卽於此說性善。此正是本於孟子之意。然就生之相繼之全程上說性善，不礙在全程上之一段上說有惡。蓋所謂惡者過不及。過不及者，過於此者，必不及於彼。過不及者生命之活動之偏於一方面，限制於一方面。如楊氏之爲我，卽只知執我，卽其生命之活動限制於爲我。墨氏之兼愛則又限於一往平等無差等之愛。一切惡皆生於生命活動之限制於一方，而於此方爲過，他方則爲不及。所謂惡者就其內容言，亦惟是善。故皆天理，如愛人愛己皆本是天理。惡只在過不及之限制上。故曰「善惡皆天理，謂之惡者非本惡。但或過或不及便如此者，楊墨之類。」唯在人之生之相繼之全程中，一是不能無過不及之事，故善惡皆有。惡多者其過不及者多，限制之處多，卽蔽之處多。此蔽卽名爲濁，並非外有塵入水使水濁，而惟是在流之過程中，不免有此濁之階段。以過不及之蔽可去，卽濁者可清。濁之所以得清者，乃順流下去而清。此卽以喻人之順性而發展，於其一階段之過不及上，而加以修養之工夫，卽可轉惡成善。此所謂修養之工夫，只是去其過不及，去其蔽。以過不及與蔽並非實有之物，故此去亦非外來之事，此去過不及之蔽之去之活動，本身亦性之發展之全程之另一段。故曰「不是將淸來換濁，亦非將濁取出置之一隅」，濁自流而成淸，性自發展修養去蔽而善，在發展上說善，故曰「繼之者善」，在繼之者上說善，卽是在天命之流行上說善。則一切修養之工夫，不過順此天命之流行，亦自不外此天命流行之自己完成，（明道又言「論性不論氣不備，論氣不論性不明。」）故曰「我無所加損」。

言仁

明道之學最重識仁。其識仁篇曰：

「學者須先識仁。仁者渾然與物同體，義禮智信皆仁也。識得此理，以誠敬存之，不須防檢，不須窮索。若心懈則有防心，苟不懈，何防之有？理有未得，故須窮索。存久自明，安待窮索？此道與物無對，大不足以明之。天地之用皆我之用，孟子言萬物皆備於我，須反身而誠，乃為大樂。若反身未誠，則猶是二物有對，以己合彼，終未有之，又安得樂？西銘乃備言此體，以此意存之，更有何事？必有事焉而勿正，心勿忘勿助長，未嘗致纖毫之力；此其存之之道。若存得便合有得。蓋良知良能，元不喪失。以昔日習心未除，却須存習此心，久則可奪舊習，此理至約，惟患不能守，故能體之而樂，亦不患不能守也。」

明道言仁，以渾然與物同體爲言。人於此理，反身而誠便得。又謂其「不須防檢，不須窮索」，以不致纖毫之力之「誠敬存之」，「體之而樂」爲守之之道，此乃直下承擔仁體之言。蓋人才一反身而超習心之我，卽心無限量，便見得天地萬物皆與我爲一體。原人之所以覺天地萬物在我外，唯以因我之心之有所限，我生命活動之有所限，我生之性有所限。欲破此限，實則只須一念。一念破限，卽反身而誠，知萬物皆備於我，同時自覺此萬物皆備之我。然對此萬物皆備之我之自覺，亦卽不與物爲對之道之我之自覺。故曰「此道與物無對」。言此道之與物無對，卽言由與物無對之我，以顯此道，不與物爲對之謂渾然與物同體。故對萬物皆備之我之自覺，卽不與物爲對，而與之同體之我之自覺。我有此自覺我卽眞實成就我自己，此之謂自誠。人由此自誠，不見我外之物而以「天地萬物之用皆我之用」，遂有眞滿足於其自己與大樂。如人以天地萬物之用非我之用，則必見我之用之不足。見我之用之不足，則必不能眞滿足於自己而樂。反之能以天地萬物之用皆我之用者，則能忘我之用之不足，於天地萬物之用，皆見爲我之用，乃能於天地萬物之生生不已中，無往而不見我之生，使萬物生生之樂，皆我之樂，而我之所以成就萬物之生生者，亦皆我之樂之所存，此亦卽我之所以盡我之生生之性而自誠。然此自誠，必須是無妄之誠。若有一毫未誠則我與宇宙萬物，我與此道，猶是二物，又安得樂？未得樂則我未能安於此道，亦不能長守此道。故人必須先由反身而誠以眞正識得渾然與物同體之此道、此我、此仁。旣識得而使之無間斷，便是敬。敬是無間斷之義，亦卽「繼」之義。無間斷則此渾然與物同體之境界相續，亦卽渾然與物同體之氣相續，此之謂浩然之氣。以無間斷之誠敬，養此氣，是謂勿忘，勿忘亦不可有矜持助長之意。因一有矜持助長之意，便是硬把捉此境界，仍有我與此境界之相對，人仍未能有此境界也。無矜持助長之意而勿忘，只以誠敬存之，而此樂亦能長守矣。

由仁故有愛。蓋仁者以萬物爲一體，則能充其愛一體之愛而愛萬物。故曰「若夫至仁，則天地爲一身，而天地之間品物萬形，爲四肢百體。夫人豈有視四肢百體而不愛者哉？醫書言手足痿痺爲不仁，此言最善名狀。仁者以天地萬物爲一體也。莫非己也，認得爲己，何所不至？若不有諸己，自與己不相干。如手足不仁，氣已不貫，皆不屬己。故博施濟衆，乃聖人之功用。」

觀明道之以言識仁爲直下渾然與物同體，認得「莫非己也」之義，可見其與橫渠之以己體天地萬物而後仁之說，實有毫釐之辨。以己體天地萬物，猶是以己合彼，非直下即見得此萬物皆備之我也。故橫渠不直接言在仁體中，萬物皆備於我。只言「無我而後大」，又言「以我體物」，欲由誠以合性與天道，故曰「性與天道合一存乎誠」。而明道則由與物無對說此道，曰「大不足以言之」。其於西銘雖稱道備至，然其所以稱道西銘者，正在西銘所說是人體天地萬物之工夫，作到家後之境界。此境界明道自亦印持。然明道復直下承擔體此境界，以爲工夫。更不須如橫渠之先言我之藐然中處於天地間，然後上承天地乾坤之道，以民胞物與爲心，以合性與天道。故明道識仁第一句便說，渾然與物同體，而誠敬不外所以存此，非另以一誠去合性與天道。故只曰「无妄之謂誠」。其與橫渠之學，終有不同。

明道由仁以論義。義卽本仁心以接物，而皆宜者也。故仁體也。義用也，守仁在敬，故敬與義可對言。敬自內言，義自外言。然外卽內之見於外者。故曰「敬以直內，義以方外，合內外之道也。」（遺書卷八）然依橫渠之說仁義，則仁乃自體物上言，義乃自應物上言。便皆不免自外言，此亦明道與橫渠之不同處。

又明道以誠敬爲存仁之道，誠是卽本體卽工夫，敬則收攝精神使無間斷。此卽是養氣。故明道講工夫，多專提敬。由重主敬，其言遂亦與周濂溪主靜之說異。其言曰「敬則誠」。濂溪亦講誠。然其講誠，偏在仁義之原上講。而明道之誠，則卽在仁上講。人有對仁體之自覺，對渾然與物同體之心境之自覺，而保任之，存續之，便是誠。此明道與濂溪不同者一。又濂溪以無欲爲靜，重在消極的去欲。與明道重積極識仁之義亦異。此其不同者二。

明道敎人，重直下承擔仁體。謂「識得此理，以誠敬存之，卽不須防檢窮索。」周子言無欲便不免重防檢。橫渠言窮神知化，而苦思力索，便可謂病在窮索。依明道直截簡易之敎，則全部工夫在於一念之充拓破習心之我，而渾然與物同體，與天地同流，而仁及萬物，愛及羣倫。故二程遺書載明道之言恕曰：「充擴得去，則天地變化，草木蕃。充擴不去，則天地閉，賢人隱。」此語誠可以見明道簡易直截之識仁之敎之精神所在。

定　性

由明道以仁統義，又言「敬以直內義以方外」以合內外，故其言心則歸於寂感不二之旨。寂者指此常理不易而恒存於心言，感者指其應物而通於物言。然其所以能通於物，正本於此理。原是通於物，仁體原是以天地萬物爲一體，而用呈於天地萬物之感應之中的。故感我以外之物之事，即是自感而自通其內在之隔閡之事，斯乃感而仍寂然不動。故曰「寂然不動，感而遂通者，天理具備，元無欠少。不爲堯存，不爲桀亡，父子君臣，常理不易，何曾動來，」知此意乃可讀明道之定性書。定性書曰：

「所謂定者，動亦定，靜亦定，無將迎，無內外，苟以外物為外，牽己而從之，是以己性為有內外也。旣以內外為二本，則又烏可遽語定哉。夫天地之常，以其心普萬物而無心，聖人之常，以其情順萬物而無情。故君子之學，莫若廓然而大公，物來而順應。苟規規於外誘之除，將見滅於東而生於西也。非惟日之不足，顧其端無窮，不可得而除也。人之情，各有所蔽。大率患在於自私而用智。自私則不能以有為為應迹，用智則不能以明覺為自然。……與其非外而是內，不若內外之兩忘也。兩忘則澄然無事矣。無事則定，定則明，明則尚何應物之為累哉。聖人之喜以物之當喜，聖人之怒以物之當怒，是聖人之喜怒，不繫於心而繫於物也。是則聖人豈不應於物哉？烏得以從外者為非，而更求內者為是也？今以自私用智之喜怒，而視聖人喜怒之正為何如哉！夫人之情，易發而難制者，惟怒為甚。第能於怒時，遽忘其怒，而觀理之是非，亦可見外誘不足惡，而於道亦思過半矣。」

明道言定性，乃所以答橫渠之問。其所言者之意義，亦可由與橫渠之思想，對較而知。蓋橫渠言作聖之道，在以大心無我而以我體物。體物而達於合物我爲一之境，卽盡至靜至虛之性。然在明道之意，蓋謂以我體物，尚不免爲牽己以從外之外物。如是則心爲有待於外之心。以此有待於外之心，去求以外之靜，則是以動求靜，待靜以定。然待靜而定，則不能動亦定靜亦定。故明道曰定性之道，在無將迎無內外，不將不迎者，不外有所待。無內外，卽無所求之境與能求之心之對待之謂。蓋一有此對待，則心不能自足，亦卽心不能誠。誠必外無所待，外無所待而後自足于己，而外無所求，乃有定。然人之欲外無所待，恒不免厭動而求靜，厭與外物相感應，以求照無物之地。然人之欲之於動外求靜，以照一無物之地，求靜境於應物之動外，是以此靜境爲外。仍是順日常生活中之逐外之心而來。故欲定性，使心不以有所待而不定，必須忘內外，乃能合內外。卽不當以此靜境爲內，以外物爲外而惡之，而必須不以外物爲外，亦不必於應外物之外求靜境，而當有應外物之中定性。於是而動靜皆可無不定。此乃其宗旨所在。蓋人不以外物爲外，渾然與物同體，則無外非內。無外非內，則澄然入於絕待而無逐外之心。此心自然定而明。原人心之所以不能定而明者，唯以心有所蔽。而蔽之原在自私與用智。自私爲我欲佔有物，而有所爲。用智卽以我之智解成見觀物而意物之必合於我之知解成見之所期，故人若能不將我與物相對峙而兩忘，則能去自私用智之蔽而能定能明，能定能明則應物而有爲，非爲欲有所佔有。凡有爲而欲有所佔有之「爲」，皆先欲有所爲而待外物以滿足之。而在此能定性之心，則其「爲」，乃感物而後爲。則非先欲有所爲而待外物以滿足之者。故能爲亦不留，遂能以有爲爲應跡。又在能定性之心，其應物而有所覺，非先持智解成見以觀物。先持智解成見以觀物，則必望物之如智解成見所期，仍是心有所待於外物，而在此定性之心，不先存智解成見，則其對物之覺，隨所感於物者之如何而覺其爲如何，非先有智解成見以期斷物之如何，而待物之如何以滿足其智解成見之所期。于是物去而所覺於物之相亦不留。故以定性之心應物，雖應物而非心隨物逐。自私用智之心之應物，以其有所待於物，心爲逐物之心，其應物可使心增其逐物之習，於是應物成心之累。然此定性之心之應物，則以自始未嘗有所待於物，亦未嘗留滯於物。應物非以心逐物，則應物便不至爲心之累。

其應物也隨物之感而自然明覺之，於是能以物之當喜而喜，物之當怒而怒。隨物之當喜怒而喜怒，則先無自私之喜怒，亦無期必物之爲可喜可怒之智解成見。於是能隨明覺之自然，當喜則喜，當怒則怒，而不以喜怒爲我之所爲。既隨物而喜怒，物去而喜怒亦不留，喜怒不繫於心而繫於物，乃以情應萬事，而情不爲累。情不爲累則雖喜怒其何傷？故以此定性之心應物，雖有爲，有明覺，有情，然其有爲，其明覺，其情，皆不爲心累。其所以不爲心累者，以心先無將迎，心先無所待，無內外之對峙也。故以此心應物，應物則有心，不應則無心。無心者言其無與物相對峙之心。然此無心之心，隨物而應，則正是普萬物之心，是之謂「以其心普萬物而無心，以其情順萬事而無情」，是之謂「廓然而大公，物來而順應」，「動亦定，靜亦定」之道。人誠能如此以應物，則可以會明道所謂「百官萬務，金革百萬之衆，飲水曲肱，樂在其中，萬變俱在人，其實無一事」之旨矣。　甲申于重慶

（一九五七年一月・「原泉」第十二期）

略述伊川之學

伊川之思想，在根本上實承明道思想而發展。明道以天命心性理爲一，故曰「在天爲命，在義爲理，在人爲性，主於身爲心，其實一也。」明道伊川皆不滿於橫渠太虛之論及性宏於心之說，而主無太虛。故伊川嘗指虛曰：「皆是理，安得謂之虛，天下無實於理者。」又主性不外於心之說。惟伊川又特重性卽理之義，有「心譬如穀種，生之性便是仁也」之喩；則漸重心與性之差別義。朱子單提伊川性卽理之說，復取橫渠心統性情之說，而後心與性二名之涵義，乃截然不同。故對心性問題之主張，伊川與明道相距尙近。明道伊川之重要不同，在自伊川起。乃明白以道或理爲全備常在。爲眞正之形而上者，與氣之有偏而變易無常者相對。故以道或理在陰陽之氣之上。此氣與理爲二之說，乃始於伊川。然明道思想中，亦本有「道不隨人而絕續」之思想。如謂「天理具備，元無欠少，不爲堯存，不爲桀亡。父子君臣，常理不易，何曾動來？」「天理云者，這一個道理更有甚窮已，不爲堯存，不爲桀亡。人得之者，故大行不加，窮居不損。這上頭來更怎生說得存亡加減。是他元無少欠，百理具備。」「百理具在，平鋪放著，幾時道堯盡得君道，添得些君道多？舜盡子道，添得些子道多？元來依舊。」（二程語錄卷二）明道言修養之目的，亦以復其初爲言。言修養之事，亦唯在去除障蔽性理者。故以由「天命」至於「教」「我無加損」爲言。又曰「學者今者無可添減，只可減，減得盡便沒事。」可知以天理爲本來具在，人得之與否，無所加損。原是明道之說法。唯明道以氣卽性，性與天道不分，故氣與理，亦未明白分淸。其所謂天理，所指者，蓋爲性之流行氣之流行上所應顯之當然之則。此當然之則必歸於善，故曰性善。然其歸於善也，初未嘗不可經過惡之一階段，故曰善惡皆天理。此當然之則必顯於生之相繼，生之相繼，又必求歸於善，故此當然之則又爲自然之則。故曰天曰理。而伊川則自天理之爲當然之則，初只爲此生之相繼氣之流行當顯應顯之則，而非生或氣所已實現而實顯者言。於是遂重分氣與理之別。天理爲當然之則，故不容不善。就理之爲氣之流行必往實現者而言，理爲自然之「則」，亦不容不善。不善唯原於此生此氣之未實現其「則」，而不免有蔽。以所蔽者是理，便使理之表現有過不及，明道乃於此說善惡皆天理。然所以有蔽之者，實是氣之實際上的限制，而非理之限制，故伊川於此遂於理上唯說善，而於氣上乃說有不善，於是以生之謂性，乃「訓所稟受」；天命之謂性，方爲性之理。（語錄卷十五）蓋生之謂性，乃連氣與理言。唯天命之謂性，乃純以理言。故曰性卽理。於是伊川以性與氣並立，以言人性。此乃明道伊川思想之所異，然此異非根本之不同，而實是相承而有之自然發展。其所以有此異之故，則在伊川之論修養方法之有進於明道者。

明道言修養也，以先識仁爲主。仁者之境界，乃渾然與物同體之境界。然渾然與物同體之境界，一則非普通資質之人所易會悟，二則卽人一念去其己私而達此境界後，此境界亦難常住。明道於此，固有以誠敬存之之工夫，以保任此境界，使之常住。然所謂誠，卽對此境界之自證。所謂敬者，不外凝聚精神，使之無間斷。若間斷將奈何？此處明道之答復，必爲重提起此境界，重識此理。然間斷必有其所以間斷之故，此卽自私用智之念慮之紛如。故欲長守此境界，必須對此諸紛如之念慮有安頓處，並有所以節制之之道。明道言存善曰，不須費纖毫之力，是自對此境界之會悟上言。然人若欲對其他念慮，加以節制之工夫，則實不可不用力。此卽伊川之學之用心處。伊川之言，雖亦固有與明道識仁之說類似者。如言：「孟子養氣一章，……須是實識得，方可，勿忘勿助長，只是養氣之法。如不識，怎生養？有物始言養，無物又養個什麼？浩然之氣，須是見一個物，如顏子如有所立卓爾，孟子言躍如也。卓爾、躍如，分明見得方可。」黃梨洲宋元學案特提此言，謂與明道相合。然伊川此類言殊少。伊川言敬，亦不重自誠之無間斷上說，而常自閑邪上說。曰「敬是閑邪之道。……閑邪則誠自存矣。」（語錄卷十一）伊川言敬，又或自整齊嚴肅動容貌整思慮上說。閑邪於整齊嚴肅，則非不用力，而是處處用力，以消極的制止自私用智之念慮。而就對此境界之積極的保任上言，伊川亦有用力持守之功夫，以爲涵養之具。故伊川言敬，一面以整齊嚴肅爲言，一面以涵養爲言。曰「涵養吾一」。又以主一釋涵養吾一。謂「主一無適」之謂敬。伊川之言曰：「動容貌，整思慮，則自然生敬，敬只是主一也。」主一之主字，明表示一用力以持守之工夫。便不似明道之「不患不能守」之裕如。故伊川以「主」者乃有「意」在。主「一」者，心「既不之東，又不之西，如是則只是中。既不之此，又不之彼，如是則只是內存。此則自然天理明白，學者須是將敬以直內，涵養此意。」（語錄卷九）此所謂既不之東，又不之西，既不之此，又不之彼，卽宅心於中。故曰「中者天下之大本，天地之間亭亭當當，直上直下之正理。」中以宅心，卽所以使心主於一。此「一」實卽明道所謂天地萬物爲一體之仁之「一」，與此理爲一之「一」，自證此仁體之誠之「一」。故曰「公則一，私則萬殊。」（語錄卷九）又曰「一者謂之誠」。（語錄卷十五）又曰「大而化則己與理一，一則無已。」（語錄卷九）蓋人宅心於中以使心無偏注則無私，無私則公，公則人我爲一體，而一於仁一於誠矣。故曰「公則一，私則萬殊。」在明道言渾然與物同體，是闢頭一句話，人會得則「天地變化草木蕃」，會不得則「天地閉賢人隱」。此是頓教法門。故朱子謂「明道才高，故其言如此。」然伊川則以主一釋敬，而有用「意」之主一之工夫，使自私用智之念慮不得紛拏，而歸向於一。亦卽以向一之念，制其他東西彼此紛如之念也。

明道之論定性，以廓然大公物來順應爲言，原是徹上徹下語。然不能如明道之一念廓然，或一念廓然而又有念慮之私縈擾於中；當喜而不喜，當怒而不怒，又當奈何？伊川遂於此言致知窮理。致知窮理者辨事物之是否當喜當怒之道也。辨事物之是否當喜當怒，則心超然於亂動之念慮之縈擾之上。

心超然於亂動之念慮之縈擾，卽能不爲私所蔽，而能顯事物之當喜當怒之理於我之知。此理不窮則不顯。對此理之知，不致則不知，故曰致知窮理。此致知窮理，似若使心注於外，以求外之理。然伊川之意殊不如此。蓋應事物之當喜當怒之理，卽我應事物之當然之理。謂此理卽性而在於心，爲天所賦於我者，乃伊川與明道之所同。故伊川亦以「窮理則盡性，盡性則知天命矣」爲說。（語錄卷十三）其言致知窮理雖似若積極的向外致其知以窮其理，然此向外乃所以使心超然於私念之縈擾之外，而去私念之蔽。私念之蔽去，則應事物之當然之理顯。此所顯者，仍是在內不在外也。

然伊川有此似向外之窮理致知，於是又可以此積極之窮理致知之念，節制縈擾之私念。由致知窮理而知應物之道，隨所當止而止，而止於應物之道以應物，則能物各付物。物各付物而不相亂，則其應物也亦自專一而止所當止。能止卽定。應物而心能物各付物，則對此物如此應之，對彼物如彼應之，雖一一不同，而一一皆不相礙，不相挂累。於是其應物也，不致蔽於心之所重而有所偏私，乃應而無所留滯。應而無留滯，則應雖多，而不礙吾心之止之定，遂不役於物而能役物。故伊川曰「釋氏多言定，聖人便言止，且如物之好須道是好，物之惡須道是惡，物自好惡，關我這裏甚事？若說道我只是定，更無所爲，然物之好惡，亦自在理，故聖人只言止。所謂止，如人君止於仁，人臣止於敬之類，是也。易之艮言止之義，曰艮其止，止其所也。言隨其所止而止之。人多不能止，蓋人萬物皆備，遇事時各因其心之所重者，更互而出，纔見得這事重，便有這事出，若能物各付物，便自不出來也。」（語錄卷十一）又曰「人不止於事，只是攪他事，不能使物各付物。不能物各付物，則是役物。爲物所役，則是役於物。有物必有則，須是止於事。」（語錄卷九）

伊川以有致知窮理之說，故不似明道之專重敬，而有敬與致知並重之說。所謂「涵養須用敬，進學在致知。」由窮理致知而知所以應物之道之是非，行其是而去其非之謂集義。伊川曰：「敬只是持己之道，義便知有是有非。順理而行。是爲義也。若只守一個敬，不知集義，卻是都無事也。」（語錄卷十一）敬在整齊嚴肅以主一無適，此純是內部之修養工夫。而致知窮理，以知其一時之所不知之理，由集義以輔敬，則可謂外部之工夫。前者由乎中而應乎外，後者制乎外以養其中也。（伊川四箴語）

伊川以主一爲敬，言致知窮理，故其論心也，一面言心本是動而非靜，一面主張心可有限量之說。蓋伊川之言，主一工夫，乃有意之工夫。故曰「有主則虛，無主則實，必有所事。」（語錄卷九）又曰「一者謂之誠，主則有意在。」致知窮理是用意之實在工夫，更不容疑。意者心之所發心之動，其重用意之根據，卽在以心之本是動。故曰「萬物畢照，是鑑之常，難爲使之不照。人心不能不交感萬物，亦難爲使之不思慮。若欲免此，惟是心有主。如何爲主，敬而已矣。」唯此心本是動，故必言心有所主，於是反對主靜之說，謂「敬則自虛靜，不可將虛靜喚作敬。」且進而謂「不用靜字，只用敬字。纔說著靜字，便是忘也。」（語錄卷十一）明道主敬，尚言靜觀萬物，伊川則不重靜只重敬。其答蘇季明一段，（語錄卷十一）既論不當於喜怒哀樂未發前求中，又謂喜怒哀樂未發以前無用功處，只平日涵養。又謂「當中之時，……見聞之理在。……自有知覺處。……人說復其見天地之心，皆以謂至靜能見天地之心，非也。復之卦下面一畫，便是動也，安得謂之靜。自古儒者皆言靜見天地之心，惟某言動而見天地之心。」故終只歸於主一之敬爲工夫。此便與明道之言略不同矣。

伊川論心不重其靜一面，而重其動一面，重「主一之敬」「致知窮理」之用意的實在工夫，一方卽言吾人當下之心，非無限量。蓋理待窮而知待致，則當下之心非無限量者可知。然伊川論心之有限之故，唯歸於形氣之有限量，故曰「論心之形，安得無限量。……苟能通之以道，又豈有限量？」（遺書卷十一）心通之以道，乃無限量，則心之性是無限量，故曰心性只是一個道。然不通之以道，則心爲形氣所限，而有限量。故心之無限之原是道，有限之原是形氣。由心之必窮理致知乃無限量，卽反證當下此心之有限量。然又卽由心之必能窮理致知以通於道而無限量，又反證此心之本不安於有限量，而性非有限量。亦反證當下此心之有限量之原，必不在心之性，而在心所依之氣與形。由是而所欲窮之理所欲通之道，與所以窮此理通此道之心之氣之對待，遂明白顯出。此卽伊川所以分理與氣爲二之故也。

然心既欲窮理以通於道，而不安於形氣之有限量，則必求轉易其氣養其氣，以進於無限量，然後能實通於無限量之道。無限量之氣卽浩然之氣。故曰「主一無適，敬以直內，便有浩然之氣。」（語錄卷九）又曰「積集既久，方能生浩然氣象。」（語錄卷十一）浩然之氣卽與天地同流之氣。天地之氣之流行也，在伊川視之必爲生生不窮者。生生不窮之氣，不限於所限。不限於所限，卽爲無限量之氣。氣之可無限量而生生不窮，其根據在生生不窮之理或道，故伊川復反對橫渠之氣之聚散往來循環無已之義，而主氣隨生生之理而生生以無限量之義。故曰「若謂既返之氣，復將爲方伸之氣，必資於此，則殊與天地之化不相似。天地之化，自然生生不窮，更何復資於既斃之形，既返之氣，以爲造化。……人氣之生，生於貞元。天地之氣，亦自然生生不窮。……往來屈伸，只是理也。盛則便有衰，晝則便有夜，往則便有來。天地中如洪爐，何物不銷鑠了。」（語錄卷九）

伊川以爲「凡物之散，其氣遂盡，無復歸本原之理。天地間如洪爐，雖生物銷鑠亦盡。況既散之氣，豈有復在天地？造化又焉用此既散之氣？」故謂「不必將既屈之氣，復爲方伸之氣，生生之理，自然不息。」橫渠以氣聚則成物，散則返本，仍是以執物之見執氣。而伊川以氣則隨物而生，隨物而化。物之生本於理，本於道，故氣之生生不窮而無限量，其根據便全在理之無窮，道之無限量上。故曰「道則自然生萬物今，夫春生夏長了一番，皆是道之生，後來生長不可道，卻將既生之氣，後來卻要生長道，則自然生生不息。」（語錄卷九）於是理道尊於氣之說生，故曰「所以陰陽者是道也；陰陽氣也，氣是形而下者，道是形而上者。形而上者，則是密也。」（語錄卷九）又由心爲不斷窮理以致知而以動爲本，氣亦生生不窮以表現理者，故理亦非靜而隱者，理是常在者常顯者。二程語錄十一載伊川言：「問莫見乎隱，莫顯乎微，何也？曰：人只以耳目所見聞者爲顯見，所不見聞者爲隱微。然不知理卻甚顯也。」「義還因事而見否？曰：非也，性中自有。或曰無狀可見。曰：說有便是見，但人自不見，昭昭然在天地之中也。且如性何須待有物方指爲性，性自在也。賢所言見者事，某所言見者理。」

理雖常在常顯，然理不是氣。理者心性。心性之理顯於氣乃爲情，故性情須分別說。故伊川論仁遂明斥韓退之博愛之謂仁之說，而言仁是性愛是情。故曰「孟子曰惻隱之心，仁也。後人遂以愛爲仁。惻隱固是愛也。愛自是情，仁自是性，豈可專以愛爲仁？孟子言惻隱爲仁，蓋爲前已言惻隱之心仁之端也。既曰仁之端，則不可便謂之仁。退之言博愛之謂仁，非也。仁者固博愛，然便以博愛爲仁則不可。」（語錄卷十一）

退之之言博愛，濂溪亦有愛曰仁之說。橫渠言仁自體物上說，自變化上說，亦是自仁之作用上說。至明道乃以渾然與物同體爲仁而指出仁是內在之境界，然尚未將仁與愛明白分開。直至伊川乃本理氣之分而分性情。然後仁與愛之分亦明。仁者性；性者理之在於我者。仁之理卽公，公之理之在我者曰仁。故曰「仁之道要之只消道一公字。公只是仁之理，不可將公便喚做仁。公而以人體之，故爲仁。只爲公，則物我兼照，故仁所以能恕，所以能愛。恕則仁之施，愛則仁之用也。」（語錄卷九）

伊川分性與情之差別，又分性與才之差別。情是性之用，乃性之顯於氣。才則就氣之實現理之能力上言。故「性無不善，而有不善者才也。性即是理，理則自堯舜至於途人一也。才稟乎氣，氣有清濁，稟其清者爲賢，稟其濁者爲愚。」（語錄卷十一）孔子所謂上知與下愚之謂也。

孔子言仁而罕論性情才，孟子以仁爲人心，以情才之可爲善證性善，乃心性情才不分之說。伊川則本理氣二名所指之不同，而一一析所指之異，此其有進於孔孟者也。　甲申於重慶

（一九五七年三月・「原泉」第十三期）

張橫渠學述要

（著者附註：此文宜與拙著張橫渠之心性論及形上學一文〔編者按：見本書〕參看，該文所論者較狹而申釋較繁，故易讀。此文則所涉及者較多，然較為扼要。）

一、天道與氣

周濂溪論誠與太極，可謂渾合宇宙人生而論。張橫渠之思想，則觀其正蒙之組織，乃先論宇宙，而後及於人生。彼首反對佛家視宇宙爲幻妄之說，而論宇宙之眞實，論超我以外之天道之眞實。繼而以體天道合物我，明人道。故曰「以我視物則我大，以道體物則道大。故君子之大也，大於道，大於我者，容不免狂而已」。（大心篇）言先識道大，然後可體道以合物我。體道以合物我而後大，是即「無我而後大」。此正所以矯佛氏只重觀心，限於主觀世界之失，故橫渠先以道爲超我而存之道，此超我而存之道，即天道也。

以我視物之所以覺我大於物，蓋我心能知物，物不過心見聞之知之所對而已。而天道之所以大於心者則以橫渠視心，尚有所從來，天道則自存於天地別無所從來，天道超乎物之上，而非特見聞之知之所對也。故吾人亦必有超物之知，大心之心，然後可知橫渠所謂天道。

橫渠所謂天道者何，其正蒙首曰「大和所謂道，中涵浮沉、升降、動靜相感之理，是生絪蘊相盪勝負屈伸之始。其來也幾微易簡，其究也廣大堅固。起知於易者，乾乎，效法於簡者，坤乎，散殊而可象為氣，清通不可象為神，不知野馬絪蘊，不足以知太和。語道者，知此謂之知道，學易者，見此謂之見易。不知易，雖周公才美，其知不足稱也已」。

「氣之聚散於太虛，猶冰之凝釋於水。知太虛卽氣，則無無」，（太和篇）「氣有陰陽屈伸相感之無窮，故神之應也無窮。其散也無數，故神之應也無數。雖無窮，其實湛然，雖無數，其實一而已。陰陽之氣，散則萬殊，人莫知其一也。合則混然，人莫知其殊也。形聚為物……形潰反原。」（乾稱篇）。「氣聚則離明得施而有形，氣不聚則離明不得施而無形。方其聚也，安得不謂之有？方其散也，安得遽謂之無？聖人仰觀俯察，但云幽明之故。不云知有無之故，故盈天地之間者，法象而已矣。文理密察，非離不相覩也。方其形也，有以知幽之因。方其不形也，有以知明之故。」（太和篇）「神天德，化天道。德其體，道其用。一于氣而已。」（神化篇）

凡此所引，皆非先有超物之知，不能知其微旨所在。

超物之知，橫渠謂之明。超物而忘形，忘形而觀象，觀象而知化，知化以窮神存神。觀橫渠之論道，實有此四層級。吾人必經此四層級，然後可由形而下以見形而上之道之全。此道者何？以虛爲本之氣化也。氣化以虛爲本故神。故此道卽氣化之道，亦卽太和之道。神不可知而可存，必存神而後眞知氣化。橫渠之言神化，甚爲朱子所稱，抑亦橫渠之最高智慧所在。故學者不觀化存神，不能得張子意。

太和之道何以卽神化之道？太和之道者，以太虛爲體之氣化之道也。橫渠又言「由太虛有天之名」故道卽天道，卽太虛之道。然虛非空非無。太虛不能無氣，氣乃實有，虛氣不可二。謂氣之體卽虛，非謂虛能生氣，而是於氣上說虛。故橫渠於太和名之曰「有無混一之常」。有無混一者，言不可分別爲有無二者而說。故橫渠又曰「分別有無，爲諸子之淺妄」，故言天道，虛氣不可分說。虛卽氣之虛，天卽道之天，而氣則萬古不息。故虛氣不二之道爲常道。

橫渠何以必言此氣爲實有，則爲說明物形之所以有。常言物形爲有，此有宜有所自來。如無所自來，而惟是太虛中所呈現，則虛是虛，形是形，「物與虛不相資」，太虛中又何必有此形？就太虛之「無」上以觀象形，則形之在太虛中之「有」爲無理由。如其「有」無理由，則可肯定之，謂其有爲眞有，亦可不肯定之，謂其有非眞有，而惟是虛幻，是必陷於「浮屠以山河天地爲見病」之說。故欲肯定萬物之實有，必須肯定一萬物之所自來，此所自來者，則爲先於形先於物之氣。若不肯定此氣，而謂氣由虛來，則氣是有，虛是無，有無相反，「體用殊絕」。無之體何能生有之用？故必立此生形生物之形上之氣，乃能說明形物之所以有也。

橫渠何以於氣必言化？則所以說明形物之變。形物必與形物相感。相感必變。變卽有始終、屈伸，乃由同而異，由異而同，由無而有，由有而無。形物必爲如是如是變之一歷程，形物之觀念，於此變之歷程上安立。故曰「物無孤立之理，非同異，終始，屈伸，以發明之，則雖物非物也。事有始卒乃成，非同異，有無相感，則不見其成，不見其成，雖物非物也。」（動物篇）物之觀念唯於物之變之歷程中安立。故不變不足以爲物，而物之變爲漸變，由始而中而終，故氣亦必爲推行有漸之過程。故曰「推行有漸曰化」。推行有漸，非佛家之頓起頓滅，而爲由始而中而終。其始爲「氣之日至而滋息」而聚，其中爲「聚而盈」，其終爲氣日返而游散。頓起頓滅，則一念不起卽空，禪宗於此以言，能空前念，不起後念，卽證菩提。然推行有漸，密密相續，則任何一變之過程，皆不可截爲前後二段，以其有「中」爲前後之段之貫也。物之始也，始於氣之聚，物之終也，終於氣之散。氣聚而有形，氣散而無形。無形者言其還於太虛。非卽成無，以其不無，乃散而復聚。故曰「方其聚也，安得不謂之有。方其散也，安得遽謂之無」。「形聚爲物，形潰反原」。聚而出爲有形者，其顯，散而入於無形者，其隱。顯曰明，隱曰幽，聚散無常，出入不已，而有無隱顯，通一無二。「方其形也」，當知其「幽之因」。「方其不形也」，當知其「明之故」。由幽而明者，氣之伸，氣之動，物之始，物之生也。由明而幽者，氣之屈，氣之靜，物之終也。物之生，物之動者，氣之升，氣之浮。物之終物之靜者，氣之降，氣之沉。氣升而浮者鄰於虛，故清。氣降而沉者，滯於實，故濁。夫然，故氣化之事，無往而非兩兩相對，而相感相易之事。一切兩兩相對，又合爲一氣化。故一切兩無不通於一，聚散、出入、隱顯、幽明、伸屈、動靜、始終、生成、升降、沉浮、清濁、虛實，無往而非通一無二。

二、象與神化

自氣化以觀物，物惟在此氣化之兩兩相感相易之歷程中安立。物形之變化，唯依於氣之聚散中安立。故必氣化相感，氣有聚散。而後有物有形之變化。無氣化相感，則氣體本虛而無形。故形之於太虛之氣也爲客形。客形生於感，故感爲客感。氣之體虛，本無感無形，是曰至虛至靜，唯涵能動靜相感之性。然其體雖至虛至靜，而其用則不能無感。不得不有感，卽不得不實，不得不動，是爲至實至動。故曰「至虛之實，實則不固，至靜之動，則動而不窮。至虛之實，則一而散，動而不窮，則往且來」（乾稱篇）。蓋實而不虛則固，固則礙，礙則不相通，不相通則不一，固則滯，滯則不散，不散則不能化爲萬殊而無數。動而不靜，則動一去而長往，則動必竭，而動不能往來而無窮。不無數，則不能大，不無窮，則不能久。故至虛乃所以成至實，卽所以成至動。至實至動，而氣之相感也無窮，形物之生也無窮。兩氣相感而通，通而一，一而兩氣相貫相分，而兩氣散。既通且散而氣無數，形物之生也無數。

氣之相感而生形物也，形物有形，而氣之相感，則屬形上而無形。然氣之相感雖無形可見，而有幾可知。「幾」何由知？由象見而知。象見而未形曰幾。幾者隱微之動。隱微之動雖未形於彼，而象可見於此。如冬盡春來，雖草木尚未向榮，而春陽和煦照於草木之芽，已可見花繁葉密之幾已動。春陽和煦之照於草木之芽，卽花繁葉密之幾之象。故欲觀氣之相感之幾，必觀象。觀象者觀象之所象，非只觀象之形相。觀象而止於象之如是形相，則象只是形，而非是象。象之是象，在別有所象。此所象者非是此象之形，而是將生之他形。此將生之他形，今尙未顯，然雖未顯，吾以已顯之形爲象，卽知其將顯。此將顯未顯，將形未形者，卽生此形之幾。此幾卽顯於所以象幾之象上。此象之形所以能象此幾者，在此象之形本身乃在轉化之歷程中。卽此轉化之歷程，能使其所象之將形未形者，由未形而形，由隱而顯。如陽光照草木之芽之所以能爲花繁葉密之象，卽在陽光照草木之芽時所以呈形相，將轉化爲花繁葉密之形相故也。故觀象觀幾，不可滯於所觀之象。必由存象而忘象之形本身，忘象則唯見氣之相感，於相感上知將有之形物所以生之幾。如陽光照芽，而忘陽光照芽之象，則唯見陽光與芽之氣之相感。便知將有之花繁葉密之形物所以生之幾。吾人必於觀陽光照芽之象時，宛若卽由知陽光與芽之氣之相感，而卽直接感觸此生幾之萌動，必至花繁葉密而後已，乃可謂之觀象以知幾。故人常能由觀象而忘象，觀「凡象皆氣也」（乾稱篇）卽能觀氣之相感中所呈露天地化育之幾。此之謂觀氣化。以此觀氣化之眼光觀萬象，則萬象之形相本身上之差別，非眞正之差別，以其在轉化歷程中也。而由萬象之形相所託之氣之相感動而不窮，及其他形物之生生不窮上看，便唯見一本然的無窮之化。本然的無窮之化之所以無窮，由於氣之相感必有兩，感則通，通而一也。通者虛而兩者實。然以實本於虛，故實非固實。實非固實，實乃相感。相感乃通，通乃見虛，故虛又本於實。實之相感無窮而化育無窮。本於虛運於實中。卽本於實之清通。以其清通乃感應無方，所化育者不可測。是名曰神。氣之相感可由象見，而神之清通則不可象。故曰「一故神。兩故化，散殊可象者爲氣，清通不可象者爲神」。又曰「推行有漸爲化，合一不測爲神」。氣化可象，故氣化可知，由氣之相感，亦可知將生將化或始或終之物。化可知故曰「知化」。然神之清通，則不可象。以清通而虛應無方妙用不測言。則神又不可測。然神不可測，而可知其不可測。神之不可測，必測之而知其不可測，測之而知其不可測，曰窮神。存吾心之虛應無方，妙用莫測之神，則可以存天地萬物之虛應無方，妙用莫測。故曰存神。存神知化，以觀「天地之法象，則皆神化之糟粕爾」。知糟粕之爲糟粕，而後可以知神化。

三、性、命與心

橫渠之言性命與心，卽承其言天道神化而言。其言曰「感者性之神，性者感之體。」「通萬物之謂神，體萬物之謂性。」「未嘗無之謂體，體之謂性」，（動物篇）「性通極於無」（乾稱）「合虛與氣有性之名」「氣之性，本虛而神」。「性者萬物之原，非我可得而私也」。「天所性者，通極於道。……天所命者，通極於性。氣其一物」（乾稱）「性通於氣之外，命行乎氣之內。氣無內外，假有形而云之爾」。（誠明篇）曰「天所不能已者謂命，不能無感者謂性」。（誠明篇）今試會通諸言以觀，則見橫渠之以人之性卽天地之性。故只言性爲天所賦於我，天所命於我，尚與橫渠之意未合。其言性體萬物，體者非無而又眞實之謂。其所以非無者，以性卽氣之性，氣有，故氣之性非無。然氣之性本虛，故性又通極於無。以性非無而通極於無、於虛，故「神」、而通於氣外。由神則不能無感。能感，感卽通於「化」，故曰「合虛與氣有性之名」，故性者卽氣之虛而能感之體。若乎命則爲「通極於性而行乎氣」中者。命卽我之所受於氣者。（此包括我在氣化宇宙中一切心身上環境上之所受所遇）此所受於氣者，卽在氣中，故曰行乎氣，此所以受於氣者，不與氣之性離，故又通極於性。至於心則橫渠言「合性與知覺有心之名」，是卽謂心必待知覺而後見，卽必待性顯其虛而善感之作用而後見。性顯此作用而與物交感。就此交感之有所感上言，是曰知覺。卽於此知覺上立心之名。就此交感而對其所感者表示態度，有所好惡言，曰情。故曰「心統性情」。性既卽氣之虛而能感之體，虛故清通無礙，感故神化無方。化而生生不窮曰仁，神而應變不測，應無不宜曰義。故此性卽神化之性卽天地之性，亦卽仁義之性。然性又通於命。命者貫注於氣之性之謂，性雖一而氣有聚散，則有萬殊。氣聚則成質。氣聚之態萬殊，而氣質萬殊，斯成人物之萬殊。故曰「游氣紛擾，合而成質者，生人物之萬殊」。人物之受於氣者之命不同，人物所表現之性遂有不同，此即稱爲氣質之性。故依橫渠之說，於人之本然的性，當說即是天地之性，不必說天命之謂性，惟氣質之性乃可謂天命之性。說義理之性是天所命，必連於氣質之性乃可說也。

氣質之性，爲氣質中之性。質由氣聚。然質既成，則實而固，固則滯濁，而有形礙，而不免失其清通之神與虛明之體。故又曰「太虛爲清，清則無礙，無礙故神，反清爲濁，濁則礙，礙則形」。（太和篇）不虛不清通，則不能神化，不能善體萬物而不仁，不能應無不宜而不義，將不免於「徇生執有」。而執我之此生此有與他生他有，相對，於是與他生他有相反而有所惡所仇，復欲去其所惡而和解其仇，遂又有所愛。由愛惡而生物欲。故曰「氣本虛，則湛本無形。感而生則聚而有象。有象斯有對，對必反其所爲，有反斯有仇，仇必和而解。故愛惡之情，同出於太虛，而卒歸於物欲。」（太和篇）。有物欲遂不能大公其心。故氣質之蔽，人所不能免。氣質之固滯甚者，失其清通之虛明者多，曰昏曰濁。氣質之固滯少者，曰清曰明。故人物氣質有昏明清濁之異，而實則一有氣質，便不能全是清明。故人之本然的天地之性，雖無不善，然以氣質之蔽，則其發而感於物者，不能皆善。連此氣質之蔽以言性，曰氣質之性，非人眞有二性也。唯其非有二性，故可以修養而改變氣質之性，使同於本然的天地之性。故曰「形而後有氣質之性，善反之者，則天地之性存焉。故氣質之性，君子有不性者焉」。（誠明篇）性爲氣質所蔽，人便不免失其清通。故人必變化其氣質，去其昏濁，乃能復其清通，氣質之性惟安立於「性之失其清通」上，故欲變化氣質，則首當復其清通。清通依於虛而復虛之道，首在大心。蓋心卽性之虛之作用之表顯處。氣質昏濁則心昏濁。反之，心虛而不昏濁，則氣自清通矣。大心之道，首在「不以聞見梏其心」，不徇象喪心。原聞見之心，亦是依心之清通心之虛之一種顯發而有。然聞見之心恒役於所聞見之形物之象。心役於形物之象而存滯不化，則將益失其虛。而失其所以爲心者。故人首不可聞見梏其心，不可存象，而「徇象喪心」。次則當無成心，因成心卽爲習見所蔽之心，亦失其虛之心也。故心欲盡其虛，便須復無成心。無成心則毋過去之成心之「意」，復毋期必於將來之「必」亦毋現在之「固」執不化，則心大而「成無外之心」。無外之心則能「毋我」。乃視所謂我之知，我之身，皆不過天地神化之一種表現。故大心篇曰「成吾身者，天之神也，不知以性成身，而自謂因身發智，是貪天之功以爲己力」，能大心而不以我觀我，而我爲天地之神化之所成，斯可謂能無我，而顯性之清通無碍矣。

四、誠明至命與對天地之繼志述事

人由眞正之大心，遂進而可知化窮神，以合內外於耳目之外。原耳目之見聞，原卽人之合內外之德所自啓。然人梏於所見所聞，則心易失其虛。故必當求知合內外於耳目之外。此一方卽爲前所謂觀象以知化，知化以窮神之明之事。然徒「明」不足以合內外，抑不能眞窮神知化。蓋窮神知化，乃德盛仁熟之徵。故必由明而誠，由誠而明。「明」之道在大其心而知天道神化。「誠」之道，在盡其性而合天道，範圍天用。故誠明篇曰「天人異用，不足以言誠，天人異知，不足以盡明，所謂誠明者，性與天道，不見小大之謂也」。又曰「性與天道合一，存乎誠」。誠者天所以長久不已之道。天神化之無窮，卽天之誠。人之誠身，則以性成身之事。以性成身，則人之澈始澈終之道。大心者必先不「以聞見梏心」，誠身者則先當不「以嗜欲累心」。嗜欲者緣聞見之聲色而生之「攻取」之「氣之欲」（誠明篇）。由攻取之欲，亦更以增聞見之聲色對吾心之桎梏。攻取之欲，非氣之本。氣之本爲虛，卽氣之性，故曰「湛一氣之本」。（誠明篇）攻取則累心而悖性。大心者當無成心以忘我，誠身者則當成己成物。蓋「性爲萬物之源，非有我所得私」（誠明篇）知我之性我不可私，則知盡我之性，卽當盡人性，成己卽當成物也。蓋性本虛而善感，善感則必體物不遺，以物爲己，故必人己雙成，故曰「立則俱立，知必周知，愛必兼愛，成不獨成。」（誠明篇）。以物爲己而愛人之謂仁，愛人而泛應曲當之謂義。愛者敦化之事，敦化以人我爲一體而無體，故曰「仁敦化而無體」，（神化篇）泛應者神之事，泛應曲當，必不執一方，故曰「義入神而無方」（神化篇）。以敦化之仁，行入神之義，則能自盡其性，而能盡人性之性。此之謂不蔽塞。盡性以養其氣，以變化其氣質，去其偏蔽，斯復其天之性之至善。氣有偏蔽，而氣之依於太虛而與虛不二者，則本中和不偏。人養其氣反諸本，而不偏蔽，則氣質變化盡性而天矣。人能變化氣質則能至於命。言至於命者，蓋以人盡性成德，則不爲自然之命之所限制，而能轉化自然之命，使合於理也，是謂至於命。德成性盡，而性卽天性。天性至神曰天德，性盡成天德，則命成天理，故曰「德不勝氣，性命於氣，德勝其氣，性命於德。窮理盡性，則性天德，命天理。氣之不可變者，惟獨死生壽夭而已」。故論死生則曰有命，以言其氣也。語富貴則曰在天，以言其理也，此大德之所以必受命……所謂天理也者，能悅諸心能通天下之志之理也。能使天下悅且通則天下必歸焉。不歸焉者所乘所遇之不同……」（誠明篇），非其理當不歸也。故盡性必能至命，故曰至誠天「性也，不息天命也。人能至誠則性盡而神可窮矣，不息則命行，而化可知矣」（乾稱篇）。至於死生壽夭則可順受其正，蓋盡性自知性卽天德，天德眞實恆常，亦知其性之不以死而亡，不以生而增。知性不以死而亡，則將無怖於死，知性不以生而增，則順性而不貪生。故曰「盡性然後知生無所得，死無所喪」。（誠明篇）又曰「存吾順事，歿吾寧也」。（西銘）

故橫渠之言誠身，不外承天之道以兼體萬物，而兼成萬物，以盡此天地之性。而立命之道與知化窮神，則不外於大心以體天心，而繼天之志以述天之事，以行「因明致誠，因誠致明之天人合一」之道。夫天人合一，而人可事天如事親，爲宇宙中之孝子。人爲宇宙之孝子，卽爲社會之仁人，此則張子於其西銘中綜述之。

乾稱父坤稱母，於玆藐焉，乃混然中處。故天地之塞吾其體，天地之帥吾其性。民，吾同胞，物，吾與也，大君者吾父母宗子，其大臣宗子之家相也。尊高年，所以長其長，慈孤弱，所以幼其幼。聖其合德，賢其秀也。凡天下疲癃殘疾，孤獨鰥寡，皆吾兄弟之顛連而無告者也。於時保之，子之翼也。樂且不憂，純乎孝者也。……知化則善述其事，窮神則善繼其志。不愧屋漏爲無忝，存心養性爲匪懈。……富貴逸樂，將厚吾之生也。貧賤憂戚，容玉汝於成也。存吾順事，歿吾寧也。

先秦儒家漢代儒家，均教人由爲孝子而爲仁人。先秦儒家教人推家庭中之孝弟慈，而充之以事君敬老而愛民。漢代儒家則教人信一宛有人格之天，而爲仁人孝子。橫渠則教人孝於天地之道天地之性以爲仁人，而後天地之道可以誠之一言而盡也。

（一九五七年•「再生」復字第一卷第九期）

中國哲學精神價值觀念之發展

——參加夏威夷第三次東西方哲學家會議論文

一、精神價值之釋義

吾談論中國哲學精神價值之觀念前，且將吾所稱之精神價值，予以定義。

「精神」一詞，吾意爲任何自我意識之主體與受到自我意識觀念所推動之活動。凡具有下列諸特性之價值，均稱之爲精神的：⑴「由精神」所創造或認識者；⑵呈現或顯示給精神者，亦即「爲精神」者；⑶像在⑴與⑵中自覺認淸者，其價值可在精神上加以論斷，亦卽「屬於精神」者。

依據⑴，吾人可以區分精神價值與外在自然物之價值以及吾人自然本能滿足之價值。外在自然物恒有其使用之價值，因其可幫助實現或達成精神目的或目標。有時，外在自然物也可能具有呈現出來，供吾人精神享受之一些美學價值。然而，至少在吾人論及此等價值乃由外在之自然所創造、發起或顯示而屬於外在之自然時，彼等均非精神價值。吾人一般均同意，吾人之本能欲望依本能之方式獲得滿足時，此一自然價值之實現，不用視之爲精神的。

依據(2)，吾人可以區分精神價值與某一社會價值，後者乃來自某一或某些行動抑或來自某人或某些人對他人與整個歷史社會之影響。由於人類行動之連鎖影響可能延伸及於無數之人、社會、甚至各個時代，某一人類行動之社會價值，除了上帝以外，因而無能由任一個人精神主體一一予以展現與認知。此等價值之實現，恒在進行此一行動者之自我意識之外。因此，此等價值之存在地位，該說在視爲整體之歷史社會之內，而非在任何特殊個人之精神之內。

依據(3)，吾人可以區分某一眞正之精神價值與某一疑似之精神價值，後者乃由某一精神所創造，繼而呈現給同一精神，然並未自覺如此。例如，夢境只是吾人先前有過之精神觀念之象徵而已。因此，此一夢境乃由吾人之精神所創造而呈現給吾人之精神者。然而，吾人做夢時，夢境之美學價值，似乎只屬於夢境本身，而非自覺認淸爲精神所創造，「爲精神」而又「屬於精神」。因此，其並非爲一眞正之精神價值。如此，人類活動之任何價值，雖原先由精神所創造而呈現給精神，但設若其根源遭吾人忘記，而認爲屬於精神以外之世界，則只是一疑似之精神價值，與創造性之精神本身有別。

由上所述，吾人可以說，頭一種精神價值乃由道德與宗敎活動之價值所組成。一般言之，吾人在道德與宗敎活動中，恒自覺命令吾人如何行動、沉思與祈禱。凡此活動，至少到某一程度，一開始均由吾人之精神主體所推動，且其價值，諸如善、內心之和平、神聖等，總多少認爲由精神主體所創造或實現，且又呈現給精神主體，而可認爲內在於同一精神主體，並由其加以論斷。

第二種精神價值乃由人類之藝術與智力活動之價值所組成。有透過吾人之精神活動，例如玄想、實驗觀察與創造性之想像，而由精神主體加以實現，且呈現給精神主體之美與眞諸價值，自無疑問。但眞或美之價值，不單能描述人類之精神活動，且亦可由美學客觀或外在於人類精神之客觀實體加以論斷。吾人頗難說，道德之善與內心之和平，卽使吾人相信柏拉圖之價值形上學，但也只存在於人類精神或人格以外之自身之中。因此，藝術與智力活動之精神價值與道德及宗教價值有別，而可能具有不同程度之精神性。

第三種之精神價值乃由自然價值與社會價值所組成，此類價值照以上之定義爲轉變爲精神價值而又爲非精神者。其轉變通常乃由高度尊崇之精神活動所達成。例如自然物體之實用與美，通認爲乃由物體本身而來。設若吾人，例如有些詩人、宗教家與形上學家，視人與自然乃由某一絕對精神，例如上帝或婆羅門所創造，或視爲某一絕對精神之顯現，若是則自然物體之一切實用美學價值，均可視爲源自人類之同一精神實體。如此，自然物體之價值卽可視爲轉成精神價值。

至於社會價值如何轉變爲精神價值之問題，其要點是，視爲外在於個人精神之個人行動，其任何社會價值，均可由主體更爲充分發展之道德意識而視爲內在於精神之內。例如，科學家某一理論研究之發現，可能使無盡未來之人類獲益，因而產生超過科學家之理論意識所預期之無盡社會價值。然而，設若科學家之道德意識充分發展爲對人類無盡之愛，例如耶穌之博愛或孔子（紀元前五五一—四七九）之仁，則他了解，由他之發明所產生之一切社會價值，雖未能爲其所預測，然原則上乃可滿足他對人類之愛。設若此一愛之滿足純爲精神而具有精神價值，則其目前之發現所具有之任何社會價值之眞正實現，在未來任何時候，亦必同時是他目前對人類之愛此一精神價值之實現。此兩種價值之實現，至少在其目前高尙之道德意識中，乃互相延伸而領域相等。因此，就此一意識而言，不視爲外在價值之一切社會價值均內在化而內在地呈現給精神主體，因而轉化成精神價值。在此一高尙之道德意識之外，此一社會價值只是一社會價值，其毋庸待言，正如上面所述，在詩人、宗教家與形上學家之意識之外，自然價值只是自然價值而已。

二、儒家道德教訓中之精神價值與「自我尋找」之主要觀念

儒家與道家同爲中國本土哲學之兩大思想。儒、道與佛家，通常稱之爲三教。一般言之，此三教均在加深精神經驗與培養人類之精神生活，且對中國歷史社會，具有許多社會、文化方面之影響。因此，吾人若欲了解中國哲學中精神價值之主要觀念，吾人必須研究儒、道、佛三家哲學中精神價值之觀念。

有些作者認爲儒家中並無眞正之精神價值。彼等聲稱，在涉及人們有限關係之德性中，儒家只能

實現社會價值。有些則論道，孔子談論此等德性培養之重要時，他總說此乃維持國家社會之鞏固或世界和平或訓練人民滿足環境而勿犯上之途徑。此等價值照上述定義因而只與社會、政治價值有關，卻與精神價值無關。其他人則議論道，孔子談論此等德性之價值時，他乃認為此等價值為一手段，以企及人類關係之和諧與秩序，而後者則視為是自然宇宙和諧與秩序之一部分。但自然宇宙之和諧與秩序，只可能具有自然價值，而非必然為精神價值。（註一）

抹殺儒家倫理體系中之精神價值觀念，此等觀點並非沒有一些理由。實際上，中國歷史中有許多儒家人物，諸如宋代（紀元九六〇—一二七九）之永康學派與永嘉學派和淸代（紀元一六四四—一九一二）之顏元與戴震，均強調倫理行動之社會實用價值。漢代（紀元前二〇六—紀元二二〇）之許多儒家則強調倫理行動之自然價值。

但儒家倫理中各種德性之價值，本質上該認為是精神價值。孔子、孟子（紀元前三七一—二八九？）以及宋明（紀元九六〇—一六四四）理學家所特具之德性之主要觀念，乃認為德性為吾人人格之內在本質，其價值則內在於吾人之道德意識中而染有某種宗教意義，因而確切為精神價值。此一解釋之主要觀念乃是「自我尋找」之觀念，此為孔子本人所傳下而經後來所有儒家所闡揚之教訓。吾擬從三方面解釋其意義。

(1)第一方面，「自我尋找」，其意為吾人在一切倫理關係中必須對別人盡責任，而別人雖也該自動盡責任，但吾人並不要求他也相對吾人盡責任。爲解釋此點，吾人必須曉得有三種途徑充分發展吾人之精神生活，而此三種途徑也許可稱之爲「後退」之途徑。

頭一種途徑爲從人生之種種本能與非理性之欲望中獲得眞正之自由。此一途徑之極致乃如叔本華所稱之意志之否定或禁制。所有之苦行者與神秘主義者多少總實行此道，做爲精神開拓之初之否定步驟，以達到更高層而又積極之精神發展。

第二種途徑乃是在精神開拓之初尋找屬於超自然與超越之某種較高或最高之觀念或存在，例如柏拉圖善之觀念與超塵世宗教中自我存在之上帝。吾人稱此爲在吾人精神上升之過程中將塵世遺留在後之途徑。

第三種途徑爲生活在與別人相處之有限倫理關係中，如儒家所敎導者，克盡吾人對別人之責任而不相對要求別人盡其責任。此一生活方式可稱爲在道德上只爲自己思考或行動，而與「要求別人在道德上爲我盡責之前進方式」，例如與吾人日常生活之一般態度相對。此爲一「後退」之生活方式，而與其他兩種方式同樣難於踐履。

此第三方式之困難在於吾人對他人盡責任時，吾人自然會認爲他人也像自己同爲道德之存在。依據理性之普遍原則，人類自然期待他人盡責以與自己之行動相應。實際上，社會正義與法律乃基於權利與義務之相報。只盡自己之責任而不要求別人盡責者，正如只有責任意識而無權利意識者，此等人乃生活在社會正義觀念之外。吾人在責任意識中，只做吾人良心所命令者，而絕未超出良心之外，看看其他良心所爲何事，因此，所實現之價值乃完全內在於其良心，因而爲一純粹之精神道德價值。設若吾有此種責任意識，則他人越少盡對我之責任，我會越多盡對他之責任。此卽是：吾對他人之期待愈失望，則吾對自我之期待愈強烈。因爲他人未盡責任而受到觸犯並喪失之社會正義之價值，由於吾實現之道德價值而重獲補償與滿足，而此卽純爲精神並屬於吾內在之生活。但此種責任意識對吾人卻是最難者，因爲吾人必須對他人盡責而超過他人所應得者。吾人對他人所做者乃如神之寵惠吾人，雖然人並未意識及此而報以感恩意識。基督徒將"grace"一字譯爲中文「恩義」中之恩字，頗有意義，其意爲吾人盡其責任而不要求回報，因而贈與某物，絕對超過他人所應得者。因此，吾人可以說，儒家「自我尋找」之第一義中，卽含有人生神聖化而具有宗敎與精神之意義。

(2)「自我尋找」之第二義爲吾人該培養吾人之德性與能力而不要求他人之讚美。此亦極難踐履，因爲吾人受到理性普遍原則之推動，自然希望他人欣賞或贊同吾人所欣賞或贊同者。此一欲望倘若在吾人請求他人之讚美時伴以一種道德之尊敬感，又當吾人接受他人之讚美時伴以吾人之感謝，則在道德上並不爲壞。但若單留下受人稱讚之欲望本身並視爲毫無條件屬於正當，則吾人並可能單只視他人之稱讚爲個人之滿足。吾人倘若亟於接受此種滿足，則在不同環境下便可能產生多種道德罪惡，例如野心、欲控制別人意志之意志、奉承別人、冀在接受他人之稱讚此一對原先理想之不忠等等。吾要求別人之稱讚時，吾乃以吾之德性、能力及其在言行上之表現爲一手段，若是則此種種只具有工具或實用之價值，照上述之定義，只是非精神之社會價值或疑似之精神價值。（註二）

設若吾人欲獲得他人稱讚此一尋常外在之欲望減卻，則吾人可能過著受到道德良心本身所指揮之生活。吾人因此便能拔除欲主宰他人意志之根；吾人便不會爲取悅人而對道德理想不忠，同時對他人或上天也絕不會有所怨尤。此卽孔子所說「莫我知也夫……不怨天……不尤人……知我者其天乎」（註三）之意義所在。此爲一種神化之人生。

⑶「自我尋找」之第三義爲，吾人行動與意圖之一切道德原則、道德理想與道德價值，均可在自省中發現出來。此強烈隱含在孔子之教導中，而明載並闡揚在孟子及後來許多儒家之教導中，例如在「人性本善」此一論題裏。

「人性本善」在儒家不同之派別裏有多種不同之解釋。在首先提出此一論題孟子之教導裏，其學說並非謂吾人之一切行動與意圖實際上均已夠好，而只謂人性具有善之傾向或善之開端，而最重要者，吾人一旦具有善意或行善時，通常會有一種相伴之自足、自悅或自安感。（註四）吾人若發覺自己之意圖或行動眞正善良時，此可說是深沉之自贊。此一深沉之自贊在吾人亟欲他人之讚美或吾人缺乏深度之自省時，往往會隱而不顯。但倘若吾人抑制要人讚他求美之欲望而具有深度之反省時，吾人便會發現伴隨一切善意或善行之深沉自贊。然而，此一深沉之自贊乃是緊隨在吾人心意或行動之後吾人最深度自評之結果。此一自評向吾人顯示以善而論何者爲善，以及以不善而論何者爲不善。吾人從前者感到自足、自悅與自安，但從後者則感到不安、不悅與不滿。由於吾心只對善感到自安或自悅或自足，因此人性本質上顯示爲善。此是「人性本善」正統學說，孟子在道德上加以提倡，朱熹（紀元一一三〇－一二〇〇）在形上學上用理加以闡釋，至王陽明（紀元一四七二－一五二九）之致良知敎而集其大成。

設若吾人認爲人性本質善良，則道德理想與道德原則只是吾人本性內所激醒而內在呈現給吾人之道德自我意識以供自評之常規或標準而已。如此，吾人之道德訓練與道德涵養，其目的只在維繫並擴充所判斷或評價爲善者，而道德生活之一切成就與道德人格之形成，只表達吾人之依從此等內在之常規或準則，實現源自本性之物，並充分了解與實現隱含於本性內之物而已。

然而，在吾人道德生活之發展中，常識所認爲非道德或不道德之日常生活之任一層面，均可評價爲善或惡。因此，吾人生活之每一層面均具有道德意義，均可經由某一培養而成爲道德，因而具有道德價值，且照上述定義，可立卽呈現給吾人之自省，而變爲純粹之內在價值。吾人不難看出，倘若吾人決心使吾人各層面之生活道德化，則吾人之自評與自省便可能跟隨生活各層面之延伸成功升起而共同外延，而此生活各層面之延伸則包括常識所認爲僅僅指向或涉及所謂之外在環境之那些生活層面。

因此，自評與自省對於做爲吾人整個環境之其他一切社會與自然物體而言，不該只視爲主觀與自我封閉，而該視爲客觀與自我開放。這裏，儒家之「格物」，不單具有知性價值，抑且具有道德價值，若是，吾人便可能具有智慧，視宇宙之一切物體爲實現吾人精神道德價值之場合，而一切均可由精神與道德價值加以點亮而瀰漫其間。此是道德人之視界，他像中庸（註五）與孟子書中所闡揚者，認清其善性，充分發展其道德生活，企及內在世界與外在世界之合一，並獲致人格之莊嚴與完美。

三、⑴人性爲善，⑵天，⑶心，⑷人人皆可成聖成賢

設若吾人比較性善之說與基督教之原罪觀點以及佛教之業與無明之理論，自有許多值得討論之正反意見。但設若吾人承認吾人深心存在原罪或不純潔之業，吾人仍相信人性本質爲善。吾人可以說，原罪與不純之業並非來自眞實之人性，而是吾人在被告以具有原罪或不純之業時所引起之不安感，乃源自吾人眞實之本性。像在不安中所顯示之此一本性，與吾人犯罪而內心不安所顯示之本性相同而爲絕對之善。當然，吾人在不安中可能同時發覺，吾人如此微弱而似無能擺脫原罪或不純之業之束縛，此時吾人便可能祈求上帝，婆羅門或阿彌陀佛等超越之存在前來相救。吾人在此一類型之宗教意識中認爲吾人本性並未夠好。然而，承認吾人之弱點本身與吾人之祈禱，也來自吾人之本性。吾人之承認本身可能並不微弱，而吾人之祈禱其本身亦必爲善。倘若有人反對承認本身與禱詞並非來自吾人之本性，而只是受到超越之存在所影響或從上接獲恩寵之人性之結果，吾人便回答說，吾人受到（與不自

覺願意）影響與接受恩寵之能量，也可額外證明人性本質爲善。設若吾人不論此點，則吾人如何可能得救？人性本善之說，基本上並不反對基督教或婆羅門教或佛教之終極教導，前者認爲人乃上帝之形像，第二者則認爲人爲婆羅門，而第三者則認爲佛爲一充分覺醒之心靈存在。因此，人性本善此一論題，卽使吾人承認原罪或不純淨之業，也無能加以否定，蓋因吾人在爲惡而自省內心不安不寧以及吾人之不願爲惡所束縛時，吾人卽重新肯定吾人之本性爲善。然而，儒家人性本善之論題與許多宗教之觀點仍然有異，後者更重視人類行動之惡源，同時相信，只有超越之存在才能挽救人類於罪惡。抱持此一觀點者總視人性僅爲一潛力而堅持其實現原則在於某一超越之存在。但從人性本善之論題而論，此一實現原則可視爲內在於人性。（註六）

吾人以上所述並非隱含說，儒家思想缺乏一超越實體諸如上帝、天心或宇宙之觀念。事實上，許多儒家均具有此等觀念。儒家觀點與上述各宗教觀點之眞正差異爲：後者超越存在諸如上帝、婆羅門等之觀念，若與吾人之罪或不淨之業或束縛相對照，則更易明朗，而前者天心、宇宙心、上帝或天之觀念，通常均由吾人曉得此一超越存在同時亦內在於吾人之道德生活中而充分發展吾人之道德生活而明朗起來。吾人積極發展吾人之道德生活如何可能使此等觀念明朗起來？其答案可在孟子之教導中揭示出來，至對人性本善深有了解之宋明理學家而趨極致。

簡言之，此一思想潮流之中心論題爲：吾人，像聖人，倘若充分發展吾人之道德生活，則吾人善性之本質便在吾人之自覺中完全實現、呈現且爲所知。吾人善性之本質可說爲仁，卽爲愛，從孝開始，以博愛流露到與吾人有確定之倫理關係之所有人物，流露到天下全人類與自然萬物。因此，充分發展之仁此一道德意識，乃是瀰天蓋地而全部包涵之愛。因此孟子說，「君子所過者化，所存者神，而德配乎天地。」（註七）張載（張橫渠，一〇二〇—一〇七七）、程顥（程明道，一〇三二—一〇八五）、程熙（程伊川，一〇三三—一一〇七）與朱熹均具有同一觀念，亦卽仁者與天地萬物爲一體。陸九淵（陸象山，一一三九—一一九三）說，「宇宙卽吾心，吾心卽宇宙。」王守仁說，「充天塞地中間，只有這箇靈明——我的靈明——天地鬼神萬物……如何與他間隔得？」（註八）但此心豈僅是吾自己之心？將本身與宇宙認同之心中，何者爲吾心與何者非吾心之分別點安在？自私之念與動機轉變爲普遍而瀰漫之愛時，吾心與宇宙之分界安在？吾爲何無能視此類心同屬於吾與上天？吾爲何無能視此類心既爲吾所創造，也爲吾所呈現？視其爲由天所顯示而降臨於吾？其屬於我與屬於天是否兩不相容？倘吾視此類心屬於我而非屬於天，此豈非與此類心之性質本身恰巧矛盾？後者在本身與非本身之間並無分界而恒感覺爲一普遍瀰漫之心？因此，當吾具有此類心而眞實認識其本性時，吾卽認識此類心之由天所賜正與屬於吾一般，同時吾卽知天（中國古籍中之天原與「上帝」同義）。由於此類心爲充分發展道德生活者之心，而其仁則完全展現爲一聖人，因此聖人乃上與天同，人性有時也因而稱之爲天性，人心在有些儒家典籍裏也稱之爲天心。因此孟子說道，「存其心，養其性，所以事

天也。」又說，「充實而有光輝之謂大，大而化之之謂聖，聖而不可知之之謂神。」（註九）

然儒家最高之教導並非僅只認清聖人與天同一，而是認淸人人皆可成聖與其所隱含之一切。人人皆可成聖乃是人性本善此一信念之必然結果。聖人乃是充分體現其本性者。倘若人人皆具有同一之善性，則人人必然能體現其本性而成爲聖人。此外，人人皆可成聖其本身卽是聖人本心之內在信念。由於聖人之心滿懷愛而不自私，他不可能認爲自己爲唯一之聖人，若是則爲自私而與他之本心相衝突。他必懷愛心，目睹、期待並希冀其他人人均成聖人。因此，人人皆可成聖乃內在於聖人本心之一信念。倘若吾相信有一聖人或相信吾可成一聖人，則吾吾必透過聖人之心想到聖人此一理念，如此，人人皆可成聖亦包含在吾心念之中。但依據人性本善之論說，吾必須相信有一聖人，同時相信吾可成一聖人，因爲聖人只是吾之本性，亦卽仁之充分體現而已。因此，吾必須相信人人皆可成聖。（註十）

依據人人皆可成聖之觀念，實際之聖人可隨時在世界任何地方誕生，而任何特定時地之聖人也無一擁有爲唯一聖人之特權。由於所有之聖人皆具有相同之基本德性——仁或博愛，因此所有之聖人均行同一道路，具有同一精神，秉持同一原則或同一之道。（註十一）此一觀念導使中國人民相信不同民族之不同宗敎中皆會有聖人。（註十二）中國歷史上向無宗敎戰爭與大規模之宗敎迫害，其理由卽在於此。因此觀念具有宗敎價值。

其次，吾人於認識聖人之世界中有一單一之精神，單一之心或單一之原則或單一之道時，吾人尙須多認識一事。此卽：「吾當下之心可認識此一切。」亦卽，吾當下之心可理解聖人之世界中普遍瀰漫之物。因此，聖人之世界既內在於吾當下之精神世界，亦超越於吾當下之實際存在。吾意識此一理念時，則凡遙遠者，例如最高之理想與聖人神聖之德性，均最接近吾當下之心，而至高理想與神德等全部價值，既屬於吾心，亦屬於彼等聖人之心。此也許是王守仁而後晚明（一三六八——一六四四）之思想家所闡揚之至崇高之人類精神生活觀念。其全幅意義至高至微，無能在此一一解釋。（註十三）

四、道家之精神價值

道家精神生活之觀念，通常均解釋爲與俗人之生活相對。道家使用「眞人」、「天人」、「神人」、「至人」與「聖人」以區別其理想人與俗人。

道家傲視此地之一切，對俗事感到有些厭倦而尋求精神之淵默與寧靜，其心從俗事俗物中退藏起來，彼等爲一具有超越心靈之人物。不像儒家之積極思慮與談論人生之理想，道家通常均從反面加以思慮談論。老子（紀元前六世紀）敎導吾人柔弱、寧靜、守愚以取代堅強、積極而聰明。莊子（紀元前三九九—二九五？）則敎導吾人別追求名聲、榮譽或社會之成功，庶幾忘我而對世俗之得失、禍福與生死無動於衷。他們敎導吾人過一種既不爲本能之欲望所策，亦不爲盤計所動而忘懷俗世利益之生活。因此，其理想生活之價值，遠超過上面第一部分所定義之自然欲望與實用價值之滿足此一類別。

然而，此種似乎純爲否定而吾人從中一無所得之生活，其精神價值，究竟爲何？

其答案爲兩方面。第一，道家之理想生活有其正面之價值。第二，此一正面之生活價值可經由反面之生活而獲實現。吾擬從後者開始討論。

正面之生活價值經由反面之生活加以實現之理由，頗爲簡單。設若吾人日常之生活方式被認爲沒有價值或有反價值，則不如生活卽爲一正面價值。例如，整天之勞苦被認爲是反價值，則休息本身豈非爲一正面價值？重要者爲：反價值之否定該呈現給精神主體。倘若反價值之否定呈現給精神主體，則否定本身之價值卽正面呈現給精神主體，內在於此一主體而成爲正面之精神價值。因此，吾不追求被認是反價值之世俗名利與榮譽，則吾不追求之淵默與寧靜本身卽可呈現給吾之精神自我而充滿正面價值（正如同一天勞苦後之休息，可呈現爲具有正面價值）。

設若吾人清晰認識此點，則可曉得欲超越俗物者所體驗之各種價值與依附俗物者所體驗之價值同樣之多。成功地超越俗務者之寧靜與淵默意識，似乎共同向外延伸。但在此一共同之延伸中，不同之俗事則共向外延而爲其所超越。因此，超越俗事者其生活之精神內容與俗人之生活同樣充實，其差異爲其心靈已超越並替換一切之俗事俗物。吾人基此觀點可進而了解，視超越界爲一神聖之虛無之許多東西神密主義者，爲何視神聖虛無之價值高於一切，而又充滿所取代之一切，並爲一神聖之全能存在。

欲超越俗事之一切神秘主義者，其問題為精神之淵默與寧靜，不易保持，而神聖之虛無也不易顯示出來。因此，吾人可以容易下結論說，不信仰一超越之救主從天降臨以幫助吾人上升到超越世界，吾人便絕無能自我超昇。然而在東方之宗教與形上思想裏有一最重要之觀念：吾人毋須相信一超越之救主幫助吾人超越此一俗界。反之，吾人可有智慧看出，俗物本身下沉而無力干擾吾人之寧靜與淵默，同世看出此一世界本身即是像神聖之虛無自我顯露之場所。此是道家哲學中無之智慧。

此一智慧在本質上至為簡單。此是認清任何俗事均經由變化或變易而始於或來自「不存在」或「無」之境地而復歸於「無」。如此，「始於無而又歸於無」乃是萬物之通性與萬物而通過之道。此一觀念主要基於吾人日常經驗。至少從現象之觀點，人人均同意，未來即是未「存」而現在空無者，而過去為未來而現在又成過去之現在，則可說來自於無而又歸於無。設若無人深知萬物皆來自無而又歸於無，則萬物皆可視為捲入一大空無，（註一四）或視為流出一大空無，卻再沉入其間。若是則無任何物能眞正構成束縛或干擾吾人之精神。當其「將下沉」之性質本身當下眞正呈現給吾人，其便業已虛無而即使現在對吾人也不構成干擾或束縛。

道家之兩大創立者老子與莊子在形上學裏均將無之智慧表顯為發展寧靜與淵默之精神生活，藉以實際超越俗事俗物之理論基礎。此是他們教導之反面。在正面上，他們精神生活之教導則有差異。

老子思索俗事與「無」之關係時，他通常均認為俗事乃捲入而包含在無之中。與此一形上之視界相對，理想之精神生活在吾人心靈或精神中乃與無合一而擺脫有限而特殊之俗事之一切限制。因此，吾人可以毫無偏私地理解並擁抱萬物。此類心若施之於政治哲學，則於聖王之心，後者對任何特殊事務並無特別反應，但卻樂見全民諸事之順遂，並予擁抱己之孩童。此類心溫和、仁慈、柔軟而廣如天或太空，總願萬物順遂，容忍萬物、跟隨萬物而絕未加以干涉。此是老子教導之第一層面，此一層面培養中國人民容忍與寬宏大量之美德，並使中國政府具有不擾民而順從民意等等政治理想。

在老子第二層面之教導裏，與無合一之心靈，乃如天或太空之廣泛，可能只沉思萬物之來去、生死與興亡而毫無動情或悲憫。此是宇宙觀照者之心胸，道德上無好無壞，而只維持倫理上之中立。其形上眞理乃如此以一種知性之價值而向此心呈現出來。

在老子第三層面之教導裏，知曉興將衰、強將弱、生將死之心，可將此一切歸納爲一原則：萬物均按代表萬物自然法則之一道曲線運轉。依據此一原則，一物若達此一曲線之頂峯，則必註定下跌。因此，吾人若不欲成爲此一自然法則之犧牲品，其唯一之途徑便是永遠不上爬到頂，或爬近頂峯時，復退回到此一曲線之開端，如此，則該頂峯總在吾人之視界中但卻絕未企及，吾人也因而絕未倒下。因此，老子教導吾人後退，學習婦孺之道，卑下謙虛，以保存吾人之活力與其他力量，以防跌下。此爲老子哲學之實用層面，無善無惡，可能不包含此類心靈所實現之任何精神價值。

與老子相對，莊子思索世事時，並不認爲萬物包含在太虛之中，他更注意萬物在無盡之天當中不斷變化之偉大過程。在此過程中，萬物一切有限之形體與顏色先是存在，繼而消逝。因此，此一過程也可視為是太虛中之一大變化。太虛者無形無色而與非存在相結合者也。由於莊子更注意宇宙間變化之過程，他之人生觀點因而強調人生本身之精神變化。設若吾人欲為眞人或天人，擺脫舊習或尋常自我之糾纏，吾人便該在宇宙無盡變化之過程中過一種精神飛翔或精神漫遊之生活，而萬物呈現在吾人精神之前而為吾人精神所安享時，吾人亦該視為齊一而毋以吾人偏私之觀點判其好壞。吾人之精神於遨遊宇宙時，卽神入萬物而視萬物之形若遭遇之時，但一無粘着，而讓其自來自去。任一物形離去，卽無物留存，無物待記。而任一物形之來，則絕對新穎，正如呈現在新生嬰兒或動物眼前之世界，前無一物，同時由於吾人從中無所期待，亦後無一物。其物隨卽呈現，隨卽安享，恍若飄浮於無盡之太虛或天中而為其背景。此乃是莊子眞人、天人或神人之生活方式。因此，原意為客觀存在而不可見之神此一「神」字，在莊子是指精神狀態或指其精神超出宇宙極限之外之神人之活動。他使用「神遇」一詞以指理想人與物相接時，當卽神入其中，而一無掛礙停滯。(註一五)

從上所述，吾人可下結論說，莊子之生活方式較之老子之生活方式，更具美感，因而可以神入而欣賞萬物之美，或如他所稱之「天地之美」。(註一六) 然此類之美乃存在於「氣化」之過程中，因此，最美之形相絕未清晰界定而該為氣之流露所瀰漫而曼妙其形。諸形流經太空而返歸時，卽產生節奏。氣韻乃中國美學之一關鍵性詞語，而以無盡之太空或天為其背景，瀰漫整個生生不息之宇宙。

（註一七）

五、補足中國哲學之佛家觀念

依據中國之觀點，佛家事事無常之理論，與道家萬物皆在變化，來自於無，復歸於無之觀念，非常近似。但佛家之無常乃基於緣生之原則，其意爲一切物皆爲諸條件結合而成（老子或莊子從未有意識地予以提出）。緣生之意義本身很簡單。它引導吾人之思想從「一物由其諸條件所產生，並無『自我』隱含其中以維繫其存在」過渡到「一物之自性或本質乃是空」此一論說，亦即並無如此之自性。

依緣生之理論，欲顯示空爲一切物之本性，佛家論道，設若吾人曉得一物乃由諸條件所產生，則在此諸條件相遇之前後，絕對無如此存在之物。由於相遇之諸條件均可分離，無一物具有永恒性，而存在者也會爲非存在者。因此，現存之物並無自性或自我本質以維繫其存在，而不存在之可能性卽爲其存在之性質本身（此卽爲空）。然而，吾人若眞正了解此一起點及其他有關空之進一步理論時，吾人便須直接而本能地看出萬物之空。此需精神集中、精神靜默與精神智慧上之嚴格訓練。吾人了解空時，世界萬物對吾人便顯得一淸二楚。如此，則一切均爲非存在所照亮，而非存在亦爲存在所照亮。此當然是超出門外漢之自我意識與哲學家之玄想之外之一種覺醒。

佛敎，尤其是中道佛敎緣生之觀念，絕不要求吾人僅僅曉得一物之條件。反之，其主要目的乃在指導吾人之意識否定地脫離自性或自我本質之虛假觀念，而看向一物之諸般條件。由於每一現存之條件也均有其不同之條件，因此，緣生之觀念乃指引吾人之意識脫離作爲一中心之物，而延伸其光於其諸條件、於條件之條件，而超出物本身之外。如此，任一物之自性或自我本質均遭取銷，而萬物之空便可能顯露出來。

在精神生活之涵養中，緣生教義之價值，至爲浩大。由於吾人精神生活之一切束縛與人生之無盡罪惡均來自吾人之依附世事之表體，此等教導因而除去一切束縛與罪惡之根。吾人於是可以企及無盡之功勳並體現無盡之德性或精神價值。此爲佛之理想。

佛教萬物皆空之顯示，乃基於萬物之條件關係，而後者乃可認爲實際存在於常識與科學此一知性之中。因此，此等顯示均可像在中道佛教中合乎邏輯地予以展現出來。

另一點爲佛教瑜珈派所闡述之阿賴耶識及其種子。此等觀念來自吾人精神光輝之進入無意識之下界。依瑜珈派之教導，吾人只能透過間接與沉思推理以了解阿賴耶之世界及其種子——後者雖可由菩薩（本性滿是智慧者）或佛之深思而直接並立即有意識地予以認知。此派之教導裏，嘗闡述並分析多層與多面之下意識世界，以及整個人格自化之多方瑜珈，以企及菩薩或佛之境界。此等乃是給與中國人民精神涵養之新教導。

佛教之終極目的在教導吾人成佛並看出超智力之萬物之空。此與使用比喻象徵或美學想像以企及超智力之道家哲學不同。佛教，主要是中道佛教之精神與道家精神之結合，即爲禪之方式。後者可視爲是自由使用知性觀念以取銷其他觀念，並用象徵性之語言與行動表達禪家所體驗之空之境界。

六、宋明理學價值意識之新方向

一般均同意，宋明之理學家爲內省人物。彼等闡揚淵默、寧靜、恭敬、自省與自檢之價值。彼等甚至採行靜坐以爲精神涵養之方法。凡此似乎均與先秦（紀元前二二〇——二〇六）從事更積極之社會、政治與文化活動之儒者大相逕庭。因此，清代（紀元一六四四——一九一二）之儒者批評宋明儒者爲僞裝之佛徒或道徒。此乃誇大其辭。宋儒明儒幾乎都誠摯反對佛家與道家之許多教導。彼等倫理關係之觀念、祭祖、祭聖與祭有德有功者之觀念以及其他許多歷史、文化、政治與經濟觀念，全都源自儒家。因此，吾人得解釋彼等經由佛家、道家之影響，爲何更重視精神涵養自省或靜默方式，再加儒家本身之發展。

與早期之儒家相比，宋明儒更意識到精神生活發展之內在障碍。此等障碍，諸如業與阿賴耶等罪惡因素，並未爲早期之儒家所正視。通常之情形是，吾人愈提昇其精神生活，吾人也愈發覺內在之障碍。吾人愈自省，吾人便在深心愈發覺過錯或潛在而內在之過錯動機。宋明儒稱此等內在之障碍爲不誠之意，例如私欲、習慣性之物質主義傾向、固執之意見、乖戾之脾氣與種種機心，凡此均深植而隱藏於吾人內心之中。只有深而內在之沉思或自省才能照亮並顯露其道，以拔除此等障碍之根。欲拔除對吾人精神發展純爲否定之此等意念，吾人必須絕對避免做某些事，並拘捕、平息與轉化此等反面之事，如此，吾人之精神生活才得淨化。吾人之一切生活方式在此等情況下，至少表面上必須沉靜而又鎮定。

第二、宋明儒較早期之儒家更具有形上與宗教意識，因而通常具有一種既爲道德，亦爲超道德之生活意識。彼等經常討論先前所述之天、帝之觀念、天理與天心。彼等常從天之觀點來討論人，並相信永恒之道。凡此均與道家思想有些近似。程顥說，「堯舜事業，不過太空中一點浮雲過目耳。」(註一八) 宇宙永恒之道不會因堯舜事業而有半點增益，也不會因暴虐之桀紂所行之壞事而稍減損。陸象山之一位門徒惋惜朱熹（陸象山之對手）不聞正道時，陸象山乃譴責他，謂無長進。他說道，「道並不因有否陸象山與朱元晦（朱熹之別名）而有增損。」(註一九) 此等言說均採取天之觀點，源自吾人對於道永恒存在此一形上與宗教信仰，抑或至少就某一意義而言，有謂之道乃是超出吾人行爲之善惡與吾人是非觀念此一區分之外之精神狀態。在王守仁之哲學裏，良知有時據說超出善惡之外。此乃基於底下這一事實：在良知之實踐中，若惡已完全克除，便無惡留下，若善已盡，便無善留下。因此，吾人在踐行良知中，可以超出善惡，而良知之性質，亦非善非惡，此稱做良知之主體。吾人在此發覺王陽明之觀點乃是道德思想與超道德觀念相結合，而此也可稱之爲早期儒家之道德觀念與佛家、道家超道德觀念之結合。

然而，道與宋明儒之良知本質上仍是道德觀念。「從天之觀點以觀人」，依宋明儒之見，其本身乃道德生活之一層面。王守仁說「良知無善無惡而爲善之體」時，其仍在平常之善惡之外，但絕未超出善之體。因此，宋明儒之超道德觀念，儘管在此一道德經驗之深度上，在某些方面可能超過所有早期之儒家，但可視爲彼等最高道德之表現。

七、晚近三世紀之精神、社會與自然價值

中國思想之發展，自明末而後，嘗有重大之改變。大體言之，此一期間之思想潮流，乃從思想之深度轉移到思想之廣度，從內在之反省轉移到外在之理解，從精神與道德生活之沉思轉移到自然與社會生活之考慮，從根據個人經驗以思索到手之材料轉移到根據歷史證據以思索到手之材料。明末諸大儒王夫之（一六一九——一六九二）、顧炎武（一六一三——一六八二）與黃宗羲（一六一〇——一六九五），即使他們很博學，同時其觀點通常也建基於文獻證據，但對文化同都抱有一高尙之觀念，且亦具有崇高之人格。他們乃以知識爲附屬，而闡揚一切社會、政治與文化生活之精神與道德價值。自顏元與李塨（一六五九——一七三三）起，與起一種強調社會實用價值之新思想潮流。彼等甚至依據實用之標準以考慮音樂與德性之價值。自清代中葉起，戴震與焦循（一七六八——一八二〇）之思

想更着重人類自然情感與欲望之滿足。仁與社會正義之道價值被解釋爲人彼此考慮自然情感與欲望之滿足而獲得之結果。因此，道德價值、社會實用價值與自然價值之觀念，乃結合成同一體系。清末最重要之思想潮流乃是漸漸強調當時之政治與經濟問題之公羊學派（此派於經評上找到理論根據）。此等思想潮流最後與西方社會建設之思想滙合而造成康有爲（一八五八——一九二七）之思想。晚近數十年裏，清儒考據之精神逐漸與西方之科學精神相連接而轉變爲對具有科學價值之一切事情之膜拜。民初新文化運動之兩句口號：民主與自由，恒被視爲具有崇高之社會實用價值與眞理價值。其他之精神價值則通受忽視。馬克斯主義吸引年青一代之心靈時，共產黨即藉機興起，迄今盤踞大陸。共黨之價值意識更窄化到政治與社會領域。共產黨徒只強調科學之技術價值。

從上所述，吾人可以明白看出，從明末到最近中國思想發展之方向，已逐漸脫離更注重人生精神價值之宋明儒之精神，轉而注重人生社會、實用、技術與自然價值之重要性。自十九世紀起，西方之價值意識已逐漸集中在社會、實用與技術之層面，並注重滿足自然欲望之價值。此爲代表一種「時代精神」之東西方價值意識之相會。就好之一面言之，此一「時代精神」可視爲是人類價值意識之一種外延發展，而爲該更注意精神發展之下一代之精神基礎舖路。但自然價值、社會價值與精神價值在新時代裏何時與如何滙成一大和諧體系，則爲一複雜問題，遠非本論文所能討論。

問：您談論道家哲學之精神生活，將老子之智慧與形上學無之智慧認同爲一，而爲精神生活發展之理論基礎。依我之見，老子之道似乎爲一形上存在，宇宙之首一推動者抑或教頭。老子之智慧如何能與無之智慧同一？

答：老子之智慧並不單與無之智慧同一。我並未使用「同一」一字。老子之道當然可解釋爲一形上存在或宇宙之首一推動者，抑或許像教頭之物。但在本論文裏，我得強調老子之道無之一面。其理由之一爲：視爲一形上存在之老子之道，據說乃透過自然物之短暫而向吾人呈現出來。物之短暫解釋爲來自於無而復歸於無。其另一理由爲：對形上存在之道之沉思，須從視爲無之俗事本身此一思想開始。「無」乃是介乎俗事之思與對道沉思之間之沉思。吾人欲上升於道，吾人首須超越俗事而與無相遇，而此一超越其本身卽是從道所發起之一種「無」之活動。此點也明載在老子之思想裏，吾人如吾論文於談論老子精神價值之觀念爲一超越世俗之價值而爲一更高之價值時，吾須強調老子無之智慧。

（一九五九年 Philosophy and Calture East and West，黎登鑫譯，一九八二年七月「中國文化月刊」第三十三期）

註　一：民初新文化運動時，許多作家如陳獨秀（一八七九——一九四二），以實用之觀點解釋儒家教導之倫理價值，而有許多傳教士與偏向自然主義之中國學者，則往往將儒家教導之倫理價值解釋爲僅僅是自然價值而與超自然或精神價值相對峙。

註　二：參見吾「在精神生活發展中之毀譽意識」一文，人生雜誌，卷十，期一（一九五四）。

註　三：參見理雅各譯，論語，憲問篇，章三十八（香港重印：香港大學出版社，一九六〇）。

註　四　中文字爲「自得」、「悅」與「安」。

註　五：參見中庸，章二十五。

註　六：例如，在亞里斯多德、多瑪氏之形上與宗教思想裏，人性通常被認爲是與純實在之上帝相對之一種潛力。

註　七：此爲吾本人之譯文，孟子，篇六下，章十三。

註　八：王守仁，傳習錄，卷三。

註　九：吾之意譯，孟子，篇七下，章二十五。五到九章縮成兩句。

註一〇　參見吾書論恕之精神層面，章十二，第九部分：中國人文精神之發展（香港：人生出版社，一九五八）。

註一一　有關人人皆可成聖，吾人可引用孟子與陸象山之言。孟子說：「舜生於諸馮…文王生於岐周…地之相去也，千有餘里，世之相後也，千有餘歲，得志行乎中國，若合符節。先聖後聖，其揆一也。」（離婁下，章一）陸象山則說：「宇宙便是吾心，吾心便是宇宙。東海有聖人出焉，此心同也，此理同也；西海有聖人出焉，此心同也，此理同也；南海北海有聖人出焉，此心同也，此理同也；千百世之上有聖人出焉，此心同也，此理同也；千百世之下，有聖人出焉，此心同也，此理同也。」馮友蘭著，包德譯，中國哲學史（普林斯頓：普大出版社，一九五二），卷二，頁五二七。

註一二：在據傳爲先秦之道家所寫之列子一書裏，有關西方聖人之一段，其原先用來論說，曉喻中國人民說佛爲一西方聖人。但耶穌會士在明代東來中國後，利瑪竇乃在他之著作天主實義一書裏，重新解釋爲西方聖人耶穌基督之預言。

註一三：王龍溪（一四九八——一五八三）、羅近溪（一五一五——一五八八）、羅念菴（一五〇四——一五六四）與劉蕺山（一五七八——一六四五）之言說，均見黃宗羲編寫之明儒學案（上海重印：中華書局，一九三〇）。

註一四　道家使用「無」字與英文字"nothing"實際並不同義。「無」乃指現象界之無或不存在，而非指實體之無或非存在。吾人在此以 Great Nothing，翻譯「無」字，以指示其像現象界之無，但又可能是實體界之某物。

註一五：此整段乃是吾之引伸莊子之精神生活觀念。此需更多之篇幅舉出與所省略之評論有關之所有文獻。

註一六　參見莊子，篇二十二。

註一七：此只是從莊子之哲學中演繹一種中國美學觀念之方式。就歷史而言，中國美學之觀念，也源自儒家哲學。但由於吾人曉得所有後來之中國藝術家均喜讀莊子，吾人更有理由假設，莊子之哲學強烈影響後來藝術家之美學觀念。

註一八　二程遺書，卷三，段三五。

註一九　陸象山全集，卷三四，段十七。

海德格之「人生存在性相論」

海德格（Martin Heidegger）是德國講存在哲學的第一流哲學家，生於一八八九年。本校張丕介先生在德國留學時，曾聽他講書。他於哲學是自居於一開創者之地位，至少自認是西方近代哲學精神外之一異端。他的思想實與印度佛學有若干契合之處，亦與中國道家之言有相通之處。在知識論之立場說，他是實在論者而非觀念論者。在人生哲學上，他是重個體而非重全體；反現實主義而尚超越主義。其文章之氣度，則以凝歛沉抑見長，而非以流利生動見著。其用思之方式，是層層向內之剝蕉抽繭，而非步步擴大之綜合貫通，亦非向外之排比分類。其所用名詞，多爲自造，似極生澀費解，而使其所會悟之哲學理境，更顯得深遠難測，對人如一異常生疏之物。萊布尼兹說過：「生疏是哲學家的秘密」，人對世界不感生疏，則無眞正的驚奇，亦無眞正的哲學思維。故眞正的哲學著作，正當使人覺到處處是生疏。人必覺生疏，然後覺新妍，看他的著述，即有此感。

海氏出名，是由於他在一九二七年在德現象派大師虎塞耳（E. Hursserl）之現象學年報中，發表實有與時間一書。他用現象學的方法，研究一種特殊的實有，即人生存在自己。其目的已超出虎氏之重直觀、重描述之精神以外。海氏之理想在求由對人生存在自己有一現象學的直觀，進到對人生存在之性相，作一本體論的分析，然後再透入形上學的問題。原來海氏少年時，即陶養於聖多瑪之經院哲學，以後接受西南學派的新康德派溫德爾班（Windelband）、李卡特（H. Rickert）之教；海氏接近虎氏而受其方法論之影響，是後來的事。而其思想，亦不限於講人生哲學。他的哲學精神，可謂一直要回到希臘人之重實有的哲學精神。其所著實有與時間一書，是一形上學的書，此書目標，乃在由人生存在之性相的認識，以認識時間，再由時間以透入對宇宙之實有的認識。他對人生之認識，乃遙承丹麥哲學家寇克葛德（D. S. Kierkegaard 1813-1855），與虎氏全無關係。就已發表之著作看，他在人生哲學中已有極大成就，而為他人所不及者。在一九二九年他承繼虎塞耳佛來堡大學之講座；納粹希特勒當權後，一九三三年被選舉負責佛來堡大學校務，曾發表一篇關於德國大學之地位的告國民書，旋即辭去此職。二次大戰後不復任教授，過他恬靜的隱居生活，偶爾作短期的講學等。今分別介紹海氏存在哲學之要點如下：

一、人生存在之第一性相——被發現式

人生存在之性相，即人生存在之可能方式。海氏人生哲學之目標，即在認識此人生存在之性相。展露（Disclose, Discover）是海氏哲學之一基本概念。展露乃去掉一矇蔽之意，即去掉一封閉，揭

開一覆蓋。人與世界之發生關係，即世界之覆蓋，在人生之前打開；人生之覆蓋，在世界之前打開，而互相開朗。印度思想中，有以「無明」爲人生之本，覺悟即無此「無明」之謂。海氏之展露亦略類無「無明」之義。世界之展露於人生，人生之展露他自己於世界，可稱之爲人生之所以爲人生之基本性相，亦可稱之爲人之「展露性」。由此一概念之了解，可進而論人生之各種存在性相。

人生之第一存在性相，他稱之爲 Betindlishkeit。此字德文語根爲發現，海氏指爲：人生之被發現爲「在那兒」之義，我姑譯爲被發現式。因海氏實以此字指人生如何被發現於生命與世界之方式，或人生如何展露他自己於世界中之方式。我之生不是生於世界之任何處，而只是生在世界一特定的「那裏」，而成爲如此如此之我的人生。我既生在那裏了，我如此如此的在那裏了，我便得負我「在那裏」之一切責任；我必得「在那裏」，計劃着我「在那裏」之一切。這些責任、計劃與我「在那裏」所對之世間，隨我之有生而展露在我之前，我不能逃，這一切都是我的命運。試想我被放置或抛擲到世間，當然不是由先得我之同意；然而我立刻把我之生在世間而「在那裏」之責任、計劃、命運擔負在身，我竟不想逃或不能逃。這是人生之一本源上之大惑，而此亦即海氏所論人生存在之第一性相。

二、了解與言說

人生存在第二性相，海氏稱爲了解（Understanding）。了解不是展露世界是什麼，而是展露人生之爲什麼而存在。了解世界，在通常只是了解他人與物或整個世界與我們之目的之關係。目的是人生所要想實現的，以及相信他能實現的。目的是尚未實現而可能的「有」。實現目的，即轉化此可能者成爲現實的存在。人生本質即不外把他之眞可能者轉化爲現實的存在。

人生不能莫有目的，不能不對其目的多少有所了解，且爲此「目的」或「可能」所驅策以前進。我要實現我之目的，我要實現我之可能性以成就我之現實，即要由我之目的去主宰一切，即我要有自由以達我之目的。但是我所遇的萬物，其自身之可能性之實現，是否與我之目的相順，我卻永無把握，因相違亦是可能的。我之目的不能實現，我之可能性不能現實化，我亦得承當。人生即一「被抛擲的可能性」（Thrown Patentiality）。人了解其目的，即了解其被抛擲的可能性。人生之目的，時時在變化，時時在增加，一一可能依序隨緣以展露，而被自覺爲目的。人生之內在的可能性，決定自覺中的目的之更替；自覺中的目的，只是內在的可能正在展露而被自覺之成果。內在的可能性主宰人生，而非自覺的意識之自身，能主宰人生。海氏此處所謂內在的可能性，正有類似於佛家所謂業識的地方。

人生存在之第三性相，海氏稱爲言說（Speech）。言說是以文字與聲音，符示其所了解之世界之實有，同時表達其所了解之一切意義。海氏對言說之哲學，頗有其特殊之見地。他深知言說是人生存在之基本性相。他在實有與時間一書中謂：言說包含所說之對象、所如此說者、傳達，與所告知於人者；而四者不可分，以合爲一言說之結構。而在論霍德林與詩之本質中，則他又謂：言說不僅是傳達一意思與人，此只是言說之效用，而非言說之本質；言說之本質，是使世界之實有，眞展露於人自己之前。我想其意是：言說指示事物，同時卽如舉起事物而顯現之，故他謂人有言說才眞有世界。但言說同時是最危險的東西，因爲言說之拼湊太容易了，亂拼湊了言語，亦卽錯亂了世界，而創出人生最大的虛幻。海氏又論言說中自己說與聽話及緘默三者相依而不可分，人能說故能聽，人所能聽者，皆其可能說者。一說一聽之會話，卽構成人與我的精神之內在的聯繫統一，社會文化卽由此來。

三、日常生活與墮落

以上三者是人生存在性相第一部份，其第二部份是專就人之日常生活中存在性相而言。海氏順此指出第四種人生存在性相，稱之爲墜落（Ver Fallen），卽指人生恆只關心於其所憂慮之世界而沉淪其中。海氏分析人生一切存在性相之本質，特別提出憂慮或慮。然墜落之深義，尙不是直接從人生之在「慮」中說；而人生墜落之根源，是在日常生活與衆並無不同（One like many）。我們須知海氏之存在哲學，是嚮往一眞人。然眞人必須爲一有個體性之人。良心與道德，是屬於有個體性之人。人有良心與道德，當然有人與人之公衆生活等。但是在我們日常的公衆生活中，卻並不能陶養出眞人，亦說不上眞正的良心與道德之出現。因人在日常公衆生活中，並不能眞有個體性之我之自覺；人只是自居於類似衆人之一人。譬如日常生活中，在車上我是一乘客，在商店我是一買物者，而非有特殊人格之我。如此人乃流於世俗，而生命外在化；且爲一漩渦式的外在化，此漩渦之中心，則日成空虛，此卽人在日常公衆生活中之最大危機。中國之儒家道家，都以世俗化爲人之墜落之本。人要成眞人成聖賢，無不從日常生活或世俗的公衆生活中超拔開始。海氏之意，似亦與相通。

四、人生之本質與怕懼及怖慄

上述四種人生存在性相，同依於一人生之本質。海氏名人生之本質爲憂慮 (Sorge)。莊子說：「人之生也與憂俱生」，佛家說：「衆生之本質卽煩惱，」皆與海氏所謂憂慮或慮相通。至於可使我們更親切的了解此人生本質之慮者，則海氏指出二種人生情調，卽怕懼 (Fear) 與怖慄 (Dread)。此二者不同：怕懼是有對象的，怖慄則是無對象的。此爲海氏思想所承於寇克葛德者，爲存在哲學之一最精闢之見。海氏說怕懼卽展露人生之有憂慮，同時卽展露人生之內在的不穩定性，展露人生之實居於一危險的狀態中。怕懼又展露人之實只能依他自己而存在，因他以外的東西，都可能成爲威脅他的東西，而成可怕者。人生之本質除由怕懼之展露外，卽由怖慄以展露。怖慄是人怖慄其自己與自己之生於世界。人何以會有此怖慄？此卽因人生之被拋擲於世界，原不出於人之自動、自主的要如此；

而一般人之力求世俗化以求成爲衆人中之一而怕獨居，其最深的動機，亦卽由人之怖慄其赤裸裸的自己之被抛擲到世界，所以他要向衆人中去躱避。同時怖慄亦使人自覺「其被抛擲於此生疏蒼黃之世界與其向世俗沉沒的人生」之非眞實的人生。亦正由此怖慄，乃展露一眞實的人生之可能，使人求一更眞實的人生。

五、死之智慧

以下講人之死與良知罪業感等。了解此數者，乃所以爲了解人生之全體及其與時間性、歷史性之關係之準備。人生之全體，必須包含死來了解。最高哲學智慧，必須包含死之智慧。海氏對於死之哲學智慧，不一定是空前的，然其分析方式之新穎，則是空前的。孔子說：「未知生焉知死？」海氏另說：「人如不眞知死，則亦不能知生。」人生必須從生過渡到死，如何過渡，我卻不知，然死之一事人必遭遇之。「死」爲人生最後之可能，此可能不在人生之外，而卽在人生中。但當人之死的可能實現了，則一切其他可能卽被封閉，故人之走向死，卽爲終結生。海氏謂人生卽「抛擲到死中去」之存在。人死是人生中之一事故。如死被掩蔽則生亦被掩蔽。但我們通常因不知何時死而以爲可不死，死卽被掩蔽，死被掩蔽，而人亦不了解生。而海氏則以人生哲學最重要者，卽在打開此掩蔽。我現時眞知我必死，死卽呈現於目前，而漸打開此掩蔽。而我在知此死時，卽我之現在之生命方涵蓋我之全部之人生。又死是屬一個體的，故不能替代，故人之眞實的知其有死，又可使人對其爲一個體之有眞正之自覺。又死是不能征服的，但在我知我死不能征服時，便知自我之有限，而能承認其他的個體。人不知何時死，但死可隨時降臨。我們能眞實的了解此死之時時可能降臨，方可使「死」時時如呈現於目前而助我們之了解生。

六、良知罪業與發決心

人生之眞實性，必由人生之成爲眞實的存在而見。此人生之成爲的存在，其可能之根據則在良知罪業感與發眞實的決心。海氏對此三者之性相亦作一分析。他稱良知爲一呼喚（Call），此呼喚是一內在的言說。我們在日常生活中，只是聽他人言說，此時我之人生，是以衆人中之一之資格出現。然當聽到良知之呼喚時，我們此時卽不復只是衆人之一，我們這時，只是自己呈露於自己之前，開始眞正的回到自己。良知之呼喚，並無聲音；呼喚之主體是誰，我們亦不知道。海氏暗示，人之良知呼喚之所以出現，與人生之爲被拋擲者之概念，不可分開理解。良知之呼喚出現時，是顯爲一不安，覺原來之生活不對了，要不得。人原來之生活，恆是依自然的拋擲而形成的。此不安是要把自己拋擲出之原來的生活收回去，故良知與我們前說之對人在世界之怖慄同源。良知之呼喚，是警醒人不要忘掉他最深之內在的自己。作良知之呼喚者，卽怖慄其被拋擲於世界的生活，而要求還歸其家之人生自己。

良知之呼喚帶來人對於其原來生活之罪業感。罪業感是覺我們之整個人生是一殘缺的，覺整個人生中有罪業。在罪業感中，我是先把由「被抛擲而形成的如是如是之我之人生」接受下來，而與良知之呼喚所顯示之理想相對照，以展露其缺漏空虛。然正由此罪業感，我們才開始要求另一自己建立之人生，我們才不復只是衆人之一，才能眞正的自作主宰的選擇我未來的人生之事。我之人生之眞實的可能是什麼，才在我之面前開朗，我才有一要發決心的意志，而後亦才有眞正的負責的人生。發決心是要求一「合乎我良知所指示之我」存在於世界，此與儒家立志之義相通。當我們發決心之際。我們是投射一理想自己於前，而望其現實化以存在於世界。然此「理想自己」，只是一「可能」。人在發決心建立其人之存在自己時，人是建立其「人生存在」於其所在之世界中，只有在人發決心建立其人生存在時，其所在之具體情境以及其所在之世界，才展露在他面前。什麼是他所眞可能作的，與非眞可能作的，他亦才能眞實的了解。

七、人生的時間性

吾人常說，時間爲許多片斷的時間，一刻一刻聚積成的，但這只是鐘錶之時間。海氏謂人生自己之時間性（Temparality），才是一切對世界的時間觀念之本。所謂人生自己之時間性，從何而見？時間通常分將來、現在與過去，此三者中，人所最關切者，只是其將來。人生所慮者，都在其將來存在狀態之如何。但海氏所注重者，則在使人生之存在有其眞實的將來？此乃係於人之眞發決心以建立其新人生。人眞發決心建立其新人生，人卽有一內在而實際上眞可能的人生要求實現，而投射出一人生之遠景。不過我們所謂將來，其最初之實指處，亦卽只在此所投射之遠景中。我們須知，人在投射此遠景而展露一將來時，他卽求眞實的同一於此將來。此將來不在其外，因他之求同一於將來，原只是他之向自己之「內在可能的人生」作運動而已。人之發決心依於良知，故良知乃一面指向將來而望之，一面指向過去而悔之。它呼召未來而收捲過去，於是過去與未來，都同時在人生之內部。海氏之理想，似在由人生時間性之認識，以達於超時間的實有，這是回到中世紀的永恒，或是通於中國儒家所謂悠久？卻是一深遠的哲學課題。

八、人生之歷史性

海氏順人生之時間性，再討論一問題，卽人生之歷史性（Historiety）。他重人生之歷史性，自言受狄爾泰、尼采之影響。他論人生之歷史性，乃根據人之有眞實的時間性。人之有歷史性，繫於人之承擔歷史性之命運。這原於人生生下卽是被拋擲於已成世界之「那裏」，他得負擔着在他「那裏」之一切，他有各種負載着之目的與可能要實現。由此而他卽有在其環境中所遭遇之歷史性的命運。人須在其環境中，獲得其自己之命運；而人亦同時與環境中之人物、人羣、民族、國家、時代等，共有其歷史性之命運。然人眞要擔負此歷史性之命運，則是極不易的，因一切吉凶得失成敗，同得要擔負。人如何能擔負其歷史性命運？海氏以爲這全繫於人之將死、罪業感、良知、發決心、自由與人生之有限性，同時聚集於其人生之慮中，聚集於其人生存在中，亦卽繫於人之有眞實的時間性之自覺。人必須在思想中，眞知其有限的人生之終必歸死亡，而面對死亡，以自死亡之怖慄中解脫；而再回到現實世界之「那裏」，卽我在此已成世界之「那裏」，將已成世界交付於我或遺傳於我之眞實可能，加以接受下來，並求其實現，以生活於眞實的現在，而屬於我所在之環境與時代。然後人才能擔負其歷史性的命運，而表現一有歷史性的人生。故人生之表現歷史性，亦可說是繫於人之不只把他之過去當過去、已成的世界當作已成，而要在已成者中、過去者中，認識其眞實的可能性。此可能屬於人生之將來，亦卽人現在所當使之實現於環境中之世界者。故人生之歷史性，亦可說卽繫於他之對由過去之傳下來可能性作反應，而求重複過去於未來，以使之更新。歷史性繫於去、來、今之貫通。眞歷史學家，必須先有眞實的人生，而對過去所蘊藏之可能性，作選擇的反應。選擇的反應，是爲人生之將來，文化之將來。作選擇反應之歷史，乃眞實之歷史。這是海氏對人生之時間性的討論，必然歸宿的結論。

以上所講，爲我對海氏哲學之簡單的介紹。其哲學對此時代：說得好，是可以超西洋近代精神，以通於希臘哲學，通於印度之佛家、中國之道家儒家；說得不好，亦可爲刺激人去作幽深玄遠思想的誘導。

（一九六一年三月・「新亞生活雙週刊」第三卷第十五期）

辯證法之類型

一、談辯證法之不能否證形式邏輯與歸納法

我今天講辯證法，是感於辯證法是一流行的時髦名辭，如今日爲中共之政權之哲學基礎，即稱爲辯證法的唯物論，或唯物辯證法。但我今天是講學術，不談政治。從學術上說，我並不否認唯物辯證法，亦是辯證法之一型。但辯證法之類型甚多，辯證的思維中之天地甚大，唯物辯證法包辦不了。從各種辯證法之類型上，去看唯物辯證法之一型，其在學術上之地位實甚低。我今天講辯證法之各種類型，即在使大家先能一開眼界，知道此中天地之大。不過在正式講本題之前，我還須約略一講辯證法一名之意義，及其與形式邏輯及歸納法之應用範圍之不同，以指明辯證法，並不能代替或打倒形式邏輯與歸納法。此意雖然知道的人很多，但在此通俗性講演中，仍須說一說。

辯證法是西文 Dialectics 的譯名。此字之本義，是由人與己對辯，以引發思想，發現眞理。但在人與己之對辯中，人與己常有彼此不同或相反的意見，觀念，思想。而辯論之目的，常在說服對

方，亦即使我之思想、觀念、意見，成爲你的，你的思想、觀念、意見，成爲我的；由此而有思想、觀念、意見之由正面到反面的推移，亦有對於事物之義理，由正面到反面的觀察、及判斷。於是辯證法之意義，後來逐漸成爲由正題 Thesis 轉到反題 Antithesis 的思想歷程，或思想方法；或成爲：視「事物爲正反二面所合成，事物之變化恆爲由正面轉至其反面者的一種宇宙觀人生觀或歷史觀；或成爲「視我們論說之所對者是正亦是反，非正亦非反」之一種觀點。總而言之，辯證法不同於一般形式邏輯之說是卽是，說非卽非，說正面卽正面，說反面卽反面；乃由正到反，由說是到說非，或於是處說非，因而是者可兼爲非，而非是亦可兼非非者。故辯證法可視爲不同於形式邏輯之另一種邏輯之理論，亦可視爲一種對存在事物的律則之論法，一種哲學上之存在論的學說或觀點。

將辯證法視爲一邏輯理論者，有人亦想以之否定或代替形式邏輯。持此說者謂：形式邏輯中之思想律，依於說是卽是，說非卽非，故是者是而非者非，而主A是A，A非非A。辯證法不同於形式邏輯，可於是處說非而主A是非A。故二種邏輯根本相反。又說此二者之不同可歸到：形式邏輯乃以事物爲恆常不變的，而辯證法，則以事物爲變動無常的。但實際上我們今都知道，純粹的形式邏輯，根本不討論實際事物是否恆常不變。現在的學術界，大家都幾乎公認，形式邏輯只討論命題之形式的構造，及如何由一類之命題，有效的推出另一類之命題……等等問題。形式邏輯中所謂思想律中之同一律不矛盾律，可分別以A是A，A非非A表示，亦可分別以如P則P，如P則非非P表示。依後一表示，同一律只是說：「如一命題P是眞的，則P是眞的」，不矛盾律只是說：「如P是眞的，則『P是假的』是假的」。依前一表示，說A是A，A非非A，亦不是說：我們以A指一東西時，此A永遠不變。乃只是說：如一個東西是A，則它是A，或是A者是A，如人是人。此人是人之意義，不是說：人不會死，以化爲非人之土壤，而只是說：若是人，則是人，或是人者是人。當此人化爲土壤時，則土壤固不是人，但「是人者是人」之一語中，並未說人不能化爲土壤。人之化爲土壤，亦不能否定是人者是人之一語。因而亦不能否定A是A之思想律，連帶亦不能否定A非非A之思想律。在人化爲土壤時，我們說土壤是土壤，而非非土壤，此便仍是依於A是A及A非非A之思想律。故所謂同一律不矛盾律之思想律，卽「是者是而非者非之律」或「是是非非」之律。人在思想言說時，無時不在是其所是而非其所非，亦卽無時不依此二律，以進行其思想言說，而形式邏輯中之思想律，亦卽是人在事實上不能否證的。

形式邏輯中之思想律等，所以不能否證，可以說是因爲形式邏輯所涉及者，純爲關於我們之思想言說，及其所用之概念名辭方面的事。形式邏輯所要求於我們者，只是我們所用之名辭之意義之一致，概念之內包外延之確定，思想內部及前後之言說之不自相矛盾等：牠並不要求事物之不變。牠對於事物之變與不變，無所主張，所以無論我們說事物是變化或恆常，都不直接干係於形式邏輯的事。

在形式邏輯之外，尙有歸納邏輯，或歸納法。歸納法是在我們硏求各種特殊事物中之普遍律則時，應取之思想方法，或我們對事物之律則加以探究之進程中，宜遵行之規則。歸納法之應用，是要涉及於我們思想所對之存在事物的。我們在應用歸納法，以探求事物之普遍律則時，我們亦恆先有「存在事物必有其普遍律則」之肯定。而我們所視為普遍律則者，是否眞為普遍律則，亦要待於我們對於一類中之特殊存在事物之經驗，加以證實或否證。此便與形式邏輯之可全不牽涉到存在事物之情形不同。故歸納法與形式邏輯，可並立以各為邏輯之一部。如以形式邏輯為邏輯本部，則歸納法可稱為方法論。此方法論，並不能違反形式邏輯之原則。如人由運用歸納法，而對各特殊事物，及所求得之普遍律則等，加以思想言說時，此思想言說，亦是如何便是如何，不能自相矛盾，亦即不能違悖形式邏輯中之同一律等。至於由歸納法而得知之事物之普遍律則，在其為眞時，則吾人須設定或肯定：其眞，為常常眞，即對一切同類事物，皆同樣的眞。此又與辯證法之重觀事物之變化無常者不同。然而辯證法亦不能據事物之變化無常，以否定歸納法。因人之運用歸納法時，所欲求得之普遍律則，亦包涵事物之變化時，所依之律則，此律則正為說明事物之如何變化者。然說明事物之如何變化之律則，其本身儘可無所謂變，而為定常者。於是律則之定常與事物之變化，亦可不相為礙。譬如人由歸納法而求得一自然科學上之某自然律，此自然律於自然物，實只是說：「如一自然物為屬於某類之自然物，則其自身或其如何變化時，將依如此如此之一自然律」。然此語並不妨礙此一自然物，由為屬於某類之自然物，而變為屬於另一類之自然物。當其變為屬於另一類之自然物時，依歸納法，人只須設定：其所以變爲另一類之自然物，此另一類之自然物之自身，及其以後之變化，仍將有律則可尋。故辯證法之謂一切事物爲變化無常者，亦不能否證歸納邏輯之肯定有定常之自然律，或其他普遍律則，而加以研求之事。

二、辯證的思維之立根處

由我們以上之所說，故知崇尙辯證法者，欲由事物之變化，以否證形式邏輯與歸納邏輯，皆同爲不可能之事。事物之變化無常，與形式邏輯歸納邏輯之存在，亦爲兩不相妨者。然則辯證法於何處成立？何以哲學家中又有種種關於辯證法之主張與學說，而辯證法又有種種之類型？

照我個人現在的講法，形式邏輯所論的一切，都是原於人之思想言說求自己證明自己而來。歸納法之應用，則是由人對客觀外在事物之思想言說，欲再求證於一切同類之客觀外在事物而來。而辯證法之思維，則初是由人自己之思想言語，求證於他人之思想言說，或當將我們之自己暫分裂爲二個不同或相反之自己時，此二自己之求互證而來。人之思想要求自己證明自己，又要求證於客觀外在事物，再要求證於他人或由自己分裂出之另一自己，故有此三種思想方式，或三種邏輯。

當我有一思想言說，而他人偏不承認時，我便知道，在我之思想言說之外，還有非此思想言說，或反此思想言說之另一思想言說。當我與人對辯時，人於我說是者，說非；我說非者，說是；我即了解了：我所是者之可非，我所非者之可是。此一了解，卽使我超出了我原來之是非，而可使我亦試去非我之所是，並是我之所非；而使我如站在他人之地位，而與原來之我自己對辯。此站在他人之地位之我與原來之我，亦卽由我之一自己暫分裂所成之二個自己；其間所產生之對辯，及其中之思維，卽一內在的對辯，內在的辯證法的思維。此外還有其他情形所導致之自我分裂，亦同樣可導致一內在的對辯，與內在的辯證的思維。今不必一一討論。

於此，我們所要問之一問題，是人何以會與人對辯，或與自己對辯？顯然，此中必有一引起對辯的論題，或可使我們對之發生不同或相反之思想言說之對象。此對象必須是先指定的，否則人與人對辯，自己與自己對辯，皆不可能。此對象又必須是具有多方面，而爲一具體的對象，或人可對之作多方面的言說思維，而視爲一具體的對象者；否則對辯之雙方，無異同之見，亦不必對辯。因此，如人只是有一思想言說在此，而直接依之以推演出其他之思想言說，人用不着辯證法，只用得着形式邏輯。又人在只對若干同類事物，研求其共同的某一抽象的普遍律則時，亦用不着辯證法，只用得着歸納邏輯。辯證法的思維，至少必須以「視如一具體的對象者之具有多方面而容我們對之作或同或異，或正或反之多方面的思維言說者，呈於當前」爲其進行之憑藉。我們卽可依此以規定限制辯證法的思維之領域與範圍。

世間有無一具體的對象，具有多方面，而可容我們對之作或同或異或正或反之思維與言說者？

答，必有。此即我們之當下的心靈與生活所直接面對之存在的或視如存在的事物，及此心靈主體生命主體與生活之自身。辯證的思維之開始點，即人們於其所直接面對之視如存在的事物，暫不視之爲同類事物中之一例，或只與其他同類事物表現一抽象的普遍律則者；亦暫不求以一些自己內部一致的思想言說去想他說他；而先只是視之爲一直接面對之一特殊的存在的具體事物。然後我們再試想，如何用思想中之一定的觀念概念，言說中之一定的辭語，去想他，說他，規定他；再由此升進，則我們將發現一辯證的思維活動運行之世界，其中有深深淺淺的不同類型之辯證法之思維可說，以下所講者，則爲此中之八類型。

三、特定概念與事物之矛盾之辯證法

辯證的思維之第一型，即是就當前所對之似外在而客觀的具體事物，在其由呈現如此之狀態後，又呈現不如此而如彼之狀態，以發生變化時；覺到我們原來之意其爲如此之判斷，已由眞的變爲假的；於是我們原來說其如此之言說，亦須變爲說其不如此之言說，而我們初之意其爲如此之判斷，亦須變爲意其不如此之判斷。簡言之，即覺到我們之思想言說，須由說是到說非，想是到想非，而成爲辯證的。我們皆承認外在客觀事物無時不在變化中，而在其變化時，我們原對之所發出之判斷與言說，即皆無不由眞變假。故此義之辯證法，遂對任何變化之事物，皆無不可應用。如我們說天上之霞是紅的，但在其由紅變紫時，我們卽可說其不是紅。於是這霞卽可說旣是紅亦非紅的，而我們對霞之思想，亦同時由思想其是紅，以思想其非紅，而有一思想內部之變化。於此說，我們當順事物之變化，而有此思想之變化，卽此思想之辯證法的發展。此是辯證法之第一型。

在此辯證法之第一型中，當事物由是A而變爲非A之B時，嚴格說，此B並非必與A相矛盾。我們之思想，由思A而思非A之B，只是思想之轉變，亦非卽思想之自相矛盾。至我們之思想，所以要隨事物之變化而變化，於其爲A時，思其爲A，於其變爲B時，思其爲B，亦正是爲了避免思想內容與事物狀態之矛盾。但從另一方面看，則A在變爲B時，B總是一非A。思A之思想變爲思B時，我們之思想，至少總是由思A而思一非A。依此，則亦可說我們此時思想之進行，是由想是到想非，而由正至反，卽是由A轉向與之對反或矛盾之非A。此便不同於形式邏輯的思想，總是由是到是，由正到正，由A直向A而進行。故此爲辯證法的思想之一型。

四、事物具內在矛盾之辯證法

第二型之辯證法思想，是由上述之義，而更向客觀外在事物或客觀世界之內部去看；乃據客觀外物或客觀世界之恆由如此之狀態，變爲非如此之如彼之狀態，遂謂客觀之外物，在根底上只是一有一無，或一陰一陽之氣化之流行；或客觀外物之內部，原涵有相對反相矛盾之兩方面。前者爲老莊及易傳之思路，今不擬及。依後者之說，則謂客觀外物之內部，原涵有相對反相矛盾之兩方面，亦卽謂其同時涵有一如此，而又非如此以如彼之內在的矛盾。至其正式由如此而變爲非如此之如彼時，卽其內在的矛盾面之展開。此卽成爲黑格爾之一方面，及恩格思馬克思等之辯證法。

此種辯證法，乃將上一型之辯證法中之「思想之由A向非A之進行」，外在化客觀化爲：客觀外在之事物之內部，原具有一「由A至非A之進行」，遂成事物有內在的矛盾之說。此所謂客觀外在事物之內部有矛盾，實卽同於謂客觀外在事物之內部，有相衝突之成份或力量，可彼此代與。但我們於此復須知：此相衝突之成份或力量，各就其自身而言，實各是其自己，而並不自相矛盾。因若此各成份或各力量之自身，亦包括相衝突之成份或力量，而自相矛盾，則其對外卽不能有單一之力量，亦不能稱爲一單一之成份，而不配與其他力量或成份相衝突矛盾。故人若據此說，而謂「一事物包涵內部之相矛盾衝突之成份或力量，此每一成份或力量，亦再各自包涵內部相矛盾衝突之成份……以至無盡」，乃絕不可通之說，然而馬克思恩格思則有一事物涵無盡的內在矛盾，而不斷的一一展開之說。此亦卽其理論之不通處。

馬克思恩格思之辯證法，還有一大不通處，卽他們自稱其辯證法爲唯物的。實則講唯物，卽不能講辯證法；講辯證法，卽不能唯物。唯物論原是說「物質先於精神，精神由物質而生出」之一學說。如吾人於唯物論上，再加上辯證法，以論精神之由物質而生出，則吾人便只有視物質爲A，精神爲非

Ａ之Ｂ，並謂此由Ａ以生出非Ａ之Ｂ，爲一辯證法的歷程。但依辯證法，如Ａ能生出非Ａ之Ｂ，則Ａ不能只說是Ａ，而當說其兼爲非Ａ之Ｂ。今宇宙之物質，旣能由發展進化而生出精神，則物質亦卽內部包涵精神，而亦可兼稱爲精神或具精神性。由此而說「宇宙間唯有物質爲眞實」之唯物論，卽不能成立。如說物質雖能發展進化出精神，然物質仍只是物質，則同於說Ａ能變出非Ａ之Ｂ，而Ａ仍只是Ａ，此便爲非辯證法的思想形態。故我們說，講辯證法決不能同時講唯物論，講唯物論卽必違悖了辯證法。唯物辯證法本身是一自相矛盾的名辭或思想。如人們說唯物辯證法之奧妙，正在其本身包涵自相矛盾之成份；則須知此自相矛盾之成份，依辯證法，便亦須展開，而其本身，亦應有一辯證的發展，以發展爲非唯物的辯證法，或非辯證的唯物論。大家一細想便可明白。

五、對抽象概念之思維之移轉之辯證法

辯證法之第三型，是就我們之思想中之若干抽象概念各視之爲一思想對象而加以思想時，我們會發現：我們之必然想到與之相異或相對反或相矛盾之概念。此卽如柏拉圖在帕門尼德斯篇所表現之辯證法。在柏拉圖此篇所討論之抽象概念，是一、多、有、無、同、異、相似、不相似、全體、部份、等抽象概念。依柏拉圖在此篇所述，我們對這些概念加以思想時，皆有一極奇怪的情形發生。卽我們儘可試把我們之思想，集中對其中之一個。然而我們如此集中去想後，卻又會自然兼必然的想到其

他。如其中之一個是A，則其餘的卽是非A之 BCD 等。此時我們無論用多大的努力，去求集中思想於A，然而我們終會發現：我們之思想，永不能停止在A。此對A之思想之本身，總會自然兼必然的使我們思想到非A之 BCD，而此對 A 之思想之本身，亦可說賴我們對非 A 之 BCD 之思想，來支持，以使之成立。吾人之能了解此點，卽賴一辯證法的思維歷程。此種辯證法的思維歷程，是一極抽象的，而柏氏之此篇亦是一極難爲人所了解的。現在只舉其中之一例爲證。

譬如說我們假定「一」之概念爲A，則其餘之概念如「多」「異」「全體」「部份」等，皆爲非A之 BCDE 等。今我們試集中思想於「一」，想世間只有此「一」，或只有此「一」才是，而說「一是」或 one is。但我們馬上便可進一步看到：從此「一是」，卽可引我們到對「一」以外之「多」「異」「全體」「部份」等之非「一」之概念之思想。此理由簡單說如下：

如我們說「一是」，則此中有「一」與「是」二字。此「一」與「是」二字必不同，而表示不同之概念，但我們說「一」與「是」不同，卽「一」與「是」異。於此我們卽思想到「異」。此時我們是自然要想到此「一」與「是」之「異」，亦必然須承認「一」與「是」之「異」，而思想「一」與「是」之「異」。如「一」與「是」不異，則「一是」同於「一一」或「是是」，便不能說一是了。故要說「一是」，便必然須承認「一」與「是」之「異」，而我們之思想卽必然由「一」以轉至非「一」之「異」。此「異」與「一」卽爲相異之概念。

又「一」與「是」既異，則「一」是一個，「是」又是一個。一個再一個，卽爲二爲多。於是我們之思想，又由「一」轉至非一之「多」了。此「多」與「一」不特相異，且相對反，而自多爲非一處說，卽一與多相矛盾。

又「一是」中包括「一」與「是」，「一」與「是」合成「一是」，我們在思此「一是」包括「一」與「是」，或「一」與「是」合成「一是」時，「一是」卽爲全體，而「一」與「是」各爲其部份。於是我們又思想到非「一」之「全體」「部份」等概念了。此「全體」「部份」之概念，與「一」又相異。

柏拉圖在帕門尼德斯一對話中，全是這一套的推論。此推論皆在一多同異等極抽象概念間進行。這些概念我們在常識中之亦用來規定經驗事物。如謂白馬一黃牛多，此中卽用到一多之概念。但在常識中用到這些概念時，用「一」則不能同時用「多」，用「多」亦不能同時用「一」，以其相對反相矛盾故；用「一」時亦不能同時用「異」「全體」「部份」等，以其與「一」相異故。而常識亦不以「一」「多」等之本身爲思維對象。然在柏拉圖此篇，則以「一」「多」等爲思維之對象，並以吾人之思其中之一概念時，必然使我們想到其他相異相對反相矛盾之概念；此諸概念乃與此一概念相依而不離，以同時並在於吾人對之之思維中。又因此概念在其爲吾人之思維所集中之對象時，此概念乃如有其自性，而宛然在人之心目，故可視之爲一形而上之存在。再因每一概念皆與其他概念，有多方面的相依而不離之關係，故可視如一具具體性之概念。而我們今如依柏拉圖之思維方式，以思維此「一」「多」等，我們亦都會發現：此等概念間之多方面的相互關聯而相依不離以成立之情形：因而亦將由思其一而自然兼必然的思及非此一之其他概念，而使我們之思想之進程，成辯證的。此種辯證法，乃若干重純思辯之哲學家所熟諳，而爲辯證法之又一型。

六、二律背反之辯證法

第四型之辯證法，是如康德之純理批判一書中之辯證論之部，所謂二律背反所展示之辯證法。此辯證法之意義是說我們對於宇宙之若干超經驗的問題，即無法由經驗加以證實之問題（此即不同於第一二型辯證法所處理之問題爲尙可由經驗多少證實者）其正反二面之答案（即正題與反題），皆不能決定的建立。其所以不能決定的建立之理由，是因每一面皆只能依賴另一面之假，以證成其自身之眞，因而兩面皆似能成立，而實又皆不能決定的成立。如宇宙之有邊無邊，有始無始，事物之有無最後不可分之單位等，卽都是人對於宇宙所發出之超經驗的問題。而無論吾人選擇任一面之答案，我們皆可轉而思及其反面之答案，而自加以否證，因而卽皆爲不能決定的建立者。康德此處所論之辯證思維，乃純限在人對宇宙之超經驗之問題處說。此乃視總體的宇宙如一存在的具體的對象，而此總體的宇宙又非吾人運用理解中的一定概念，所能加以規定限制者；因而吾人之思維，永只能在此中之正題與反題間輪轉，以形成一辯證的思維歷程。此中，人由正題之思想必轉至反題之思想，卽見此二者之相依。然此二者又是明顯的相斥相矛盾的。故此二律背反所引起之辯證思維，與上一型之辯證思維又不同。

七、綜合「正」「反」為「合」之辯證法

第五型之辯證法，是黑格爾承康德之問題而提出之辯證法。黑氏之辯證法，乃是緣康德之辯證論之指出人之思維之可永在正題及反題間輪轉，及此正題之思想與反題之思想之相依而相斥，及其他一切相對而相矛盾之思想範疇之相依而相斥，以進而論其皆可綜合爲一更高之思想或理念。由此而再以一切存在事物，凡體現相對反而相矛盾之思想範疇之一，以爲其存在範疇者；亦皆隱涵有其矛盾面之範疇，而必然將轉變其自身，以明顯的體現此矛盾面之範疇，再轉變而體現綜合此二者之範疇。於是黑氏之辯證法，亦主張客觀存在之事物之發展，皆爲其內在矛盾之展開，而其學說之一面，遂通於上述第二型態之辯證法。然黑氏辯證法之本原，則唯在其邏輯學之理論。此理論之內容，乃唯是純思想之範疇之討論。黑氏所謂正反合，亦初爲純思想之進程中之正反合。此純思想之進程中之正反合，亦卽用以說明抽象的思想範疇如有、無、一、多、同、異等之如何互爲正反，而又可綜合爲更高之思想範疇者。黑氏之邏輯學之理論之眞正目標，乃上承柏拉圖之概念理論、亞里士多德至康德以降西方傳

統哲學中之範疇理論，而冀以其所謂正反合之思想進程，將一切思想中之範疇，次序加以引申出者其理論之應用至存在事物之發展之說明，亦意在將存在事物之發展中正反合之次序，化爲體現思想範疇之正反合之次序。故其辯證法在本質上非上述之第二型，而應另爲一型。

對康德與黑格爾之辯證法理論之內容之討論，屬於專門之學，非簡言可盡。然此文要在辯其各爲一型，則上文所述，亦已足夠。

八、正反相銷歸實之辯證法

我所謂正反相銷歸實之辯證法，乃指印度佛學如般若宗之辯證法。般若宗論諸法實相由空諸法執顯。人謂諸法有生滅、來去、一異、斷常、皆是法執，卽皆須空掉。唯空此諸法執，而照見諸法之不生不滅、不來不去、不一不異、不斷不常，乃能知諸法之實相或眞如。此型之辯證法，吠檀多派中之商羯羅亦用之，印度及中國其他佛學派別亦或用之，西哲中則有柏拉特來用之。此所謂「不生不滅」「不一不異」等、不是如黑格爾之所謂綜合正反所成之理念。黑氏所謂綜合正反所成之理念，固亦非正非反，如黑氏之綜合有無所成之變之理念，卽兼有與無，亦爲非有非無者。然此中另有一根本之不同，卽在黑氏所講之理念，仍屬於思維構作境界，而佛學中之證諸法實相，或眞如，則正要突破或超出思維構作之境界。此所謂不生不滅、不一不異等，是說生滅一異等概念，對此境界根本用不上。用不上就用不上，不是綜合正反就用得上。綜合是更高之思維之構作，綜合所成者應更對此境界用不上。佛家所謂諸法之實相眞如，可說卽諸法之「眞實的如是如是」。對此眞實的如是如是，有不同深度的講法。一最切近方便的講法是說，我們之生活與心靈之直接所對之「這」其自身，在眞實義上，只是一如是如是。而我們所用之生、滅、一、異等概念，卻都是我們之心思，跨過「這」而兼照顧到非這之「那」，而構作之概念，凡概念之規定「這」者，兼規定到「這」以外同類之「那」，卽都與「這」不眞相應，正面之概念不相應，反面之概念亦然，故此「這」，實非正亦非反，此中人之用正概念，唯所以抵消反概念，人用反概念，唯所以抵消正概念，必待正反概念全相抵消後，心靈乃由構作之概念落下，而如實知「這」，然此時之「這」之呈現於心靈，又不同於「這」之呈現於先概念之感覺，此時之「這」之呈現於心靈，可說是呈現於「知有概念並知運用概念於『這』，而又將其所運用之正反的概念，使之互斥，相消，形成一空明，以重直接觀照此空明中之『這』」之心靈，對此心靈及爲呈現此心靈而有之辯證法的思維，如要深說，還有許多不同方式之話可說，然要之，此皆非柏拉圖康德黑格爾之辯證法理論之所及，而屬於辯證法之另一型。

九、思想概念之規定與生活或生命主體心靈主體相對反之辯證法

第七型之辯證法，乃由於思想概念之規定與此思想活動所對之「生活或生命主體心靈主體」之本

性上的對反，乃使人去超化否定此前者，以成就後者之自明自證之辯證法。我們之有生活或生命主體心靈主體，乃一事實。我們之思想，可試對此生活或生命主體心靈主體，以概念加以規定，亦是一事實。然而我們之生活或生命主體心靈主體之自身，又與此概念之規定，有一本性上之相違反。雖然人之思想，亦是由人之生命主體心靈主體所發出，思想之內容，且亦可攝取人之生活之某內容，及此生命心靈主體之某一面相，爲其內容，由此內容卽形成概念，而概念亦可稱爲思想之內容。然而當一思想有一概念爲內容時，此概念爲一普遍者，思想順此普遍者之所指而外向時，卽可於其發出後，同時如離開此主體。於是當此主體用此思想與其內容之如何如何，回頭來規定其自身與其生活時，此主體可立卽發現此二者之有一本性上之違反，發現其自身與其生活，實並非如思想之所規定爲「如何如何」者，同時覺到此「如何如何」之所是，不同於他自身之所是，不同於他生活之所是，遂覺此所規定者之非；由此卽再轉出一思想，以撤回此原先之思想。此卽又一種辯證法之思維形態。今可先以一例，說明思想之規定，與我們生活之相對反。

譬如人在生活上正感快樂時，我們都知道，如這時我們回頭來反省思索我之快樂之性質面相等，論說之爲如何如何之快樂時，吾人立覺此如何如何並非卽快樂之自身，而當吾人注念於此如何如何時，則快樂立卽消逝。人於是須改而思其已無此快樂，說其已無此快樂。方合眞實。反之，人眞要保持其快樂，並使其原來之「說其爲快樂」「思其爲快樂」成爲眞，則又須忘其快樂之爲如何如何，而不思其快樂、不說其快樂。此卽嵇康所謂「忘歡而後樂足」，邵康節所謂「未曾知樂方爲樂，若說忘機便有機」。此中之情形是：人在思想其生活，而加以正面的論說時，則生活卽轉至其反面；而此反面的論說卻變而爲眞。此亦卽「思想之把握不住其初之直接所對，而欲加以把握之生活之實相，而反驅走此生活之實相，以使其自身求眞而得假」之矛盾現象。於此，思想眞要把握其初所欲把握之生活之實相而得眞，必須再使其初所欲把握之生活，重新呈現；而要達此目標，則思想又必須於生起後，再自己隱退或自殺卽自己否定，以便此生活之重新呈現。此思想亦唯在此時，乃得達其目標而使此思想之內容得成爲眞。

此上之例中之辯證現象，其根原乃在我們之生活之不肯受思想中之概念之規定所限制。當我們有快樂之生活時，此快樂之生活之內容，不僅比快樂之概念所涵之內容多；而且快樂之生活爲具體的、感情的，此與快樂之概念之爲抽象的、理智的，卽有一本性上之相違反。由此而在吾人之思想，以快樂之概念規定快樂的生活時，謂快樂的生活之所是，同於快樂的概念之所是時，我之生命主體心靈主體，卽以我之快樂的生活之實際，直接拒斥此思想，與其內容中之快樂概念，而引生一去掉此思想之思想。亦唯由此，乃能再使快樂呈現，並使原先自謂是快樂之思想，再成爲眞。

人在一般之對外在客觀對象之思想範圍中，思想與其對象，皆恆同時並在，必有此對象，乃有此思想，並使此思想成爲眞。卽在上一節所論者中，人之思想中之概念如有無一異等，雖不能與上一節所謂「這」相應，然此時人之思想，仍可用這些概念，以環繞此「這」而轉。但在我們之思想以我們之生活自身或發出此思想之生命主體心靈主體爲對象時，卻常有「思想在，則對象遠離而不在，而欲使對象再呈現而存在，則思想又須再隱退或自殺而自己否定」的情形。如上所述。此中之思想之隱退自殺而自己否定，亦卽同於初發出此思想之生命主體心靈主體，將其所發出者再收回去；亦卽同於思想之自生命心靈主體冒出而再沉入，以由思再至不思，由慮再至不慮。此蓋爲人在思維此生命主體或心靈主體，及一切人之高級道德生活精神生活中同有之辯證現象。今再舉二例以明之。

譬如人之思維其生命主體心靈主體之爲如何，而以概念規定之，此主體亦同可不受此概念之規定所限制。卽如我們用最抽象普遍之概念如「有」「無」等，以規定心靈之主體，此主體皆可不受。如我們說心靈之主體是有，則我們心靈之主體能思此有，卽見其在此有之上，而非卽此「有」。又如我們說心靈之主體是無，則其能思此無，亦見其在此無之上，而非卽此「無」。我們之心靈之主體卽我們生命之主體，則我們生命之主體亦同樣不能以此抽象的概念如有無等，加以規定。此中義理甚多，學者可自求之，則皆可見到：凡人以概念對此心靈生命之主體加以規定，其所生之一切思想，如眞要求湊泊於此主體之眞實，在其生起後，皆必須再加以超化，以進而思想：此思想之不能與其所思者相應，同時使此思想沉入於其所照之心靈生命之主體中；而此亦卽此心靈生命之主體之撤回原由其所發出之思想，以成就其自明自證者。此主體之發出上述之思想，而又再自撤回之，亦卽一辯證歷程也。

又如在人之道德生活中，一有道德的人自思其有道德，此卽恆非道德，或竟可緣此而生罪惡。如人之謙，本爲道德，然人自謂我能謙，具此謙德，則此亦卽非謙德，而可爲爲一最大之傲慢。又如一有宗教虔誠以對神之人，自思其有此虔誠，則此亦非虔誠，至多爲一合事實之判斷。而此判斷起時，其虔誠之心，卽可實已間斷。又如一已證空之菩薩，而自謂其已證空，則此可能是自執其所證之空，而有此空。此中，人要使此諸高級之道德生活繼續不斷，只有打斷此類之思想判斷而「不思」。而人在此高級之道德生活中，有此類之「不思」，卽可達中庸所謂「誠者不思而中」，易傳所謂「天下何思何慮」之境界。此不思當然不是歸於木石之無知，而是不將此道德生活，只視爲思想反省之對象，乃將此思想反省中之明覺，沉入於此生活道德之自身，以化爲孚應於道德生活之本身之明覺。而此事亦人之道德的生命心靈之主體，撤回原由其發出之此思想，以成就此主體之自明自證者。此發而又撤回，亦卽一辯證歷程也。

此型之辯證法思想，在東西之正宗之宗教道德思想中多有之。黑格爾柏拉得來之形上學思想中亦有之。

十、於具負價值之事物認識其正價值之意義之辯證法

最後一種辯證法之思想，乃原於對表現負價值之事物所具有之正價值之意義之體悟而來。人皆知

離別與聚會較，離別之價值爲負，而聚會之價值爲正；貧賤與富貴較，貧賤之價值爲負，富貴之價值爲正。然離別後之再會之價值，則高於一般之聚會，貧賤而再富貴之價值，又高於生而富貴者。人亦皆知苦後之甘，悲後之樂，歷苦思後所得之眞理，歷艱難憂患所成之善行，天下衰亂後之治平，其價值較一往之甘、無悲之樂，徜來之悟，庸俗之善，無事之治，爲尤高。其何以尤高之理由，可說在此中具正價值之事物，乃賴克服超化具反價值之事物而成就；亦可說此具反價值者於其被克服超化之際，卽如化其自身爲增強具正價值之事物之材料。此亦卽同於謂此原初具反價值之事物，並非只具反價值，而亦具增強具正價值之事物之正價值之意義者也。

依此種於反價值事物中，看出其所具正價值之意義者，恆能把世界看爲一片光明。從苦痛悲哀之可成就更大之快樂處看，則苦痛悲哀可忍，而其中亦藏有快樂。從罪惡之可轉而促成更大之善行，則罪惡可忍，而罪惡中亦如藏有聖潔。由此而可再轉進一步則可說：煩惱卽菩提，地獄卽天堂，滿街凡人皆是聖人，亂世卽治世，虛妄卽眞實。一切具反價值者無不可說爲具正價值，而世界爲一片光明。此亦爲皆爲一辯證的智慧。

但是所謂具反價值者皆藏有正價值，或卽具正價值，唯在其可尅服超化上說。但可尅服超化者，亦可在實際上並不被尅服超化。則其藏有正價值，並無助其實只爲具反價值，而人仍不能說具反價值者卽具正價值者。又具反價值者之藏有正價值，既唯在其實被尅服超化時乃可說，則其所以藏有正價值，卽唯由其實被尅服超化時，所反照過去的，而非其本身之所具。而我們亦只有在實有去尅服超化此具反價值之事物，以實現正價值，而成就具正價值之事物之活動時；乃能透過此活動，而視此具反價值者，涵有正價值的意義。則其意義，亦當說是此活動之所賦與，而非其自身所具。然而我們在實有此活動而相續不斷時，因此具反價值者，皆在人之去尅服超化之相續不斷之活動之下，則其本身必然顯爲非眞實存在，亦必然顯爲一有而可無，是而又不是的。而人之透過此相繼不斷之活動去看世界者，則亦只能看出其可被尅服超化之意義，而不能看出其不可尅服超化之意義。由此而其所看出之煩惱之意義，卽只能是菩提；地獄之意義，只能是天堂；凡人之意義，亦只能是聖人；亂世之意義，亦只能是治世；世界之意義，只能是一片光明。於是一切具反價值之事物之意義，皆爲增強具正價值之事物之正價值的意義者。

但是於此我們無論如何不能忘了，此中之一片光明之世界觀，全以我們自具之相續不斷之實現正價值之活動作根據。只有透過此活動去看世界，世界才是一片光明。此活動一停，此光明卽熄。然而此活動只是一相續不斷之實現正價值之活動，其自身乃只有正而無反。由其自身之相續，而使具反價值之事物被尅服超化，亦卽其自身之反具反價值者之事，或使具反價值者之自反其反之事。如說具正價值爲是，則相續不斷之成就具正價值之事物之活動，爲成就此「是而復是」之事，亦卽「是此是」之事。又如具反價值者爲非，則「反此具反價值者」之事，爲「非其非」之事。對此「是此是而非其非」之事之思維中，所展現之邏輯規律，仍應爲「是者是而非者非」之同一律與不矛盾律。自思想內容及語言之表面意義說，「是是」原非「非非」，「非非」亦原非「是是」。然在此處實際上，確又有「『非非』之成就『是是』，『是是』之成就『非非』，與『是是之內容之卽非非』『非非之內容之卽是是』」一回事。此上之表面與實際之關係，仍爲一辯證的。由此我們或可發現形式邏輯與辯證法之根原處的統一。

此型之辯證法思想，如就此節之前數段所論者說，在常識及東西之人生觀中亦多有之。但此最後二段之所論，則唯印度之大乘佛學及中國之天臺華嚴之佛學與儒家思想中有之，其中亦包括我個人之解說。

此上所說之八形態之辯證法，以第一種爲始點，第二種乃其外在化而有之形態，其餘者乃由第一種步步向內向上升進而有之形態。此中每一型，皆可展現出一思想之世界，其意蘊皆可無窮無盡，然不能相亂。今所講者，重在指明其不能相亂處，其餘則不擬及。

民國五十年五月十二日

（著者自注：新亞書院文化講座第四次、第五次，由我主講此題，時間在大陸變色不久之一九五〇年，迄今相距已十一年。最近孫鼎宸先生，將新亞文化講座之一百餘次講演之紀錄稿，加以整理，擬陸續發表，或印為一書。因將我講此題之紀錄稿，自閱一通，一加修正，重寫數節。自覺雖尚不夠精密，但規模已具，仍有一先加發表之價值。）

（一九六一年六月・「民主評論」第十二卷第十一期）

哲學的研究法

——新亞書院第四次文化演講會講辭

各位先生，各位同學：今天講此題目以前，臨時想到新亞以前的文化講座，想在未講正題前先說幾句話。此次文化演講會爲孫國棟、唐端正、李杜三位先生所發起；使我回憶起十二年前的文化講座。記得那次講座，首次是錢賓四先生主講；第二次是任泰先生；第三次是衞挺生先生；第四次是本人講辯證法之類型。此次文化演講會又逢本人第四次講演，正是巧合之至。同時我又見到此課室內的社經壁報，便想到從前的很多出版物，現在改成了雙周刊、學術年刊、學報等等；唯有社經壁報至今尚存。使我憶及新亞自昔至今自有一番精神。但新亞今日在精神方面，有的固有進步，然亦有確反不如前的。

猶憶十二年前的新亞文化講座，常是由錢賓四先生、張丕介先生和我經過一番商量，然後邀請社會人士來講。記得有一次爲了請一位神父，我特地跑去筲箕灣請他；又有一次爲請印順法師，是我和錢先生、徐復觀先生三人一起去大埔請的。那時似確有一番精神。如此舉行了幾年，才由教務會議決定以後由各系各自辦理。嗣後雖也零星舉行過不少次，但已時斷時續了。如果此次文化演講會再由我來主持，相信可能提不起精神。此次講會恢復，實有其歷史的因緣；今由此三位年青的來主持，足見我們這老一輩的衰老了。新亞近年來，由於環境關係，如上次的不能掛國旗，後來孫國棟、唐端正、李杜等先生便同我談起，他們說可以用其他方式來表揚那原有的一番精神的。我認爲時代在變着，文化講座確實需要你們年青的一代來舉辦了。這講演會每次有三數十人參加已很不錯，這與新亞十二年前所辦的文化講座參加人數也約略相應。且文化講演實係新亞與社會交通的媒介，此次恢復舉辦，不啻精神復興。

在我心目中看，此演講實較課程重要，因修課程的動機複雜。同學們來校求學，固有爲求知識的，但亦有爲求資格的，卽是爲了學位或文憑。先生們固然也希望同學們畢業時可得學位或文憑，如果沒有學位或文憑，便使同學的出路加重困難；如果新亞培養出之同學根本不能在社會立足，則什麼發揚中國文化亦更不能再說了。故在一方面說，似參加中文大學組織使畢業同學有文憑學位較好；但自另一方面看，參加了中文大學組織，新亞將來發展如何，似很難說。它可以自萌芽至茁壯，或自少年變成壯年；但自壞處着想，新亞從前的超功利精神似可能會日漸減少。我們做學問要超功利。新亞之創立，實基於宋明書院精神，乃須將科舉與純學術分開，要人看輕科舉；但現在同學們皆重考文憑，卽重在科舉。譬如：今天我講完此題目後到下午四時，哲社系同學又要我講如何考文憑。這實是一矛盾，但我覺得文憑又不能不考。我之解此矛盾之辦法，是常對同學說大家可借考試來鞭策自己，更重視學問；非求學以應付考試。只有這樣才勉強可協調此矛盾。

今天潘重規先生也到會。聽說潘先生在臺北師大講四書，聽講者凡數百人，可見臺灣有好學風；但不知本港如何？照理說，新亞今日在海外已薄負時譽，逢文化講座舉行時，聽講者照理亦該有數百人；今天只有數十人似乎嫌少。但來參加此文化講座的都可說是另無所求，是純爲學問而來的。今天能有此數十位來參加此講演，我已很高興，所高興的非來聽我個人，乃是高興來參加者非有他圖。此價值可說比中文大學爲高。

今天我講此話乃是再表示對各位之鼓勵。希望此文化演講會能成功，將來有發展。一個人精神並不會衰老，但體力確會衰老。記得程兆熊先生曾說：新亞現在是三代同校：即錢賓四、沈燕謀先生爲早的一代；程先生、牟宗三先生和本人爲中間的一代；孫國棟、唐端正和李杜先生爲年青的一代。將來在座聽講的同學畢業了，又是新的一代，所以以後的又有新的三代，這就是慧命相續。我們要傳揚中國文化，亦唯有如此一代代的慧命相續，才有前途。

今天我所講的係我撰寫哲學概論之意義，並約略介紹此書結構。因同學們覺此書篇幅多，不易把握全書中心，故在此機會中略作一輪廓性之解釋。可以說，此書價值並非極高，因此書並非我之純哲學著作。如係純哲學著作，則可不引他人的說法，只是一種白描，所面對者唯義理而已；而且應討論一些更深的問題。此書不夠純哲學著作，實爲受此書之體例限制之故。自一方面看，此書係通俗者，但亦非通俗到人人能讀，自非有相當學力的人仍不能看此書。例如西方之新舊約全書及我國之論語，皆含有高深的人生哲理，而又人人能讀，此是最高的通俗。這個我亦作不到。所以此書既不能盡精微，亦不能致廣大，只是懸在中間。

此書名稱爲「哲學概論」，亦可說並不很切合。全書大體來講是屬介紹性。但另一方面，則不只是在介紹，同時仍有一歸向，此歸向卽中國儒家思想。全書自外面看是客觀的敍述；但內部則含有儒家思想之歸向。何以不只是純客觀的敍述呢？因爲一個人寫的東西，不能莫有一個人的主張，而對此時代，我亦認爲談思想應有一歸向；但只開門見山直說此一歸向則近乎獨斷，必須要繞一大彎來說出，才能見義之無可疑。故此書表面看似純客觀的介紹其他各方面的多種思想；其實並不是。可說此客觀的介紹，只是顯敎；其中之所歸向，則是密敎。

在我介紹各派思想中，文字甚長，章節間有其連貫性；當撰寫時每篇皆有其一底層之思想只引而未發者，其中亦包涵一種底層哲學方法。本來此書中亦討論到哲學方法共有若干種，最後所歸到者，我名之爲超越的反省法。此超越的反省法，依于哲學心靈之生疏感、超越性及普遍的親和性。此是我述說哲學方法的歸結。但是此方法之底層還有一方法，此亦是屬于密敎。實則一切哲學以至一切思想義理皆有密敎，正如尼采所說：「一切思想義理之後皆藏有更深一層之思想義理；一切話之後面皆潛有話。」現在我可說此書之寫作方法及我認爲哲學方法之根柢，可以二字表示，卽「開闔」。易經說：「一闢一闔之謂變。」闢卽是開。開的意思是分、是散、是多；闔的意思是由多而聚合爲一。開闔是易道的二面。易經中此處是以開闔爲明宇宙之變易原理；但我在此處只是作爲哲學方法來講。作爲哲學方法看：開就是思想的展開，思想的舒放；闔是思想之收卷，思想之凝聚。易經所謂「放之則彌綸六合，卷之則退藏於密」，亦可以說明此思想之開闔。一人之思想能善于開闔，則可以入于哲學之門。今可姑以此書之內容之編排，來揭明此開闔法之意義。當然此開闔法之運用，並不限于在此書之內容上。

一般說，哲學之內容分人生論、宇宙論及知識論等部份。此似大家都同意的；但我們可問：爲何分成如此多部份？在未分此許多部份之先如何？此許多部份已是開；在未分此許多部份之先應是闔。此闔卽未開之意。未開時有什麼？此時莫有哲學許多部份，亦無合一之哲學；只有在哲學外之東西，此東西我們可稱之爲一渾合的全。此一渾合的全不是玄想，而是可從經驗上去印證之一最原始的一與全。又如我在此世界中，一面是我，一面是世界。我是內，是主觀、是人；世界可說是外，是客觀、是天。但我們之經驗此內外、主客觀與天人，初只是一渾合之全體。說之爲混沌亦可。這渾合之全體的剖開，卽有內外與天人之別。這卽是破混沌而天地開；此混沌未開時卽是闔。當混沌剖開時，爲我與世界或人與天時，我對世界之態度又可分爲二：一種是我去知道世界，此世界之內容卽變成我知識之內容，此時之我對世界之內容，是居于攝受的地位；另一種對世界的態度是行，卽我對世界有所作爲，凡行與作爲，都是將我心目中的理想實現于世界中，亦卽將原爲我自己的內容者變成世界的內容。簡言之：卽當我知時，世界內容卽變成我之內容；當我行時，我之內容卽變成世界之內容。亦可說知時我攝受了世界的內容；行時是世界攝受了我的內容。亦可以說，在我知時，世界之內容爲來入于我，是陽，我受之是陰，在我行時，我之內容向世界而往，居于陽位，世界受之而居陰位，亦卽知時如世界是動而我爲靜；行時世界如是靜而我爲動。靜陰而動陽。此中尙有其他種種說法，今不多講。以前我寫作時，不甚重視陰陽關係；此次撰寫哲學概論時，卻隨文提到種種之陰陽關係。

我們又可用繪圖來解釋，在圓圈內，左天右人，上知下行。先將之分成天與人或我與世界，此爲第一步的開；次開爲我對世界之二種態度，此爲第二步的開；再開爲此二種態度中之我與世界之不同意義，此爲第三步的開。如此由渾合而分化，將之一步步的開出來、開下去的結果，卽一邊成爲知識，另一邊成爲行爲。對原來的世界之一切知識，合成一知識之世界；一切行爲，合成一行爲之世界。此一切知識行爲之逐步化成，卽是人文化成，對原來之天或世界，卽形成一人文化成之世界；而原來之世界可稱爲自然世界。此卽是世界之觀念本身的開。然而原來之世界既有此人文之化成；則原來之自然世界卽由人文之逐步之化成于其上，而相渾合爲一，爲我們所對之已成世界，此一已成之世界卽所謂歷史世界；另外尙有未入于歷史之方生及未來之世界。由此而我們之知，遂又可以由于人之知與行所成之已成歷史之世界，爲其所知之世界；而另又有行以開創方生與未來之世界，而形成以後之歷史。此歷史又再爲未來之人之所知與對之而行者。此處卽見人與世界之開而闔、闔而開之歷程；而我們如對之思想，亦卽須有一思想自身之開而闔、闔而開之歷程與之相應。此卽說明了思想上之開闔法之重要。

現在我們再來依上之所說，來看哲學何以可開爲三部份或四部份，此卽極易明瞭。因我們既有知、知識，或知識合成之世界，卽可有哲學中之知識論；既有此知、知識所對之自然世界，或已成之世界之存在，故有形上學宇宙存在論；又有對宇宙之存在之人生行爲，故有人生行爲之人生論、價値論。如加上由人之知識行爲所化成之人文說，則有人文論或文化歷史之哲學。此卽哲學的世界之開，而人之所以要有哲學，亦卽由于人要在對于人及其世界之反省中，把人及其世界收攝到此反省中，此又是闔。但哲學之反省完了，人還要生活，還有行爲，這又是由反省而開出行了。關于開闔法的意義實很簡單，以上之例已足夠說明。以下再略講此書之內容。

此書第一部哲學總論。前二章卽是說哲學之意義應兼通于知行之學二者，其中所論的便遠較我們今天所說爲多。此整個卽今天所講者之「開」。但我們的意思，實又是把一切不同的哲學意義之講法，都攝于此義之下，則又是「闔」了。

又在此第一部，份量最多的乃講東西哲學之內容。專家看來似太簡，但初學者看仍太繁，好像線索極多。故專家應闔其心來看，初學應開其心來看。然看了仍須知其簡易處，此簡易處卽東西方之哲學雖都于知識、存在、人生價值各有討論，然而西方之哲學畢竟是以知識爲主，而東方則是以人生行爲之價值爲主的。知識總是向已成世界，而已成世界之最大部份仍寓于自然，卽最初創造天地之上帝，仍只是自然之原始。故西方思想最大成就，仍是在對自然之知識，對自然之所以創造出之探求——雖講行仍以對自然之行，如改造自然；對外在社會之行，如改造社會；對上帝之行，如禮拜祈禱等爲主。這些行，東方非全不重；但這些行皆先賴人對世界之知識而有，東方不重那許多知識。東方人之這些行，或亦有不如西方處；但這些行都不是最高的行，因其仍只是對外之世界的行，人最高的行爲應是對人自身之行爲，卽其所行的對象，乃對其行爲之自身加以修養之道德的行爲，或如佛道二家之所謂修行。修行或道德的行爲是行上加行，行中有行，乃以自己之已成行爲，爲自己之知之所對加以是非，加以修爲，以形成人之方生及未來的行爲，此方爲人之純粹的行爲。人亦唯由此乃得存在于行爲世界之自身之內。此時人行爲之所對，卽是人自己之存在，非自己以外之存在，由此而超出一切知識境界中之內外、主客、自然與我、已成世界、上帝與我及一切之相對，卽一般所謂天人之相對。而人把他自己之存在視爲其修行之所對，則自己之存在所連到的一切自然社會，亦爲修行之所對。而外面之天，卽全部攝入于人之修行之行中，連上帝亦要攝進來，故天卽在人中，人中亦有天，此之謂天人合一。由此修行，人亦最後可有一種知，此種知卽德性之知，或開悟之知，或啓示之知。

此知悟是後于行，不同于我們對我以外之世界行爲時，乃先有知識而後有行爲者。東方之哲學則是向此途而趨，廣義的東方，中國印度以至阿拉伯猶太皆在內。回教基督教自其重行處說，亦是東方的。西方的思想之原始乃是希臘的科學哲學知識，羅馬之法律政治知識。基督教到西方所產生中古之神學所謂上帝的科學，上帝卽成爲知識的內容。此乃承西方之學統，此雖是一套學問，但很可能不是耶穌之眞精神所在。

我們現在由哲學之本應兼通知行說到東西哲學或偏知或偏行，此又是開。但以上亦講到西方亦有其所重之行，卽由知外面世界而生之行；東方之修行亦成德性之知、開悟之知、啓示之知；此又是知行之開而闔。但此二者之知行先後之情形又不同，此又待于我們放開心胸才能了解。當然了解完了，我們之心胸還可再闔起來。

此上是本書之第一部之要點。以下再就本書第二部講知識論之問題如何開出。知識論是對知識之所以爲知識的討論，亦卽屬于人對其知識等，尋求有一知識。求有對于知識的知識，是一總體之名辭，是「闔」；此中之各問題之產生，是由此而開出的「開」。本書知識論佔篇幅最多，其根柢觀念，是在知中分成知識與親知。親知並非用概念的，乃是先于概念語言之運用的。譬如啞子吃苦瓜，此啞子有知，但說不出。此卽知、情與意三者渾一而未分化，此乃原始的知與行爲渾合爲一處。知識論從親知講起，卽從此知與行爲渾合爲一之知起；但此知實非知識之知。知識之知乃須與行分離而論者。知識之知之特性之一，是必須運用概念乃能形成，並可用語言表達。我們亦可說知識係能知之心，對于所知對象，由概念與語言作媒介，加以聯繫而達成者。有此概念語言爲媒介，則能知之心與所知對象卽不能合一，而有主客內外之分。親知中無此媒介，則能知之心與所知之對象，二者渾合而不可分，而同時亦無內外之可言。而知識論中之一切問題，卽環繞于人如何由親知之知，轉到知識之知，及此知識之知中，能知之心與語言概念及所知對象之如何關聯，以成種種知識等問題之中。

本書知識論之部，首論知識論之意義；次卽論知識之性質。此是對知識一名之內涵的討論。因知識之所以爲知識，賴于概念之運用與語言之表達，故次論語言與知識，以使人更清楚知識之所以爲知識。再下論知識之分類，卽知識一名之外延的討論。論內涵，心要凝聚，要闔；論外延，則從事分類，卽是開。知識之分類有種種之分法，此書亦討論到。此章的歸結是將知識分爲六類：

一、語言文字之知識。此是將爲一切知識表達之媒介之語言文字本身，轉化爲知識之對象時所成之知識。

二、歷史及地理或對在時空中分佈之事物之知識。此以語言概念表達個體事物之在宇宙之知識。

三、對各類事物之原理定律之知識，如自然科學社會科學知識。此是由個體事物到種類之共理之知識。

四、數學、幾何學、邏輯學等純形式之科學知識。此爲抽象之純形式之數理之學之知識；此乃可應用於實際存在之各種類之具體事物之研究者。

五、應用科學之知識。此係「將知識求與行爲之目的相連時，對于人之如何用知識以達行爲」之知識。

六、哲學之知識。此首包括對于知識之知識——如知識論之知識。然人對于知識有知識後人之心靈卽可位于知識世界之上，而對存在世界，人生行爲，可有形上學，人生哲學。價値論之思索。遂有知識論以外之其他哲學知識，而此哲學知識，又可引人入于存在世界與人生行爲之自身。故哲學知識，卽又可化爲哲學知慧，而其爲知識乃居于一切知識之邊界之一種知識。

再下一章論知識與普遍者之問題。此所謂普遍者，是將語言中之共名與語言所表之義中之「概念」、「共相」凝闔于一「普遍者」三名或一觀念，以論其在知識中之地位。此仍屬于對上述之爲能知之心賴以成就知識之語言槪念之討論。

本書第三部敍述知識論以後，接着介紹形而上學，知識論是分爲許多問題討論，是開問題的方式。形而上學是就一個一個系統，討論某一系統爲一凝聚觀念之所成，又卽一觀念之展開。但了解每一系統要先把其他系統忘掉，則初用心要凝聚，但了解完了心又要放開，才能到第二系統，此部所論的系統，看來很多，但每一系統都有其如何而入處，及如何而出處；而前一系統之出處，恆卽後一系統之入處，而此各系統之如此安排，後有一大系統以分此各系統者，此簡言之，存在世界可由象、理、事、物、心括盡。現象主義一章是純象之哲學，繼之者爲理之哲學。宇宙之大理，抽象而說之，不外有、無、生化、定常（理型論卽重定常者）。理連于事物，則上有天神之超自然，下有自然。西方的中古時期之宗敎性的哲學，以上帝爲超自然與自然相對，超自然常、自然變，超自然永有實有，由之而有自然，故謂上帝自無中創造世界。而否認有超自然者爲自然主義，自然主義之極，卽以自然界中表面最堅固實在，而實居自然之底層之物質爲一切之本之唯物論。

超自然與自然之對立，爲西方思想一大問題。人之近超自然之神者爲靈爲心，而人之鄰于物者爲肉而成身。西洋中古時期是靈肉對立，近代笛卡兒則爲心身對立之二元論。二之相對爲開，合此二而名之爲二，以言二元論，又爲思想上之一闔。然中國之陰陽之說，實可將自然超自然靈肉心身對立之問題解消，卽在中國並無此對立之問題存在。此是從根上關閉此問題而闔之。在西方能統此心身靈肉之對立，卽神與世界之物之對立者，則爲斯賓諾薩之一元的無神論。反此者卽爲萊布尼玆之多元論。而此上各派之哲學皆不外依于對有無之理，及在變常之理上說，應以自然爲主或以超自然爲主，一爲至理與多爲至理而生之哲學系統而已。

至于論宇宙進化等問題之數章，則主要是論事之哲學。論事應以事之相續爲主，宇宙間之一切事之相續之全，可名之爲大化流行。事之哲學卽以大化流行爲對象，須通人類及宇宙歷史。西方之此種哲學，多據生物心理學而開出。近代亦據新物理學中之事之觀念而開出。我在哲學概論于西方之事之哲學選出四者討論。

一、斯賓塞的進化論：此是重大流行中之事物之分合聚散之相。

二、柏格遜的創化論：此是重大化流行自身之動靜翕闢之態。

三、層級的創化論：此是重大化流行中與其中事物所呈之高下層級之序。

四、懷特海的有機創化論：此是重大化流行中之事之互相涵攝之理。

形而上學除以論理及相續之事所成之大化流行爲對象者外，另一類之形上學乃融事理而歸於心。對于心，可主觀的看，即爲我之心，人之心。亦可客觀的看，或自人心底層來看。卽把人心放出去，視爲天地間之公物看，並透視到客觀的上帝心之存在，此是向上看所成之唯心論。大體上西方之唯心論是此路。一更深之合藏一切世界的心，此卽佛家之阿賴耶織之心，如來藏之心。此是向底向下看所成之唯心論，或是由人心以通天心之唯心論，此是內外貫通所成之唯心論。中國之唯心論是此路。就我個人來說，是唯心論者。一切形而上學必到此才究竟。故此書形而上學之部主張亦以此三者之討論爲終。

最後爲價值論。初論價值之存在地位是承上部形而上學論存在而來。論此價值之存在地位，卽論其內涵之意義。此下之價值之分類是論其外延，卽價值所開出之種類。此下就人心之知、情、意三方面關聯到價值者，卽有樂觀悲觀（情），意志自由問題（意），價值選擇之原則（知），最後人道之實踐則歸到修行。而此所論之修行乃自最初近處言，義多乃承孟子而說。行之至為聖賢之學，此卻非哲學之所能及。而為哲學之上限，對此聖賢之學言，一切哲學皆只為一過度而屬于低一層次之學。

以上所述之本書之大體內容，一方是為便于同學們之閱讀；一方亦是說明哲學之全部，不外由知識到存在世界，再到人生之行為之一大圓圈。要講其多之義理，可一層一層開出去以至無窮，但最後仍須回到始點而闔。此一切所開出者，而此中間之義理之開，亦隨處有闔，成一節奏之流行。闔戶之謂坤，闢戶之謂乾，本是易經中之人生宇宙最高的道；但是我們不能只視之為一客觀的道理，要認識此道理，亦須我們之思想之自身依一闔一闢而進行。故此開闔亦即思想之方法，哲學之方法。我現在講到此不再講亦是闔，但諸位要明白，還要自己一一開出去。

（葉龍記錄‧一九六一年七月‧「新亞生活雙週刊」第四卷第二、三期）

中國方法論中之個人與世界

——參加夏威夷第四次東西方哲學家會議論文

引言

本論文僅討論有關中國認識論中之個人與世界四種典型而重要之思維方式：

1. 視個人為客觀存在之世界之一部分。
2. 視世界為個人主體存在之一部分，且為其內涵或與之同一。
3. 認為個人與世界必須加以超越，若是則實際上既無個人，亦無世界。
4. 認為個人主體與客觀世界得正面宣稱為存在，但兩者均不得稱之為另一者之一部分，或為其內涵或與之同一；亦不得稱兩者互相排斥，蓋因兩者之相互超越與相互含攝均為吾人所肯定。

一、透過類名、指涉、時空定位與相關之思維而認知個人為客觀存在並為世界之一部分。

首先，個人爲客觀存在與世界一部分之思維方式，即先視世界爲吾人知識之客觀面（透過暫時忘卻個人爲一獨特之認知或行動主體與將主體客觀化爲世界內之一個體此一有意識——雖非自覺——之活動，終則主張身爲個人之我及其他一切個體均並存爲世界之一部分。此地之問題是：身爲個人之我如何能客觀地加以認知或在觀念上決定爲一個人，乃包含在任何個體如何能客觀地加以認知並在觀念上決定爲一個體此一大問題中。由於個體通常均以具有普徧意義之一般觀念或類名而客觀地加以思索，一特殊個體之個別性如何能在觀念上加以決定，而此一個體又如何能客觀地加以思索，此諸問題在西方思想裏從柏拉圖到現代，都很複雜而微妙難解。然而，中國哲學家雖不少此一問題之答案，卻未像西方如此正視此一問題。此等答案可由墨家、名家、荀子（紀元前三一三—二三八）與陰陽家等中國古典思想加以代表。

（甲）墨家只將個人客觀地認爲是一階級之一份子。彼等早於孟子（紀元前三七二—二八九）、荀子強調類之觀念。墨家（紀元前四六八—三七六）之倡尋兼愛，乃基於凡人皆同種此一觀念。他也敎導吾人該愛別人之父若己之父。如此，墨子僅視吾父爲父類中之一份子。因此，墨家發展爲墨辯中認識論與邏輯之理論時，一個體即稱爲一個體或一事。一事可能有像種名與類名之專名與類名。由於專名乃專指一事，一事之觀念知識乃需使用類名。但墨辯並未討論個體在觀念上如何可由只表達普偏觀念之類名加以決定。在墨辯之思想裏，使用類名以指示一個體乃一實物。設若類名不足以表達某一個體之特殊性，則需屬名或次屬名以區別同種之一個體與另一個體。隨著吾人以更特定之意義使用類名，個體在觀念上如何加以決定並由類名加以表達便無問題。如此，墨家並不提出此一問題而加以討論。然而，此一問題終須提出並加以討論，蓋因以特定之意義繼續使用類名此一過程，不能無限繼續下去，因爲沒有不定之屬名或最低下而奴屬之類名加以使用，又縱使有之，那仍是一類名，吾人只能認識個體爲類中之一份子。

（乙）認識個體爲客觀存在之另一方式可由先秦（秦，紀元前二二一—二〇六）哲學名家之公孫龍（紀元前四九八？）加以代表。此是指及個體以認識個體之方式。公孫龍以堅持種名與類名意義之區別而聞名。如此，「白馬非馬」乃其標語。倘類名由於指示較廣而與種名不同，此卽隱含說，最低下之類名仍可示超過某一個體之物，因此個別性無能由任一類名如此表達出來。如此，個體只能由名加以指出或提示，但在觀念上無能由名加以決定。他之其他兩篇論文爲「指物論」與「名實論」，較其「白馬論」中所闡述之種與類之區別此一理論，少受注意。公孫龍認爲，個體之事可能由名加以指涉，而種名與類名之差別則基於不同之指涉功能，（註一）此點至爲清晰。吾人使用名以指出個體，而個體卽在此一指涉本身加以顯示而認知出來。

使用某一普偏之名以指涉某一個體與由別人了解某一個體乃截然不同，而此猶如吾人使用某一普偏之名以指涉某一個人。設若某一個體之個別性無能由其他方式加以決定，則吾人如何保證其不受誤解?如此，吾人需要考慮荀子所闡述之第三種認識個體之方式。

（丙）認知個體爲客觀存在之第三種方式乃在一時空體系中決定一個體。荀子在正名篇裏討論如何決定一事或一個體時，並不同意某一個體乃由通常而普偏之名加以表達出來之外表或屬性加以決定此一觀點。兩物可能具有同一外表或屬性但卻在不同場所。如此，它們必須稱爲兩種不同之事，兩種個體。另一方面，在變化之過程中，「有化而無別者，謂之一實。」（註二）一事或一個體乃決定於其處在時空體系中之位置，同時偏重不同個體不同之空間位置。然而，吾人依據時空之不同位置以區別不同之物體時，吾人乃預先假定此一時空體系乃在處於其中之諸物體之前而在其結構中業已區分開來。此地認識論之問題是：設若時空中各物體彼此沒有不同之關係，則只在時空之幅度中延伸而被認爲處處相同之時空，如何可由本身區別成不同之位置?設若吾人不能找到此一問題之其他任何答案，吾人便只能在彼此具有不同相關之不同物體中找尋個別性此一原則。

（丁）由於在外表或屬性上類似而歸劃爲同一類名之物，與其他物體通常並無相同之關係——例如因果關係，因此，任何兩個體均可依據與不同物體之不同關係而加以區別之。陰陽家可代表此種思想方式：認知個體之第四種方式，相關思考之方法，認知個體與他物之多邊關係之方式。此一方式首由陰陽家倡導，自漢（紀元前二〇六—紀元二二〇）而後並受到許多儒家之採納。

陰與陽之意義微妙而複雜。「陰」之原意爲隱而不知者，而「陽」之意則爲顯而已知者。陰陽原先乃是基於與他物之相關位置此一物體屬性之觀念，而非是質與氣之觀念。依據其衍生意義，凡在他物之前或之先者爲陽，而背者後者爲陰。如此，凡進展、積極或生產者爲陽，而後退、消極或墮落者爲陰。凡此意義均爲相對。因此，據陰陽家之理論，凡物在與他物之關係中均具有陰或陽之相對角色。同類之任何一物，由於與同類中之他物具有不同之陰、陽關係而可不同地加以決定。卽使吾人將陽之意義限爲「正」，而陰限爲「負」，吾人並不難決定某一個體與之具有特別之正負相關之物體，繼而將之與同類中之其他個體區別出來，庶使某一個體之獨特性可經由此種相關之思維而無混淆地加以表達出來。

陰陽家此一相關思維之方式，原先乃是視個體爲客觀存在於自然世界之思維方式，但正確如儒家之經由個人在人倫世界中之倫理關係以考慮個人之地位此一思維方式。吾人視個人爲客觀存在於人倫世界時，個人之行動與人格卽受他與別人之相互回報關係所規範與決定。由於無任何兩個個人在與周遭他人之倫理關係中具有相同之倫理關係，因此，個人在人倫世界之獨特地位，乃可由他之知曉他與別人特殊之倫理關係而予以認知，並在觀念上予以決定。

二、視為自覺道德主體之個人與此一主體所視之世界

身爲一主體之吾人本身乃一自覺之主體。吾人自覺時則吾人所自覺者可認知爲吾人意識之內涵，且由吾人之自我意識所理解，因而可超越此一世界而包含其爲自我意識本身之一部分。設若吾人說，只有本身立卽向我顯現之自我意識存在，此乃是極端之個人主義或唯我主義。又設若吾人說，有屬於不同個人不同自我意識之不同世界，則此爲多元之理想主義或多元之精神主義，也是一種個人主義。

但吾人如何曉得自我意識本身乃是只屬於我或分別屬於人人之一個別實體？當下以一自覺之主體顯現之自我意識，十分可能只是主體，而非爲一普偏自覺主體之一個體或一部分或一表現，而此一自覺主體則如客觀之理想主義、或絕對之理想主義所爭論者，乃是唯一之實體。然而，吾人仍有理由稱呼此一自覺主體爲個體，因爲此一自覺主體，由於超越世界，能區別本身與世界。因此，它爲一獨特存在，而可反面定義爲別於世界上其他一切東西別於整體之世界，且可別於其他一切者。吾人雖無能以尋常意義將自覺主體稱爲一個體，因爲尋常意義下之個體，通常均定義爲正面定義爲一個體，但吾人卻可公開其是否爲一普偏自覺主體之一部分或一種表現此一問題。倘吾人可正稱此一自覺主體爲一個體，則認爲世界存在爲主體之內涵或一部分或與之同一之任何思想，均爲主觀地思維此一世界之過程。

除了來自印度之佛教唯識此一理想主義，並無純粹源自中國之有名哲學視自覺主體爲一純淨之認知主體，並視世界僅爲一所知之客體而爲主觀之理想主義或個人主義辯護。然而，有一重要之中國思想潮流，視自覺主體爲行動者與認知者，而將此一世界存在主觀地包含或理解爲主體之一部分或爲其內容與之同一。

此一思想潮流可稱爲一種倫理之理想主義。孟子、陸象山（一一三九—一一九二）與王陽明（一四七二—一五二八）均爲其中碩儒。他們均強調身爲一道德主體之主體所具有之自我意識，其並不單只爲一認知主體，且亦爲一知曉其道德理想，躬行實踐而又自覺地認知其本身爲一知識與行動之主體。孟子於此論道，「萬物皆備於我。」（註四）陸象山則說：「宇宙卽吾心，吾心卽宇宙。」（註五）而王陽明則說，「充天塞地中間，只有這箇靈明……我的靈明便是天地鬼神的主宰……離卻我的靈明，便無天地鬼神萬物。」（註六）

但吾人若根據認識論之理想主義或尋常之神秘主義以解釋此一論說，則十分誤導。主張此一論說之中國哲學家，從未以嚴格之意義爲此種理想主義提出認識論之論辯，他們亦從未說他們論說之意義爲神秘而非吾人之理性所能了解。

吾人在倫理之理想主義裏，恒視該如此者爲吾人之理想。此一理想決定吾人該如何做以實現此一理想，若是則此一理想之實現其本身卽爲一道德理想與道德行動。倫理之理想主義，其思維方式首步卽視世事如吾人理想所訂之該當如何，如此，吾人卽視其爲充滿一切可能或潛力。次一步則經由吾人之道德理想與道德行動以觀照世事。因此，吾人卽視世事爲逐漸變化自己而趨向於所該當者；而其種種可能一旦由吾人之道德行動加以實現，吾人卽發覺其具有它們所該當之本性與具有理想之本性；而反之，實際中之世事則被認爲實體上並非如此。因此，倘若此一道德主體具有如此崇高之道德理想與道德行動，因而透過吾人之善性或吾人之本性——像孟子、陸象山與王陽明所宣揚者——之自我意識而實現普徧之仁（世間至高之善），則天下萬物皆透過道德主體此一崇高之理想與行動加以觀照，而視爲受到此一主體之道德行動所對待，並欲實現其道德理想，因而被認爲與此道德本心具有同一性質。如此，孟子之認爲萬物皆備於爲一道德主體之我，陸象山之認爲宇宙卽吾心與王陽明之認良知爲信仰。

莊子對於與「忘世與忘個別之自我」此一經驗密切相關之心，具有三種觀念。頭一觀念乃有關爲虛爲靈之心之本性。「虛」之意爲空而能容。孔子與老子談到虛主要爲一道德教導。莊子及其後之荀子與宋明理學家，視虛爲心之根本性質而與「靈」相連接，後者之意爲自由、自發而一無掛礙地認知。心之本性被視爲虛而能容時，身爲個體而與他物有別之自我意識，卽在心之深處拔除淨盡。

此心可以容納而不必爲一正面之容納者。此心虛而能容時，天下萬物均可爲其所容而暢通無阻。此一自忘可在原則上加以開拓與延續。這裏最重要者是此心將同時以虛而能容而顯現給自己。心卽知即容。但若不能同時爲虛，則所接受者必附著於心，而心亦相繼附著於物。此就附著言乃是尋常認知之方式。反之，倘心同時以虛而能容而顯現給自己，此心卽可一無附着地認知物。

第二，莊子使用明之觀念，其意爲心純粹虛而能容爲本性之心在其認知中充分展現時此心之永恒實態。「明」字面之義爲「光」。明爲心態，指心之明照。西方宗教思想談論心之明照時，通常是指受到在上之物所照亮。中國思想並非如此。所有儒家、道家與佛家人物均使用「明」字爲自照或無自我之明照。就莊子而言，照乃純粹透明之心態，而來自純粹虛而能容此一心性之透明心境，乃在其認知中充分展現出來。吾人尋常均經由觀念與名稱認知物。觀念與名稱應用到引起吾人注意之物時，吾人乃於半路接物。此地心並非純粹能容。此一尋常思維一救治之道在於越與撤退吾人尋常之觀念與名稱而讓心之虛境展現，此心卽純粹能容，而願全心迎物，如此則萬物卽透明呈現，吾人在卽有明照與自忘。然而，心之明照很難企及，因爲吾人在物引起注意之前，已有積習、慣念或潛意識。此等物皆待吾人使用，若遇物來，彼等卽若液體傾出而注滿心之虛靈，因而判其死刑。莊子說天地鬼神與萬物之靈光，乃是極其自然之事。

「透過道德主體之理想與行動以觀照世界」，此一語句乃表陳爲一道德個人充分自覺之道德主體之思維方式。此並非是視世界爲一客體而與主體相對之思維方式，而是將在尋常外在認知過程之光返照吾人內在自我之思維方式；吾人繼而將光再向外投，而依循吾人之道德理想與道德行動此一路線本身向外延伸；認知由該一理想與行動本身所沈思之世界，並視之爲體現吾人之理想與行動之一領域。這裏，道德主體所具觀照之「眼」，乃內在於此一理想與道德行動之外延中，且由此一行動所率導並加以轉化。由於此一世界本身已轉化而依順此一理想，此一「心眼」乃視世界爲攝入主體之行動與理想中，而體驗其與主體合一。主體自覺並知曉本身超越所體驗之世界時，此一「心眼」卽視主體在世界之上，而此一世界則只是身爲一絕對個體或一絕對我此一主體之一部分或其內涵。而此卽是晚明（明，一三六八－一六四四）大儒劉蕺山（一五七八－一六四五）爲何如此強調獨或獨知此一觀念——在絕對道德中對於獨我之意識——之理由。

三、在心之虛與容中與在明與神中所超越之個人與世界

中國哲學中個人與世界思維之第三種典型方式，乃視個人與世界爲均須超越者，因而實際上旣無以個別身分存在之我與世界。此與西方、印度之神秘主義者與想到「創造日之前」之哲學家之思想方式相同，所不同者是世界與我，或爲一個體之自我有待超越之方式。

道家兩大哲學家之一之莊子（紀元前三六九？）可代表此一方式。他具有一種超出爲一個體之自我意識與自我相對之世界意識之外之精神境界。「忘我」、「失我」、「忘世」與「遊乎無朕」均爲相關之言。莊子論及「上與造物者遊，而下與外生死無終始者爲友」（註八）時，他乃使用比喻以表

達其精神境界。此一精神境界乃源自他之深沈智慧、美學欣賞與內在之精神開拓，而非來自他對神秘狀態存在之原始信「哀莫大於心死。」（註九）

依據某些哲學與某些宗教思想，例如佛教，吾人必須內省與定心以照亮吾人前識與下識中之黑暗物。莊子是否具有同一觀點，並不清楚。莊子之思想裏，除了用來消除吾人預斷、慣念與舊名、積習之辯證思維以外，另有第三種關於心之重要觀念。此卽與明之觀念相互補足而爲心之功用之神之觀念。以神遇物乃莊子達到自我與明照此一境界之方式。此與一般了解之默省與定心之方式大相逕庭。「神」字原意爲神祇或精神。神通常與上面所解釋之「靈」字相連——有時則與之同義。莊子使用神一字以指心之功用，此並非是一種確定之心理過程，諸如意志、情感、知覺、想像、孕育推理，而是一種瀰漫之心境，以直覺與同情之了解而又一無附着地迎向變動不居之物。此一心理精神乃是此心瀰漫活潑潑之生命時此心之一種功用。其特性爲逍遙、自發而絕不凝縮與反照。神以直覺而同情之了解外延迎物時，吾人立卽自忘而超越注滿吾心之任何一物。如此，心之虛靈卽可透過神之外延本身而得展現，同時亦可明照。

觀乎莊子有關心之三種觀念，自忘之可企及，至爲顯然。此一自忘企及時，以個體存在之自我意識卽時消除，同時，由於此一世界與個體自我互爲相關，世界意識也可如此忘懷。

莊子同時強調忘我與忘世。吾人稱此方式爲超越個體自我與二元相關之世界之方式，以及實際上既無世界亦無個體之思維方式。吾人可解釋爲體驗兩者爲一之方式。莊子說，「吾與天地並生而與萬物合德。」（註十）然而，體驗兩者爲一並不必然會加以思及或論及。倘若加以思及、論及，則此一思想或談論本身，必須再次予以超越。吾人在此遇到詭異之思維與談論。此是因爲此心虛而能容、能知而無附着，而心之明照與神靈一旦展現時，吾人卽不能使用「一」之觀念。後者也須透過神靈之外延加以照亮並予通過，因此，世界與個體爲一之意識，也必須加以超越。故根據此一思想方式，既無世界，亦無個體。此一思維方式之心境因而既非主觀，亦非客觀，而是居於主、客之中，虛懸而不受此兩者二元性之左右。（註十一）

禪師臨濟義玄（紀元七八五～八六七?）談論他敎導門徒之道時說道：「有時奪人不奪境，有時奪境不奪人，有時人境兩俱奪，有時人境俱不奪。」（註十二）其首一敎導方式與上述頭一種思維方式相當，唯一之差別是後者正面肯定個人之存在於客觀世界。其第二種方式則與上述第二種思維方式相當，其區別是後者正面肯定客觀世界之存在與身爲主體之個人存在合一或爲其一部分或爲其內涵。其第三種敎導方式則多少像本部份所討論者，此乃前者之綜合，正好代表禪宗之精神。禪宗之思維方式因此也屬於此一類型。其第三者方式在邏輯形式上乃第三方式之否定，就否定之精神言之，實際上乃爲同一。「人境俱不奪」吾正面肯定主體個人之存在既爲一個人，亦爲與「客觀世界」，並不相同。吾卽將予以討論。

個人與世界——兩者並存——之第四種思維方式乃是中國思想之一般傾向。卽使歸類如上而屬於其他三種方式之思想家，也從未明顯否認此點。然而，只有儒家正視個人與世界之並存，吾人只有在儒家才能獲得此一思維方式之哲學基礎，此是較其他三種觀點更具有綜合性之心之觀點。

此第四觀點視此心在認知上爲能容，而在道德上又具有積極性與創造性，且又堅持，心之本性一旦眞實體現時，明與神卽包含其中。此一觀點源自孟子，而發展於中庸與據傳較孟子晚出之易傳，至宋明（九六四～一六四四）理學家而集大成，但有時卻受到以實用爲主之一些儒家之疏忽。

四、透過德性之知與見聞之知而彼此超越而又內在之個人與世界

在此一思想趨勢裏，此心在知性上認知而聰明起來時，也該儘量空虛。此心空虛時，卽純粹能容而透明光輝起來。儒家與道家在此方面並無根本之差異。但另一方面，此心有其活動性與創造性，可自覺本身爲一行動主體或創造主體。此心在認知上認知客觀之世界而無能返照本身或思及其認知主體或本身爲客觀存在於世界之一物時，吾人卽具有此第一種思維方式，後者恒忽視無能客觀化爲世界其他萬物之一而身爲個體之主體。此心自覺其爲一認知與行動主體並視世界存在與其自己之存在合一或視之爲其本身之內涵或其一部分時，吾人便具有忽視客觀世界之獨立與超越存在之第二種思維方式。

頭一種思維方式可能導使吾人失去個人之尊嚴感而迷失在天下萬物當中。第二種思維方式可能導使吾人宣稱其自我爲一絕對體，因而產生與吾人之道德意識相反之矜誇。第三種方式視心爲虛，因而掃除自矜，但其缺點則爲其疏忽個人自我之心爲一積極而又富於創造，且自覺本身爲如此之一主體。由於心爲積極而富於創造，故其不單爲非存在之空，抑且爲存在之空。由於其自覺本身之存在，故可認知自我爲一存在而自覺之個體自我。另一方面，由於此心能容，且能認知本身以外之物，物亦可自覺被認知爲存在。由於此心也可能忘卻自我爲能知覺，因此此心並不需觀物僅爲其實體之一部分，或爲其內涵，或與之同一而存在，此心在其自忘中很可能承認世界之存在，並視之爲一獨立存在。

吾人於肯定個體自我之心之存在與天下萬物之存在時，卽獲得個人與世界之第四種思維方式。儒家在此第四種方式裏具有明照與精神之觀念，此與心之積極性與創造性，而非與心之虛而能容關連在一起。

依據孟子，此心積極而富創造，因其具有主要爲善之道德本性，亦卽內在具有一盞明燈。吾人充分體現善性而具有無能由知識測知之聖人人格時，吾人卽成聖成神。（註十三）由於孟子之思想發展成中庸與易傳之思想，有關明與神之觀念乃益重要。在中庸裏，人性之德稱做「誠」，意卽「創造並完成自我與天下萬物。」（註十四）誠卽道，爲世界與人之原則。像由聖人所體現之至高之誠，乃是永恒創造與完成之方式，此與永恒創造與完成天地同義。誠一旦體現或表達出來。則爲明，吾人從明亦可體認誠。(註十五) 因此，「永恒之創造與完成」並非只是一持續活動之過程，且亦為明所照而通體透明，此與神之方式，亦即精神之方式相同。

中庸裏，吾人之內在自我與外物在誠為一普偏原則之觀念中和諧無間。此可適當地稱為個人與世界透過明之貫照而存在於一太和中此一思維方式。主體之內在自我與客體之外物在一共同之精神通明體中因而互相反映、互相創造、互相完成而又彼此依賴。在易繫辭裏，天之原則稱之為「乾」，即認知、創造之原則，而地之原則則稱做「坤」，即體現與完成原則。(註十六) 此兩原則乃包含於吾人而為吾人本性，智、仁與生發之愛則源自其中。此地之智在知上能容，而同時知則為一行動，也能創造。生發之愛為能創造，而同時又能容所愛者。能容之心可稱為陰，而能創造之心可稱為陽。(註十七) 由於陰與陽乃一終極之道之兩種原則或兩面，且彼此同根，因此，心之創造面與容納面乃彼此植根於其本性中，而為認知與行動，或為智與仁而存在之心，亦彼此隱含在各自之意義中。

易傳裏也強調明與神之觀念。乾此一認知與創造之普偏原則也定義為「終始通明」，(註十八) 而神則定義為「彌綸萬物」而「無方所」。(註十九) 此地，明非僅一靜態之心，且亦居息於變動之生命中；而神則不單以直覺與同情之了解一無附着地迎物，且亦「依據萬物之特殊性而創之、成之。」(註廿) 由於神與明存在於吾人之中，吾人所該追尋者乃是「默而存之，而德畜之。」(註廿一) 如此，「窮理盡性」，「以至於命」。(註廿二) 此乃強調身為個人主體之我與身為客體之世界其他個體之思維方式。此一方式視主客整體為彼此相關之一大和諧，人或人性與天下萬物之普徧原則，世界與個人之並存，卽如此建立在古典之儒家中。

其在宋明理學之發展在於以新解釋更淸晰闡釋古典儒家之思想。幾乎每一位程朱派儒家所同意之觀念乃是「一理萬殊」此一觀念。此爲綜合一與多、同與異、普徧與特殊個人之一形上觀念，且與心與知之新理論密切相關。由於張載（一〇二〇～一〇七七）區別人之知識爲見聞之知與德性之知，後者恒被認爲普徧，自同與一，而後者則爲特殊與依據許多感識物體而呈現之分殊。

由於德性之知可透過見聞之知加以表達出來，吾人乃有「一理萬殊」之例子。依張載與程氏兄弟，「德性之知」與「見聞之知」大爲不同。其差別之一爲吾人可具有構成神與明之德性之知，（註廿三）但無能單憑見聞之知而企及神與明。德性之知之包含明與神乃基於德性之知並非單單爲視德性爲其客體之知識。

德性之知乃是透過道德心之德性踐履本身之知識。更充分言之，其並非是有關其他任何東西之知，而只是當做如此之道德心之自知，或自覺本身爲如此之道德之自知，或對本身爲如此透明之道德心，而此卽自明。由於此一自覺之道德心積極、富於創造而又瀰淪天下萬物，故其在創造與積極之外延中乃無極限而行動如神，生天生地。然而，見聞之知乃指向本身晦暗不明之感官物體，但如吾人所言者，也能吸收發自吾人內心之光。因此，一旦與德性之知隔絕，卽無能自明，因此，吾人絕不可能單獨透過此一見聞之知而企及於神。

見聞之知與德性或神明之自知顯然有別，但兩者存在上並不必然分離而能共存。事實上，兩者應該共存，而德性之知只有透過見聞之知方能充分存在。此是因爲德性該在道德行動中體現，而道德行動則在於創造並完成只能透過感官方能認知之客觀之物。吾人德性之知只要透過吾人對外物之見聞之知而在外在之世界中體現並表現出來，德性之知卽被視爲一，而見聞之知則隨物之紛異而不同。吾人乃如此實際證驗「一理萬殊」。由於見聞之知乃表現德性之知之必要條件，故卽使從德性之知之觀點也該予以強調。由於見聞之知所知之物爲一一之個體，「一一格物」乃包含在程頤（一〇三三～一一〇七）與朱熹（一一三〇～一二〇〇）所闡揚之「格物」教當中。

其次，由於此兩種知見彼此相關，而只由其外向與內向加以區分，因此，透過兩者所認知之「我爲一自覺之道德主體」與「世界之個物」該並列爲眞實存在。此地，吾人具有關於世界與個人自我之間彼此超越而內在之四種觀點。

第一，吾主要透過吾之感官知識而爲吾所認知爲一個別存在時，吾卽與其他外物與人共存於一客觀之世界中，而爲一個體之我與其他一切個體則內在於客觀世界中。

第二，設若其他一切外物——包括吾之身體與認知爲外物之其他人與物——只被認爲是只是透過吾之感覺而被認知者且又內在於吾之感官世界中，又設若吾亦知曉吾有高於吾見聞之知之德性之知，則身爲一個人自覺道德主體之我，卽可視爲超越被認知爲外在之天下萬物，且同樣可視爲超越整個外在世界。

第三，從更高之觀點觀之，吾人也曉得吾人並非是唯一之自覺道德主體，且亦曉得，透過感官而爲吾人所認知存在於外在世界之其他個人，個個也都實際具有德性之知而與吾人同爲一自覺之道德主體；吾之爲個人亦由他人透過其感官而認知爲存在於其外在世界；如此吾人便得承認他們對吾之超越性與吾之內在於他們所感到之外在世界裏。如此，吾乃內在於對吾而言屬於超越之他人之外在世界裏。

第四，再從比前者更高之高觀點觀之，吾人該有自信說吾人曉得適才所說之一切。吾人曉得人人均具有此一相同之自覺道德心與德性之知。吾人亦曉得須敬愛他們。吾人透過基於德性之知之吾人道德心（亦爲理性之心）之推理而知曉凡此一切。如此，對基於吾德性之知之此一道德心之推理言之，卽無一物超越。如此，吾人道德心之推理卽無疑爲吾人所有。然而，此一推理導使吾人承認別人也具有相同之道德心，相同之外在世界與如吾之相同推理。如此，則其乃爲一種超越之推理，導引吾人超越「只屬於吾人自己之推理本身」，而此一推理該認爲是自我超越之推理，不單只屬於我，且亦顯現給吾人。因此，此可稱爲天理，像由吾人所參與而流露在吾人心中者。由於其爲天理，故普徧於世界與吾人之中。此理向身爲個人之吾所顯現且亦由吾所參與，正如其向與吾一樣具有一自覺之心或道德主體之其他任何個人所顯現與參與。因此，吾人乃有不同個人共同參與「一理」之信念，而此「一理」與上述道德心之性質、德性之知與見聞之知等觀念，乃密切相關。

最後，從不同層次思維之不同觀點觀之，個人與世界雖然彼此內在或彼此超越，然最後均包含在心與天終極和諧之觀念中，或包含在像程朱學派所表達之「一理萬殊」此一個人與世界終極和諧之境界中。

由於其他中國思想並不明白否定有關個人與世界此第四種思維方式，個人主體與客觀世界之關係，通常由中國思想家認爲是一大和諧。

吾人將印度與西方哲學之"subject"與"object"二字中譯爲「主」與「賓」，或「人」與「境」，或「見」與「象」。「主」之原意爲主人，而「賓」則爲客人；「人」卽人，而「境」則爲環境或物境；「見」者見也，而「象」則爲所見之物與在見中擔任輔助之角色。此三組字有如在一和諧之整體中或一和諧之經驗中相互補足。以"sudject"爲主人，而以"object"爲由主人邀請，受到愛敬之客人（此象徵客體之內在於主體），客人受到尊敬並由主人陪出（此象徵客觀對主體之超越）。此外，此一世人亦可由詩人與哲學家視爲主人，則人（或身爲個人之我）爲世界之客而受到世界之款待。主人與客人之間並無二元主義，此至清楚。此一比喻乃中國思想最好之象徵，意指主體性之個人與客體性之世界在一大和諧中彼此內在而又相互超越。

問：在您論文第三部分裏，您引用臨濟義玄之語而將第四句「人境俱不奪」英譯爲 "I cancel neither the person(as subject)nor the world(as object)." 鈴木則譯之爲 "To make both the subject and object remain." 請問那種翻譯較近原意？抑或兩者意義相同？

答：依據中文原文，臨濟義玄在第四句裏使用「俱不奪」一詞，如吾所譯者。鈴木之翻譯則改否定成肯定，似乎「俱不奪」乃暗指「同予肯定」。但照禪宗之精神，雙重否定並不必然暗指肯定。因此，「不奪」或「俱不奪」可能只隱含奪之否定，而無其他添加之義。因此我認爲我之翻譯較近原文。

問：您將中國有關個人與世界之思想分成四類，但您大部分之解釋乃取自先秦各學派。我想曉得您如何根據此四類思想區分中古時代各個不同之佛敎派與宋、明、清時代之新儒家？

答：我對此四類思想之解釋大部分來自先秦諸子之理由是：此等學派之思想在類型上更爲原始與純淨，而其主要之觀念也較容易掌握。至於中國佛敎與新儒家之分類則多少較爲複雜。粗略言之，不同之佛敎派裏，以空爲客觀瀰漫於一切個體之間之中道宗，可代替而屬於第一類思想；以認識之理想主義開始並透過識之轉化而終於一種倫理理想主義之唯識敎派，必須歸類爲超出個人與世界之外，因而屬於第三類型。由中國僧侶所創之華嚴宗與天臺宗，其不單強調一與多、世界與個人之共存此一敎導，並亦強調彼此之相互包含與在一最周全而微妙之形上體系裏相互反映之關係，可認爲是中庸與易傳之佛教化，因而屬於第四類思想。

宋朝而後，周敦頤與張載採取宇宙論之途徑，並視人爲客觀世界——不單爲空寂所瀰漫，且亦客觀存在——之一部分，彼等之思想因而屬於第一類思想。陸王派與程朱派如本文所討論者分別屬於第二類與第三類。陸王派之一些思想家像楊簡與王畿，彼等強調超越身爲個體自我之我與自我相對之世界此一意識，以及程朱派之一些先驅，像邵雍，在哲學詩裏表達他對宇宙變化之純粹沈思而無認清個人或世界，全都屬於第三類思想。

明末清初，有回到張載之思想方式而強調個人之地位爲立於一客觀、自然之歷史世界之王夫之。清朝之戴震、顏元與其他學者全都強調個人之知識乃客觀決定於各自之時空位置，各自之實際功用與各自與世界他物之關係，因而鼓勵研究歷史、古典與史蹟。清朝末期，深沈之中國哲學智慧似乎下沈而接受實際存在於客觀歷史世界之物。馬克斯與恩格斯之歷史唯物論能征服近代中國心靈之理由乃是其利用此一思想趨勢。但依據中國思想之歷史波折，其他三類典型之思想將會再度回來。

（一九六四年十月 Philosphy East & West vol. No.3 0ct 黎登鑫譯，一九八二年八月「中國文化月刊」第三十四期）

註　一：他在「指物論」裏先說凡物必爲所指，但指（吾人用以指所隱含之指本身）本身卻無能爲吾人所指。公孫龍，卷三。

註　二：荀子，二十二，正名，荀子名學理論之詳細討論，見吾論文「荀子正名與名學三種」，新亞學報，卷五，期二（一九六三年八月），頁一—二二。

註　三：「陰」與「陽」之原義與衍義，參考吾「哲學概論」（香港：孟子教育學會，一九六一），卷二，第三部分，章五，段三；及章九，段一。

甲、至於個人主義，吾人有先秦楊朱（紀元前四〇〇—？）之爲我理論，其在孟子時代與墨家齊名。然而，吾人對其個人主義之一切論辯，卻一無所知。他並未闡揚任何之唯我主義或認識論下之主觀理想主義。

註　四：孟子，篇七上，章四。

註　五：陸象山全集（上海：中華書局），卷三六，頁三七。

註　六：陽明全書（上海：中華書局，一九三五），卷三，頁二六。

註　七：劉蕺山論獨與獨知觀念之討論，見明儒學末卷（黃宗羲編寫與明儒之議論）（一六一〇—一六九五）。當代之闡釋見牟宗三「劉蕺山之誠意之學」一文，自由學人，卷一，期三（一九五六，十月），頁九—二四。

註　八：莊子，篇三三。

註　九：莊子，篇二。

註　十：同上。

註十一：莊子第二篇以談論「理之失」開始，此可適當解釋爲超脫主客之二元論。

註十二：「指月錄」，瞿同祖篇（臺北：遠東書局，一九五九），卷十四，頁五。

註十三：孟子，篇七。

註十四：「誠」字有時譯爲誠實之誠，十分誤導，而與中庸之原義不符。其最好定義爲「創造並完成自我與天下萬物」，較直譯要好。

註十五：中央雜誌，二十一（上海：商務印書館，一九三七），頁十二。

註十六：乾爲認知與創造原理而坤爲實現與完成原理之最佳解釋，可見羅近溪（一五一五—一五八八）之「盱壇直詮」。見吾論著「羅近溪之理學」，民主評論百期特刊，卷五，期六（一九五四，三月），頁二一十。

註十七：見拙著哲學概論，卷二，第二部分，章十九，段六。

註十八：見易經，乾文言。

註十九：易經評論。

註二十：同上。

註廿一：同上。

註廿二：同上。

註廿三：神與明之觀念乃新儒家兩個非常深刻之觀念，與德性之知密切相關，但通常為當代儒家學者所疏忽。吾在中國文化之精神價值一書（香港：正中，一九五三）第四章裏，對此儒家兩種理想之意義，有所暗示。吾人需更進一步研究其在新儒家思想中之意義。

中國思想中對「言」「默」態度之變遷

——新亞研究所第七十四次學術演講討論會講詞

一

中國各時代思想中對「言」與「默」之思想，各有不同，茲於下面分別講個大概。一般說，語言文字的功用約有三種：(一)為指物記事；(二)為達意；(三)為表情。指物記事是對物或對事；傳達則一般是對人表達己意；至於表情則除對人外，或為對鬼神，或為對自己。如對鬼神表示一崇敬之情，或祭祀中之頌讚等，是對鬼神；人之自嗟自歎之表情，則為對自己。今問吾人何以要以語言文字指物記事呢？則通常唯是因人對自己現在之所事，與所見之事物，要加以記錄，纔便於自己以後之記憶，則指物記事，亦可只是自己對未來之自己表達其今日之意中所及之事物。但有一種語言，如咒語，卻非對己亦非對人；如人念咒要毒蛇猛獸逃回深山，水退回大澤之類。此便可說為純為對人以外之客觀事物之語言。此種咒語，在古代中國亦有之，如所謂祝詛。但後來道教佛教中更多。此對物之咒語似須假定物能了解咒語，則此似仍是對物表意。然在印度之彌曼差派聲常論中，卻又有一說，卽謂宇宙間原有一種語言，永恒的懸空存在着，人念之則成咒語，而對事物有實際作用。此語言卻可說爲純以客觀的指物爲事，並能實際的作用於物者。此卻非中國之思想中之所有。又在西方希臘哲學中有 logos 之一觀念，logos 是字亦是道。後來基督敎思想中承受此觀念，以上帝爲道，亦以上帝爲 Word，而「上帝之道成肉身」，爲耶穌。卽此「字」Word 成肉身。而此 Word 亦初爲永恒的客觀的存在着者。此正由最初之 logos 卽道卽字而來。此亦非中國思想中之所有。在中國來講，如漢代之緯書中說孔子作春秋，有「天雨粟，鬼夜哭」之說，此自亦是原於信語言文字有客觀的實際作用而來，如咒語之有實際作用。但此中中國與西方印度之情形，仍有不同。卽緯書之說與咒語等，在中國傳統思想之大流中看，並不被重視，中國傳統思想，並無純粹之語言崇拜的思想。而在印度思想中，則素重咒語；而彌曼差思想明爲一純粹之語言崇拜之思想。佛家雖反對聲常之說，但後來亦重咒語。般若華嚴諸經都有咒語，密宗尤甚。至西方巫術中之咒語，雖被基督敎視爲異端，但基督敎以上帝之道爲 Word，並重上帝所啓示於人之語言，視新舊約之文字本身，卽有神聖的性質，亦爲一種對語言自身之崇拜。此西方印度之語言崇拜，推原究本，蓋由西方印度人初更重語言之指客觀的事物，及對物之咒語式的效用而來。在此點上面，中國與西方印度之不同，卽在中國人雖亦用語言文字來指物或記事，其主要目的卻純在達意。上說以語言指物記事，卽不是對人達意，亦可是爲便於自己以後之記憶，卽自己對未來之自己，而達其今日意中所及之事物。所以在中國，語言文字之指物記事之用，可包涵在達意之內。至於語言文字之表情，其中亦恒兼涵達意，故亦可被包涵在達意之內。如人對鬼神表崇敬之情，卽恒同時對鬼神表自己之願望，此卽是達意。人之自嗟自嘆之時，亦恒對自己說話，而對自己達意。如將此人對鬼神對自己所達之意，表於文字語言，而又爲他人所聞所見，則此對鬼神對己之達意，亦同時在對人表示一意思。所以在中國，我們可將語言之用，歸約到對人達意之一點上。我們看中國之思想之大流，對此一點，亦自始認得最淸楚，所以纔無印度那樣以語言文字或聲音，能永恒的懸在空中存在着之思想，亦無以上帝之道卽「字」卽名之思想。中國思想說到宇宙之眞宰或道，與其說其是 Word，不如說其是非字、非名，如老子之道爲無名，孔子之天無言。傳入中國而盛行之佛敎所說之眞如，亦非只爲一 Word。此便與西方印度不同。中國思想之視語言文字，其效用只在對人達意；卽語言文字純爲人與人間的東西，而非一能客觀的自己存在，或一只客觀外在的指示事物，或同於上帝之道之自身的東西。此蓋卽中國文化中咒語之地位不高，中國人對語言文字之自身無盲目的崇拜，一切口號標語亦更不易嚇住中國人之最後理由之所在。中國人固然重視文籍而尊重聖賢之經傳，故民間亦敬惜字紙。然此乃由尊敬文籍經傳中之古人或聖賢之心意而來。中國人讀聖賢經傳，是要知聖賢之心意，並不是只就此經傳之文字語言而崇拜之。此與西方之宗敎思想中，視新舊約爲上帝啓示於人之語言，其本身卽有神聖的性質，因而不可增減一字者，便大不相同。

我們方纔說中國人對語言文字之用，最後可歸約到對人達意。此用語言對人達意，乃一方有說者，一方有聽者。此說者可是一人，而聽者可是多人；亦可說者是多人，而聽者是一人。然要之，語言只在兼有聽者與說者之情境下，或說者能說，聽者亦能聽之情境下存在。因必有說者能說，有聽者能聽，說者乃能用語言，以爲自達其意之用。若然，則說者無意，自不須說；若無聽者或聽者不能聽，亦不須說；又如不說而能達意，則亦不須說。不說即默。由此而中國思想中對人之用言語之事，所反省到之第一問題：卽如何乃當言，如何乃當默之一問題，卽言與默之問題。西方現代之哲學之發展，重語言之意義效用之反省，但尚未反省到言與不言之默之關係問題，卽尚未反省到言與非言之交界之問題。而中國思想家則自孔子起，卽反省到此一問題。而後來之人對此問題，亦有種種思想可說。此中之情形，亦甚複雜。今要來講出之，乃用言而不用「默」，又更不易。我將另有文分別詳論。今只簡單的提幾點意思，以見中國思想之論語言，乃自始重在達意，亦重說者與聽者之相對關係，而兼重說者之能說與聽者之能聽，並有一趣於用默或語言外之東西，以濟語言之窮，而達意之趣向。

二

我以下將順一歷史的線索，以說明中國思想之趣向於重以語言達意，兼重說者聽者，並兼重言默之主旨。所謂語言文字之範圍，大約可包括有名、辭、說、辯四類。所謂「名」，卽單辭。「辭」是以語言來表達某一意，而情、理、事、物，皆可爲意之所表，卽辭之所表，「說」則爲「以說出故」此卽說出理由，在荀子墨子，皆以說爲說出理由。至於「辯」則爲兩方舉出理由以對辯。由此來看先秦思想，則孔子對語言文字首重正名。名正而有某名之人，卽有其當然之義或道。如有君名者應有君道，義當行君道，而在人之意中，亦以有君名者當行君道。而我們之以君之名施於某人，亦卽表示吾人意中對君之所望，與所認爲其行者之爲何。我們亦由人稱某爲君，而知人之意中之所望於某者。孔子正名，乃意在使人由名而知其所涵當涵之義，同時亦卽使此名，能成爲一達天下之公意之一名。孔子於正名外，又言「辭達而已矣」卽謂言辭除達意以外，無他目的。此「達」，我想卽孔子之「立己立人，達己達人」之達，將己之意達之於人以成人之意。孔子一方極重正名，亦能「便便言」「侃侃言」。然在另一方，孔子同時又極重視「默」，如論語說的「子曰：予欲無言。子貢曰：子如不言，則小子何述焉?子曰：天何言哉?四時行焉，百物生焉，天何言哉?」（陽貨）又謂「默而識之」（述而）。孔子此語中之天，不同於詩書中之天之偶對人說話，如詩經之「帝謂文王」之類，更不同於新舊約之上帝之對人說許多話。孔子乃重天之不說話之一面者。故謂「天何言哉」。其後孟子之言天，亦說「天不言，以行事示之而已矣」。孔子自「四時行，百物生」以言天，亦卽自天之行事說天。天之行事，見於百物生四時行，而不言。故孔子亦可不言，而有默識之語。而依孔子之以辭達意之說，則若非兼有說者能說，與聽者能聽之二條件，人亦本當不言。孔子說：「可與言而不與之言，失人；不可與言而與之言，失言。」（衞靈公）此謂智者不失人，亦不失言。不失人，是有聽者則必說；不失言，是無聽者則必不說，而歸於默。孔子之此種言默並重之態度，與就人之行己立身之態度之兼有出處進退辭受二面之間，意趣相同。人在立身行己時，人不知我，則處則退；人知我，乃出乃進。此所謂「有道則見，無道則隱」。故其用語言，亦是得其人則言，不得其人則默。故後之易傳說「君子之道，或出或處，或默或語」，以出處與語默並舉。人有當出之時，亦有當處之時，故語言有可用之時，亦有可不用之時。時然後進，亦時然後言。孔子之爲聖之時者，亦當自其可默可語上講。孔子對顏回說話多，乃因顏回之能聽。然孔子說：「吾與回言終日，不違如愚。」則顏回又是以默應孔子之言。顏淵卽爲後世之重默者之所宗。而孔門四科，又有言語一科，子貢宰我以言語見稱，子貢喜以語言評論人。但孔子又說：「賜也賢乎哉！夫我則不暇。」是可見孔子於言默之際，最能得其中道。

孔子以後有墨子，但墨子與孔子之態度卻不同。孔子雖重名正辭達，然不重說與辯。此蓋因如得可與之言者，則有辭已可達意，卽無事乎說辯；如遇爲不可與之言者，則孔子之態度，儘可寧默而不言。墨子卻不只重名與辭，而重說與辯。莊子說墨子「上說下教」，則墨子之態度正如西方之傳教士，乃一說教之態度。依說教之態度，是無聽者或聽者不聽，我還是要說。故莊子謂墨子強聒於人之前而不舍。此亦如今人之政治宣傳，廣告宣傳，不管聽者聽不聽，總更要想出種種理由來說服人。依孔子之態度，不得其人則不言，如言則已假定其人能解，而我們亦當自動的了解他人之言。依墨子之態度，則不管聽者能不能了解，我總要說，並以種種理由，使人不能不被我所說服。此即使聽者全爲被動。而墨子亦相信其言說中之理由，可說服一切人，亦無人能反駁倒。故謂「以其言非吾言者，如卵投石，盡天下之卵，其石猶是也」。此正是傳教士與政治宣傳家、廣告宣傳家之口胳。而要說服人，必先立故，卽立理由。故墨子之言，不似孔子之言，可以是「無頭尾」之一句話，任人去自悟。墨子的話，皆有頭有尾。頭是此話之故，是理由，尾是以此話爲理由所得之結論，合此頭尾而說出之話，乃好似一條龍。此便近乎西方之哲學之推論。如墨子要說兼愛，而不直接由兼愛之當然上說，卻從聖人之治天下而止亂，應察亂之原（理由）在人之不兼愛說起來，又從兼愛可以達於治之果（結論）上說去。其中亦確說出許多道理。墨家總是處處「依理由到結論之方式」說出其主張，以上說下教，並與其相反之人或假定爲相反之人——如反對兼愛之巫馬子，及其他反對墨子之說之儒者——相與反覆對辯。由此而墨子乃特長於說與辯，亦自開出其一套辯論說理之方式，而有其邏輯。然以墨子之只重言不知默，與孔子之兼知言默相對較，則墨子亦有不如孔子者。

此上講了儒墨二家之對言與默之態度，今再來看道家之老莊之態度。則我們可說對語言中，名、辭、說、辯四類，道家最後皆欲超出之。老子言無名，行不言之教，其書五千言，已太多了。今亦不講他，只講講莊子。莊子齊物論，其本身是一結構分明，亦其言甚辯之大文章。而其目的則在以至辯之言，明「言辯而不及」，以示人當超拔於言辯之上。何以莊子以言辯爲不及？此乃因「辯」依於雙方之各自說其理由，而欲彼此相服。但此中之相服，是否眞可能？則是一問題。墨子一派，以辯爲爭一「對客觀對象之是非」，此中客觀對象爲一定，故是非可一定。如墨辯說「辯爭彼也，或謂之牛，或謂之非牛，當者勝也」。然在莊子之一路思想，則不順此去想。而世間許多辯論，亦實並無客觀之物來決定是非。如儒家重樂，墨子非樂。此卽無客觀之物以決定是非。在無客觀之物決定是非之情形下，則人只有各自謂其已見之必是，而要說其是，亦總可去尋找出一連串之理由。實則此中雙方，皆是結論已定，再找理由。此卽莊子所謂師成心。莊子說：「隨其成心而師之，誰獨且無師乎？」我們亦可說，依結論之已定，而找理由，誰獨無理由乎？所以依莊子看，儒墨之辯，永不能有結果。如墨子本樂不能致實利之理由，故以樂無價值而非樂，此乃因墨子先已預定了，唯有實利者方有價值之結論之故。今儒者先不預定此一結論，而謂人情不能無樂，則亦儘可謂樂有價值。此中若辯辯之雙方所預定之結論，或所懷之成心不同，則雖論辯千萬年，亦不能彼此共喩相服。善辯說者縱能服人之口，亦不能服人之心。而人心不服，人口亦總會說。於是「是」無窮而「非」亦無窮。莊子卽由此知「辯也者，有不見也」，說言辯而不及。莊子知言說之辯之有所不及，亦終不能成就人與人之共喩與相服，卽同時見及言語文字之用，有所至而止。由此而莊子乃重如何去除人之成心，如何使人不「不見」。而有其「以明」「兩行」一套使人「見」之道。此中齊物論所陳之義理，有種種層次，非今之所能講。然要之，莊子是要使人能「見」，不是只要人能說善辯。人皆能「見」，自然可不煩言而可相喩相服。但人見莊子之一套辯「辯」之言，亦是辯是言。那當如何說呢？則我們須知莊子之言，乃言而無言之言。莊子之言辯，乃破人之執言辯者。故人不執言辯，則莊子亦將自歸於默。莊子原要自歸於默，而今又不能不言，故希望得「忘言之人而與之言」。此爲一邏輯上之Paradox，卽莊子之所謂「弔詭」。此弔詭，人或解或不解，但莊子說，萬世之後，知其解者，如旦暮遇之。此卽謂人若不能解，亦不要期今人之必解。此便大不同於墨子。而人要了解莊子，亦終必須了解莊子言外之意，亦卽莊子之默處。人知莊子之言中，同時有莊子之默，亦卽可了解莊子心情中之「非言非默」處。此言與默，在孔子則爲交互並用，而在莊子乃統一爲卽言卽默，而非言非默矣。

今再從儒家之孟荀二家來看，孟子對言辯之態度，則與墨子莊子不同，亦與孔子有異，而孟荀彼此亦不同。然二家皆重辯，如孟子謂「予豈好辯哉？予不得已也」；荀子說「君子必辯」。但上已說莊子謂辯常無用，則孟子荀子又依何義，而可說此辯之有用，以主君子之必辯呢？此簡單的說，是孟子之辯，並非如墨子之所謂爭客觀上之「彼」之是非之辯，而皆是爲要使人反求其心而有之辯。孟子之辯，皆以言示人以自反求其心之道，而使人自喩之辯。人能自反求其心，卽可自破其成心。此反求之效用，或尚有切於莊子之所言之「以明」「葆光」之工夫者。荀子之重言辯，是依於「凡人莫不好言其所善，唯君子唯甚」。此是說不管辯能否說服人，人總要言其所善，故不能已於辯。而荀子之辯，又有表現於客觀之歷史文化中之全盡之道爲標準。在一般對辯中，你可這樣說，我可那樣說，皆因人有蔽而然。但全盡之道，則只有一個，便可爲一切辯論之標準與最後止息之地。但我們今已無時間，對孟荀之言「辯」之說，多所論列。今只指出一點，卽孟荀雖重言辯，然仍不失孔子兼重言默之義。孟子對人有不屑敎誨爲敎誨之道，卽以默爲敎之道。荀子於非十二子亦說「言而當知也，默而當亦知也。故知默由知言也」。是見孟荀於辯說之態度，仍與孔子言默並重之旨相通，而與老莊之務超言辯，及墨子之一往尙言辯之態度皆不同。至於法家之韓非言形名參同，以生賞罰，又說言行皆以功利爲的彀。固非忽視名言者。韓非亦善辯。然其說難一文，亦說到「言說」之限制。此限制者，在聽者之心情之一方面。蓋依於聽者心情之不同，而對一言，可有不同之解釋，亦必不免於誤解。於是無論如何善說者，皆不能必此誤解之無有，亦終不能絕此誤解所自生之根於他人之心情之一方面者。由此而見言說之不特不能成共喩，且人與人間，正可以言說愈多，而誤解愈深，使彼此心意相去彌遠者。此又較莊子只言言辯之不及者，更深到一層。而順韓非李斯之說，必歸於以刑法禁止一切姦言姦說，以裁抑當時之辯士，而不屑一一與之辯者；亦正以其深知辯說之無益故也。

逮及易傳對「言」與「默」之態度，則一方說「開名當物」，說「鼓天下之動者，存乎辭」；一方說「默而成之，不言而信，存乎德行」。此仍是孔子兼尙言默之旨。前所引「君子之道，或出或處或默或語」，亦出於易傳。到漢代，則董仲舒以「深察名號」爲言，有孔子正名之意。漢人之註疏，皆是以言說言，而累卷無已者。漢人喜古籍，亦易輕信人言，故迷信亦極多。王充之說語虛書虛，則又見其深知語言文字之不實，及人對語言文字，原可有種種誤解。此誤解之再以語言文字表之，而留傳於後，則必虛妄重重者。然王充又主「言多勝寡，辭富愈貧」，而爲多言多辭，以辯種種虛妄之傳言傳說者，則又與孔子莊子韓非之態度皆不同。漢末之月旦評清議，則非直說對談，而爲第三者之旁人之評議。魏晉人之清談，乃人與人相對，而直陳心意，遂開出所謂名理玄理之論。清談兼重言談之美，言談者風度之美，則兼以濟只談理而心情不相契應之窮。對談而能彼此相互欣賞對方之言談風度之美，則心情先相契應，義理自易相悅以解。此蓋昔人之所未知。而魏晉人之清談，言不必長，言默亦恒相互爲用。如裴頠與樂廣談，樂廣只笑而不言。言默相互爲用，說者言而聽者默，此亦爲言默之同時而俱存。然此又不同於莊子之卽言卽默，乃一人之中言同時有默存焉；而是諸談者間或言或默之相望而俱存。魏晉人之談辯，可以有勝理屈理之分，亦可無勝負。可一人恒持某義，爲論主，亦可主客互易。如王弼見何晏，何晏問：此理可更難否?弼更作難，又自爲主客數番。此又唯在言辯之際，說者不以辯求勝，而自欣賞此言辯之本身，純視此言辯，爲通人我之心意之媒，以兼達忘我忘人之境者，乃能有言而能忘人忘我，亦可以人我之言以外之「動作」或「器物」代人言。如王平子與衞玠談而三絕倒，卽以絕倒之動作代讚美之言。樂廣談指不至，至不絕，舉麈尾以明至者那得去，此以麈尾之至去爲喩，亦以麈尾代人言。此卽下開後之禪宗之以棒喝代言之風，而其目的則唯在通人我之心意，而更互欣賞其心意與賴以通心意之媒。此亦由人間之言辯所達純美境界，曠古絕今所未有者也。

由此下來，南北期隋唐儒者佛徒之註疏，皆以言說言，然亦意在通聖賢與佛之心意之所存。然古人往矣，心意終難通。故在佛學方面，終發展出重對語之禪宗。此實近承淸談，遙承孔子與弟子之對語而來，乃印度所未有。禪宗於語言之運用，更兼取相對反之語言，以為人之悟道所資。此中語言皆所以破執，執去則語言立卽掃去，視同糞土，而唯存心意之共喻。則又較淸談家之兼重欣賞言辯之美者，其意趣又不同。魏晉言家之言，皆美言雅言。禪宗則於粗惡語俗言，皆無不可自由取用。魏晉淸談有論主，恒持某義以爲談宗，自爲主客數番，亦有明顯之番折。而禪宗之大師，則可於一時自由取用相對反之義、相對反之言語，以當機破執。——而一切佛教教理之辯論，於是乎可息。如說「卽心卽佛」可，說非心非佛亦可。然正在應對之際，又處處須以言應言，以語接語，必須機鋒迅捷，不容擬議。此又極活用語言之致。此中如語言不濟，更可以揚眉瞬目棒喝交馳爲代，以至燒菴斬貓之行事，皆可代語言之用。此又不同於魏晉談客之終身執麈尾，至以之送葬。在禪宗天下之一切美言惡言雅言俗言，與一切行爲動作，以至天地萬物，無不可用以爲說法之資，亦視爲本皆能說法者，故亦皆可用爲通人我心意之媒。而人既得其意之後，則又皆歸於默。一切機鋒迅速，棒喝交馳之驚天動地之事，皆歸於寂天寞地。至由禪宗之對語，再化爲宋儒者師弟之對語，則又爲將禪宗之精彩，更加以消化，以歸於直答直問之對語，學生記之而成宋儒之語錄。然程門弟子記伊川語以相傳看，而伊川謂我在不必看語錄。又尹和靖事伊川一年，乃得西銘看，則此中亦有默教。象山先生謂「若某則不識一箇字，亦便還我堂堂地做箇人」。王陽明詩「悟後六經無一字」，此亦是默教。朱子重講書，清人重注疏，則是漢唐儒者重通古人聖賢心意之傳統。然朱子亦非無默教，如其詩謂「書册埋頭何日了？不如抛卻去尋春」。此皆不擬多講。要之，中國思想之傳統，皆是重在以語言通達心意。通古昔聖賢之心意，與通當世對言者之心意，皆是通心意，既通心意，則必求歸於默。而此通心意之道，亦不限於言辯。言辯亦有種種之方式，而中國各時代思想於言辯之看法，與運用言辯之方式，亦有種種。這是我們應通觀之而細看，方見中國人之所以雖重語言文字，而實無印度與西方之語言崇拜，或表現於今日之政治宣傳，廣告宣傳中之文字魔術之理由之所在。

附　說

在西方現代思想中，亦有對語言結構、意義效用，作分析的反省之思想潮流。此卽所謂語法、語意、語用之學。依此，而語言、語言直接所表之義，與人用語言時所意指之事物三者，構成一極複雜的關係。西方於此已有種種理論性之著述，唯各家之正面建樹少，而相互之批評多。人讀其文，如吃小魚，刺多而肉少。而對語言之存在地位之討論，更尚多所未及。畢竟語言之存在地位在何處？我以爲只在說者與聽者之間，卽說與聽所構成之心意之交通之間。而所謂語言、語義、及語言所指物三者之關係，均應納之於說者與聽者之心意交通之關係中去講。故了解語言，須了解說者，說者須了解聽者。中國自先秦以下之語言哲學，卽重了解說者之爲人，以知其所說。所以孟子說「誦其詩，讀其書，不知其人可乎?」說者又重了解聽者，所以荀子說「未見顏色而言，謂之瞽」。言語之外圍卽默與人之行事。則人眞要有一健全的語言哲學，須於上述之三者之關係外，兼重言與「說者」「聽者」及「默與人之行事」之關係，以成一六項之關係全體。人能對六項之關係全體，加以一理論的分析，再來看中國傳統思想中，對言與默之態度，尚有種種之話可說。此可幫助我們成立一更完善之語言哲學，亦可幫助我們對中國思想史中之言外之意之了解。此亦値得大家多想多想，今天不能多講，此下我卽當歸於默了。

（麥仲貴記錄・一九六四年十月・「人生」第廿九卷總第三三九期）

白沙在明代理學之地位

今日白沙文化教育基金會，慶祝白沙先生五百三十六年誕辰紀念，承主席要兄弟作一講演，本不敢當。對白沙先生的學問，個人了解者實不多。但在香港能每年一度舉行之白沙先生之慶祝會，則不只有其地方性意義，且亦有其保持中國傳統文化之意義。兄弟前承陳應燿羅香林先生之介，擔任白沙文化基金會委員，愧無絲毫貢獻。今日作此講演，一方表示私衷之贊助，一方聊作補過。兄弟所欲講者，爲白沙先生在明代理學中之地位。對此一專門問題，個人亦略有一些意見，藉此向諸位請教。

一

黃梨洲在明儒學案中，前後共引錄了三家意見，來批評白沙的理學。此三家一是羅整菴，二是劉蕺山，三是黃梨洲自己。愚意以爲只本此三家之批評，尚未足以見白沙在明代理學中之地位。而他們之所以作如此評論，實各有其在學術上的背景。本講主旨，乃試約略分析一下此三人對白沙之批評之學術背景，然後再補以己見，以說明白沙先生在明代理學的地位。

茲先說羅整菴對白沙之評論。黃梨洲明儒學案白沙學案，引整菴之言曰：「近世道學之昌，白沙不爲無力；而學術之誤，恐亦自白沙始。至無而動，至近而神，此白沙自得之妙也。彼徒見夫至神者，遂以爲道在是矣，而深之不能極，幾之不能研。其病在此。」

整菴說白沙不能極深研幾，此「深」「幾」果何所指?依整菴之困知記觀之，蓋是指其所謂「絜靜精微」之「性之眞」而言。彼謂禪宗與陽明之學，皆只能及于虛靈明覺之心，而未能及于絜靜精微之性。虛靈明覺，卽至無而動，至近而神者。故梨洲下文謂整菴之以白沙能「明心而不見性」。然黃梨洲又云，此乃緣整菴「終身認心性爲二」，方有此言，謂此乃整菴之失，不關白沙。吾人今細看，整菴對白沙之批評，亦實明依于其個人之學術背景而來。若離此背景而言。則整菴對白沙之批評，固不必當也。

二

其次，我們看明儒學案首卷師說中所述劉蕺山對白沙學問之評論：

「先生之學，宗自然，而歸于自得。自得故資深逢原，與鳶魚同活潑，而還以握造化之樞機，可謂獨開門戶，超然不凡。至問所謂得，則曰靜中養出端倪，向求之典册，累年無所得，而一朝以靜坐得之。似與古人之言自得異。孟子曰：君子深造之以道，欲其自得之也；不聞以自然得也。……自然而得者，不思而得，不勉而中，從容中道，聖人也。不聞其以靜坐得也。……靜中養出端倪，不知果是何物？端倪云者，心可得而擬，口不可得而言，畢竟不離精魄者近是。今者先生講學諸語，大都說一般自然工夫高妙處，不容湊泊，總是精魄作弄處。蓋先生識趣近濂溪，而窮理不逮；學術近康節，而受用太早。質之聖門，難免欲速見小之病者也。」

蕺山對白沙之評論，其命意亦極精微，不能謂爲皆不是。但蕺山之評論，蓋亦依其個人在學術上之造詣而來。蕺山講誠意愼獨之學，重戒愼恐懼之工夫。如其謂：「君子之戒愼恐懼，眞若或使之。如所謂小心翼翼：昭事上帝。上帝臨汝，無貳爾心。故特以祭法推明之。一切工夫總是一誠。」依蕺山之重戒愼恐懼以觀白沙，自必疑其言自然工夫，爲承擔太易，只是一精神氣魄之浮冒于上，故謂：「不離精魄」「欲速見小」。但吾人亦可說蕺山之工夫，乃純爲一向內收斂之狷者型的工夫，而白沙之言自然工夫，則要在求灑脫放得開。此乃一狂者型之工夫。狂狷不同，而不必相非。又自一般學道之歷程言，人必先能灑脫放得開，乃能言收斂與戒愼恐懼，否則亦將陷拘緊之弊。如蕺山說誠意愼獨之工夫，固能鞭辟入裏，指歸一路。但在蕺山以後，明代之理學，亦更無開展。此卽收斂得太緊之弊。于白沙之學，蕺山亦謂其與鳶魚同一活潑，而能獨開門戶，超然不凡，即亦承認此白沙之學能「開拓得去」，則白沙之學與蕺山之學，正互有長短。至于蕺山之謂孟子言深造自得，不聞以自然得，又謂聖人從容中道，不聞以靜坐得之；則此非要點所在。因白沙所謂以自然得靜坐得，乃自言其初從書册中尋求而無所得處說來。靜坐只是一方便法門，如程朱皆有靜坐之工夫也。白沙言自然，亦多自人能灑脫放開後之心境上說，固亦未自謂其同于聖人之從容中道。則蕺山亦不能謂必如聖人之從容中道，乃得爲自然，而以此意評白沙也。

三

至于黃梨洲評白沙，則于其白沙學案中有曰：

「先生之學，以虛為基本，以靜為門戶，以四方上下，往古來今，穿紐湊合為匡廓。以日用常行分殊為功用，以勿忘勿助之間，為體認之則。以未嘗致力而應用不遺為實得。遠之則為曾點，近之則為堯夫，此可無疑者也。故有明儒者，不失其矩矱者，亦多有之。……而作聖之功，自先生而始明，至陽明而始大。向使先生與文成不作，則濂溪之精蘊，同之者固推見其至隱，異之者亦疏通其流別，未能如今日也。」

蕺山以白沙識趣近濂溪而窮理不逮，學術類康節而受用太少；梨洲則逕以白沙之學，上比曾點，並推有明之學之開創之功，于白沙與陽明。可見梨洲對白沙之尊崇，實過于其師。梨洲謂作聖之功自白沙始明，至陽明始大；其言更應具深義。然梨洲所述白沙之學之宗旨，是否與白沙之學全相切合，則是一問題。緣是而其謂「作聖之功自白沙而始明」者畢竟何在，亦是一問題。今按梨洲之白沙學案首又曰：

「有明之學，至白沙始入精微。其喫緊工夫，全在涵養。喜怒未發而非空，萬感交集而不動。至陽明而後大，而先生之學，最為相近。不知陽明後來從不說起，其故何也。」

梨洲謂白沙之喫緊工夫，全在涵養，又釋之以「喜怒未發而非空，萬感交集而不動」二語，此卽謂：涵養于喜怒之未發，非中無所主之謂，故當萬感交集，仍能寂然不動。但此與李延平之「觀喜怒哀樂未發之氣象」之涵養，有何分別？又與一般之泛說「寂然不動感而遂通」者，有何分別？梨洲皆未說。是見其言，實亦說得太寬泛。梨洲果以有明之學，自白沙而始明者，卽在明此涵養乎？又梨洲謂白沙與陽明，最爲相近，此相近果在何處？果此相近處，卽在皆言涵養乎？然此固非陽明一生之學之特色所在也。吾人若于此有疑，可再來看白沙之自道。按白沙自序爲學云：「僕年二十七，始發憤從吳聘君學。其于聖賢垂訓之書，蓋無所不讀，然未知入處，比歸白沙，杜門不出，專求所以用力之方。……忘寐忘食，如是者亦累年，而卒未得焉。所謂未得，謂吾此心與此理，未有湊泊脗合處也。於是舍彼之繁，求吾之約，惟在靜坐。久之，然後見吾此心之體，隱然呈露，常若有物，日用間種種應酬，隨吾所欲，如馬之御銜勒也。體認物理，稽諸聖訓，各有頭緒來歷，如水之有源委。於是渙然自信，曰：作聖之功，其在茲乎。」

又張東所敍白沙為學云：

「自見聘君歸後，靜坐一室，雖家人罕見其面，數年未之有得。于是迅掃宿習，或浩歌長林，或孤嘯絶島，或弄艇于溪涯海曲，捐耳目，去心智，久之然後有得焉。蓋主靜而見大矣」

今試將梨洲所述白沙之學之宗旨，與白沙之自序為學之經過，及張東所敍白沙為學之語，再相對勘；則見梨洲所謂「白沙之學以虛為基本，以靜為門戶」「涵養……喜怒未發而非空」，當是指白沙之放下書册，嘯傲林泉，及由靜坐之工夫，以「捐耳目、去心智」而言，其謂白沙「以日用常行分殊為功用」，則理當是指白沙所自謂之「日用種種應酬，隨吾所欲……如馬之御銜勒，水之有源委」而言。然白沙自序爲學，于此二語之前，有「見吾心之體隱然呈露」一句，而梨洲獨加以略去，其故何也？梨洲述白沙學，又言其以「四方上下，往古來今爲匡廓」而此一語未見上引之白沙自序之語中。此當是本于白沙之另一語。

按白沙與林緝熙曰：「終日乾乾，只是收拾此理而已……得此欛柄入手，更有何事？往古來今，四方上下，都一齊穿紐，一齊收拾，」然白沙此語與其與何時矩書之言正相通。白沙與何書曰：「人只爭個覺，才一覺便我大而物小，物有盡而我無盡，夫無盡者，微塵六合，瞬息千古。……」六合卽四方上下，千古卽往古來今。是此段之言與上段正相通，然梨洲又獨不提及此段文中之「人只爭個覺」之一語，又何也？

依吾所見，欲述白沙之學，對白沙所自言之「見吾心之體隱然呈露」與「人只爭個覺」之二語，決不能輕加以略去。因爲無吾心之體之隱然呈露，則孰爲主宰此「日用種種應酬」，而「以日用常行分殊爲功用」者乎？又白沙乃以理與心爲一，此理于「上下四方，往古來今，一齊穿紐，一齊收拾」，是卽此心覺之無盡，而能「微塵六合，瞬息千古」者也。若無此心覺，又孰爲以「四方上下，往古來今，爲匡廓」者乎？然則梨洲之所以必略去白沙言心體心覺之二語。其故畢竟何在乎？

吾意此則須溯至梨洲之言心，原不喜離心之用以言心體之說。梨洲明儒學案序曰：「盈天地，皆心也。變化不測，不能不萬殊。心無本體，功夫所至，卽其本體。」此乃上承陽明言心之卽體卽用，

「心無體以天地萬物之感應是非爲體」及劉蕺山之以「體天地萬物爲一心，更無本心可覓」之說而來。而此卽體卽用以言心之說，亦自有其深義。此蓋卽梨洲之所以略去白沙之見「吾心之體」及由此「覺」以見「我大而物小」之言之故也。

然梨洲于此，實不免有削古人之言，以就其意之失。梨洲之「心無本體，工夫所至，卽爲本體」之說，固可爲一更深之義；然白沙固明言見有「吾心之體隱然呈露」也。梨洲之卽盈天地之萬殊以見心，固可說；然由「覺」以知「我大而物小，物有盡而我無盡」，固白沙之思想也。此豈可加以略去乎。

四

故吾人今欲講明白沙之學，在明代理學之地位，宜由梨洲之所言者更翻上一層，而直接以白沙自道之言爲標準。則吾人可說白沙之學，乃來自其求道于書册而無所得，卽捐耳目，棄心智，以自見心之體，而知此心此覺之所在，卽理之所在，亦卽眞正之我之所在；故此心此覺此我，乃大于物而能視六合如微塵，千古如瞬息者。依吾人之此說，則白沙在明代理學之地位，亦正有如象山之在宋。象山之學，繼程朱而興，亦如白沙之學，繼其前宗朱之薛文清等而興。象山之發明本心，正如白沙之見心體。象山之言「滿心而發，充塞宇宙，無非是理」，言「宇宙卽吾心，吾心卽宇宙」「我與宇宙同在無窮中」；正如白沙之言「此心與此理」之「湊泊脗合」「上下四方，往古來今，一齊穿紐，一齊收拾」「才一覺便我大而物小，物有盡而我無盡」。凡此象山白沙之言，皆所以使學聖者興起其精神，以自信自肯，自作主宰之始事；而亦當澈始澈終，不可一日忘者。後之陽明，雖只提及象山，未提及白沙。然陽明之良知，爲心之本體，爲昭明靈覺。則既通于象山之言本心，亦通于白沙之言「心體」與「覺」者。唯白沙近曾點康節，尙自得，不似象山之剛健。又陽明更能發明良知卽天理之義，並重由良知之知善知惡好善惡惡，以言致知誠意之工夫。故其言較白沙爲切摯。然三人之重心重覺，不外心覺以言理，固同爲一路。梨洲所謂明代之學，自白沙而始明，至陽明而始大者，亦正當白沙之能見及心與理之脗合，及心覺之無盡，而陽明則又有其更博大處說。固不宜只泛以涵養以說也。

五

最後我再說：我個人對白沙之學之觀感。記得當我尙在中學之最後一年，卽聞人提到白沙之「才一覺便我大而物小，物有盡而我無盡」之一言。當時卽隱約有所會悟。二十多年前，我寫道德自我之建立一書，卽以此一語爲一節之結論。迄至今日，我每當自己之志氣頹喪時，卽還念此語。總覺此中意趣無窮。此又證明白沙詩句所謂「無極老翁無極教，一番拈動一番新」之意。白沙所謂「才一覺便我大而物小」此乃以心覺爲我，不是一般所謂執着自我之我。故白沙說物小，亦不是要人自我膨脹，以藐視物。故白沙有時又說「忘我而我大，不求勝物而物莫能撓」。白沙言我大物小之意，唯在使人能常有一心覺，能超拔昭臨之一切所覺之事物之上，而不沉溺陷墮于其中；以使人能自作主宰，而頂天立地于世間。此中所謂所覺之事物，可包括我們個人自內心之喜怒哀樂，所遇之聲色貨利，所求之名位權勢，以及一切文明文化知識學術之成果等。人對此一切，其心覺都不可沉陷其中。人如沉陷于其所喜怒哀樂者中，則由喜生貪，于樂生耽，由怒生嗔，于哀結而不解。人如沉陷于聲色貨利，名位權勢之中，則得失、利害、貧富、毀譽、貴賤、盛衰、成敗、禍福、吉凶之念，縈擾于中。人若沉陷于文明文化知識學術之成果之中，則此等等亦能使人玩物喪志。同時，一切文明文化之成果，如核子彈，大都市，以至大圖書館中，千萬册書籍，皆可成爲對人之精神上的威脅或重壓。此中唯賴人之有此一覺，知此一切事物，皆爲一所覺，知我之此心覺，能超拔超臨于其上；才能免于我們心覺之沉陷其中，而喪失我們之自己。如我個人八年前，初次到歐美，看見別人之富強。亦嘗有「晉楚之富，不可及也。」之嘆，然而我之能幸免于羨慕之心者，亦卽賴我之憶記白沙先生之話，念此一切，皆不過我之所覺之事物，我之爲我，仍自有其大于此一切所覺之物，而自無窮盡者存。我以爲人要能自作主宰，而頂天立地于世間，至少初步全賴于此一心覺之時時提起，而不沉陷于任何所覺之一切物事中。此處卽亦見白沙先生之教，有一永恒意義。尙不限于在明代理學中，與王陽明同居一開創之地位而已。

（葉龍、黎華標記錄・一九六五年・「白沙學刊」第二期）

朱子與陸王思想中之一現代學術意義

一

此文所謂現代學術，乃指現代學術之崇尚專門化專業化之學風而言。此專門專業之學，在知識上，以分門別類之研究爲本，而可總名之曰分科之科學。此分科之科學，在現在社會中，則與其他種種專業之分化，互相配合，以形成現代文化之分途的多端發展。現代學術與社會之專業之不斷分化，其弊至於從事各專業者之間與專門學者之間，日益互不相了解，一一學者之天地，日益縮小；人文之通識，日益被忽視；哲學之地位，日益低降；及哲學本身之科學化，而成非哲學等；此皆可引致種種人之精神生活上之種種分裂。但此分科之學，仍有其開展人類智慧之領域，充實一般社會文化生活之大用，其勢亦不可逆。至於如何斡旋、協調、此現代學術之日趨於分化之勢，使道術不致爲天下裂，則此問題甚大，非本文之所及而論。

本文所欲論者，仍是順此現代學術之日益分化之勢、以爲中國之學術與社會文化之發展，亦先當有種種分科之學之長成；更說其所以當有之理由，可自朱陸陽明之思想中求得；以疏通消除若干過去中國之儒學與現代學術間之若干觀念上之積滯，並由此亦多少暗示如何解決上列之問題之道路。

在清末及民國初年，學者，其求中國固有之學術思想與西來之科學之互相銜接，初乃求之於儒學以外之名、墨、陰陽之思想之流，漸乃求之於清代之考證之學中之科學方法，與顏習齋、戴東原之學。然西方之科學，有一源遠流長之理性主義、理想主義哲學傳統，爲其根據；今只以中國已有之自然主義、功利主義、經驗主義之思想，求加以涵接，卽落於下乘之思想境界。至於更沿此而本清儒之學，以反對宋明儒之學，卽不異使中國儒學之慧命之流行，前後隔截不通。後之沿顏戴之學而上溯者，乃漸及於朱子。蓋以朱子之學之傳，自學術史觀之，旣實開後世之專家之學，而朱子爲學之方，又尙格物窮理，時有對天文、地質之論；故可奉之爲中國科學思想之近宗。然於陸王，則自明末諸儒以降，咸視爲只空言心性或一貫之道，無多學而識之功者，而近人亦咸以爲與專家之學及現代崇尙分門別類之科學之精神最相遠者。

二

吾今玆之文，則無意說明西來之若干學術上之觀念，在中國之思想中，亦可得其類似者；唯在說明此一分門別類之學術態度或科學態度，乃兼可在朱子與陸王之思想中，得其所以爲當有之理由；而在清代之考據之學者所用之科學方法，或顏習齋戴東原之哲學中，反不能得其所以爲當有之理由者。蓋爲清代之考據之學者，其考據文物、制度、音聲、訓詁，初皆只紙上之工夫，而非意在成就對客觀之自然與社會之科學知識者。顏習齋之學，務在實用，此可使人重已有而可用之應用科學知識，而不能建立純理之科學之所以當有之理由。戴東原以理在物不在心，雖似可爲人之當外窮物理之理由。然理既只是外在於物，亦卽可與此心不相干；則此心亦卽可不必求知此理，而人之求之，卽反無必然或當然之理由可說矣。

至於朱子之學中之格物窮理之論，其所以能爲後世之專家之學，與今之分門別類之科學之近宗者，則吾意亦不在朱子之謂客觀外在之物原各有其理之說。因只言此理之爲客觀外在，並不能爲吾人「當求知此客觀外在之理」之理由。觀朱子之論，實要在言人之所以當求知物之理，乃以不知物之理，卽不能「盡吾人之心，知吾人之性」之故。故依朱子之論，外明物理卽所以內知性理。此卽較戴東原之說，更能建立吾人之「所以當求知所謂在外之物之理」之理由。依東原之意，蓋謂如物理卽性理，則人不須外窮物理。然依朱子之論，則人知物理，乃人自己之事。其當有之根據，卽只能在內而不在外。此事乃由內而發，則「沿此事而使此所謂在外之物之理，顯於人之知」之事，卽亦爲「人之內在之性理之昭顯，以自盡其心性」之事，而人亦不得只視此所知之理爲在外也。凡西方言科學上求知識之事，只爲知一在外之物之理者，在科學哲學理論上，亦實無不爲一下乘之論，而皆不能建立人之所以當知此物之理之眞理由者。此正如今人以中國人之學科學，乃學一外來之學者，無一眞能爲中國人之當學科學，建立一眞理由也。此中國人之當學科學之眞理由，只能在中國民族之當「自盡其能學科學之心性」中求之，亦如一切人所以當學科學而求知物之理，皆唯以其心性原能知此物之理，故亦當知之，以盡其能知此理之心性之故也。

在西方之科學哲學理論中，對於人之如何知物理之歷程，有種種知識論之說。此固非朱子之所及。然凡西方之哲學科學理論之「視人之知物之理，卽所以盡人之理性或經驗之能，而實現其求眞理之理想」之論，亦無不爲一種「視人之知物之理爲人之自盡其心性」之說。亦皆同可使人緣是而更言：「人之如何用此知識，以實現人之知識以外之人生文化理想，而求立此人自身之主體於其所得之知識之上」之說。然在朱子之卽物窮理以盡心知性之思想中，則以知物之理之事，非只爲「知今所謂物之實然之理」之事，而同時爲一「知吾人之所以應物之當然之理」之事。此一般所謂物之實然之理，與吾人之所以應物之當然之理，在朱子恆只以一理名之。此則意在顯出：「物之實然之理，原不能離吾人之所以應物之當然之理；由此而吾人之「所以應物之當然之理」，卽亦可說爲：「物本身所自具之理，而爲吾人自始所統當知」者。於是在朱子，一切吾人今所謂對物之理之客觀知識，卽自始爲內在於「吾人之所以運用此知識，以實現吾人其他之人生文化理想之全體」之中，此理想，卽爲使「人自身之主體，得恆自立於所得之知識之上」者也。

由朱子之視一般所謂實然之理與當然之理，爲人所統當知，而視如一理；於是朱子之格物窮理之功，卽似可於天下之物，莫不窮其理；而朱子乃時有謂學者當求如「聖人之博學多能，以至無所不知無所不能」之教。乃使人或疑朱子只重外窮物理，多尙聞見之知，而王學之流，更或責朱子之求理於外。然朱子之本意，則殊不如是。朱子之卽物窮理，亦非泛求天下之物，而一一知其理，如游騎之無歸。朱子言聖人之博學多能，亦有其限度；亦未嘗言聖人與學者眞無所不知，無所不能。朱子固明言天下依當然之理而當有之事，「天地也做不盡，聖人亦做不盡」也。凡上述等等，皆須就朱子所言者，一加辨析。

然朱子一方未嘗言聖人與學者眞可無所不知，無所不能，在另一方又不能謂天下之物之理，其當知者可任其爲人所不知。因其不爲人所知，人卽少了一應之之道，而其物卽亦未由此道，以得其所。是乃聖人之心之不忍，亦學者之學聖人者所不能安。於是此二者間，卽顯然有一矛盾，而又不可不使之兼成。兼成之道，卽唯賴於聖人或學者，於其一人之知能之所不及者，卽寄望於他人之各就其所習，以分別地知之能之；而學術卽不能不分化，爲種種專門之學。由此可見朱子之學之傳，其所以實開後世專門之學者亦爲理所當然，而不可說爲只由朱子一人之博學多聞，而後之學者尙慕其風之所致者也。

三

至於象山陽明之學，則世恆謂其只求理於一人之心，似與專門之學，相距最遠。然今姑舍陸王之學之言心性者，其高明精微一面不論，則陸王之學，正有其廣大平實之一面。此卽其以聖人不尙多知多能，而人人亦皆可作聖賢之論。此陸王之言聖賢，不尙多知多能，似與朱子之教學者當學聖人之博學多能者，最相對反。然剋就聖賢之所以爲聖賢而言。朱子亦謂其在德、不在知能，則亦未嘗違於此義，陸王之言聖賢不尙多知多能，一方使學者不以知能相矜，而通體是道義：而在另一方，則使學者自知其知能之不及世所謂聖人者，其心其理之未嘗不與聖人同，而免於自暴自棄；又一方則使天下之人皆可知其「此心此理」之未嘗不與聖人同。此則首見於象山之言「田畝之人，良心不泯」之與聖人同，謂「唐虞之世，田畝之民與堯舜皐陶同德」。陽明更繼以言「古者四民異業同道」之義，而以「歆士而卑農，榮宦游恥工賈」，爲天下之衰。陽明更有至治之世，人各以成德爲務，而又各自盡其知能，相忘於知能之大小之論，此皆由於就知能而言，人原各有所偏，原當各有其所專之業，而不當求其相兼、相代以成其「四民異業而同道」之義者也。

依此人之心同理同而知能不同之義，陸王之言學，卽意涵：於人人所同能知，同能行之成德之學之外，人亦各可有成其異業之知識技能之學。人固當尊成德之學，而以知識技能之學爲卑。但世無專務成德之學之人，亦不當有專務知識技能之學之人，則不得以此學之有二，而分人爲尊卑。則陸王言人人皆當以成德之學爲尊其意固非專尙成德之學，而欲廢知識技能之學；而唯意在使此成德之學，不爲世之學者所得而私，以爲天下之愚夫愚婦所共有，而使天下之愚夫愚婦，亦皆各就其知識技能之相近者以爲學，以成其異業而同道之至治之世而已。則陸王之言「心同理同」之義，如只其高明精微一面觀之，雖若最與知識技能之學相遠；而就其廣大平實一面觀之，則此「心同理同」之義，正所以使後世之學聖賢之學者，在知識技能上無可自矜，而使此知識技能之學，與聖賢之學，皆同散在天下爲天下所共學者也。此則正陸王之學本有之涵義，而爲「王學中之泰州之門有樵夫田父，而晚明之爲王學者之講會，三敎九流，皆無不預」之故。王學之所以能普被天下，卽見其道之通於異業之四民，亦見其道之許此四民之異業，以各有其知識技能，而各有其異學。此卽未嘗不亦涵具一成就現代社會之專業與專門之學之意義也。至於晚明學者之空談心性而廢事功，則當說爲一偶然之事，陸王之爲學不如是，亦非其學之弊之必至於此也。

四

上言朱子與陸王之學，同有此成就專門之學與專門之業之現代意義。然此諸賢之學之歸宗，仍在成德，而此則爲超乎此現代意義之上者，然此非其學中無此現代意義之謂。朱子之言天下理，乃就實有之事物之理而言，陸王之言四民之業，亦社會實有之職業，則本此以言學，卽不能只如淸儒之業之限在語言文字之記誦考索之中，而可由之以兼成天下之分門別類之實學。則今謂吾人當有自然或社會之科學之發展，果欲求其所以當有之理由，更超進一步，以處理吾人篇首所提之問題，固亦當求之於宋明之朱子陸王之學之中，方能暢通千年來之中華民族之學術生命之流行，其義亦可知矣。

（一九六八年•「東西文化」第十七期）

陽明學與朱子學

一

陽明之學，歸宗近陸象山，然實由朱子之學發展而出。所謂陽明之學，歸宗近象山者，卽如其由「心卽理」，而言「聖賢與愚夫愚婦之心同理同」，言「學貴自反諸心」，言「讀書貴以心與書相證」等。此在世之學者，多已言及。吾昔亦嘗爲文，加以討論（陽明學與朱陸異同重辯上篇，新亞學報第八卷二期）故爲程朱之學者，自明代羅整菴困知記，陳淸瀾學蔀通辨以降，凡不滿王陽明之學者，皆謂陽明之學乃祖述陸氏。自此以後，陸王恒並稱。而今之西方學者竟有誤以陸王爲一人者（Runes Pictorial History of Philosophy）。誠然，陽明固嘗爲象山文集序（陽明全書卷七）謂：「象山之學，直接孟子之傳。」又在答徐成之書中（全書卷二十一），對象山之學爲朱子之學所湮沒，表示不平。再與席元山書（全書卷五）謂「象山之學，簡易直截，孟子之後一人，其於大本大原，非餘子可及」。傳習錄上亦載陽明言「濂溪明道之後，還是象山」。此皆見陽明有推尊象山過於他人之意。但陽明之學初實由朱子之學轉手而成。由錢德洪之年譜，可知陽明初治朱子之學，亦嘗本程朱一草一木之理須是察，故至格竹子而致病。陽明成學後，仍說：「平生於朱子之學，如神明著龜，一旦與之背馳，心誠有所未忍，……蓋不忍牴牾朱子者，其本心也；……不得已而與之牴牾者，道固如是，不直則道不見也。」（傳習錄中與羅整菴書）。故陽明之所以不滿於朱子之「格物窮理」與「心及理」之論，皆正由先治朱子之學出來。陽明之講「心卽理」等，固近象山。但陽明以心之本體卽良知，象山卻無此說。陽明之論「知行合一」，固與朱子及象山將知行分爲二之說，皆不同。然陽明之知行合一、致良知之說，連於其格物之論。陽明之格物致良知之論，則由朱子之格物致知之論發展出，初與象山之格物致知之論無甚關係。此外陽明之論心之體與用、未發與已發、天理與人欲，存養與省察、戒愼恐懼等內心修養工夫問題；皆是承朱子之說而出。此與象山之罕言體用，不喜天理人欲之分，亦不多論已發、未發、存養、省察等工夫問題，而只重先「明道」、「明理」、「先立乎其大者」，亦不同其論。關於此諸點，下文將再分別討論。故陽明之學顯然與朱子之關係密，與象山之關係疏，陽明仍謂於朱子之學有「罔極之恩」（全書卷二十一與徐成之書。此「罔極之恩」，原指昊天與父母之恩。卽見陽明原自承認其學之原自朱子。至於陽明之學所歸宗，如「心卽理」、「學貴自反諸心」等，雖近象山，但陽明亦言象山之學「有粗處」（傳習錄下），並謂其學與象山有同，亦有異（陽明全書卷六答友人問）。陽明固謂象山之學能接孟子之傳，但在陽明並不以孟子之學爲至極。陽明最推尊者，乃是顏子。故嘗謂「顏子歿而聖學亡」（陽明全書卷七別湛甘泉序）。傳習錄上亦載陽明謂「見聖道之全者，唯顏子」。象山最推尊者，乃仲弓、曾子、子思，與孟子，故視顏子只爲傳夫子之事業者（象山全集卷一與胡季隨）。但朱子則推尊顏子之「克己復禮」之內心工夫，不贊成象山之推尊仲弓過於顏子（朱子語類卷四十二）。陽明之推尊顏子，亦在其內心工夫。在此點上，陽明亦同於朱子，而不同於象山。陽明以象山爲能傳孟子之學，而不以之爲能傳其所推尊顏子之學，亦卽見其對象山之學，並不以爲至極。陽明對朱子之學，雖顯然有異，但陽明亦時欲將其學與朱子之學融通，故有朱子晚年定論之著。其與徐成之書，（陽明全書卷二十一）又爲朱子之學辯誣，謂朱子之學未嘗不尊德性，亦未嘗支離。陽明顯然無必揚陸抑朱之意，卻明有融通朱子之學與其學爲一之願望。故今只將陽明與象山併稱爲陸王，而忽其與朱子之學之關係，實不合陽明之本意。我們今欲如實了解陽明之學，正當自其與朱子之學之關係，其如何出於朱，而歸宗近陸處去了解，才能接上陽明之學之本意之所在。

二

陽明之學與朱子之學之密切關係，首應由陽明之論格物致知，如何由朱子之論轉來處看。對格物致知，象山亦偶然述及，但非其所重，朱子則承伊川而極重格物窮理以致其知之意，故對大學，有格物致知之補傳之作。陽明之嘗依朱子格物窮理之教，面對竹子，而格之以致病，固非善學朱子者。朱子言格物，乃是「或考之于事爲之者，或察之于念慮之微，或求之于文字之中，或索之于講論之際」（朱子全書卷九），並非只「存心于一草木器用之間，忽然懸悟」（朱子大全卷三十九答陳齊仲）。此卽非只面對竹子而格之之事。但陽明後來之反對朱子格物窮理，以爲是求理于外，則依于一眞知灼見。因儒學所重之理，乃人之所以爲人之當然之理，非外物之實然與所以然之理。人之爲人之當然之理，如孝悌之理，自當先在人自心中見得，此乃人心中之理。此在朱子，亦不能否認。在朱子之意，是此孝悌之當然之理，亦要對父兄等物而顯出，故要人卽父兄之物，而見得此孝悌之理，並細考究父兄等物之實際情形之如何，以細考究此孝悌之理，如何表現于孝悌之行事之中。故以卽物窮理爲格物。此亦原爲可說。但此心中之孝悌之理，雖對父兄等物，而表現于行事，此孝悌之理，卻只可說存于人之心，而不能說存于父兄之物之上。又此理要表現於對父兄之行事，則此行事中，卽包涵了父兄之物。故我們所當注重者，乃在此理之屬於心，與此心之實踐此理之「行事」，此行事亦屬於心者。由此而陽明卽謂天下無心外之事，亦無心外之物，而只是致吾人心中所知之理或良知於事事物物。此卽陽明由朱子之格物致知論轉出之一新格物致知之論也。

此陽明之論與朱子之論之不同，初看只是對「物」一字之定義之不同。在朱子之物之定義，父兄是物，孝父敬兄之事是事。在陽明則以事卽是物，似只是轉變了一定義。但此定義之轉變，卻由於一更深之思想。卽人原不能離事以言物。我們通常所謂物，只是一客觀的存在對象。如父兄及任何人物，皆各是一客觀存在對象。但人對任何客觀存在對象，皆恒有一「應之」之行事或活動。如以「見」之活動行事對「色」，以「聽」之行事活動對「聲」，以「嗅」之行事活動對「香臭」。一切天地萬物，凡爲人之所「感」者，人皆對之有一行事活動，爲其「應」。此人之由感一般所謂客觀的存在對象之物，而有之「應」的行事活動，乃對所感而應之，亦包括此「所感之物」於此「應之之行事或活動」之中。故我們可說一切所感之天地萬物，皆包涵在此人對之之行事活動之中。此不必是西方哲學中之認識論的唯心論。此只是說人所感之任何天地萬物，皆在人對之之某一種行事活動之中。透過人之行事活動，去看此所感之天地萬物，此行事活動不離我們之心，則天地萬物，亦皆依其爲此心之所感應，而亦不離我們之心。故陽明曰「心外無事」，「心外無物」；並以「事」爲「格物」之「物」，而爲人所當格者也。

此陽明之格物之說，以我們自己對一般所謂客觀之物之行事活動，爲其所格。此「格」之義，陽明訓爲「正」，卽使我們對一般所謂客觀之物之行事活動，成爲「正當」，或正其不正，以歸於正，便是格物。不正卽惡，正卽善。正其不正以歸於正，卽爲善去惡。故陽明四句敎，又以「爲善去惡是格物」。我們對一般所謂客觀之物之行事活動，始於我們有某一意念。意念是一內心中之行事活動，其表現於身體之動作，卽爲一般所謂外表之行事活動。內心之行事活動不正，意念不正，外表之行事活動必不正。故格物始於正意念，故陽明又有格物，卽意使意念之不正者歸於正，或「正念頭」之說也。

陽明以正其不正歸於正之爲善去惡，爲格物，但人之所以能正其不正歸於正，乃由於人之原知不正是不正，知惡是惡，而惡之；亦知正是正，知善是善，而好之。此知正不正，知善知惡，而能好善惡惡，以正其不正者，卽人之良知。唯人有良知，以知善知惡，好善惡惡，以正其不正，然後人能格物而使物格。人必致此良知，乃能格物使物格。故格物之功，卽是致良知之功。陽明之標出此致良知之功，以統朱子之格物致知之功，卽陽明學之進於朱子者。但此陽明之所以有此進於朱子之處，唯在將朱子所謂客觀存在之「物」，納於吾人之「感」之之後之「應」之「行事活動」之中，而以事爲格物中之物。此只是由朱子之義轉進而成。而陽明之致良知之說，與朱子格物致知之說，亦只有此一毫釐之別而已。

依朱子之致知之說，人之心知亦原能知種種當然之理，如孝悌之類。此理卽心之性，亦原在人之心中。但朱子以人之心，只是一虛靈明覺。此虛靈明覺中，包涵一切當然之性理，此性卽天理，而人之心卻只是氣之靈，不必能實現或呈現此天理。此天理如呈現實現於人之心，則其心爲道心；如不呈現實現，便只爲一般之人心。則「心」與「性理」或「天理」，有不同之意義。又在朱子，以爲人在呈現其心中之性理或天理時，其初只是知得一當然之理。此知中是無好惡之情意的。人知其性理中之仁義而起之好仁惡不仁，好義惡不義等情意，是「知性理」後之下一步的事。此中之下一步之修養工夫，卽朱子所謂誠意中好善惡惡之工夫。但在陽明，則以人心與其中之天理是俱時呈現的，故心之虛靈明覺與其中之天理，在存在上是一，而非二。如心是氣之靈，此氣之靈與其中之理，在存在上亦是一而非二。故朱子之以理氣爲二者，在陽明亦不以之爲二。但此理氣之論，非陽明之所重。陽明之學，要在說心之虛靈明覺與天理是一，故人之知一當然之天理，亦皆在此心對一般所謂人物之行事活動中，去知得。如在此心事父之活動行事中，知孝爲當然之理；在此心事兄之活動中，知敬爲當然之理；在此心對一切人之愛敬之行事活動中，知仁禮爲當然之天理等。於此，人知當然之天理爲如何時，卽同時知依此天理，以判斷我們之行事活動之正不正、或善惡等；乃於合天理而正者、善者，卽「是之」，於不合天理而出於人欲之不正者、惡者，卽「非之」。此「是之」卽「好之」，此「非之」卽「惡之」。故曰「是非只是個好惡」。此好惡卽知中之一行。此卽陽明之所以言知行合一之核心義所在。故我們之知當然之天理，以判斷正不正或善惡，必同時連於我們之是非好惡。此是非好惡是情，亦是意，故知天理之良知，同時是涵情意的。人在本其知天理之良知，以致其知，同時有一好善惡惡是是非非之情意。此情意之貫徹，卽是意誠。故致良知之工夫，卽誠意之工夫，非在致良知之後更有一誠意之工夫，亦非如朱子之謂致知而知當然之理之後，更有一誠意之工夫。再依陽明之說，人之意果誠了，則發此意之心亦正了。故在致良知以誠意之工夫外，亦另無正心之工夫。此亦不同於朱子之在致知誠意之後，更有正心之工夫，以使心之好樂恐懼等，得其正者。然而此陽明之以致良知之工夫，統括格物、誠意、正心之工夫，所成之「簡易直截」之教，卻皆是由朱子之言心之另具性理，亦原能依其所知之性理而好善惡惡，以自誠其意，自正其心之說所轉成。不過於朱子所加以次第論列者，皆加以貫攝而說，以「打併歸一」而已。

三

陽明之論良知，有連着大學之格物、致知、誠意、正心、修身之說而論者，亦有連着中庸之已發、未發、愼獨之說而論者。但皆可說由朱子之說轉進而成。朱子對已發、未發、愼獨之說，亦連於其論存養、省察之工夫論，與心之體用、動靜等問題。陽明亦然。依朱子之意，性理是心所包涵，當其未呈現實現於現有之知情意之活動行事中，只存於心之自體之中，卽爲未發。而此性理，亦可稱爲性體。當此性理表現於現有之知情意之中時，卽爲已發，亦卽此性「體」之呈「用」於此知此情此意之中。性體是主宰，其呈用是流行。體未呈用，爲靜；其呈用，爲動。而當人在無特定之行事活動或不睹不聞時，此性體在心中，而未呈一定之用；人在內心中之修養工夫，只是存養得此心之虛靈明覺，使之不昏昧。此存養之工夫之本，卽心之未發時之居敬之工夫。亦卽大學中之正心之工夫之本。至於人在有特定行事活動，如由意念之發至情之動，至身體之動時，則人當本其心由格物致知所知之理，以省察其行事活動之善惡、正不正、是非、而自知戒愼恐懼，自加以克治之功。此卽相當於大學中之誠意之工夫，與使其好樂恐懼等得正之正心之工夫，以使此敬之功行於已發者。此中之心性有體用之分，已發未發之分，動靜之分，修養工夫亦有居敬存養、省察克治之分，皆不可加以混濫。朱子於此所論，乃朱子之學之核心所在，皆非苟說。故陽明亦謂「朱子未發之說，亦非苟矣。」（傳習錄中答陸原靜書）但陽明以爲心之未發，不離其已發，「心之本體，卽天理也，天理之昭明靈覺，卽良知也」。故良知卽心之本體。此本體中有「天理」，亦有昭明靈覺。此昭明靈覺之心體，乃一活動的心，卽有作用的心，是體同時是用。是用，卽是恒活動的。但自其動之恒依天理而動言，又是恒合於此天理，安靜於此天理，故又是恒靜的。合而言之，則良知之體卽在其用中，用亦在體中，恒動亦恒靜，恒靜亦恒動，動是已發，靜是未發。合而言之，則良知常發亦常未發，常未發亦常發。其已發在未發中，未發亦在已發中。由此以言修養工夫，則不須如朱子之分爲未發至靜時之存養工夫，與已發而動時之省察克治工夫之二者相對而說。此中，人只須一致良知之工夫，以貫澈於心之已發與未發、動與靜之中。此良知原是能知善知惡，而好善惡惡的。故當善惡意念起來而已發時，良知卽能知之，好其善、惡其不善，更爲善去惡。此卽良知中省察克治之功。當善惡之意念未起時，則良知之昭靈明覺，亦自知妨其惡念之起。此良知之自妨之作用，卽爲中庸所謂「戒愼恐懼」。此一戒愼恐懼之作用，由良知之體發出，而良知之體，亦卽在此戒愼恐懼之作用中，呈現實現，而自存自在於其中。人只須致良知，識得此良知之體常在，此作用亦自不已不息其自存自在。此卽是意念未起未發時之良知之自存自養之工夫。於朱子之已發之省察克治、與未發之存養，在陽明只以一致良知之工夫，加以貫澈。故說「省察是有事時存養，存養是無事時省察」。陽明於上文所引之「朱子未發之說，亦非苟矣」之下文，更說：「獨其所謂自戒懼而約之，以至於至靜之中；自謹獨而精之，以至於應物之處，……亦若過於剖析，……不知常存戒愼恐懼之心，則其工夫未始有一息之間，非必自不睹不聞而敎養也。」在朱子意，在心之未發而不睹不聞之至靜之中，別有一存養居敬工夫，與「由謹獨而至應物時之動中之省察克治之工夫」相對。但在陽明，則以爲此戒愼恐懼之工夫，卽通貫於未發已發。故不須如朱子之剖析而說。而致良知之工夫，卽可包涵朱子之存養居敬、省察克治等，靜中或動中、未發或已發之工夫於其中。良知或心之本體，乃卽體卽用，恒動恒靜，亦可說其恒寂恒感，卽主宰卽流行。良知之戒愼恐懼，自其爲良知之不息不已；時時能知善知惡，而又好善惡惡，去惡而惡無，有善而不自以爲善，則亦無善無惡。良知時時知是知非，時時是是非非。非非而無非，是是而不自以爲是，卽無是無非。故此良知恒寂恒感，卽主宰卽流行之事，至眞實而亦至虛靈，至有而亦至無，驚天動地而亦寂天寞地。由此以觀良知，卽「是活潑潑地，此是天機不息處」（傳習錄下），其中卽亦有洒落自得之樂，存乎其中。凡此等等，陽明所言者具在，今不一一說。然要皆本於其通貫心之體用、動靜、已發、未發爲一之論。而此論，則不外由將朱子之分體用、動靜、未發、已發爲二之論，更由其相涵，以見其可通貫而成。故皆可謂由朱子之學轉進一步，以發展而出者也。

四

由上所論，可見陽明之學與朱子之學之密切關係，及陽明之學由朱子之學發展而出之處。朱子之格物致知之論，乃所以補大學；其未發已發、存養居敬、省察、愼獨戒懼之論，皆所以發明中庸，亦所以發明大學之正心誠意之旨者。朱子編四書以大學爲首，中庸爲終。大學是大綱領，中庸更及於精微。王陽明言致良知，此良知之名雖出自孟子，但陽明要在以良知之名，解釋大學所謂「致知」之知，並以良知卽獨知，卽中庸之愼獨之「獨」。陽明之書亦重在發明大學與中庸之心學。陽明之良知，卽顏子之「有不善未嘗不知，知之未嘗復行也」（易傳語）之「知」。此顏子之知不善，卽不復行，正是陽明之卽知卽行之知。故陽明最推尊顏子。而對於孟子，則陽明並不如何推尊。陽明對孟子所言之性善，亦有微辭。此顯然與陸象山之學只接孟子之傳者不同。陸象山之學，重先立乎其大者，自立自信，自作主宰，直下以萬物皆備於我，見得「宇宙內事，卽己分內事，己分內事卽宇宙內事，宇宙卽吾心，吾心卽宇宙」，而明於此道之「充塞宇宙」，以有一「居廣居，立正位，行大道」之志願。此自是一尊德性而致廣大極高明之學。但對於學者如何在心地上作反省等工夫，則象山並未多所論及。象山嘗謂：「古書有明理之言，有敎人用工之言。如中庸首章惟戒謹不睹、恐懼不聞、及謹其獨，是用工處，次章唯致中和，是用工處。他辭皆明理之言。」（象山全集卷十二與黃循中）又謂：「學者必已聞道，……然後能戒謹不睹，恐懼不聞。」（象山全集卷十三與郭邦逸）在象山之意，學者重在先明道，中庸亦主要是明理之書，用工是明道後之事，在中庸之書亦只有少部份。明道明理，要在知此「道遍滿天下，無些小空闕」，「充塞宇宙，無非此理」（全集三十五語錄）。故明此道此理，在象山卽是一根本工夫。至於由明此道此理，而反之於心上自戒愼恐懼之工夫，在象山卽爲第二義以下之事，非其所重。故他之不滿朱子，亦是說「朱元晦泰山喬嶽，可惜學不見道，枉費精神，遂自躭擱」（全集卷三十四語錄）。然在朱子，則以爲要明理明道，應先「卽凡天下之物，莫不依其所知之理，而益窮之」，以致知格物，如只籠統說「道遍滿天下」、「理充塞宇宙」，在朱子看，只是大話。至於知得道理後，在朱子意，便要以依道理，以誠意正心，在戒愼恐懼、愼獨、存養、居敬、省察等切實用工夫。有無此等工夫，正是人之是否能爲賢爲聖之關鍵。不能如象山之只視爲第二義以下之事。中庸中言用工之言固少，大學中，亦不多。但朱子承程子之敎，卻用盡平生之力，去發明此類之言。朱子臨終時，尚在枕上改大學之誠意章注。故朱子之重此內心中之工夫，與象山只重明此道此理之充塞宇宙，其學問路數不同。而陽明之由朱子之格物窮理之論，轉出其致良知之論，要致良知於事事物物，其須一事一事的致良知，亦正同朱子之敎人一物一物的格而致其知。卻不同象山之只重「先立乎其大」見得「宇宙卽吾心，吾心卽宇宙」之一大道理。象山之學，是直下要上達。朱子則要人卽凡天下之物，一一致其知，窮其理，此是由下學而上達。而陽明之致良知於事事物物，此亦是由下學而上達。故陽明亦說「上達只在下學裏」（傳習錄上）。此卽見陽明爲學之路向，正與朱子有相同處，而異於象山者。由此而陽明之論正心誠意、已發未發、戒愼恐懼之內心工夫，亦同由朱子之思想路向中轉出。而陽明之重視此等內心之工夫，固明不同於象山之只以之爲第二義以下之事者也。

但陽明之學，雖由朱子思想路向中轉出，而不同於象山只重明此道此理之大，但陽明之以事爲物，以我們之行事活動包涵一般所謂客觀之物，此行事活動，不離吾人之心，故謂無心外之事，亦無心外之物，亦無心外之仁義道德之理，並以此理與心之虛靈明覺，俱呈俱現，合爲一心之良知之本體。此本體乃同時具有知善知惡，好善惡惡之知情意之用，而心與理合一者。則陽明之說還契合於陸象山之「吾心卽宇宙」與「心卽理」之說。故我們可說陽明之學是出於朱子，而其歸宗則近於陸。如自陽明學之歸宗近於陸處說，則謂陸王爲一脈，自亦未嘗不可。但自陽明之學之所論之問題看，則明由朱子之學中出來，不由象山之學而來。由他們對先秦儒學之傳承上看，則象山是孟子學，朱子陽明，都是以大學中庸爲主之學。象山之學自是廣大高明，但尙未及於精微中庸。朱子陽明則皆能極精微，亦更切於庸言庸行。故我們今可以說，如學者能先有契於陸象山之學，以樹立志願，再至朱子之細密分析之論，更看陽明之如何將朱子分爲心與理、未發與已發、體與用、動與靜、內與外等相對而說者，在陽明如何再通之爲一以說，以合於象山之「心與理一」、「內心與外之宇宙合一」之論；則我們對此三賢之學，可視如一三角形，相資相發，同在一條大路上之處。亦不必以爲勢同水火。今依此以看陽明學之地位，自其出於朱而歸宗近於陸處看，便應視陽明爲朱陸之學之一綜合通貫。不可只與陸子並稱爲陸王，亦可與朱子並稱爲朱王。

附註：本文乃根據拙文「陽明學與朱陸異同重辯」（香港新亞學報第八卷第二期第九卷第一期）改寫而成。該文共十二萬言。今略其細微之辨析，與文句之徵引，約其大旨，並加若干新意，寫成此文。讀者如欲知鄙意之全，仍宜參考此見於拙著新亞學報之文，及「中國哲學原論原性篇」論朱陸陽明之學之數章。

（一九七二年二月・中華學術院「陽明學論文集」）

略談中國思想中之自然觀

——參加一九七四年東京「世界文化交流會」第二次會議論文

一、西方思想中之 nature 之三種意義

西方思想中之 Nature 一字一般譯爲自然，但亦可譯爲性。本文乃是對照西方思想中之 Nature 觀念，以說明中國思想中之「自然」與「性」之主要意義，及其與「文化」之關係。在西方思想中，所謂 Nature，初乃與「經人之技巧而造成 artificial 之物」相對者。亞里士多德謂 Ionian 之思想家之問題爲「何謂自然」(註一)，即問：未經人手而自然存在之物如何構成之問題。後之斯多噶派哲學教人依人之自然理性所知之自然律而生活，即教人不只依人造的器物或風俗習慣而生活。近代之盧梭，亦沿此義，而以順自然之生活與文明之生活相對。故西方思想中之 Nature 之第一義，即爲與人造事物相對，而指一切非人造之事物者。

西方之希臘思想，發展至中古，而有超自然 (super nature) 與自然 (Nature) 之相對。此乃

本於希伯來之上帝創造自然的天地萬物之思想，而以上帝與上帝之性質，及其啓示等，爲超自然。由此超自然，卽自然之天地萬物等之所自生，故多瑪斯曾以此上帝爲「自然之能生」（Naturans），與「自然之所生」之自然物（naturata）相對（註二）。但在近代西方思想中，如在斯賓諾薩思想中，則自然之能生，與自然之所生，同屬於自然。遂以自然卽上帝。此是另一說。在多瑪斯之意，乃以 Naturans 爲 Super-natural，而以 naturata 爲 natural。以 natural 與 Super-natural 相對，是爲中古之神學、哲學上一般共許的分別。而依此以言反 natural 之義，是卽「非 Super-natural」之義。

在近代西方思想中，一般不重自然與超自然之相對，而以自然指人之感覺知覺所對之宇宙事物，以與人之內心的自覺所對之精神事物相對。此卽或爲康德之以人之自律的理性，與人之自然的感性相對；或如黑格爾之以自然爲絕對理性之外在化，而唯經由人之精神，乃得內在化，以見其爲絕對理性之外在化的表現者……。而在西方近代所謂自然科學，亦卽專指研究人以外之天文、地質、礦物、植物、動物，或將人類化爲自然物之一種，而加以研究之科學。又一般所謂自然主義之哲學，亦卽指將人之理性、精神等，皆溯源於自然之進化，視爲依賴自然物而存在之哲學。故在此近代之西方思想中，更有外在之自然與內在之精神心靈之相對，而一般所謂自然之義，則有非內在的精神、非內在的心靈之義。

此西方思想中，有關自然物與人造物、自然與超自然、自然與精神之互相分別、對峙與矛盾所成之緊張關係，爲西方思想之一內在動力性之原，亦由之而形成西方思想之複雜與豐富，此非本文所能盡論。本文所欲論者，乃藉此西方思想中之有此自然物與人造物、超自然及精神之分別爲背景，以略述傳統之中國思想中之自然之諸觀念。此諸觀念，乃由西方之自然觀念之輸入中國後，而或爲今之中國人所遺忘者。

二、中國之「自然」與「性」之字原的意義

在此我所要說的，可先由我在本文初所說之西方之nature之一字，在中國文字中，可譯爲「性」及「自然」去看。從字源上說，西方之自然有「能生長」之義，而中國之性字，即從生。自然之「然」字，則說文謂燃燒也。燒，即火之生發之意。此性與然，西方之 Nature 一名之原義，明有彼此相近處。更細講「性」與「然」二字之構造，則「然」字篆文爲然，或謂此乃表火上燒肉，而犬在其旁欲食其肉，由上而然，有然悅、贊成、肯可之意。而然遂爲「然諾」之「然」，「以爲是、以爲然」之「然」，「然、否」之「然」。則此然之意義，即連於人之主觀上之然悅之情感、然否之判斷，屬于人之事。此便與nature之一字，在希臘思想之意義，初指人外之自然物之事者，大不相同。至於性之一字篆文爲性，即從心兼從生，「生」初表草木自土地中長出之義，亦即由潛伏至顯現之

義。性之一字，在周初金文中，即寫作生。因此生字有由潛伏自顯現之義，即有潛能至現實之義，亦有今所謂「性」之義。然此生字，後更加上心字，以表人之性。更以此表人之性之性字，表自然萬物之性。由此而在人說到自然萬物之性時，即亦涵具其有「一意義之心」之義。此即與近代西方思想中，所謂自然（nature）指物質的自然、生物的自然之性時，初不具心之意義者，又大不相同。又就自然之自之原義說，則自然即是「由自而然，非由他而然」。此名蓋初見道家之老子所謂「莫之命而常自然」「道法自然」之語。以「莫之命」爲自然，即是說「不由他命而然，由自己而然爲自然」。其所謂「道法自然」，亦即具有「道之爲天地萬物所自始，而道之自身則不由他命而然，只有其自己而然」之義。自己而然，即由自己而生，故自然即自生，亦即能生。於是在此自然義中，即更不容許另有超自然而能生此自然者。以「自然」，即是「自生」、「能生」故。由此而不能以此自然，只是一超自然之上帝之所創造所生。此即又與西方中古思想之視自然爲超自然之所創造所生之思想，大不相同。

以上乃從中國之「自然」「性」之字原之意義，以指出其與西方思想中所謂自然之義之異同之處。今如我們要更沿之以進一步，從中國歷代思想中之有關自然與性之思想去講其與西方思想對nature之異同，則自更大爲複雜，今只舉出數點略說。

三、道家之順自然之思想

由中國古代缺乏專以研究人外之自然之性質之希臘之早期之自然哲學，故中國古代之自然主義之哲學——如老莊所代表者，其所謂自然或順自然而生活，亦非以服從一定的客觀普遍的自然律來加以規定，而是以「順各個自然物自己之所然悅，順各個人自己之性之所然悅」，來加以規定。老子所謂「輔萬物之自然」，莊子「應帝王」所謂「順萬物之自然而無容私焉」，皆卽順萬物之自己之所然悅，以爲人之生活之道。

至於人之順其自己之生活之所眞正然悅者而生活，則爲人之自適其性之事。此自適其性，卽順自己之自然。後來魏晉時人受道家思想影響，以自然與名教相對，而所謂自然，亦大皆是自適其性之意。將此自己然悅與自適其性之義結合，以觀吾人今所謂純客觀外在之自然界中之物，則此自然界中之物之一切變化活動，亦皆是在順其所然悅者，以自適其性。此卽形成中國文學藝術中之自然觀。在中國文學藝術中之自然觀，乃以一切草木鳥獸，山川雲水皆有其生意、生幾；其活動變化，皆所以自適其性，而悠然自得。此正由中國之所謂自然，原非只爲「於人外自己存在」之存在意義，而具有「自順其所然悅，以自適其性」之價值意義而來。

四、自然自生、與超自然與自然之合一

由中國之「自然」一名之義，具由自己而然、自生能生之義，故中國思想中眞正之自然，卽不能

更說是上帝或造物主之所生所造。在中國哲學思想中說，「自然」是由自然而生，「使然」是待他而然。「自然」之名與「使然」之名相對。在漢代之董仲舒，嘗以之物之自然，皆有其使然者。而董仲舒之天，爲一人格神，似西方之宗教中之造物主。則亦可說：現見之自然物，皆造物主使之然。但在主自然之說者，如魏晉之王弼、郭象、向秀等，則謂人若追溯尋責一切物之所由造成之因，「至乎其極」，必歸於「無故而自爾」，「無待而自然」。如追溯至造物主，此造物主之造物，不待於他，即唯待於自，正是自造、自爾，而自然。但如造物主能自造、自爾，而自然，何不說一切物皆能自造、自爾，而自然？由此而成其「造物者無主，而物各自造」而各各自爾自然之論（註三）。

此魏晉之自然主義之說，說一切物皆自生自然，乃就其生其然之空前絕後，而如是如是然說。就任何物之空前絕後，而如是如是然說，則無他物能使之然，因一切他物皆非如是如是然故。在後來由印度傳入之佛家思想中，對法界之一切法，有「法法不相知，法法不相到」，而皆「法爾如是」之說。此「法爾如是」，亦卽卽法之自是其所是，自然其所然。於此若說有上帝之一法，則上帝亦須自是其所是，自然其所然，乃能成爲上帝。由此而此自然之義，卽爲上帝所不能外，亦一切超自然者所不能外。超自然者若要自是超自然，亦卽自是其所是，自然其所然，而亦卽在自然之內故。

五、超自然卽由自然之自己超越而見，及其內在于人性

在西方思想中有超自然主義與自然主義之哲學爭辯。在中古時期，超自然主義者之主要理由，是人物之性，卽潛伏於人物之本質 Essense。然此潛伏之本質，必須有一其外之現實存在之創造活動，加以實現。無窮盡萬物之性之次第實現，卽必須待於一具無窮之創造活動之一完全之現實存在爲最後之原因。此卽上帝。然在自然主義者則直下由所經驗之自然物之爲一現實之存在，此現實之存在，卽以其前之現實的存在爲其原因；而上帝則非現實存在於人心者，以否定此超自然主義。今吾人無意於參加此中之辯論。然吾人可由中國思想中所謂性之一名之意義，以說其何以不產生此一問題之故。因前文已說性字從生，此生乃表草木之根在土而出於土上，卽兼土中之「潛伏」與土上之「顯現」之二義。而生之所以爲生，卽爲一由潛伏至顯現之創造活動。性從生從心，卽指人之心靈之創造活動。此創造活動，自始卽爲一不斷超越其自己，以次第顯現人之本質 Essense 之現實的創造活動。則今以此創造活動爲人之性之自然，卽同之謂人之性之自然爲同時超越其自己而超自然者。今如另有超自然者，亦必須爲內在於此人性之自然中之超自然。此蓋卽中國思想中，無西方式之自然主義與超自然主義之對峙之故。

六、儒家對「自然」「人性」與「文化」三者通貫觀

在希臘與近代之西方思想中，皆以「自然」與「人造物、人文明」爲對反之物。在近代思想中之

唯心主義者，則多以人之歷史文化，純爲人之精神之創造；然自然主義，又以人之歷史文化，乃所以延續完成自然界之生物之進化。此二說卽相對立。在中國思想中，亦有先秦之道家之與天地精神相往來之放乎自然之生活，與儒家之尚人文之禮樂之生活之相對之說，及魏晉時人之尚自然與尚名敎之生活之相對之說。但吾人可說，在儒家之禮記諸篇中，已以天地與人性之觀點，論人文之禮樂之意義，而經宋明儒之發揮，則在中國思想中已可謂更無自然人性與人文禮樂之對立。卽亦無歷史文化純屬精神之唯心主義，及以歷史文化只爲完成自然界生物之進化之二說之對立。此中之義，可以簡單說明如下：

（一）對於人性自然與文化關係，吾人可說，此文化乃由內在之人性與外在之自然，二者互相感通而生。內在之人性卽內在之自然，而外在之自然界之人物，亦自有其性。則亦可說此文化由人之「內在之自然」、與「外在之自然」互相感通而生，或由「內在之人性」與「外在之人物之性」互相感通而生。此感通或爲人對其他人物自然之理解或欣賞，或贊美、或崇敬，或同情，由此而有科學、哲學、藝術、宗敎或道德感情等，或爲人對其他人物之利用、改造、組織、扶助，由此而有人之對自然物之技術、人類政治、經濟、社會之形成，及道德實踐等。在前一種情形下，人之理解欣賞等性之表現，乃先表現爲人對其他人物之存在之開朗，而加以涵攝承受。此爲人對其他存在之表現坤道。在後一種情形下，人之利用、改造等性之表現，乃表現爲人對其他人物存在狀態，加以變化、生發、開拓。此爲人之對其他存在表現乾道。在人表坤道時，則似以其他人物之自然爲主，而人爲賓。然由此人之坤道，而人得將其他人物之自然，初爲外在者，加以內在化，則人又爲主，而自然爲賓。在人表現乾道時，則人爲主，而其他人物之自然爲賓。然人之利用、改造其他人物之自然，亦必先順其他人物之自然之性，而後可能。人於此亦除實現其他人物原有之自然之性之外，更不能有所增。則人之所爲，只是輔助此其他人物之實現其性。則又是以此其他人物自然爲主，而人爲賓。今依此人之表現乾坤之道，及人與其他人物自然之互爲主賓之事，以看人之文化之形成，則此文化唯是人與其他人物之自然之性，平等的內外互相感通之結果；而不可只以人之文化偏屬人之精神，亦不可以人之文化，只爲完成自然之進化者。吾人當說：此人之文化，乃完成人之內在的自然之性與其他外在的人物之自然之性之互相感通，以使此中之內在者外在化，而表現於外在之自然之前，並使此中之外在者內在化，而涵攝於內在之人性之中者。

(二)由此文化乃內外之自然之性，互相感通之結果，則吾人可說，文化乃由此內外之自然之性之實現，而有之表現。除此自然之性之實現表現以外，更無文化。而一切文化，只爲此內外之自然之性之流行，亦內在於此流行之中。此卽中庸言「天命之謂性，率性之謂道，修道之謂敎」，以「道」「敎」之文化，皆性之德之旨也。

(三)然在另一面說，則謂文化爲內外之自然之性之互相感通之結果，卽同於謂在內外之自然之性中，初無文化，而文化乃超越於自然之性之上者。由此而吾人亦未嘗不可說，一切人之文化活動，皆由天而降，自無中創出；而能創生之者，非原初之內外之自然之性，而爲一超此自然之神靈。如希臘神話之以人之文藝之原自文藝之神，希伯來宗教中以人之律法，由神所建立，此亦皆爲人尅就人之文化之初，非內外之自然之性中所有，而思其何以自無而有時，不能免之思想。今如將上引之中庸言「天命之謂性，率性之謂道、修道之謂敎」，倒轉而觀，則「道」「敎」皆性之德，而性之德原於天命，則亦可說「道」、「敎」之文化皆原於「天命」也。

（四）自文化爲內外之自然之性，由互相貫通而實現表現說，則如文化被人視爲有價値、爲善，此自然之性便爲價價之原，亦爲有價値，而爲善。人在自求順此自然之性時，以「順」爲善，亦必以此自然之性爲善，更以以此自然之性之表現、實現於文化，爲善。則據自然之性以否定文化之價値者，與據文化之價値以否定自然之性價値者，均非吾人所當取。

（五）但自然之性有多方面，其實現表現於文化活動，亦有多方面。當自然之性之一方面，無節限的表現爲一方面之文化活動時，則足使自然之性之他方面阻塞，而不得其表現與實現爲文化活動，而此阻塞卽爲不善。又當人之自然之性之某一方面，正求表現實現時，其所遇之外在之人物之性之表現與實現，亦可與之互不相配合，而或互相衝突。此亦足致此人之自然之性，與外在之人物之性之互相阻塞，而有不善。此不善，亦爲自然有者。然人在知有此不善時，同時人更知去此不善之爲當然。

於此即更有一自然與當然之對反。但人之知去此不善，以去此不善爲當然，亦出於人之心靈之求此去不善之性，而此性則又爲人所自有。人自有此一然悅善，而不然悅不善之性。此又正是高一層次之自然之性也。

（六）由人之有高一層次之知然悅善，而去不善之自然之性，故人對其一般之自然之性之表現，實現於文化而有之種種阻塞，而有之種種不善，即知求加以化除，而以求此人之自然之性與其文化之合爲一太和，爲實現其高一層次自然之性之理想目標之所在。此一理想目標，則由於「人之一般自然之性，總可有向一方面作無節限的表現之可能，及人之自然之性之表現，與所遇之其他人物之自然之性之表現，亦非必然的互相配合，不免有衝突之情形」，而永不能完全實現。然此理想目標之永不能完全實現，正其永遠被人所任持之理由所在，而依於人之有此高一層次之人性。人亦永能形成此一理想目標，以表現此人性也。

註一：自然之觀念 Idea of nature p. 29

註二：愛德華哲學百科全書（Paul Edward Encyclopedia of Philosophy）卷五頁四五五，奧古斯丁嘗謂：不變之自然，即造物主（Epistolae 18. Sec. 2）。但多瑪斯于神學集成（Ⅱa-Ⅱae 85. 6）更分能生自然與所生自然。

註三：拙著中國哲學原論卷二p. 928-p. 930。

略談先秦兩漢思想的中心問題(註)

先 秦

比較中西各時代的中心問題，我們可以發現其間有許多類似處。希臘哲學開始是問「何爲實在?」(What is Reality?)，而後才有「何爲善?」(What is good?)的問題。蘇格拉底開始注意德的問題，更兼重知，而言德知合一；孔子注重的也是德的問題。柏拉圖喜談人性，將人性分爲低層的(情欲之性)及高層的(理性)，更主張應以高層的人性去主宰低層的人性；孟子談人性，亦有大體(心)、小體(情欲)之分；且同樣主張以心主宰情欲。亞里斯多德與荀子的學問界域牽涉均廣，亞里斯多德對各門學問均有論著，荀子亦重人文統類之學；二者對純理論的問題同樣富有興趣而有所探討。墨子重平等、言兼愛，乃由注重羣體的立場來立論；斯多葛學派亦是由羣體社會的立場出發。楊朱、道家注重個體，就個人心靈之面對自然而立論，此與伊比鳩魯學派注重個人之面對自然亦甚類似。希臘思想的末期，有許多宗教性思想興起，如新柏拉圖主義；中國秦漢亦有許多宗教性思想出現，如纖緯、符命、災異等。西方的中世紀與中國隋唐皆是以宗教性的學問爲主。

在中西兩個哲學體系的發展過程中，雖有許多類似之處，但只是大體上的相似，其根本問題仍然不同，各有其獨特性。先秦思想的一貫特質，就是要求天下合一的思想。儒家言「平天下」、「保天下」，道家言「畜天下」、「均調天下」、「在宥天下」、「爲天下渾其心」，墨家言「利天下」、「形勢天下」，法家縱橫家言「呑天下」、「取天下」。各家思想中均表現出對此一「天下合一」理想的希望、嚮往，由是而有秦漢大一統的局面。希臘則除了斯多葛學派以外，沒有明顯的類似主張；他們要求的只是小國寡民形態的城邦政治，柏拉圖的理想國只是千人之國，亞里斯多德的理想亦不過萬人之國。這種理想要求的差別，實在源於中西歷史背景的不同。中國於夏商周皆屬統一的王朝，即使是春秋、戰國，亦是由統一的王朝分化而來，中央權力雖然不大，卻是當時代的中心；人們由合而分後，自然嚮往於再合一的理想，各家的嚮往是一樣的，只是達此理想的途徑有異罷了。中國秦漢之統一，是有其思想背景的，不同於馬其頓之統一希臘，純屬人爲，以武力強制而成功。除了斯多葛學派及耶穌外，西方亦一直缺乏天下一家的思想。希臘哲學最初於殖民地開始發展，殖民地的哲學家不負實際的政治責任，故於其仰觀俯察中，產生的是自然哲學，其中心問題是問宇宙自然的實在爲何？中國最早的哲學家則是負實際政治、社會的責任，就政治施爲的現實知識發而爲哲學的起源，他們師法的都是聖王、哲王，如周公、文王、禹、舜、堯、伏義等人。這些聖王、哲王，或是德性很高，或是負實際行政責任，或是後人將文物、器物之發明歸功於他們。此種聖王、哲王是中國哲學思想的起源，我們由以上幾點他們的特性中，可以看出這些聖王之所以爲聖王的理由中，卽包含一種哲學特質，顯示中國哲學自始卽在態度上與西方相異。西方哲學自始是非實用的，是重純理論的，重興趣的。

先秦學問乃次第生起，並非由王官之學一時分流而出；其派別的產生，必是先有一個共同的問題，而後由於對此一問題的解答不同，而有各派思想之異。一般常說先秦思想家的共同問題是政治的問題，諸家的目的均在尋求如何由亂而治、由分而合。這種說法固然不錯，但是政治問題並不是根本的，政治問題的根本是在文化問題上，是故「先秦根本的共同問題乃是如何對待周代之禮樂之文化問題」。

孔子嚮往古代先王之天下有道，欲回復重振文王、周公時之重德性、尙禮樂，痛恨當時權臣之破壞禮樂。禮主序，樂主和，由禮的次序定上下尊卑，由樂的和諧則可忘分殊，故禮樂可以修己可以治人。孟子則將禮樂的根源置於人性中，葬禮乃始於人之不忍其親屍骨暴於野，樂乃起於人自然之手舞之、足蹈之。孟子使儒家的禮樂主張有了人性的根據。墨子亦言仁義，但其仁義卻無人性的根據，而是出於法天。墨子以刻苦的生活修己；見人之不相愛卻相害，主以兼相愛、交相利治人。墨子與孔子皆重周代文化，只是取捨不同。墨子以爲禮樂之弊在奢，主張節喪、非樂。儒家以仁義爲最高德性，道家則言「道、德」，由此主張純樸；忘去彼此分別，則不必講禮；有天樂（與萬物音相調和）而不必言人間之樂。道家對古文化是抱著超越的態度。孟子對抗墨家而言眞仁眞義，荀子對抗道家而講禮樂。在禮記中，儒家更由天地來言禮樂，天高地卑即是禮之序，萬物的和同變化即是樂之和。中庸、易傳將儒家形上學的各方面發揮極致，指出人性的問題卽是天道的問題。孔子之言「四時行」，指的就是禮之次序，「萬物生」顯出樂之和諧，「天何言哉！」卽是形上學的心境。由於荀子以及禮記、中庸、易傳等書作者的努力，使得儒家扳回劣勢而超乎道家。法家興起，專就治天下而爲言，否定儒、道，認爲無用，謂其只有德性，別人不必遵從其言，人亦不必受其感化；必用權勢、賞罰之法，才能使人服從。在法家的控制下，人的禮樂文化生活被拋棄了，人的仁義行爲被否定了，道家超越的胸襟消失了，人變成了工具，或爲戰士、或爲工人，生活的情趣失去後，剩下的只是冷酷無情的生活。秦末起義的陳勝喜儒家，設孔子後代爲博士，收集魯國的古器文物。劉邦代表了不守禮法的精神，張良則近道家的思想，表現出自然的生命之不甘受約束。

綜上所述，先秦共同的問題根本在於對周代之禮樂文化問題，先秦各派亦是對此問題之解答不同而次第生起的。孔子重新肯定以前文化的價値，墨子亦然，只是取捨方面不同而已。道家則欲超越以前的文化；法家對古代文化則抱否定的態度。法家只重治人而不重修己，近功而不切義，對許多人類本身的問題不先解決，政治問題的表面解決也是不長遠的，秦之暴起暴落正可作爲法家的實例，陳勝、張良之抗秦亦正是儒、道反法家的象徵。

兩　漢

先秦諸子是次第產生的，派別之起乃由於各自對周文化所採取的態度不同。儒家承繼之，道家超越之，墨家採批評的態度，法家則取反對、否定的態度。這種由問題衍出派別的形態，在兩漢魏晉則不明顯。先秦有儒、道、法、墨等名稱，使一般人較易分別，兩漢則無此方便。

兩漢時，受秦代壓制的學問全部復起，在政治上則爲天下一統的局面。在漢代典章制度背後，可以看出有道家的精神，例如漢高祖的約法三章，卽表示尙法律之簡易，以及曹參於「蕭規曹隨」中表現的無爲精神。在外表的法律條文上雖仍衍秦法，但其精神則帶黃老意味。

西漢今文經學家盛，東漢則古文經學家盛。漢儒以古籍爲研究對象，從事章句訓詁之學，不同於先秦之對古經加以發揮引申自己的思想，此時的經書成爲敎本。以前的史書只是隨時記載時事，並非有意有計劃地欲作一部通古今之變的史書。有意的欲通古今之變的史書起自司馬遷的史記；漢書雖只是斷代史，但皆爲有計劃的成就一部書，漢代才是史學眞正的開始期。集部的書在以前的詩經、楚辭皆非一家之言，自漢後集部才爲一家之學，例如司馬相如卽是有計劃的成爲文學家，其目的在爲純粹的文章家。因此，漢代以後，經學、史學、文學才算正式的成立。

先從經學來看，漢的章句訓詁與淸的章句訓詁有何不同？淸代經學的特色是在章句、訓詁之外，又加上了考據，這是漢代經學所沒有的。漢代經學的特色則在於章句、訓詁中尤注重如何通經以致用。董仲舒以春秋治獄，漢人曾於黃巾賊前讀孝經欲以感動盜匪，韓詩外傳把詩經所言人倫情感用作道德教育，毛詩則以詩連王道而言。毛詩著重文學的教育意義，著重詩的道德意義、政治意義，至朱子才重詩的文學意義。漢人講易經而言占卜，顯其重實用的觀點。由其重君子、小人及上下之辨，可見其對易經乃取道德的理解。漢儒講書經，用伏生大傳，以二帝三王爲漢人政治的模範。東漢的白虎通亦是言禮之書。漢人亦最重春秋。由以上等等可見漢儒是用章句、訓詁的方式通經，而其目的則在致用。

實際上，漢儒多近乎「雜家」。漢初淮南子有道家精神，但仍言禮義，故屬綜合性的。其以道德爲首，仁義次之，禮樂又次之，殿以政治。董仲舒雖倡議獨尊儒家，但其以性情言陰陽，仍含有陰陽家思想。法家與天之陰道（政治、刑罰）相接。儒家則以天之陽道（道德、教育）爲本，董仲舒仍予法家一地位，但以儒家爲主，因天以春夏爲主，以陽爲本。在董仲舒的眼中，孔子不只是個儒家，而是承繼六藝的人，儒家尚不足稱孔子，儒家指的只是孔子的弟子。後來漢書藝文志中的諸子並不包含孔子，孔子的地位還在諸子之上。列孔子爲諸子乃由章太炎而起。漢書則以孔子爲聖人，六藝是一切學問的本源；有孔子傳六藝而後有諸子，故可謂孔子是諸子的起源處。漢書對孔子極尊重，但亦重綜合文化的思想，以合九流爲理想；對墨家則取其天志說，以天爲人格神，天是人的曾祖父；對道家則取其精神修養。揚雄是個綜合的思想家，王充亦然，賈誼兼有儒、道、法的思想。司馬遷推重孔子、董仲舒，但不見得卽是儒家，他於史記列傳中以伯夷爲首，於諸子中以老子爲首。其父司馬談亦重道家。司馬遷的思想中本卽有道、儒二面。班固漢書藝文志首言九流之說，而謂九流出於王官，其意指九流均可應用在政治上的一方面，九流皆有特長處；復引六經文字以評論各家長處，亦欲暗示各家長處皆合乎六經或孔子之言。例如以孔子之語「必也正名乎」評註名家。其雖欲把九流之說，用於政治的各方面，但仍最重孔子。

漢代的思想特徵卽在綜合諸子，其中心問題卽在「如何綜合過去諸學說思想爲一體以爲當今之用」。在這個大一統的時代中，已不須像先秦思想家去言合天下、平天下，因天下已合，已平，故方向轉往「如何實際作爲」的問題上。

註：本篇爲記錄稿，乃作者一九七四年赴臺講學之其中一次記錄（參閱本書「略談宋明儒學與佛學之關係」及「略談宋明淸學術的共同問題」二文）。本篇原稿首頁有「講、記皆不完備」批語。編者

中西哲學比較之問題(註)

各位先生、各位女士、各位同學：

今天有這個機會，能同諸位先生、諸位同學作一次講話，在我個人是覺得非常高興的。尤其今天有這樣多的同學濟濟一堂，討論學問。十多年前，我在此地也做過幾次講演，每次都很踴躍。我在香港廿多年，這種情形，可說很少。所以，我個人的看法，眞正要講現在中國文化的中心，當然還是在臺灣。我個人很想早一點有機會回臺灣，同大家能有更多機會談學問，可是我在香港有許多工作，分不開身。這次臺大哲學系黃振華先生請我回來，至少有兩個月時間，同大家及青年們談話的機會也比較多。這次講演是哲學與文化的傅佩榮先生約請，以關於中西哲學的比較爲題。

「中西哲學的比較」問題很多，但我個人以爲此中有幾個問題，可以在此先提出。

第一個問題：學術的比較研究，究竟其意義是什麼？價值是什麼？學術的比較研究，並不限於哲學的比較研究。可有任何學說的比較研究，比方教育學有教育學的比較研究，宗教有宗教學的比較研究，政治有政治學的比較研究等等。然則比較的哲學研究，其意義及價值是什麼？這是第一個問題。

第二個問題：我們假定要作中西哲學比較研究的工作，我們應怎麼做？作些什麼工作？

第三個問題：從大的地方看，中西哲學的比較，是否可分爲幾個大的歷史階段來討論？

第四個問題：哲學的比較研究是否就是哲學的最後一個問題，如果不是，則哲學的最後一個問題是什麼？超出比較研究以後又是什麼？

以上四個問題，我們先談第一個。「哲學的比較研究，其意義、價值在什麼地方？」哲學的比較研究，我想至少有兩種，第一種是就各哲學思想的內容、系統的本身作比較研究，此是面對哲學思想本身的比較研究。第二種是對哲學思想的歷史、文化的背景做比較研究。這兩種，當然應以第一種爲本，因必先瞭解其學術思想的本身，然後才需要瞭解其歷史文化背景。不能是先了解一學術思想背後的背景，然後才來了解一學術思想之本身。比方說，馬克斯唯物史觀，其眞正的錯誤的地方，就是先就一思想家之思想背後的背景——經濟背景來了解其思想之本身。今如先了解一思想的本身，然後再進一步了解其背後的文化背景，當然這個背景也不限於馬克斯所謂的經濟，除了經濟的背景以外，當然還有政治的、宗教的，其他的人民生活的背景。此了解一學術思想的歷史文化背景，是第二步。除此之外，第三步，我們可以就一學術思想與其他的學術思想作一比較的研究。故哲學思想的比較研究可分三步，一是哲學思想本身的比較，一是歷史背景、文化的比較，再是與其他學術思想的比較研究。

比較研究有它的價值，它的價值就在：當比較時，人可由比較中看它同的地方；或由比較中看異的地方；或可看同中之異；或看異中之同；或可看異之歸向於同；或看同之歸向於異。總之，比較研究可使人認識同異。認識任何一事物的同異，與分別認識事物的性質是同樣重要。而且我們可以說，我們若不能認識事物的同異，則所謂一物自身性質，亦不被認識，因所謂一物自身之性質，原不外其與他物同或異之性質而已，此同或異之性質，即在比較中呈顯。要認識任何一東西，就是要認識其性質。性質被認識，東西才被認識。如由事物性質之認識，更可進而認識事物的好與壞，優與劣。譬如某一物若能充量的表現其性質，即對其自身是比較好，不能充量表現其性質，即對其自身，比較不好。故比較同異的原則，也可當是非的原則，如同是是，則異則非。

另外，在認識同，認識異時，思想是在綜合同異。綜合同異，是高一層的思想。若思想只是單純的同，單純的異，則是低一層的思想。如能綜合同異，能知了異中之同，同中之異，這就成高層次的思想。西方哲學中，黑格耳派之哲學家說：必有同中之異，異中之同，這才可形成具體的概念。若只有同，就只是抽象概念。只有異，則不能形成概念。只有同中之異，異中之同，才能形成具體普遍概念（Concrete-Universal）。同中之異異中之同是靠比較而形成的。哲學的研究，由比較的階段達到同中之異，異中之同的認識，便到一高度的綜合層次。

第二、如何做中西哲學的比較研究。這是每一學哲學的可提出的問題，如果我們作哲學的比較研究，我想①可以一個哲學家作一單位：如研究宗教的，可以一宗教家作一單位。若研究教育的，可找一教育家作一單位。政治則可找一政治思想家或政治家本身作一單位。我們是否可以一個哲學家本身來作比較研究？是可以的。可以一個哲學家他早期與晚期的思想作一比較。譬如：中國哲學家朱夫子的思想，早年與晚年是否一樣？如王陽明卽說朱子之晚年思想與早年思想完全不同。究究同不同這卽須作一比較研究，西方近代哲學家中，早期的謝林與 Hegel 有相同的地方。晚期的謝林與 Hegel 完全不同。早期的謝林與晚期的謝林，相差也很大。柏拉圖對話錄，如何分期之所以成問題，亦因他的著作，有早有晚，彼此不同。除了個人思想的比較研究外；②第二就是中西哲學思想家的比較，例如莊子與 Spinoza，中國古代某人與現代某人作比較。③第三是學派的比較，比方程朱學派與陸王學派，道家與法家，儒家與墨家相比較。④另一種是比較不同地域思想之學術。如中國南方學術恒與西方學術不同，又南禪與北禪不同，南王陽明學與北王陽明學不同。西方則如中國大陸思想與英倫海洋思想之不同。這是以地域比較的。⑤再一種是以不同時代、地域、人的思想來相比較。如以希臘時代人的思想學術，來與文藝復興時代的人之思想學術相比較。比較思想，或是比較其思想包含的內容，如比較兩家思想中的中心思想。兩思想如果內容差不多，則當比較其如何組織、安排其思想內容，除此之外，還可以其思想的影響，思想的被承繼的情形來比。有的思想相同承繼之者可不同，後來影響也可不同。兩思想相異，也可比較其二者思想的影響之如何異。無論比較思想內容，或是思想的組織，安排方式，或思想的影響，或承繼的後果，如何被承繼，如何影響後來等！這些都是哲學的比較研究的課題。

現在，來談第三個問題。我個人寫了幾本書，其中一本是「人文精神的重建」。這書中有一篇廿多年前寫的文章「人類精神的行程」，這篇文章可說是粗枝大葉的討論中西哲學幾個大歷史階段之比較的文章，今天在此擬重講這篇文章的一些內容，此更是粗枝大葉的粗枝大葉。我的意思是人類精神的行程有東方的，有西方的。東方的以中國爲主。人類精神的行程，嚴格地說，就是哲學思想的表現，哲學思想的表現即人類文化思想的發展。此就大體而論，過去有三大階段：第一階段，在西方是希臘，中國是春秋戰國。第二階段，在西方是羅馬到文藝復興，中國是由秦漢魏晉到五代。第三階段，中國是宋朝起。西方是文藝復興起。這三個階段，可說是西方、東方哲學思想的發展之三大歷史階段，可合以表示人類精神的行程。

此表現人類思想的第一階段，西方是希臘，中國是先秦。相同點是均爲人類文化開始創造的階段。此時，「人」的地位，初自自然界中樹立、站起來。希臘如此，中國亦如是。在希臘，蘇格拉底是一主要的思想家。蘇格拉底言「人要知道自己」，中國先秦時代之孔子也是要人知道自己。蘇格拉底與孔子同樣重視的是人的文化，人的知識，人的德性。雖然他們所重的「德性」並不完全相同，孔子重仁這個道德，重視家庭，重孝弟。蘇格拉底則言公正、智慧、勇敢、節制。

孔子注重孝，孝是孝父母。推出去是孝祖先，再推出去尊敬古代的賢德人物如聖君賢相，移孝更可作忠，忠於華夏民族亦是忠。這些都由孝作基礎推出來的。蘇格拉底對父母的孝，似乎並沒有提到。他所崇敬、崇拜的從前人物也好像不多。我們現在尊敬孔子。孔子卻是很尊敬古人的，像堯、舜、禹、湯、伯夷、叔齊、伊尹、文王、武王、周公、左丘明，以及他的學生顏淵等。孔子稱讚許多古代的人物，蘇格拉底談了許多道理，對於古人，似乎並不像孔子般崇敬。這種由仁、孝為基本意識推出去及與對過去的歷史人物的推崇，蘇格拉底都沒有。

除此之外，孔子與蘇格拉底相異的地方還很多，但大體說重立人道，孔子與蘇格拉底同。人道必連到人性。說到人性，中國方面是孟子比孔子荀子講得多。在西方，則講人的靈魂，柏拉圖比蘇格拉底、亞里士多德都講得多。荀子講人文的禮樂亦講政治中的王道，霸道都講，亞里士多德亦講政治、倫理學等等。道家超出個人，講個人的精神嚮往，這與希臘時期伊比鳩魯派相像。伊比鳩魯派也是講個人的。墨子講大同，講天下一家的兼愛，斯多噶派就很喜歡講大同，與墨子兼愛很相像。墨子是重視自己克制自己。斯多噶派亦言克制自我。道家講修養，也有與斯多噶派相似處。但斯多噶派伊比鳩魯派在希臘哲學中，地位很低，道家思想在中國則很高。道家思想很濶大、高遠，而伊比鳩魯、斯多噶派思想則比較侷促拘謹。

一般說，希臘之城邦與中國古代之春秋戰國相似。但最不同的就是在希臘城邦以前，沒有一個統一的希臘世界。中國春秋戰國以前，早有許多統一的王朝：唐、虞、夏、商、周，都是統一的王朝。這點很重要。因爲中國早就有統一的王朝，所以春秋時代，許多國家雖是分裂的，但要求統一。故沒多久，就有秦漢的統一。在中國歷史上，統一是常，分裂是變。希臘的城邦以前，並沒有統一的希臘世界，要到以後的馬其頓，羅馬才有統一。在西方歷史中，分裂是常，統一是變。中國雖也有分裂的時候，如春秋戰國，五胡亂華，五代十國；因統一是常，故終能統一。因中國很早就有唐、虞、夏、商、周之統一的王朝，希臘卻沒有。所以中國人很早就有平天下、天下一家的思想。但西方一直到現在，可說仍沒有眞正的天下一家的思想。若有，則只在宗教思想中。政治思想上，只少數政治思想家有，但西方政治思想中的主要問題，則在國家之內部之權責之分配，不在求如何達到天下一家。

中西思想，中間這一段，也有很相似、及不同的地方。中國中間這階段是秦、漢以後到宋以前。這時期中國的思想與西方馬其頓、羅馬以後到義大利的文藝復興時期的思想相像。最像的地方，在中國方面是漢代爲許多先秦思想融合的時代，如馬其頓、羅馬是希臘思想的融合時代。後來中國有由西方印度的佛教思想東行到中國。西方則有猶太人的希伯來思想西行到西方。人類之大宗教，如印度、佛、耶、回、猶太教，產生的地方都是東西之間的多沙漠的地球上的風沙地帶、宗教由此向西邊發展。這些宗教分向東西。佛教向東；回教、猶太教兩邊都有；回教到東方、到中國、也到西方；猶太教、基督教向西行、也到東方、如很早中國就有猶太教、但現已同化了。唐朝時、有許多宗教、佛教、景教、回教、猶太教等，是宗教大融合時代。西方的中古時期，也有很多宗教，猶太教、回教、基督教。回教的哲學家、基督教的哲學家、猶太教的哲學家都很多。摩尼教、拜火教，西方有，中國也有。人類中古這段時間，東西方均是以宗教為主的，許多宗教思想間有很多衝突，也有融合。

大致而言，中、西思想在此階段，亦有不同。西方宗教多衝突，如基督教、猶太教現在仍很難融合。回教同基督教打了許多年的戰爭，一直到現在，阿拉伯人的回教同西方的基督教的關係仍多問題。西方的宗教問題比東方嚴重。在中國，許多宗教到中國來，大致都很能融合。基督教中的景教、摩尼教，很早就到中國來，但景教、摩尼教的書後來保存在佛藏裏。佛教思想與道教思想也有很多衝突，如在佛教之三武之厄中有燒廟子、迫和尚尼姑還俗之事。但宗教戰爭卻沒有。中國的宗教問題。到明朝以後，可說完全解決。自佛教輸入中國，牟子理惑論以後，一直有儒釋道三教並存之論，到明朝末年以後，此融合三教的說法更盛。大家的看法，以為這是宗教上的雜揉主義，又是儒，又是佛，又是道。許多人看不起三個宗教混在一起的雜揉主義。但雜揉主義雖不好，宗教之融和與並存，則未嘗不好。

中西思想之第三階段，也有相像的地方。西方的文藝復興是要講希臘羅馬的文學、歷史、科學等學問；中國的文藝復興何時起？有說是清朝，有說是現在，我想這不對；中國的文藝復興應是宋朝；宋朝的理學家當時受佛教思想的挑戰，換句話說，就是宗教思想的挑戰，而想復興先秦儒家的思想。

這很像近代歐洲人對基督教會的不滿而想恢復希臘、羅馬的學術研究。若是這樣，則中國的文藝復興應是始於宋朝。西方的文藝復興講人文主義，中國宋明儒學的復興是為立人極。這是與西方不同的人文主義。

中、西方的人文主義是不同的。簡單地說，西方的人文主義是要恢復希臘、羅馬學說的研究，是恢復文學、歷史、科學的研究。中國宋明的人文主義是恢復先秦儒家所樹立之人的道德精神這方面，不是恢復先秦之科學知識的、歷史的、文學的研究。這些地方，一開始卽與西方的文藝復興不同。因西方文藝復興是重科學、歷史、文學的，故初反宗教。宋儒的人文主義是以道德精神的樹立為主，則對宗教並不排斥，因儒家本身就有宗教的精神。宋儒之精神或與佛、與道的精神合一，這樣慢慢形成了明末之三教合流。但無論在儒、佛、道中，人的地位都很高。在西方宗教家思想裏，一方面人的地位很高，另外一面則很低。一方面很高，因人是依照上帝的相 image 造的，這是一種講法；另一方面，人有原罪——所以很低，這是另一種講法。這二種論點，恐怕在西方宗教裏，不易調和的。

在中國思想裏，說人的地位，則如果有上帝的話，只須說人是按照中國上帝的 image 造的。人的德可同於天的德，天人是可以眞正合一的。因人的地位高，中國的人文主義在思想中的地位，比西方的人文主義在他們的思想中，亦佔的高。西方許多哲學家，若說他是人文主義，他們自己都不願承認，如 Kant Hegel，他們就不承認他們的思想是人文主義。

西方文藝復興的人文主義拿科學、文學、歷史來反抗宗教。科學當然要講科學的技術，現在科學技術專業化的發展，產生許多新技術——工業的、農業的、商業的各方面都有，成今天的技術文明，人只知技術性的物。人到了只知技術性的物的時候，再轉變出以某種政治的技術來控制一羣人類的那一種政治：如希特拉的政治、墨索里尼的政治，史大林的政治，共產黨的政治等。共產黨的政治中的人，只是物化的人，人變成了物。

中國宋以後人文主義發展到清代，而學者重文字之訓詁，及文物史事之考證。依清朝戴東原的哲學，說：哲學就在文字裏面。戴東原的朋友錢大昕認爲：訓詁卽義理，懂得訓詁就懂得義理。這好像現在西方有些哲學家以爲語言分析就是哲學。但哲學問題是否就是語言問題？我看是有問題的，懂得訓詁並不一定懂得義理。若是，最後的可能是思想全文字化、物化了。人的思想若全文字化、物化，哲學就沒有力量。無論是清朝的由訓詁以講義理的哲學，或現代西方的語言分析的哲學，都是視界太小、全侷限在書本文字上面之無力量的哲學。

若哲學沒有力量，另外的人就有力量——政治家如希特拉、墨索里尼、史大林、毛澤東就有了力量。哲學家不做綜合的工作，他們就做。如此他們成了人類靈魂的工程師，他們就是哲學家。全中國、整個人類，都認孔子是聖人，毛澤東他卻自以爲比孔子還大，他就要批孔。如同秦始皇焚書坑儒，將他不喜歡的書一把火燒掉。若說學術的精神都只在書本裏，就實在應付不了秦始皇。反之，一個學者著書，其精神並不只限於書本上，則燒也燒不掉。因爲還會有第二個。文字是爲思想、學問而有，不是思想、學問爲文字而有，其理甚明。文物是文化生活、文化精神的表現，亦不等於文化。從此看清代之學術只重文字訓詁文物考證，亦當說是由宋以來之人文精神的一種墮落，一種物化。

西方文藝復興以後的思想，到了現在，已變成將人物化的思想。宋明以後承接的人文主義到清朝也不振，變成也只有物，沒有人。此時皆須要有一種眞正的人文精神的再生，以使人超拔於物之上。

現在再簡單的談前所提之第四個問題，即哲學之比較研究，是否哲學之最後目的。照我的意思，哲學比較研究不是最後的目的。比較了許多的哲學思想，最重要的是生活，生活在哲學裏。

（一九七五年十月・「哲學與文化」第二十期）

註：本篇根據作者修改本。——編者

略談宋明儒學與佛學之關係

唐案：此乃我在臺大班上之一段講話，只略談宋明儒者對佛學之態度，並不值發表。但朱建民同學為之記下，並將我講話中未暇引及之文獻，大皆加以一一查出，費了不少工夫，而我此一講話，亦因之而亦可發表了。

一

對於宋明儒學向來有「陽儒陰釋」一類的評語，日本及清代的學者多持此說。在中國方面，清代及五四時代的反理學，批評理學是佛老化的儒學，認爲理學只是將釋老加以改頭換面，並非純正的儒學，欲因此而排斥之、否定之。日本的學者雖與戴東原（註一）、顏元（註二）等人同言理學加入了佛老的思想（註三），卻抱著恰巧相反的態度，日本人向以佛學爲尊，因此以爲理學中加入了佛學，不但進一步地肯定佛學的價值，亦使理學本身增色許多。

但是這種說法並不是正確的，它或可適合晚明儒學，對宋初儒學則不適合。宋儒多是反對佛學的，其反對的理由不必皆能成立，其對佛學的了解亦有不足之處，但其反對佛學則是眞誠的，其反對之所依的正面的思想，決不能說來自佛學。若必謂佛學對宋儒有影響，亦多只是反面的影響。事實上，直到晚明儒家才開始對佛學採取融通的態度。

至於說宋儒只不過將釋老改頭換面，也是有因而發的，宋初有一慧杲和尙見當時儒學衰微，甚爲歎息，於是曾對張無垢提說，勸他將佛學義理「改頭換面」來振興儒學。但這只是一個特殊的例子，不能據此而論斷宋明儒學就是佛學的改頭換面。又有人根據周濂溪、程伊川、朱熹均與僧侶爲友或其文中見若干與佛語類似之句，便謂其受佛家思想影響，此更爲幼稚之說。我們不能因其交友就斷定其思想的脈絡。

二

宋代儒學初起，乃以經學開其先，孫明復在泰山講學卽首重春秋一經；承此而下，有歐陽修撰新五代史、司馬光撰資治通鑑，皆附帶發揮己見以批評史事，而顯春秋寓褒貶之精神（註四）；至明末王船山出，復承此宋初重春秋之傳統，而重經史之學。宋明儒學始於重春秋，終於重春秋，實有一保存華夏文化之民族精神貫注其間；其學說理論的背後有一眞實生命的要求，自始至終，欲以民族意識、文化意識來貫通學術思想，來抵抗夷狄，希望藉著學術思想之深入的探究，在理論上建立牢不可破的自信，自信自己民族生命的值得繼續存在發展。孫明復講春秋，首重尊王攘夷一義（註五），其高弟石介更將此轉爲文化意義上的攘夷，而言闢佛（註六）。

但是石介的反對佛學，缺乏理論的根據；於此，歐陽修著本論而曰：「今佛之法，……，患深勢盛，難與敵，非馴致而爲之，莫能也。」（註七）此卽謂只如石介之論，不足以闢佛，而主張「禮義者，勝佛之本也。」（註八），認爲斥佛之道在於對中華文教之本身加以復興，「修本以勝之。」（註九）此正爲後之宋儒所以竭力於發明儒學之故，歐陽修可說是開風氣於先者（註十）。

理學家中反對佛學而有一套哲學理論者首爲張橫渠（註十一）；佛家喜言幻化、緣生、性空，橫渠則雖言太虛而謂虛中有實（氣），故亟反對佛家之幻化、性空之說（註十二），此乃就形上學的立場來反對佛。橫渠之反對佛學，自尚有其他理由，但主要是自形上學的立場說。

程明道嘗與友人會，歸而厭其相聚談禪，歎謂今日卽使數個孟子，亦無力救此時風之弊（註十三），其反佛的理由主要是倫理的、文化的（註十四）。伊川爲明道作行狀，謂明道反對當時學風「自謂之窮神知化，而不足以開物成務；言爲無不周遍，而實外於倫理。」明道之學則在於「盡性至命，必本於孝悌；窮神知化，由通於禮樂。」（註十五）二程以爲盡性至命、窮神知化之高深的道理，應本於對孝悌倫理之實踐，而由禮樂之文化以開物成務（註十六）。

陸象山認爲，若以佛家欲出三界的觀點來看儒家的聖賢，那麼儒家的聖賢均未能出三界，只是在生死海中浮沉。象山反對此說，依他所講之「宇宙內事，卽己分內事。」（註十七）則無三界可出。象山之學最重者卽辨義利，故承程明道言，而謂一般佛家以生死說教，實乃以利心動人，儒家則自始卽只見義而不見利，亦可不見此生死問題（註十八）。

朱子批評佛學則多由心性上說（註十九），固然由心的虛靈處，亦可講性空，但心亦有眞實不虛的內容，此卽心中的性、理，此理雖視之無形，但其能發爲實際的行爲，故是眞實而非空。朱子意謂佛家只知心而不知理，故謂「吾儒萬理皆實，釋氏萬理皆空。」（註二十），一事一物均有其理，但一談到出家，就不能不忽略許多事（註二十一），儒家則必須講佛家所忽略的齊家治國之事之理。

三

宋代之理學家只楊慈湖（註二十二）、眞德秀，不反對佛學；明初的儒家中，宋濂（註二十三）、陳白沙（註二十四）皆不反佛，尤其王陽明成學後，對於禪宗言語更是自由採用（註二十五），日本人有論「陽明與禪」的書，卽據陽明之用禪語，以證陽明學純由禪來。此卻不對，陽明之學乃由先對朱子之學下功夫，而由朱子之學中轉出。但陽明成學後，卻認爲儒學與佛學只是毫釐之差（註二十六）佛家一般要出家，脫離父子、夫婦、兄弟、君臣之關係，拋棄五倫中的四倫。佛家常言「不著相」，但要脫離人倫，卽是「大著相」處。陽明說儒家則「有個父子，還他以仁；有個君臣，還他以義；有個夫婦，還他以別」。正是不著相（註二十七）。陽明詩有：「無聲無臭獨知時，此是乾坤萬古基。」（註二十八）無聲無臭之獨知，正是一無聲臭之相的虛靈明覺。陽明又說儒家聖人於平夜清明之際，心中是一片空空靜靜，此時與佛家所論無有異處（註二十九）；但儒家有此空靜之心仍可應事處世，應事時，依一一理應一一事（註三十），應事後，心中仍是一片空靜。

故陽明認爲眞正的儒家之學中，原有佛家的空和道家的虛。他曾作了個比喻，儒家原來住著三間房屋，除中間之屋外，兩邊之屋中卽有佛家之空、道家之虛；後來漸自限制，只住中間一屋，而將一邊屋讓與道家，將一邊屋讓與佛家，儒家反變小了。

陽明之三間屋的比喻，其弟子王龍谿亦常提及。王門後學如趙大州、焦竑、管東溟、陶望齡，皆兼通儒佛（註三十一）；以狂放名之李卓吾，亦有三敎歸儒說。在明末儒釋道三家的界限，不再森嚴，佛家學者對於儒道的研究亦大有人在，如憨山與蕅益卽對四書、易、老、莊加以注解，而與隋唐之佛學大師如法藏、智顗、澄觀、圭峯提到中國儒道之學時，皆先加以貶抑之態度，大不相同，卻與宋代之智圓、契嵩等之兼通儒學之精神相接。這種會通的優點，是去掉學術的門戶之見，缺點則在對儒釋道之本來面貌不易分淸。不過在明末之儒者仍有需嚴分儒佛的，如王船山卽雖有講相宗的書，卻力闢佛老之學，黃梨洲亦以就對心與理的問題說，儒釋之界，邈若山河。此下卽是淸代之顏習齋、戴東原等出來，連對宋明儒學皆視爲佛老化的儒學了。

今日所講只是就學術思想史之事實講，其是與非乃另一問題，這需細細辨別討論，不是幾句話可以說得了的。

（朱建民記錄・一九七六年一月・「哲學與文化」第三卷第一期）

註一：戴東原對宋明儒學之批評，於其孟子字義疏證一書可見甚多，「程子朱子就老莊釋氏所指者，轉其說以言夫理，非援儒而入釋，誤以釋氏之言雜入於儒耳。陸子靜王文成諸人就老莊釋氏所指者，即以理實之，是援儒以入於釋者也。」（上書，頁六四，河洛圖書出版社影印本），「自宋儒雜荀子及老莊釋氏以入六經孔孟之書，學者莫知其非，而六經孔孟之道亡矣。」（同書，頁七二），由下句更可見戴氏對儒釋相雜的反對態度。

註二：顏元在存學編中說：「至宋而程朱出，乃動談性命，相推發先儒所未發，以僕觀之，何曾出中庸分毫，但見支離分裂，參雜於老釋，徒令異端輕視吾道耳。（顏李叢書，頁一二八，廣文書局影印本）。

註三：日人宇井伯壽於其儒佛道之關係史一書中論宋明儒學部分亦持此見解，又日人宇野哲人曾說：「程朱學……，陸王學……，均對儒教而加佛老之思想，試爲新解釋者。」（唐玉貞譯，中國哲學史，頁一五五，中華文化出版事業委員會出版），又說：「佛學之影響於宋學者有二：一爲積極的，佛教之教理換骨脫胎，用於宋學；一爲消極的，刺激宋儒之對抗精神，俾其遍索六經，謂佛之性理學，吾儒久已有之矣，……宋學多有哲學色彩之主因，而佛教之刺激則爲力最大。」（馬福辰譯，中國近世儒學史，頁七，中華文化出版委員會出版）。

註四：宋元學案亦稱歐陽修「自撰五代史記，法嚴詞約，多取春秋遺旨。」（廬陵學案，頁四九，河洛影印本）

註五：孫明復著有春秋尊王發微十二篇。

註六：宋元學案記石介曰：「嘗患文章之弊，佛老爲蠹，著怪說三篇及中國論，言去此三者，乃可以有爲。」（泰山學案，頁九六，河洛影印本），其怪說云：「堯舜禹湯文武周孔之道，萬世常行，不可易之道也，佛老以妖妄怪誕之教壞亂之。」（同書，頁九九）。

註七：見上書，廬陵學案，頁六五。

註八：同上書，頁六三。

註九：同上。

註十：歐陽修在其本論一文中直謂：「佛爲夷狄，……，及三代衰，王政闕，禮義廢，後二百餘年而佛至乎中國，由是言之，佛所以爲吾患者，乘其闕廢之時而來，此其受患之本也，補其闕，修其廢，使王政明而禮義荒，則雖有佛，無所施於吾民也。」（同上，頁六二），「王道不明而仁義廢，則夷狄之患至矣，及孔子作春秋，尊中國而賤夷狄，然後王道復明。」（上書，頁六四），由此則知歐陽修亦是承春秋精神而轉爲文化意義上的攘夷，更提出改革之道在修禮義以固本。

註十一：橫渠曾深自期許地說：「自古詖淫邪遁之辭，翕然並興，一出於佛氏之門者於五百年，向非獨立不懼，精一自信，有大過人之才，何以正立其間，與之較是非，計得失哉。」（近思錄，頁三二六，商務版，人人文庫）。

註十二：張子正蒙：「知虛空卽氣，則有無隱顯，神化性命，通一無二，顧聚散出入形不形，能推本所從來，則深於易者也……，若謂萬象爲太虛中所見之物，則物與虛不相資，形自形，性自性，形性天人不相待，而有陷於浮屠以山河大地爲見病之說．此道不明，正由懵者略知體虛空爲性，不知本天道爲用，反以人見之小，因緣天地，明有不盡，則誣世界乾坤爲幻化。」（宋元學案，橫渠學案，頁九至頁十，河洛影印本）。

註十三：「昨日之會，大率談禪，使人情思不樂，歸而悵恨者久之，此說天下已成風，……，今日之風，便先言性命道德，先驅了知者，才愈高明，則陷溺愈深，……，據今日次第，便有數孟子亦無如之何。」（二程遺書，卷二上，頁八，中華書局版）。

註十四：「若盡爲佛，則是無倫類，天下卻都沒人去理，然自亦以天下國家爲不足治，要逃世網。」（同上書，頁九）。

註十五：此二段話見二程全書，册二，伊川文集第七，頁六，中華版。

註十六：明道先生亦有其他對佛學之批評，「楊墨之害，甚於申韓，佛老之害，甚於楊墨，……，佛老其言近理，又非楊墨之比，此所以爲害尤甚楊墨之害，楊墨之害，亦經孟子闢之，所以廓如也……。」（近思錄，頁三一五至頁三一六，商務版），言下之意，頗有繼孟子而去害者，舍我其誰，「彼釋氏之學，於敬以直內，則有之矣，義以方外，則未之有也，故滯固者入於枯槁，疏通者歸於恣肆，此佛之教所以爲隘也。」（同書，頁三一七），「釋氏本怖死生爲利，豈是云道，……，彼固曰出家獨善，便於道體自不足，或曰釋氏地獄之類，皆是爲下根之人設此怖，令爲善，先生曰，至誠貫天地人尙有不化，豈有立僞敎而人可化乎，學者於釋氏之說，直須如淫聲美色以遠之，不爾則駸駸然入於其中矣。」（同書，頁三一八至三一九）。

註十七：宋元學案記象山行狀云：「他日讀古書，至宇宙二字，解者曰，四方上下曰宇，往古來今曰宙，忽大省曰，宇宙內事，乃己分內事，己分內事，乃宇宙內事。」（象山學案，頁五，河洛影印本）。

註十八：象山與王順伯書中曰：「嘗見之如來書所舉愛涅槃憎生死，正是未免生死，未出輪廻；不了四相者，正是未免生死，未出輪廻。」（象山全集，卷二，頁四，中華版），又曰：「某嘗謂，儒爲大中，釋爲大偏，以釋與其他百家論，則百家爲不及，釋爲過之，原其始要其終，則私與利而已。」（同上）。

註十九：朱子曰：「釋氏只是恍惚之間，見得些心性影子，卻不曾仔細見得眞實心性，所以都不見裏面許多道理，致使有存養之功，亦只是存養得他所見影子，而不可謂之無所見，亦不可謂之不能養，但所見所養，非心性之眞耳。」（續近思錄，頁二三五，世界書局版），朱子答李伯諫曰：「來書云，形有死生，眞性常在，某謂性無僞冒，不必言眞，未嘗不在，不必言在，蓋所謂性，卽天地所以生物之理，……曷嘗不在，而豈有我之所能私乎，釋氏所云眞性，不知其與此同乎否也，同乎此，則古人盡心以知性知天，其學固有所爲，非欲其死而常在也，苟異乎此，而欲空妄心，見眞性，唯恐其死而失之，非自私自利而何。」（同書，頁二三三）。

註二十：朱子曰：「向來見子靜與王順伯論佛云，釋氏與吾儒所見亦同，只是義利公私之間不同，此說不然，如此卻是吾儒與釋氏同一個道理，若是同時、何緣得有義利，不同只彼源頭便不同，吾儒萬理皆實，釋氏萬理皆空。」（同上書，頁二三八），又曰：「凡古聖賢說性命，皆是就實事上說，如言盡性，便是盡得此君臣父子三綱五常之道而無餘，言養性，便是養得此道而不害，至微之理，至著之事，一以貫之，略無餘欠，非虛語也。」（同書，頁二三七）。

註二十一：朱子曰：「禪學最害道，老莊於義理絕滅猶未至盡，佛則人倫已壞，禪又將許多義理，掃滅無餘，故其爲害最深。」（同上書，頁二四二），又曰：「佛老之學，不待深辨而明，只是廢三綱五常這一事，已是極大罪名，其他更不消說。」（同書，頁二二九）。

註二十二：陳北溪答陳師復書曰：「浙間年來象山之學甚旺，由其門人楊（慈湖）……唱之，不讀書，不窮理，專做打坐工夫，……，又假託聖人之言，牽就釋意，以文蓋之。」（宋元學案，慈湖學案，頁六八，河洛影印本）。

註二十三：全謝山宋文憲公畫像記曰：「予嘗謂婺中之學，……，至公而漸流於佞佛者流。」（宋元學案，北山四先生學案，頁七九，河洛影印本）。

註二十四：陳白沙曰：「佛氏敎人曰靜坐，吾亦曰靜坐，曰惺惺，吾亦曰惺惺。」（明儒學案，卷五，頁五一，河洛本）。

註二十五：陽明詩云：「一竅誰將混沌開，千年樣子道州來。須知太極元無極，始信心非明鏡台。始信心非明鏡台，須知明鏡亦塵埃。人人有個圓圈在，莫向蒲團坐死灰。」（錢穆輯，理學六家詩鈔，頁一三六，中華書局出版），又云：「乾坤是易原非畫，心性何形得有塵。莫道先生學禪語，此言端的為君陳。」（同書，頁一四二）。

註二十六：蕭惠好仙釋，先生警之曰：「大抵二氏之學，其妙與聖人只有毫釐之間。」（陽明全書，卷一，頁二七，中華版），又曰：「然釋氏之說，亦自有同於吾儒，而不害其爲異者，惟在於幾微毫忽之間而已。」（明儒學案，卷十，頁六七，河洛本）。

註二十七：同上書，頁七七。

註二十八：此詩是陽明詠良知四首示諸生之一首，下二句是「拋卻自家無盡藏，沿門托鉢效貧兒。」（錢穆輯，理學六家詩鈔，頁一四一，中華版）。

註二十九：「問儒者夜氣，胸中思慮空空靜靜，與釋氏之靜卻一般，此時何所分別，曰、動靜只是一個，那夜氣空空靜靜，天理在中，卽是應事接物的心，應事接物的心，亦是循天理，便是夜氣空空靜靜的心，故動靜分別不得，知得動靜合一，釋氏毫釐差處，亦是莫掩矣。」（明儒學案，卷十，頁七七）。

註三十：「問釋氏亦務養心，然不可以治天下，何也，曰，吾儒養心，未嘗離卻事物，只順其天則自然，便是工夫，釋氏卻要盡絕事物，把心看作幻相，與世間無些子交涉，所以不可治天下。」（同上書，頁七八），「不思善不思惡時認本來面目，此佛氏爲未識本來面目者，設此方便，本來面目卽吾聖門所謂良知，今既認得良知明白，卽已不消如此說矣，隨物而格是致知之功，卽佛氏之常惺惺，亦是常存他本來面目耳，體段工夫大略相似，但佛氏有個自私自利之心，所以便有不同耳。」（陽明全書，卷二，頁二十，中華版）。

註三十一：趙大州曰：「夫謂靈覺明妙，禪者所有，而儒者所無，非靈覺明妙，則滯窒昏愚，豈謂儒者必滯窒昏愚而後爲正學耶。」（明儒學案，卷三三，頁一〇二，河洛本）。明儒學案記焦竑云：「先生師事耿天台羅近溪，而又篤信卓吾之學，以爲未必是聖人，可肩一狂字，坐聖人第二席，故以佛學卽爲聖學，而明道闢佛之語，皆一一紬之。」（同書，卷三五，頁四六）。明儒學案記陶望齡云：「先生之學，多得之海門，而汎濫於方外，以爲明道，陽明之於佛氏，陽抑而陰扶，蓋得其彌近理者，而不究夫毫釐之辨也，其時湛然澄密雲悟，皆先生引而進之，張皇其教，遂使宗風盛於東浙。」（同書，卷三六，頁七四）。

略談宋明清學術的共同問題

一

宋朝以後，儒學又重爲中國學術思想的主流，此一新儒學的時代直可包括宋、元、明乃至於清。清代的學問亦是一種廣義的新儒學，它是跟著宋明儒學而來的。一般對於清代學問有兩種說法，如梁任公先生以清學爲對宋明之反動，而錢賓四先生則以爲清學的最初期乃是承繼著宋明理學而發展的。但是歷史是不可截然切割的，不論其爲反動、承繼，清代學問仍是緊接宋明而下的，有其承繼處，亦有其新穎處，我們以一種折衷的說法，仍可劃宋明清爲一期，而統謂之爲新儒學，卽如張君勱先生所著的中國新儒學史，亦包括了有清一代的學術。

在宋明清這一千多年的學術思想中，其間是否有一個共同的中心問題呢？這是我們今天討論的主要內容。

西方的中古是個宗教時期，中國的中古也是個宗教時期；猶太的宗教西傳，造成西方中古的基督敎時代；印度的宗敎東傳，造成了中國中古的佛敎時代。西方近代的文藝復興、宗敎改革，是對中古的敎會、神權的一種反動；中國近代的宋明儒學之初起亦是由於對佛敎之不滿意。宋明儒學雖與佛學多少有些關係，但其根本態度仍是對佛敎不滿意。此說只是對宋明儒學作一解釋，但若連著淸代，我們仍然要問：其間一貫的中心問題爲何？

西方中古時期的理想是升天堂，中國中古時期的理想是成佛；西方近代的文藝復興則要在現世中，建立人的王國，而非天國；中國近世的宋儒則要立人極。宋儒講人極並非單獨的講，而是連著皇極、太極而講三極。人極是就個人的道德理想而言，太極由宇宙的立場而言，皇極則由政治、社會的立場而言。三極的觀念中仍以人極爲本，以人極去了解太極，去建立皇極。此處乃是就精神的方向上說，而非就問題上說。我們仍須問：宋明淸的新儒學其間究竟有什麼樣的問題，是大家欲共同解決的？許多不同的說法，不同的派別、不同的答覆究竟是對那一個共同的問題而產生的？

二

宋以後，保衞自己的民族及文化的復興成了一個大問題。宋承唐五代的混亂以下而積弱愈甚，喘息於北方蠻族的侵略下，積有宋一代無時不受遼金的壓迫而終亡於元。此種北方異族的壓迫可說在現代亦未解除，例如俄國的文化、政治、軍事。這種北來的侵略，在中國的歷史上亦是普遍的現象；但是在漢而言，大致上還能以武力抵制匈奴；在唐而言，中原民族與異族間多有融合的現象，當時的長安都城外亦有許多異族羣聚，中原民族與異族之間的通婚、文化的交流倒使得我們看不出特殊的侵略；宋朝在武力上不足以制外夷，在文化上亦未採融合的態度，因此我們說宋以後，保衞自己的民族及文化成了一個大問題。由這個線索，我們可以理解到新儒學的一貫問題即在「對於以前儒家的經傳欲採什麼樣的一種解釋，才能保衞民族、復興文化」，由於對此問題的解答不同，而衍生了不同的派別。事實上，這個問題直到今天仍未斷，我們現在的目標亦是一方面欲保衞民族，一方面要復興文化。

三

宋初孫明復與其學生石介講春秋大義，其重點在於尊王攘夷；尊王的意思並非尊一個個人，而是尊中華民族政治之統緒；攘夷則是對於外來的文化採拒絕的態度。石介的反佛，一方面因爲它是外來的文化，一方面因爲佛敎無法解決現實的政治問題，縱然它對人類心靈境界及藝術方面均有貢獻，但對於軍事、政治、經濟、倫理諸問題卻束手無策。孫明復和石介是站在保護文化、保存民族的觀點而言闢佛；但是站在同一的觀點，他人的說法和解決之道亦可能不同。例如歐陽修卽不主張反面的去闢佛，他不以爲石介的議論足以闢佛，亦不以爲只是提出籠統的尊王攘夷就能夠復興文化。他認爲佛學之來中國乃因中國自身的學術衰了，若只是反面的攻擊佛學亦是於事無補，必須從根本上振興儒學、重修禮樂，因此他正面的提倡學術，故著重於提拔人才，例如蘇東坡、王安石等人都是經他提舉的。當時的范仲淹亦是從提倡學術、提拔人才著手，胡安定、孫明復都受過范仲淹的知遇。張載少年時喜兵，慨然以功名自許，欲由兵而得急功，曾上書范仲淹，仲淹則告曰：「儒者自有名敎可樂，何事於兵。」且手授中庸，勸橫渠由專研學術入手，由學術中找到一個根基。這種不求急功，而欲由學術的深究中建立一個根基，可說是宋明學者的根本態度。

歐陽修、范仲淹皆在政治上享有高位，但不是專家的學者，他們對於學問只可謂知大體，可稱爲文章家，而不能稱思想家，不同於周濂溪、張橫渠、二程等人，這些人並沒有很高的社會地位，在政治上亦不很得意，但卻是專家的學者。又如蘇東坡、王安石等人在宋元學案的編者只將他們列爲附錄，不言其爲學案而謂之學略，這當然是依據理學家的立場來編的，視此二家爲雜學。事實上他們在宋代的學術中亦可成立爲學派，例如蘇東坡開了蜀學，王安石開了朔學，朔學發展到第二代更與變法之同黨合稱新學。蘇東坡的學問乃是應當時的事變，其他蘇洵的許多文章更是爲著應付當時的一件事而作的。王安石的學問亦是要用於當時，不過他不是應付單獨的一件事，而是要建立一套制度，用這一套制度來救當時之急。總之，他們的學問都注重在當卽能用，以能用於當時爲其目標。他們能成立爲學派，何以不能像周、張、二程等人之成爲宋學正宗呢？其間有一個關鍵，卽是他們沒有師承，沒有傳人，缺乏師弟相承的關係及相與論道的同調。蘇東坡、王安石、司馬光都沒有什麼好學生，周、張、二程則有，有時第一代的學生或許不行，但是隔了幾代又有人才出來，學問的統緒因此而相續不絕。二程張橫渠、二程的學生都很多，周濂溪本身雖無學生，但是二程與其相交論道，所受影響亦不小。二程的第一代學生並不見得高明，但傳下去到了第四代則出了朱熹，二程的老師則爲胡安定。這種前後相承的師弟關係，我們在宋元學案中是隨處可見的。再看明朝，明朝的學問開始是吳康齋，他是在野講學的，宋初之孫明復、胡安定亦是在野講學，他們都不是作官的一批人，作官的人能夠像歐陽修、范仲淹提拔人才已經是了不得了，眞正要傳學問的統緒，還得靠在野講學的一些教書人。吳康齋一面講學一面耕田，弟子亦隨其耕田讀書，婁諒、陳白沙均爲其學生，王陽明則爲婁諒的學生，黃梨洲的師承亦可溯至陽明。宋明儒學由這些純粹學者的師弟相傳，故能源遠流長、蔚爲大宗，從而造成學統。宋明儒學卽是由此而得建立。只是拾取現成的提拔人才是不夠的，並有積極的培育裁成功夫才行，是以歐、范的地位不及程、朱等純粹學者。

這些學者以爲學問要在山野中講，不在朝廷中講，但是講出來的學問卻要能救世濟民，能化民成俗、治國平天下。周濂溪曾說要「志伊尹之所志、學顏淵之所學」，以爲一個人要過顏淵式的生活，淡泊簡單、安貧樂道；卻要懷著伊尹式的志願，雖身在畎畝心亦不忘負治平之責，欲變天下之民爲堯舜之民。其生活於山林之中有如隱者，在這點上有如和尙、道士；但仍抱著救國平治之志，在這點上仍不脫儒者本色。宋明儒者統一了這看似矛盾的兩點，能以隱者的心情來負實際政治的責任，因此他們卽使從政，心情亦是淡泊的，生活亦是樸素的；若不從政則可施敎，在此處不同於佛、道，佛、道不從政亦可不施敎，儒者若不從政則必得施敎，卽是負著敎育的責任感。張橫渠所說「爲往聖繼絕學，爲萬世開太平」，這乃是宋明儒者共同的目標，上句講的是敎育的責任感，下句講的是政治的抱負，對此二方向亦是兼取並重的，宋明儒者皆欲達此目標，只是各人採取的方法不同而已。

周濂溪之學取自易傳、中庸，張橫渠亦取此二書，但更重禮、樂、講求政治制度以經世致用。濂溪雖言志伊尹之所志，但在其著作中並未見其提到實際的政治制度，橫渠則在理窟中多所論列。王安石亦講經世致用，但是他不言學問的根基，只言純粹的致用；橫渠則另有一套人道論、天道論的理論根基，他是以超致用之上的來言致用。二程亦重禮樂，明道本欲著樂論，但以講學問口談比著書重要而罷，伊川著易傳亦未完成，二人有意的不著書，重直接的講學，由弟子對言談記錄而成語錄的形式，在不喜施諸文字處頗顯禪宗，在成書的語錄形式上則似論語、孟子二書。周、張二人重易傳、中庸。周、張二人之著作亦同此二書，爲有意的成品，其學亦如此二書之由天道處言人性，由天道處講天人之際。二程則更重論語、孟子，二人之著作亦如同此二書之爲門人記載，原非刻意成書的，二人之學亦如論、孟之言人道處多，乃由人事處來見天道。大學一書亦爲二程所重，這本書講的是學問的次第，標舉了儒家修己治人、成己成物的綱目。朱子講爲學次第卽是依大學而言格物致知以窮理，以格物致知爲起點，而後可言理，言氣，講存養，談省察；這學問第一步的格物窮理的意義很廣，舉凡論是非、辨善惡、明道理皆是格物窮理。朱子之學重次第，陸象山則以爲只講次第是不夠的，以格物窮理爲第一步乃是向外的，愈向外求，心愈變小，格物則將心限於一物之中；象山以爲欲免自限，應先立其大本，立大本卽是擴大心量，提昇心境，最後達到「宇宙卽吾心，吾心卽宇宙」的境界。這卽是孟子的萬物皆備於我、浩然之氣充塞天地，是以陸象山的先立乎其大者乃是走的孟子的路，而非走的大學的路。朱陸二人皆欲建立一套儒家的學問，其目標皆是儒家傳統的成己成物之學，二人只是在「如何開始」的方法上不同。在佛家中亦有類似的二條路向，有人以爲學佛之道應先由不殺生、守戒、修行處開始；有人則以爲應由發心始，卽先發大菩薩心，發救一切衆生的大誓願，以發心爲起點頗類孔子敎人以「志於道」爲第一步，開其心門，則能見大者。朱子不同意象山之路，因恐人由此而趨狂妄，不下功夫，易生流弊；事實上象山做事亦很專精，故流弊也不是一定會生的。用兼取衆長的方法，我們可先以象山的「先立乎其大者」爲第一步，而後再下朱子的功夫。若永遠只是先立乎其大者，亦是虛誇，如同人買了一大塊田地，卻任其荒廢，田地再大，終是無用。王陽明後來提出致良知卽須辨個是非善惡，可謂將朱子的細密功夫貫注於象山之學中。故王學中有近象山者，如王龍谿、羅近溪；亦有近朱子者，如江右學派。

四

清學與宋明儒學的問題是相同的，皆在於如何重新恢復儒學，如何重新恢復中國舊有的文化，從而保衞中國的民族，避免受夷狄的壓迫。那麼何以清學大致說來是反對宋明儒學的呢？宋明儒學多由修養心性處說，此爲其學問的根基；對於社會政治之事，多少有些忽略。就在這個觀點上，淸初有人批評宋學只知內聖而不知外王，只談內聖之學，不足以治國、平天下。此種批評直起自顧亭林、黃梨洲、王船山等人。

清朝三百年的學問，大致來講是不贊成宋明儒的，但何以會有不同的發展？何以會有許多派別的產生，如顏李學派、戴東原、今文學家等？戴東原、顏習齋皆批評程朱，但其間卻有不同，何以有此不同呢？這些問題皆是我們應該討論的。

整個來說，清儒與宋明儒皆欲恢復以前儒家的學問。但是淸儒認爲宋明儒恢復的方向有偏差，即是只講內心的修養。如船山正面的攻擊王學，批評陽明只知個良知而不知行。顏習齋以爲程朱欲成心之虛明，亦是忽略了實行；實行不只是道德的實行，還有身體的實行，是以顏習齋提倡禮樂射御書數等文化性的實踐，這些都是需要配合身體的活動的。戴東原亦反對程朱，但其出發點則大不相同了。他以爲復興聖人之道是最重要的事，但是欲復興聖人之道，先得懂得聖人之書，欲明瞭聖人之書，先得懂得註解，而註解則該依照漢人的注疏。漢人離聖人的時代較近，其傳經的師承亦可追溯至孔子的學生，故漢人的注疏可以做爲標準。唐人的注疏亦以漢人注疏爲標準，到了宋明儒的注經則多師心自用，以主觀的意見爲標準來解釋經書，而且宋明儒的師承其本身雖可成一傳統，但此傳統卻無法接上孔子。讀漢人注疏則須通小學，不論音韻、文字、字音、字形、字義上皆須精通；明末顧亭林已有此意見，清人更明白的說出，宋人不明小學，何能詮解經書。但是吳派的惠棟雖是純粹的漢學家，以爲凡漢皆好、凡古皆眞，但其並不反對宋儒，反而說「六經尊孔孟，百行法程朱」。戴東原雖承惠棟之漢學，但抱著實事求是的精神去求眞求是，而不必求古，其對宋儒亦是反對，著孟子字義疏證一書，卽是由文字的解詁來反對宋儒。公羊學派（今文學家）亦講經學，但他們以爲戴東原只是把經書求得明白，最多只能知聖人之道，卻不能把經書中的道理應用於當世，是故龔自珍、魏源等人欲學漢儒公羊家的「通經致用」，因而提倡今文經學，承此而下則有清末民初的康有爲、梁啓超等人，這皆是由通經致用的經學立場來反對宋儒的。

由上面的討論，我們可以知道，清學中對於宋儒的反對是有立場上的差異。顏李學派是由文化實踐的立場講身體力行而反對宋儒，戴東原是由考證學的立場講實事求是的訓詁而反對宋儒，今文學家則是由今文經學的立場講通經致用而反對宋儒。

事實上，宋明清一千多年的學術目標是相同的，皆欲復興先秦儒家，只是各人所認識的儒家不同，所重視的經典不同。對於儒家的道理，重視的方面不同，有的著重內聖的一面，有的著重外王的一面。對於經典的著重，一般說來，宋儒較重傳，淸儒較重經；宋儒以爲四書比五經重要，淸儒則以爲五經比四書重要。事實上，四書較重哲理，五經則多言古代制度，淸儒更欲把古代制度用於當世，而有常州學派、今文學家的出現。

五

我們由問題的眼光來看中國哲學的發展，可以看出宋明淸有其共同的問題。除了欲復興先秦儒學外，他們共同地感受到外患的壓迫，這是個很現實的問題，對此現實問題的解決，大致可分兩條路。有人以爲現實問題的解決必須先在學術上有一深厚的根基，否則現實的問題不易得到眞正的解決。解決現實問題之道卽在於超現實處，亦卽在理論上建立根基；例如宋初儒者對於佛老的反對，覺悟到非先把儒學的學術基礎穩固下來，否則不足以闢佛。但是只在理論上下功夫，極易流於脫離現實而無法致用，由是故有明末船山、亭林之反對宋明儒的空談心性，由是而有淸季顏李學派、公羊學派的偏重實際致用。事實上此二者不可偏廢，而應相互爲用。只重實用者，其學問多講得淺，而注重心性理論者，其學問根基大多深厚，於是講理論者可以補講實用者之不足；反過來說，只是注重學問之深度，有時會與現實脫節，此時則可由講實用者將其由高處拉下而不致脫離現實，由此可見二者是可以相互補足的。其實在大學問家的身上，理論與實踐二方面是無所偏的。例如陽明雖言致良知，但他亦能治兵而成大事功，朱子平日讀書亦注意禮樂、典章制度，他本人亦從事實際上經濟的管理而任主簿之職。他們講的是最高遠的道理，做的是最實際的工作，其間看似矛盾，其實不然，唯有最超脫的心境才能做最實際的事。但是亦不能陷於超脫之中，超脫之後仍要回到現實上，卽是要超脫此一超脫，正如佛家講空之後又講個空空。超實用可做爲實用的基礎，而只重實用的結果必是不能實用；現實的東西只在當時有價值，唯有超現實者才能傳諸久遠而不褪色。

五四時代以來欲建立民主、科學，跟著淸儒實用的立場而反對宋儒，把一切深遠的學問去除，眼中看到的只是最現實的物質、經濟、政治，於是講唯物論而最現實的共產黨就乘機崛起。但是只注重實用，其結果必是不能實用，講階級鬥爭的共產黨將來必毀滅在自己的手中。現實的東西只在當時有價值，實際的東西一變，則什麼都沒有了，故必得要超現實的做其基礎，亦唯有超現實的才能歷百世而不衰。這也是我們讀哲學講文化的人應該注意和負責的。

附記：唐君毅先生在民國六十三年冬來臺講學期間，曾於臺北寓所為中國文化學院哲學研究所博士班的同學做了幾次專題講演，以問題為中心，分別討論先秦、兩漢、魏晉、隋唐、宋明清各期的哲學發展，並時而與西洋學術的發展相互比較，本文只是其中一次講演的記錄。能够耳聞唐先生對中國哲學做如此總體的綜合講述是難得的，更可貴的是唐先生的講演處處顯出一個統貫的理脈，這個理脈不僅說明了整個學術史的演變傳承，更指點了今天時代的意義及讀書人應負的任務，是以整理出來以饗同好。稿成不及請唐先生審閱即付排印，不切之處必多，謹盼望能轉達唐先生的意思於萬一。

（朱建民記錄・一九七七年三月・「哲學與文化」第四卷第三期）

談中國佛學中之判教問題

（爲中國文化學院哲學博士班及臺灣大學哲學碩士班講）

一、佛學之入中國之因緣

這次講述佛學時期的方式與前次相同，重點不在此期學術的內容敍述，而是注意此期學術思想的一貫問題之所在。

佛學自漢朝初入中國，魏晉時漸興盛，到今天已有兩千年的歷史，可說與中國的文化不可分了。其間最興盛的時代則屬隋唐。宋明以後，佛學雖仍存在，但其地位已不如前期崇高。宋儒志在復興儒學，重振中國原有的學問，其精采處已超過同時代的佛學。固然，於隋唐時，中國原有的學術亦未完全被佛學淹沒，其時由道家發展而成的道教，亦有皇帝與若干學者予以支持，但是道教在學術思想上的貢獻則遠不如佛教。隋唐的儒家亦有相當數量的經疏，但其疏解多只是就漢晉之注疏加以整理補充，而無甚新貢獻。因此，在隋唐時期，中國原有的學術，無論儒、道，皆無法與新興的佛學，一較長短。

佛學在中國興盛了一千多年，究竟有什麼樣的問題貫注其間呢？一般講佛學的書常介紹佛教的許多派別，日本學者亦喜分佛教爲十宗，甚至有十三宗的說法。但是這許多宗派並不是一時俱起的，而是絡續生起的，貫注在這許多不同派別的共同問題是什麼呢？

我們今先討論佛學之能傳入中國，以致在中國生根，甚至變成與中國文化不可分割的一部分，其間道理安在？對此問題，一般有三種說法。第一種卽是歐陽修所持的說法。他作本論，倡言佛學之得入中國，乃因中國自身原有的學問衰了，魏晉南北朝正是中國原來學術衰落之際，所以佛學得以乘機落足；若是儒家能補王政之闕，修禮義之廢，佛教自無容身之地。第二種說法以爲佛學之得入中國，乃因中國學問在根本上卽有缺憾。中國原先卽缺乏宗教，因此需要佛教的補足；正如希臘的哲學缺乏宗教，而羅馬後期的西方人，則藉希伯來的宗教作一補足，由此而得續其哲學之慧命。如一西方學者楚查（E. Zurcher）之「佛教徒征服中國」（Buddhist Conquest of China）一書，卽自中國原來之宗教不足，以說明佛教之何以在魏晉南北朝以後之迅速征服中國。第三種說法以爲佛學之得入中國，乃因初傳入之佛教帶有方術與漢末之方術近似，又因魏晉當時有玄學的思想潮流；玄學的道理本來與佛家的道理有相通之處，例如佛學所講的空卽類似玄學所講的無，而當時的大和尙多諳老、莊，且以老、莊的道理來發揮佛經的奧義，我們在高僧傳中卽可發現無數的例證。如湯用彤先生之魏晉南北朝佛教史，即重此漢末之方術與魏晉玄學之足接引佛教輸入之義。此種說法並不以為佛學之入中國只是因中國本身的學術衰落或是有缺憾，而以為亦是中國之學術思想潮流之所趨，本來已可與佛學相接近了。

當然，這三種說法也並不是完全衝突的。譬如第一種說法和第三種說法即不完全衝突，前者是站在儒家的立場，以為魏晉時代儒家的禮義之教衰落，因此佛學得以傳入；後者則以為魏晉時固然是儒學衰微之期，但玄學卻正興盛，因此與玄學相通的佛學即得以傳入。至於第二種說法，以為中國原來的文化裏面即缺乏宗教或是宗教的精神，此點則需要進一步的說明。

中國原先有祭祀之禮，祭祀之禮中祭天，祭祖先，祭聖賢或有功德的人，可今稱為是禮之三祭。此外，祭祀的對象還有地、山川、甚至較低級的動物（如狐仙）、植物等等。這種祭祀之禮，我們即可視為中國的宗教。但是此種宗教有二特點：第一是富有報恩之心，而少求福之意，祭天地即是報天地生養萬物之恩，祭祖先、祭聖賢功德亦是報其對後人之恩德；第二是不為個人設想，不注重個人死後往那裏去的問題。這二點是中國宗教的特徵，亦是中國之宗教偉大的地方。西方的宗教特別注意個人死後的歸宿，對於天堂的福樂、地獄的恐怖，皆有詳盡的描繪。印度宗教亦重視個人未來之生命，更有六道輪廻之說。中國人之宗教不為個人設想，正顯其偉大處，只想到對天、祖先、聖賢功德的祭祀；但不以為祖先死後即不存在了，仍是有祖先的鬼神存在，聖賢忠烈的精神亦是存在的，祭天亦是將天視爲神而存在的，在此等的祭祀中，確有其宗教的心情。西方基督教、猶太教以人有原罪，若在今生不能脫除此罪，卽可能落入地獄；印度佛學，乃至各派哲學，皆以爲人有業障，不能排除業障，卽可能淪入畜生道、餓鬼道、地獄道。此西方、印度之宗教皆重視個人之超昇、解脫，此皆爲中國原先缺乏之思想。又西方及印度之宗教皆重視人的生命本身所有之消極的東西，或稱罪，或稱業障，之束縛、染汚我們的生命，因此欲去除此等消極的東西，而求解脫。印度佛家的理想是在出三界，西方則在得救上天堂。在中國人的心目中，原先並無地獄的觀念，只說好人上天堂，不說惡人下地獄。當然亦有人持不同意見，例如顧亭林卽曾說楚辭中宋玉招魂之說有近似地獄的觀念，但是其中地獄的意思淺得很，亦只是近似而已。故大致看來，中國原先並沒有人死後下地獄的問題。若說是有，則必得考慮個人在現世的解脫、超昇，以免死後入地獄。但是中國人一般不重視生命的本身所原具之消極的束縛、罪孽，因而亦不考慮個人死後的生命，更不會考慮個人死後是否會下地獄的問題，也可以說中國人對這些觀念是欠缺的。中國人的著眼點不在生命本身的束縛，不在求解脫，不在問死後往那裏去，而在於現實生命之價值的把握，及對好人的祭祀。凡對人有功德有創製的人皆設廟宇祭祀，例如：嫘祖、大禹、岳飛、關羽、鄭成功、媽祖、孔子、朱子等聖賢及有功德者。對這些歷史上有功德的人，設立廟宇加以祭祀，且在祭拜之際，相信他們的鬼神是存在的，這是中國人精神之偉大處。在印度，雖有神廟的設立，但罕對歷史上有功德的人設以廟宇祭祀。在西方，對歷史上有功德的人，雖有以紀念堂、紀念碑等形式的設立，但其於紀念中並不含著宗教的情緒；不似中國人進了鄭成功廟或是祖先的祠堂，於紀念的意義之外，仍含著宗教的心情，仍信其鬼神的存在，由此而有上香、供奉、跪拜等行爲。就以近代耶穌會之入中國傳教來說，由於基督教禁止祭拜偶像，除了耶和華外，不得祭拜其他的神祇；利瑪竇卽辯稱中國人之祭孔及祭祖只是紀念而已。但是多明俄會人則加反對，而謂中國人之於祭孔、祭祖中已包含了宗教情緒。教皇採取了多明俄會的見解，禁止中國基督徒祭祖、祭孔，由此而有康熙禁教之舉。亦有人說這種對有功德的人祭祀，不是宗教，而是倫理。但是我們從此倫理行爲之包含宗教意義來看，仍可說這種對天、對祖先、對歷史上有功德的聖賢之祭祀之禮，卽是中國人獨特而偉大的宗教，這個宗教是與倫理分不開的。祭祖先，是祭吾人生命之來源；祭聖賢功德，是祭吾人在倫理道德上佩服的楷模；祭天，是感其生養萬物之恩德。這種宗教不是由個人的立場來設想的，不問人死後到那裏去，亦不重視人生命本身所有之消極的束縛、業障。我們認清了中國宗教的特色後，自可排除以往一些人，例如梁漱溟先生、英哲羅素，以爲中國原本缺乏宗教的意見。

但是第二種說法亦不完全是錯的。中國人對於生命中原有個束縛的體會本不如西方人、印度人之深。廣義而言，人的「習慣」亦可說是人的束縛、業障，人的「情欲」亦使人覺得自身不是完全自由的，而有一種束縛感。在基督教言，人的最大罪惡是傲慢，在佛家亦有貪、嗔、癡、慢之說，這些束縛都是事實上存在著的；但是中國人不謂此種束縛卽是人的本性，而以爲人最根本的性乃是由此種束縛中解脫之性——用佛家語言，卽是佛性。就中國對此生命之束縛，缺乏如佛學般深刻之體驗，而由佛學在此中國之欠缺處作一補足來看，第二種說法亦有其意義。

二、判敎之價値

以上對佛學之得傳入中國的三種說法作了一番檢討，接著我們就要討論佛學由印度傳入中國後，中國許多不同的佛學派別中，有一個什麼樣的共同問題？這個共同的問題應該是與印度佛學不同，而爲中國佛學獨特的問題。由此一共同問題，中國佛學不同的派別，可有其不同的理論解答。

中國佛學家最大的一個問題卽是判敎。判敎的問題是印度佛學傳入中國以後才生起的，中國佛學的派別亦見於其判敎之不同，故我們亦可由不同之判敎去看各派佛學之不同。

判敎表現了中國人對於外來佛學的消化吸收。當佛學傳入時，卽有許多不同的派別。各派皆爲佛法，皆傳爲佛所說，但是其間卻有許多相互衝突、不一致的說法。佛所說是不能有錯的，爲了消弭衝突、避免矛盾，卽以判敎的方式將各種說法融和消化，而謂各派皆爲佛所說，只是佛在不同時，對不同根器的人說法，故有種種不同。印度原先卽有三時判敎之說。戒賢所傳之三時敎，是釋迦佛首言有敎，待有敎出了毛病，就講空敎，空敎又出毛病，再講非空非有之瑜伽之敎；智光所傳之三時敎，是釋迦佛原先說空敎，空敎出毛病，而後說有敎，有敎出毛病，而後說非空非有之般若之敎。依此判敎之說，則釋迦說法之次第是由於前一時的說法出了毛病，為了消除流弊，在第二時卽換一種說法補救。這樣一來，凡是佛經中有衝突不同的部分，皆可分別安排為不同時中釋迦所說，使其不顯衝突。有如早晨言起，晚上言臥，同時說起臥卽矛盾，分開來在不同的時間說，則不矛盾。凡是矛盾的說法，可分在不同的時間來說，卽不再矛盾；這是第一點。第二點，對各種不同的人來說，各人的問題不同，修行的進程不同，缺點不同，則釋迦佛對各人的說法，皆可有所不同。例如釋迦佛有兩種說法，一種是說一切人皆可成佛，一種是說有的人永遠不能成佛，或只能成聲聞、獨覺。這兩種矛盾的說法在佛經中皆有記載。若是用判敎的方式處理，這兩種矛盾的說法是可以並行不悖的；卽說一種是專對某些人的方便說、權說，而非究竟說、實說，另一種才是實說、究竟說。照唯識法相宗承解深密經而來的說法，（玄奘、窺基卽如此說），言衆生有五種姓，只菩薩種姓、不定種姓者，可成佛。聲聞、獨覺種姓，只能成聲聞、獨覺。一闡提種姓，則永不能成佛。故謂釋迦佛之言一切人皆可成佛，除對菩薩種姓外，乃是對及不定種姓的一般人的鼓勵而已。為了要鼓勵此不定種姓的一般人，才說人人皆可成佛；卽如老師告訴學生說：你們每個人都能考取狀元，這話只是為了鼓勵學生用功讀書，事實上，不是人人皆可成狀元的。是以照唯識法相宗的看法，說人人皆可成佛，只是對不定種姓的人之方便說；說有的人不能成佛，有菩薩、聲聞、獨覺之三乘之別，才是實說。但是照天台宗、華嚴宗承法華經，涅槃經而來的說法，則恰好相反；他們以為佛說有一闡提人不能成佛，說有聲聞、獨覺、菩薩之三乘之別，只是權說，乃為有的人覺得由菩薩行而成佛的路途太遙遠，然後釋迦對這些人說聲聞、緣覺為究竟，而有三乘之別。其實只有由菩薩乘至佛乘之一乘法，才是究竟法。此涅槃天台華嚴的看法及唯識法相的看法，是相反的。但這兩種不同的觀點，卻有著同樣的精神，即是把看似矛盾的說法，當作是對不同的人來說，即是不矛盾了。事實上，對不同的人，說法也應該有異，說法應視不同對象而分別應用的。例如老師說學生永遠考不取時，有的學生會因此刺激而奮發，有的學生則會因而沮喪氣餒了，這時必須要換一種說法，鼓勵他，而說他一定能考取。釋迦佛之教衆生，即如同老師之教學生，許多不同的說法實際上只是教法的不同，或是于不同時對不同人而說；這些不同的說法，分在對不同人、不同時來看，都是可以成立的。若照我們現在歷史學的眼光來看，為了經典內容的不同而作判教的工作，可是不必要的。佛經中的種種說法不一定都是釋迦佛所說的，或是釋迦佛的弟子說的，或是弟子的弟子說的，不過假託釋迦之名，其間說法自然有種種差異。此是一現代之觀點。但是以前中國人則不採取此種歷史學的觀點，卻肯認這些佛經上的道理，都是佛所說的，都是不會有錯的；基於這種信念，中國人用了判教的方式著意安排，以消除諸佛經間的矛盾衝突。但是佛經如此之多，欲將印度傳入的佛經皆予一適當的地位，在判教的安排上，自有許多可斟酌處。於是，對於諸佛經如何運用判教的方式安排妥當，就產生了中國許多不同的判教理論。

三、吉藏、智顗、法藏之判教

當佛學初入中國，佛教內部之判教問題未正式出現之先，原有格義之說的產生。格義就是要找出佛學與儒家、道家在義理上的相同處，拿一些名辭概念所涵之義理來互相比格說明。較格義進一步的，則是拿整個儒家或道家的境界與佛學相印證，如僧肇卽以為儒、道、佛之聖人的最高境界都是一樣的，而拿儒、道來說明佛學。此外亦有人以佛學與中國儒、道之學是互相衝突的，如弘明集中所輯之當時反對佛學之文。此皆是以中國固有思想與佛學思想作一般的比較。佛教中之判教，則是對佛教本身各宗派之教義之同異作比較。

至於專就中國之判教的說法來講，則智顗之法華玄義有南三北七之說，卽南方有三說，北方有七說，後澄觀之華嚴疏抄則有十五家之說。宗密圓覺經大疏所述判教之說，有人數過是二十餘家。但就其中一方判教，一方於所判之教又有所宗主，而為一宗之大師者而言，則首推吉藏。華嚴疏抄謂吉藏判佛說之經為三法輪，卽根本法輪（佛初說之華嚴）、枝末法輪（佛中間所說）、及攝末歸本法輪（佛最後所說）。澄觀責其何以將般若放在枝末法輪。但我近來懷疑此澄觀所傳之吉藏說，恐非吉藏說之眞。因吉藏之三論玄義乃重在判別大小乘，並以十義判當時人所視為大乘之成實論為小乘。在大乘中，則吉藏不滿攝論師之說，明歸宗于般若，而引華嚴、法華為證。吉藏亦可說為綜結東晉南北朝以來之般若三論之學之一大師，決不致以般若爲枝末法輪。唯吉藏以三論之破邪即顯正，爲般若之所歸，則未必是。因般若學之自身，仍有其教義，如般若須出于大悲，與方便配合等，此不可以三論之破邪盡之。

次一個判教的大師是智顗。智顗之判教，分佛說法爲華嚴、鹿苑、方等、般若、法華涅槃之五時，又分藏、通、別、圓，爲化法四教，頓、漸、秘密、不定，爲化儀四教。此說比較複雜，而具一系統性。其顯然進于吉藏之處，在對當時傳入之地論人及攝論人之說，安排一地位于其五時教中之第三時，並屬於其所謂藏、通、別、圓之化法四教中之別教，又將華嚴列爲五時教中第一時之圓頓教，法華經列第五時之圓教，涅槃經則列爲教聞法華而尚未得度者。涅槃經講佛性。智顗之學之進於以前之般若宗者，則在由般若經之法性實相，以講正因佛性；由般若經之觀照般若，以講了因佛性；由般若經之扶助般若波羅蜜之布施等五度，以講緣因佛性。是爲三因佛性。了因佛性，重在觀空，成般若。緣因佛性，重在有五度行等，成解脫。正因佛性，是中道第一義空，證此，成法身。智顗之空、假、中之三觀之「中」，即對應正因佛性說。故別教之能見有此佛性眞如，而能次第對惑業煩惱，修解脫行、般若智，而與此佛性眞如隔別不融者，則稱爲只見「不但中」之別教。只有能即惑業煩惱，以修解脫行、般若智，而見三因佛性，如印度之伊字三點，與佛果之三德，圓融不二者，方爲見「不但中」之圓教。智顗之以「中道」爲佛性，以言空、假、中三諦，更配成七重二諦，與吉藏之以眞空俗有不二之「中道」爲佛性，而言三諦，配成四重二諦，形式上有相類處，而內容更豐富。又其以三因佛性與佛果之三德，圓融不二，則與涅槃經之言佛性，尙有以「十二因緣爲因，觀緣智爲因因，菩提爲果，涅槃爲果果」因果縱列之說，其實不同，而有所進。

第三個判敎之大師是華嚴宗之法藏。法藏之判敎，大體承智顗之五時四敎，而成小、始、終、頓、圓之五敎。於始敎中，又分相始敎與空始敎，以位攝論一系之法相唯識，及般若之經論，又立終敎以位大乘起信論，立頓敎以位新起之禪宗。（後宗密判敎，承法藏更依三敎，以判禪宗之三宗。）此法藏之判敎之進於智顗者，即在能爲新起之禪宗，及大乘起信論之說，安排一地位。在智顗之時，大乘起信論未出。在智顗之別敎中，亦安排不了大乘起信論之思想。因在智顗之別敎中，其眞如佛性之體乃深藏未顯，唯待人次第修行修觀之工夫，斷盡惑業煩惱，然後顯。故此眞如佛性之體，與人當前之修道工夫，彼此隔別不融，故不能言卽修卽性，卽工夫卽本體。但在大乘起信論，乃以「衆生心」之一法，統智顗承慧思而言之「心」、「佛」、「衆生」之三法，卽直下顯示「心佛衆生，三無差別，卽心性卽佛性」之義。起信論言此衆生心有眞如門及生滅門二門。心眞如爲一法界大總相大法門體，其體大、相大、與用大，互不相離。此心眞如與無明和合，似智顗所謂無明法性合，而有心生滅門。此二門互相熏習。心生滅門，卽煩惱之原；悟心眞如卽菩提之原。人之修道工夫，卽以心眞如熏心生滅，使衆生由生滅門入眞如門，悟眞如之本覺，以有始覺，以至圓覺，而成佛。此不能說是智顗之別教、而極難與智顗之圓教義相分別。故在天台宗人、如湛然於此大乘起信論，亦初未斷爲別教，亦用其隨緣不變之名，以講心性，但又似不便列之爲圓教。此即見智顗之判教應用於其後出之書，不無問題。對於禪宗，則天台宗人初不重視，至宋之天台宗人則與禪宗爭佛門正統。然法藏之判教，爲小、始、終、頓、圓五教，其圓教與智顗同，其小教即智顗之藏教。以頓教爲禪宗列一地位；而以始教概括智顗之通教之般若（宗密稱爲空始教），及別教之攝論（宗密連唯識法相之論併稱之爲相始教）一流之說；更以大乘起信論高於始教之終教，其位高于始教，所論之理爲圓理。然又不以圓教稱之。而保存此圓教之名于頓教以上之華嚴。

四、法華、華嚴二經之對比問題

此法藏之判教，因其既承智顗之說，又能爲大乘起信論及禪宗安排一地位，顯然更能涵融各派之佛學。遂引起天台宗之湛然爲重振天台之宗風而爲智顗之書作疏記。智顗嘗說華嚴經乃圓教中帶別教，此尚無所謂。如華嚴之大經，帶一些別教，亦無礙。但至湛然之疏記，則有心貶抑華嚴。如其法華玄義釋籤卷十論判教處，即說華嚴經未如天台所宗之法華之開權顯實，亦未如法華經之佛之由其近成，以及于其久已成道之遠跡，（如無量刼來恒說法華等）而更發跡，以顯其法身常住之本。又謂華嚴只對菩薩說法，不被小乘根器之機，不如法華兼對三乘說云云。然若依天台宗及華嚴宗共許之五時教去看，則佛初說華嚴時，原未說權教，自無權可開。佛說權教後，因其中有不圓不實之義，佛之本懷未暢，故須說法華以補其所不足,而開權顯實。但在佛說華嚴時,既未說權教，亦無須補其所說者之不足，自可只說一圓實之教如華嚴經所說，而佛之本懷亦無不暢。又華嚴經雖只就釋迦之初於菩提樹下成道時，不離世間之此樹，而升天，本其自證境界而說法，固未說其「久遠以來恒說法華」等跡。然依華嚴經之義，在佛之海印三昧、普眼境界中，一處卽一切處，一時卽一切時，一現卽一切現，華嚴會上，佛將說法時，光明遍照，一一光中，各出十方諸佛世界，過去、未來、現在，一切諸佛，皆悉顯現。何須更由近及遠，發跡顯本?至於華嚴經之不被小乘根器，乃由小乘根器之聲聞，在華嚴會上，自如聾如啞，非佛不欲被小機。此亦如法華會上有五千人退席。佛亦無可奈何。依五時教，亦唯因小機於華嚴會上不聞不解，然後佛於後三時中說天台所謂藏、通、別等教，更有第五時之說法華，以開權顯實。若佛說華嚴先被小機，則以後之四時教皆無，法華之圓教亦無。湛然何可以此責華嚴之不足。故依華嚴宗人之意，於此湛然所說之三者，卽正可轉而取之以證華嚴之佛成道時，乃頓說「其自證境界中之不與餘教相待，亦迥然別（此乃分別之別，非隔別之別，智顗之別教乃隔別之別，不可以分別之別釋之。）異餘教」之一乘圓實教，此卽澄觀所謂「頓圓」，而卽在此頓圓之一義上，高于法華之「開三乘之權方法一乘之圓實」，乃「漸圓」者，是卽見華嚴之勝於法華。遂與湛然之所說，正相對反。然此湛然與澄觀之二說，實永無相勝之期。因依二家同認華嚴在五時教中爲日初出時，爲始；法華在五時敎中爲日還照時，爲終；餘三時敎所說三乘敎爲日之轉照時，爲中。華嚴爲三乘敎所自出之一乘，法華爲三乘所同歸之一乘。始必有終，終以返始，三乘出于一乘，必歸于一乘，而歸卽歸于所自始，如智顗于法華玄義卷十所謂「初後佛慧，圓頓義齊」。此中之「始」、「終」之相涵，「自出」與「同歸」之相涵，卽見佛之垂敎之自行于一圓。如日之由初出而經轉照時，至返照時之爲行于一圓。則於此，由始之非終，而謂始不夠圓，如湛然說；或由終之非始，而謂終不夠圓，如澄觀說；卽皆于二家所同許之五時敎相悖了。實則畢竟華嚴與法華之同爲圓敎，只須自二經所顯示之義理定。不當自佛說之時機，而分高下。則法華經之神話式的說：「釋迦佛之久已成道，其所垂之種種敎迹，皆顯其常住法身之本」、「其今日之說法華，由其無量刼來恒說法華」、及「由佛之本懷原望衆生開示悟入佛之知見，故有今說法華時之開權顯實」等，固是本跡權實相卽之圓敎義。華嚴經之神話式的說「毘盧遮那佛于一心之海印三昧中，所展現之一卽一切，一切卽一，主伴重重，相卽相入，諸佛與衆生交徹，淨土與穢土融通，法法皆彼此互收，塵塵悉包含世界」之客觀法界的無盡緣起，同爲一如來性起正法心（此心于佛爲顯，于衆生爲隱）之所起，亦是鎔融無礙之圓敎義。二經之所說之爲圓敎義，唯當自此二經之內容所涵之客觀義理說。不可謂華嚴之佛只說其海印三昧中境，便與衆生法不卽，而非圓敎。亦如不可謂法華之佛說其所憶之久遠以來之事迹，便與衆生法不卽，而非圓敎。而佛之說此圓敎之時機，亦與此圓敎義理之爲圓敎義理無關。然而湛然與澄觀，乃欲自佛說二經之時機，以爭勝負，實未見其可。

此外，湛然與澄觀還有許多立義不同之處，但實與華嚴、法華二經所啓示之義理，多無直接關係，而只是他們對若干佛教問題或對圓教之意涵所主張者之不同。如湛然之以智顗觀音玄義有性惡之義，而責華嚴宗人唯一眞心廻轉，其義不圓；「忽都未聞性惡之義，安能有性德之行？」然澄觀則亦許性具善惡染淨，而又自「淨能奪染」及「佛心雖知世間染淨法，而自無染」說，則在第一義之佛性，不許言性惡。此外澄觀又承大智度論及涅槃經主無情物，如草木無佛性，只有法性，但亦言「二性互融，無非覺悟」。然而湛然則只自「法性佛性，互融爲一」處講，不分二性，以言草木瓦石成佛。後之天台知禮亦抓住此點，說澄觀之說只是別教，不知澄觀亦有二性互融之說。其餘湛然、澄觀不同之處尚多。而天台宗與華嚴宗，遂成相爭之勢。此與智顗對華嚴經，除說略帶粗之外，更無貶辭；法藏對智顗亦無貶辭之情形，遂大不相同。

五、佛性有惡與否之問題

由唐代之華嚴宗之大師輩出，歷法藏、澄觀、至宗密，而華嚴之勢，如日中天；影響及于五代及宋之天台宗人，而形成所謂山外派之天台宗之說。遂有與固守天台教義，以抵拒華嚴宗之所謂山家派之天台宗之互相爭論。在此天台宗山外派與山家派之爭論中，彼此相責多是說對方違悖本宗之宗旨，與智顗、湛然所垂之教不合；而自辯者則對同一之遺文，作不同之解釋，而自謂與本宗之宗旨，智顗、湛然之教，未嘗不合云云。故此中之辯論，重疊繳繞，門戶鬪諍之意識甚強；似未眞能共同面對義理之各方面各層次，而作是非之辯。如以佛性有惡之問題而說，若謂佛能于一切善惡之法門，皆如其所如，知法住法位，而通達之，並可表面上示現惡法門，化度衆生，是爲佛性有惡。此當然是可說。又由人之成佛，其修道工夫，須卽煩惱而證菩提，卽三障而顯三德，故性之淨善之德，不離染惡，必須遭遇染惡，通過染惡，淨善之性方顯。故此淨善之性，有此「必須遭遇染惡，通過染惡」之性，而此所「遭遇通過之染惡」、則亦可說爲淨善之性中之所涵，而亦可名之爲性。如性中無此染惡，而修道工夫，又必須遭遇，通過此染惡，則性與修道工夫，卽不能相卽不二，故湛然、知禮以爲必講性惡，乃能言性修不二之圓教義。此亦非無其理由。但人之修道工夫通過染惡，卽超化染惡。超化染惡，卽畢竟無染惡。唯由此方能全顯佛性，以至成佛。則此佛性中不須更說有染惡。然後佛之全修之淨善，方能與「佛性」，全體相卽，而圓融不二。則天台之斷修（惡）存性（惡）于此處，卽不必說。是見此佛性有惡無惡之問題，並非不能純自義理之方面層次上加以分別，而加以融通。然而後天台宗之山家之知禮，則以爲不談性惡，便違湛然之祖教，而同于華嚴宗人之說，乃專以言性惡，言一念無明法性心，或觀妄心，爲天台之宗旨之特殊處；以便與華嚴宗人之言眞心者，相分辨，相對抗。實則如湛然、知禮所重之性惡之義，只在智顗之觀音玄義中泚及。人或以觀音玄義爲僞著。此固不必然。但智顗之書少了此部，顯然無礙于人之了解智顗思想之博大精深。智顗之重要著作如摩訶止觀只言開三障顯三德。其言無明卽法性等文，我在原教篇中曾說，皆屬於觀法中事，卽工夫中事，乃以成就「無明不復流動」之「朗然大淨」之法性爲歸；卽非歸在：無明法性之處處並舉。其四念處一書之言一念無明法性心，亦明說意在要人觀一念無明心之空假中之法性，以成其破無明之修道工夫，亦非重在並舉無明法性以言心。此皆不必涵性惡之義。說性惡，固未嘗不可，只要明其義理之方面層位。如上文所說。但智顗除于觀音玄義一書外，皆不說性惡，亦未嘗不可。豈如湛然之所說「未聞性惡之名，安能有性德之行？」此卽無異爲了與當時之華嚴宗人對抗，而自陷于思想上之狹路，而反違于祖師智顗之通達之論了。

六、圓教之標準及法性無明之卽與不卽問題

此外唐宋之天台宗人與華嚴宗人，天台之山家與山外所爭之問題，還很多。大體上說，于華嚴、法華二經之同爲圓教，皆一無異辭。光統者闍判華嚴爲圓教，其說尤早。但唐代天台宗人恒傾向于貶抑華嚴經或華嚴宗人之說，爲次等之圓教，而天台之山家更以受華嚴宗影響之天台山外宗人之所持之義，如不變隨緣等，爲仍在別教範圍，而山外人則不承認。此則亦形成爭端。此一問題連于圓教之標準問題。圓教之標準，可以說得很多，亦可以說到很少。在很少處說，則依智顗、法藏同有之根本

義，只須肯定華嚴經所謂「心、佛、衆生，三無差別」（天台宗之「一念三千」，「十界互具」，華嚴宗之「諸佛與衆生交澈，淨土與穢土融通」，「一攝一切，一切攝一」，皆可爲表此「心佛衆生，三無差別」之義理形式。）；卽衆生心性而修，卽見佛心佛性；此中之修（各位之修）與性（各義之佛性）間，修因與證果間，無隔別不融之事，便是圓教。故圓教之異于智顗所謂別教，卽以「修道工夫與所依持之體之關係之卽不卽、融不融」而定，而不依于對此體自身之如何說明而定。故依智顗，于攝論人、地論人所視爲究竟依持之體，雖或說爲賴耶，或說爲阿摩羅識，或說爲眞如法性；但以其修道工夫與所依持之體，隔別不融，須先以無量工夫破障斷惑，然後顯此眞如法性等，智顗卽皆判爲別教。故別教不止一家。依同理，佛說非別教之圓教，亦不止見于法華一經，成獨頭圓教。卽只須所說之所依持之體與修道工夫，相卽相融不二，因而所依持之體之圓滿無礙，時時能顯爲修道工夫之圓滿無礙，如於無量煩惱中，此體亦能直顯爲修道工夫，而頓斷煩惱，如智顗所謂「神通人雖處牢獄中，而能穿牆破壁。」于無明煩惱束縛，不斷而斷，不脫而脫。若無無明，煩惱斷盡脫盡，則此體之圓滿無礙，卽顯爲佛之無邊功德，無邊智慧；則無論于此體，說之爲法性，或中實理心，或眞善妙色，或實際，或實相，或三因佛性，或法性眞如海，或如來藏，或性起正法之性海，或常住眞心，或自性清淨心，只要此所依之體能直顯于修道工夫，與此工夫眞正相卽相融不二，卽皆是圓教。故法華、華嚴、楞嚴、圓覺、涅槃等經，維摩詰經之一部，以至如智旭所說之大乘起信論，同是圓教經典。

在宋代天台宗之山家山外之爭中，則山家堅持以性具爲圓教之標準。實則智顗初于此無明說。蓋由華嚴經有性起品，湛然乃標出性具，山家知禮乃謂「只一具字，彌顯今宗」。然在華嚴宗人所言之緣起，全是性起，而「起必先具，具不必起」，更當是圓教義。此問題今暫不論。於心性問題，山家力主以一念無明法性心，爲當下工夫所依持。於是說凡主「唯眞心」爲依持者，只及于此中之法性之一面，未及于此中之無明煩惱之一面，不知無明卽法性，煩惱卽菩提，故不如說此一念無明法性心之圓滿。然山外派之受華嚴宗人影響者，其著作多散佚，觀其意向，乃在以眞心之一念靈知爲當下工夫所依持；則可說：此眞心一念靈知，自當下能知此無明煩惱，與此無明煩惱，初無不卽，而以眞攝妄。但此心之一念靈知之知此無明煩惱，而觀此無明煩惱，卽能穿達之，超化之，而此心之自廻轉，卽能破無明煩惱，故知其畢竟非實；而唯此眞心之靈知，具此「橫觀無明」與「縱破無明」，與無明「卽」而「不卽」之兩義者，方爲圓滿具足。唯因此心與無明能卽而不卽，然後此心與修道工夫，乃相卽相融不二。然後衆生能成佛，衆生心與佛能眞相卽而無差別，此卽更上一層之說。此中之二層之說之爭，我們可說，是在前說乃以于無明法性心中，只取法性說眞心者爲半字教，必在本體論上兼說，方爲圓滿教。依後說，則只說法性與無明相卽，不說破無明而不卽無明，爲半字教。依工夫論，必說一眞心之橫觀無明，而縱破無明，與無明卽而不卽，或說此「卽」卽「不卽」者，方爲圓滿教。如生命在病中，遍生命卽病，然生命必求去病，而不卽病，方成其生命之圓滿。智顗摩訶止觀卷十言

「此境無明法性，宛然具足。傷己昏沈，今始覺知。……既是法性，那得不起慈？既是無明，那得不起悲？」此境卽山家所依止之一念無明法性心，爲人緣之以起工夫者。此是一層面之說。但如在山外，則可說工夫乃起于「今始覺知」之覺知，此正無異眞心之一念靈知，而此靈知，則只能說爲破「昏沈」之無明，能起無盡之「慈」、「悲」，以更破無盡之無明之「法性之明」，而只與無明相卽之無明法性心，縱無盡的現起，亦只是待此中之「法性之明」迴轉於其中，而有之無盡工夫，加以超化之妄心而已。此又是一層面之說。此二層面之說，重點不同，自爲二說。必分其層面，乃互不相妨，有如無住涅槃之說與無餘涅槃之說之互不相妨，亦皆可爲上引智顗之言之所涵，而知其俱有所是，而加以融通。然此皆屬進一步之問題。而無論人于此一念無明法性心爲依持，或以眞心之一念靈知爲依持，只在其修道工夫與此所依持者之體性，能相卽相融處說，亦皆可同爲圓教也。

以上略講中國佛學中之判敎問題，與天台、華嚴二宗判敎論中所判爲最高之圓敎所引起之問題。大約皆不出我在原性篇及原道篇卷三論佛學之部之所說，但亦有補充。照我的意思，判敎問題實是中國佛學中之一中心問題。智顗、法藏之判敎，能顯出當時自印度傳入之佛學之各有其是處，而使之各得其所，其胸襟實至濶大。但天台之湛然與華嚴之澄觀，爭爲圓敎，天台之山外與山家之互斥相諍，又平添許多問題。此則非只取已往由宗派主義之立場，而有之判敎論，所可能解決。此只有就其中爭辯之一一問題，純自其所說之客觀義理之方面、層次，細加考察，方能定其是非，或加以融會貫通。

此則須對其中之問題之發生之次序，多取歷史的觀點；對種種之客觀義理，多以哲學的思辨，加以分別了解。則我們亦可對已往之判敎論與由之而有之爭辯，重加以批判，而對佛家之經論，雖不必信其皆本釋迦一人所說，亦不墮入宗派主義之門戶之見，仍可就其所說之敎義，判別其類型，而重造一判敎論，以補以前之說之所不足。此當是我們今後之佛學研究，一可能有之進步所在。希望大家從此方向去努力。

（朱建民記錄‧一九七七年十一月‧「哲學與文化」第四卷第十一期）

學術名辭之形成

今天我所講的是學術名辭如何由一般文字名辭產生的問題。今姑分爲八項說：

一、推擴成名

所謂「推擴成名」，卽吾人將一一普通文字之涵義推擴出去，而使之成爲一學術上之名辭。如「氣」之一字，最初是純用來指述雲氣或水氣之上昇，而呈現出一流動的，無形的，變化的等意義者。今吾人專將此諸意義抽出來，而以之指任何變化的，流動的，無常的，或無一定形之存在，則此「氣」卽變爲中國學術上所講之「氣」，而非只爲雲氣、水氣等物質之氣。而人之生命之氣，卽爲生氣；人之精神之氣，卽人之志氣；一般社會上風俗之氣，卽爲社會風氣等。又如吾人恒說之「力」字，而一般人通常言「力」，則重從人之筋肉所表現之堅實強壯之力而言。但在物理學上力之涵義來說，則凡是能將一物質東西移動多少距離者，卽名爲「力」。而凡能使一物質的東西互相吸引者，在物理學上卽稱爲「引力」。此物理學中所講的「力」，由此再進一步則爲哲學上所稱之「力」。此卽能使任何存在改變其性質的皆是力，而不限於物質力，所謂權力、勢力，或精神力、生命力等，皆是力矣。

二、局限成名

吾人於上面講過將普通常識上所用之語言文字，加以推擴或開拓，而使其成爲一學術上之名詞，以供學術上之使用。今將翻過來講一講，而可將一一較具普通意義之文字或名辭，加以特殊化而局限其意義，使之成爲一較狹義之專門之學術名辭。如「經濟」之一名辭，原指經國濟民之道之術，其義至廣，今則專指生產交換分配消費之有關財用之學。此則唯由於吾人將局限其名之涵義而來。

三、類比成名

此種所謂類比以成名，概言之，約可別爲三種以說明之：㈠爲具體比具體。此中所謂具體比具體，而使之成就一名辭者，卽以此種具體事物，與他種具體事物相類似的，而加以類比，以成其名。如吾人現在居處之自然世界，此自然世界之中，有山河、日月、草木等等之具體東西，而在吾人之身體上，則有眼、耳、口、鼻、眉等等具體之器官。然就吾人之鼻來說，則可以「山根」名之；而吾人之兩額上邊，可以「日月角」名之。道教之修鍊之書，及看相之書，於人體各部之專門名辭，大皆由此而來。㈡爲具體比抽象。此中所講之以具體比抽象，而成就一名辭者，如以愛力比物之物質相吸之力，則愛力較具體。又如講算命，一人之八字中，如年月日時中有丁丑與丁卯二柱，此二者上所相同之字爲「丁」，意卽「比肩」之謂。故世之言命理者，謂之兄弟同行。此爲以具體比抽象。㈢爲抽象比具體。由抽象義之字，而與具體義之字兩相類比，此亦可使之成爲一名辭。如吾人於男女之婚事，其中男方則稱乾宅，女方稱坤宅。然吾人之初言乾坤之義，原是指天地一健順之德，今卽只以之比具體之男家與女家。

四、舉正攝反、舉反攝正成名

反訓，佛家之戒，戒止可引至涵人當作止持、作持，止不止爲作，作不作爲止，治爲治，亂亦爲治。

五、舉因攝果

吾人於上面言類比以成名之三種方式，此可說皆由吾人將兩兩相似之事物，分別加以類比而引生一新名辭。今所謂舉因攝果，卽據因之名，以使其攝果之義，而以成名。比如說哲學上之所謂「一元」，即是說一切東西乃同一本原而生，但一元論則可直就同一本原而生之一切果，而謂之爲一元或一體。又如「因明」一辭，此爲印度邏輯學之名。然其最初則僅用以指述人之推論，其所依在其理由，而此理由即爲其原因，吾人依於對此原因或理由必認識或明白，乃正確之推論。但因明學則不只講此因，亦講由因而推出之一切結論之果。此即以因明之因攝其果矣。

六、舉果攝因

此種「舉果攝因」之說法，乃上述一種之顚倒。譬如吾人之謂人殺其父母爲「五逆」，而佛家則以「五無間」來指「五逆」，即意人如犯「五逆」之行爲，其結果即要進入五無間之地獄也。故吾人可以用「五無間」一名，來指凡犯有「五逆」之行爲之人。又如道教中「玄關竅」一名，原義是說於此竅修工夫者，即可達到「悟玄」之結果，即依此果以明能成此果之一因。再如佛學中所說之「藏識」，此藏識則爲能藏一切經驗意識之習氣種子者。是即此亦爲指一切「藏之用以攝體」者。

七、舉數成名

然吾人於此更當進而討論一下，此即所謂「舉數成名」者。但何謂「舉數成名」呢？對於此說舉數以成名，即就吾人之學術上或日常生活上言，有些文字之表面只是一數字，但吾人若將此數字與他字連起來，乃可變爲一有意義之名詞。如吾人通常在文學修辭上，有所謂四聲八病，此中「四聲」當是四種聲音，「八病」則明是指人做文章時所犯之八種弊病。然四聲是何四聲？八病是何病？於此可不必說。但此卽爲一舉數連一字以成名之顯例也。在學術之名，如倫理上之三綱五常，佛學中所言之「八識」，皆此之類也。

八、略名代廣

吾人於學術上恒有將道理說了一番後，而歸結於一詞，此可說是「略名代廣」義。此如天臺宗所講的「別理隨緣」之名，「別」是指「別教」，「理」則是指「眞如理」，「緣」是指世間緣。此卽是說只講眞如理之隨世間緣，可以只是別教而非圓教。此中所言「眞如理」「別教」「世間緣」之名，原是二字或三字之名，今吾人只單舉理一字別一字，卽可以代替。是卽吾人所謂「略名以代廣」者也。

九、相喻成名

在吾人通常所用之文字中，義理上鄰近成名，皆由推擴一義而省略原義之所致。如吾人之以花喻美人之麗色，以日之光喻人心地之光明磊落，了無隱藏之私，或以人之氣質相投，而謂之同心等。此皆由吾人心中先有一觀念，如美人等，乃取花之美色以喻之，藉以表示一觀念與觀念間之關係，因而相喻以成名。學術名辭，則以龜毛兎角喻畢竟無有之法，以山河大地喻宇宙之全體，即皆此之類。

十、以消極義顯積極義成名

此是由消極面之意義以顯積極面之意義，因而成名者。如佛家之所謂「涅槃」一名，其意義是指清淨、無煩惱與染汙等等，而此種種煩惱、染汙與雜念等等，爲吾人此現實世界中明不能免除者。故吾人在此即可以涅槃，來表示人生之無煩惱、染汙以及清淨之境界。此即成了一名字，從反面以顯正面之意義者。復次，如吾人恒說之「無窮大」一名，或「無明」「無爲」等等之名辭，則皆可說同由消極面之意義，以顯其積極面之意義。如「無窮大」之義，可從無有窮盡之處顯；「無明」之義，可從之無人之光明、無虛明靈覺之良知上顯；「無爲」之義，即從無吾人之有爲上顯，是即所謂由「無」而顯「有」，而各自成名者也。

（麥仲貴記錄）

西方近代理想主義之哲學精神(註)

我們上所提出之大內在精神，我們只說其對西洋一般社會文化是新的。所謂其對一般社會文化是新的，卽是說此精神尙未能主宰其社會文化，與一般人之意識情調，或實際上之行動事業。然而我們卻不說其在學術思想之理念上說全是新的。純從學術上、思想上、理念上說，則西方之理性主義、理想主義之傳統，發展到近代康德、菲希特、黑格耳以下之理想主義，或客觀唯心論時，我們上述之理念，實原則上已形成。此派哲人亦多表現對大內在精神之實現於文化有一嚮往。此派哲學，在理論內容方面，不是莫有缺點，其他派之哲學亦不是莫有其他精神上與理論內容上優於此派哲學之處。但是在哲學精神方面說，則此派哲學，最能表現向上提升西洋近代文化精神，以成爲一更高文化精神之要求。至於在理論內容方面的缺點，是任何人類之成形的思維體系所不免。這在哲學本身看來是重要的。然而從其哲學上所代表之文化精神之要求上看來，則並不很重要。

我們之所以說此派哲學之包含大內在精神之理念對於大內在精神之實現於文化，表現一嚮往，這是因此派哲學對於如何在思辨上，將超越之神與客觀的現實之自然社會，內在於人類精神或人格，作了西方學術界有史以來最大的努力。這派哲學通常稱爲客觀唯心論。唯心論之一名辭，尙使人誤以爲是與唯物論相對之一片面的哲學，而使人對之生許多錯誤、不相干之聯想。實際上此派唯心論之所謂心，根本非通常所謂與物相對之主觀經驗的心，而是超越物而涵蓋物與主觀經驗之心。此派唯心論可謂與實在論相對。尤其是其與亞里士多德、聖多瑪之實在論及近代之新實在論相對。此二派哲學間生了許多互有優劣之爭辯，使人對此派哲學精神亦常有誤會。但這兩派之哲學理論雖是相對的，然在哲學精神上說，理想主義之哲學精神，實可涵攝實在論之哲學精神。實在論之哲學精神，無論如何只是表現一人類求肯定一「客觀獨立之實在」，以爲人類之活動之「所對」或「根據」之精神。無論人是要肯定一「物質之客觀實在」或「社會」「自然」「上帝」「超越理型」或「潛在事物」「價值理念自體」之客觀實在，他都只表現求一人類活動之「所對」或「根據」之精神，並不能眞表現一最高的「尊重人類精神活動本身、人格本身」之精神，然尊重人類精神活動、人格本身之精神，則又必然的涵蘊尊重人之精神活動之根據與所對之精神。所以自精神上說，前者必可包含後者，而後者不必能包含前者。因此，無論我們在哲學理論本身取何見解，然而我們必須轉自理想主義之哲學中，看出一偉大的眞尊重人類精神與人格本身之精神。他們之將「上帝」「現實自然」「現實社會」內在化於人類精神之思辨，你可自哲學理論上反對，或指出其不足（此不足我們亦是承認的。可參閱本書後評黑格耳及論超越實在論處），然而在哲學精神，你必須承認他們之此種努力去顯示「人類精神，與人格之至高無上」，表示他們對人類精神，與人格之眞尊重之精神。此精神是比其尊重「人類精神所根據所對之實在」爲高，而可以包含後者的。所以人縱然全不贊成此派之哲學理論，只把此派哲學純作爲「人類精神自覺的求發現自己之尊嚴」之精神之表現看，亦是應當加以重視的。在這個人類日益物化時代，人類精神要自覺的提昇他自己，以達於更高的文化精神，尤非賴此派哲學精神，去引發人之覺悟與人之鼓舞興起不可。我們如果要我們所論之大內在精神貫徹於今日之社會文化中，以開闢人類文化之前途，則此派哲學精神之普遍的被人了解，尤不可少。所以我以下將對此派哲學精神，作一較通俗切近的說明。

註：本篇爲手稿及手鈔稿，約寫於一九五一——一九五二年。缺第一、二、三章。第四章「康德哲學精神」、第五章「非希特之理想主義哲學」已在一九五二年「摩象」第一卷第一期、第二期發表。第六、七、八章作者自註「不妥當」。本篇將順序重新調整，以原有之第四至十章改爲第一至七章，便於閱讀故也。——編者

第一章　康德哲學精神

西方近代之理想主義之哲學遙承柏拉圖、亞里士多德之哲學問題而發展，然其哲學精神則不同。其哲學精神，主要是承近代大陸之理性主義潮流與英國之經驗主義潮流，與近代之宗教精神而與之一綜合。從文化精神上看，經驗主義之精神，是重視人類之內在的親切的直接經驗之世界。理性主義之精神，是尊重人類之超臨於經驗之上、超越於經驗範圍外，之清明的理性之運用。相對而言，經驗主義是代表內在精神，而理性主義是代表超越精神。近代文化之精神，我們曾說其主要是發現自然世界之條理，並依人之理想以作改造自然社會之事業。重視事業的精神，包含重視經驗之意，而發現世界之條理，建立理想，則須特重理性。我們如果不肯定人之理性能力，並依理性以知一超經驗之客觀世界之存在，則科學之研究，無逐漸開拓範圍之可能，一切理想亦無建立之可能。如果不重經驗，則一一特殊之事業，無由分別的一一成就（培根洛克之經驗主義，表現此義最明顯）。此乃二哲學思想潮流之能助成近代精神之發揚的一方面。但是依經驗主義哲學思潮之發展，當其眞歸於只承認內在之經驗爲眞實時，則此經驗之心與所經驗之物之現象以外，是否有客觀獨立存在之自然物，先歸於不可知，繼歸於被否定，亦至不可爲經驗對象之上帝與爲自我之主體之心，亦可懷疑，而被否定（休謨）。此卽由巴克來至休謨之思想。而此思想之歸於客觀物體與自我之否定，乃與近代重事業之精神之不斷向客觀之物擴張其力量，覺自我爲有力量之實體之意識，是相違的。同時是一糾正近代精神之向外馳求，而破除物執己執之一哲學智慧。理性主義之依理性之運用，以肯定超越經驗之自然世界之獨立實在，以爲事業精神伸展之場所，且肯定運用理性之自我之爲一獨立實體，並肯定一有圓滿理性之上帝之存在，如笛卡兒．來布尼玆之所想，或肯定一涵攝我與自然，心與物之實體之存在，如斯賓諾薩之所想，則又沖淡與我相對之自然世界或外物之重要性，及人類主觀之經驗與作事業之經驗之重要性。此又表示一糾正近代精神之太注重現實之自然經驗的我在現實世界之事業，而使人之心靈超昇擴大之一哲學智慧。然而此二種哲學，在理論上之相反，與其對近代文化精神之各有二重關係，遂又使其對文化之效用自相抵消，旣促進了近代精神，又否定了近代精神，而不能使之眞向前推進。康德至黑格耳之哲學，則不僅在理論上作了融攝二種思潮之工作，亦代表一對近代文化精神之旣求保存復求超越之要求，並形成一更高之精神的理念。

一、康德哲學之精神

這一派之哲學始於康德，康德所深感者，蓋在覺近代文化精神之問題，是一方要肯定一科學研究的有普遍性之客觀對象世界，一方是近代人類社會之實踐事業，應依於一確立不拔之精神道德的基礎。其一生之從事各門科學之敎授，與讀盧梭書後，對法國革命前之精神之感動，與其言「頭上之星空與吾心之道德律，同爲彼所覺有無盡崇高之二物」。乃表示其精神之二面。然而康德哲學之眞正精神，則在眞發現一內心之世界，使人知頭上星空，在吾人心靈之涵蓋的度量之下，而吾心之道德律則至尊嚴而無上。換句話說，卽常識中所謂科學知識所對之客觀世界之存在性，固必須肯定，然而同時亦必須視其爲涵蓋在吾人心靈之下者，唯人格之世界，乃眞主宰科學知識所對之自然世界。由是而一方成就一客觀之自然世界，一方成就吾人之精神自我人格世界。這個觀點，卻同時成爲對於常識與一般科學的世界觀人生觀之一徹底的翻轉。因康德之要兼肯定一客觀世界與人之精神自我人格世界，乃以後者居上位而爲主。所以我們可說自西方學術史上看，自康德起而世界的中心乃眞定立在人之內在的精神自我，卽超越的理性自我，而不在外。有如自哥伯尼而宇宙的中心，卽由地球而移至太陽。康德之成爲近代哲學之分水嶺，卽在其把宇宙人生之中心，定立在內在的精神自我理性自我。此精神自我理性自我，一手放出其心靈的光輝攜帶著知識的範疇，成就科學知識的客觀世界，其中有頭上之星空。另一手則依其自立之道德律，以規定其意志成就道德之實踐、人文人格之世界。前者是精神自我的表現其純粹理性之活動於知，後者是精神自我之表現其實踐理性於行。在知中，昭露客觀世界之條理，在行中，建立人格人文世界。人生有知有行，人人皆知知識與道德之重要，但是一般人們在求知時只是以其心靈的光輝向客觀外在的世界照察，而沉沒於其中以被動的反映世界之條理。此是常識及一般科學家的觀點。而後來辨證法唯物論之知識論，更把此觀點推到家，成認識論上之純粹反映論，而使人之心靈全無自動性，而同化於物。其次人們在行爲時恒以爲一切行爲都是只爲求快樂，而滿足我們原有的慾望，視我們行爲的動機，乃我們原有的慾望所決定。一切道德律都只是使我們完滿的達到慾望目的之方法。此卽快樂主義功利主義之觀點。此二種對知與行，知識與道德之看法，對一般人，均根深柢固，以致人們很難想尚有其他更高的看法，是可能。而康德整個哲學之龐大的系統，便是要翻轉此二種對知與行，對知識與道德的看法。康德這一翻轉之目的，用中國傳統哲學之術語來說，乃一面要明心，一面要盡性。明心盡性爲要顯發人之精神自我理性自我之超越性，涵蓋性，自動性、主宰性，而對世界加以裁成，以求眞建立人格與人文之世界。這我們再分別一說。

在常識及一般科學家或哲學家中的唯物論者，對於科學知識的世界如何之成立，其首先想到的，總是先有一客觀外在之世界，先存在那裏，而後我們的心去認識它。世界的秘密在前，我的心跟在後去探索。客觀的眞理在上，我的心自下去攀求。世界大而人命短，天上的星河無窮無際，而我們的心只隸屬於我在此可憐的地球上的區區七尺之軀。我們先不論此說之是非，但是我們可以說這樣去看我們之能知之心，我們是自處在一卑屈寒微的地位。這不能眞樹人道之尊嚴。要樹人道之尊嚴，我們必須提起此心，振發志氣，我們要看得世界大而我更大。天上星河大，天文學家之心更大。地球之形成之時間久，而地質學家之心能想更久遠地球未形成前之星雲時代。中國陸象山所謂「仰首攀南斗，翻身倚北辰，舉頭天外望，無我這般人」。這一種氣象我們先要眞接承擔。陳白沙所謂「才一覺便我大而物小，物有盡而我無窮」。這話似乎玄妙，但照中國先哲講，只要你不從軀殼起念，相接回頭看你這個心，是個什麼物事，便可明白。不從軀殼起念，則你的軀殼，只你心靈光輝所覆照之一物。此心靈的光輝不僅照你的軀殼，而且照你的軀殼外之桌椅牀榻，與日月山河。整個世界是心靈光輝所朗照。心照此再照彼，而周流四方。由此你便可體會到心靈的光輝之涵蓋性並超越於任何特定之對象之超越性，與此光輝之生生不窮的自動性。但是這些，只是中國先哲的明心之教。此種明心之教太直接而單刀直入。如此去明心，成就不了科學知識，亦不能說明科學知識之如何成就。而康德哲學中之純粹理性批導之任務，卽在一方要使科學知識眞能成就。同時並說明科學知識之如何成就，而把我們之心靈之涵蓋性超越性、自動性顯示出來。康德哲學之有助於中國哲學中之明心之教，而爲吾人所當融攝之西方思想其理由亦卽在此。康德哲學在尊重科學之西方近代文化中，有至高無上之地位之理由亦在此。

二、人心之涵蓋性、超越性、自動性與科學及形上學

康德如何去說明科學知識之成就，是依於此心之涵蓋性、超越性、自動性？此卽由反溯科學知識

之形成之形式條件開始，或追問科學知識之如何可能開始。這個問題之立腳點，是站在一切科學內部問題之上，亦卽站在科學研究的所謂對象之上。不管是數學、幾何學、天文學、地質學、物理學、生物學，總是科學知識。不管你研究的是數，是形，是天體，是地球，是聲光化電，是林林總總的動植物，這些總只是科學的心靈的光輝所涵蓋的對象。科學知識之如何可能的問題，使我們立腳於科學之上，亦立腳於形數之世界與自然之世界之上。科學是偉大，但科學的偉大同時證明能形成科學的人心之偉大。科學的形成，由於人心之認知所謂對象世界時，他不全是被動的。由他世界獲得經驗，他同時是把世界安頓在感性範疇如時間空間、理解範疇，如一多有無之內，並由我們之理性所創發的超越的理念，如「我」、「世界」、「上帝」，以領導我們去擴大科學知識之系統，科學知識世界。這些範疇或理念，乃自人心之自身，隨其光輝之放出，而自動顯發，以爲規範世界之普遍客觀之條理，成就知識系統之必然的條件。此顯示人心之能形成科學知識，他不只是被動的反映，而是自動的不斷顯出其理解之能力，與理性之運用。康德這一套科學知識如何可能之哲學系統，其中有重重架構之一套概念，與各種論證，其中亦包含種種問題。這些屬於比較專門方面。我們不能加以討論。但是一切的一切，只是爲使人自覺科學這個東西只是人心之所創發，科學統率於人之有超越性涵蓋性之精神自我、理性自我。唯有此自我之存在，科學乃可能。科學之內容是有必然性普遍性客觀性之知識。有必然性客觀性普遍性之知識，必須對我與一切人之任何可能經驗而皆眞。有必然性普遍性客觀性之知識，必須有使其具必然性普遍性客觀性之必須條件。此卽各種成就知識之範疇。而我之相信眞的知識之超越於我個人已有之特殊經驗，而對於人類之一切可能經驗而必眞；卽證明我之有一超越於我的特殊經驗之超越意識，或超越的理性自我，以涵蓋一切可能經驗之範圍，人類可能經驗之範圍，此亦卽客觀對象世界，或科學所研究之世界之範圍。由是而科學知識中的客觀對象世界，在人心之下而不在人心之上。科學屬於人而非人屬於科學。由此人才能在科學所對之自然世界之外，再建立一人格人倫之世界，與人類之全般文化之分別發展，包括科學、道德、藝術、宗教，各方面之人文世界。

康德的哲學，一方面是要成就科學，同時限制科學。在他成就科學的一方面，他不曾否認供給經驗之材料之「物自身」之存在。所以康德不陷於巴克來、休謨之經驗主義，與主觀觀念論。「物自身」可不斷的供給經驗材料，則可能經驗範圍，可不斷的擴大，科學知識可不斷的成就。然而對於「物自身」我們卻不能對之有知識。由是而在他成就科學方面，同時限制了形而上學。而在他限制科學以成就道德方面，才再成就了形而上學。這個形而上學的轉向，在西方哲學中尤有劃時代的意義。康德的純粹理性批判，一方依理性理解之範疇理念，以成就科學，一方卽說明純依成就知識的範疇理念，以構造一形而上學之不可能。關於宇宙有始無始，有邊無邊，宇宙有無最後之單元本體，有無必然之存在或有無不受因果律決定之自由等問題，只賴純粹之求知的理性去追求，是永遠不能有放得穩之答案的。每一面之答案都可由反面之不能成立，而似得證明。然而我們如要正面加以肯定，則推到極點便歸於自己否定，而逼我們再走到反面。這卽康德的辨證論。康德以其辯證取消了以前之一切理性主義的形上學，說明了「靈魂是否不朽，上帝是否存在，意志之是否自由」等問題，只用求知的理性去推測，都無法解決。同時，亦卽說我們不能把我們心靈自身發出的範疇或理念——本是用以超越地涵蓋所謂知識之對象世界者——往下放落，而推置之於外。這些理念範疇，在求知之精神中，必須空靈地提起，爲軌範知識世界之原則，而不能向下放落成爲構造實在而擴充知識世界之原則。後來德國之感覺主義者經驗批評論與一切實證主義者如馬哈（Mach）、愛文路斯（Avenius）、孔德（A. Conte）等，直到今日之邏輯的實證主義者，如席里克（Schlick）、卡納普（Carnap）之反對形上學，實皆順康德之純理性批判所說形上學之不可能之思路下來。但是他們之工作，都只是承繼康德破壞的精神之一面。他們都不了解康德之在純粹理性之運用中，說明形上學之不可能，只爲要使形上學轉向，而依實踐理性以建立。在純粹理性應用範圍中，在科學的世界中，我們的心不能自己供給其經驗的材料。經驗材料須由物之自身來。故我們此時之心，雖一方表現一超越性、涵蓋性、自動性；然在其接受經驗材料處說仍可說是被動的，不能自主的。此心之不能自主處，卽其實在性之有所缺漏處。所以如此之心亦不能眞把握住究竟終極的形上實在。然人在道德生活中，卽有眞正之自主。在人由道德生活而知自由意志之實在，同時可以透至究極的形上實在，故在純粹理性上不能建立者，在實踐理性上可建立。這一道理，他們這些實證主義者全加以忽視。他們更不知，康德之所以必須在純粹理性之運用中，不使此諸範疇理念成爲構造實在者；正所以顯示此諸範疇理念是超越地涵蓋於所謂知識中之對象世界之上者。人必須自覺的認識此一點，我們之求知識之心，才不至由向下放落而被推置於外而沉陷於物。

三、道德與文化

康德在論人之求知的純粹理性中，一方安頓科學，一方說明形上學之不可能，以限制形上學。無論在安頓科學與說明形上學之不可能上，均所以顯示此求知的心靈之超越性涵蓋性，與自動性，卽物物而不物於物之性。而在其論人之行爲之實踐理性批判中，則一方成就道德，而重講道德之形上學。由此講到上帝之存在，再講到自然之目的性（見其「判斷力批判」），而安頓了宗教與藝術之地位。在人之純知的活動，科學的世界中，人重要的事只是自覺此「能知一切」之心靈的光輝，能明照世界，而不要陷溺沉落於世界之特定事物中，而物化。然在人之行爲中，則人必須兼知吾人能依理性以自律之意志，能建立一人格之世界。通常人以爲我們之行爲之目標，當直接在快樂，又以爲人之行爲只能由慾望嗜好而引起。此乃康德所斷然反對的。康德此處之精神，純然是中國儒家所謂辨義利之精神，及嚴分天理人欲之精神。此處我們千萬不能埋怨康德之太嚴刻。在義理關鍵處，猶如人間的關隘，只有一條路，可以通過。寬平坦蕩的境界，祇有先通過此關隘才能說。康德斷然的肯定，凡由慾望與癖好決定的行爲，人在此都是被動的。凡是以快樂爲目的之行爲動作，都只是手段。如果人之行爲格言，依此而立，都是吾人所用之術，而非直接承擔之道。依康德的名詞，此卽只是條件命令而非定然命令。因爲我慾望作甚麼，所以作甚麼，通通非道德生活，只是自然生活。只有因爲我覺應當作什麼，所以我作甚麼，才是道德生活。在我們感應當如何時，我們自己直接命令我們自己，規定我們自己；我們是先認定一「道德理想之實現」本身有價值，一「道德規律之遵守」本身有價值，我們此時是以「理」自律自己，建立我們之道德意志，而產生道德行爲。人生只有在此可以說有眞正自動自發之自由，而不受自然界的因果鎖鏈的束縛。我的遺傳，我的環境，我的慾望，我的快樂與幸福之所在的想望，可均在使我趨向只求富貴。然而只要當下的我，認爲此不合理，我就可不作。不作我就不作。我可以把此一切趨向一手擋住，我有此自由。疾病在身，刀鋸斧鼎在前，艱難困苦在外，我明知我所作之事，決難有成功之希望。然而我們依理認定一事該作，我就要作。作就是作。我有此自由。人在此是直接求配義與道而自作主宰。所謂我欲仁，斯仁至矣。人在此才知道德的意志絕對是自發而自律的。人誠然可以違悖自己所定之道德的命令，作你所明知不當作的。但我能違悖，也能服從。此自由，在我不在外。我們不能因我之違悖道德命令，必有種種原因，使之違悖，遂謂我們此時無不違悖之自由。譬如我們在回念我們過去所犯罪惡時，我縱然明知當時有種種外在環境的原因，或自己慾望性格的原因，逼迫我去犯。然而我現在仍覺當時不應該犯，當時可以不犯罪過。人們可以原諒我自己，而我自己仍要自責。如果一切都被決定，如何人會懺悔，會自責?此卽證明在道德上，人不犯罪過以奉行自己所定之道德命令之自由，絕對是有的。只是我們或未能運用此自由而已。我們在道德生活上，必須設定我們有直接決定我們之意志的自由，雖然我們不能直接決定，由我們之意志到行爲所發生之效果。我在道德生活必能使我們之意志成爲善意志，雖然我們不當亦不能，期必我們之善意志，何時帶來以快樂幸福，何時完成我們之人格。由是而形成康德道德哲學中之嚴格的動機主義，絕對超感性的理性主義。

不過康德道德哲學中，建立道德之基礎，純從意志動機之是否合乎理性之命令上著眼，又並不是說，快樂與道德義務之必然衝突，亦非說人決不能希望在一理想「最高善」中包含快樂幸福。亦不是說人不能抱「求人格圓滿完成」之理想。更不是說謀社會的功利與道德義務感之不能相容，理性的生活與感性的生活之不能統一。實際上這是康德所最後要求的。人在最高善之理想中，必須兼具德與福，人之人格亦必須求圓滿的完成，而且必須設定其能逐漸完滿的完成。由德福之必須綜合與此理想之不能必實現於現實世界，而在現實世界人亦不當爲求福祿而行道德，及人之不能在此世圓滿的完成人格；於是康德設定上帝之存在，與靈魂之不朽，以爲人之人格必可在死後逐漸圓滿，而達德福兼備之至善之保識。由此而入於宗教信仰之領域。由理性生活與感性生活之必須融合，於是康德在判斷力批判中，說明感性的自然中，卽有目的性的理性的實現，而藝術之生活卽爲一無私的快樂，乃感性及理性之融合。人在爲社會政治立法時，人亦可謀社會的功利之促進。只要一切事業都是合乎道德理性之要求，所立之法是本於「人之人格本身視爲一目的之信念」。而且對一切人普遍有效的，就對了。由此我們便了解，康德在道德哲學中之所以那樣嚴刻不容情以辨義利，只是要樹立道德的尊嚴，劃分道德世界與宗教世界、藝術世界，及政治法律之世界之不同。人之道德生活之所以要只問義不問利，正所以使人在宗教生活可以希望永恒的道福，在藝術生活可以有無私的審美，法律政治中有公平的立法與行政，而世界可永遠和平。由此而公平的立法與行政與永遠和平有人生所希望之幸福快樂功利，才有眞正的根據與保證，各在一文化領域中安頓。此之謂先義而後利，先德而後福，先理性而後感情，先實踐而後希望，先義務而後權利。康德的哲學精神，是在科學的知識世界排出形上學與宗教，使科學世界清明。同時把形上學，在道德的世界中舉起。他在道德的世界中建立意志自由，與上帝存在，靈魂不朽，而重冒出宗教信仰。又康德道德宗教的世界中獨尊理性，絕棄求快樂功利之動機與「對於死後生活及上帝之感性的想像」。而在審美的精神，藝術的世界，政治法律的世界中，再見感性之能表現理性。藝術能與人以無私的快樂，而依道德理性之立法卽能致社會功利。由此而使整個人文世界之各種文化，各得其正位。康德之哲學，整個來看，正表現我們所謂大內在精神者。他使知識世界內在於我們知的純粹理性。超越的形上本體，雖超越知識所對之世界之表象，而又內在於我們之行的實踐理性。感覺的自然，自爲其觀照之所對言，雖超越於人之知與行之活動，而自其見「目的性之理性」之實現言，亦卽內在於人之目的性之理性要求。而一切法律政治，皆所以實現道德上之「人人互相平等之原理」，則亦內在於吾人之實踐理性。所以我們以康德能表現我們所謂大內在精神之近代西方大哲。

第二章　菲希特之理想主義哲學

此文乃著者西洋近代理想主義哲學精神論之二。關於菲氏哲學之一般介紹，可求之一般哲學史。本文乃根據菲氏人之天職論與其知識論基礎中之形上學之結論，自其與康德哲學關聯處着眼而對菲氏哲學精神作一簡要之說明。讀者宜先對康德之哲學精神先有一契會，對康德之哲學問題，先曾加以思索，更易了解本文所說。

一、如何了解菲希特之思想

康德以後所謂後康德派之哲學家中，菲希特之哲學是以道德意志爲其哲學之中心概念的。叔本華是自康德所謂與道德意志相反之慾望，透視出一盲目意志，再由此盲目意志之自己否定與自己超化，看出人文世界之產生的。席林是以康德之判斷力批判中所表現「感性與理性同一」之審美的感情爲中心概念的。黑格耳則是由康德之純粹理性與實踐理性之屬於一自我，而轉出一既知且行之絕對理性，由此以說明人文世界，皆爲一精神之表現亦在一歷史世界中。於是精神與歷史成黑格耳哲學之中心概念。這各家的思想均極複雜，我現在只略說康德經非希特到黑格耳的所表示之德國理想主義之精神之升進一面，而略去一切細密處之討論。

非希特之哲學之根本精神，是在直承康德之實踐理性批判之精神，而以行的自我統知的自我。依非希特說，人之精神自我之根本，卽是一純行。而非希特本人亦是一行動的哲學家。大家都知道他之獻身於德國國家之獨立運動，知道他有一套「絕對精神自我化生非我之物質世界，再加以克服，以復歸於精神」之理論。這初聽乃一極荒謬的玄學。羅素並加以諷刺說，其所謂「非我」卽是法國人，實則我們如要了解非希特哲學之精神，必須先直接從反省我們之實踐道德意志下手。非希特所謂「我」直接之實指處只是我們之實踐的道德意志。而所謂非我，卽包括：爲我們道德意志之阻礙的一切。康德雖曾首指出道德意志之最高無上。然彼本人之生活純爲一學者，而未眞從事實現其道德意志於實際之事業。或卽以此之故，使康德不能眞體證到此道德意志之全幅涵義。而非希特，則更能深切了解人類之實踐道德意志之涵義，而引伸康德哲學到形上學及人生哲學之進一步的發展，並開啓面目再一新之唯心哲學之系統。

我們可以說人不從事實現理想之實際行動則已，人若從事實現理想之實際行動，人必感到理想之實現於現實的自然或社會之困難。人恆覺其無論如何合理之理想，皆可遭遇一事實之無情的打擊。通常人遇打擊時人或轉而放棄其合理的理想，或將懷疑其合理的理想，與實現之意志之實效性。然而人如果眞相信其合理的理想之爲絕對合理而又有一絕對的道德意志以求其實現時，則人又必相信無論如何不順從人之此意志之事實，皆人在原則上，可依一定之程序，而加以克服者。此時，人便將必然相信：一切現實的自然社會之阻礙，都是終於可被否定，而一切現實，皆在原則上都可成爲此意志之實現的材料者。非希特便是抱如此之信心而作一挽救國家命運之事業的人。非氏之整個哲學如果用一句概括卽不外要去說明一切人類所遇之現實之阻礙，皆只爲人類之道德意志或人類之理性自我，人類之合理的理想實現其自身之材料，而隸屬於人類之精神。同時亦隸屬於一宇宙之精神或宇宙之大我。因而此一切阻礙，又皆只爲此宇宙精神或大我之「非我化」「外在化」之所成。

這種哲學，在其精神方面，並不十分難理解。人只要有一眞依理性而發並自覺絕對合理之理想，與絕對要求實現之道德之意志；而試反省我們之理想意志，在逐漸實現之過程中，與所謂「外在的現實自然社會之事物」之關係：人便可直接體驗一原屬外在者之逐漸內在化，原非精神之逐漸精神化，原違反理想者之逐漸理想化，非意志者之不斷爲「意志」所貫注，而使我們之意志表現於其中。在此，因吾人已有超越的理性自我之呈現，由此超越的理性自我以觀一切，於是凡可說是我要求「非我」之「我化」處，超越的說，客觀的說皆可說爲「非我」之求「我化」。「非我」之趨向於「我化」。只要我之意志能貫徹，則非我最後皆可歸於我化，而非「非我」。所謂外在者其初唯是對我之內在之理想而爲外在，及理想實現於外則外在者歸於非外在而亦內在化。我們於是可以設想：其初之爲非我而外在者皆其最後之「我化內在化」之先一階段之表現，而其後一階段之完全表現，即最後之我化內在化。由是而一切最初「對我之理想爲阻礙」之現實事物，自其爲我之此道德意志之所繼續貫注而言，皆可視爲我之精神或我之人格表現。其爲非我與外在，亦我自己站在一階段加以置定，而準備加以我化內在化者。

這一種理論在常人之所以感到難於接受，一方是由人常不能眞有絕對合理之道德意志。人之意志常只是一主觀的慾望。此慾望有求於外，便總不免覺內外之相對峙。同時人對外界之能否滿足我之慾望，是無把握的。因而亦不能眞相信其自己之力量。一方由人常想着我個人之力有限，我之自然生命短促，而非我或外在之事物則無窮無盡。我總不能一一依我之理想，我之意志以改造之，使之實際的我化內在化。但是我們可以說：假如人眞能暫絕棄一切個人之慾望以看世界，並相信一切人之道德意志或一切人之能發出之道德意志之超越的理性自我，在本性上爲相貫通而統一，爲一普遍意志一大我，一客觀之宇宙精神，並相信此客觀之宇宙精神，有其本身之眞實性，而可不斷的表現他自己於諸個人之精神之中，於一民族、社會、國家之中，以實現其眞合理的理想，則一切對有限之我個人之力爲阻礙；如不能我化內在化者，對吾人所屬之大我，客觀之宇宙精神言，都不能眞成爲阻礙，其爲阻礙，乃終將被此大我所克服，而只是此大我爲非我而外在者，皆可只視爲此宇宙精神大我之非我化外在化。我們若能透入此義，則我們可有「道德意志及其絕對合理之理想必能實現，而主宰現實世界」；

及「超越的理想必內在的指導世界」，「宇宙精神永遠地通過人類之道德意志，以貫徹瀰淪於現實世界」之宗教信仰，由此信仰而我們乃可眞作出一切實現合理之理想之事業。

二、菲希特融合康德思想中之「對待者」之思路

關於菲希特之如何形成，一客觀的宇宙精神或大我之哲學思維之歷程，必須透過康德所說超越的理性自我之概念，並再進一層，乃能理解。我們在上章已說明（見本刊第一期）康德所謂超越的理性自我，一方依純粹理性而求認識一切，涵蓋可能的經驗世界。一方依實踐理性而肯定其他一切人之經驗自我，理性自我之存在，而對之負道德責任。所以此超越的理性自我在其本性，即是超特殊經驗的我，超慾望的我，而涵蓋於現實的「自然社會之全體」或「整個之時空」中之一切特殊事物之上的自我。此自我是具普遍性永恒性，於其自身又為必然地不朽的。此皆康德之哲學所已涵。但是，康德未明白討論：「一切人之超越的理性自我，是否可說為一大我，此大我是否即上帝？」又「所謂自然或知識的經驗材料所自來之物自身是否亦即同一於上帝或我？」上帝自我，物自身此三個東西在康德哲學中似分為三，而又有「可說其是一的涵義」。因為一人之超越的理性自我，既可為一切理性自我立法，肯定其他一切理性自我之存在而崇敬之，一人之道德意志又可使個人為其他一切人負責，一切人之理性在根本又相同；則我們為甚麼不可說一切人之自我，原是互相涵蓋而互相貫通而為一的呢？試

想，我們通常說人與我是不同而非一，都是從人與我之經驗的現實的性質方面說。如純從康德所謂人之超越的理性自我自身說，則人與我之理性自我之屬性既同一而相涵蓋貫通，我們何不可說之爲一說之爲一眞實之普遍的大我呢？如果可以，則我之自我之界限，透過此大我以觀，即被銷融，而不能成立。如我之界限不立則我與上帝之界限亦不立。因上帝通常本被思維爲一普遍之大我或無限制之大我。同時如我之界限眞不立，則我與自然及知識論中之物自體之界限亦不能立。如此則康德哲學之歸結，正可走到一唯心的一元論之路上。康德之理論本可走到上述之唯心一元論之路上而未走到者。其關鍵蓋在由康德之覺我與非我之界限有不得不抹殺者。譬如在知識境界中，我不能自己供給我知識之材料，即證明有非我之物自身。在知識之開始之感覺中，我們明直覺我們爲被動者，則此中之我與非我之二元克制非理性的我之一欲望的我的經驗的我」，然若無欲望的我經驗的我，以爲理性的我主宰克制之對象，則理性的我無所施其主宰克制之事，以顯示其自己，因而亦即不能成立其自己。而自人與我之理性的我所克制主宰之「欲望的我經驗的我」之各不相同看，便使我們不能專由人與我之理性自我之相同與相涵蓋貫通上而謂其是一。因我們亦可就理性自我所主宰支配者欲望的我經驗的我之不同言，而謂其是多，透過此後者以觀人與我之理性自我而人與我之「理性自我，似亦可說」有界限。復次人與我之經驗的我慾望的我，均依於自然而有。我之經驗的我欲望的我之所以異於他人之經驗的我慾望的我者，即由我與他人在自然中之地位之不同，所感受之自物之自身而來之經驗內容之不同。我之經驗的我欲望的我只在自然之全體中佔部份之地位，自物之自身得特定之經驗內容，於是他便不能是與自然之全體或物之自身眞合一者，因而主宰經驗的我欲望的我之理性的我與自然亦可爲非合一者。由此而康德之哲學對我之超越理性的我，與他人之理性的我是否眞爲一大我，此大我與上帝或物之自身是否爲一之問題，遂只能停止於不十分決定之階段。菲希特哲學之進於康德處，則在菲氏專就康德所謂超越的理性自我之必能主宰克制非理性的「現實的欲望的我」自然的經驗的我一處此超越的理性自我之必須去支配命令後者處；看穩：超越的理性自我與經驗的我或欲望的我必須是統一的。康德與非希特之不同關鍵在：康德注重在指出超越的理性自我之異於一般之經驗的我欲望的我，宛若人有二我。而非希特則注重自此超越理性自我之必須去主宰命令經驗的我或欲望的我；而後者命定當被主宰命令而超化，以實現超越的我之意志上；見其實非二我。依非氏看，我們當由超越的理性自我之必須，求實現其自身於現實的欲望的我上，去看出超越的我本身，在其理念上，亦卽包含「現實的慾望的我之必須存在」，並要求其存在。其存在乃爲超越的我的理念自身之「完全顯示；而成就一人道德人格」的「先一階段或一方面的顯示」。而其初之顯爲與超越的我相對待之現實的欲望的我；不能視爲另有一非理性的我之證；而但爲理性自我之未完全顯示其自己之證。理性自我之完全顯示其自己，即無非理性的我之「現實的欲望的我」，只有一理性的我爲眞現實的，卽只有一現實的「超越的我」，或內在於經驗之超越的理性自我。由是而非希特遂統一了康德之「超越的理性自我」與「現實欲望的我」或「經驗的我」之對待，由是而進一步卽可統一「我之超越自我」與「整個經驗的世界，自然世界或物自身」之對待，及「我與其他理性自我」之對待，「我與上帝」之對待，而見我與整個經驗世界自然世界與其他理性自我及上帝之合一。

三、客觀精神之存在

我之超越的理性自我之所以可與整個經驗世界自然世界合一，由於我所直接經驗之世界，原是內在於經驗的我的。誠然在我們對所經驗世界事物，有欲望而不滿足時，我們是覺我與所欲望之對象，分離爲二，並不免覺後者爲外在而非我所有的。然而當我能克服困難而獲得滿足時，卽可覺外在者之內在化，非我者之我化，而實現其統一。不過因爲在人之欲望之我上說，恆是滿足一欲望，卽有另一欲望之興起。於是我與非我，總是統一又分離。以欲望之滿足與否，我無期必之保證，則此統一之感，本身亦是無必然之保證。於是我在只是一欲望的我時，我們亦必不能消融物我之對峙，同時亦恆恨「外物之不能從心所欲」，而時覺不自由。我如只有欲望而不知，依理性以了解客觀事物之必然關係，以備因致果；則我們更難滿足欲望，而更感不自由。只有我們在能依理性以肯定一超「我之特殊欲望與特殊經驗之客觀事物之必然關係之存在，以備因致果時，我們乃可有較多欲望滿足之自由。然此語卽同於謂：只有依我們之純粹理性之運用，以獲得知識時，我們可有較多之欲望滿足之自由。亦即同於謂：只有在我們有超越的我，以肯定一客觀普遍的知識中對象世界或科學眞理之世界，可使我們有較多欲望滿足之自由。

然而我們只在藉知識以滿足欲望時，我們之求知識非直接爲得眞理，則不能使我們眞體驗眞理之價値，而獲得純粹理性之獨立伸展之自由。只有在我們純爲得眞理而求知識時，我們乃有純粹理性之獨立伸展之自由。又如果我們只有個人之欲望，則我之欲望必與他人衝突，亦將使我感不自由。由是而我必須依實踐的理性，以平等的肯定人我之欲望自我肯定，人與我有「不同之生活經驗」。互相限制而存在，並克制自己之欲望的我，使人與我之欲望，皆爲合理而不相礙；同時由此理性自我的呈露，而了解種種我們對他人應負之積極的道德責任，我們乃有道德理性伸展之自由。

由此道德理性的伸展，而對人盡積極之道德責任，以表現我之理性自我於他人之前，而客觀化我之自我，則人即爲一眞正充內形外之「精神」。在此精神下，我須肯定他人之亦有其理性自我，與自由的道德意志。我亦須肯定他人與我之理性自我，他人與我之自由之道德意志，之可相貫通而統一，在此精神下，我即有爲盡道德責任，而爲他人作之事業。此事業之表現，又爲他人所可直接經驗以成他人經驗之內容者。於是我之精神，遂亦可爲他人所體驗，而可普遍化於他人或社會，以成一客觀精神之內容者。於是當人類從事共同事業時，則通過事業之共同，人之精神，便相互普遍化客觀化，而表現爲一共同之客觀精神。透過此客觀精神以看個人之精神；則見每一個人之精神，皆非自己封閉，而爲在客觀的現實社會現實世界中，相互涵攝貫通而統一爲一者。由此而見人類之形成社會，建立國家，之集體之政治經濟的生活，正爲實際的顯示「人之超越自我的道德意志之相涵蓋貫通而統一」者。誠然，如果人只有依道德意志而犧牲自己以爲他人盡責之事，如果人只在其超越自我中涵蓋有他人之自我而與他人有一貫通統一；則此貫通統一只內在於人之道德意志，便仍爲一主觀的而非客觀的。但當人積極從事社會國家之共同事業時，人卽可在客觀的實際事業中，隨時直接相互體驗「精神之貫通統一」。又如果此貫通統一，只在各人之主觀的道德意志中，則各人可各感一貫通統一於其超越的我，而不感統一；其經驗的我欲望的我。唯在共同之社會國家政治經濟之客觀的共同事業中，因此諸事業關涉於人之經驗的我欲望的我之互相限制等而互相承認等，人乃眞可感一經驗的我欲望的我之貫通統一。由是而通過客觀精神之理念，我們遂可積極的主張：人們只要多少能依超越的理性的我，以從事共同之社會國家之事業，人便多少實現一人與我之精神之統一。如果一切人都能依超越的理性自我，以從事社會國家之共同事業，則社會國家中一切人便實現一「絕對的精神統一」，而其本身卽可有無限制的力量。由是而通過客觀精神之理念，我之理性自我與他人之理性自我，便眞可說爲統一之普遍的理性自我，而且是一現實於人類集體生活中之普遍的理性自我。一切人之超越的理性自我既置定爲不相隔離的爲一普遍自我，其本身卽是無限制的精神；則他與上帝之精神便亦不相對待，與上帝之自我亦不相對待；而人類之所表現之一切道德意志，共同事業，皆成爲上帝精神之顯示處了。

四、自然界與我之統一

至於我們之超越理性的自我之所以可與自然界及知識世界中之物自身合一，則由於實踐理性之意志之表現，爲現實之社會政治經濟之事業時；同時恆卽表現爲改造自然之事業。當自然不能滿足我們之要求時，自然卽是非我，而爲我所要克服者。如果我們之克服自然，只爲我個人欲望之滿足，此只可說是必須而非依「理性的必然」的或應當的。然當我們克服自然成爲一公共之事業時，則此事業中已表現一客觀之精神，普遍的理性自我之道德的意志。故當此事業，被自覺爲「客觀精神之表現」「普遍理性自我之道德意志之實現」時，則改造自然，可爲依理性的必然或應當的，而當吾人將吾人共同之改造自然之精神實現於自然時，吾人再一超越的看，客觀的看；則見吾人之改造自然卽同於自然宇宙之改造自己，亦卽同於一客觀的宇宙精神或上帝之否定「非我」，使「非我」隸屬於我，使自然上升於神之神聖的工作。我們須知，當我們只是被動的接受自然的壓迫時，我們可覺自然之對象世界之外在於我。當我們只是接受對象所呈於我之現象時，我們可直覺心爲被動。由是而分析我們知識之所由成，我們卽可如康德之置定一經驗材料之來源，名之爲物自身。然而我們更復須知，當我們主動的，求改造征服自然時，而絕對信其應當被改造，因而命定被改造時；則自然在我主宰之下，而成內在於我。自然之存在亦可說是爲我要成就「此改造之事」，成就此「去改造之人之精神」，而我們自身所不能不置定者。因而我們之運用「改造自然之知識」亦卽爲要成就此事，之此精神之不能不要求者。於是我們之運用純粹理性以求知識，此知識與其所對之自然現象世界，亦唯是我們要成就我們之實踐精神，所不能不置定者。因而客觀自然現象世界，在此遂不成一外在的限制，而成爲「我們之伸展到人類社會以外之實踐精神」形成他自己之一基石。因自然在此，最後絕對必須內在於此精神的實踐，而爲其一成份，所以它最初之似對此精神「爲外在」，只是此精神之尙未顯其全部之行程時之一表相。而它之「爲外在」之表相，亦由精神之正在要求克服之同化之而反照出的。此克服之同化之要求，卽精神之一超越的要求。唯有此超越的要求在上，而又尙未完成其自身，乃反照出自然之「外在相」。因而此「外在相」亦爲此超越之要求所支持，而又爲在自然之被克服同化時，終歸於銷毁者。由是而此自然現象之「外在相」，亦卽精神自身之一階段對自己之表相；由是而所謂「外在之自然現象」，皆可說爲精神自身之外在化，或精神自身在一階段所自己置定者。我們在此，只要眞知整個自然現象世界屬於知識世界，知識世界屬於意志之世界爲意志所統率，爲實踐的理性自我或精神之所統率；卽整個知識世界，自然現象世界，皆須向內凹進，而內在化於精神之中。支持現象世界之超越的物自身，亦必須隨現象世界之向內凹進，而內在於現象世界中，亦卽內在於知識世界中。超越的物自身之觀念，嚴格說，乃「精神」置定「自然現象之外在相」時，復超越於所置定之自然現象而涵蓋於其外，以在其外投射其超越活動，而成之一虛影，以爲現象所自流出之所（此語不詳釋，賴慧眼自悟）。而當我眞自覺自然現象之內在於吾人之精神時，則此虛影卽不須存在。超越的物自身，卽當被自覺爲吾人之超越活動之自身人之精神之宇宙精神之無窮。此宇宙精神乃直接表現其自身於自然現象之中，或我們與自然現象之關係間，而不在其後。

此上卽用我們的話來說明，非希特之如何將人與我之理性自我，人與我之精神及神，及自然世界，物自身貫通爲一宇宙精神之思路。此宇宙精神，整個是由我之實踐的道德意志中透與依我之道德意志而成就之集體的社會政治之事業，對自然之事業中，透視出來的。所以人如不能眞有最強的道德意志，並充分自覺此意志之全幅涵義，則對非希特之哲學是無法眞理解的。

附論：席林思想與審美精神

康德以後，除非希特的哲學是直接從實踐理性批判下來的外，席林（Shelling）的哲學之精神，則從判斷力批判中之審美的精神下來。哥德、席勒及其他當時之許多浪漫主義者亦皆是特別強調審美之精神的。席林的哲學注重自然與精神之同一。席勒（Shiller）在其美學之書扎論文中尤極清晰的發揮美之爲「實現超越界予現實界」，上通於純精神的內心道德本體界，下通於於自然與現象界，並通普遍者與特殊者爲一。而哥德之尊重斯賓諾薩之自然觀，讚美自然中之生機，尊重個性之自由，讚美「形式與生命合一」之人格及彼與其他浪漫主義者之喜言有限與無限之合一，同表現一審美的自然與精神的合一之理念之形成，皆自覺或不自覺的與康德判斷力批判中之理念相應。文學藝術上之浪漫主義運動是十八、九世紀之一大潮流，在英國詩歌中亦有很好的表現。他們之審美的浪漫主義之精神與希臘之古典的審美的精神不同。後者是形式應合於內容，前者是內容超越於形式。而其內容則常是表現精神之超越的嚮往，憧憬，祈望，喜歡遙遠的，生疏的，夢幻的，凌空的，不平凡的種種境界。這可說是對於近代精神之正逐漸轉入極端功利主義現實主義時，之一種反功利反現實而在情調方面求「精神之超升」之運動之顯於文學藝術者。本來文學藝術之精神，一般說卽一欣賞與表現之精神。在表現與欣賞時，主觀客觀之合一，精神與形相之交融總是必須的。欣賞自然對象之美亦是重要的。文藝創作中之天才亦可說是一自然之賜與。精神能力與靈感之來，亦非人力所能安排，而可說是一自然的精神流露。由此以啓示一主客合一，超越界與現象界自然精神合一之哲學，是直接的，亦很容易的。但西方式之偉大的哲學思辨，必須是間接的翻山越嶺的，所以此種哲學以西方哲學標準看，不能很高，席林思想便總顯簡單。然而人要作間接的翻山越嶺的哲學思辨，人便不能只爲此單純的審美的藝術精神所主宰，亦不能開始便停在直接的簡單的自然與精神主義與主客合一之哲學思想。所以此派哲學思潮在西方哲學上一直不被若何重視。然而人類審美的生活對於精神之提高之重要，我們亦可由此派思想而更認識。菲希特於此便不免忽略。菲希特只認識我對非我之克服，而達到之主與客自然與精神之統一，而不重視由我中非我之「自然」之欣賞觀點中及我之精神之表現於成客觀化於文學作品藝術作品中，直接的體驗一非我與主與客精神與自然之統一。此即菲希特之不如席林等之處。

第三章　黑格耳之辯證法之基礎與其哲學精神

一、理解黑格耳沒有一超越而涵蓋的胸襟

黑格耳之哲學精神，自整個來說，他不似非希特之尙意，亦不似席林之尙情，而是尙智的。在文化中，他最尊重哲學之地位，而將宗教、藝術、道德皆放在次一位。自此而言，他之哲學精神，與非希特、席林比較，應是偏於承康德之純粹理性批判之重智的精神的。然而從整個哲學史、文化史上說，則黑格耳之哲學精神，是包括非希特、席林之精神於其內，而承康德整個哲學之精神以發展的。黑格耳之哲學理論，系統太大，其中問題太多，思辨極端激繞曲折。對其整個哲學精神之了解，必須高瞻遠矚，自外而內，自上而下，加以涵蓋，開始便墜入考究式之研究，則其一句話，如加以邏輯之分析，均可覺問題無窮，而無法繼續的理解下去。

我們所謂了解黑格耳，須一自外而內，自上而下加以涵蓋。此涵蓋之胸襟，便是立腳於康德、非希特之超越的理性自我，以建立社會國家，改造自然之道德意志，涵蓋文化的胸襟。此亦卽聖賢的胸襟。我不是說黑格耳是聖賢，他是天才。但只有聖賢的胸襟才能涵蓋天才，了解天才。康德、非希

特黑格耳之哲學天才，亦正在他們以其哲學智慧，照燭了聖賢的胸襟之所依之「超越的理性自我」等之理論的意義，之間涉於宇宙人生歷史文化者。所以我們如果不能至少暫時實際的有一聖賢胸襟，有一無私的超越經驗自我超越欲望自我，而純依一絕對大公之理性，去成己成物，則我們亦難湊泊他們之智慧之自下而上之照察。我們必須至少暫時宛有此胸襟，眞立腳於超越的理性自我等，而又自覺的再自下而上以反省此胸襟下之「宇宙人生歷史文化之理論的意義」。我們才能眞了解他們之哲學智慧之實際所指，而證實之，並知其向上照察之所未及在何處。以下我們將試本此胸襟，與對此胸襟之涵義之自覺，以從外而內，從上而下，以指出黑格耳哲學之精神。

二、理解黑格耳之辯證法必須先透過實踐理性之反省以認識普遍與特殊、理想與現實之關係

黑格耳之哲學與菲希特之不同，在菲希特只由康德的道德的實踐意志，而達到一眞正之社會的客觀精神，由此以接觸絕對精神，而轉化康德之一切二元觀，如理性自我與經驗自我，現象與本體，精神與自然，自我與神等二元觀而作一元觀。然而菲希特尚未眞了解絕對精神之如何表現，予人之純粹精神文化，如宗教、藝術、科學、哲學，亦不能眞了解客觀精神，之必具體的表現於一有憲法之國家，更不能眞了解「精神」之客觀化於自然與人類社會，乃在一歷史之一定歷程中客觀化。簡單說，

非希特之缺點在未能依理性以考察此絕對的「一」之的精神之昭露其自己之各種不同之特殊型態，與其如何關聯而相轉化；在關聯與相轉化中表現此「一」元的普遍的精神自己。這卻是黑格耳哲學最大的功力之所注。由康德到非希特、席林是注重由二或多到「一」歸特殊於「普遍」。而黑格耳，則毋寧是注重普遍之如何不可不在各特殊中表現，「一」不能不在「多」中表現。因而「普遍」「一」，必先要求「特殊」「多」之存在，而再內在於其中。在此時，只爲席林之說「特殊」與「多」皆依於「普遍」「一」，故只有「普遍」「一」是實在，乃不夠的。只爲非希特之說「特殊」「多」是「普遍」「一」之外在化或非我化，以備其再內在化我化之用，亦是不夠的。必須說「普遍」「一」是定然的要在「特殊」「多」中顯示其自身。唯普遍之在特殊中顯示，一在多中顯示，乃眞見精神之活動價值之實現，眞見普遍者之實。普遍者定然的必須以「其自身之在特殊中實現」爲目的，卽普遍者必須要求自外於其自身，再回到其自身。而「其外在化以成特殊」，亦是其一階段之定然要求的確定目的。至於在特殊中實現其自身，則是其最後目的。只在此最後目的之實現中，普遍者重回到他自己，他才眞自覺他自己而成就此自己。然而此自覺與成就，卻在特殊者中顯示，而不在其所自覺之普遍者本身顯示。黑格耳所謂「自己在自己」與「自己對自己」與「在自己且對自己」，卽正、反、合三者中，所重者，乃「在自己且對自己」卽合，合爲特殊中之普遍」，「多中之一」。其所謂絕對或對或個體，亦唯自「普遍」與「一」之實現於「特殊」之「多」，乃能講。於是普遍之特殊化，一之多化，理一而分殊之分殊方面，成黑格耳哲學之重心。此卽黑格耳哲學注重各種精神之特殊表現型態，與其如何關聯轉化，以顯示「普遍精神」之故。此關聯轉化之歷程，亦卽每一相對型態，如何由正面而轉爲反面，以歸於統一之歷程。如由自身而外在化爲一相反於，與自己相對之自身；而再回到其自身，以成「對其自身亦內在於其自身」之歷程。故非希特之辯證法，由黑格耳乃再加以自覺的規定，爲斬截分明之三階段之辨證法。此辨證法之本義，恒因其表面與邏輯之原則相衝突；及由恩格斯等之化之爲自然辯證法，及常人之任意的持日常經驗之事物變化歷程，以相比附，乃被誤解，成晦暗不明。一般學者只從其邏輯之範圍論，卽其形上學下手，亦是不能知其根據的。如實說來其辯證法之眞根據，只有通過康德、非希特之實踐理性之理念，乃能於開始點得其一確定之實指處。我們須知從邏輯上講A，要轉成非A，是違悖純粹理性的。在純粹理性的思維中，亂用辯證法，只招致思想之混亂，產生無謂之詭辯。從經驗之自社會事實上證明辯證法，亦決不是黑格耳的思路，由經驗事實上證明之辯證法，亦並無必然之保證。我們今天在此見A變了非A，明天是否亦要變非A；並無必然保證。在月亮背面中是否如此，或一切時空中是否如此。我未經驗卽不能說。恩格斯等以自然界社會界之事物之經驗，證明辯證法之爲普遍永恒之眞理，是不可能的。因此種事物之經驗，都是特殊的，一時的而非普遍的永恒的。而且對經驗事實，籠統提出一辯證法爲方法，加以研究，亦只能得許多粗疏籠統的知識，根本不能代替科學方法。以辯證法預測反面者與合正反者之如何產生，何時產生，都是無用的。對經驗事實亂用辯證法，常只產生懷疑論與膚廓獨斷之思想。

我們認爲辯證法如要有意義，有必然之保證，有眞用處，只能首先從實踐理性之理念上去想。只從實踐理性去想，我們才可知正反合「在自身」「對自身」等名辭之原始的正確意義，與其不可分離之故。什麼是「正正」卽「合理的普遍理想」，什麼是反?反卽未合理或不合理之特殊的現實，什麼是合?合卽普遍現想之實現於特殊現實。正卽自己，反卽對自己，合卽自己在對自己之反中。這一種理想與實現之相對，理想之求實現於現實，是任何人都能在其實際之意志行爲中反省出之三方面，而理想必依理性而有普遍性，因而不只實現於一特殊之現實，而可實現於不同之特殊現實。所以普遍之理想是一，而特殊之現實爲多。然而此種理想與現實之相對或一多之相對，又是在我們實現理想之要求中是必要劃除之,而使之合一的。如果理想是眞依理性而生之眞理想,則是必然的應當實現，而現實是應當與理想合一，以劃除其間之對待的。如果我們自覺理想之依理性而生，則我們可自覺此合一之爲必然的應當，而無可疑。以上是人皆可自己反省印證的。但是在常人初步之反省中，恒以理想爲屬於心而在內。現實則是已成之事實而在外。而理想之實現,則又是加一努力之意志行爲,以聯繫之。則此三者宛然隔絕。最初只有理想與現實之相對，後來才有其合一，合一是新加的。然而我們如進一步反省，便見我們之意志要求，此時乃一方包含理想，一方面對現實。於是此意志要求卽一原始的合，而最後之合，只是此要求意志之完成其自己。當意志未完成其自己時，在此意志之理念上，已包含

「現實之當合於理想」。此意志之完成其自己，卽此理念之顯出其自己。此理念卽包含於意志之初發動時。而透過此理念以看最初之理想，便當說此普遍理想之涵義中，卽有「與之相對之特殊現實」。我們要肯定此普遍理想之實在，卽須肯定特殊現實之實在。肯定普遍理想之正面，卽須肯定其反面之現實。於是，「我們之要求理想之實現於現實，以成就一合；」我們亦卽要求「此與理想相對而相反之現實」之存在。亦可說此理想要求卽「與之相反之現實」之存在的正面要求，置定「反面之存在」。

我們通常在此所以感了解之困難，乃由於我們總是把理想視作孤立不實在，而現實則為實在。以理想為善，現實未實現理想，卽為未善或不善。所以於理想之要求置定「與之相對而相反之現實之存在」，覺無法了解。但是如我們之理想，是合理性之眞理想，亦卽有普遍性之理想。則此理想，依其理性，必求普遍的實現。而所謂求普遍的實現，卽求實現於一特定特殊之外之另一特殊。此中卽包含要求「另一特殊場合之現實之存在」。譬如說，我們依理性而建立一人應守法之理想，則我們不僅自覺此理想亦不僅求實現此理想與當下之特殊現實的我，而且必須望其實現之於未來的我，他人之我。於此，我們在求此理想普遍的實現之時，我們卽自動的往肯定至少一個其他「此理想未實現之特殊場合」之存在。而此理想要求得普遍的實現，必須有此場合之存在。我們之「求此理想之普遍的實現」之道德理性，亦必須置定此場合之存在。由此而我們可知實踐理性與純粹理性之不同。純粹理性只是一往的肯定什麼就肯定什麼，而非非什麼。而實踐理性，則在其要求普遍的實現理想時，他卽自開為二：一方肯定表現理性之理想本身，一方肯定「非此理想之現實」。用純粹理性去思維一理想，則理想只是理想。通過實踐理性以思維「一理想之求普遍的實現」之意義，則知「理想」之肯定，涵蘊「非理想者之肯定」。以純粹理性去思維一「理想」，理想是孤立，與現實相對，是無實在性的。然通過實踐理性以思維一「理想之求普遍的實現」，則理想之求實現於一「特殊現實以外」之「其他特殊現實之場合」，以表現實踐之理性；則此「理想」、「理性」皆是有實在性的。因此「理想」實有如是之要求故。因其實有如是之要求，則亦實要求其他場合之眞實存在。其他場合之存在，卽爲其自身之存在所實際涵蓋與支持。如其他場合不存在，則其自身亦不能繼續存在。因而實踐理性之要求「通過理想之普遍實現」以表現其自己，卽亦要求其他場合之存在。如其他場合不存在，依其「要求其自身之表現」，亦將使之由不存在而存在。由此我們便可以進一層了解，人之實踐理性之要求，卽一「願去創造外於他自己之現實存在」之一精神實在。依此一要求卽可去建立一「精神必須要求外於自身之自然，創造外於自身之現實之形上學」。要了解這一種形上學，我們只須破除「未實現理想而與理想相違之現實，卽爲不善」之觀念。我們只要自道德理性之實現其自己，而形成道德人格後之最後的反省，以討論此問題，便可明白。譬如，我們試想，我們在自覺實現人格之理想，獲得我所求之善後，再來反省我一切特殊的曾經過的現實的生活經歷。縱然此經歷中，有許多苦痛、煩惱，以至過失罪戾。只要他們是被超化了的；則其曾經存在，我亦必能誠懇坦白的陳述之，承認之，肯定其存在，其在我人格之形成歷程之地位。假如我之犯罪未嘗使他人受害，我又相信，如果我無此一切經歷，以至未嘗受苦、犯罪，則我不會有更深之人生覺悟，以形成如此之人格；而我又肯定我所成就人格之本身爲應當存在，眞爲善的；則我必將視我一切經歷、受苦、犯罪，亦是先不能不有而應當有的。因而通過此「最後全人格之成就」以觀，則此一切，便非不善。於是我若依理性，而望他人亦形成如是之人格，而他人又未有如何經歷。我又知非有如何之經歷不能成如是之人格，則我必要求他人之有此經歷，而爲之設備條件以使此經歷成可能。此中我卽有一創造他人之經歷之意志。卽就我對於我自己而言。假定我旣以「如是之人格爲至善」，而又假定我「如是之人格」之未嘗存在。我只有一「我如是之人格當存在之理想」，則順此理想，我卽有「要求我如是之人格之曾經存在」之意志。而此意志中卽必然包含，一要求「我之經歷之存在」之意志。於此，我們再假定宇宙間別無限制我之意志理想者。我之意志理想有絕對之自由，則我有形成「我之如此之人格」之意志理想之後；我卽須首先去意志出或創造我之「現實特殊經歷之存在」，然後使我之經歷，成爲一逐漸顯示實現理想者，使此人格理想得實現於其中。由此而我最初之意志理想，卽先表現爲要求創造一非「我之意志理想」之「特殊經歷之存在」，卽「由正以生反；再轉化特殊經歷，以實現理想而由反而至合」之創造歷程。於此，所以我們如果假定：宇宙間眞有一無限的實踐理性的意志理想，則他之顯示於世界，必顯示爲一創造者。他首先所創造者，卽必然爲其理想之具體實現之材料，而似與理想不相干者。如此實踐理性，此意志，此理想自身，爲「絕對之普遍者」，「絕對之一」爲「精神」，則其首先所創造者；卽「非普遍」之「特殊」或「多」，「非精神」之「自然」。而此無限之「表現實踐理性之意志」之存在，是依非希特之哲學，已證明了的。由此而黑格耳之哲學，卽從無限之如何轉爲反面之有限，一如何轉爲多，普遍性如何轉爲特殊性，精神如何轉爲自然；「有限」、「多」、「特殊」再如何回到「無限」、「一」、「普遍」，自然如何回到精神的全般辯證之歷程上用心。辯證法是才正式成爲一形上學歷史哲學的方法。

三、由正面至反面之辯證法的思維，乃所以描述精神之行程之型態

以上的話，重在說明我們了解黑格耳的辯證法，必須透過「實踐理性」之理念去了解，而不在講其精神創造自然之哲學本身。黑格耳對於辯證法之應用，表面是以之應用於純粹理性之範圍中，以之研究存在世界。然其根據，則純因黑氏是先透過實踐理性，去看純粹理性。我們可說黑格耳是在形上學中，將康德之二種理性，合爲一「要求實現自己之能動的實踐理性」，此理性遂在其實踐歷程中，依辯證法以展示存在世界。在方法論上，則透過實踐理性以運用純粹理性於存在世界之研究。由是而使純粹理性成辯證的。我們上說人依實踐理性而要求普遍化其理想時，必一方肯定普遍，一方肯定普遍所欲實現之「特殊」。特殊對普遍，卽多之對一。但是我們須知，「普遍」「一」之求實現於「特殊」「多」，最初並非一「什麼什麼」之特殊或多，而只是一非直接之普遍，非直接之一之其他而已。

譬如，我有一理想欲求普遍化於他人。如我之文欲求人之了解，此時我所求者，只是「另一其他之了解者」。至於其爲如何如何人，我初不知，亦不求知，不能知也。然當我求此理得一其他了解者時，我確望有一另一「其他」之心靈，而非我之心靈」者。我此時實卽依理性，而在我之心靈外，要求置定一其他心靈之存在。以使此文之理普遍化成可能。誠然，我可說我之望此理普遍化之心靈，卽一超於我之原來之個體心靈之上，之一普遍心靈。然此普遍心靈，必要求另一個體心靈之了解我之此文之理。卽此普遍心靈，依其實踐理性，卽爲一不能自足，一必須要求置定一其他心靈之存在者。由此而我們可說，爲絕對普遍心之上帝，亦不能自足。他如依其實踐理性以思維，他亦必在其直接具有之普遍性外，思維一「其他」，此卽一「非普遍性本身」之「特殊」之原始，非一之多之原始。亦辯證思維之原始。依此，則辯證法之思維之開始，卽除直接之所對外，往思維一其他。此其他非已規定之什麼什麼之其他，而唯是一純粹之其他。而直接之所對，亦可爲任何之所對。因而邏輯地言之，亦不須爲已規定之直接所對，而可設定一「純粹之直接所對」。此卽純粹之措定或正面。而其他，則爲純粹之反措定或反面。此中因實踐理性要求之爲保證，於是由正至反之思維方式，遂得肯定爲應當者，由正至反之必然歷程，亦爲表現理性之必然者。由是而辨證法獲得一眞正之基礎。

方纔所說，辨證法之開始，爲一對「純粹之直接所對」，卽純粹之措定或正面，至一純粹之其他之反面。純粹之「直接所對」或措定，而無一切規定者，卽爲一有。而純粹之其他，卽非有。此有，卽可說爲理性之純肯定之表現。非有，卽理性之「純否定」之表現。有之至無，肯定之至否定，所開始之辯證的必然的思維歷程，卽黑格耳邏輯學的開始，由此以開展其哲學體系者。此開始一點，卽與邏輯之原理衝突，而使人難於理解者。然而如統攝於上文之所說，則一切困難皆可解除。

我們通常說，肯定非否定，有非無，都是只依純粹理性之思維說，而非依實踐理性之思維說。在純粹理性之思維，我們可以一直接之普遍概念，指一特殊者。此特殊可包含此普遍者。然此特殊，必不只包含此普遍者，且包含其他之特殊性。此普遍者在此，只是其自身；而不能使特殊者，同一於其自己。則特殊者之特殊性，亦自是其自身，而與普遍者相對。以此普遍思維彼特殊者，亦不能由普遍者之概念，過渡至特殊者之特殊性之概念。因而在此中，普遍者如是A，則永不能過渡到非A之思維。而非A者之思維，乃另一可獨立之思維。此中唯可思維A之非「一切非A者」，「A之是A」然而我們此時如在一依實踐理性而生之活動中，譬如我們要實現一直接之理想於一特殊現實之事物中時，我卽須使特殊事物中之性質之非A者成A。我此時仍是要肯定A是A。然而我們此時，同時是望A之作用，貫徹於非A使非A成A。而我們之思維此歷程，卽須由A之肯定，至非A者之肯定，再由非A之否定至A之肯定。我們之思維，如順實踐理性之活動而與之不相離，則我之思維，乃必然如此進行。吾人須知：當吾人眞思維A之作用之貫徹於非A，而使非A成A之全部歷程時，吾人此思維，如眞與此歷程全然相應，則中間不能有停處。如無停處，則我們不能有A與非A之相對相。在此中，如A爲無其他規定性之「純粹之直接之有」，而非A，只是「A初所未實現而無此有」之「無」。則此歷程只是，一思「有」之入於「無」，與「無」之再還於「有」，而別無其他。在此中，我們試再反省：當我們求實現一有於外此「有」處之「其他」，卽無此有處之「無」時；我們實知如無此「無」，則無所謂此「有」之實現。於是依實現此「有」之志而起之思維，乃必然須置定此「無」。若不置定此「無」，則此「有」將無所以顯其作用。此有之意義亦卽不能完成，而有卽成非有。有若成非有，則「有」又轉成「無」矣。此卽同於謂：理想無可實現之非理想之現實，爲其所實現之處，則理想之意識，亦不能久持，而終將喪失理想。我們眞能如此以看黑格耳之辯證法，則知其本非一般之邏輯。型證法最初之尅實有指處，乃所以描述實踐理性之表現與精神之行程。其範疇論之全部，卽皆可作爲精神之行程之各種型態而觀之也。

四、思維眞理之思維爲實踐理性所推動

但是，我們眞要了解黑格耳辯證法，我們除知其辯證法初所以描述實踐理性之表現或精神之行程之外，我們並須知思維之所以成爲辯證法的，亦卽由思維歷程本身之爲一實踐理性所推動。所謂思維爲實踐理性所推動者，卽我們之思維之本身，原內涵一求成更高之思維之意志。我們之有此意志，可由我們之最簡單思維爲證。譬如我們以一普遍者指特殊者。在純粹思維中，我們固不能使特殊者化爲普遍

者，而有如我們前說之一方覺特殊者同於普遍者，一方又覺其異於普遍者，之「A與非A並在之情形」。但是我們須知，當我們思維眞是目的在求眞理時，我們眞在以某一普遍性之概念，判斷一特殊事物，而以遵眞理爲目的時；則我們必由低級抽象而只有普遍性之概念之思維，至此「普遍性概念貫於特殊事物之特殊性中」之「統一而更具體」的更高級思維。我們之目的在求眞理時，我們即在前一低級思維中，要求一高級思維之存在。在此，對思維之內容言，我們便可說我們有一使原先之內容，普遍地呈現於另一其他高級思維之實踐理性。而自吾人之思維能力自身言，則吾人有一使此思維能力普遍地展現於初思維所未及之境地，以成更高之思維之道德理性。此二者皆可說。當我們要求內容之普遍地呈現於高級思維中時，此時高級思維尙未呈現，則此內容之實際之普遍地呈現，尙爲一無。然對此「無」我將使之爲有。亦卽我必須置定此「無」而再否定之。又當我們要求思維能力之普遍地展現於初思維所未及之境地時，則此將展現之思維，初亦爲一「無」。此「無」我亦將使之有。因而此無亦爲我之所置定，而再否定之者。由此以現，則吾人之思維之目的在得眞理時，則吾人之思維本是○○依實踐理性以進行，而爲必然的須表現「有」之置定「無」而再否定之主「有無相轉化之辯證歷程」者。

復次，我們常言所謂「有」卽一對象之呈現於我之超越意識，而規定此意識。而此有亦一規定之有。此規定之有卽通常之有經驗內容之對象。關於有經驗內容之對象之思維，爲亦理，必須要求在「包括此經驗內容之更廣大的經驗內容之思維」中得證實，由此以構成經驗知識。於是一經驗知識之所以得爲眞，卽統於「吾人之要求更廣大思維」之意志下。此亦同方才所說。當吾人求經驗知識時，吾人之思維的意志，唯求不斷自「規定的有之規定性」中超出一步，而使其不復爲吾人之思維之一限制，並使原在此規定性之外對象之其他規定性，由被經驗而內在化。然而我們思維之如是進行者，將永不免爲更大之經驗對象之內容所規定。吾人之思維在此乃在不斷超拔，同時不斷被限制之歷程中者。因而此中之思維乃非自由，亦不眞顯示其對於思維之規定性質之超越要求，亦不能達其思維之最後目的，卽獲得絕對眞理，而實現思維之意志者，不能實現思維之意志，亦不能實現貫於思維中之實踐理性，同時亦不能顯出此思維之超越意識之超越「一切規定」性；不能使吾人得對此超越意識眞加以自覺，而呈現其絕對之普遍性者。由是，而吾人欲達後者之目的，則吾人必須轉而只思維吾人之思維之方式，或思維中之普遍範疇之本身，不復求對經驗對象之知識，轉而求對於思維之方式或範疇之知識。此卽黑格耳之邏輯之知識。當吾人以如是邏輯之知識爲目的，吾人於是在開始時，卽全然自經驗內容之限制中解脫超拔而達一直接對普遍者之思維。因每一思想範疇，皆爲可對不同經驗內容而用，或可普遍應用於經驗對象，而無經驗性質之規定性者。範疇本身如「有」、「無」；「同」、「異」；「一」、「多」；皆只爲吾人思想自身或超越意識接受或超越一「外在經驗規定」之一姿態。其接受規定本身，自思維本身或超越意識本身言，卽其規定化。而此規定化唯由欲知經驗對象之意志所貫徹，故卽其自身自動之規定化，爲一「規定之有」。此規定化爲一「規定之有」，卽爲其活動之一姿態，其自身之一範疇之顯示。此思維或超越意識之規定化，而顯為一「規定之有」之範疇自身，皆因無任何經驗性質而為一絕對普遍之範疇。然吾人之思想，除自規定化外，復可自超越其規定化。於是，思維或超越意識，亦可不受「規定化」本身之規定，不受「規定之有」之規定。因而最原始之思維或超越意識之狀態，乃一非「規定之有」，對一切有之特殊經驗性質皆不相干，因而無一切有之狀態，此狀態非規定的有，而為一純粹的有。故即超越意識之原始範疇，乃一純粹之有，此純粹之有因無規定性，亦純粹之無，吾人對之加以思維，如初思維其有「有」之範疇，遂亦不妥當，吾人如思維其有「有」而顯有之範疇，便不能不轉至思維其有「無」而顯無之範疇。然吾人既思維其顯有之範疇無之範疇之後，則終必達於思維「其自己規定化時之顯規定的有」之範疇，與其有經驗對象性質之規定後，接受，超越，處理「經驗對象之各種姿態——此姿態中表現之各種範疇」，與吾人思維思維中之範疇之思維之姿態中之範疇」，與「諸範疇自身如何被自己表現，而又自己超越」；辯證歷程。如此即入於彼之邏輯學體系之中。此邏輯學體系之整個目的，實亦不外說明吾人之純粹思維或超越意識，自經驗對象之思維解脫後，反對於其自身之各種可有普遍性之姿態本身之思維。由此對思維姿態之思維，吾人復可自一一相對之姿態本身，逐步解脫而超升，以逐步達於綜合之姿態之思維，最後達於超越意識之自身之自覺，以使吾人自覺吾人之超越意識之無限性，與眞正之自由自動性，而同時即顯示吾人之思維之自身，原包含求超升以創生高級思維之意志，為實踐理性所貫注之純粹理性之運用也。

五、眞理與實在之合一卽思有合一之根據

依黑格耳之哲學，眞理必在思維之融入高級思維中顯示。對經驗對象之眞理，由於吾人之最初對彼之較狹小之思維，在對彼之更廣大之思維中印證。此中所思維之經驗內容較廣大者，卽爲較高級者。至於對「思維之範疇」本身之眞理，則必在包括此「思維範疇」之「思維範疇」之思維中印證。因而凡正反二面之關於經驗對象或思維範疇之眞理，均在合之思維中印證。眞理卽在合之思維中。求合之思維，卽一求眞理之意志之實現。當吾人思維得眞理時，吾人卽覺所思者由理想性而獲得實在性。如吾人當預期X是什麼，而X果證實所想什麼時，則初所想之什麼，卽獲得實在性。因而眞理所在，卽顯示實在所在。由是而可說無單純之外在的事實。經驗中之事實，皆在思維中或正被思維之事實。所謂物之自身之觀念，在黑格耳哲學中，由此而全無存在之餘地。因通常人之所以覺有外在之實在或物自身，初由在意志活動中，吾人恆覺爲外物所阻。然阻吾人意志之外物，必被吾人認識。則對意志爲外在者，對爲此意志支配之「意識之認識」，則初必有一部爲內在。對意志爲外在者。吾人以前已言，其可說爲意志自身所置定，以備意志之貫徹者。外物被認識時，除內在於當下認識者之外物性質外，外物之其他性質，如爲可能經驗者，則屬於客觀之現象世界，而爲內在於吾人之超越意識者。

吾人對現象世界之現象之思維，誠可有錯誤。於此錯誤時，吾人可說主觀思維中之印象（卽觀念）與客觀之現象自身爲二。現象自身對主觀思維爲外在。但當吾人得現象之眞理時，吾人卽不得說現象爲外在。因吾人此時必須發現思維中之所思觀念之內容，內在於現象自身，而現象亦被我所思維，而內在於我之高級思維。吾人之思維之範圍固有限，限外之現象，非在我思維中，其眞理吾亦不知。我之臆測亦可長爲臆測而無法全由經驗而開拓思維內容以證實之。然而當吾人眞以眞理爲目的，吾人之求眞理之意志，眞依眞理而爲一無限之求眞理之意志時，則此超越之意志，必涵蓋可能之現象世界之範圍。而通過此意志以觀，則吾人不能不承認：如吾人之所思而眞，則所思必爲與現象自身合一，因而一切現象與眞理必爲可能內在於吾人之思維者；不能外在於吾人求眞理之超越意志者；亦不能外在於一無限之思維者。由是而現象世界，乃統率於爲實踐理性所主宰之思維。而現象世界以外之物自身所以立，吾人如溯其源，實唯由吾人之求眞理之意志，永爲求一更高級之思維之意志。如對一特定對象之更高級之思維，卽對其更多之內容之思維。我們之所以假定有物自身，乃所以解釋現象世界之物之內容之思維之超越於吾人所經驗，而不斷顯示於吾人。現象世界之物之顯示，又恒顯示爲一個體，卽一普遍性質貫通諸特殊性之個體。於是吾人覺一事物之於具一內容一性質外，恒有其他，對此性質加以特殊規定之外在之特殊性。由此而吾人遂覺一特定個體，必有「外在於吾人對之之經驗」之物自身，以說明此特殊性之源源顯示。此中如吾人之思維是被動的，或只就所呈現於經驗者，而順之以思，吾人誠可說必須置定一物自身之觀念。但如吾人之思維爲一求眞理之意志所貫注之思維，如吾人前所論，則對一特定對象之特殊性之更高級之思維，乃吾人之求眞理意志所要求創生者。吾人對於一對象，如有一求知其全體之意志，則對此對象之一切特殊性之思維，皆吾人之「求知此對象之一切眞理」之超越的無限意志或超越意識所要求，所涵蓋，所欲使之呈現者。此對其一切特殊性之思維，必能使此一切特殊性對此思維爲內在。則對吾無限的求眞理意志或超越意識言，便不能有所謂物自身。由物自身之觀念之廢除，則所謂實在，遂皆只能就眞理上說，就思維之融入更高之思維中說。凡吾人作一判斷，對一對象有一思維，而此思維可融入以後更高之思維時，吾人卽有一此思維內容之實在性之置定。凡判斷而眞處，卽有思維之實在性之置定。判斷之眞，唯由一思維之融入，於「更包含其他特殊性之具體思維」中見。則吾人可說，愈具體之思維，愈包含更多之實在性與眞理性。而實在與眞理亦爲普遍之不斷被特殊規定，以成具體的者。對經驗對象之眞理是如此，對思想自身之範疇之自身之眞理性與實在性之討論，亦當歸於同一結論。所思想範疇之愈具體者，其實在性眞理性亦愈高。

由物自身之觀念之廢棄，現象世界又皆爲內在於無限之求眞理之思維；則思維之範疇，對於所經驗之現象世界之規定，亦非徒爲主觀的超越的，而兼爲客觀的，內在於現象世界的。原吾人之所以覺思想範疇。對現象爲主觀超越的，唯由吾人覺一思想範疇之可普遍應用，而對於任何經驗對象初無所別擇。其應用於某一經驗對象，非其自身所決定，而爲外在地決定者。其旣應用之後，此範疇又顯爲可應用至其他經驗對象者，因而爲超越的。然復須知，此時吾人乃唯以思想範疇從事理解之活動，而未眞以之求眞理。如吾人依思想範疇以求眞理時，吾人之以某一思想範疇思某一對象，吾人此時卽不特要求使此對象成爲我們之思想範疇可應用，可被此範疇所規定者；且要求我如是之規定，能在對於此對象之思維或更高之思維範疇之應用中，獲得眞理性。由是而吾人對此對象之最初所應用之範疇，必須求客觀化而成爲對象之賓辭，使之顯其爲「對於對象爲眞可應用」，對象自身爲眞堪受此應用者」。故吾人當年一有之範疇，以思維一對象之內容而覺其有時；吾人之求眞理之意志，必須要求「對於此對象內容作更高之思維」，而要求「此內容對對象是有」，「對象之內容是有」。此時之有，則與此內容同時客觀化而爲對象之賓辭，而要求內在於對象之更高之思維中。當吾人達此要求而得眞理時，吾卽實際客觀化此範疇，而內在之於對象之中。由是而吾人之思想之範疇，凡眞對對象爲可應用者，亦卽可客觀化內在化於對象之中者。因而此範疇，亦爲在對象之顯其實在性具體性時，構成其實在性與具體性者。由是，凡可對對象應用之一切思想範疇，雖最初可只顯爲主觀的超越的，而最後必要求顯爲客觀內在的。依現象世界原爲內在於超越意識之原則，則一切思想範疇，又爲必可應用於可在更高思想中，同以「此思想範疇之一切對象」。因而吾人可說此諸思想範疇，依其本性，卽爲客觀內在於現象世界。而當吾人不斷運用範疇，以規定現象世界時，思想之範疇不斷客觀化內在化於現象世界，而現象世界亦不斷顯示眞理，顯示其實在性具體性；而思想中之範疇，亦不斷在更高之思想中顯示其爲眞理與實在性具體性，於現象世界之中。由是而超越意識之爲本體，卽顯於現象世界之中。於是現象世界亦卽超越意識之顯示。然此中必須肯定此超越意識爲一依實踐理性而表現求眞理之意志之超越意識，否則此一切皆無根據，而不得其解。

六、黑格耳哲學之眞價値所在

吾人如果眞了解黑格耳之辯證法，與其邏輯系統及廢除物自身之理論，皆只能建基於純粹理性之原爲依於實踐理性，爲實踐理性所貫注的，或本身含一實踐意義之絕對理性；便知離實踐理性，則辯證法爲無根據，而離實踐理性以觀思維之進行，則思維只能爲依同一律以進行的。於是在純粹理性之應用範圍中，邏輯上之同一律等，爲不能否認的。辨證法只爲一依實踐理性以觀精神活動之姿態，形成知識之思維之形態，範疇，現象世界之範疇之自己融化超升，以使吾人之自覺其超越意識之本性之方法。因而辯證法之思維之最後目的，亦卽求自反於其自身根據之覺悟的。亦可謂爲求人生之最後之覺悟的。唯其中間一段，則似是向外把握精神活動之姿態，形成思維之形態範疇的。然而此卻是黑格耳精力之所注。由是而有其精神現象學，歷史文化哲學，邏輯與自然哲學之龐大的系統。此龐大系統之建立歷程，表面看是由邏輯至自然哲學再至精神哲學。彼乃由純粹理性之一切思想範疇，必求一外於純範疇自身之經驗性質之規定，以論其要求一「外於超越意識之自然世界」之肯定，亦要求此自然世界之存在；而再於其中發現此諸範疇之客觀的應用，而顯示其內在於自然世界；再透過自然世界，以考察形成歷史文化之人類精神，以見精神之求自然解脫超拔，而回到其自身。然實際上則此理性，必須自始卽爲一包含實踐理性之理性，必須自始爲一精神；所以他必須要求一外於範疇之自然世界之肯定，而必須求此外於其自身之自然世界存在，再回到一自由之精神。吾人之能建立或了解此哲學之思辨理性，亦須自始爲絕對之求眞理之意志所貫注，卽實踐理性所貫注，亦卽爲實踐理性之表現於思維方面者。此思維之後面，則必須有一更廣大之實踐理性之表現於道德文化之精神，以爲此思維進行之保證根據，而使此思維獲得其所可自覺之內容；並引導此思維，以窮竭此背負之精神之全體涵義。夫然吾人方可說有一宇宙精神之存在，精神之必須化生爲自然，再自自然中解脫，以顯示爲人類之歷史文化之精神等。所以我們說，我們必須有一絕對無私而有至高之道德，以涵蓋文化之聖賢胸襟，才能眞了解黑格耳之思辨哲學之眞所指。嗚呼微矣。

我們如果由此上以了解黑格耳哲學，則其哲學之目的實不外將知識世界內在化，說明自然世界之存在，作爲人類精神出現之舞臺，爲人類精神而存在，說明人類精神爲絕對理性之自覺。絕對精神之自覺，人類精神之最高表現，依其說，則爲哲學。故人類精神又內在於哲學思維。然思維人類精神之哲學精神，依上文說，又應內在於一個人之實踐理性精神，聖賢胸襟。由此而黑格耳之哲學，雖重在證宇宙精神，然宇宙精神實在人類精神中，乃被自覺，而見其爲眞實之存在，而人類精神則又當在人哲學精神，人之實踐理性精神，聖賢胸襟，乃被自覺，而見其爲眞實之精神。故黑格耳之哲學精神，自整個看，正是表現我們所謂大內在精神於哲學中的。黑氏之哲學之缺點，則由其尙未能眞自覺所謂哲學自身之所依，而誤以哲學爲人類精神，宇宙精神最高之表現。他尙不知在哲學意識之上，表現眞正道德意志，表現無所不貫注之實踐理性，之人格聖賢胸襟，乃爲眞正之最高者。彼亦尙未能知其自身之哲學之所以有價值，唯由其天才之智慧，應能照察此人格此胸襟，之所涵蘊之哲學理論的意義。因而不能對其自身之哲學本身之根據，作一最深之哲學的反省，而知聖賢人格之爲眞實之至高實在。然循吾人以上之對黑格耳哲學之反省，則可使吾人超過黑格耳之以哲學爲最高，而達一更高之哲學。在此更高之哲學，知一切哲學與吾人自身之哲學，皆較人格爲低，以使哲學意識，得超升其自己，以化出對具完滿之實踐精神之人格之絕對的崇敬。此則爲吾人之觀點（見再下一章）。由吾人之觀點，則黑格耳哲學之價值，將不在其龐大之系統。其龐大之系統之存在，雖在原則上無問題。然而中間可資討論者亦多。依吾人之觀點，其龐大之系統，亦不能震駭吾人。吾人可在原則上謂一切正皆有反。然吾人始終不能窮竭精神之全部表現，一一論其正反之轉化。如擇其一部而論之，則其中常有不能圓滿表現正反轉化，原則之處。自此而言，則理想的辯證哲學系統，乃無人能達到者。然吾人亦無須在節目上作無盡之擴大。黑格耳哲學之內在之缺點，我們將原諒之。其昭示宇宙人生辯證歷程之無問題處，我們亦只以之作顯示超越自我之自己超越性看，作爲一表現哲學中之超越精神之一例證，訓練人之哲學精神之一工具看。由此而亦使吾人得超越其哲學系統，對以後人之桎梏。關於對黑格耳哲學之批評，再下章將進而論之。下章則當只就黑格耳哲學本身，以論其歷史文化哲學之精神。至於其自然哲學，則不須再論。

第四章　黑格耳之文化哲學與歷史哲學

一、黑格耳以絕對精神之表現之哲學宗敎藝術之地位於國家政治

我們上章說黑格耳哲學之辯證法，本來是依實踐理性而建立，亦卽依精神之要求表現其自身於外而建立。我們前說黑格耳之辯證法，最適當之應用處，乃在精神。其哲學著作，始於精神現象學。影響最大者，乃其歷史哲學。辯證法本身，亦可說只是看精神之歷史之方法。對精神爲外之自然，是否精神之外在化，人可以懷疑。但是精神必表現於對之爲阻礙者之中，精神必有發展，有發展，卽有一爲此至爲彼之歷程，則是無問題的。精神又必能自覺爲其外者之存在，精神之由爲此而如彼，亦必自覺此與彼之統一。因而必將求內外、彼此之統一，亦是人人都可反省而知。此卽印證了辯證法。所以在精神哲學，歷史哲學中，黑格耳之思想是最能啓發人的。黑格耳之精神哲學，分論主觀精神、客觀精神、絕對精神。原來具普遍性的理性自我超越意識是康德所已建立。由客觀精神，看出一統一的絕對精神之存在，是菲希特、席林所已發揮。然黑格耳之哲學，則是更注重普遍者之表現於特殊，一之表現於多的。此亦我們在上章所已論。所以呈現於個人之超越意識中之絕對精神，在黑格耳思想中，

居於最高的地位。此亦卽是說，個體對於普遍的宇宙精神之自覺，在此居了最高的地位。人在藝術生活中，人開始忘其自我於無限的自然，而欣賞自然中之生命與精神，並表現其生命與精神於自然之聲色形相。於此欣賞及表現中，自然亦內在於吾人之精神。而吾人之精神卽成一不與自然相對之絕對的精神。審美之藝術活動中，感覺的世界形相的世界，全然視爲表現秩序和諧之理者。人在藝術之欣賞表現中，開始眞超越其自然的欲望之形相界之自我，而直接實現其自由的精神，於感覺的形相世界。然因此自由的精神乃實現於感覺界，所以其自身之存在，恒爲人的不自覺。自由精神之純粹性、超越性，亦未被自覺。故自由精神要顯其純粹性、超越性，則須先超越此整個之感覺的形相的自然世界與藝術世界，覺在此世界中，自由精神，有沉沒於感覺形相世界之危機；因而轉出一否定自然世界，感覺世界，藝術世界，以肯定一「超越的絕對精神實在之存在」的宗教精神中。於此人自覺了宇宙中絕對精神實在卽上帝之存在。上帝創造自然，高高在上，爲宇宙之主宰，祂絕對不可見，不可感覺，而至善至眞，完滿無限。當人能自覺祂存在，而信仰之,皈依之之時,人亦卽眞超越了自然界，感覺界。不過因人是初由感覺性以了解世界的，因而最初之神，恒不免爲感覺性的，卽具備自然物之性質的，可以對人造作偶像的。宗敎愈高級，神乃愈被視爲無形相。於是對神作偶像崇拜，漸被視宗敎上之罪惡。在波斯敎中善神開始被視爲超越涵着一切的光明。然猶以火爲象徵。希臘之神，猶有人間的活動。到猶太敎，上帝才是一絕對超感覺之精神。基督敎上帝，又成無盡的愛。耶穌乃聖子，卽上帝之化身爲肉體。此肉體上了十字架，再復活，便顯爲一絕對自由之純粹精神。不過在此，上帝、聖子、聖神三位一體之教中；上帝雖顯示其自身爲一「絕對自由之純粹精神於世界，然而人在此仍免不了由念着化身爲肉體之耶穌……以其感覺的肉身爲人贖罪而上十字架等圖像來想像上帝之精神之表現，藉以啓悟上帝顯示世界之眞理。因而此眞理，仍未以其絕對之純粹性顯示於人。可見人之宗教精神便仍非絕對精神最高之表現。然而在哲學中，人卽能自覺一切，超圖像的絕對純粹之眞理之自身。哲學以宇宙全體之純粹眞理爲對象。哲學之開始，卽肯定宇宙之眞理是可了解的，因而爲內在於人之涵蓋之度量下而將顯示於人的。一切感覺的事物，在哲學之精神中，只視作爲眞理之表現，因而亦卽人之理性活動之表現。哲學思考感覺的自然之眞理，亦思考我們之思考自身之眞理，思考吾人精神之自身，由個人之精神，至客觀之精神，至宇宙之精神、實體，卽上帝。所以哲學之最高者，卽思維上帝。哲學不如在一般宗教生活中。由圖像以間接想像上帝之精神表現，而直接以理性思維上帝之自身，直接去了解宇宙之一切感覺事物之理，皆爲上帝之表現，最後歸於自覺的肯定上帝卽吾人之絕對理性自己。由是人之反省上帝；亦卽上帝在人之眞反省中，或絕對理性活動中，呈現其自己。由是人之反省上帝之哲學，卽「上帝或絕對理性在人中反省他自己，而絕對自覺他自己」之表現，亦卽在宗教精神中的超越而客觀化之上帝之回到他自己；而自覺上帝卽在人中之絕對理性之客觀化。哲學之最高使命，卽在自覺只有「一在自己中，亦在上帝中」之絕對理性之存在。因而哲學表現了絕對的絕對精神。

黑格耳之精神哲學以表現於個人之藝術活動、宗教活動、哲學活動爲絕對精神之最高表現，而「認識上帝爲人之自身之絕對理性之哲學」，又爲絕對精神之最高表現。我們卽了解黑格耳之哲學，如何的注重「個人之涵蓋自然社會之精神，而以此精神爲社會文化之歸宿」之精神。此正與我們所誇大內在精神中，所謂人之一切社會、政治經濟之改造，應以個人之內心文化生活之充實完成，爲最高目的之說，是相同的。

二、黑格耳以國家爲客觀精神之表現之理由

至於黑格耳在客觀精神中，則特重國家之地位。他以國家爲上帝之實際實現其自己於社會之表現，恒被人視爲抹殺個人之地位。但是我們在此第一，不要忘了黑格耳之始終以絕對精神爲最高。第二，我們尙須注意其國家哲學、法律哲學之開始，是純從人之道德理性要完成他自己，必須表現爲國家之組織上說。故國家之組織，在本質上，應只是爲了人之道德人格之完成而有。黑格耳之重視國家，其精神全與非希特一貫。其與非希特之不同在：對於一般市民社會與國家之分，非希特不如黑格耳之斬截得明白。國家之本性非希特亦不如黑格耳認識之淸。簡單說黑格耳之國家哲學之精義，可以幾句話說明。像其理性，人必須控制其欲望自我，而有道德生活。此爲康德所論。但道德生活，必須

表現於社會之公共活動中，而客觀化。依人之道德生活之要求，人必須肯定社會之「一切公共之實際事業」之價値。縱然一社會團體所從事之事業之目的，只在尋求一社會團體之人自身的利益，而我們仍當於其中發現：使每一個人活動社會化而超越其個人主觀之欲望自我之價値。由是而我們須肯定個人之從事於追求私利之社會團體之組織，乃個人求其精神之客觀化時，不能免的，亦表現一客觀之理性要求的。由此卽置定了社會中，爲各種特殊之目的而組織之特殊之社會之必然，且應當之存在。然而此各種社會團體，因只自覺的爲其自身之利益；故又不能全部表現人之客觀理性。所以人們必須要求此各種的社會團體之組織成一國家。在一國家中，不同的社團所要求之權利，互相限制，互相規定，而同受國家之支配。一切個人之利益或特種社會之利益，皆須受其主宰。這似乎表示國家爲社會與個人之上之某物而外在的憑一力量如武力，以統制各特種社會與個人而造成的。然而在實際上，則國家之所以成立，旣由各種自謀其利益之社會之求互相規定以形成，則國家是從社會自身必然湧現的。國家之政府，則是各社會組織之權利，須要互相限制，互相規定，以「表現國家之意志」之「必要的機關」。國家與政府，本於社會之共同之要求，以形成法律，製定法律。此法律一方爲明顯的，要「限制規定國家下之社團個人之活動，與其權利要求；然而另一方，則個人與各種社團活動，亦賴法律之保障，而免於衝突，以互相促進。因而國家與政府，又爲增益個人與各社會之權利者。同時，我們須知，我們說國家政府之所以產生，由於諸個人或社團之特殊活動或權利要求之必須互相限制規定，亦同於說國家政府之產生，由於個人之理性要求，不能只停止於客觀化爲各種自謀特殊利益之社團；而必須客觀化，爲使「各自謀特殊利益之社團，互相限制，互相規定之意志」，而此意志即爲一超越至「肯定其特殊利益之社團之意識」，以「肯定其他社團之權利」，「肯定一超各社團之上而包括各社團之國家之存在之一客觀意志」。此意志亦即支持政府及法律之存在者。由此可見國家與政府之所以成立，正由於人之理性要求絕對的客觀化於社會。而法律之自身，即此社會之各個人之共同的理性要求在歷史中之客觀化，所形成之規律；而被人所自覺的承認，爲應當被遵守，而有政府之權力，以執行之支持之者。因而法律乃眞表現人類依道德理性而建立之普遍的行爲規律，以防止個人或特殊社團，人之自陷於其私利之追求，並使道德理性「實際得顯其規範人類社會之實效」又「實際表現於人類社會而支持人類社會之存在」，而「使其自身亦獲得實在性者」。道德理性在此才非復如在個人道德生活中，只爲一與個人之欲望自我相對之一應當之命令而已。而當一國家政府，愈爲依法律或不違法律以運用其權力者，當一切法律之依歷史、習慣、禮俗而演進，愈能逐漸表現其所以爲法律之本性，而爲合道德理性之要求時；則此國家政府與法律，愈有價值。依人之道德理性，人必須肯定一切人之平等，必須肯定人皆爲「一求精神自由，求自覺的依道德理性依法律而行」之存在。所以國家應有「肯定一切人之人格之平等，肯定一切國家之公民之自由權利，並由人人所自覺之憲法而自動加以遵守」。由此而可見黑格耳之看重國家，而以國家爲客觀精神之表現，自開始點以至最後，都當說是從人之道德理性之實現上着眼，正表現一尊重個人之精神者。黑格耳之國家哲學，自其論國家建立之根據處講，實比其他一切國家哲學表現一更高之智慧。如果說黑格耳有不免太尊重國家而輕視個人之弊，只能由其「視一國家爲絕對自足之自體」「國家在對外關係上不受任何束縛」「個人亦只當爲其自己之國家而工作」等上說。黑格耳之所以有此等主張之理由，在依黑氏意，人之客觀化其理性之要求，可只須肯定其自己之國家。在國家中，人既已有客觀的理性之具體實現，人欲在公共生活中完成其人格，能爲國家服務犧牲已足夠。這並非是從國家之外在地凌駕於個人上設想。此點我們必須眞正了解。不過黑氏之以國家在對外關係上絕對獨立自足。國與國間只有互爭霸權之關係之說，及人只當爲其自己國家而盡道德責任之說，實有一大缺點。我們以下再說。

三、黑格耳歷史哲學之觀點之綱要

黑格耳之歷史哲學，即講明世界各民族國家之不斷建立，不斷互相代替，以表現世界精神之歷史。世界史之所以成立，即依於一國家之在其內部爲一絕對之實體，而其存在於世界，又爲一有限之存在。依於宇宙精神之要求無限之表現，則國家必須要求其他國家之承認而有國際關係。然而又免不了破壞和平國際關係互相戰爭。再由決勝，以顯示世界精神之誰屬。黑格耳不諱言戰爭。黑格耳之戰爭哲學，有一極高之智慧爲之支持。即依黑格耳言，戰爭，可使人覺其現實之民族國家之可以不存在，遂啓示人以此現實存在之虛幻感，而逃出永遠和平所引起之頹廢。因而引出一超越精神。戰爭之結果，雖一方可爲一民族國家之滅亡。一方卽可爲另一民族國家之眞昭露其精神於世界各國，而普遍的客觀化，以顯爲世界之精神。在其歷史哲學中，我們似只見其處；以國家民族爲單位。個人之一切似皆爲國家民族之實體成就他自己之工具。但是依黑氏從世界史之行程來看，任一特殊之國家民族，亦只爲世界精神表現其自己之工具。此一套哲學，只有以世界歷史，爲決定某時代某一國家民族應領導世界之判官，我們亦不能依我們之貪安逸、怕戰爭之本能，或淺薄的人道主義爲根據，卽可作一決定的批評。此套哲學之本身，所具之悲壯的性質，我們先必加以欣賞。其所依以建立之原理，爲一切「有限者皆必須超越其限制性，而隸屬於一更高之無限者」。此一語本身所含之眞理，我們亦必須先加以承認。

黑格耳之歷史哲學，雖似看輕個人與特定之民族國家。然而他卻有二特別注重之點，一點是他發現了個人的私欲或英雄之野心，對於理性之實現之價值。一點是每一民族國家對於世界之貢獻，都是永恒的。個人的利欲與英雄的野心本來依自覺的道德理性，是應當被斥責的。但是通過世界的歷史來看，則當個人的私欲與英雄的野心，又是客觀理性實現他自己之工具。因個人之私欲野心，眞要滿足他自己，必須直覺的把握潛在的時代精神之要求，亦卽去利用客觀理性之實現自己之要求。當個人以其私欲野心從事於打破社會之現狀，而幫助潛伏的時代精神求之實現時，時代精神卽推到前面去，而遺掉此野心家。所以居魯士、亞力山大、凱撒、拿破崙，無不失敗。由是而客觀理性世界精神實是利用了英雄的野心，讓他放肆，讓他滿足，讓他失敗而毀滅，而實現他自己到更高一階段。由此而從歷史看個人之野心，雖其本身無價值，然而世界精神客觀理性，把他作爲推陳出新之工具用，則有了價值。野心家的出現，震蕩了世界，使原來「凝固的已成形態之舊社會文化風俗習慣中」之世界精神，重新甦醒。以一種罪惡打破另一種罪思，則罪惡成了善之實現工具。在歷史中，一切打破其他罪惡而成之罪惡的力量，只因人們之要打破原先之罪惡而暫被承認，暫時被尊重。所以當罪惡被否定時，其自身亦必被遺忘而將再被否定。歷史永遠是對一切有限者不容情的。通過歷史以看，浪淘盡一切風流人物，一切英雄，在盡其對時代使命之後；其可憐的最後命運，只留得後人之慨嘆。然而世界精神之行程，卻總是步步升高的。後代的精神即承繼前代而前進，因而世界已往之民族國家所表現之精神，均被否定超越，而又保存升高於後代之代表世界精神之民族國家之精神中。除了中國印度表現之東方的精神外。亞述巴比侖之精神，涵攝於波斯之精神中。再轉移到埃及，埃及到希臘，希臘到羅馬，羅馬到基督教世界，到近代之日耳曼。世界精神每推進一步，即有一民族國家之滅亡，一民族國家之興起。然而世界精神之表現於後來之民族國家者，總是顯出一較高之原則。然而此一切之原則，都統於人之要實現其精神自由之原則。黑格耳依精神自由之表現以講歷史哲學。世界歷史始於中國。對於中國，依他說只有一個人之眞自由。此個人表現普遍性而無個性。其他人之精神都涵蓋於、依順於此個人，此個人卽帝王。而且，此中一個人之自由，純爲內在於其現實意志中的。在印度人乃有超越界之梵天之嚮往。然而此超越，只表現爲一消極的原則。同時此梵天又內在於萬萬千千的形色世界之中。印度社會之依血族而建立之階級，牢不可破。使只有婆羅門階級能眞與梵天接觸。波斯興起，乃以純粹之光明之神，顯爲世界之向上原則，而象徵着精神之求超越於罪惡，超越於自然。波斯帝國之建立，居魯士之使命，卽在團結前亞細亞於一主權之上，而結束東方之世界以到西方。西方埃及所表現之精神，卽人對世界之感到一謎的意識。人面獸身的，像是埃及精神之象徵。此精神是人透入自然，使自然成自相矛盾之一謎。而解答 Sphinx 所提出關於人之一謎者，卽希臘人。希臘人解決此謎，Sphinx 卽死。此卽象徵在希臘精神中，人才超越自然而自覺其自身是人。依此自覺，而有希臘之藝術性的自由精神。此藝術性自由精神，表現於游藝，表現於政治之民主，表現於宗教中對神之生活之豐富想像之神話。希臘與波斯一戰之勝利，卽表示更高之西方精神，是必然應代替所謂「人尙未眞自自然獨立而自覺其爲有個性之人」之東方精神的。希臘精神之轉入羅馬精神，則表示一普遍的法律之成立，一抽象的理解原則之確立。羅馬在法律上確立了一切人之平等。猶太教則表示了上帝之爲不容有之絕對性人格。由猶太教向有眞正之人格之宗教。羅馬文化中之紀律，使接受此紀律之被統治的人民，在外立世界爲無物。」人之精神乃被迫到自己內部，以認識普遍之上帝。卽在內心之絕對的精神。由此而開闢基督教之世界。基督教中三位一體之教義之成立，教會之成立，使耶穌顯爲純精神，並普遍客觀化於一社會性之組織中。由此而有宗教世俗化，教會之墮落的罪惡。於是人們經了在現世尋求耶穌聖蹟之十字軍之後，而有宗教改革，以肯定個人之出自良心的自動向的宗教信仰。至於日耳曼世界之最後目的，則在使人知「宗教乃靈魂與心方面之理性。它乃是眞理與自由從而出現於概念界之一廟堂。而國家亦爲理性所控制，但係人類之自由與現實之知覺及意志相關之一廟堂。」（中譯本歷史哲學五之三）由是而世界精神之最後之表現，卽爲近代的國家。尤其是法國大革命後，肯定人人之平等自由之國家。至於德意志之有憲法的政治，卽世界精神現在降臨之所表現人人自由之精神者。」

由我們以上對黑格耳歷史哲學之鳥瞰，正見黑格耳所謂歷史之進程，乃處處以人類之精神之進一步表現之實現之自由爲目標。實現自由之根據則在「精神」自「自然」超脫由東方至西方而表現其藝術精神於個性之旨，正（希臘）實現其普遍性於外在之法律之建立（羅馬）及絕對精神之上帝之認識（猶太至基督教），通過教會以普遍化此宗教精神於一社會團體（中世），進而認識人內心之自動自由的信上帝之精神（宗教改革），並依此自由自動精神中之自覺之理性，以建立「以人人自由之保障爲目的」以實現上帝於世界之現世國家。此正見每一時代之精神，皆包含前代之精神而加以推進。因而最現實之當前之時代，卽包含以前之一切時代之精神。而每一時代之精神不特可說有永恒的意義於後代，亦可說卽存在於現在。這是黑格耳所明白說的。由此而知流俗之說，黑格耳爲輕視個人注重超越之精神，而忽視現實與現在，全是錯誤的。

四、黑格耳哲學的最高精神已實現於日耳曼世界之問題

關於黑格耳這種步步後進於前之歷史觀，可使人懷疑；人類歷史何以有如此進展之必然性。依黑氏說，似人類歷史乃純由一在人類外之宇宙精神，在上作安排，而不能由人類精神本身得其必須如此進展之保證。歷史何以不能後退？亦似無必然之理由。但是我們以爲至少在歷史之進程中，每一新時代有一新原則之增加，則是無問題的。因爲如時代無新原則之增加，當不被視爲一新時代。任何後一時代之人，如果是受了前一代的時代精神影響，而自覺的承受之；則此自覺的承受後，爲彼又遭遇一特殊之環境；他們將自覺舊時代精神之原則，而擴大其應用之範圍，於新的特殊之環境，便會必然表現一新原則。誠然，後一代之民族可是自外而來，對舊文化民族，先加以征服。然而征服之後，無論他們是否有文化，但只要他們之自覺舊文化之精神，而以新生命自覺之，他亦必然可表現一新精神原則。因爲任一普遍者實現於特殊，而人復自覺其所實現之特殊，便可見二者之可同普遍化而合成一新原則。縱然一後起之民族，全不受以前之影響，表現一全新之精神。而我們以歷史眼光自後觀前，我們亦可說共同在何處，異在何處。凡異之所在，即此有而彼無，又皆爲人之精神全體所可能有者之所在，亦卽在一精神全體中，有正反關係者。因而皆可辯證法地討論之。再後代之精神爲承之而再發展至反面，則必爲可視爲包含先之二時代之精神者。卽假定後一代與以前之某時代精神全同，然中間

經了一間隔，我們在論後代之精神時，亦可就其經一間隔與間隔之否定，而自後看前，謂其爲更高之階段。所以依辯證法以看歷史，將可永不會失敗。不過看歷史之觀點，大可各不相同。我們自不能謂唯此觀點爲可能。然自此觀點以看歷史，即可昭示歷史之歷程如是。所以我們只須根據人類一時代之精神之客觀化於後代，必在原則上升高一級，（至少可看爲升高一級），故我們亦無須假定一外在之「宇宙精神之安排」，以使黑格耳之歷史哲學得理解。如說是有宇宙精神之安排，亦亦可只由「精神」之實際客觀化必然生之結果與歷史，以觀之，爲自後看前，所可說如此如此說者。因而黑格耳之歷史哲學，我將不自其暗示一外在之神意說以批評之。凡如是批評者，亦不能使黑格耳之歷史哲學，爲不能成立。至多亦不過由此批評，使人知有其他歷史哲學，同爲可能而已。

黑格耳之歷史哲學之眞正缺點，乃在其所謂歷史之進步，唯是從精神原則看。從各時代之精神原則看，後進於前，固無問題。但此進，唯是顯於人之哲學理性的；而不必是顯爲各時代之人的價值之感受中的。說羅馬之原則，因依理解而重普遍之法律；固然有高於希臘之偏於尊個性處。然羅馬治下，人所實現之精神文化生活之價值，是否高於希臘人，則大可成問題。因而爲自人之整個精神文化生活之價值以觀，則後之是否進於前，乃不能先驗的決定者。如於此盲信，而藉神意在此安排，或自然之定律安排以說明之，此皆不能有理性上之必然性。說日耳曼普魯士之精神之原則有進於以前者可無問題。然自現實說，則除非此原則之實現，至最深程度，並實現於此世界之一切人，則日耳曼世界之價值，未必卽較希臘羅馬世界爲高。以黑氏於此之未清，故受黑氏之影響之德人，卽難免因此而盲目的執着德之現實政治，現實國家爲至高無上之神聖之現身。黑格耳之國家哲學，又謂人只須爲其國家盡忠，則可實現其在客觀社會之道德生活。故由黑氏之國家哲學與歷史哲學之影響，而德人乃增其無限愛國之狂熱。這是黑氏哲學之影響，對德國民族之功，而亦對世界爲罪之所在。

然而如依我們之進一層之批判，我們將說明如黑氏及他人眞曾有意要拿黑氏之歷史哲學與國家哲學，以求增加德人愛德國之狂熱，以德國爲世界精神實現之所，圖以德國征服世界；在理論上其實是講不通的。黑格耳之歷史哲學之精神與國家哲學之精神如合起來看則使黑氏哲學產生不可解之矛盾。我們由此可見黑格耳哲學必須自己發生一辯證歷程，而使我們可超越黑氏之哲學。因爲本我們上之所論，我們已說在一民族或國家縱在立國原則上表現黑格耳之所謂高一級之原則，如此原則未眞實現，則我們縱自覺此國家之原則，此國家所實現之精神文化價值，在現實上，亦未必高於表現低一級之原則，而能充量實現之者。此猶如有更高之人生觀而未行者，未必在現實人格上，高於有較低人生觀而能行者，這樣，則我們（設德國人自稱）如因自覺德國精神之已表現一最高之原則，因而謂德國民族較一切古代之民族或其他今世民族在世界上佔較高之地位，遂只能是未從「自覺之較高之原則者，將可能有更高之文化價值之實現」上說。然果如是，則依邏輯，所能歸順之結論，只是德國人有本其忠愛國家之心，以更實現此原則之義務。此中不能推出德人可藉其對此原則之自覺，而謂其在現實之世界，有征服其他國家民族之理由。此原則若是原屬於世界精神而表現於德國者，則依世界精神之爲一普遍者，此原則之爲一普遍者，亦應可爲其他民族所可了解，而可實現者，縱其他民族因其歷史文化發展之實際情形，尚未及了解此原則，實現此原則之階段，吾人也當信其可漸了解實現之。我們如眞站在世界精神說話，我們便當以扶助其他民族之經一定之階段，以逐漸了解實現此原則爲我們之一義務，而不須只求征服之；乃合於吾人站在世界精神說話之道德理性。反之，如我們不站在世界精神說話，那便只有專自黑格耳之國家哲學說：我只須爲德國盡忠，使德國實現此原則；即可完成我之道德理性。我既只求德國民族之強盛，因而可求以德國征服世界。只要我之目的在實現此愛國之道德理性，則亦不成罪過。然而如眞只從此愛國心說，從只須愛國卽可完成我之道德理性說，則不能兼自世界精神上說。因爲人只有愛國心，人之道德理性，根本不能溢出於國家以外，則對世界史之客觀考慮黑氏之歷史哲學，卽當不可能。因而我們亦卽不能站在世界精神之立場說話。於是所謂站在世界史之立場，去比較各國原則之高下，而以有高原則者，在世界地位應居高一級，應征服世界云云亦皆成問題，亦不能有不當有之思想。反之，如黑氏之歷史哲學爲可能，如人對世界史之客觀考慮爲可能，一切過去民族國家之不同立國原則，不同之精神、價値可分別的與以一客觀的肯定欣賞，而定其高下，則證明人可超越其只愛自己之國家之意識。因而黑氏之國家哲學謂人只當愛其國，卽爲不合理。由此而合黑氏之歷史哲學與國家哲學以論德人只當愛德國，便生一不可解之矛盾。如欲免除此矛盾，則只有專從民族之氣質上說。謂唯德國之民族乃配實現此原則者。此竟在黑格耳已開其端，而後來之德人再承之而加以發揮。然如此說，則黑格耳已合理性主義之立場，而入於自然主義、經驗主義之觀點。由此二觀點以主張德國人應只愛德國更無理論上之必然性。因爲我們如只爲德民族氣質，適合此原則之實現乃特愛之、則其他民族而被發現爲有此氣質，則依理性亦當愛之，而不能只征服之。由此而依黑氏之哲學，以言德國人只當愛德國輾轉皆成矛盾。吾人欲絕對避免此一切矛盾，並完成黑格耳哲學尊重理性之精神，只有依其歷史哲學中所表現之超國家之考慮之精神「尊重世界精神」之精神，以證明人可有體合於世界精神之精神。人既有體合世界精神之精神，則人可敬愛一切歷史上有價值之民族國家，因而亦可敬愛現在世界中一切有價值之民族國家。人能敬愛歷史中世界中一切有價值之民族，則歷史中世界中之民族國家，雖實際在矛盾鬪爭之中，然吾人能自覺其矛盾而兼肯定之，則矛盾可不成矛盾，吾人亦當使之不矛盾，亦能以不矛盾之精神使之不成矛盾。由是而吾人對於世界，遂有一更高義務感，卽「使一切並存民族國家，同時實現眞正更高國家原則，而尊重一切民族國家所表現之文化價值之義務」。由是而吾人遂達一超國家，而包含國家之天下理念。由人類共同之天下理念以建立「世界民族當可和平共處之理念」，「求和平之精神」。我們遂可以此和平精神，超越民族國家之障壁，以體現世界精神，而不須用武力與戰爭表現世界精神之實現矣。我們上說我們如眞有一對世界歷史之客觀考慮或黑格耳之歷史哲學能成立，則我們必須有一超越自己國家，而敬愛其他國家之義務感云云，只能遇着一種駁難。卽我們可說我們在對世界歷史哲學中之超越國家之觀念之客觀爲慮純爲哲學的，亦卽一純理滘的興趣。只表現我們之純粹的理性精神，而非表示我們之實踐理性之精神者。我們之實踐理性表現於我們之道德義務感。而我們之道德義務，必須是可實踐的。一切實踐只能在自己國家中實踐。因而，我卽可不有敬愛其他國家之義務。我們對此之答覆，是我們之實踐道德義務，須先直接在我國家中實踐。我們卽要對世界盡義務，亦須先對我國家盡義務，誠是一不可易的眞理。因爲實踐，只能自我之實際處境開始。但是我們卻不能說我們之道德、義務將永限在國家之內。我們不能說一國家對其他國家之關係，只能是一彼隸屬於此的關係，或相征服的關係，而不能是一相涵蓋而互相尊重之關係。因爲我明可依我之道德理性，由我之愛其國家，而知他人之愛其國家。則我必須肯定他人之當愛其國，而我之肯定他人當愛其國卽包含一對於他人之國家之當存在之肯定。因而我卽必然有一由尊重他人而來之尊重他人之國家之道德義務感。由此義務感，我們卽必然有求一切國家和平並處之對世界人類之義務感，而使我們之超國家之考慮，不能只是純哲學的。卽在純哲學的考慮中，我們如去客觀的比較我國家與他國家之立國原則、立國精神，則此中亦常不免引出一超自己國家的，對其他民族國家之敬重同情嘆惜之世界性的之感情。如黑格耳之歷史哲學書中，實際上亦不能不流露者。我們只要眞有一世界性感情，對世界人類有義務感，此感情與義務感，卽可破除我之只愛其國之意識，與私其種族之生物本能。由是縱然我們最初只對我之國家直接實踐道德義務，然而我儘可以世界各國之和平相處之理想爲目標，而以此目標，自戢其民族向外侵略之野心。並以各種國際間之文化交流，國際社團之組織，爲世界之和平奠定基礎。由是，而我們便不可說我們對世界之考慮，只能止於純哲學的，亦不能說我們不能有對世界之義務，更不能說，此義務不能實踐。此乃極易明白之理。而黑格耳之終不能進至吾人之理念，吾人亦將言其故，或亦正在其對世界歷史之一切思索考慮只是純哲學的，其對世界之一切國家民族哲學之考慮爲超道德實踐的之故。唯由此方阻其對以上之義，作一更深之反省。而此亦是由黑格耳之以哲學爲人類之絕對精神之最高境界，所必然產生之一結果。

五、黑格耳不論人類未來之歷史，與其以哲學爲最高文化領域二點之有問題

我們看黑格耳之歷史哲學尙有一問題。卽當我們看到他以人類歷史之最高原則，已實現於日耳曼世界時，人恒不禁向人類以後之歷史怎樣，人類以後尙能不能再有歷史之發展。黑格耳希望之未來時代如何。但是這問題，細想來，實不能在黑格耳之反省之中。因爲依黑格耳歷史乃人類的實踐的活動之成績。哲學本身，乃站在人類實踐的活動之上之一純反省之活動。歷史哲學所關心的，只是已成的歷史的意義所表現之理念。所以黑格耳在其歷史哲學書屢言其所討論者只能是過去的已成歷史。哲學本身根本不是與人類之實踐活動，站在同一平面。哲學只能在歷史之進行之上面，作反省歷史之事，因而其本身是不能是指導歷史的，亦不能爲歷史之前途設想的。他這種說法，不是無其理由。其理由

是人必須先有歷史，乃有哲學之反省。反省歷史，而歷史之意義價值卽在反省中呈現。因而歷史之意義價值，卽保存於反省之哲學中。哲學乃注定在形成歷史之人類實踐活動之後一階段，如果以哲學指導歷史，而對實踐活動有效用而促進了歷史，此歷史之意義與價值仍當在以後純粹的哲學反省中乃呈現。哲學仍當在歷史之上。但是我們的問題是這樣，是否卽可說哲學卽是最高的？是否我們卽可說哲學之不當歸到實踐活動之指導，或可否說歸到實踐之指導，卽哲學之下墜？可否說哲學不當替未來之歷史前途着想，不當肯定人類之歷史更有遠大之前途而對之？企望？如果這些答案都是否定的，則黑格耳以歷史之最高原則已實現於日耳曼及普魯士，無論如何是造成德人之對其現實之國家之絕對執着之感情者。這將是黑格耳歷史哲學之又一缺點。此一問題與上一問題關鍵，都在哲學之是否眞爲人類文化最高而超於一切其他文化道德實踐之上之問題。此我們在下章再加以討論。

第五章　哲學與道德人格及超越心覺之本性

——黑格耳以哲學爲文化中最高者之問題之討論

從一方面看，我們可說黑格耳之以哲學爲絕對精神之最高表現爲文化中之最高者之說，是很難逃出的。尤其是在哲學本身中——在一種辯證法的唯心論之哲學本身中——討論此問題，逃出此結論，益見其難。因哲學是自覺的去反省一切文化活動的。反省一切文化活動之反省本身，理當在所反省之一切之上。依一般唯心論之哲學所反省之一切，又直接隸屬於反省之心。依辯證法，則不屬於反省之心之一切對反省心爲客觀外在者，不直接屬於反省之心者：亦間接屬於反省之心。反省之心可反省一切非反省性之活動，爲自發之情意活動；又可反省吾人自己之反省。因而此反省活動無論如何都可在一切的反省的一切之上，哲學本身卽一絕對之反省活動——卽思維一切又「思維」之絕對的思維——則人之活動宜不能有高於哲學活動者。對反省活動，人又公認其爲以眞理爲對象之活動或理性之表現之活動；黑氏哲學復告人以眞理卽實在一切實在皆理性之表現；遂更不能有外於哲學之反省高於哲學之精神活動堪能涵蓋實在於其自身，而包含更多之實在性者。然而我們今則必須打破此哲學爲最高之論。我們將自黑格耳之辯證法唯心論之本身之必然的發展，以打破黑氏之哲學爲文化之最高者之論。然後吾人方能眞實現黑格耳哲學之精神，而建立一柔重哲學以上之道德人格之文化精神，平等看哲學與其他文化活動在文化中之地位，兼免除黑格耳哲學之一切流弊，及一切西方哲學中一切主智主義之流弊以貫通中西之思想。

一、

我們討論的開始，是提出一較低之問題，卽如果哲學是絕對精神之最高表現，則哲學之思維之進行是誰支持之？哲學思維之對象或材料是誰供給之？不過此問題，尙不能眞難住黑格耳。因爲黑氏可說，一切哲學思維之對象皆理性之客觀表現，「精神」自身之外在化，而支持此思維者，卽我們在思維中的表現之理性意志，或求眞精神。同時哲學之反省一切對象反省我們精神之自身，卽顯示一切對象一切精神之實在或眞理於此反省中。因而哲學之精神遂爲「在反省中，包括一切精神之外在化之成果與精神自身之實在性而涵蓋之最高精神。所以我們上所提之疑難，並不能破除黑氏所謂哲學爲人類精神之最高表現之論」。不過上列之疑難不能難倒黑格耳，但是我們可以緣上所疑生一進一步之問題：卽正在我們之哲學思維之進行中，我們能否說此對象或材料爲其自身之精神之外在化？正在哲學思維進行時，我們能否說此思維賴以進行所依之理性意志是內在於哲學之反省中？則我們決不能如此說。

因我們說「對象材料爲精神之外在化」一語本身，乃黑格耳式之哲學思維之最後成果。「自覺的涵蓋吾人之精神或理性意志之一切表現」於哲學思維之中，並「知其在哲學精神之下」亦哲學思維之最後成果。則當哲學思維正進行時，吾人只能先肯定所思維之對象，在哲學思維之外，肯定關於此對象之眞理在吾人之上；並肯定主宰我思維之進行之實踐理性意志亦在哲學思維之上，而超越於哲學思維。在此，我們只能說，此思維進一步，即對象之眞理顯示一步，吾人之理性顯示一部。我們可說其如此顯示者，卽顯示於內在之思維。因而其本性亦如內在於思維者。然而我們若如此看，則除非我們之哲學思維到絕對完滿的完成之境，我們亦並不能實際的自覺一切對象材料等皆內在於哲學思維。我們之哲學思維一日在進行中；我們卽仍可說：對哲學思維活動之直接意識言，他不能無對象材料之「外在感」，他不能無眞理之理想之「在前感」，他亦不能無主宰其思維之進行之實踐理性意志之「在上感」。哲學思維便不能直接覺其自身爲絕對自由之精神而爲至高者。誠然，於此黑格耳可以說，絕對完成之哲學思維中，可包括絕對眞理之全。我們雖實際上不能達到如此之一哲學思維，而永對有限之吾人爲一理想境，然吾人必承認此理想中之絕對完滿的哲學思維之存在，此卽爲絕對哲學精神之自身。——此卽黑格耳所謂大哲學。——至於吾人之有限的哲學精神與哲學思維，則爲此絕對圓滿的哲學思維，絕對哲學精神之表現。吾人之哲學思維之目的，卽不斷顯示此絕對圓滿之哲學思維絕對哲學精神於吾人之中。因而對此有完全意義之絕對的哲學思維言，便仍無外在之一切實在，此卽成黑格耳派之絕對知識系統之說。黑格耳以後，英人新黑格耳派爲鮑桑奎（Bosanquel）羅以斯（Royce）皆謂吾人在一切科學哲學思維之進行時，必嚮往此絕對知識系統，而肯定其爲吾人求知之理想境。然而就其自身而言，則說之爲一實有。於是我們之問題遂進至問一完滿之哲學思維絕對哲學精神絕對之知識系統，縱然是實有，是否尚可稱爲哲學思維哲學精神或知識系統？如果不能則哲學思維與哲學精神，只能是指什麼一種精神。

二、絕對的哲學思維應與一切實在合一則此時無哲學之存在

我們對於上節之問題之答案是：如果是眞有一絕對的哲學精神哲學思維，將一切對象材料之眞理均加以自覺；則此時因無對哲學思維宛然外在之對象，則此思維與對象合一，而將可說此時無所謂思維之活動，而只有關於思維對象之眞理或只有一內在之全部實在之整幅呈露。因爲我們通常所謂哲學思維是必須自覺的運用概念，去思維一對之似爲外在之對象，而且必須是不斷的向前進行的。我們通常必須以一普遍者規定特定之對象，而沒有思維。然而我們以一普遍者規定一特定對象則普遍者之外指意義，必超越此對象之外，而特殊者之意義則恒除包含此普遍在所涵之外，且包含其他。此即注定了一般對對象之思維中必不免思維之活動與似外在之客觀對象之對待。此對待在非辯證法的哲學家，恒視爲不能泯除的。黑格耳則自思維之目的在求眞理，謂在得眞理時抽象之普遍者必超越其自身以融

入更具體之特殊中，亦卽一更高之思維中以泯除此中之對待。但是眞正之問題在：當吾人自覺普遍者融入更具體之特殊者之際或普遍者之內容合所謂具體特殊者之內容之際——卽所謂得眞理之際，是否尚可說有所謂思維？我們在此時至少必須說我們對原來之普遍者之思維必須超越。誠然我們在此時，除知此特殊者之內容包含此普遍者外，我們亦恒須對特殊者之其他性質或意義，有一直覺的合一。因如果心對此其他性質或意義無一直覺的合一；則所謂「覺普遍者在特殊中」或覺普遍者之內容合特殊者之內容爲不可能，而無所謂得眞理。眞理必在普遍者融於較特殊者處呈現，而吾人又須兼思維普遍者，並直覺特殊者；故眞理必在心中呈現，乃無問題者。然而當我們之心對特殊者有上述之直覺的合一時，我們此時卽亦未嘗將此所直覺者自其他可能直覺者之連繫中抽離出來，亦未依理性以再普遍化之爲一概念之內容，或再以此概念指示對象。可是我們便不能說我們已對之有思維。我們至多不能說，我們對此特殊者之新性質或新意義之直覺的覺識，以後可化出對一新普遍者之思維，能開啓可能之思維可能之知識。然依黑格耳哲學言，則對我之暫時的有限的思維，只爲可能的思維可能的知識者，對我之思維意志言，則皆爲理想的思維理想的知識——亦卽爲我之思維意志將使之呈現於我之思維。因而對超越之我言，則一切眞可能的理想的思維，眞可能理想的知識，皆在一絕對的思維絕對的知識系統之中。此絕對的知識系統中，卽包括絕對的眞理絕對的實在。然而我們如果再仔細回頭一想，便知此絕對的思維絕對的知識系統，亦可說爲非思維非知識。因當我們得眞理時，我們之所以覺我們得眞理，正因我們之覺普遍者融入特殊，而超越我們先前對普遍者之思維。則思維之超越，正是得眞理之條件。當我們超越普遍者之思維，以覺識特殊者之其他性質意義而覺識先前思維之內容與實在合一時；吾人此時之心中正只有實在或眞理之直覺，而不自覺有思維。由此推知，縱然在一無限完全之思維中，如果我們此時眞得到絕對眞理，我們卽亦當有對於思維之絕對的超越，而只直覺絕對之實在或眞理，更不自覺有絕對的知識。因而此時只可說有一絕對的心靈或精神之呈現，而不能說有絕對的知識或絕對的哲學。思維在達其目的時，則停止是思維。哲學之活動在達其目的時，則停止是哲學。此卽勃拉得來之所以說一切思維或一切科學哲學之有一超越它自己而自相矛盾之性質之故。他說哲學思維眞欲達其目的便必須在達目的前自殺。因而絕對實在卽終不能只說爲一絕對之知識系統。這實是由黑格耳至超黑格耳之一必由之路。

三、對於範疇之辯證法的思維之價值乃消極的被執以顯超越心覺

我們如承認了上段所說絕對之思維絕對之知識系統可不說爲思維不說爲知識；便知我們對於思維，知識哲學，都只能在人之有限的思維活動逐漸開拓以獲知識之進行歷程中說。然而在此進行歷程中，哲學之使命，亦可不似科學之重積極的求增益對經驗對象之知識。哲學之目的，對知識言，可只在批判知識，與自覺知識之所以爲知識，原則或本性。依康德說，哲學對一般知識言，其作用只在批

判知識，如指出知識之限制，指出知識之材料須自物自身來，指出知識可能之先驗條件或範疇；與依純粹理性運用此先驗範疇以求知超越對象所產生之詭論，及其他形上學之幻影等。因而哲學對一般知識之作用，純為消極的。康德之哲學的積極顯示的，乃人類之實踐理性。但是黑格耳卻進了一步，他就康德之自謂關於先驗範疇之知識，為一種超經驗之知識；於是說哲學實可與我們以關於知識根據之高一級的知識。於是康德所論關於「知識之限制」，關於「依純粹理性而建立之形上學知識之虛幻」關於物自身之在一般知識範圍外之討論」在黑氏看來，亦均為一種關於知識之積極知識。人之能知道「知識範圍外有超越對象物自身」之「知」，即為一積極的涵蓋一切超越對象物自身之「知」。而對「此等等知識與一般科學知識之相互關係」加以討論所得之關於知識論形上學之知識之本身，便可成為一絕對眞確而涵蓋一切知識之知識。黑格耳又進而推擴康德所論之知識範疇，兼依辯證法以論諸範疇之如何轉化，如何由正面範疇以引申出反面之範疇與合正反之範疇之肯定。如此遞展推高，將一切知識範疇，皆融於一辯證法的推演系統中，而必然的有機的相關附着者。他又說明此一切範疇，皆由同一之超越意識或超越的我自動展現出客觀化出以規定經驗內容——亦規定其自身——以形成知識世界者。此一切更為吾人關於一般知識之積極的哲學知識。此卽邏輯學之知識。由此而反對康德所謂哲學對一般知識只是作消極的批判工作之說。

但是我今將主張，如果我們通過黑格耳之辯證法之眞正了解，我們卻當再重返了康德之觀點。卽哲學對一般知識言，其究極的意義，仍只是消極的批判的。如果黑格耳批評對康德，說康德之諸範疇間，無有機的關聯是對的。如果依辯證法以思維一切知識範疇，皆可見其將轉入其他相對之範疇，與其他相對之範疇融合於更高之綜合中，一切範疇皆是有機的統攝於超越意識之下，則每對一範疇之思維，便皆是須與相對反之範疇之思維互相否定的。在如是相否定之際，我們的心中，便是無範疇之表相可言的。此時二範疇相對相銷的綜合成之範疇，因亦可說是內在於「吾人之爲是將其相銷」之辯證法的思維活動的依之心覺中。然而此綜合之範疇，在此時必然是內在於此心覺與之合一，而未被自覺的。自覺其爲綜合之範疇，乃下一步的思維活動中之事。此點黑格耳亦當承認。於是此中有一可能：即我們之心儘可以停在「單純以範疇之思維，破除相對反之範疇之思維」之境界，因而亦可停下對範疇之辯證法的思維，停下哲學之活動而超哲學。我們可以停下，何以不能停下？由此追問，則我們只能說，因我們之思維中範疇之應用，原是由經驗對象或經驗內容之呈現而引起，或因我們原有一自動去思維一客觀經驗對象或尋找客觀經驗對象內容而思維之求眞意志；然後思維中之範疇乃顯發，而爲吾人所自覺。其顯發而爲吾人所自覺，卽其自身之被自覺的思維而客觀化。亦可說因吾人已接觸經驗對象，爲了形成知識，吾人卽有一客觀化思維中之範疇之意志。由此客觀化此範疇之意志，則吾人之範疇之運用，必須依次遞展而顯發。於是由正至反，至運用「合」之範疇以使正反相銷後；此「合」之範疇，亦不能不客觀化而被自覺。因而吾人反省範疇之思維不能停下，吾人之辯證法地綜合範疇以達更高範疇之思維歷程，卽不能停下。哲學亦不能停下，如此而所得之關於「知識之範疇」之知識，亦不斷客觀地形成。乃有種：由辯證法之運用所形成之積極知識。然而此一切範疇之客觀化與對範疇之積極知識，既皆依于吾人之求經驗對象之眞理之意志而生，則離此經驗對象與求眞意志；此一切範疇，便亦皆一齊收捲而還歸於心覺之中以歸於寂。一切辯證法之運用，以思維範疇而形成之哲學活動哲學知識，亦歸於寂。夫然故哲學之目的爲眞只在自覺的思維範疇之根據；則在其將所思之範疇與相對反之範疇相銷時，哲學之活動亦當卽隨時可以停下，並非必須將一切知識中之範疇，皆如黑格耳之一一思其對反者以達最後之綜合乃能停下者矣。

復次，我們既知思維之範疇惟在吾人求知經驗對象時乃呈現；則範疇本身，雖爲超經驗的，然當範疇不呈現時，吾人又卽不能對之作哲學的反省。而其呈現後，吾人每一度之思維此範疇，皆在實際上有一新範疇之運用；因而在哲學的反省中，亦不能必然的規定「可能的範疇」之數目，窮竭範疇之數目。黑格耳之範疇論，亦不能保證爲窮竭無遺漏。至少彼不能保證其對於範疇之哲學思維或其所論之關於範疇之知識，卽包括一切哲學思維或關於範疇之絕對知識之全。由是而吾人對於範疇之辯證法的思維，亦卽莫有必須由一範疇之思維，依正反合之遞展歷程，以達於最後之合之必要。吾人儘可直接以一思想之範疇與其對反之範疇相銷，以破除吾人對於一範疇之思維中之執着爲目的。如是，吾人思維範疇之哲學活動，遂隨時可停下以識取統攝範疇於其內之超越心覺自身。凡在一範疇之思維之通過其對反者而自己超越處，皆此心覺自身之顯示處。此中亦卽有依辯證法以思維範疇之眞目的之達到或哲學活動之完成其目的當下之自殺。由是而在一般之對經驗對象之思維中，吾人無論在思維此對象之存在外復思維另一具相反性質之經驗對象之存在；或思維此對象之由存在至不存在；或思維其由被思維而不復被思維，或自動的否定我對之之思維；吾人皆可超越對一經驗對象之思維，亦超越此思維中之範疇之運用，使吾人之思維範疇自身之哲學的反省成不可能，而停息吾人之哲學活動而只顯一超越的心覺。此當自覺的依辯證歷程以思維經驗對象或思維思維範疇本身，以成客觀的關於經驗對象或範疇之辯證的轉化之知識；同是歸於一超越心覺之顯發亦表現同一之對此心覺之顯發之價值。

我們了解上所說，則知哲學上之辯證法思維之價值，亦不必較一般哲學科學思維之價值爲高。因辯證法之哲學思維之目的，只在不斷客觀化吾人之範疇與對範疇之反省，以成關於範疇之諸知識爲黑氏邏輯學之知識。吾人須知吾人之所以能如是客觀化出種種之哲學知識，皆表示吾人先有一「向經驗對象求知眞理之思維」化爲被思維之對象。爲哲學思維可能之根據。此卽證吾人之如是客觀化思維範圍以成對範疇之知識之心，與向一般經驗對象求知眞理之心，同爲求自經驗對象眞超越之心，而爲被縛於經驗對象之心；因而亦爲被縛於客觀化之範疇之心。此心之價值，遂不能眞高於被縛於經驗對象之心。則由此而客觀化出之一切關於範疇之哲學思維，亦不必高於對經驗對象之思維。對此心而言，則由此思維所成之知識之價值，亦不必高於對經驗對象之知識之價值。吾人之對經驗對象之知識之價值，唯在使吾人得關於經驗對象之眞理。在得眞理時，吾人卽由用以判斷之普遍者之得的判斷之特殊事物之證實而呈現特殊實在於心覺，顯心覺與實在之有某一合一。同時吾人卽自普遍者之思維中解脫。然吾人求經驗對象之知識之意志爲無盡伸展者，故當吾人見普遍者之特殊實在有一前一後恒再普遍化的經驗之特殊實在之性質以成普遍者而與此外之實在產生一分離；而須以此新普遍者再判斷其他之特殊實在或往肯定追求此可以此普遍者判斷之客觀實在，於是使此心復被束縛於此客觀對象之想念。因而此不斷求經驗對象之知識之心，與由此所成之知識；乃一方使超越心覺顯發，亦一方使之重陷於向外之追求或沒入於客觀實在者。故其價值，亦一方是正面的，一方是負面的此求知識之心，乃使超越心覺頭出頭沒於客觀對象，而非眞自由者。則求關於知識範疇之哲學思維而只以客觀化出哲學知識爲目的，亦爲使超越心覺頭出頭沒於客觀對象，於範疇之執着，而非眞自由者。所以我們說由是所成之哲學知識亦不能必然的高於一般關於經驗對象之科學知識。而所謂哲學知識高於科學知識云云，亦唯是自哲學思維爲後起以言而非眞自其顯發超越心覺之功用言。但我們可說，唯超越心覺之顯發心靈之自由，乃有眞價值。而哲學知識科學知識對超越心覺之顯發之功用乃本可站在同一之平面唯以科學之知識之目的如爲積極的增益知識；則其自性有不得不頭出頭沒於經驗對象之勢。在此，哲學之所以必需，亦正在哲學之能使吾人超越經驗對象而自覺的求顯發超越心覺。哲學中思維科學知識所以可能之範疇論，其最後之目的，將只能是顯發超越心覺，而不能是得關於範疇之哲學知識。此哲學知識，只宜視為哲學思維之流出物或留痕，咸用以啓發他人之哲學思維。因而哲學思維之用，不能在得哲學知識。一切哲學思維哲學知識之價值，皆在其消極的批判一般科學常識之知識，糾正科學常識之恒隔設於經驗對象之思維方向，使之自拔自反而顯超越心覺者。所以我們說，哲學思維只能是以超越心覺之顯發為目的，亦卽勃拉得來所謂哲學必歸於自殺。於是我們不能如黑格耳之說哲學為最後最高之絕對精神之表現，只有由超越心覺顯發後所形成之人格為最後的最高的絕對精神之表現。如果我們說因哲學能促成超越心覺之顯發，而其本身亦為超越心覺之表現，故為最後的最高的；則一切其他精神活動實踐理性之活動，凡可促成此超越心覺之顯發而為超越心覺之表現者，亦皆可說為最後的最高的。至於綜合此一切精神活動實踐理性活動之最後者最高者，則只能是體現超越心覺，並依之以表現各種文化精神之人格。

我們說人格為最後的最高的，卽回到康德之說，實踐理性為眞正的最後的最高的理性。自廣義說，哲學本身亦一實踐理性之精神活動之一種，然而我們卻不能自哲學之為自覺的反省一切之思維活動，而說哲學是最高的精神活動。縱然我們承認絕對無限之哲學精神，可包含一切實在；然而我們已說絕對無限之哲學精神，包含一切實在而與實在合一則無所謂哲學。我們之哲學精神，只能在一與實在相對之意識下成立。哲學之目的只能在使我們超越一與實在相對之意識而顯超越心覺。由此心覺之顯，卽將助成我們之其他精神活動如宗教藝術社會道德之活動之顯發，於是此其他之活動卽證明亦可爲最後的。而眞正之最後者則只能爲能兼表現各種哲學科學宗教藝術政治經濟之活動之人格。

四、人格之本質爲誠而非明，與心體之超辯證性

我們所謂眞正之道德人格，自究竟義說，我們將以爲是一顯發其超越心覺自體而自覺的直接依實踐理性或依天心帝德，以從事精神文化活動社會事業之人格。此卽通內聖外王之道爲一之聖賢人格。對此人格說，哲學之最大的效用，只是使人有智慧而非知識。智慧的工夫卽明的工天，亦可能是由明而誠的工夫。此人格之本質，則爲誠之本身。人必須自覺智慧是依誠而有的。卽人必須自覺其明是自誠而明的。一切哲學辯證，只能在智慧之境界中說，在明上說，不能直在誠上說，卽不能眞在心覺自體上說。自誠上心體上說，一切辯證歷程皆須停下。一切哲學辯證思維，都只是要破除偏執。辯證思維之所以可能只因偏執需要超越。超越偏執而顯超越心覺，而靈光廻露卽能涵蓋一切相對反之兩端而對兩端有一合，此時吾人縱不客觀化此合，而此合實已直接呈現於心覺。我們若本無思想之偏執，而能常保任此無偏執之心，卽智照之常住。此智照所依之心體，卽一實踐理性意志亦卽一超越而涵蓋之天心。此心體亦爲眞正有常一眞無妄而無所謂辯證歷程者。此之謂具能自成之誠德。此心體自身，乃永爲內在，而超越涵蓋於所對之世界之上。因而永無所謂客觀化外在化者。可客觀化外在化者，只是此心之用。此心之用之客觀化外在化，首卽見於其智照之明之及物而陷於對物之相之一執。此智照之

明之陷於一執，卽其自身有一蔽。然其一方有蔽一方卽求去蔽一方有執一方卽求破執。故此心之陷於一執之用雖客觀在外化心之自身實未客觀外在化，亦無所謂客觀外在化。而恒如其自性，一眞無妄者。假如我們可由此心體，以言其爲上帝，則上帝自身，亦當爲一眞無妄，而無所謂辯證歷程者。假如世界萬物皆天心或上帝之所創造或上帝之表現，上帝之創造世界表現爲萬物，其自身亦無所謂變，而爲如則不動者。至多可說之爲不動而變。由此，亦可說萬物之自身，亦爲各正性命，而無所謂變動者（但此義太遠今所不能詳）。我們今之問題是：只就上帝說黑格耳是否以之爲變動者。此似很難說。因黑格耳雖說上帝客觀外在化爲世界，但此可不涵蘊上帝自身之變動。因黑格耳可說上帝之客觀外在化，卽是上帝之在其自身中，客觀外在化其自身，故上帝無所謂變動而爲絕對永恒者。然而黑格耳以上帝爲絕對精神。上帝之爲絕對精神，乃由上帝之最高表現之人之精神中透現出的，而人之精神，依黑格耳說，則爲依辯證法而永遠流轉不息的。他自人之如此之精神去透視絕對實在之上帝，則其絕對實在之上帝卽可能並非眞正的永恒貞常之體。因人如此之精神，可只能是心用之一面。心之用有一面如此，是否全面如此？心體自身亦如此？上帝亦如此？表面看，心之精神之活動是包含辯證法之原則的，則我們對於心體似亦可說之爲辯證的。然而我們以爲此中實大有問題。因心之精神爲除包含辯證法的一面外，又包含超辯證法的一面，說心體便可能是當直接自心之精神之超辯證法一面去說。因而心體與心用間，又大有界限。此界限如成立，則無論我們說此心體卽通於上帝之心體，或卽上帝心體之表現或卽上帝之自身；對上帝，我們均不能只說之爲黑格耳所謂精神。如只說之爲黑格耳所謂精神，則表示我們只是由心之用之一面以透視上帝，而非自心用之全面心體以透視上帝。因而所透視入者，亦可能只及於上帝之用或其用之一面，而非眞及於上帝之體。黑格耳之說上帝之外在化爲自然，再回到自身云云；亦卽實有視上帝爲一永恒流轉之大用之意。因而其所謂上帝之在其自身中客觀外在化而不失其自身；可只是說到上帝之大用流轉之永恒性，而未能眞見到上帝之體上之眞正永恒或貞常之意義。所以黑格耳所謂上帝是否眞爲眞正永恒或貞常之問題之關鍵，不在其說上帝之變而不失其自身一套可作二解的話。而在黑格耳之是否能眞知心用之有超辯證法的一面，而在心體與心用之間立下一界限，同時承認心體之可爲超辯證法的。但是心用心體之爲超辯證法的一面，我們卻可斷言黑格耳未眞正認識。

我們之所以說心用可有超辯證法的一面，心體之可爲超辯證的可從前一段說來。前一段中，我們說：心之用之客觀外在化，首先只見於心之智照之及物而陷於對物相之一執而有一蔽。唯因我們之求自此執蔽超越解脫，然後開始一破執去蔽之辯證法的思維。故單就心之智照之明之本身，及其所自生之心體言，正當爲超辯證的。此義我們不能說黑格耳眞認識。此從黑格耳之把哲學視爲絕對精神之最高表現之錯誤中，已可看出。如果我們眞知道哲學對範疇之思維之目的，不在積極的得辯證之知識，而只在顯一超範疇之超越心覺；則知單純的辯證法的心覺論之本身，須有一辯證的發展。我們不僅須肯定一作辯證思維之心覺，並須肯定一無辯證思維之心覺。我們不僅須肯定心用之流行爲包含辯證法依辯證法的，並須肯定心用之流行爲超辯證法的。然而黑格耳卻始終未說心用之流行或精神之活動是超越辯證法的。我們當說的正是超辯證法的心用流行爲心用之本。我們當說心用之流行之本，是直而非曲，同一於其自身而貞定有常如如不動的。爲心用流行之以此一面爲本，再由用識體，然後我們才能說心體之貞常，以透視到上帝之體上之貞常。然而黑格耳卻不眞識心用流行本是直而非曲恒同一於其自身一面，所以我們說其不識心體之貞常上帝體上之眞正的永恒，他只知精神或心用流行之辯證歷程之重要，而不知眞正永恒貞常的心體或上帝之全體大用之重要。

五、黑格耳知變而不眞知貞常

我們說黑格耳不識心用流行之貞常一面，我們首先可從黑格耳整個哲學之氣味上感到。這一個哲學之氣味，總不免是一處處見鼓盪翻騰，如龍蛇夭矯之氣味，此在最代表黑氏精神之精神現象學一書，尤可看出。哲學的說，則我們可從下列之點注意。卽我們看黑格耳在邏輯學中論心之認識經驗對象之活動，開始便說之爲一向外應用其範疇以規定其自身上說。因而心之認識活動，在開始點，卽是客觀化之思維活動。心之理性活動則表現於普遍化對於一內容之認識，而形成概念，以資理解推理；或形成一普遍的理想，求其普遍的實現。整個西洋之理性主義之傳統，亦皆重在心之能識取普遍的概念理性上，論心之理性之表現。而黑格耳則謂自心客觀化者之必求返於其自身。抽象的普遍者之要求特殊化而成具體的普遍者，以開始一辯證的思維歷程。然而此處實有一更根本的問題，即心對於經驗對象之認識，在開始點，是否眞可說是一客觀化之思維活動？或者我們可以這樣問：即心之認識之開始點，是否即是陷溺於對物相之一執或只是一對物相之一執？如果眞是如此，則心用之流行，誠當全部只表現爲：如何自抽象之普遍者超拔，以求其特殊化具體化或自對物相之執超拔之辯證歷程。但是我將說明其非如此。我將說心之認識之開始點，即心之精神之原始表現，心用最初之流行，他對所認識者或物相是無執的。這只是一純現量純直覺。我們之言可謂似回到康德之說，亦頗同於英之新黑格耳派之勃拉得來之說最初之認識，乃一能所渾然之感性。但是我將說：至少人之感性的純現量直覺，不是不表現一超越精神之活動，一超越心覺之用的。但此超越精神即顯示於我們之超越自然生命之封閉性，或超越身體對我們之生命或精神之封閉性上。或我們可說感性的認識所表現之超越精神，初只表現於對將認識者之盲目或無明之超越上。然由此超越所呈現者，則是一純直無曲恒同一於其自身之心覺。此心覺之顯，可說依於一由否定者之原始無明至「原始無明」之一否定之辯證歷程。然此辯證歷程是超自覺的進行的。亦可說爲此純直無曲之心覺之自動的顯發或呈用，本身中所包括之一涵義。於是我們又可說，此心覺之所求只在肯定其自身而否定非其自身蔽其自身之無明，亦即求是其所是，而非其所非。此中之是其所是與非其所非，乃同時而同義的。故心覺之顯發呈用之始，即爲一純直無曲只包涵否定否定以成就肯定之歷程於其內，而無所謂對否定或無明本身之置定的。因而是超辯證的。當心覺之如是顯發於純直覺之感性認識，因此認識本身表現一「無明之超越」亦卽實現一價值一善，而爲自性淸淨無染的。其及於物相，乃是一方超拔生命精神之封閉性一方卽成就物相之認識（或呈現物相於認識或呈現一能所渾然之認識。）所以此中，亦無所謂陷溺無所謂對物相之認識。此時心對物相之淸明的了解，只表示此心對物相之任持，而常自是其自身自如其自身。此淸明之本身，則表示此心對物相之超越的涵蓋性。此心之超越的涵蓋性一方保有「常自是其自身，自如其自身」而任持對物相之淸明的了解之性，一方亦不拒絕物相之變化，而能淸明的了解：物相之變化推移，而超越的涵蓋非此物相之其他物相。在另一方，此心又能分別任持「對不同物相之認識」之各自是其自身如其自身而各非其他各不相亂。所以此淸明之心之自是其自身，與物相之變化不相爲礙。而心之能常自是其自身，亦正由其能順適的認識物相之變化而常保其不滯不執之超越性上見。因而此時之物相之變化，但顯爲一超越而涵蓋之心之下之一運而不息之流行。此心對物相之如何變化，可說爲全無所關心、沾戀，對任何物相，皆可順而認識之，並自任持其認識的。然而因其未嘗陷溺於所認識之物相，則亦無自覺的超越此物相以要求認識其他物相，對可能或將來之物相之想像懸擬等。因而亦是自足而不感有外的。此心有所認識之物相，我們自可自外反省而說，此心受一物相之規定，或說此心依一規定的有之範疇以識取此物相。但是我們若直接自此心本身看，則我們當自此心對物相之如何，全無所期望營求，而能順適的承受或表現各種規定，並超越的涵蓋於一切規定之上；只須謂其爲自己任持其認識以是其自身如其自身，而實未受物相之規定，常有而常無常實而常虛，亦一往爲有而無時不充實，又一往爲虛無時不空靈者。自此而言，則黑格耳所謂心之自身的包含之三原始範疇，乃一卽有卽無有無交澈之變，可有一印證處。然而我們如眞說此心之自身，包含有無交澈之變，便不能再說此心之自身有所謂變。我們若作此心爲是有又是無又是變之辯證法的討論；遂只爲我們自外反省此心；既依有之範疇思之而知其非「規定的有」，又依無之範疇思之而知其非「不受規定之無」，因而對之產生一有無相過渡之變之思維。亦卽只爲我們反省此心，而覺其爲可能呈現任何物相而未嘗拒絕任何物相而亦可超化任何物相之呈現而言其一方是一絕對之無一方是絕對之有而統爲一變。

但是我們須知我們之說之爲一變，只爲對吾人思之之範疇言，亦卽在吾人之哲學的反省中言。原來當吾人以思維之範疇，對此心作一哲學的反省時，吾人發見吾人執有執無之範疇之運用皆不得不在此心之亦有亦無之前，對之而自殺，於是吾人乃不得不超越此有無之範疇，而客觀化此自殺，卽執有執無之被否定，並重綜合此所執有無之範疇；於其中，遂成變之範疇之自覺。則此變之範疇，只照映此同時亦有亦無非有非無之心而有意義。亦只在此心之自覺處得一印證。此心則爲直接涵蓋所接之運而不息之流行爲一，同時一往爲充實亦一往爲虛靈，恒自是其自身，自如其自身，並分別任持其對不同物相之認識之各自是其自身，各自如其自身而不相亂者。由是而我們眞自認識物相時心之認識本身說，則當其眞爲淸明時，其認識之活動皆爲純直無曲而是是非非之認識而超辯證法的。此認識活動之繼續，只直接顯發爲一直否定無明而顯其明，明不盡之超越精神之流行。此精神之流行與物相之流行相學應不陷溺不退墮而停滯，常保其超越涵蓋性，則常爲生生不已；其對物相之認識，亦常自任持，自是其自身自如其自身，以顯發永恒之理性者。由是而吾人可卽在感性之認識之對物相之感通中，見超越精神之流行見理性之流行。由此我們卽於此心用之流行處，所顯之理性天則，無所謂變動，而識取心體之恒常一面。

六、有執之心與無執之心

但是我們說，人在感性認識中之心，在其淸明時，卽如我們上之所說，卻常不被人自覺。其所以不被人自覺之實際上的原因；可說是由於人之任運而起之對物相有感性認識之心其初念爲如上所說之無執者，而繼起之念，則恒爲陷溺於物相而起執之心。原我們所謂無執之心之本身，本是無色的，卽無規定性的。而我們之反省我們之心，恒只能反省一有色而被規定之心。有色而被規定之心，則恒爲陷溺於物相而有執之心。我們通常只對有執之心作反省，亦阻礙吾人之反省出有無執之心之存在。而西方哲學家之不易由反省而認識到如此之心，則由於西方哲學上之反省，恒只在我們之心之有知識，有普遍概念之應用處開始反省。感性之認識，通常是被西哲認爲次要的。我們之反省感性之認識，亦須運用自覺之概念範疇以規定之。然而概念範疇之產生，初正是或由於陷溺有執之心而生。所以運用概念範疇以思維一切之哲學心靈，亦常由其自身之本性上之限制，而不易認識此心。我們要依概念範疇去認識此心，必須我們先將概念範疇湊泊之而又超越一般之概念範疇，至對此心之體會直覺，所以其事更難。通常人卽能認識之，亦恒不能窮竭其涵義。所以此心之存在雖爲最先的，而在認識上，則是最後的。此心之涵義，實甚廣遠，爲我們所不能一一討論者。

我們之所以說，我們通常之感性之心，恒初念是無執着之心而繼念則恒不能無執着者；我們可說初乃原於我們之心中，本包含先天的動物性之本能。此先天的動物性之本能，使我們對於感性中之物相，常依本能而直覺其實用的意義。如覺某一物相指示一可滿足欲望之食物或異性之存在，某一物相指示一可加害或有助於我之生物或物之存在，爲我所欲取得或戰勝征服者，由是而我們指感性對象時，卽不能不對有連續性之感性對象之全體，有所選擇，分別表示拒絕愛慕之態度。於是使平順之感性對象之全體之各部或冒起爲凸出而或沉下而凹進，由是而有特殊之注意。此特殊之注意爲吾人心覺之後之本能欲望所支配，卽可成爲我們心覺之陷溺而有執之始。因順此特注意之物相之意義上之相關滯，我們之心覺卽冒過當前之物相，而指向盲目的實際的本能欲望之活動，同時卽爲依一拋物線之勢以向之陷溺沉墮而對當前之物相卽有一黏滯或執着。此執之最初之表現，卽感性之認識心，正式爲物相所規定由無色而有色。同時是此心之將此物相或印象保存於心，並將此物相或印象內容自其他之物相抽離，亦將識取此物相之心自「識取全幅物相之心」或心之全體中抽離，而保存如是如是之一識物相之心，亦卽保存一如是如是之有色之心於心全體中成爲一留滯——然我們之心如是被物相規定後，因我們之理性亦貫注於此心，於是我們在識取一物相而有一留滯後，我們卽有一普遍化此物相之心，而以之懸擬將來或其他之物之相，由是而有一原始之想像，而當此懸擬爲將來或其他物相之呈現所否定時，對此物相加以保存之心，卽被推迫而成記憶。吾人此時亦卽有一內外之世界之分別。若此懸擬得將來或其他物相之證實，則再感此物相之有眞實性，並顯出此物相之爲一有普遍性之物相。而對一有普遍性之物相之自覺，卽形成一概念。再以概念去懸擬規定其他現實或可能發生之物相，則爲自覺的判斷或理解而通過概念的規定一概念再規定物相或其他概念則爲推理等。凡此一切，皆爲純知的理性活動之流行。此理性活動之開始，則爲心之被物相規定後之求普遍化此物相，以之懸擬想望其自身以外者。吾人之實踐的理想之開始，則爲求原望一想像物相，之實際的實現而普遍化此物相於想望中及感覺世界中。由是而可知，我們之日常生活中之理想之形成與概念之形成；皆始於我們之心曾被物相所規定而生。陷溺執着之後。至於我們之所以不視懸擬想像、理解、判斷、推理實踐理想之形成爲罪惡者；唯此中皆兼有一普遍的理性活動之表現，兼有一超越物相等之限制超越心之陷溺或執着之精神之表現。然而此種理性活動之在一已有陷溺或執着之心之表現，卻並非理性活動之最純淨之表現，亦非理性活動之最原始之表現。

不過上述之各種活動之所以不是最純淨之理性活動之表現，實只因最原始之理性活動之表現於人之感性認識中者，先不能自保其純淨。對如此之理性活動，吾人如單自其表現超越之理性處而觀之，則每一懸擬、想像、理解判斷等，其本性亦莫非純淨之理性。吾人亦唯賴對此中之純淨之「理性」之自覺，並處處自覺的依理性之原則以思想，並建立實踐理想等。乃有最純淨之理性活動之表現。所謂自覺此中之理性活動；即自覺吾人普遍化一物相或以概念思維一對象或形成理想而實踐之之時，同時自覺吾人思維活動中之姿態，認識範疇與實踐理想時之精神。此卽哲學之工作，而黑格耳哲學之最大貢獻，亦在於此。

七、辯證法與超辯證法——純淨理性之流乃無矛盾者

我們以前曾說當我們實踐理想或思維之目的在求眞理時，我們之心之理性活動之表現，必爲辯證法地進行的：卽由肯定正面而轉至反面之肯定再加以「綜合」「或由肯定普遍者而肯定一特殊者，再肯定普遍於特殊」之三階段。此點我們可重新加以承認。然而我們如眞了解我們之在思維中之所以要由一普遍者自身之肯定，而肯定非此普遍者之特殊者或其他；而求肯定此普遍之此其他中；唯因我們之普遍概念之形成，卽由心之有一對此概念內容之陷溺執着。故我們要求表現心之純淨的理性，而超越此陷溺執着，方不能不外肯定一特殊者。由此以使普遍者在融於特殊者或實現於特殊者——卽肯定普遍者於特殊者時，而對二者俱有所肯定時，吾人得超越對普遍者之內容之執着。則知吾人之在爲普

遍者之正面肯定非普遍者之特殊者之反面，表面是積極的由正至反而置定一反，實際上則只消極的表示：我們之求超越普遍的概念理想中之原始的陷溺執着之要求而已。我們如由此以觀在思維歷程中之以普遍者判斷特殊者之意義。則對於心之實現其理性要求之本身言，我們將不說其目的只在得普遍者與特殊者融合之知識而顯示一具體之實在。因而辯證法的思維歷程，所得之合之果，本身可不是重要的。只此普遍之概念之在特殊者之特殊性前之自己超越，由特殊者之特殊之內容與「普遍者之內容」之相銷而使原識取普遍者之心，自對於普遍者之內容之陷溺執着解脫，而顯此心之純淨的超越理性之一點才是眞重要的。所謂合之果，對內而言不過此眞重要者之成績或陳迹。對外而言，則此眞重要者之象徵或符示。同樣在行爲中，當我們實踐一理想於一特殊情境中時；對自心而言，亦非此理想內容之表現於原無此理想之實現之特殊場合中是最重要的；而唯此理想形成後我們對此理想之執着或此理想對我們之心之限定，由理想之實現，而得解脫，以顯一或純淨的一超越心覺之精神一點，才是眞重要的。唯此解脫，如果不由一「此概念此理想本身以外之特殊者之肯定，則不能主觀的達到。而我們有此一肯定，則我們不容已的將求形成知識，並有實踐理想之行爲。此知識與實踐理想之行爲，自其爲成績言，因別有其他客觀價值。然而尅就其對我們之自心言，則不過爲使此心超越其普遍概念與理想之形成中之原始的執着與限定而顯其純淨的理性之流行亦只爲此流行之成績或陳迹而已。

由上所說，故眞對吾人之自心而言，在一般之思維與實踐理性之活動中，其正反合之歷程，唯是由正至反是眞有價値的。在一般思維與實踐活動中，可說爲正面之概念理想，除其所包含之普遍性或普遍化之要求，仍爲表現純粹理性者外；剋就心之對其內容之孤立的識取而言，因此是依於心之抽離執着限定而成立，其本身卽是對超越心覺之一反。由是而此上之由正至反本身卽出自一反反之要求。對超越心覺自身說，則他只有不斷的求是其自身如其自身而積極顯發其超越精神，以反其自身之限定執着，亦卽反其自身之物化不忍失其超越的涵蓋性清明性之要求而知無其他。由此以看心體之一切大用流行，便見其皆是一往正直平平坦坦而行以是其所是非其所非而超辯證法的。唯如此而其所形成之眞概念與成就之眞知識眞行爲，亦方能各是其所是而非其所非而有確定之意義。所謂辯證法之歷程，只須於我們向外不斷以普遍者判斷特殊之求眞理之活動中，或實踐理想之行爲活動之姿態上。然而當我們眞將此一切活動均視作心之理性之實現顯發其自身之表現時，則此一切活動便皆不外以此心之自其執着限定解脫爲目的而實現純淨理性。而此所求法之眞理知識行爲活動之成果之客觀價値，最後亦不外促進扶助他人或未來之自己，亦自其心之執着限定解脫亦實現純淨理性而不能有其他。由是而心之精神活動所表現之辯證歷程卽統於一超辯證之純直無曲之超越心覺之理性，而爲此心覺，大用流行而直接表現純淨之心之理性活動者乃是依同一律與矛盾律而成立之邏輯系統（此乃友人牟宗三先生在邏輯典範中原則上已建立者）依此邏輯系統同一律與不矛盾律之是是非「非」之「非」自始卽非外指一物或概念或另一命題。而只是指一妄之本身是「是」之是則指眞之本身。是是非非只是眞眞而妄妄之表示。妄之例證爲一錯誤判斷。吾人復須知，錯誤判斷之原，只是以彼爲此而違當有之此之爲此。而以彼爲此之原之心理根據，唯由吾人之先對彼有一執亦由心之曾限定陷溺於彼，而以之預斷此。當人之預斷，人乃依其「陷溺於彼」之無明而有一對此之不眞知，即對此之無明。依此無明，乃以彼爲此乃有錯誤判斷，有妄。故人之求眞知，求知此之如此而知以彼爲此之妄，實不外求去一對彼之執及對此不知之無明，因而所謂知妄妄而非非，亦只是去一無明，還彼於彼以顯此爲此。而所謂知眞眞是是，則只是對此與彼之明同時顯發而繼續其明以自明其明之謂。而此中之由知彼而肯定彼轉知此而肯定此，常不滯塞其明之運用，恒自超越恒自繼續，由非之非以顯是之是，即由否定之否定以成就肯定之肯定而包含辯證法之精蘊。由是而吾人之向客觀世界求眞理之活動眞成爲自覺的以實現純粹理性爲目的，可與吾人自覺的實踐理想以實現實踐理性爲目的時，同樣可不覺此中有精神之外在之目的；而將覺一切思維與實踐之行爲活動，皆只是行其心之所安去其心之所歉，以成純正無反純明無蔽純仁無私踐形盡性之人格，而非外欲有所增益也。

我們如眞能了解上述所說順理性而流行純粹求知之活動與實踐理想之活動皆爲純正無反純直無曲反皆顯正曲皆見直之義，則知超越心覺之自體之理性亦只爲純正無反純直無曲之理性。於此即見心體之爲恒如其所如貞常純一而無所謂變者。於其其所顯之精神活動其一切大用之流行對心體而說，皆只是一內在精神之擴充而更無所謂外在化與精神之轉易。而我們如只依辯證法以觀此精神轉易之姿態，則使吾人不能眞認識心之用之貞常處以體認其體之貞常處。而黑格耳之所以只以辯證法觀精神之轉易之姿態，則由其實未能眞知辯證法思維之目的只在顯超越心覺，不知其所重視之合之意義，皆只對一涵蓋正反有無而其本身則爲純正無反之超思維境界超越「心覺」而有意義。黑格耳運用辯證法以觀精神轉易之姿態，而未能應用辯證法於辯證法之自身，以超越辯證法之思維至其反對面以達一辯證思維之眞可停息處，即超辯證之理性流行超思維境界之體認，而知此正爲辯證法之所依止。而我們之能如是以超越辯證法方表現吾人之能眞應用辯證法於其自身而完成辯證法之最大的應用。吾人之完成辯證法之最大的應用，則由於吾人理性活動之價值初只表現於消極的自執着限定中解脫，而不在積極的增益知識成就行爲活動之本身，並在感性之認識中亦見超越心覺之理性之流行。由是而使吾人知純粹之思維以增益知識之活動，只爲超越心覺之理性之一方面之表現。其原則上其價值並非必高於其其他方面之表現。因而能思維一切思維之哲學，亦非必卽爲人之精神活動之最高者。對超越心覺或心體之理性而言，哲學與其他表現於感性或實踐理想之精神活動，只能立於平等之地位，而同統屬於具備並能體現超越心覺或心體或上帝之人格。由是而我們卽超越了黑格耳之一往只對此心之大用流行作哲學思維遂執此哲學思維爲最高之精神之論。而由我們對心體之理性之純正無反貞常不變之體。亦卽可透入上帝之貞常不變而達於一種乾道性命各正性命之宇宙觀及人生哲學。便可充實的發展爲一「包括黑格耳之大內在之精神」之一大內在精神。此卽可通於儒家及佛道二家之敎義，此俟讀者將本書讀完自可會得。至於吾人以下之論題，則爲再一論黑格耳精神之長處。再由其缺點，以見其何以能開啓以後之唯物辯證法之故，及唯物辯證法之如何整個顚倒黑格耳之精神而陷於入精神之外在化而產生一思想界之大迷亂之故。

八、黑格耳之哲學精神總評及其可被顚倒之理由

我們論黑格耳哲學如撇開其以哲學爲人類文化精神活動中之最高者及超覺心覺心體之理性與上帝本身之貞常性數問題，我們認爲黑格耳尙有毫厘千里之誤處。如純就理象學的觀點，以看黑氏之論心之大用或心之精神之表現於求關於現實世界之知識及實踐理想於現實世界之其他文化精神活動之姿態之敍述，或自上帝之精神之表現於歷史與自然使歷史顯爲世界精神之行程，使自然顯爲不斷超越其自身之歷程史言；黑格耳之哲學，實表示一無盡的智慧。從哲學精神上說，其重重的三疊現 Triad 本身之詳細節目並非如何重要，其中穿鑿附會之處亦不少（如克羅齊在黑格耳哲學之死的部份與活的部份所論）重要的只是他處處要顯示精神之向上奮進求解除其桎梏，於矛盾者之綜合而消除矛盾處，顯示其自身。此精神乃永不願被其自身之限定的表現所桎梏；而要加以超越，以顯其自身之無限與自由的。他雖說其一切限定之形態之表現，皆爲其自身之外在觀客觀化所置定，然此外在他客觀化所置定

者，乃其隨時要使之內在化而獲得更高之自覺的主觀性的。精神在限定之形態中卽包含罪，而每一限定之形態之打破均包含痛苦。然而精神必須置定「限定」，亦卽必須置定罪惡與痛苦再經過罪惡與痛苦之克服，乃能實現眞正之無限與至善而顯其爲精神。所以羅以斯在其近代哲學精神中說黑格耳之所謂「精神」自身或絕對或上帝可喻之爲一無盡勇敢的戰士，永遠在尋求建立其自身之敵人而自願帶遍體鱗傷以歸的黑格耳哲學之整個的精神表示一承擔苦痛罪惡而吞嚥之的悲壯精神，同時亦表現一永遠不能自己安定休息而長在奮鬪掙扎之途程中的精神。此與歌德之所謂浮士德精神之永在一否定與肯定中輪轉以求上升是同一類的，此自與希臘希伯來中世之歐洲與中國印度之精神在情調上皆絕不同——只有經由我們上列之批判，識取超越的心覺心體之理性或上帝之貞常性而把「精神」穩定下來——才可使之與中國印度中世之精神相涵接——然而在近代西方之世界中，一方面自然科學正努力求認識現象世界自然世界而視之爲外在之身外物的時代；一方面各種現實之社會事業正在日益分化而每一種均可吸注人之全部精神使之專注而局限沉陷其中的時代；一方面世界又正充滿不同國家之互相爭衡，世界正處處充滿力量之矛盾的時代；黑格耳獨能承康德菲希特之精神而努力昭示出現象世界自然世界之內在於我們之超越意識，說明各種社會事業須統率於一整全之國家；並以涵蓋的胸襟探求世界史之意義世界精神之行程；以使人認識一切矛盾的東西之所以要矛盾，卽因有一超越的全體涵蓋其上貫徹其中而實現他自己，以歸於矛盾之綜合與銷融，卻是不易的。黑格耳之絕對精神既永遠願意自身成爲一切矛盾者之戰場，忍受着在其身上之一切矛盾戰爭之劇痛以顯示最後的和諧；所以黑格耳哲學，無論如何是表現在分裂的世界中追求「一」之精神者。歐洲自中世轉到現世，人們逐漸喪失其自己於自然及現實世界之中，而黑格耳之哲學思想則表示一喪失之後而求返於上帝，求自覺上帝之仍在此世界之任何處，以至在一切苦痛罪惡中之一呼聲，因而其整個哲學精神仍是可愛的向上的。從此看我們以上一切對其哲學之批判亦可說是次要的而不能減損其所代表之文化精神之向上性。

然而近代文化中之下流之勢已成，康德菲希特黑格耳之少數哲學家與其他之文學家宗教家到底不能把他轉上去。順着近代文化之下流之精神，自外了解黑格耳哲學方法而將之作顚倒的使用；不以之了解精神而來以之了解自然現實之社會現象中之矛盾；使黑格耳之向上超越的精神，變爲向下面之現實看而使人類精神方向墮落者；則爲恩格斯馬克斯。

這種黑格耳哲學精神何以可以顚倒？我們如全了解我們以上所以評黑氏處，我們便可說此顚倒之可能，實在黑格耳哲學之內部。此顚倒，亦可說由黑格耳開啓。我們可以比喩說，黑格耳之哲學精神，雖表現在一巨大而龍騰虎躍的身體，然而少了一個安詳的頭。此卽指其不眞識超越而涵蓋之貞常的心體貞常的上帝；不知具備此心體上帝於其內部而體現之之人格精神，乃有最高之價值者。由於彼不眞知此二點，所以黑格耳之哲學世界中，缺乏一絕對穩定的要素。一切統一與和諧，只透過矛盾與戰爭才能顯示，其上帝永遠在奮鬪中，世界精神渾身是血跡，人亦永遠在追求掙扎中以表現其超越精神。悲壯固然十分悲壯，然而卻將「上帝」「精神」「超越心覺」之精彩，完全向外洩漏無餘。至少從外面來看，其上帝或精神，恒自己外在化客觀化，而與自己離開，再回到自身之說。使上帝或精神爲無限，亦非無限，爲至善與道福之所在，亦爲罪惡苦痛之根據。其上帝或精神之行程，是忽上忽下，忽內忽外，而不是清明的涵蓋於世界上，而不離本位，以正直的貫徹其自身於世界的。黑格耳之以哲學精神爲上帝之自覺他自己之最高表現。在哲學中一切其他精神之表現，所涵之理性都可清明的呈現。黑格耳之重視哲學，亦未嘗不是一切動盪的精神表現，得一寧靜的安頓之所。然而他終不知兼涵攝各種文化精神之人格之超越哲學思維一面，正是其所以能直接體現心體之理性或上帝，而使上帝眞得維持其自身之實際存在於世界者。唯人格之完成，爲一切精神之活動，最後表現意義價值，而得寧靜安頓之所。由是而人如果不相信上帝之存在，而想到辯證法是使一切人間之相對相反之哲學理論，都歸於銷毀，而絕對的知識系統如包含一切經驗對象之一切知識，又非人所能得時，再想到世界的歷史，依黑氏之哲學理論，已到最後階段，前途一片渺茫；則人對於黑格耳之哲學，必感到一大虛幻，覺其哲學使人不能把握到，不能歸宿到任何實在的東西。如我們在現實生活中，又覺哲學並非最重要之物——依黑格耳，哲學乃現實生活之最後的反省，爲純理論的精神，此理論精神包含對於實踐精神之思維而非隸屬於實踐的精神亦是不應付現實的。——則黑格耳之哲學，便必然的被整個顚倒。

黑格耳哲學，所缺乏的最高原則，人不易有智慧知以補足；則人之要求實際存在實踐活動的意識，便只能轉而只肯定現實的自然社會之實際存在重視人在自然社會中之一般的實踐活動；而辯證法遂不復視為精神之原則而只被視為現實的自然社會中之原則；亦不復為用來了解精神之方法而只成了解自然社會之方法。此卽黑格耳之理想主義的哲學精神，下墜為馬克斯、恩格斯之自然主義的精神之關鍵。

第六章　馬克斯之辯證法唯物論與唯物史觀之考察

我們在以上諸章論康德、菲希特、席林、黑格耳之哲學與文化思想，皆是原則上與我們所提之大內在精神相通者。他們因爲重心重理性重精神，故亦重人類文化之各方面，不過康德在文化中，更重道德與科學，菲希特重道德之表現於社會文化之事業，席林重藝術，黑格爾則特重國家哲學。他們都比較忽略經濟，而自稱爲將黑格耳之辯證法顚倒以成立唯物史論之唯物哲學之馬克斯、恩格斯則特重經濟，而且他們說過在唯物論思想之最大缺點，卽在忽略實際存在，在此章中我們將對馬、恩之哲學思想作一考察。

一、馬恩哲學之根本精神爲近代之自然主義

馬恩自說其辯證法是將黑格耳之辯證法顚倒是錯的，然而說將黑格耳之辯證法作顚倒的運用，作爲了解在我以外之實際存在的，現實的自然社會之方法，卻是對的。注重現實的實際存在與經濟生活，的確是馬恩之一精神，而且馬恩自覺要以之代替黑格耳之精神的。然而這卻並不是說他們的精神，

在哲學上高過了黑格耳。實際存在與經濟生活是應該重現實的，他們特提出此點之重要，在社會非無功績。只是經濟生活之研究與經濟生活之改進之目標應爲人之人格之完成人文世界之發展。而馬恩所爭之實際存在乃是一外在於人格外在於人精神之實際存在，而眞正之實際存在亦當是隸屬於人格精神之實際存在一唯物之自然。被物質之生產力決定之社會。如此自然與社會，其實並非眞是實際存在的，其本身實爲一虛幻之物，而他們之言經濟生活之研究卽以經濟說明文化，言經濟生活之改進，似以經濟生活之改進本身爲最高之目的，而以政治與其他文化皆爲改進經濟生活之工具，此卽使他們之思想，反比黑格耳有更大的抽象性。馬恩之重視實際存在，重視經濟生活之意雖是，而他們不能透過黑格耳上升，遂在文化理想上，反成爲由黑格耳以下降。首先他們把黑格耳哲學已超過之唯物的自然觀社會觀，重加恢復而視自然社會爲一外在的，離精神離人格而本身能獨立存在，而將辯證法對之作顚倒的使用，遂失去了黑格耳之辯證法中所表現之向上精神超越精神。這眞是一最大的不幸。其原因則由馬恩之思想，雖由黑格耳得啓發，而其根本精神則爲近代之自然主義精神。生物學上之生存競爭論與進化論之學說，心理學經濟學中之「絕對自利之人格論」是其經濟社會思想之更主要的泉源。所以馬恩思想之體系與黑格耳之比較，簡單說只是如下所說。

根據生物學上之進化論生物是慢慢產生的，未有生物以前先有地球，生物進化到最後乃有人，人乃有意識精神，而人是生物。生物之主要之目的，是爲其生存而與自然鬭爭，由腦手之發達，而人造生產工具，在自然中勞動生產。由共用工具共同勞動生產，有社會之生產關係，而有政治法律以組織社會，而有道德宗教藝術哲學之精神文化。生產工具變，則生產關係變，而一切社會文化之上層建築亦變。而此一切生產關係之變社會歷史之變等，皆在個人意志之外進行的。因而與客觀之自然同爲超個人之主觀而決定個人之主觀意志之客觀力量。個人投入某一社會生產關係中，卽此關係客觀的決定了個人在社會之一特定的地位。由生產工具逐漸到可以私有，人卽依其自謀其利益之本能要求，而私有之。社會之政治法律，亦隨而肯定此私有由是而私有財產。社會之生活本身，需要一維持社會生產關係，主持政治法律之統治者，統治者須不勞而獲，亦再進而運用權力，以使他人爲之生產，而養役奴隸。有奴隸者以其自私心，必不願解放奴隸。於是社會形成階級，然而奴隸亦要求其自身之生存，並自由處理其所生產之物，於是有奴隸與領主之階級鬬爭，到了生產工具再變化，人可不以奴隸幫助生產，於是領主將生產工具與土地交給人生產，而只在統治權力上控制生產者之生產物之分配。則有封建社會之領主與農奴，到近代生產工具變爲大機器，則人之生產關係又變，此對人皆集中於工廠，誰有資本爲機器之所有者，卽能雇用勞工，剝削勞動者之剩餘價值，以獲得利潤。在此一切社會中均有生產者勞動者不勞而獲利者之階級之社會中，卽均有階級之階爭。人皆各須爲自己階級亦卽爲其自己利益而鬬爭。因而誰爲社會之統治者，則其所立之法律政權之形態、所崇尚之社會道德，皆是與其階級利益相應，皆爲鞏固其階級利益而形成。以至個人之藝術宗敎哲學之意識形態，亦是必然的爲鞏固其自己階級之利益之動機所支配的。社會之演進，則只有賴生產力之變化，以打破原來之生產關係。生產關係打破，則一切上層建築，便不能不變。現代生產力之變，已到了可以無盡發展，且已是社會化之階段，然而生產關係中資本家之運用資本，只以求其私利爲目的，不能預見社會之需要則不免週期之經濟恐慌，而桎梏了生產力之發展。生產力要發展他自己，則必須徹底求生產之社會化，並人人自覺的爲社會而計劃生產。並以計劃的生產打破私有財產之制度下之盲目的生產。促進此社會之實現者，則賴今日之無產階級之爲其利益而奮鬪。因爲資產階級決不會自動的放棄其利益。此社會中之人之一切意識形態，皆必然爲依其階級利益之不同而劃分人之運用政權，只能是爲其自身之利益。而政權現在資產階級之手。除非無產階級以暴力獲得政權，別無任何文化精神之力量，國家政治之力量，可以促進社會主義共產主義經濟制度之實現。然而歷史之進程至此，社會生產力發展至此階段，社會主義經濟制度卻是必然實現的。由此而人可對未來歷史建立一絕對的信心，人類社會當前之唯一事業，即促進此社會之實現。人類當前之一切文化活動，亦當爲促進其實現之一工具或手段。由是可知依馬恩之理論，乃自然決定人，人與自然發生關係所造之生產工具，與其所表現之生產力，即決定人與人之生產關係社會關係。人與人之社會關係決定人之精神，人之社會文化與精神文化。人之文化應隸屬於政治之目標，政治爲求社會生產關係之變革。生產關係之變革，則爲使生產力之盡量自發展，以生產財富支配自然而滿足人之自然的求生本能。因而他們這種思想第一是反理想主義，反唯心論的，第二是重視精神意識之後之自利動機生物本能的，第三是忽略國家，而一方是採高於國家之世界觀點，一方是採取一分裂國家之階級觀點，而要在世界之諸並立之國家間而建立一階級的橫剖面。階級之形成，則本於個人之利益之共同。由此利益之共同之自覺，可以形成一階級意識。此中辯證法之應用，則在發現自然之統一與矛盾的展開，人與自然之統一與矛盾，生產力與生產關係之統一與矛盾，生產關係與政治法律及精神文化之統一與矛盾。然而他們卻不知道解決人與自然之矛盾者是生產力，使生產力與社會生產關係相適合者是政治法律，而使政治法律改變與社會之生產力生產關係相適合者，正是我們精神文化上道德上學術上之要求。馬恩本人從社會主義之動機出發而欲以其學術改變世界，正是一個例證，此點以後再說。

馬克斯、恩格思這種學說，如果把它作爲代表一近代社會主義要求看，我們從不加以非議。其唯物史觀，亦本身包含相當之眞理與巧慧，至少其分析近代資本主義中之盲目的生產之當化爲自覺的某一程度之計劃的生產，是原則上已確的。然而其整個哲學之精神，卻全是顚倒的。其中有價值之方面，如不被統率於一更高之原則，則皆不能得其妥頓，因而亦將因理論的必然而轉入其相反的方面。

我們現在首先要說的，是他們之科學上說自然先於人類以證明唯物論，而反對唯心論或理想主義，只以辯證法爲研究外在之自然社會之方法，卽一根本上之顚倒，然後再說其歷史哲學，乃原則上錯誤。其中所包含之眞理，均只能在一更高的理想主義原則之肯定下，乃能成立。最後再說因其不自覺此更高之原則，所以他依其自身之原則之發展而必然不免轉化爲阻礙人類文化之前途之學說。

二、近代科學不涵蘊唯物論

把生物學之進化論作一科學知識者，我們亦從不否定其價値，由生物進化論，使人知從現實存在上看世界尙有先於人存在之無數生物，亦可使人超越其自己之現實存在，以看世界而寄情於一無人之世界，而引現一超越的情調。但由此以證明一唯物之哲學，則全然是無效的，其所以無效之理由，由於縱承認了時間中的物質及其他生物之先人類意識精神而出現，證明前者卽較後者爲眞實。後出現的東西，儘可比前出現者爲眞實。我們之最後思想，可比我們之最初的思想更爲能表現我們之眞正所要的思想的，而更眞實的能表現我之本性。所以宇宙間，最後出現的東西，亦可是更眞實的表現宇宙之本性，而含更多的眞實，至少從時間上去看宇宙，一切在宇宙中不同時間呈現的東西，無論物質、生物與精神，應有同等眞實的權利，而不能說先呈現者卽爲最根本之眞實。何況從時間上看宇宙，無論追前溯後，都是一無盡的歷程。在地球天體之形成以前之世界，畢竟是否無生物，人類我們不知道。以後無窮之時間中，人類精神在宇宙間之地位爲何，我們亦不知道。由此以論人類精神之地位在自然之下物質之下，根本卽是一獨斷。而且如果唯物論與自然科學，眞能說明生物只由物質化合而生，人類只由生物而生，前者卽爲後者之絕對的原因；則此在前者卽必然將轉出在後者，物質生物爲必然轉化而生出人類精神者。如果這樣，則物質生物之本性中，卽當含有人類精神之意義，而當依其本性，以說明在前時之物質，並非純物質，生物並非純生物，其中實包含一超越其自身之原則與趨向之要求。旣然在現在人類精神所創之文化，能宰制自然，控制人之自然本能；此豈非證明自然之本性，卽是要屈服於精神之前。自然所以生成之理卽隸屬於精神所以存在之理？而且我們根本不須從時間之在先或在後出現，去考究什麼是宇宙之根本原理，究竟什麼是實在。哲學自希臘以來，卽以超越特定之時空，去窮究「普遍於不同之時、空之存在之理」爲目的。一切時、空中之事物，所以爲時空中之事物，只在有理爲其本質。時間空間本身亦表現理。哲學以窮究普遍的理爲目的，如此，則哲學之開始點，便必當爲一是自特定時空之存在超越之心靈。凡稍深入的哲學，均從此心靈之如何認識普遍之理，以成知識之反省開始。由此反省便在開始點便必須肯定一如是觀宇宙之心靈之存在。遂無論如何不能蹈入唯物論。唯物論只當說是依如是之心靈之單提一階段之宇宙或宇宙之物質一面而孤立的思考之，而成立之片面的哲學。唯物論者如眞知此心靈之必須肯定，則決不能停在唯物論，至少亦須相信二元論。再由對此「認識的心靈」及「此心靈之其他精神活動」之透視，卽可走入唯心論。如康德、菲希特、黑格耳之哲學。然而承認此哲學，亦並不須否認識反對在人類精神出現之前，已先有生物質之自然存在之說。康德論過天體之起源之星雲說，黑格耳之自然哲學歷史哲學，亦承認有客觀之自然世界。此皆與其唯心論之成立，毫無阻礙。因時間上在先之物者所以存在之理或其本性並非卽是物，唯物論者與一般常識，根據人類精神之外未有人類精神之先，有自然世界物質生物世界之存在而以爲唯心論卽不能成立，必須主張唯物論，可以說是於哲學思辯之工夫，毫無所知。馬恩等以此科學知識打擊黑格耳，不知黑格耳之問題，早已超越過不知何遠。眞所謂鷦鷯已翔於遼濶，而弋者猶乎藪澤也。

三、辯證法當用以研究精神，其成立之根據亦在精神。用辯證法以研究自然不能眞成就科學

我們必須了解一切唯物論或自然主義之哲學，在開始點均是始於一抽象，他們之企圖根據常識與科學。以物質的自然說明精神爲派生的，第二義以下之眞實，都是在開始點犯一抽象之錯誤。卽將「原爲我們之精神之所對」或「思維認識之所對」爲本身之獨立實在。而此抽象，則依於我們之心靈之陷溺於所對，而忘了「對於其自身之存在之眞自覺與反省」而有，亦卽依於「一對於其自身之不自覺與無明」而有。說有我們之主觀之心靈未接觸之實在，並不錯。而且對此實在之肯定，可以打破「我們對於我們之主觀之心靈與其觀念內容之執着」。然而此肯定同時表示我們之一超越現實經驗之精神，或顯示我們之心靈之存在。我們若只肯定「超主觀之心靈觀念」之客觀實在，並論此實在上只是物質，而否認我們之能如此超越現實精神經驗的精神或心靈之存在，則所謂「客觀實在客觀物質之存在」皆無認識上之基礎，而成一獨斷。此肯定徒將使我們心靈之重心全部外傾。我們之求知識，如自

認爲只是去求認識；此本身絕對獨立自存之物質宇宙如何產生人類，產生社會；並以爲辯證法只是如此認識自然社會之一切變化之方法；以至謂辯證法本身原爲存在於自然內部之規律，而反映於人之頭腦人之心靈之中者；而不復以辯證法之主要之用在了解精神，忘了辯證法原爲求之解事物時，吾人精神或思維自身之形式或姿態；則辯證法本身亦成一獨斷，而毫無內在之保證或根據者。他們說辯證法爲自然之規律，是過去之經驗與研究已證實了的。然而你及人類過去之經驗與研究所證實的，怎保證將來經驗與研究必可亦證實？怎保證在你之經驗研究範圍外之自然之變化，仍遵守辯證法之規律，而可以辯證法研究之？此點你若無保證，則肯定「自然本身必服從辯證法規律，辯證法必爲普遍的」方法論，豈非一獨斷？要避免此獨斷，只有不先說「我們思想中之辯證法是純由外面反映而來」因如由反映而來，則我們之心在此時或在過去之反映了辯證法，並不能保證我們之心在將來所反映者之爲如何也。要解此困難，我們只有先認識辯證法是思想自身中之律則。我們若要直接識取辯證法之意義，亦只能先由我們思想之活動之反省中識取。至於我們之可將辯證法之應用於未來或未經驗之世界，只當說是由於我們之思想之律則，已是如是，故不能不依此律則以思想或依理性以肯定未經驗之世界與已經驗之世界，是有同一之律則，或肯定思想與自然是表現同一之律則，或二者根本是合一的。如我們根本不先承認辯證法之直接內在於我們之思想或精神，否定我們內在之理性之存在，只反映以講辯證法之來源，說辯證法原自是外在於頭腦之自然自身而反映於受自然影響之頭腦中的；則對於辯證法之是否可應用於將來經驗，應用於我們所未經驗之自然；在將來自然刺激我們頭腦時是否仍將投映辯證法於我們；我們只能說不可知。這樣則辯證法便成一無客觀保證，無普遍性必然性，亦可用不可用之方法。如肯定其爲必有普遍性必然性，必存在於自然，人非用辯證法不可。豈非一獨斷？既然是獨斷，亦即我們可隨時以上之理由加以懷疑者。

不僅我們以辯證法研究自然，須先肯定辯證法之原爲內在我們之思想或精神，而且只有思想與精神才是辯證法加以研究之適宜對象。依辯證法以研究自然是最不適宜的。依辯證法以研究社會亦比較適宜，因社會可視作人類之共同精神之表現也，黑格耳之自然哲學公認爲其哲學系統中最弱的一環。恩格斯的自然辯證法又遠較黑格耳之自然哲學爲雜亂無章，而只有一些零碎關於自然的見解。研究自然科學統計歸納，設臆、演繹之精密的方法，遠較機械的對立統一律、質量互變律、否定之否定律爲可獲得眞正關於自然科學知識。因爲自然是直接呈現爲精神之所對，自然之各部表現較多之外在性，研究自然最重要的是分別的加以精確的數量之規定，因果共變關係之規定。研究自然賴假設，與層層類分、次第演繹的理論體系之構造。通常所謂對立統一律之例證，如陰陽電子之統一、正負數之統一、雌雄之統一；質量互變律之例證，如水之溫度增至百度卽變爲蒸汽等，否定之否定律之例證，如種子發芽開花再成種子等。都是無眞正之科學價値之常識。因爲此中對陰陽電子之如何統一，水之如何成汽，種子如何成芽等，毫無所說明。它們究竟在何種時空關係下，依如何之數量比例，依何因緣，而如是對立統一如是質量互變，如是有否定之否定，我們全不知道。眞正之自然知識，則所重要者正知在此一切。自然之物恆是互相外在的存於時空中，而有外在的數量上之比例關係，亦以外在的因緣而變。此須有考察其如何的互相外在而又相依而變的方法以研究之。辯證法則是從一事物之內在的變化要求自己超越之要求去研究事物，而自然之事物卻不眞是如此之事物。所以辯證法最適宜之對象，不是自然。辯證法要從一事物之內在的變化要求，自己超越要求去研究事物；然只有精神才眞有內在的變化要求自己超越要求者。因精神之所以爲精神，不在其與他物間之外在的數量關係因果關係時空關係之爲如何。而在其內在之性質、內在之目的理想，及其與手段之關係之爲如何。精神與精神，亦不是在時空中互相外在並立，而恆是在上求互相涵蓋貫通滲透交映而互相內在的。個人之神精之各部如此，社會中各個人之精神關係，不同時代不同社會之精神關係，亦歸向於如此。辯證法啓示人之精神之必求超越現實而形成一理想，並求實現理想於現實者。辯證法啓示：人之精神爲必求破除限制，以嚮往無限去掉偏執，以求涵蓋全體貫通者。唯在此處所謂正反之統一，精神之性質變則力量變、精神之力量變則性質變，與否定之否定以求全等，乃爲可以內在地證實，而可不斷的應用人心解釋精神之層層擴展，以歸更大之貫通與充實之歷程。唯在此，方眞見辯證法的發展，非爲無謂之重複。如種子再成種子之類。所以黑格耳對辯證法之應用之最好的方面，全在其講精神、講文化歷史、講思想範疇之轉化方面。馬恩等則獨於此捨棄而寶其自然辯證法，依講自然之辯證法以講社會，而不如黑格耳依精神以講社會，正是不用辯證法於其所長而用之於其所短。

四、自利心理學與鬪爭中客觀理性

因爲馬恩之講社會是依自然之辯證法講，所以其社會觀亦初爲視社會爲許多互相外在，受其生物自存本能支配各謀求其私利之個人之集會。馬克思全接受近代之自利及意義之人性論，全不知自內在價值之觀點去看人類之自然中社會中之活動之價值意義，而帶一本質上的機械觀點，去看社會國家之組織社會歷史之變化。如馬克思眞了解辯證法而兼以之了解個人之精神，則必知人精神之本性，即是要求超越其個體之現實性之限制的。因而他們便必須肯定個人之眞正的善意志、客觀理性與人之爲社會國家之公心之存在。他們如眞肯定此善意志、客觀理性與公心之存在，則決不會抹殺此善意志等之形成社會國家歷史文化之力量。亦決不至以人類之歷史，只是各人各謀其私利而形成之階級之鬪爭史的。我們在另一書已經詳細討論，人類之一切文化，皆只能依於人類之善意志客觀理性而存在。人之自私心，實不能爲人類任何文化活動之基礎。我們至多只能說，人之自私心之夾雜於人類之文化活動之中，而利用人類之文化活動，以滿足其自身。人類之在自然社會求生存之經濟生活中，似乎人之自求其私利之動機，特爲顯著。於是從人類之經濟生活以認識人性者，恒不免特注重人之自謀其私利之個人主義之動機，而以社會只是諸個人各依自謀私利之動機，而在一定之生產之關係下之集合體；

並爲依其在生產關係中所佔之不同之地位，以劃分爲階級者。在此，諸個人之集合成社會之「客觀的公共的因素」，只在生產工具之佔有或運用上。階級之分劃，亦卽始於生產工具之爲誰所佔有。於是外在的生產工具之物質，在此卽成諸個人之心理或活動之聯繫原則。然而他們不了解，外在的生產工具所以能爲個人之心理或活動之聯繫原則，卽同時證明個人之可超越其個人之主觀心理與活動，而客觀化其精神。說人在共同運用生產工具而勞動時，人卽發生社會意識或階級意識；正證明人之本有「以客觀外在之生產工具與勞動活動爲媒介，而超越其個體意識」之社會之集體意識，或客觀化的精神。我們如眞承認人有社會之集體意識與客觀精神；則當承認人有超越其自己之利益之考慮，階級利益之追求，以建立社會國家之「無私的理性，及其他表現在文化活動中之無私之理性」；因而我們卽不能以人類之文化意識，皆只是爲其階級之所決定，而分其形態。誠然人類之自謀其私利或階級間之私利之鬪爭，在人類社會上歷史上之存在；我們不能否認。然而如依黑格耳之精神的辯證法講，則人與人間之一切鬪爭，縱出於個人爭私利之動機；然由個人之爭私利，同時卽使個人認識肯定對方之「其他個人之存在，而開始引發其涵蓋其他個人之道德意識，而將逐漸培養出其超個人之理性」。因而人與人之相爭，本身正是「人之超自私之理性之顯現」之一條件。人與人相爭，亦可是表現「宇宙之有限者必須互相否定其有限性」，以實現「宇宙無限之理性」之一例證。因而人與人之自然的相爭，在一方面亦含一價值意義。人如自覺是爲打破統治者之私欲，而與之鬪爭，如階級鬪爭，亦可爲一眞實現有價值之正義的鬬爭。然而如依馬克思之理論，則此一切皆不能說。因他們只依生物學上之個體求生存之觀點，與自利主義之心理學，以解釋人與人鬬爭之意義。此根本不是從上看，從前看，而只是從下看，從後看。從上看從前看，我們可以看出一切鬬爭矛盾，都是求貫通求綜合，以逐漸實現整全之宇宙之理性，同時使鬬爭之個體亦實現超個體之現實之理性。鬬爭矛盾，遂有客觀之價值意義。此即黑格耳之辯證法。而從後從下看，則只能說一切發自個體之活動，都是爲個體之利益，鬬爭矛盾中之個體，更是只爲個體之利益，而決無客觀之價值意義可言。由是而人類之各爲個體之利益，及以利益之共同而形成階級之人類社會之階級鬬爭史——此在馬恩，即等於歷史，便決無超階級之客觀的價值意義。人類之社會歷史之最高發展到共產主義社會，如有客觀之意義價值，說到最後，亦不過完成自然賦與人之各求生存之本能而已。至於歷史之如此如此依階級鬬爭而發展，一直到共產社會之事臨，亦只是因依自利之人性之必然，不能不如是發展；而決不能說爲一客觀之價值或理性，逐漸實現於社會於個人歷程，故其唯物史觀，遂純爲一事實之描述，一一「必然的注定的機械的次第顯現的歷史階段」或「歷史事實之鐵律之描述」。如依黑格耳，則他除承認個人之超自利心超階級意識之精神意識，以之說明文化之本質外，他雖亦屢論客觀的公共的生產工具之運動，之爲一人類社會組織之根據；並屢論及「人與自然之鬬爭」、「個人之野心私欲與他人之野心私欲之衝突，以至國與國之鬬爭」。然而他卻能處處看出此一切皆是宇宙之價值理念，或理性實現他自己或「人類實現他自己之理性價值理想」之曲曲折折之歷程。由是人類社會歷史，乃充滿了價值意義，充滿了光輝，其變化發展，非一無情的鐵律或外在的必然的命運所管束，乃理性自己所決定。於是黑氏之哲學，啓示人類如自覺歷史中之理性，卽可自覺的依理性以形成未來之歷史，或由未來之社會。形成一比「只滿足人之一部份之理性要求，只使人人皆得生存之共產主義社會」更好之社會理念，而依理性以實現之。然而此一切，皆因馬克斯之只從後看從下看，只以看自然之眼光看社會中個人之人性，看社會歷史之發展，遂成為不能理解。馬克斯之自利的人性論，視各個人只為自身之存在，正表示其反辯證法之機械觀點之最重要的一點。此種觀點在學術上之淵源，正在當時之生物學上之生存競爭說與英國之自利主義心理學，乃與黑格耳之辯證法無關的。馬克斯如多了解一點黑格耳，眞能稍貫徹黑格耳辯證法之應用，決不至犯此根本觀點上之差謬。

五、馬克斯所謂經濟決定政治文化，涵蘊其反面之政治文化決定經濟

除掉馬克斯對於人性與文化之關係之認識不論，專就馬克斯之經濟決定政治文化之問題來說。亦可見其自身之矛盾。馬克斯口口聲聲說，過去之人類之社會歷史，是一階級鬬爭史，是佔有土地與生產工具者，對於眞正之勞動者之壓迫剝削史。然而他卻同時處處說明此壓迫剝削之必須通過一政治之形式，藉政府與國家之權力之運用法律之保障等，以收穫經濟上之剝削之果實。他並同時說明一種政

治經濟社會，必有一套高級之意識形態——卽宗教、哲學、藝術、道德等文化，與之相應而生，以鞏固該政治經濟的社會之存在。至於我們現在之改造現行之經濟制度，則須以無產階級獲得政治權爲第一，要無產階級獲得政權，則須以鼓吹無產階級之自覺，宣傳馬克斯主義之哲學社會科學理論，打倒宗教與其他之哲學及社會科學理論爲第一。於是在此明明引出了一個理論上的根本問題。卽我們何以不能倒過來看，說政治權力正是一經濟制度能存在之基礎，學術文化正是維護或創生一政治權力之基礎?·馬克斯等只知分析人類過去對社會普遍被承認之國家政治形式法律形式；實際上只是由一特殊階級之追求其經濟利益施行經濟剝削之外衣。一民族之學術文化，恒爲鞏固一階級之政治經濟權益之工具。但是他莫有細想，此外衣與工具之何以必需。如果他眞問此問題，便知其自下看上之唯物史觀，是整個可以顚倒的。馬克斯雖然注重物質，然而其唯物史觀，並不從地理決定論，純粹之自然物質對於人類之精神文化歷史社會之決定開始。他只從生產工具生產力開始。生產工具是人所製造，生產力是人運用此工具以改變自然，使之滿足人類之欲望，解決人之欲望與自然之矛盾之力。馬克斯之從生產工具生產力開始，卽透露了馬克斯所未自覺之一原則。此二原則一是生產工具是人運用其經驗智慧所製造，亦卽人精神活動之表現，生產力表示人類精神改造自然之力，此卽包含一精神之重要性之原則。二是生產力能解決人之欲望與自然之矛盾，卽生產力爲一競合矛盾者。依辯證法，能綜合矛盾者卽更普遍者。於是此中又包含在說明社會歷史之發展上，綜合而普遍之概念有一原始的重要性原則。

我們如眞自覺此二原則，進一層我們便亦可以更含精神意義更綜合而普遍之概念之「政治與學術文化，爲人類之歷史之決定者」。我們說生產力解決人之欲望與自然之矛盾，使人之欲望滿足。然而政治正是解決生產力與生產關係之矛盾而維持一生產關係之存在者。政治正是更高級更綜合之概念。無論是在保守的政治，壓迫生產關係中之被剝削者，使不敢反抗。或在革命的政治，使不桎梏生產力之發展之階級；被打破的政治，皆顯爲一超越於矛盾之本身之上一力量，而爲綜合矛盾者解決矛盾者。政治之行動、制度，與所訂立法律，至少表面必須以綜合矛盾解決矛盾之姿態，代表國家之普遍公共的意志之姿態出現。此方是過去人類社會之經濟剝削，不能不假借一國家之政治法律之保障，在一普遍的政治形式下實行之理由。而無產階級要廢除剝削，不能不以無產階級取得政權爲先務之理由。此所證明的，正是政治涵蓋經濟，而決定經濟，上層之重要性高於下層，正是人之更是綜合性的更是普遍性的要求，決定了人類歷史之停滯與發展。至於一種政治經濟之社會，必須一宗敎哲學等學術文化之意識形態與同配合，政治上之革命之必須先有學術文化上之宣傳；又正因宗敎哲學等學術文化，表現人之更有普遍性更有綜合性之要求。宗敎中有一有宇宙意義之上帝，哲學以宇宙眞理爲對象，藝術道德求普遍的美爲美。其所欲解決之問題不僅是現實之政治國家之問題，而是整個人生與宇宙之關係之問題。其性質最普遍，而所欲解決之矛盾亦最多。人生在宗敎上哲學上道德上，眞得一安身立命之地，得一滿足，人亦卽可忘其對於現實之政治經濟生活之不滿。哲學上道德上有一更高的要求、嚮往，亦卽可使人要去革現實之一切之命。亦唯由此而後馬克思，可說舊宗教哲學等有痲醉人心之效用，馬克斯亦才相信其自身之哲學，可以改造世界。其哲學不僅能使無產階級自覺其使命，亦可使中產階級之知識份子大地主階級卽貴族階級，如列寧等超出其階級意識，犧牲其原可能有之政治社會之地位。由此看，則人類之學術文化，又正是一政治經濟社會之支持者或破壞者。無論當其爲支持者或破壞者，皆爲一對於可能有或已有之「政治形態與經濟要求之矛盾」之綜合者或解決者。此卽證明學術文化之要求，爲比人之現實的政治經濟之要求，更有綜合性普遍性，所以才能痲醉被壓迫剝削之階級，轉化有產階級之人之意識，爲無產階級而革命。我們豈不可說，學術文化涵蓋政治而決定政治。由此我們便知馬克斯所謂下層決定上層之唯物史觀之思想本身，卽涵蘊其反面，而正可用以證明上層之決定下層。

六、唯物史觀自身之辯證必回至黑格耳之歷史哲學

馬克斯派對此問題的辯解是一方承認政治之能相對的決定經濟，學術文化之能相對的決定政治，而同時說其決定力是有限度。再一方則說生產力之變化，是先於生產關係之變化，生產關係之變化，先於政治法律學術文化之變化。生產力既變，則後者必遲早隨之而變。由是以救出保存唯物史觀之經濟的最後決定論與文化上之經濟之一元論。但是這一種辯解，實際是無用的。因爲我們的問題，是經濟以外之人類之文化活動，是否只是人之經濟活動之一變形。如果是經濟活動之一變形，則其他文化

活動根本無獨立之地位，如何可轉而決定經濟？如果不但是經濟活動之一變形而有獨立之地位，則文化的經濟一元論則不能成立。我們承認政治文化之決定經濟有其限度，亦不能證明以經濟爲第一概念之唯物史觀。因爲我們亦可同樣的說經濟之決定政治及學術文化等有其限度。至於經濟上之生產力之變化是否在先之一問題，則看我們爲何說。我們固可說蒸氣機先於近代之資本主義之社會與文化而產生，而決定後者。我們何嘗不可說發明蒸氣機之科學精神科學研究先於蒸氣機。我們固可說人類先有勞動，乃能造最初之生產工具。但是我們亦可說在勞動中，先有了智慧與事物關係之了解，乃能造第一個工具。智慧之了解事物關係，卽人之學術文化之開始。此種生產力之變化與學術文化之變化，如環無端的互相影響的問題，我們姑且撇開。關於社會學家所謂人類文化，最初並非光只經濟，而是「經濟政治與宗教學術之同時存在」之說亦可撇開不說，我們現卽承認先有生產力之變化，生產關係之經濟變化，而後有政治學術文化之變化；亦不能卽證明經濟決定政治學術文化。因爲當經濟上已發生變化，而政治學術文化未變時，則經濟無所謂決定政治與學術文化。當經濟上已變化，影響到政治時，則經濟上之問題已被承認爲一政治性之問題，而賴政治之改變來解決。則此時經濟上之問題，包括於政治之中，而爲政治問題之一部，經濟意識爲政治意識之所涵蓋。同樣當經濟政治問題，影響到學術文化時，則其問題亦成學術文化問題之一部，經濟政治亦成爲學術文化之精神所涵蓋。則所謂經濟之影響政治，亦卽政治之承受其自身發展途程中之一新問題。經濟政治之影響學術文化，卽學術文化之承受自身發展途程中之一新問題。而從政治看經濟問題，皆是一政治問題，從學術文化看，政治經濟之問題，皆是學術文化之問題。我們可以更有涵蓋性之政治之概念以包括經濟，以更有涵蓋性之學術文化之概念包括政治經濟。我們何不以政治史觀代唯物史觀之經濟史觀，再以學術文化史觀代政治經濟史觀。由是而我們縱然承認了經濟之變化從時間上看，在政治學術文化之變化之先，亦不能即歸於經濟史觀。因爲我們可以從在先之經濟之問題之必融入在後之政治學術文化之問題，而在後者之問題之解決中，事其解決，而知此在後者乃更具體更豐富更有普遍性綜合性之「文化中之實在」；而在先者則爲更抽象更貧乏較少普遍性綜合性之實在。因而以在後者之概念爲了解人類之歷史文化之主要與根本之概念，將成更爲合理的了。

我們以上所說，並不重在否認唯物史觀之從經濟之變動以看政治文化之相隨而變之看法。此種看法我們並不認爲絕對不可。唯物史觀本身亦並非包含許多眞理。如由近代之生產方式之社會，而使社會更滿足社會主義之條件，尤爲一可信之眞理。我們所要說的是唯物史觀之本身，卽同時包含其他之史觀之同樣可能。因而我們如自覺唯物史觀之所以爲唯物史觀之涵義，卽可使我們走到唯物史觀之反面。唯物史觀依其自身辯證之發展，卽須否定他自己，而只在否定他自己處，肯定一更高之人類文化歷史觀，而融入其中處，乃獲得其自身之價値。此更高之人類文化歷史觀，則首可說爲「人類之各種文化之一方相互決定；一方亦各自決定他自己；各自包含其他文化部門之影響，以自己決定其自身之發展」之文化歷史觀。唯如此而後有人類之整個之文化之發展史，有各種文化部門之自身之發展史之可講。唯我們亦非因此而謂一切文化部門地位，全然平等不能有主從之別。如依我們方才之說，從各種文化部門之涵蓋性綜合性普遍之高下上看，我們又必須歸到政治之問題包含經濟之問題，而學術等精神文化之問題又包含政治經濟之如何指導，而爲政治經濟之問題之解決之基礎所在之結論。由是而從整個文化眼光看，又必須肯定各文化領域中之主從之差別，我們必須以政治爲經濟之主，而學術宗教藝術道德等爲政治之主。在學術宗教藝術道德等之中，誰爲最高之主，我們可有不同之意見。如在一般文化哲學家，以宗教爲最高之主，黑格耳以哲學爲最高之主。我們之意見，則道德爲最高之主。此我們暫不討論。然而依文化本身之涵蓋性普遍性來說，則說學術文化應爲政治之主，政治應爲經濟之主，則是不成問題的。這樣我們卽將唯物史觀全部顚倒過來了。而此一顚倒，正是唯物史觀之自身之辯證的發展所必然歸到的。馬克斯之唯物史觀，自謂是顚倒黑格耳之歷史哲學。然而我們都指出其顚倒之必須再顚倒。由是而說明黑格耳之歷史哲學是不能顚倒，黑格耳之歷史哲學，如果眞會發展至其反面之馬克斯之唯物史觀，則尙有一反之階段，使之仍必須再回到黑格耳之歷史哲學。不過須在一更深高意義下，再回到黑格耳之根本論點而已。

所謂唯物史觀須得再否定他自己，回到黑格耳之歷史哲學之根本論點，卽我們只須保存馬克斯等之一點長處，卽着重經濟上之改選於一重視學術文化之地位之歷史觀中。而依此歷史觀以形成人類未來之歷史。

第七章　馬克斯之社會理想之價值與其必然命運

一、馬克斯重視經濟平等之價值與其意義

我們以上已說我們並不否認我們可以在一方面從生產力與經濟之變化以看馬恩之思想，影響於人類之文化者爲何，我們只否定其經濟的一元論的唯物史觀。此外我們亦並未否認人類之自利心之存在，因而亦不須否認人類之自利心，常會利用文化以滿足其自己所形成之個人罪惡與社會罪惡。我們只否認此自利心是人性之本質，否認由生物學與自利主義之心理學而來之「以自利爲人性之本質之人性觀。但是爲暫時將我們正面之思想撇開，我們對於近代之社會主義者，一直到馬克斯之重視經濟之改造一點，及他們所指出，由經濟上之貧富懸殊所造成之社會罪惡個人之可假借一神聖之外衣，而自覺或不自覺的，施行對他人之經濟剝削之罪惡，及在近代之資本主義社會中，人類之勞動，學術文化之工作被視爲商品與商品化之事實，我們決無意否認。對於這些我們與他們同樣的深惡痛絕。他們之特在此處強調，雖然是太偏激，然而從文化史的眼光看，仍然是有功的。人類眞要依理性正義之觀念，以作社會改造之實踐，最後，必須使社會之貧富不能懸殊，人能獲得其勞動之果實，而不能被剝削，

以供少數人之驕奢淫逸之用。至於自覺的作計劃的生產，亦運用理性以主宰物質之人，必求達到之階段。人之能認識僞善與「在善之名義下利用善」之罪惡，乃表示人之智慧之更深入之伸展，而亦使人可以在更深之意義下，求拔除罪惡之根者。在資本主義社會人之勞動之商品化，人不爲滿足其創造欲而勞動，只爲生存工資而勞動，已屬可憐。由人類之學術文化之不免被視爲商品，而商品化，更無論如何是一對人類之學術文化之重大侮辱，亦人類學術文化之最大墮落。此使本來自身應作目的者，全化爲營利滿足生存本能之工具去了。此是在封建社會奴隸社會尚莫有之罪惡。當時人至多以自己學術文化之成積，取得個人之名譽恩寵或權位而已，尙未作商品而流通於社會也。所以我們對於近代社會主義者與馬克斯等重視經濟之改造，可承認其有喚醒人類向此用心之功。但是我們必堅持，經濟上貧富懸殊，勞動者利益被剝削之所以成爲罪惡，由於違反人之理性、正義，由於其使勞働者缺少發展其文化生活精神生活之條件。廢除盲目的生產，逐漸進到自覺的計劃生產之理由，在顯示人之運用智慧之理性，以及主宰物質之力量，而幫助人之實現其理性自我。馬克斯所斥責之西洋奴隸社會封建社會資本主義社會之罪惡，只在未能使人視人爲人，而不覺使人視人爲物，視人爲奴隸，即視人爲牛爲動物。將農奴束縛於土地，即視人爲植物，將勞工束縛於機器，即視人爲礦物。以勞動與學術文化爲商品，即視人爲人之製造物。此使人不免視人爲非人，乃此種社會根本罪惡之所在。由此不免視人爲物而表現之社會罪惡，最主要者，尚不在經濟上之掠奪，而是在形成一多數人被少數人之壓迫控制支配之局面上。在一不平等之政治制度下，使少數人得憑其對於土地生產工具之佔有，以獲得其權力欲之滿足，以把持政權。由此而使人之靈魂受一威脅，因而不能眞伸展其精神，以從事文化道德生活。我們必須認識，人所怕的，主要非窮困，而是因窮困而受人之氣。人對他人之偷盜我的財產，可以忍受。而人對他人之侮辱凌駕，則不能忍受。人對人最大之罪惡，不是掠奪他人之財富，而是要自由的去控制支配他人，以滿足自己之野心權力欲。人要求佔取他人之財富，不過是佔取他人之身外物；要求自由控制支配他人，則是佔取他人之人格本身，他人之精神他人之靈魂本身。而我們眞分析馬克斯所謂之奴隸社會封建社會、資本主義社會之奴隸主，封建主，資本家之心理，如果說其中常包含一罪惡，亦不是只在剝削勞動者所生產者之本身，而在其不免有一權力欲之存在。我們試想近代資本主義之拚命積聚財富，眞正爲要享受其財富嗎？從前之奴隸主封建主，田連阡陌，他何嘗能一一享受其財富？他明明不能，何以仍不肯放手？在此其動機有好的有壞的。好的暫不說。從壞的方面說，便只能說是出於追求一在人之上權力，保持一在人之上之權力的動機。奴隸主封建主有武力有土地，便可高居在上，不失權力。資本家能永遠獲利，事業無盡開展，則人皆集合於其指揮之下而增大權力。此種人之求權力欲之滿足之動機本身，卽政治性的。因而亦恆須表現爲一種政治上之權力要求，如求參加政府，訂定法律以保護私產等。至於從受彼等所控制支配之社會方面說，其罪惡之之最大者，亦在使爲奴隸、農奴、勞工者，恆覺在社會上不能出頭，由經濟地位之低微，而感覺一被人漠視、忽略、輕藐之苦，與政治上法律上受一不平等之待遇之苦，莫有過問政治之權柄之苦，未被人眞視作人，而不免被人視爲物之種種精神上感覺，一他人之權力之壓迫之苦，而並不只在物質之享受之不如地主資本家之本身。自來被剝削階級之從事反抗，與其說是純出自爭生存爭物質之享受之平等、經濟平等本身，不如說反抗一權力之壓迫，反抗由經濟不平等，而生之政治社會上之權位之不平等，反抗人之視己如物，而要求人之眞視我爲與彼同一之人。我們如眞能了解此義，則知人類歷史中之階級鬪爭之現象，我們雖不能否認其存在，然而其中所爭的當自始卽有一重要部份爲純粹的爭政治的權位之平等。此爭權位之平等，卽爭一精神之獨立自由。人因自覺其自身非物，因而不甘於人之視己如物或視己爲低一級之人，要人之視己如人，自覺的承認之爲人，故不能不爭平等與精神之自由。當人視他人如物，而施一權力之壓迫於人，其所以爲罪惡，純爲道德上之罪惡。人之要求平等與精神上自由，要求人之視我如人，亦爲一道德上之正義要求。而其最後不自覺之目的，正在由精神之獨立自由，而發展自己之精神生活、文化生活，自動自覺的完成自己人格之其他道德生活。我們如果在此等處，眞能認清，則我們改造經濟上之不平等之目的，我們便一方須是自覺的求使人免於貧乏困苦，具備物質生活條件，有餘力以從事精神文化生活。一方面須是自覺的爲使人由解除經濟上不平等，所致之政治社會之權位上之不平等，而獲得精神上之獨立自由，能自動自覺的發展其本有的精神生活、文化生活之要求，完成其人格之要求；而不能是只爲人們之物質享受之平等，與平等增加之本身。因而經濟之改造，自始卽須包涵一政治上道德上精神生活上文化生活上之意義。經濟平等之理念中，自始卽須包括一政治上權位上平等之理念，與自動自覺從事精神生活文化生活之自由之理念。我們之從事改造經濟實現經濟平等之事業。我們自始卽須以「人之有政治上平等精神上自由，以從事其精神生活文化生活人格道德之發展完成」爲目的，以此目的的達到爲此事業獲得價値之所在。決不能以此事業之完成之本身爲目的，以致妨礙到此更高之目的之實現。

二、馬克斯之社會文化理想不能使自拔於權力欲之罪惡

然而我們之改造經濟之事業眞是自覺的以致政治上之平等使人有精神上之自由，爲目的；則我們便決不能如馬克斯之定其理想的社會之只是一共產主義的社會，並決不能如恩格斯之以爲資本主義打倒以後，卽是由必然的世界到自由的世界之飛躍。縱然資本主義打倒其中無眞正政治上之平等，人不能免於感受一特權階級之壓迫，人不能有眞正精神上自由，以從事其精神生活之發展，此社會仍非我們之理想社會，而且在本質上與馬恩所打倒之資本主義封建社會奴隸社會無殊。在另一方面，我們旣肯定過去人之所眞要求者，乃把他當人看，與其精神生活文化生活之發展，則我們必須反對從生物學自利主義心理學出發而建立之人性論，說人只是求自己利益之人性論。同時要反對一切在本質上視人如物之唯物論哲學。過去之人類之歷史文化，乃人性之所表現。則過去之歷史文化，亦應視作人類逐

漸顯露實現其向上之人性要求、精神理想、文化理想、道德理想之表現。因而我們不能只看人類歷史文化中之黑暗一面，人之自利心利用文化，所造成之個人罪惡、社會罪惡一面。如我們要問人類罪惡之根源在什麼地方？亦當如我們方才所論，卽少數人之運用權力以壓迫大多數人，而不只在物質利益之分配之不均之本身。由是而對人類過去之整個文化歷史之正當的史觀，遂只能是一相信人性之善，相信人之求眞善美之理想，能逐漸顯其實效性，而主宰引導歷史文化之日趨光明之史觀，人性史觀，人文史觀。至於對人類歷史文化中之罪惡之一面，如孤立化而加以解釋，亦應以權力上之壓迫之概念爲主，而成立一權力史觀，不能再只以經濟上之剝削爲主。由此而領導我們去作經濟上之改造之幽史哲學，遂決不能是抹殺人性之價值理想之實效性，並昧於罪惡之根源之唯物史觀。唯物史觀之忽視人性，視人爲只求經濟利益之動物，視文化歷史，只是一階級鬪爭史，則一方面侮辱人類之文化歷史，侮辱了人性，一方面卽使人不能眞自覺的爲實現一眞善美之理想之社會，而從事改造經濟，並減少人對於其自身向上之力量之自信心，減少人對於合人之理想之未來社會之必然逐漸實現之相信。他們昧於人類之罪惡根源之了解，不知人類社會之最大罪惡，自有歷史以來，只在人之根源以其權力壓迫人。人在經濟上之佔有財富之動機，在底子裏，皆是爲求得一對人之支配欲之滿足。

及，人類社會卽是天堂，而不知政治上之平等，精神自由之眞正重要性。於是使他們之後輩，如列寧斯太林等，在打倒大地主資本主義社會以後，他們卽自以爲創造了有史以來最高之人類社會；

而不知在他們之社會中，雖自覺是向經濟之平等而趨。然他們違悖民主而歸極權，造成一政治上之特權階級，即共產黨，以（制控）其他之人民，並將一切學術文化隸屬於政治，扼殺人類之精神上之自由，遂使他們本身仍陷於過去人類社會中同樣之罪惡或更大之罪惡。——因爲過去之封建主與資本家尚未自覺要求支配統制人類之學術文化，尚是通過追求財富土地以求權力。而他們則是自覺的要以政治權力支配統制人類學術文化之事業，爲政治服役，爲其唯物論史觀視人如物之哲學之註釋，他們即成爲求權力而權力。此不只是實際上把被統治者，當作低一級之人，視作一附屬於土地機器之物來駕馭，而且要人自覺的依唯物論唯物史觀，而自承認如一物，爲一自利之生物。在奴隸社會封建社會資本主義社會之奴隸農奴、勞工雖被視爲動物爲植物爲商品爲物，然其自身尚不願被視爲物。而唯物極權主義之發展至極，卻必至歸到人之被視爲被統治之物。並要人自動自覺的自視爲物，以滿足此社會之特權階級之權力欲。由是而人類社會才眞將墮入有史以來最大之惡罪的深淵，眞正的精神之地獄了。然關於這一點我將以寬恕的心情，不說是斯太林之政治已完成之事業，我只說是依他們之以唯物論唯物史觀統制人之精神之文化，是向此罪惡之途而趨。他們如果不能自覺的揚棄此思想，並繼續憑政治之勢力，以推行此思想，而只知憑此思想之統制力量以保持其政治之權力，其政治上之特權階級之地位，他們是無法自拔於此罪惡之外，而將自以爲眞在作一人類有史以來之驚天動地之偉大神聖之事業。

三、馬克斯主義之良心的自恕與其宗教精神

他們之所以自以爲在作之驚天動地之偉大神聖之事業——卽因他們求達到一經濟平等之社會。他們對於他們之一切極權之統制，有一種自覺的辯護辭，卽此一切皆是爲了鎭壓反動者、資產階級或資本主義之復甦之必需。他們亦相信無產階級專政時期以後，有一無產階級，亦無統治階級的眞正共產主義之社會之來臨。到那時共產黨，已實現其主義，則其自身亦不須存在而將消滅。依他們之一切學術只是政治之工具之理論，他們亦可能說唯物論唯物史觀，只是一理論上的戰鬪工具。到共產主義社會實現時，此理論亦未嘗不可消滅，則亦可無以此理論，統治一切學術文化之事。但在現階段，則共產黨未完成其歷史使命，無產階級未完成其歷史使命，則他們必須繼續專政，獨佔政權而違悖民主自由亦所不惜。因爲他們可說，在經濟上有階級之社會之民主自由，皆是受經濟上之統治階級控制之假民主假自由。眞民主眞自由，只有在無經濟上之階級，無經濟上之剝削之社會乃有，而到那社會卽亦可無民主自由之名稱，故他們又謂民主必須萎化。現代世界上尙有經濟上之階級與剝削卽俄國亦尙有，必須經過社會主義到共產主義社會，乃有眞民主自由。所以在歷史上此階段之民主自由，本非重要的。領導人類社會前進之共產黨之要統制一切支配一切，亦是正大光明，天公地道，毫無慊愧的。

至於他們之以唯物論與唯物史觀統制學術文化，他們除相信其自身是眞理外，他們亦自覺或不自

覺的以之爲求打倒舊社會打倒資本主義社會，實現共產主義之最好之理論工具。他們可說，他們並非全同人於物。他們亦承認人與一般物質之不同，而爲一高級之物質。至於他們之以人之精神思想，只是身體腦髓之產物，並否定人之意志之自由、靈魂之不朽與超越之價值理想之存在上帝之存在等。雖在我們看來，這最後仍是人同於物，使人生之一切無內在的最後的意義與價值的。但是他們可以自覺的或不自覺的相信這樣，可以免除人對於其自身之幻想，免除人之用其精力於現實之社會現實之自然世界以外，以追求上帝，企慕不朽之靈魂等；因而可以集中人之注意於現實社會中經濟之不平等，所造成之罪惡之認識，並求有以改造之。唯物史觀之歷史哲學，則可以一方使人相信共產主義之社會之必然來臨。此必然來臨，是有「人人所見之生產力之發達」，「今之生產力之發達與私有財產制度之矛盾之事實」爲一客觀之根據的。另一方，他們之說自來之人性之表現皆自私自利，他們之以過去之人類社會皆爲一階級鬭爭之社會，過去之社會歷史，在本源上，都是充滿了罪惡；亦可說有一價值，即使人忘情於舊社會，而一往追求其新社會之實現，並使人相信此新社會之建立，眞是一前無古人之創世紀之事業，而猛勇直進，以求參加此創世紀之事業。

我們如從外看，我們尚可指出此種理論有二種對他們之革命運動之最大效用，爲他們所不自覺的。此亦可以作爲他們之以此二理論統制文化之辯護。即唯物論與唯物史觀都是一種絕對的客觀主義外在主義。這一種絕對的客觀主義外在主義，不僅可使人忘掉超現實的理想與幻想，使人相信有一客觀之力量，在推進社會，保障共產主義之理想之必然實現，並使人絕去一切對過去之回顧，而一往爲未來社會之實現而奮鬪。而且可以培養人之一種忘我的心境，與爲未來社會而革命之犧牲的精神，與一種對一時之失敗，漠不動情之堅決之意志。我們必須了解，人有二種忘我，二種，不怕死，不怕失敗。一種是自覺通於無限的精神之忘我與不怕死，不怕失敗。一種是全忘掉獨立自我之存在，而只視自己爲被客觀自然決定之一物，或爲一客觀的社會組織或政黨組織之一員，爲一大的歷史的車輪之一環節，而隨之轉動，之一種忘我與不怕死不怕失敗。宇宙論中之唯物論，可以訓練人之自視爲客觀自然決定之一物之意識。歷史的唯物論,則訓練人之自視爲一嚴密的社會組織之一員,爲歷史的車輪之一環節，而自願隨之轉動，於隨之轉動中，復自覺在加以推動。因而在組織中，在歷史之車輪前，自視若無物，因而願爲之奮鬪爲之犧牲。因而對於自己與他人之爲此歷史之車輪之轉動，而受苦而死亡，同樣的可以漠不動情。共產黨人之忘我，卽是最後一種。所以他們之唯物主義，一方面反可訓練出他們之一種貌似殺身成仁捨生取義之精神。一種不顧一切之英雄氣概然而同時亦訓練一種極端之殘忍。此種極端之殘忍，是不僅對他人殘忍，對自己亦殘忍。由此而使他們之組織，成爲每一人與他人互相鈎連之鐵之組織，而有一巨大的力量。他們之懸一未來之共產主義社會之理想在前，並依唯物史觀說，在那社會人類經濟上之剝削不存在，個人與社會卽無一切罪惡，因而那社會卽一至善之天堂。由是而他們之排斥其他更高之理想，鄙棄過去人類社會歷史，視之爲充滿罪惡，否認人性之善，同時卽更培養其對於此天堂更熱忱的宗教性的要求，與爲求達到此天堂而忘我而犧牲奮鬪之宗教精神，而此宗教精神更增加他們之打倒一切推倒一切之革命力量。我們如果要了解共產黨之所以能掀動世界其精神之最深處，及其唯物論唯物史觀之理論之最大的效用，我們必須了解至此，才不至陷於膚淺。我們如要以此爲其所以必須要以唯物論與唯物史觀統制人類之學術文化之理由，則幾於無懈可擊。雖然他們未必是眞自覺此理由。然而若此理由眞是無懈可擊。則我們縱然不承認唯物論唯物史觀是眞理，我們只要承認其經濟平等之要求是對的，此理論能幫助人們拚全部精神以實現此要求；我們亦須承認他們宣傳此理論，以之統制學術文化，有實際上之必要，策略上手段上的必須，而應承認之爲正當。我們批評他們的人，若不能過此關，我們之理治亦將全部失敗。

四、共黨之忘我犧牲之精神隸屬於唯物論唯物史觀之信念則非眞可貴

關於共產主義者之宗教性的忘我犧牲的精神，我們是必須承認的。此爲許多反共人士，所絕對趕不上的而爲其所以能赤手空拳之出生開始，而掀動世界之根本理由。單就他們這種精神來說，平心而論亦有可驚天動地、可愛可貴之處。許多青年因相信了唯物論唯物史觀共產主義，而生出此種精神，亦是人性之深處之一表現。但是他們這種精神，如是永遠依附於他們之思想，則其好的方面亦終喪失，而轉至其反面，而成爲培植人類最大之罪惡之泉源。這一種辯證的智慧，是一切共產主義信徒與

非共產主義之信徒，所應平心識取的。

我們不否認共產主義信徒之此種精神，並肯定其可貴可愛。然而我們必須使他們之此種精神，從他們之思想中解放出來。我們理由是，如果他們眞有這種忘我犧牲之宗教精神，則此精神乃決非唯物論唯物史觀所能解釋的。這種精神自有其好的方面說，乃出自人之超越「個體之物質，個體之自利本能」之一種精神。其所依之根源畢竟在人性之異於物性，人之有一超越其物質自我生物自我之超越自我「客觀自我與客觀之自然客觀之社會爲一體之自我」「嚮往一理想而以理想主宰支配改造現實之自我」。這卽是與唯物論唯物史觀之人生論人性論，在本質上相違的。因而我們如眞有這種精神而自覺我們有此精神，則必然將進而反對唯物論唯物史觀。如我們仍不反對唯物論唯物史觀，則縱然我們在實際上眞表現了此精神，而我們未能自覺此精神之本身爲好，則此好卽不屬於我，而非對己的好，只是對他的好。我們之不能自覺此本身爲好，卽我們對此本身之存在，有一盲目對其好之價値認識，有一盲目。亦卽有一原始的無明，而在我們與此精神之爲間，造成一原始之間隔。使此精神可隨時表現而隨時喪失，不復爲我所自覺，亦卽不復爲我所保存。因而無論共產主義者在表現什麼一種可歌可泣之精神，然而他未能自覺此精神之絕對非唯物論唯物史觀之人生論人性論所能解釋，而反對後者，則其精神無論如何便都不能是人類最高之精神。此是第一點。

五、眞信唯物論唯物史觀之共產主義者，必產生一精神之自己否定與無盡權力欲而使其陷一機械之組織中

他們不自覺他們精神之好的一方面之非唯物論唯物史觀所能解釋，尙可不妨礙從客觀方面看來，我們之承認他們之精神，仍有一可貴可愛之處。然而他們如再進而自覺的依唯物論唯物史觀以解釋人類之精神與他們自身之精神，進而自覺的否認他們自身之此種精神本身有何價值，說他們這種精神之起源，亦只是由於受壓迫要報復——其根源只是人之求物質生存之本能；其所以要有此精神，亦不過是爲了要革命的必需，爲了促進歷史的必然，而爲其理想社會實現之一工具一手段，因而只有理想的共產主義社會之實現，當時人之無盡享福，本身乃有眞正之價值；則他們在自己精神內部，開始一自己否定之歷程，與價值外化之歷程。

他們這一種精神之自己否定與價值外化，即使他們有一宗教精神之關鍵。但又與眞正宗教精神，似同而實異。宗教精神始於自覺自己有罪，覺自己本身之無價值，覺自己純爲一卑賤之塵土，只有上帝或神，乃有本身之價值，自己不過是神之工具，或製造物。這亦是一種精神之自己否定一種價値外化之意識。但是這種精神之自己否定與價値外化是無礙的。因爲否定了人自己之精神自身之價值，而肯定一神之至善之精神，並承認神只能由精神而認識，即是由否定一自覺渺小有罪之精神，而獲得一

「更偉大完全至善之精神之體驗」。此中其自己精神之否定，可歸於更大之自己之精神之肯定——卽宗教精神本身之肯定。其價值外化於上帝之意識，可再轉爲將上帝之存在與其價值內在化之意識。因而是無礙的。然而在唯物史觀共產主義信徒之精神之自己否定與價值外化之意識，則不是向一更大之至善之精神，而自己否定外化其價值意識。他們乃是對另一時間之社會，對物質的生物之自然世界，而否定其精神之價值，視此精神只是一出自人之物質的生物的自我，並只爲一未來之在物質生活上無盡享福之社會之來臨之一手段工具；則此否定與外化，將成爲一純粹之精神否定，價值外化。不僅物質的生物的自我，是非精神的，我們不能說人之忘我犧牲之精神由彼而來。卽未來社會，如只是一在物質生活上人人無盡享福的社會，亦是非精神的。我們之忘我犧牲之精神，亦不能只是其一手段工具。如果忘我犧牲之精神可如未來社會人之無盡享福之工具，則我們在現在又何不可以忘我犧牲之精神刻苦自己，而爲使資本家享福之工具，而且他們所理想之未來社會，是一特定時間出現的。人們之宗教精神如以一特時間之特定社會之實現，爲最後目標，卽違悖我們宗教精神之要求「超越特定時空而涵蓋無限時空之精神實在」之本性。由是而共產主義者爲共產社會之實現而表現之精神，並非眞正之宗教精神，而爲一種眞正否定精神之開始，亦卽精神之墮落之開始。

由他們之思想，視他們之忘我犧牲之精神，本身價值只是一實現其未來社會之手段工具，於是他們必然將此精神之力量，與一切人之自然本能之力量，與物質之力量及凡可以作爲革命或促進其理想社會實現之手段之一切暴力平等觀。同時不擇任何手段以達目的。由此而生之忘我犧牲之精神，即一方成爲一掃除一切個人之幻想，個人之其他之眞善美之理想者，一方成爲解放人之自然本能力量，而與之同流者。人之自然本能力量中，最能與他們之革命配合者，即人之權力欲。人之權力欲，並非以自己之物質生存爲目的。人之所以有權力欲亦可有一好的動機，即求生命力量之伸展而爲自己之精神伸展開其先路。人之反抗對方之以權力相壓迫，亦是一消極之權力欲。此權力欲並非不善的。然而人如不能自覺的爲精神伸展而反抗壓迫，或在解除壓迫時，即以一精神文化修養或正義平等之理念控制自己，則順權力欲之自然發展，將必然在將對方之壓迫解除以後，即轉向而壓迫他人，因人原是有壓迫人之權力欲之「反抗壓迫與壓迫人」皆爲一純否定之力量。無論爲要反抗壓迫或要壓迫人，人都是可不怕死的。因而人之宗教宗的忘我犧牲精神，可與人之權力欲結合同流，而宛若天衣無縫，更使人若不自覺其中之有一結合。尤其是人不自覺其宗教性忘我犧牲之精神之本身價値，而只視之爲屬於物質之生物的自我，並只視之爲一革命的工具手段時，其地位，已與人之自然的本能力量平等；因而其與人之本能的權力欲結合同流，以成爲一「宗教性的忘我而肯犧牲的否定打倒一切敵對者」之權力意志，更成爲必不能免者。

這一種「宗教性的忘我而肯犧牲之否定一切敵對者」之權力意志之再與「將自己與他人視爲自然界之一物，社會組織政黨組織歷史之車輪之一特定的環節之意識」相結合，卽可使人自動自覺的受社會組織政黨組織之安排，以擔負歷史的車輪所付與之使命，而不復要求任何個人意志之自由，全受一組織之集體意志之支配，在一組織之機械中發揮其個人之一切力量。此即構成共產主義信徒之組織之最內在精神基礎。他們之對以往之學術文化歷史社會與一切敵對者之批判、反抗，與加以征服、壓制之一種否定其反面者之精神；即成為此組織對外之為一界限分明堅強壁壘之精神基礎。這一種組織，自其中每一人之精神都能涵蓋組織之全體，與每一人之「自動自覺的規定其自身於此全體」中之一特定地位言，本來似可說是一依理性以自律法律精神政治精神之一表現。然而因他們不自覺承認，此依理性以自律之精神本身之可貴，而只視之為革命之手段工具，為一外在之歷史轉動之車輪所需要；而他們之組織與集體意志之得維持，又賴於他們之權力意志之對外表現，為一界限分明之壁壘；對內表現為互相壓制他人之個人自由意志之出現，而互相釘定其在組織中之地位、任務，或活動；由是而他們之組織遂不能成為他們依理性以自律法律之精神之表現。他們表面之依理性以自律之法律政治之精神，互相批評、檢討，相勉於服從組織，集中意志；反成為他們「對外之否定一切，與對內之互相壓制支配」之權力意志，所通過之形式，所運用之工具。他們之整個組織，乃成為一集體的權力意志之表現，之一機械的組織。

然而我們尚不即說，此機械的組織，即絕對的罪惡。因其中除集體的權力意志外，尚有自律之精神。然而當他們懸一共產社會為理想，並謂此社會為一人人無我而各盡所能各取所需在物質生活上無盡享福，而要以他們之組織絕對的把握政權，以領導人類社會，爲此理想之實現而奮鬪，並否定更高理想之可能，否定人類以往之歷史文化之價值，以唯物論與唯物史觀控制思想學術，要人永自視如物，自視爲創世主，以永遠宰制人類社會；則他們即必然陷入一絕對罪惡之深淵，而他們之組織，即成魔鬼之化身，以迫脅一切人入於精神之地獄者了，這點是前所提到的，以下再詳細一說。

六、共產主義之理想之永不能亦不當實現

我們前面提到共黨之罪惡，後來又共產主義者之自己辯說，到了無階級之社會共產黨亦將消滅，替之解釋。但是我們現在要求重說，此解釋是無效的。此解釋之所以無效，由於與他們的「各盡所能各取所需之人人在物質生活上無盡享福之社會組織」，是永遠達不到的理想，而且根本是一不合理的理想。因其永達不到，所以懸爲理想，並謂在此理想實現時，共產黨即放下政權之事，亦永不能實現。因而他們如果不被迫放下政權，他們便必然會成一永遠要宰制人類社會之一政黨，而永遠爲一獨佔權力之特權階級。而且將必然由一黨專政變爲個人之獨裁。而其權力之運用，必然表現爲：對內之人民之絕對壓制，或表現爲對其他民族之絕對的征服之帝國主義，並必然由政治上之階級之存在，再轉出經濟之階級之存在，而形成一種新形態之奴隸社會。這一切已見徵兆於蘇聯者，而亦爲時論所見及者，我們將證明其皆依一理論上之必然，而不可逃。

我們何以說他們之社會理想之根本是不合理而達不到之理想？這因爲我們以前雖肯定他們之求經濟上平等，去除剝削之精神爲可取，然而我們是只取其注重平均財富之精神，而非取其共產社會之具體內容。我們之不取其內容，不僅是如前所說，我們認爲人人在物質生活上之享福，非最高之社會理想，而且絕對無私產之經濟社會本身，卽不合理而不能實現的。絕對無私產而人人各盡所能各取所需之經濟社會，其中雖使人人皆似表現一忘我之精神。然此種社會之忘我精神，亦同於蜂蟻社會中之每一蜂蟻之以一忘我精神爲其社會而勞動生產而消費以生存。這正是一「使人類社會倒退到生物社會」之理想。人類社會之不能倒退到蜂蟻社會之理由，是進化到人類之一支生物，已在羣體原則外體現一眞正之個體原則。此個體原則之最先的表現，卽爲不如蜂蟻之各只爲其他蜂蟻或其羣體而生存，而能爲其個體而生存。此亦可由人類之知道自私，特爲自己之未來打算而見。所以人在經濟生活中，卽有私產之積蓄。此種求私產之積蓄，一方面看來，固是人類許多罪惡之所自生，又爲人之不如蜂蟻之所在。然而在另一方面看來，則人類有爲其未來打算積蓄私產之意識，正顯出人之有超出「其當下之現實自我」之理性自我。由此理性自我之盡量顯現，而人卽能超越此「爲個人之未來打算積蓄私產之意識」之本身。人若自始無此爲個人之自私意識，則超越其自私之意識之精神亦不能有，其價值亦顯不出。所以眞正之理想的社會，並不須是絕無私產之社會，而須是人一方有私產可私，而人一方亦可爲國家社會而貢獻其私產之社會。人有私產，而人又不得爲求其個人之私產之無盡增加，而自陷於對財貨之貪欲，或為求其個人之私產之增加，而剝削他人之勞動的社會」，此社會，可是一有計劃的經濟的社會，或有普遍的生產合作消費合作的社會盡量求人之各盡所能各取所值的社會，或如我在另一書中所謂人文經濟的社會，而非必是一絕對共產主義的社會。表面看來，一社會行共產主義，人人絕無私產，似表示在道德上較高一級。然而實則人絕無私產，而盡量如取所需，而社會又眞能任人之各取所需，將使人成一純粹之陷溺於現實之無盡物欲的動物。人絕無私產，絕無對於其私產之如何運用之理性的考慮，並求保存之，分配的運用之於未來之生活，則人首先失去了在私產之保全運用中，培養人之理性之外緣。人無私產，則亦將不復再直化私為公為公忘私之道德的努力，以訓練出人之道德人格。關於這一層，我在另一書中已詳細討論，今不多及。

我們必須了解絕對共產主義之社會，並非最圓滿之經濟社會之理想。了解人與蜂蟻之不同，在人性除表現羣體原則外尙表現一個體原則，我們復須了解。為維護個體原則，除經濟上之私產，不能以外在之強力加以絕對之廢止外；由人性之個體原則，而表現之政治上眞正之平等之要求，精神自由，人格獨立，以從事精神生活文化生活之要求，皆不當復不能絕對加以壓制。由是，我們卽知無個性只有羣性之共產的經濟社會，是絕對不能實現的。我們如要求實現之，則非有一至尊無上之壓制此個性原則之出現之政權存在，以支配統制人之一切精神生活社會生活物質生活不可。由是而「以此社會為理想之共產黨」人，必然永無息肩之日。必然將永遠把握住政權，不忍放手。共產黨如果控制了一民族一社會，則將永遠成一政治上之特權階級，而其所以自欺欺人之共產主義社會，實現後之民主自由，必然成一永不能兌現之支票。如果共產主義者所謂專政，眞是如實現一眞合理可實現之理想而在人類歷史上所必須經過之一階段，則他們之以其宗教性的忘我精神與權力意志結合同流，而造成一種機械之組織，此組織到一階段，卽須自己消滅，則其過失仍是暫時的，相對的。然而如其理想根本卽非眞合理之理想，不僅是從整個文化社會看來非眞合理，卽從經濟社會觀點看亦非眞合理，而且永不能實現，因而他們勢須永遠以一特權階級自居，以壓迫人；則此罪惡卽自己置定其當永恆存在，而成一絕對的罪惡了。

七、機械的組織必然產生專制

復次，我們如果了解一宗教性的忘我精神與權力意志結合所造之政黨組織之本性。則知此組織，雖賴諸個人之絕對的羣體意識與權力意志之互相尅制，以爲其究極的支持者；然而個人之個性之藉個人之身體動作而表現者，與個人之自覺性終無法使之消除。於是人之個體原則，仍將在此組織中表現。依於組織之本性，既不能不有各級之領袖，如執行或集中意志之人；則組織中之人之權力意志雖皆在互相尅制之下，然此各級之領袖仍將依於對於其「個體之身體動作之存在」，與「對個體之存在之自覺」，而自覺的要求更高之權位，獲得更多之權力。已在高位之人，亦不能不有其權力意志之自覺。人當自覺其權力意志之要求，或自覺其有很高之權力時，則依於自覺之本身，包含一無限之原理，求一切所自覺者普遍化，而加以擴展之原理；則人必進而求權力之無限。於是如其組織之最高領袖者，可眞能有資格，以自覺的求得無限之權力。而愈在下者以權力意志互相尅制，亦同時愈增大在上者在高位者之權力。由是而一在集權之組織，自然有一使此組織中之在上位者逐漸集中組織中之權力，最後集中一人之必然傾向。此絕對集權之政黨或政府，最後必然化爲少數人之專制政治，一人專制政治之理由。

復次，在一種在集權之組織中，當組織內部之權力，日益集中少數人時，則組織中之其他多數人之權力意志，在組織中受壓抑，因而必然要向組織外之社會中伸展，因而盡量壓迫社會上之人，以統制其物質生活、社會生活、精神生活，而社會中人受壓迫，則依其人人所共有權力意志必思反抗。在上者如欲免除全社會之人之反抗，則須使全社會之權力意志，皆得滿足。由是而在上者，便必須盡量求全社會之富強而擴展其國力，以求向外征服，使全國家社會全民族之權力意志皆得滿足。由是而集權之政治與政府國家，遂必然加速的轉爲一帝國主義之國家。縱假定此國家眞統一世界外無可征服，則此執政之政府或政黨組織，便只有仍歸於作壓迫社會之事。如果他能控制一切武力，社會之人不能反抗，則他將永遠成一社會之特權階級。否則將爲人民之所反抗而毀滅。然而此社會之人民，如在他們之文化政治之控制下，亦訓練成一愛好權力組織者，而又是唯物論唯物史觀之信徒，則他們雖革了命，免除了壓迫，仍將再形成一權力組織，以互相火併，爭得政權，再以之壓制人民，一直循環到無盡的時間爲止。

依共產黨之理想，誠然是要廢除經濟上之特權階級，他們一直到現在爲止，亦只要求在共產社會未實現前，居於一政治上特權階級之地位。但是由於其理想上之永不能實現，他們卽永不能解除其政治上之特權階級之任務；則此政治上之特權階級仍將轉爲經濟上之特權階級。因爲依其政治上之理想，社會之經濟是應絕對受他們所支配之政府控制的，因而亦卽是應絕對受他們自身控制的。他們目前之控制一切經濟，因自覺是爲共產主義之實現；因而他們可不多貪取財富與物質享受。然而他們縱然現在不多貪取財富與物質享受，怎保他們將來不？我們可以斷定他們要。因依於他們之以唯物論唯物史觀，否認了精神生活文化生活道德生活本身之價值，則他們終將失去一切，節制他們之物質欲望之根據。而當他們之敵人已去時，他們覺他們今日忘我的犧牲精神，已失去手段工具之價值時，他們之物質欲望，便必然將通過他們之權力欲，與之結合同流而表現。由是而他們便必然不免運用他們之控制國家或世界之財富之力量，而要求物質享受之優越。此在今日之俄國已見其機。順其勢之所極，則他們由成爲政治上之特權階級，而化爲經濟生活物質生活上之特權階級，便成必不可免。這時之社會人民，既在政治上受壓迫，又在經濟上受較低之待遇又無精神之自由，則其勞動工作，便實際上已同於奴隸社會之奴隸。不過此奴隸，尙須承認此社會之特權階級爲帶他們到天堂之領導，並自視如物一般，以受其領導，而其一切特權，都爲天使應有之特權而已。

八、共產社會之理想之必須被超越，而保留於更高之社會理想中

我們以上所說都是依理性之必然而說的。如果有人說事實上不致如此或不合如此。或現在的共產黨人說，我們並非願意如此。我都可相對的承認。所謂事實上不致完全如此者，因共產黨人仍有人性。其人性之表現便使其不致完全如此。所謂共產黨人並非願意如此者，因他們目前自覺之目的仍只在打倒資本主義而已。然而我們可以說不管事實上是否致此共產黨人目前之主觀願望是否如此，然而依他們之堅決要以唯物論唯物史觀，統制一切人之思想與一切學術文化，並只以物質生活上之共產黨社會爲最高理想；而要一切人之一切活動，均爲實現此理想之手段工具；則他們之政權，眞得永遠穩定下去，他們必逐漸向此而趨，最後必然歸於此。而我們或他們自己如要不如此，或相信人性之不允許他們如此；則我們便必須反對唯物論與唯物史觀及他們之理想社會之圖景。決無任何理由爲他們辯護。而我們反對了唯物論唯物史觀，反對了他們之理想社會之圖景，而眞肯定了人非只有物質的生物的自我，非只一追求經濟利益者；人在要求經濟之平等外，尙有政治之平等之要求，精神自由，人格獨立之要求，而人類之歷史文化，亦非全受經濟所決定過去之國家政府，非只一經濟之階級統治另一階級之工具，其本身爲人類之道德理性之一表現，哲學宗敎藝術皆一一爲人本原上至善之精神之表現

而有本身價値者，人之道德人格雖屬於一具體之個人，然而此人格之精神可以涵蓋社會、支持社會，因而亦爲有本身獨立價値之存在；則我們必須對於政治上之民主，精神學術文化活動之自由，人格之尊嚴，皆視爲較經濟平等在原則上，更重要，至少與經濟之平等之要求，同時平等被肯定者。國家之本原既爲道德理性之表現，則國家中之經濟上之平等，固將逐漸改進，然而卻不能以之爲國家卽當廢止之理由。人類之文化，既亦皆爲至善之精神之表現，則人類過去之歷史，雖其中不無罪惡之夾雜，然亦同時爲至善之流行；則由歷史而形成之國家，我們亦當愛。至於如何與世界和平配合，並建立天下一家之世界，則是別一問題。我們承認了這些，我們亦決不能延宕人之政治上平等之要求之滿足，於共產黨社會實現以後，以共產黨爲領導人類政治之唯一之政黨，應獨佔政權，去實現「永遠不能實現不當如此地實現之社會」。更不能說我們應爲此社會之實現，而破壞我們自己之國家之獨立，斬斷國家之過去之歷史。爲了要改造經濟，不特無否認哲學，道德領域中所肯定之上帝存在靈魂不朽意志自由之必要，而且我們必須承認由相信上帝存在等宗教信仰，及哲學智慧道德修養中所培養之人之精神心境，所肯定之平等正義之理念，正是經濟改造之基礎。不特爲了將來，不必否定過去，謂人類過去歷史充滿罪惡，而以創世主自居；而且我們愈相信人類過去歷史，皆顯示人類理想之曾實現，而且視作一至善之流行；乃使我們愈能相信，我們今日之理想能有實效性於現在與未來。人類有顚撲不破之對人生文化之全部理想，然後經濟上之理想，乃獲得其應得之部份地位。人必須前有所承，然後下有所開，人類必自信其改變物質之生產分配之精神之至高價值，而後其改變物質之生產分配之事業，有附從之價值。豈有以唯物論否定精神之本身價值，以一切精神活動爲工具手段，以唯物史觀曲解歷史文化之價值，以狂妄之創世主自居，以經濟的共產社會之理想，限制約束人生文化之全般理想，而可以爲人類未來開闢前途者？

我們以上雖否定了唯物論唯物史觀與共產社會之理想，然而我們都絲毫未忽略馬克斯等重視經濟改造之意義。從人類文化史之眼光看，馬克斯所提出之問題之重要性，我們一點也不能輕忽。所以我們才不憚辭費，與以一徹底的檢討，而在一更廣大之人生文化之理想中，爲經濟之改造，肯定一地位。而對於人類社會之罪惡，我們特重權力欲之罪惡。經濟不平等之罪惡之一部，亦卽在其造成政治上之不平等上，造成政治上之壓迫上。而超化人之權力欲，則賴純粹之精神性之學術文化之尊重，道德人格之建立；因而我們更重視政治上之特權階級之罪惡，更認識精神自由之重要。而我們因相信人之理性與至善之精神之表現於歷史文化，因而更重視人類歷史文化之連續發展，並肯定由歷史而成立之國家之爲人之道德理性之表現，而應加以尊重保全而已。

論中國哲學中說性之方式

——對「原性篇」之補論，更進而論述諸先哲之言性之說（註）

上　篇

一、本文緣起並泛論言說之不同方式

本文意在由中國先哲之說性方式，見中國哲學之言說方式，而不在論中國哲學中之人性論之種種之思想內容。關於後者，吾已論述之於中國哲學原論之原性篇，又名中國哲學中人性思想之發展一書。吾今之所以更欲別爲此文者，乃原於吾在此書中，於中國先哲言性之說，雖尚多所未能及；然上下數千年，所牽涉者已至廣，讀者或難得其頭緒。故除於結論一章，總述性之一名之諸義，及中國言

註：本篇爲手稿。其上篇之「一、本文緣起並泛論言說之不同方式」曾以「泛論言說之不同方式」爲題在「鵝湖」創刊號（一九七五年七月）發表。——編者

性思想之發展，及諸說之型類外，又嘗別爲長序，總述吾書論述之宗趣範圍方式，此方式卽包括吾書之宗趣範圍態度方法於其內，並對中國先哲言性所及之內容與以一統括的界定，而統攝之於具恒寂恒感之心靈與自無出有生命二義之「性」之一名之所涵之內，以便讀者之有所持循。此皆具見吾書。然吾旣寫此長序之後，復念吾旣於此長序中自論述吾所以論述之方式，則吾亦宜當更進而論述諸先哲之諸言性之說，其所以爲說之方式，然後吾人乃不特能知此諸說於性之所言者其內容爲如何，更能知其所以爲言。則吾之所以爲言，與此諸說之所以爲言之異同，亦得因而得見矣。此卽吾之所以於吾之此書之外，更別爲此文之故也。

人之言說，原有種種不同之方式。此不特對人性之一問題爲然。人之言說任何事物，皆有其種種不同之方式，而人所說之事物，其內容不同者，其方式亦儘可相同：畢竟對一類之事物，有若干種之言說方式，或某種言說方式，可施於若干類之事物，此乃一純哲學之問題，非今之所能一論論定。然粗率而言，則凡人有所言說，必不僅有所說，有說者，有對所說者之言說。此言說，必前有所自來，後有所歸往。而吾人能循其自何處來，順何向而往以觀之，卽見有其不同之方式。亦如人之行路之有不同方式也。舉例言之，如人之爲說恒爲據理由而說，此理由，卽其說之自來也。人之爲說，又有其所欲由說以達之目標，卽其說之所歸往也。然人之據理由而說者，其理由或初取之經驗事實之知識，或本於對一義理之本身之悟會。則本前者爲理由以爲說之方式，卽顯然不同於本後者爲理由以爲說之方式。然人又有不據理由而直說一事實一義理，或直以一具體事實爲譬，以喻一抽象之義理，或以一抽象之義理直狀一具體之事實，而更抽象化一具體之事實者。又凡人之舉出理由爲說者，如更追問其理由，以至於最後，則人亦終當直說一最後之事實或一最後之義理，唯待人之直下認取信受，而更無理由之可說，亦更不當有追問在。然人亦有在有理由可追問處，亦不說其理由，而其所說者，則或由其實亦不自知其理由，或由其已知之而在情感上不願說，不忍說者。或能使聞此章者，自思此理由。凡人之言說之不說出其理由者，則其言說無此明顯的來處，而宛若天外飛來。然其所以不說理由之心理背景如此原不知或不忍說等，則又可說爲其所以不說之隱微的來處，則此宛若天外飛來者，亦非無自而來。又如其所以不說理由，意在使人自思此理由，則其所以不說理由，又自有目標，此目標，又卽其隱微之意之所歸往也。然人之不說其言之理由者，其意雖亦可有所自來有所歸往，而其言畢竟不同於明顯的說出理由者，則其爲言說之方式，仍不同也。

凡人之言說之不明顯說出理由者，此言說卽止於理由之前。凡人之言說之說出理由者，則此言說更透入理由之後。然人之言之說出理由者，其理由之陳述，亦必有所至而止。如上所謂理由之追問，終必達一最後之事實與義理，亦卽「理由之陳述必有一止處」之理由也。理由之陳述，必有其止處，則此陳述之全體，自亦可有其外之目標，亦自可另有其所依之心理背景。而人之依不同之目標不同之心理背景，以作此同一之理由之陳述，則其所陳述者雖同，而其所以有此陳述之自來處與歸往處仍不同。卽其言雖同，而其所以爲言不同，其所以有此言用此言所依之思想方式亦不必同，而其爲言之方式亦不必同。如人之言說其目標可㈠意在使他人知我之意；亦可㈡意在留此言以使來日之我知我今日之意；亦可㈢旣非爲使他人知我意，亦非意在使來日之我知我今日之意，而唯是意有所感卽不容已而發爲言說。如無故之自言自語，如詩人之出口成詩。又㈣或非此三者，而唯對一超越之神靈有所祈求，或披開其自我以使神靈知我意。再有非此四者，而唯是㈤對所知之眞理世界之自身，欲試以人能用語言加以指點描摹，如畫家之以人能用之顏色線條繪彼所見山川者。此則可初別無任何其他目的，唯所以通「能」「所」在此中人之與對之事物或義理之隔。簡言之，則人之言說或爲自喩或爲喩他。上所言之一三五皆爲自喩，二四卽爲喩他。而此五者中常見者，則爲第一或第二種。在第一或第二中人之自喩或喩他之言說，則又或爲指陳事實，或爲抒情達志，或爲說明義理，而學術性之言說，則要歸於說明義理。說明義理之言，意在舉出理由者，則其意在自喩者，卽意在說服自己，其意在喩他者，卽意在說服他人。而無論說服自己與說服他人，皆有一說理由，而自己或他人卽服者，亦有說而不服者。說而不服，則不服者可更自有說。而二說相對，遂有辯。有辯之說與無辯之說，其說之方式又互不同。

至於在相辯之二說中，或有非顯然互爲正反，容人各舉理由根據爲說，而理由根據之來路，亦儘可各不相涉者。在此情形下，互相對辯而破斥對方之說之理由，亦可與其所各自立說之理由，實不相涉者。但對辯之二說恆顯然互爲正反，則此立彼破，彼立此破。於是爲此二說者，可各據理由以立以破，亦可直以破卽爲立之理由，直以立卽爲破之理由。而當二說對辯不能相下，以歸一是之際，又恆有他人更爲第三說，而此第三說，亦或另有其他之理由爲根據與此二說所持整個理由根據實不相涉者。或又有正爲前二說之綜合在。而綜合之道又或爲並陳二說，而縮減二說所及之範圍，或爲重組二說，於一涵攝二說之一說之中，此中如前二說非顯然互爲對反，與顯然互爲對反者。則另爲一說加以綜合者，其所以綜合之方式亦各不同。如二說服顯然互爲對反，則人固可只並陳二說，而縮減其所及之範圍，以成其綜合之論。如二說顯然互爲對反，則亦可自始不容人直下加以並陳，而綜合之論，則唯有更指出此顯然互爲對反者之中尙隱藏有足銷解此二互相對反之另一更高之層次之義理，而可容人舉而出之，以爲綜合此二者之論之所據，以見此二對反者，唯在某一層次之義理上爲對反，而在另一更高一層次之義理上，卽不相爲對反。此卽別爲一種綜合之方式。又對一問題有不同之二說互相爭辯之際，爲綜合之第三說，固是一息爭辯方式，而人之謀根本取消此一問題，以求於此中之爭辯之事謀釜底抽薪，亦爲一息爭辯之方式。而取消此一問題之方式，又可是將此問題之本身加以分解，以見其無意義，或見其不能有一定之解決之方法，亦可是指出此問題之對吾人之某一指定之目標，無重要性，或不相干，因而當吾人有某一指定之目標時，卽不當勞神於此問題之思索。再或有指出此問題之表面，雖爲一理論性的，而人之所以發生此問題之心理背景，則爲某種潛伏的實際目標之挫折或衝突。而人之取消此問題之道，卽在先自覺此潛伏的實際目標之所在，而實際的謀有以實現之遂，而去除其所感之挫折衝突等。凡此等等謀根本取消問題之言說，亦皆明可以息辯爭，而各爲一方式之言說也。

以上所陳，乃唯直就人之對某種事實或義理，有所言說時之舉出理由與否，及人之言說之有不同之心理背景與目標，由於對一問題之有不同言說而有不同之辯爭與息爭之道，以略說人之言說之不同方式。然人之對某種事實或義理或問題之言說，又恆與其對他種事實或義理或問題之言說相關，而其相關性，則又有大小輕重之別。緣是人之言說之重在說某種事物或義理或問題者，則此某種事物義理某問題，卽爲其言說之主題或主及，而其說及其他事物義理或問題者，卽爲其附題或附及。緣是而以主及之方式說一事物、一義理、一問題，與以附及之方式說之，卽又不同。再又人之言說一事物或一義理，可爲正說，如說其是如此，亦可爲反說，如說其非如此。然人之所以作正說者，或意在反面，如說其是如此，乃所以顯其非如彼；亦可作反說而意在正面，如說其非如彼，乃所以顯其是如此也。人之畢竟是以主及或附及、正說或反說之方式說一事物或義理或一問題，則人之爲說者，恆能自知之。然若非彼先自說其所自知者，則他人之聞其有言及某事物或義理或問題之言時，則不必能知其畢竟彼之言是主及於此或附及於此，是正說或反說；而在通常之情形下人恆易以其自己之言說之所主及者所正說者在某一問題或義理或事物遂意彼他人爲某一言者，其所主及與所正說問題或義理或事物亦在此。由此而恆不免於輕重倒置之誤解，而人對他人之言之誤解又或由文字之原有歧義，而其歧義又無法更本其上下文加以決定而致，亦可由吾人之一時主觀之聯想想像所及者之自然投映出者，未爲吾人所自覺及而致，亦可由吾人之一廂情願趣向於作某種之解釋而致。由此，等等幾人之以言說說他人之言說者，卽恆不免於誤解。由此誤解之恆不能免，而人之自說其所說者，與他人之說其人所說者，其內容卽不必能相應合而一致。又卽在其相應合而一致之情形下，人之自說與他人之說「其人之所自說」，其爲說之高下層次亦不同，而亦爲說此同一內容之不同方式之二說。至於在人之自說與他人之說此人之所自說，其內容不一致之情形下，人之重說其所自說，或自解釋其所自說，引繹其所自說之涵義，或翻出其所自說者之根據，以祛除他人對其說之誤解之說，與其原初之自說，其層次亦不同，而其方式亦不同。至於在人之不能重說或自解釋其所自說之情形下——如此人爲古人之情形下——下，則他人——如後人——之說其所說之爲如何，或代之說其涵義根據之爲如何；皆若爲卽永無對證之另一層次之說。此人之說人之說爲如何之說，又可不只一種，而亦可相衝突而相辯爭，是爲求對人之所原說之說，應合於人之所原說之內容之辯爭，卽世所謂不同解釋之間之辯爭也。

此不同解釋之間之辯爭中之言說，乃初以求知所說之說之內容本身之眞相爲目標，而求與之應合，而初非以解決此「說之內容」本身之是否合於事物或義理之眞或此說之內容本身之是非爲目標；故又不同於上一段文所言之人直對事物義理或問題而生之辯爭。然此解釋之辯爭，又明可連於人之直對事物義理或問題而起之辯爭，因而人亦可混淆二類之辯爭爲一，以更起辯爭。而此諸相緣而起之辯爭，以及求去此二者之混淆之辯爭，或求息此類之爭之息爭之事，又爲一不同層次而不同方式之辯爭與息爭之事矣。

上文所說不外由言說之爲有理由與否，言說者之心理背景與其言說之目標，言說之無辯與有辯，或是否志在息辯忘言，如何對人之言說之意有正當之解釋，免於誤解以有知言之言，以見人之言說，明有種種不同之方式，而由此中之「言者」「聞言者」與「言者之意」及「所言之義」及「所言之言」「所言之言者之意」之種種關係之複雜，則上文之所舉出諸方式，固尚不能窮盡人之言說方式。而由後文所述中國哲學中之言性方式，以見中國哲學言說方式，亦可見此中之言說方式之複雜。而此人之言說之必有其種種複雜方式之根本理由，則要在人之言說之本身，非一孤懸於天壤之存在。此言說必有所自來亦有所歸往，正如行路人之有所自來與所歸往。來路不同，所欲歸往者不同，則其言說雖同，則所以言說者不同，此言說之存在地位不同，人對此言說之運用方式不同，而由此言說之引生之其他言說，或轉推至其他言說之方式亦不同。此亦如人之行於路雖同，而其所以行路之目標不同，則其行行重行行之左轉右轉，亦不同也。

言說之方式與所言說之內容二者之義雖不同，然此二者間亦顯然非無相交涉之處。此則由於言說之內容同者，人之運用此言說之方式雖可不同，然吾人亦可由觀人之對其所欲言說者之言說方式，以知其前後所言說之內容之範圍與其相互之關係。此亦猶如吾人之觀人之行路者之行路方式之爲左轉右轉，則可知其所經過之地區。而吾人若全不涉及人之行路之左轉右轉所經過之地區，吾人對人之行路時之左轉右轉之方式之陳述，亦將不能有確切之所指。此亦正如人之論人對所以言說之方式之不能不多少涉及其言說之內容範圍。然吾人之就人之行路時所經過之地區，而說此地區之爲如何，畢竟與說人之行路之爲左轉右轉爲不同之二事，此亦卽足以喩吾人之說一言說之內容之言，與說此說之方式，雖有相交涉之處，仍爲不同之二事矣。

二、本文之範圍並總論中國先哲之言性方式

吾人於上節旣說明言說之內容與言說之方式之不同，與說言說之內容之言說與說言一說之方式之言說之不同。則以人性之問題而論，吾說「人性善」此「人性善」卽吾對人性問題之所說者之內容。至於吾之說人性之善惡爲依理由說，非不依理由說，爲先事說，而後駁斥他說，或先駁斥他說，而後自說，則爲我之辯說人性吾之方式；而我之依我之辯說之方式以說此人性善，又卽代表我對人性之主張或我之哲學，而我之所說卽爲純理論性的說此人性之問題。然我如就我之辯說之方式之如何如何，而更自敍述之，則此敍述，儘可只是以今時之我說昔時之我之如何說，卽只爲一我之個人之歷史性的報告。而吾之說中國先哲之人性論之內容或其論人性之方式，則只爲我對中國先哲之人性論與說人性

方式之歷史性的解釋或敍述，而不必代表我個人對人性之主張，亦非對人性問題純理論的說矣。

吾人今既將對人性問題之說，分爲純理論性的與歷史性的，而歷史性之中，又可有說他人對人性所說之內容與說其說人性之方式，及吾人之自說其說之方式之分。則吾可進而指出吾之原性篇之著，乃屬歷史性的說中國先哲對人性所說之內容之敍述或解釋之一種，吾之解釋固不同於他人之解釋，而吾書中亦有對他人之解釋之理論性的評論，與對吾所自提出之解釋之理論性的辯說。而中國先哲對人性所說之內容，其本身亦多爲理論性的。然此皆不礙吾之全書爲一對中國先哲言性爲一歷史性解釋與敍述。至於在吾書中或多少透露吾個人對人性問題之主張，亦包涵吾個人與吾之主張不同其他先哲之說之評論。則此雖爲純理論性的，然此仍非此書之主題，而只爲其所附及。此亦正如吾之此書除涉及中國先哲對人性所說之內容外，亦時或及中國先哲之所以說性之方式。而在吾之自序中，亦說及吾之所以說中國先哲說性之方式，皆同非此書之主題，而只爲其所附及者也。

然在本文中，吾則將唯以中國先哲之言性之方式，爲吾之此文之主題，唯附及於中國先哲言性之內容之足以凸顯中國先哲言性之方式者。故吾之此文，要在循歷史之線索，以指出各時代之先哲之言性之種種方式之演變。然在分別指出此種種方式之演變之先，則擬先試總論中國先哲之說性之共同的或總體的方式。

所謂中國先哲之說性之共同的或總體的方式，吾人可由其說性之大體上共同的目標或歷史趨向上，加以規定。如吾人可說中國先哲之說人性非只視人性爲一單純的客觀所對，而說其爲如何，亦非止於求知此人性之實爲如何，而兼是爲依據人性以實現某人生理想，完成某一人生嚮往，或成就聖賢之人格或人文之教化而說性。故吾在原性篇第一章首辨中國先哲人性論不同於一般心理學中之人性論，並謂就人之面對一人生理想與天地萬物而反省其人性之何所甚，爲中國先哲言人性之大方向所在。由此反省而有之對人性之言說，亦卽恒所以使人更得自位於此天地萬物中，以更謀實有所以實現其人生理想者。緣是而此諸對人性之言說卽非只爲說人性而如此如此說，而兼有其「如此如此說」之外，或之上之超此言說之超越的目標。而其如此如此說之方式，卽不同於無此超越的目標，而只有如此如此說之內在的目標者。然吾人之謂中國先哲之說性，恒有超言說之目標，又不同於謂中國先哲之說性，均只爲達此超言說之目標之手段或工具，而不志在合乎眞理者。因卽志在合乎眞理之言說，仍可有超乎狹義之眞理以外以上之目標。人之懷抱求眞理以外以上之目標者，亦或爲欲急於達其目標而不求眞理，或不惜爲違悖眞理之言。然人亦正可因其懷抱求眞理以外以上之目標，而更欲知眞理，而據之以達以外以上之目標。故人之言說是否合眞理，與其是否連於另一超越之目標，二者間無必然之關聯。然實際上人之言說，則確有只限於得眞理與不限於此而另懷一超越的目標之分別，與緣此而有之上述二種言說方式之分別。大率純粹之科學家歷史家之言說，卽多只限於得眞理，而實用科學家宗教家道德家事業家之言說，卽不限於此。而哲學家中，則恒兼具此二型。而以中國之先哲與西方之哲學家相較而論，則西方之哲學家與宗教道德家恒分途，而與純粹科學家爲鄰近，故其言說之方式，恒限於得眞理；而中國之先哲恒兼爲宗教家道德家或事業家，故其言說之方式恒不止限於得眞理，而恒兼有憑其言說以實現人生理想人文教化之目標，亦對此目標而言說，而其言說亦對目標，而有其功效意義實用意義。此固非同於謂其有此功效意義實用意義，即必無眞理意義或不合眞理之謂也。

除上所說中國先哲之說人性，恒有一超越之目標外，畢竟尚有何者爲其大體上之共同之方式，則甚難言。人之說性可通自然萬物性以說到人性，如今之生物科學家或進化論者之本其生物知識與進化論之知識以論人性，又可爲通過上帝或神靈之觀念以論述人性，如西方神學家之所爲。而吾於原性篇自序，則嘗謂中國先哲之論人性，初不循此二途，而要在：面對人之恒寂恒感之心靈與自無出有之生命自身，而論述人性。此即明與間接通過自然萬物之性與神靈之性，以論述人性之方式不同，而可稱之爲一直接面對人性而論述之方式。唯此一點其中儘可有爭辯之餘地，要之不如上所說之一點之易爲人所共喻。此外吾人自更可說，中國先哲之說人性，亦如其論說其他哲學問題，恒缺乏於問題之分析缺乏嚴整之論證，亦缺乏若干反覆之論辯，而其論說之方式與西方或印度之更富於問題分析與嚴整之論證與反覆之論辯，其言說之方式不同。此亦大體上可說。然此中國先哲之較缺乏此等等，畢竟由於其不能或由於其能而不爲，則是一問題。以吾觀之，則此蓋非能不能之問題。而吾亦實不見其不能。而中國之玄學佛學與宋明理學中皆實未嘗無問題之分析與嚴整之論證及反覆之論辯。今若非由於「不能」而只由於「不爲」，則其所以不爲，儘可有更深一層之理由。如由於其不欲窮言說之量，或由於少言已足使人相喻，故無俟乎多言。又或由於鑑於凡彼賴多言而後喻者，皆天下之笨人，而人之必爲多言以告天下者，亦無異視天下人皆笨人。視天下人皆笨人，非禮也。則守禮而爲言者，其言亦可不尙多也。則由中國先哲之言之缺乏上列之種種，而卽謂爲中國哲學之短，亦無理論上之必然。唯舍此短長之問題不論，則謂中國哲學之言人性，如其論述其他哲學問題較缺乏問題之分析等，亦未嘗不可說也。

至於除上所說外，是否更尙有中國先哲論性大體上共同之方式可說，則本文存而不論。此下唯當循歷史之次序，以說中國先哲之說性之方式之變遷。

三、孔子前人對人性之問題之只有附及之言，及孔子言性之有說而無論

大率人之說一學術上論題或問題，其初皆未嘗視爲人之所說之主題，而只由說一般人間事物或自然事物而附及之。人類最早之言說之載於歷史見於文學詩歌宗敎性之禱辭咒語者，固皆非直以論述一學術上之論題或問題爲目標者也。以哲學而論，則哲學中之言心言性，亦如其言道言德，言天言人言物，其初皆不成一正式之論題或問題，而只爲人之言一般人間事物與自然事物之所附及。然人之附及

於此而有之言說，即爲人類之哲學思想之原始，亦可稱爲原始之哲學思想。然吾人欲論中國人對心性等之原始哲學思想，畢竟當追溯至何時代所留下之文字記載，或更追溯此文字記載至於原始人類之其他符號之運用，以及原始人類製造之器物之足以表示人之思想者，則人可異說。如中國昔人之謂伏羲畫卦，以至其未畫卦前，即已有一哲學思想，即追溯中國之哲學思想之起原於八卦符號之運用，與此符號之運用以前者也。然吾作原性篇，未嘗對中國昔人於性之思想之起原，作此遙遠之追溯。即甲骨文金文中之性字，果代表何種之觀念，有何意義，或有何種原始之哲學思想潛具其中，亦非我所及。而唯由左傳詩書中附及於性之文句，以指陳其時人對人性之思想之初無性惡之論，並重在即生命之生長而可變化與功用以言性等。此亦即見中國人對性之原始思想之方式，初非將人性與神靈之善相對照，由此以見人性爲惡之方式，亦非「即人物之現實之表現而具特定之形色以劃分人物性之種類」以說性之方式者也。

至於在中國哲學思想之發展，何時始以性爲主題而加以論說，則亦可爲一問題。人如謂管子之書早於紀孔子之言之論語，則管子書中如內業白心之篇，固已有宛若視性爲主題而論述之者。然管子之書爲後出，蓋已爲人所論定。而老子之書，則無論是否前於孔子，而其中皆未明論及性，則於此不致引出任何之問題。故吾人述中國言性之說，可斷自孔子。孔子言性相近，習相遠，即明爲對性之一論題之陳述。然論語中又載子貢謂「夫子之言性與天道，不可得而聞」，則孔子對性之思想，畢竟何若，不必可由其言以推知。而今存論語中所載之「性相近，習相遠」之言，畢竟在孔子全幅言說中是否只為附及，而非孔子之所言之主題，即為一問題。而此二言之意義，畢竟當如何本孔子之其他之言說加以解釋，亦為一問題。此皆可容人更作異說。對前一問題，人儘可由今存論語中，見孔子之言學、言仁、言孝、言政者之多，而謂孔子之所言之主題，在學、在仁、在孝、在政，而不在性，而只附及於性。因而更謂重言性者，非孔子，如顧亭林之與友人論學書之謂其時之學者「舍多學而識，以言心言性者，非孔子之學」是也。然人亦不可由今存之論語之言性之只此二句，而謂孔子於性之思想，只限於此二句。又自孔子之明言所及所觀，其主題雖不在性，而自其明言所及之所根據或所涵而觀，則孔子於性之思想，亦未必非孔子之主要思想之所在。則孔子之言雖只此二句及於性，亦非即只為附及。今無論此二句之言性，乃以性為主題或只為附及，此中亦尚有此性相近之「性」與「相近」二名作何解之問題。性是以其善而相近，或以其惡或無善不善而相近，即一問題。自性善之義為宋明儒所共宗，而性又有義理之性與氣質之性之分後，則人可更問此性畢竟指義理之性或氣質之性？如宋儒之程朱即逕斷此性為氣質之性。以若為義理之性，則應言同為善，而不可只言相近故。然明儒如孫淇澳，則謂氣質之「性」之本身即是「義理」，而孔子之言應是就人之氣質之義理之同為善，以言其相近。因若非為善，則不應言相近，而似應言性相遠故。是見此二問題，皆非易解決。而孔子之言性果為附及與否，性相近果指性之同為善與否，性之果指義理之性或氣質之性，亦皆不易一論論定，而似亦皆可說皆不可說。在吾之原性篇則對此中之問題皆未嘗提及。其意是謂此諸後人之解釋，應視爲後人對孔子之言說之言說。後人可有此進一步之解釋之言說，亦可無此進一步之解釋之言說。而孔子之言性相近之思想，吾人亦可不求此進一步之確知，而孔子性相近之言，則有引出此種種之進一步之孔子言「性相近之思想之爲何若」之思想與言說之可能，亦有引出「對性之本身之善惡作進一步之規定」或對性之本身是否相近或相同或相異，作進一步之論述之思想之可能，如孟荀以降之學者之所論者是也。而吾人之存此諸可能而不更本己意爲之說，只由此性相近與習相遠之對舉成文，以見孔子之所謂相近之性可連繫於相遠之習，而見此性有變化生長以連繫於相遠之習之可能，並由孔子重學與習以見孔子之言性，未必有異於其前之卽生命之變化生長以言性之舊義；再由孔子之欲仁而仁至等言，以說孔子之言卽可意涵或當涵孟子之言性善之旨。然亦止於可意涵或當涵而已。吾人固不可直就孔子之言性相近之明言所及，以推論孔子已有性善之思想。卽曰有之，吾人既未嘗聞，則不能推論其有，亦不能推論其無。然此亦固不礙吾人謂孔子，既言欲仁而仁至，則此言可意涵或當涵性善之旨也。

上文所述，要在吾今之更自解釋吾之原性篇何以於後儒對孔子之言性之進一步之解釋，與由孔子之教所引出之思想，不直說之爲孔子之思想之理由。若吾之所言而是，則孔子之言性相近，既明對習相遠而言，則吾人卽可說孔子之言性之方式，乃由性相近說到習相遠，亦可說是由習相遠說到性相近。習是一論題，性是一論題，而此二語之所表示者，卽唯是孔子之由一論題至另一論題。孔子於此未嘗於性相近舉出其何以相近之理由，亦未嘗於習相遠舉出習何以相遠之理由。而後之孟子之言性善，則由同類者之相似以言聖人與我同類而同爲性善。孟子之言，富歲子弟多賴凶歲子弟多暴，則明似舉出人在富歲凶歲所習之環境之不同之事實，以見習足以致人與人之相遠者矣。而此亦即亦舉出理由以說性之方式，與未舉出理由以說性之方式之分也。

四、孟子之以辯說指證性善之方式

中國先哲之言性，孟子乃明爲舉出理由以言性者。然舉出理由以言性之說，則非必始於孟子。而孟子書中所言如告子之言性無善無不善，及言有性善有性不善，與性可以爲善可以爲不善之諸說，固皆有其理由，而爲孟子之書所述及者也。此三說中，主可以爲善可以爲不善者，其理由在「文武興而民好善，幽厲興而民好暴」，此乃舉人之善不善，由隨他人之善惡所養成之風習而變，即自人性之隨外習而變化，以立其性可爲善可爲惡之說。此似同孔子之習相遠之說。然孔子之所謂習不必是外來之風而孔子所重者乃在人之內在之學習。其時之主有性善有性不善者，則又據「以堯爲君而有象，以瞽瞍爲父而有舜」爲理由，則正針對上說而以人之有不隨他人之習染而化者，以證人性之原有其不變之善或惡之個性。而此亦不同於孔子言性相近時未嘗重此個性之不同，而略與孔子於他處之言上智與下愚不移相類似者。至告子之言人性，可以爲善可以爲不善，而舉性猶杞柳義猶桮棬，謂人以人性爲仁義猶以杞柳爲桮棬爲說，水之可決東決西爲喩，則其意所重者，又似不在外習與人性之關係，而只在人性之可變，而人亦可自以其人性爲仁義，則告子亦可重人之內在的學習與修養，故告子亦有不動心等修養之工夫，而與前二說偏重言外習與性之關係又不同。然告子謂人性之可爲仁義，而人性無仁義亦無善不善，則與孔子之言性相近雖未言性善，亦未明言性無善不善者又不同。更與孟子之自人之有仁義禮智之四端爲其實有仁義禮智之全德，卽以見人性之善之說亦不同。然此爲此諸說者，皆有所據之事實爲理由，然後自立其說，則又未嘗不同，而同非論語中所載孔子之言之所有者也。

然孟子書中所載之孟子以外之言性之立說，雖各載其所以立說之理由，然皆甚爲簡單，亦不見爲此諸說者互相論辯時，將如何答不同其說者之論難之方。如告子與孟子於人性問題嘗相辯難，而孟子書中唯見孟子以戕賊人性爲仁義之言斥告子以喩人性爲杞柳之說，而不見告子之所以答孟子之難，然孟子書中則既載孟子之所以斥告子言性無不善而不言性善之辯難，亦載孟子之所以指證性善之各方面之理由，而更兼載孟子之所以答人之致疑於性善而與之辯難。而孟子之言性善乃不只正面言性善，亦反面言「不言性善者之非」，並兼言人之所以爲不善之故，與人之爲不善而不礙性之善之故等。由是而孟子之言性善之言說，亦卽爲一通過辯難以自立之言說，而不同孟子書中之餘三說之只各據其理由以自立說者。辯難中之理由之舉出非只所以自立說，而兼所以答復他說之疑難，亦兼所以破斥他說，則孟子之通過辯難以自立說之言說之方式，因在理論上爲較餘三說之言說方式爲高一層次，或更爲複雜而不同者也。

五、荀子之辯性惡及孟荀之論性之目標

先秦儒家之傳，荀子與孟子同重辯說。而荀子之言性惡與孟子之言性善異。荀子之卽生命之自然情欲以言性，亦與孟子之卽人之四端之德性心以言性者異。關於此二家言性之內容，詳見原性篇。而純從二家論說性之方式言，則二家同嘗以辯說之方式，斥異說之非證、己說之是。而荀子之論性之辯說，載在荀子之書者，則集中於性惡一篇。此與孟子之言性善者，散見孟子之書中者不同。孟子書蓋非其所自著，蓋由其弟子就孟子對人之問答而筆之成書。問者不同而答者不一。而荀子書則當爲其所自著，故其書各篇，各有一標出之論題。而荀子言性惡之諸義，卽聚於性惡一篇。此則與孟子之言雖及種種論題，而未嘗標出論題，以自著論者不同。故孟子雖以道性善見稱於人，而未嘗聚其言性善之義於一篇也。荀子旣將其言性惡之義，聚於性惡一篇，而於此篇依序陳其所以言性惡之理由，並說明人之善之原於人僞，以答性惡何以有禮義，人類中何以有聖人君子，以及塗之人何以皆可爲禹之疑。此實爲一有立、有破，有申釋有答問而體系嚴整之辯說。今如不問性善性惡之理論內容之是非，而唯就理論之形式而觀，則荀子之一書言性之辯說方式，固進於孟子一書也。

然孟荀雖皆重辯說，亦皆爲其所主之性善或性惡之說出理由而辯說，然又皆未嘗爲辯說而辯說。

孟子荀子皆嘗謂不得已而後辯說，亦皆知有辯說外之事與言外之默在（此具詳吾之中國哲學原論上原辯與默篇）。孟荀之言性善性惡亦非止於以善惡之概念，對性有一純理論性的確切規定爲止。故時人稱孟子道性善，而下一語則「言必稱堯舜」。道性善所以證仁義禮智非外鑠，而根於心，故人皆可以爲堯舜。「舜居深山中與木石居、與鹿豕游，其所以異於深山野人者幾希，及見一善行聞一善行，沛然若江河之莫能禦」，卽最見人之向善之心與文野無關，純由內發。故孟子之稱堯舜卽所以指證性善，而指證性善亦所以使人法堯舜。二者不可分。卽見孟子之言性善亦非卽止於言性善，而固另有其所以言性善之目標在也。至荀子則其言性惡，乃以聖王禮義之道爲標準，而反照見人非生而合聖王禮義之道，故言性惡。今若非以此道爲標準，則無性之惡之可見。此吾亦已辨之於原性篇。則荀子之言性惡，雖自爲一獨立之標題，實又自始未嘗單就性而言其惡，其言性惡亦卽唯所以使人於其所嚮往之聖王禮義之道之前，自知其性之表現之未能合此道，而當自求有以變化其性之謂。則其主性惡，非止於言性惡，而另有其上之目標亦甚明也。

六、墨、宋之為服人而說辯及宋鈃之「見侮不辱」人之情欲寡之說

儒者之流，自孔子言性相近以降，大皆重心性之問題。孟荀以外，與孟子同時主有性善有性不善

者，或謂卽世碩公孫尼子之說，皆孔門弟子。後此之儒者，亦無不重心性。此乃原自儒者修齊治平之道，必求其爲人心之所安，而貫徹於人之生命之中之故。然墨道諸家，則不必皆重言心性。墨者之道，如兼愛、非攻、尙同、尙賢，皆墨者所以行義於天下之事，而望天下人共奉行之，以救天下之亂成天下之治者。墨者之言義之標準，則謂「義自天出」，其本在天志；初不關吾人自己之心性事。故墨子書最缺心性之論。道家之老子言道，乃天地萬物之共同之道，人法天地而法道以成其玄德，卽得此天地萬物之共同之道，故其書全不及性。莊子言與造物者同游與天地精神相往來，初亦爲畸於人而求侔於天，以成其神人、至人、天人之德。故內篇亦不及性。然墨道二家思想之發展，亦不免接觸於心性之問題。荀子非十二子篇，嘗以墨翟宋鈃爲一派，宋鈃卽宋牼，孟子書載其說秦楚罷兵，卽與墨子同主非攻者。莊子天下篇言百家之學於墨翟禽滑厘之後，卽繼以宋鈃尹文之說，亦意其說大體相近，故宋鈃亦可稱爲墨學之流。然宋鈃之學，天下篇謂其以禁攻寢兵爲外，情欲寡淺爲內。此所謂爲外者，實同墨子之論，而此所謂爲內者，卽其內心修養之論。天下篇又載其言曰：「語心之容，命之曰心之行，以聯合驩以調海內。」宋鈃又有「見侮不辱」之論。人不以侮爲辱，則可以息鬬而去爭。而能知侮之非辱，亦內心之工夫。宋鈃之書不存，固不能知其詳。然觀其立論之方式，蓋與墨子同有其明顯之標題者。其言「禁攻」「寢兵」以及「見侮不辱」，亦如墨子之言兼愛非攻，皆各爲一明顯之標題，而爲彼等所持以號召於天下者也。天下篇言宋鈃上說下敎，墨子書之說兼愛非攻等之理由，亦卽其說敎之辭。由說敎而不免與人辯，而有墨辯之辭。觀墨宋之說辯，與儒家孟荀之說辯之不同。蓋在孟子之辯，皆問答之辯，荀子之辯，則自著書以傳世之辯。而墨宋之說敎，則是周行於當時之天下以宣說其敎。此是往說往敎，務求說服他人爲其信徒之說敎，固不同如孟荀之敎，待學者來問，或唯著其書以垂敎於世者也。往說往敎，意在服人，則其說其敎，大可同於今之宗敎上政治上之宣傳，爲達目的而不必擇手段，則雖非必眞理之所在，而爲達說敎之目的，亦可姑說之。故墨子雖以明鬼爲敎，彼固亦實信鬼神。然又嘗謂「雖使鬼神誠無，此猶可以合驩聚衆，取親於鄉里」。則似爲求合驩聚衆於鄉里，則鬼神誠無，亦將持明鬼爲說爲敎，則爲說敎之便，雖非己所誠信爲合眞理者，亦未嘗不可姑立此說爲手段，以達其說敎之目標矣。而宋鈃有關心性如見侮不辱、人之情欲寡之說，雖不必非宋鈃所誠信，然其見侮不辱與人之情欲寡之說，亦似不無爲行敎而立說，以立說爲手段，以達行敎之目標之嫌也。

吾人之所以說宋鈃之見侮不辱人之情欲寡似不無只爲行敎而立說之嫌者，可由宋子之見侮不辱人之情欲寡之說，不免於爲荀子正名篇所謂亂名以證之。據荀子書所載宋子之倡見侮不辱之說，並非只是敎人於人之侮辱不在內心與計較，而是由「侮」本非「辱」說來。觀荀子之意，是侮之是否可說爲辱，乃一侮之名之公義中是否涵辱之義而定，則侮正當說爲辱。侮當說爲辱，而人不與計較，乃另一吾人在內心中對侮辱之態度之事，不可謂侮非辱也。爲必說侮非辱以淆亂世所公認之侮之名涵辱之義，以使人於見侮不以爲辱不與計較。是卽不免於故立一說，以異於世，而達其「使人見侮辱而內心不以爲侮辱」之目標也。至其人之情欲寡之說，如是說人之情當欲寡，亦不成問題。然據荀子所載之宋子之說曰「人之情欲寡，而皆以爲己之情欲多，是過也」。則此蓋是造作種種理由以說人之情實欲寡，而人乃誤自以爲情欲多，則其倡人之情欲寡之說，乃意在說人之情實欲寡。而此人之情是否實欲寡屬實然之問題，與人之情是否當寡乃當然之問題，原不同。而宋子則意欲立此人之情實欲寡之說，以使人知人之情當欲寡，卽爲混淆此實然當然之分以立說，以淆亂情欲之名實，而使人行其寡情欲之教；卽似亦不無爲行教而立說之嫌也。而凡爲行教而立一說，而無當於名實，此外如墨家所謂「愛人不外己，殺盜非殺人之類」，卽皆原非必能自立說，而皆爲荀子所謂「苟說」也。

此中如以宋鈃之說與孟荀之言相較而論；則依荀子之論，當說人之情實欲多，故性實惡。然性之實惡，無礙於人欲爲善而求有以化性，人亦當求有以化性，則欲倡人化性之論，無待於說性之不惡，亦無待於說人之情欲寡，亦不必立此說以推行寡情欲之教也。以孟子之觀點看此中之問題，則孟子嘗言君子以仁存心以禮存心，則其於妄人之侮辱，亦將不與計較。則人固存能見侮辱而不與較之心性。孟子言養心莫大於寡欲，心之大體立，則耳目之官之情欲不能奪，則情欲固當寡亦能寡。此正所以見吾人之有此能自寡其欲之心性。而孟子之說卽歸於言人之心性之善。此與荀子所見之不同，乃原於孟子所見之心性之性，卽從荀子所言人之所以能化其惡性處看出之高一層次之心性。此固與荀子之言各指一端。然亦與荀子同爲就其所見之心性，如其實而說其善惡，皆非故立一淆亂名實不合眞理，而非己所誠信之說，以爲說服人而行其敎之手段之謂也。

七、莊子之嘆息於殘生傷性之事而言復性命之情

至於在道家之流，則老子莊子內篇雖不及性，而莊子外篇之書，及其餘道家之流，如管子之內業白心諸篇皆多及於性。而此中之道家之言與儒墨之言之大不同，則在無論儒者之問答之言，墨家之說敎之言，皆向人而言。而道家之言，則多爲獨語。儒墨之言皆正說一論題。而道家之言，則恆翻至一論題上，或透至其反面以俯觀而反說之。儒墨之言皆莊語，道家之言則多詼詭，而未嘗不姑妄言之。姑妄之言，非必出乎誠信，然亦非純以言爲工具，故亦非誑言，復非妄言，唯是姑妄之言。姑妄之言，實亦誠信在內，而外則姑妄者也。莊子言姑妄，亦若老子言正言若反也。其所以姑妄者，乃以姑妄蕩天下之實妄，其所以若反，乃以反言反天下之似正而實反。以姑妄蕩妄，以反銷反，故恆詼大其言，使其詼詭可觀，如莊子；或深隱其言，與物大反，如老子。然莊子可爲姑妄之言，而知其解者在萬世之後，老子爲若反之言，下士聞之又大笑。則老莊之言唯有獨唱於玄冥而無應，如天籟不能自已，如槖籥之動而愈出而已。此其言說之方式，所以在儒墨之外自成一格也。獨唱而無應，自無辯，獨唱而自息，故還自默然。忘言忘辯，而其言皆無言，辯亦無辯，然其辯可忘，天下可忘，而情又不

可忘，則無言辯而仍有嘆息。故莊子有山林皋壤之嘆，老子亦有「知我者希」之嘆也。

以道家之言說之方式，連於道家之書如莊子外篇者而言，則此中之言性者固多，而尤多嘆息於人之逐外之心知，足以殘生傷性損性失性，其義吾亦已發明之於原性篇。觀莊子嘆息於人之殘生傷性，損性失性，則其以生不可殘性不可傷，蓋爲當然，而無俟乎更爲之辯說。其於世之儒者之以禮樂仁義爲外飾，以馳其情性而終身不返者，實不待說其何以爲不可之理由，而其嘆息則已出矣。曰「夫子亂人之性也」，「意仁義其非人情乎，彼仁人何其多憂也」?皆嘆息之言也。嘆息於性之傷，性之不當傷之旨自見，不待正面說性之何以不當傷也。嘆息之辭中之斥責之意，反反之言也。然更不詳爲辯說者，不與所嘆息者，居相對之地位，而斷之與之爭也。不與爭而超過之，以游於其上，而不能忘其相惜之情，此嘆息之所從出也。莊子之自言上與造物者游，與外死生無終始者爲友，將萬化而未始有極，固可樂不可勝計。然回顧人間，則不能無嘆息於人之馳其情性，而終身不返者，與世俗之仁義禮樂，或殘生傷性之事。乃有其任性命之情、安性命之情之教。而人果能由「性修而反德，德至同於初」，亦將與天地爲合爲「天地之友」，亦莊子之友矣。以整個莊子之學，觀莊子外篇之言性，蓋皆莊子或爲莊子學者，既先自遨游於其道德之場，再回頭顧念世間之殘生傷性之事，而興嘆息，對此「生命之性之內部之可能之大」，更加珍惜時之所說。莊子之所嘆息所珍惜者，是人之性命之情，而其有此嘆惜與珍惜，亦是情。居此後情而說前情，不無遙相望之距。此與孟荀言性情，皆數指而近思之，以說其當擴充當變化者，卽皆不同其言說之方式矣。

八、中庸之依天命之性以成率性修道之事，依修德以見性德證天命之論

吾於原性篇嘗謂中庸之言自誠明卽孟子之教，而其言自明誠卽攝荀子之義，而其所謂性實卽是誠。誠以去間雜而化不善爲其性，故爲一人之能繼續其善而化其不善之一絕對之善性。故中庸之根本義，仍屬孟學之流。誠之成己成物，卽成己之生亦成人物之生，而爲通攝己與人物之生命，而兼成之之性。因而亦可綜攝自告子至莊子重生命之性之義於其中。而中庸一書之言性，實可稱爲告孟莊荀之言性之一滙歸之地。此皆具詳吾書。吾今將進而說者，則是中庸言性之方式，實不同於孟荀之嘗直標出性善性惡之宗旨者。而中庸中亦未嘗單提性爲一論題而說之。除篇首天命之謂性一段外，餘皆只言人之所以率性修道之事。其由言中庸忠恕以及三達道五達德爲天下之九經，以至於盡己性盡人性物性贊天地化育以達天德，皆爲率性修道之事。此中之盡性之義，亦唯發之全書最後數章中。若吾人離此中所言之率性修道之工夫，唯就天命之謂性一段而論，亦不必知其義之何所在。卽最後數章所言，盡己性何以卽能兼盡人物之性，其故亦不得而明。唯通過此中之大段之由忠恕以降之率性修道之事之理解，乃知人之有一通達人我內外，而成己成物之性德之誠之存在，而知人之所以能盡其性，卽能盡人

性物性，而贊天地之化育之故。然既通過此大段率性修道之事之理解，則人又可知此一大段事，皆不外此性德之誠，在其實現過程中之事。此全部之事，只是循率此性而盡之之事，亦未嘗外有增益於此性德之誠之外之事在，而歷此全部之事，而歸至於成聖而具聖德達天德，亦不外此性德之誠之由隱之顯，以至誠無息而已。此性之所以爲天命之性，亦唯由聖人之至誠無息者與天地之德同其廣大、博厚、悠久，如文王之德之純亦不已之與維天之命之於穆不已之無二無別，以得其證驗。故此中庸之言性，整個觀之，更以後儒所謂本體工夫之義言之，乃一由「工夫以反證本體之爲此工夫之本」之終始相涵之教。中庸之始於由天命說到人性，再說到率性修道，而終於言率性修道卽所以彰顯性德成聖德而同天德。聖德不已同於天命不已，亦卽見天命之性之不已於聖德之至誠無息之中。故中庸一書實當捲爲一圓筒以觀，方見此終始相涵之實義。而中庸言性與修之關係，亦可說爲一卽修見性，本性起修之關係。唯本卽修見性，方知性爲修本，性爲修本，方能本性起修。性爲因則修爲果，以修見性，卽由果以知因。本性起修卽因之行於果。華嚴因果交澈之義中庸固有之。非附會爲說也。而此一種性修亦澈之教，如與孟荀之教相較而論，則荀子言性惡別有修以治其性之工夫，則是性外有修，唯性惡故當修善，亦唯知修善方自知其性在實際上之未全善而爲惡。此亦是性修相依待而說。然性惡與修善，互爲對反，無此因果相澈之義，孟子言性，而繼以擴充存養之工夫爲修，此乃修承性起。然孟子於性之善，取證於常人之四端之流露，取證於孩提之初心，此乃可離擴充存養之工夫，以單獨指其善者。

而由擴充存養之工夫所成之善，亦不卽同於此常人與孩提之善，二者雖有相承相繼之關係，而非卽同一也。然如依中庸義以說孟子之所謂擴充存養之工夫所成之善，則當說此全部之善，皆原爲性德之彰顯。又依中庸義以說孟子所言之常人孩童之善，則以自亦爲性德之流露。然並不足以見性德之全，以此中無盡性之工夫故。又依中庸以言工夫，其由明而誠，由誠而明等，皆只是盡性，盡性只彰顯性德，卽成聖德，別無所增益，亦不必言擴充。孟子所謂擴充，不過就此性德之自然之流露之善，求有以繼之者，使性德更彰顯，以有聖德之純亦不已之謂，而非有他也。大率宋儒之釋孟子，卽多本此中庸義以釋孟子，此在義理本身上說，固未嘗不可。然自孟子之明言所及者以觀，則孟子言盡心，未言盡性，而其言擴充亦可不只是彰顯，則此擴充之修之善，雖承性之善而起，則其間有相繼義而不必有相澈義。故孟子之說性與修之關係，雖可由性說到修，由修說到性。然未嘗以盡性之修證性德之爲修德之本，亦未嘗有此中庸之將性德、聖德及天德天命交互而說之一論說方式也。

九、易傳與中庸之說性方式之共同處

中庸之言性德聖德天德天命要在以聖德證性德之爲修德之本，以聖德之不已證天命之不已，於以見聖德之內容之同於天德。然自人物之皆本天德而生言，則見天道之廣大，雖聖人有所不能盡。而天命流行之不已既遍及於人物，而人性卽亦卽可說只爲萬物之性之一。易傳卽本此義而以陰陽乾坤之易道之瀰淪於天地，更以此道之流行爲本，以言人物之生所以能各正其性命。而其言性，亦卽爲一由天道或天命，以說到人性之方式。然易傳中亦言人之依於德行而有神明或神知，足以反證天地之所以有此乾坤之道。而人之窮天地之理以盡性，亦可至於命，以回應上述之由天道天命至人物之生之一歷程，而成其天人合一之義。此皆詳見原性篇。自此而言，則此易傳之書與中庸之由天命說到人性，由人之自率性修道以成聖德，以反證性德，而上與天命同其於穆無已；亦略爲同一之思想形態。唯中庸之言，放在人之率性修道之大段事上，而易傳則放在言陰陽乾坤之易道之廣大，而瀰淪於天地上，而人亦當本其神明之知以玩易窮理，方能存性盡性成性，還至於命，而以人道配天道耳。

十、樂記之卽禮樂之道以見天地之道與人性與中庸易傳樂記論人性之共同方式

吾人上來所說之中庸之書要在教人本人之修道之工夫以還證天命之性之德。而易傳要在教人由盡性至命立人道以配天道，而禮記中如樂記諸篇，則示人以由人之禮樂之人文以還自見其性情之表見於禮樂，與禮樂之通於天地乾坤之和序同異之道者也。人之能修道，固原於人之有天命之性可循率，然無修道之工夫以使人成聖，則無以證天命之性之德，而天命之性爲虛陳。人能盡性至命，固本於人性之有神明之知，而人性亦原於天道或「乾道之變化」，然無人之盡性至命等事，則此天道爲空懸。人

之能制禮作樂，固本於人之性情，而人之性情亦本原天地乾坤之道。然人必有禮樂，而後人之性情得所表見，亦得所陶養之地，而天地之和序同異之道，乃內在於人文，而「大人舉禮樂，天地將爲昭馬」，此皆同爲依本成末，由末見本，依始成終，以終傳始，以使本末相生終始相貫之形態之思想。凡此種形態之思想，其論述之方式，皆非只舉一定之理由爲前提，以成立一定之歸結之方式。蓋此中之理由，固爲始爲本，歸結固爲末爲終，然本末相生終始相貫，而末亦爲本終亦爲始，而爲歸結者亦可爲轉而爲前提之理由，以還證其先之前題而轉之爲歸結。則此中之論述之方式，無一定之前提歸結，而其中之言說，乃互爲前提，亦互爲歸結，以成其互證。而卽以此互證之言說，說彼始終本末相生相貫之義理。中庸之論述方式如此，易傳亦如此，而禮記中如樂記諸文亦如此。如此樂記中之言天地乾坤和序同異之道，與人之仁義愛敬之情，以及禮之有報樂之有反中之和序同異之關係而論，則此中唯有三者間之互相對應之義可說，而三者間實未嘗有一定之主從前後首尾之關係，而說之之言，亦卽亦不能有一定之爲前提之理由與歸結之關係。亦正如在樂之中五聲十二律，還相爲宮，卽互爲主從。又如禮中之人與人可還相爲主相爲賓，而互爲主賓。如以樂記中論天地乾坤之義，與人之仁義愛敬之義，及禮樂之義，三者互相對應之處而論。則吾人固可說，先有天地乾坤，人乃有其仁義愛敬之性情，本此性情，方有禮樂；則居前者爲主，而後者爲從爲賓。依前者之有，以說後者之有，則居前者爲居後者所以有之理由，而居後者爲歸結。然人有仁義愛敬，而後天地位、萬物育，則人爲主，而天地萬物爲從爲賓。有禮樂而性情得其養，則禮樂爲主，性情亦爲賓，無禮樂而性情不得其養，而仁義愛敬之心亡，則禮樂爲仁義愛敬之心之有之理由，無人而天地失位萬物失育，則人亦爲天地得位萬物得育之理由矣。則天地人與禮樂之關係，亦互爲主賓主從之關係，亦互爲其存在之理由；而說之之言，亦互爲理由與歸結，其義可知矣。然此中之說天地之義理之言，自亦不同於說人之仁義愛敬之性情之言，亦不同於直說禮樂本身之言，則說三者之義之言，亦非渾然無別。然雖有別，而不失其義之相生相貫，言之相涵而相成。凡此所說者，如更本樂記言禮樂之義衡之，則義與言之有別，正是禮之序，而義之相生相貫、言之相涵相成，又正是樂之和。樂記中之義與言間亦正有禮樂存乎其中也。而天地間一切凡言與義之有別處亦皆有禮，而凡義與言之能相生相貫相涵相成處，亦同有樂也。有禮樂則有仁義愛敬之性情，亦有天地和序之道存乎其中。如只對吾人今所論之性情而說，則亦不必言性情方是言性情，言天地萬物言禮樂與言一切言義之相別與相生相貫等，皆無一非言性情矣。不言性情而性情亦在，如禮記孔子閒居所謂無聲無容之禮樂亦是禮樂。斯則言性情之極致之論矣。

十一、呂覽淮南以正面的全性循環為政敎目標之説與客觀的人性論，及求見用於當世之言説方式

至於在呂覽淮南之書，則吾於原性篇嘗論其言性爲開漢儒之客觀的人性論之始，而以人性爲行政

之標準所在。故其說性之方式，亦別爲一型。呂覽之書以十二紀爲本，而十二紀之旨則在言人王之行政施敎之人道之序，當分別與天道之運於歲序之十二月相配合，以實求人道之配天道者。而其於十二月項下，分別依序說種種有關天道人道之義理，則又在使此所說之義理，亦次第與天道之運，人之爲政施敎之序相配應者。而淮南之書則言人之學術，皆爲救時之弊而有，自太公管仲孔墨申商之學術，以及此淮南子之書之所以有，皆有其時代之因緣，以隨時而興起。則此二書之綜會先秦各家之思想以成書，而綜述種種義理，即不只是面對此種種義理而一一述之，而亦兼是一將此諸義理之全體，置於天道之運爲政施敎之事歷史時代之變之全體中，依次序與運會而說之。此二書，既說人王之當如何爲政施敎之道，亦即望爲人王者之採納，而實措之於政敎之事，而此二書之著述之意，亦要在爲當時之佐治之具。此便不同於先秦諸子如儒墨之立言，乃要在以其人生政敎之理想，對弟子而說，對天下人而說，亦不如道家之莊老之對蒼茫之天地與玄冥之道而獨語者矣。

至於此二書之言性，則吾於原性篇，嘗謂此二書雖兼具儒道各家之旨，然其言性，則大皆要在承道家之即生言性之流。其別於莊子之言性者，則在其不如莊子之只嘆息於種種世間之反面的殘生傷性失性之事；而重在正面的說人性之當養、當全、當率、當循，而近於儒者之言率性成性者。呂覽重養性、全性、貴生而尊生之義，而呂覽言治道之要，存乎知性命。淮南言性爲人之斗極，「直行性命之情，而制度可以爲萬民儀」。則其以爲政之事，當以人之性命爲其目標準則所在，其意尤明。淮南更明承道家之道德之論以爲言，以進而說其先之道家之徒所視爲德之所在者，即性之所在，乃明言性善。性善，而性乃更不可不正面的求養之安之，亦更當爲人王之爲政施教之標準之所在矣。

此視人性爲人之爲政施教之正面的目標準則所在之說，言其本在卽生言性，雖出自道家，其正面言養性而歸在尊生而以性爲善，亦近儒家。然二書言性之思想形態，與其說性之方式，仍與先秦儒道之流大不同。此則由於先秦儒者之言率性盡性，皆以人之先自成其德爲本。道家如莊子之嘆息於人之失其性命之情，亦重在望人之回復其眞實之生命。至於平治天下而安和天下，則皆爲第二義以下之事。然在呂覽淮南，則此帝王所當循當全當安之性，乃要在指人民之性，而非要在指帝王自己之性。而此人民之性則初爲帝王之所對之一客觀的對象，亦帝王爲政之對象。爲政必至於人民之性得安得養而後可以成治；而此等等言之所以說，亦只爲望爲政者之採擇而措之於行政。而其言說之目標，卽要在其言之見用。言而見用，而措之於行政，則行政立而言可廢，言而不見用，則言無用，而亦不能自立。而先秦儒道之流入其望人之自成其德或回復其眞實生命而言性者，則其言性，唯所以抒發其人生之理想，以告其弟子，或垂敎後世，或俟萬世之後知其解者；此初非對實際上特定之爲政者言而望其採擇，亦非求只見用於當時。則言而見用，用立而言亦立，言而不見用，則用不立於當世，而言仍可自立於天下與後世。爲呂覽淮南之書者，固亦未必無志在立其言之意；然觀其依時序與時世以安排學術思想義理之地位，則要在重學術思想義理之時代意義或在一定時間中之效用價值，而非重義理學術之超時間超時代普遍永恒之意義價值者。呂覽爲呂不韋之賓客所爲，淮南王書爲劉安之賓客所爲，其爲二書，雖未必皆由於呂劉之授意，然要在告當時天下之爲政者，而望其採納，則爲二書者之所以自用其言之態度，因與先秦儒道異，而其言說之方式亦異矣。

兩漢儒者之言性，大均如呂覽淮南，爲達政教之目標，而視人性宛如一客觀的對象而爲論。緣是而更傾向於視人性爲天質之樸，唯待政教之措施於上，以成政教之文理者，亦更傾向於對客觀之人性加以一分解的說明，而有分別性情之善惡、人性之品級，及人性與客觀之天地萬物之相關聯，而以陰陽五行言人性之說。此皆本同一之將人性客觀化之態度而有之思想。其說人性之論，亦皆是置人性於一更大之政治社會環境中自然環境中以觀其關聯。其說人性之方式，亦卽皆可謂之以其所在之環境包超圍繞此人性而論之方式。遂與先秦儒道之言人性者多以人性之開發或修治爲其自內向外，抒發其人生道德政治之理想之一中心者，大不同矣。

十二、董仲舒之隨名入理之言說方式與王充之評述衆說之言性方式

在漢儒中，董仲舒言人性，顯然爲依於一政教之樹立之目標，亦連陰陽之觀念以言人性者。王充

則重在本一自然宇宙論之間架，以言人之性命者。劉劭則爲政治上知人用人之目標，而由觀人之外表，以進至人之內質，以觀人之才性之品類者。亦皆各有一論說人性之特殊方式，存於其論述之中。如以董仲舒而論，則其於春秋繁露深察名號與實性二篇之論人性，嘗非孟子性善之論。其論述之方式，則爲就性、心、王、民等名之一般意義，而以隨名入理之方式論之，其所言之內容吾亦已詳述之於原性篇。今姑不論其是否可解決其所論述之人性善惡之問題，然其論述之方式要爲一前所未有之論性之方式。此一方式，不同於昔之學者之直自言其於人性之所見，而是「就一般社會或自歷史傳來而約定俗成之關涉於人性之諸名言之諸涵義」之輻輳於人性之一名，以言人性之何若。而此即無異於對人性之問題，暫不作一主觀之論斷，而往先說被關涉於人性一名之諸名言之涵義之何若。此諸名言，卽世之所用以說人性者也。今說此諸名之涵義，卽說世之如何說性之事也。此在言說之層次上，亦不同於昔之學者論性，唯重自說其所見，或辯他人之所見之非者，而屬於另一更高之層次者也。

然此所謂董子之說性，屬於另一更高之層次，唯是就董子之言性，就及世之用以說性之名言而言。然董子說此諸名言之義，是否卽足爲非難孟子之理論根據，則是另一問題。此則因孟子所對之問題爲人性自身之善惡之問題，而非一般用以說性之名言之涵義之問題。此與董子之言原不同其問題，亦不同其層次而不同其類。如孟子謂一般人之用人性之名其涵義如此，而董子指出其實不如彼而如此；則董子之言可爲針對孟子之言，而亦可據之以非難孟子。然今孟子之所言自是人性自身之善惡問題，則董子之言與孟子不能相針對，而亦不可據其所言以直非難孟子。至若孟子之言性，亦果如董子唯是言性之一名之一般之習用意義，則此時之孟子董子，即皆非討論人性本身之善惡問題，而唯是討論關涉人性之名言之一般意義，事實上如何之問題。此一般意義由歷史之習用而致，此一問題亦即一歷史事實之問題。此一歷史事實問題，與證人性之善惡為一對人性之估價之問題，固顯然為異類也。

董子之言雖不足據以斥孟子，然董子之注意及一般之用以說性之諸名言涵義，亦即注意及此諸名言中所代表之一般人對性之觀念與思想。注意及此，而更為之說，雖只為說事實之說，然其所說之諸名言，亦實關涉於人性，則此說亦關涉人性之說。而吾人亦不能說其不當說。而正當說其為開啓別一層次或別一類之人性之說，亦開啓一說人性之新方式者也。

至於王充之說人性之方式，如其論衡率性本性諸篇所載，則又不如董子之只說及一般之關涉人性之名辭之涵義，且嘗就以前學者自公孫尼子漆雕開、孟子荀子以及陸賈至董仲舒之各家言性之說，皆加以列舉，而更為之評論。其評論諸家之說，亦非只以關涉性之名言之一般意義為證，而是直舉種種歷史事實，經驗事實為理由，以斥前此之他家之說，而自立其言性之說。此則一方是就昔之學者於人性之所說，而更重說之，一方亦不忘其所說者初為人性本身之善惡之問題；而亦歸在求對此一問題之本身，有一決定。對此二不同之問題，在王充一書，初未嘗加以混淆。王充言者之學者於人性之所說為何，其言之當否，因為一學術思想史之事實問題。而其王充之斥其前之學者之言之非，並自論其言性之說之是，則爲對人性之善惡之估價問題。王充之文，兼具此二者，而昔之學者之言性者，則皆未有能如王充之先將其前之言性之說，一一順歷史之線索舉而出之，更爲之評論者。此卽王充之言性之方式，爲昔所未有者也。

十三、劉劭之卽人性之表現之相互反應以觀人之才性之說性方式

至於劉劭之言才性，則是承當時人共有之才性之同異離合之問題，而自成其人物之才性之論。此乃對不同之人物，而論其不同品類之才性，而非對普遍之人性作一普遍的善或惡之論述，亦非只如王充之唯自善惡價値上之品級論人之品類；而是就不同才性之人，在社會國家之不同地位中，以及在其所遇之不同環境下，只在不同之順逆利害之關係中所表現之品德，以分別論人之才性之優劣善惡。而其理論系統，卽更較王充爲複雜。而劉劭雖未嘗如王充歷舉以前之論人性才性之說而評論之，以表示其自己對諸說之。然劉劭之論人之才性，則重觀不同才性之人對其所處之地位所遇之環境，所在之關係之反應，以及其對他人之反應之反應。人有對他人之反應而其自身之才性，亦反映於他人。而人與人相反應中卽包涵此人之才性之相反映。亦唯有他人之才性，由其對我之反應，以反映於我，然後我方可憑之以知人之才性，而後可以知人之才性之優劣善惡等價値，而後可言卽人之外表以知才性之

道。而此則正劉劭此書論人之才性之特殊方式之所在也。

劉劭論人性之有此特殊方式，其證在劉劭之書，既將人之才性分爲種種之流業品類，即更論其所見之理之不同，而或爲道理之家義理之家事理之家情理之家後，更言其可「各從心之所可以爲理」之得失，與其相辯而爲說之「有同、有反、有雜」之種種之複雜情形，與人業之流，在國家中窮達用舍，與互相接識之複雜關係，以及人之如何在人與人間自處其才，以見人之德性等。才性不同而見理異者，以其於事物及其義理之所反映者，異也。見理異而有相辯爲說之同，反與雜，即皆由見理異而以言相反應者，異也。人之用舍窮達之不同者，即由他人對其人之反應之不同。而人與人相接識，而或有爲人所歸往之英雄，皆由人與人之相相知，而其人格或才性由相反映而更能相反應之故也。我在人間，既有人對我才性之種種反映與反應，而使我有用舍窮達，與是否爲人所接識歸往之遇合；則吾當於此遇合中，求所以自處其才之道，而自成其德，則是由吾對人之反應，而更有之自對我之才性，加以處置之反應也。他由此人之所自處其才之道之德之相知相反映，而人得互觀其才性與德行之何若，以爲政治上知人而用人之所資，則此中之用人之事，又可視爲知人之事之反應，亦知人之效之所在也。

劉劭之由人與人之才性之如何相反映、相反應，以論人之才性之方式，乃將人本其所見之義理，而有之相互辯說，亦視爲人之才性之表現，而同爲劉劭之論人之才性時之所說。則人之辯說中，如有關才性之辯說，劉劭亦將只視之爲其人才性之表現，而爲人當所本之觀人之才性者，而並攝在劉劭之所論之中，而此外，卽可更無所論人性之可論。復無任何抽象孤立之才性論之是非之可論，而歷史上自孟荀以至董仲舒王充之人性論，劉劭亦皆未嘗不可視之爲其據以知孟荀王董等諸人各別之才性之具。其是非亦可不更加討論者。而劉劭之說則似可成一涵蓋全人類之才性而論之之一思想系統矣。

然對劉劭之才性論，是否眞能推致上述之一步，以成爲涵蓋全人類之才性之系統，則有事實上之問題，亦有理論上之問題。因劉劭在事實上固未必嘗如此想，而在理論上如劉劭眞如此想，則人可問此劉劭之才性論之本身，與劉劭本人之才性之關係又如何？則人儘可謂此涵蓋全人類之系統之思想與言說，亦不過劉劭之個人之才性之表現，而不過吾人所當憑之觀劉劭之才性者；而劉劭與思想言說之自身卽還落於其系統所造之網羅之下，而不能自拔，而他人之才性之不同於劉劭者，亦固可各自本其才性，以別爲其人性才性之論。劉劭亦將無可奈何矣。

吾人上所言在一方指出劉劭之將人之見理與言說辯難之事，皆視爲依於人之才性之不同而不同，亦爲人之所以知他人之才性之憑藉，確代表一論人之才性之新方式。緣此而吾人乃不只是以種種辯說說人性，亦可化此人之辯說爲吾人之說人性時之所說，而此就人之辯說以說彼說者辯者之才性，亦要爲一更高一層次之言說。然在另一方，則吾人如將此義推致其極，又必出現一種上述一種理論上之矛盾情形。由此矛盾情形，而見劉劭之理論至少不能用於劉劭之自身，以爲他人觀劉劭個人之才性之具。

而此亦同時證明人之所見之義理之如何，可不必皆連於才性以為說。而一義理之是非本身之問題，與持此義理之人之才性如何之問題，實不同其類，而當分別討論。則吾人雖可憑人之所見所說之義理，以知其人之才性，亦未嘗不可更進而純就一義理本身而討論其是非。則任何關於人性之問題之討論，卽亦不能皆只為「吾人憑此討論以知討論者之才性」之工具，而當自有其獨立之意義。人能作此討論，卽已見人之自有其能自超越其才性之偏之理性，而不可以才性概人性之全。否則上述之矛盾，卽無解決之道矣。

然此上所說亦非否認吾人可由人之如何見理說理以見人之才性之謂，而吾人亦未嘗不可就劉劭之才性論，以觀劉劭之長於析理之才性，而世間亦確有能見理說理辯理要在顯耀其辯說之才，以相較量或互相欣賞，而不在求決定一義理本身之是非者。而對上述之矛盾情形，人如不加理會，或唯以欣賞之態度處之，亦可不見有矛盾情形。今觀魏晉人所尚之清談，則其中之論辯，亦正多不免意在以辯說之才，相較量相欣賞，而亦能欣賞義理之相矛盾者。而其興起，亦正在劉劭為才性論之時。足見其間不無因緣之關係，而其涉及於人性之談辯，亦為吾人所當加以了解，而亦未嘗不可更加以欣賞者也。

十四、魏晉人對談辯之欣賞態度，及不必求決定是非之談辯方式，與其說及人性時之論難方式

大約在魏晉時之談辯，其所談辯之論題，本初無不可。一論題爲一名言，而此名言之所表，則爲意理。名爲公名，言由公名組成，而意則由己出。意中之理，對一事物而說，亦有是有非，並有精粗、深淺、微顯、玄著、遠近、高低之種種分別，而其言更有雅與俗、新奇與凡庸之種種之分別。其言之意理之顯然有是非處，讀者固可相爭以歸於一是。然其言若俱是，或所言之理之精粗深淺不同而雅俗異者，人之喜其精且深，而言之雅者，則不關乎是非，而只關乎其言意之美。言之非者，其所言之意與理，亦未嘗不可美。則欣賞其美而忘其非，即亦未嘗不可。由此即人之相與談辯之際，即可雖有一論題，而可不必意在決定一說之是非；而持或是或非之說，亦可晤一室之內，唯以互相欣賞其談辯爲樂。而於一論題，爲或正或反之論者，亦可相契於其言之是非之外，而不必斷斷相爭，以歸於一是矣。

觀魏晉人之談辯，初蓋以其可無一定之論題，人可任性之所之，與之所會，以無所不談。無所不談，而亦談人之言語風度，而可據此以觀人之才性，而談人之才性，乃有品藻人物之談。然亦可更進而泛談人之名言談說與意理之關係，於是有言意之辯。言意之辯，非著實在特定之某人，由某人之言，以知某人之意，以觀某人之才性德行之類；而是泛談此人間之言與意之關係，以更超越於言意之上，於言意之上，別有一「言與意之關係」之意，而更談此意。此即顯然較劉劭之由人之見理之說辯以觀人之才性者，更升上一層至一空靈之境，以游心於言與意之間者，而後能爲之。游心於言意間，則於言固可盡意亦可不盡意，不盡意而意在言外，得言外之意者卽可無言。無言在言說之邊界外，能無言，則至此言說之邊界之外，而爲求言說之極其致者所必歸往。歸往於言外之意，而更有談言意之言，則其言皆由無言而出，由言外飛來。無所不談，而至於飛來此言外之談，亦卽無所不談之極致。此則漢魏之爲論者之所未能達。

至於由魏晉人之談辯之不必求決定一義理之是非，而儘可互相欣賞其言意之美，而以談辯爲樂，則緣是而有者卽爲當時談辯之徒可更易其所執之理，以各騁其辯，而互爲主客之風。更易其所執其理，而互爲主客，卽無對辯對說之人我主客之分，而只有此一辯說之環流，攜此人我主客，而俱運以周行，而無我亦無人，而天下之事，乃無大於此辯說之環流者。在此辯說之環流，有說而皆不執，有辯而不必求息，息而應可再起，此卽淸談之所以可流行而不息也。

魏晉人之談之可無所不談，亦可自翻出於其意之上，以談意，而又不必意皆在決定一義理之是非，吾人今本此觀點以觀魏晉人之言性，則其言性之論，雖各不同，而時有辯難，然依此辯難，吾人又必能確定作此辯難之人之眞實之主張，而於此辯難之文，亦不必視如以前之學者之辯難之文，皆足代表辯難者之主張者，以觀之。難之一名之爲魏晉人相辯時所常用者，亦大可不同於昔人之用此難之一名者。昔孟荀之辯性善性惡，皆表示孟荀之主張，而未用難之一名於其所辯之說。韓非乃用難之一名爲篇，有難一難二難三之文，以攻其所疑所非之說。當時文人如宋玉有設楚王問而更爲之答之文。漢之東方朔效之，而有答客難之文，卽設難而自答之文，揚雄又仿之作解嘲，班固仿之作賓戲，韓愈仿之作進學解。吾舉此唯證文家有設難爲戲之一體。人可設賓之戲以難己，則亦可設難爲戲以難人。設賓之戲以難己，而己言藉之以得暢。設難爲戲以難人，而人之高致得以發，皆可以成此人間辯說之流行而不息。而此蓋卽吾人觀魏晉人對人性之辯難之文，以及其他之辯難之文，當取之一道也。

今兹就此人性之問題言，吾於原性篇唯就魏晉人重個性獨性一點爲之說，而未嘗多及。然魏晉人亦實有本不同觀點而爲之辯難之文涉及人性者。如稽康作養生論，而向秀作難養生論，稽再作答。張叔遼作自然將學論，稽作難自然將學論。與及當時人如支遁郭象之辯莊子之逍遙義，皆對人性之自然，有不同之觀點之辯。然其中之說是否卽皆代表爲說者思想上眞實之主張，卽不必皆能定。如向秀之養生論，以「榮華肆志，燕婉娛心」爲養生適性之道，則與向秀其他處之論不合。而晉書向秀傳，則言「其辯雖往復，唯欲發稽康之高致」。本上述之魏晉人於談辯之態度觀之，蓋亦或果如是也。稽之作難自然好學論，亦不必與其思想之主旨，有必然之關聯。蓋亦如其與阮德如辯難宅之有無吉凶，唯表示其喜辯難之興趣耳。而此種依於一種純粹之辯難之興趣而對一論題之辯難，無論其涉及人性與否，皆不同昔人之必求自伸其說於天下之辯難，而無其中必求歸於一是之嚴肅性，而唯當統之於魏晉人對言說之整個態度，而視爲清談式、文學式、藝術式以之辯難爲樂之另一型之辯難。而其涉及人性之論說與辯難之方式，亦卽可視爲另一型之言說人性之方式也。

中篇

一、佛家言說之分權實與其判敎之論與中國傳統先哲之言說方式之不同

吾於原性篇嘗謂佛家初重說法，而後說法性、佛性、衆生心識之性、心體之性與自性般若、自性涅槃等。故其說性之方式與其一般之說法或言說之方式亦初無不同。佛家之言說固極多，而其說義理亦極重論證之舉出，而重辯才之無礙。然佛家之辯才無礙不同魏晉人之尚言辯，恆以所彰顯其辯說之才以相欣賞，而唯以其無礙之辯才，以如實說法之無礙，而歸於人之能隨法如法行，而捨染取淨而證法，以法爲身而得法身。故其言說皆有超言說之目標，而以默然之自證爲超言說之實際。魏晉人之尚談辯者固亦能忘言以得意，而游心於言意之間或言意之外。此時應亦只有一默然之自證，由此而其更說言與意之關係之言，亦未嘗不依於忘言忘辯之境而出，則與佛家依默然自證更出言而說法者應無不同。然此中之問題則在此由默或無言再出言，是以何故何因緣而出言。如無故而自說或由說以彰辯才，卽還落在言說之境。如爲答問而說，則固可答竟而言泯，無問亦無言，則言而不離默。爲問而有答，答之言唯所以銷問之言，則答問之言，卽所以泯言，而其言同於不言。此卽莊子「終身言未嘗

言，終身不言未嘗不言」，非言非默之境，而魏晉人亦非不能會者。然在佛家，則此答問之言尚有一目標，卽卽說法以利度衆生，使其證如實之法，而以此實法爲所證，而更如法行，以得佛果之目標。則非魏晉爲玄言者之所有，蓋此不只意在以答問之言銷問者之言，而在將此問答之言之所示之法，推入內在之心，而開導其心，使如實知法而更行法。此其目標固非魏晉爲玄言者之所有，而佛家運用言說方式卽因之而不同矣。

此種佛家之運用言說之方式，不只是依言者所默然自證之境以答言銷問言，且在使聞者亦有默然之自證之境與行果。而此方式之表現於佛家之言說者，則又爲其「言說」，與其「說其所以言說」之言說之相輔爲用。按魏晉人之爲玄言者固能言亦善言，然於說其言之前，未必先說其以何因緣而將有言。然佛經載佛之說法，則恆先說佛於何時、於何地、對何等人衆、以何旨意等因緣而說法。後之論典亦恆先對佛稽首，然後說其所以作論典而說法以利衆生之願望，方繼而陳其所論。故若無此在一定時地之聽法者，與說法利生之願望等爲因緣，則佛家原可不說法。法之如是如是，不以說而增，不以不說而減。則無因緣亦不須說法。佛不無故而說法，佛徒亦不當無故以言說，加施於清淨之法界之上，以點汚太虛也。故爲說必待因緣，而未說之先亦須先說所以說之因緣，以見此說與說之因緣正互爲因緣，以相待而有，亦離待卽無。而說其相待而有，卽所以見其離待而無，以使聞者聞說之後，還求默然之自證。則此佛家之說法前，先說說法之因緣於前，似說上加說，而多一說；亦正所以使人於聞說之後，更不留說，而說如未嘗說，而實無異少一說，以成其實無說也。此以多說一說以成少說無說，爲少說無說而多說，亦卽佛家之說之所以能增能減往來無礙之故，而爲佛家之言說之一特殊方式也。

佛家之說法必有因緣，必對聽宗聞法者而說，而關於聽宗或聞法者之一切亦無不爲其說法之因緣。聞法者或於此法能解或於彼法能解，則對之所說之法，亦當隨之不同。聞法者於聞佛家之法之先，或先自有其所見所執之法，而今對其說佛家之法，卽當或就其所見之法，求引而進之，於其所執之法破而去之。對人之所執不同者，其破執以導入正法而開示之之法亦不同。順他之執見以導入正法，此所謂佛之隨他意語也。直開示正法，佛之之隨自意語也。不先隨他意則不能隨自意，隨自意之語亦對他意而語。故他意不同，佛語亦當隨之而別。隨他意語或先順他意而語，亦不必說一語卽能導他意入己意，乃須次第說。次第之說，其初所說，非究竟之實法，其義非了義；而次第之說又不可少，是爲方便說，不了義說或權說。歷諸次第之說，至了義、至究竟之實法，是爲了義說、究竟說、實說佛說乃有權實之別。佛家諸宗皆解權實，而中國之天臺，更判種種權實之別。佛家諸宗中，此宗或以他宗之說是權非實，他宗又或以此宗之說是權非實。其間亦不無諍論，今不必詳及。然要之此分佛語之爲隨他意或隨自意，分佛說之權實，分諸宗之說之權實，同爲對佛之言說與諸宗之言說之性質，重作一類分，亦依於佛家之言說必對聞者而言說，才有此隨他意隨自意、方便究竟、了義不了義與權實之類分可說。又依於人必先了解佛家諸言說之性質，然後不致誤解佛家之語意，以分別觀佛語之似矛盾衝突者，而更銷解之，然佛家有此分權實之論；而學者亦卽不可不知其所以判權實之道。此佛家之自說其說之有權實與連於此權實之說之判敎之說，皆佛家之言說之一特殊方式，而爲昔之中國所未有者也。

佛家之所謂權說，卽非眞實說。非眞實之說，中國固早已有之，如上文論墨宋之言辯方式中，卽容許有爲說服人而有之非誠信之言，此卽非眞實說。莊子之姑妄言之之言，老子之若反之言，魏晉人之爲彰顯辯才之辯，與爲發人之高致之難，亦同非正面對其心所意爲眞實者，而如實說之。則此佛家所謂權說之爲非眞實說，其特性何在，尙須一加以說明，方實見其爲前所未有也。

吾意此佛家之權說之特性，乃在佛家權說是直對聞法者而說。表面觀之，佛家之權說中，明有不及眞實或與眞實相違之語，而其用之爲手段，以使人信佛之敎，亦若與前所言之墨宋之說敎方式與世之宗敎性政治性之宣傳之論無殊。佛家之人在互判其說之爲權說時，其所指爲權說亦明有與眞實說互相矛盾者。如法相宗之以五種姓之說爲眞實說，而以三乘歸一之說爲權說，而天臺諸宗又以五種姓之說爲權說，三乘歸一爲眞實說是也。今無論法相宗天臺宗二者孰是，皆見權說可與眞實說之相矛盾，不能並立，而兩存，則又何得謂佛家之說，實有權實之分？然吾人如知佛家之權說，乃直對聞法者而說，則當知此權說所以得稱爲權說，唯在其能導引聞法者契入眞實，而有其所體證之境與行果之故。

則權說只可爲不及眞實之說，而實不能爲違悖眞實之說。其權說中之有顯違眞實者，其對聞者之整個效應，仍當爲可導聞者契入眞實者，因而亦實不違眞實者，方得稱爲權說。由此而權說之顯違眞實者，其所以說之目標，卽唯在其對聞者之整個效應處。此整個效應見，而權說卽隱而不存或被銷掉。故權說之與眞實說矛盾者，實與眞實說原未嘗爲並立兩存之說。而自始爲一「旣說，而說卽當廢，以歸於只有眞實說」之說，此天臺所謂「廢權顯實」之旨也。然不先有此權說，亦無此權說之廢，而人不能契入眞實，故於眞實說之先，不能無此權說也。如以種姓之問題而論，天臺宗謂法相唯識宗依種姓說爲權說乃謂佛之所以說有不能成佛之一闡提，唯所以敎化學者。此一闡提之說本身有其敎化之意義，如爲師者之對一班學生言其中必將有不及格者已有其敎育之意義——此卽在使學生皆有以自警。當爲師者言其一班之學生必將有不及格者時，彼固可不信其爲眞，亦可實知此一班之學生皆將及格，而仍故爲此言以使學生更努力，而皆得高分，則其言純爲一權說。此權說爲師者所以使學生得高分，使其「皆得高分之望」，成爲眞實，並使爲師者進而有其「皆得高分之說」，成爲眞實說者。以此例佛之謂衆生有不能成佛之一闡提，卽爲一同類之權說。其意正在使一切衆生成佛，使「一切衆生成佛之說」得成眞實說者也。此中，佛之爲此有一闡提之權說，固爲與實無一闡提之眞實說相矛盾，而不能並立兩存而皆眞者，然佛之爲此權說之眞意或密意，亦原在望此權說之不眞也。則佛之爲此權說之密意，與此權說之顯然之不眞，正相一致而不相矛盾。在聞法者之聞佛之此言，而更激勵其自己之行持，以至於成佛，亦正與佛之密意相一致而不相矛盾者也。然此中又必須先有此與眞實說相矛盾之權說，然後有此上之不相矛盾。有此矛盾正所以無此矛盾，則亦不能不於眞實說之先，有與之顯然矛盾之權說也。

此上所言之佛家之權說與眞實說之關係，要在權說自始不能與眞實說並立兩存。權說之所以能導致眞實說，在權說立，而顯其對聞者之效用，聞者有行證之工夫後，卽須更廢，以轉出眞實說。至於世間一般之用非眞實之說爲手段，以達說教或宣傳之目的，如上述之墨家卽「鬼神誠無」，亦未嘗不可爲達合驩聚衆之目標，而說之爲有之類，則必不肯自揭開其後壁，而自說其言之可廢而當廢。如自說其當廢，則不能達其說教與宣傳之目的，其言卽不可廢而另自轉出眞實說矣。

由上所說，而吾人可謂非眞實之言說之是否兼以其廢爲目標，而另轉出眞實說，卽佛家之權說，所以別與其他之非眞實之說者，亦不必同於莊老之姑妄言之之言與魏晉人之談辯者。此後二者之言，皆可依默或無言而出，亦可更還至無言或默，固皆可廢。然因其非重在使聞者之聞其言，卽採納其言，以更自勉於其行證之工夫，則此言對說者雖可廢，然在聞者之心靈生命中，儘可實無廢處。因其儘可外無進一步之行證工夫也。

佛家之權實之說，恆連於其判敎之論，判敎之論，乃佛家之宗各敎理者，互判其敎理之種類層次之關係之論。判敎之論，可將其所判諸敎，分辯其爲究竟說眞實說或方便說權說。亦可分別視爲各說眞實之一方面，然要之此佛家之判敎可稱爲佛敎諸宗間，對其所言說者之義旨相互了解後，更相互衡定其言說之價値，而有之言說。簡言之卽一切判敎之論，皆可謂佛敎諸宗之人互說其所說，而有之言說，亦可謂佛家之人之言說之義旨之互相反映於其心，而更互相以言說相反應而有之言說。吾人前專論劉劭之才性論時，嘗謂劉劭之論人之才性，恆見於人之如何見理論理之說辯，與人與人之如何相接識之中，亦卽見於人與人之才性之互相反映反應，而見。故劉劭實早已重此人之說辯之互相反映反應之事。然劉劭，乃藉玆以見人之才性不同，故說辯不同，而其所以「說人之說辯」者亦不同，而皆足以見人之不同之主觀個人才性。而佛家之說卽其爲權說者，亦意亦在歸於眞實說，而志在說客觀普遍之眞實法。而此諸判敎之論，卽只所以見此諸志在說客觀普遍之眞實法之諸敎理，在義旨上之相互反映反應之關係，便與劉劭之論，乃志在說不同才性人之見理論理方式之不同者，又迴不同矣。

二、佛家自法性衆生性與佛性論人性之方式

由佛家之敎理與諸宗派間互說其敎理而爲之判敎之論皆志在說客觀普遍之眞實法，而其目標又在人之知法行法而證果，故佛家之言性亦初就法界之一切法而言其性，或就法界之一切衆生而言其衆生性，或一切衆生同有之證佛果之性，而言其佛性。此則不同於以前中國思想之言人性，初只就人之所以人之共同性或人之善惡品級之性及不同之人之才性而止。而佛家之言人性，亦卽是將人性納入一包

括人在內之一切有情衆生之性而論之。佛家言有關人性之諸法，亦納入於法界之一切法之內而論之。佛家言一切人之善惡之品級與才性之不同亦納入其可連繫於「使人得究竟之佛果」之佛性而論之。而其自人性之所關聯者以言人性，卽不只如以前中國學者之只將人關聯於其自然環境社會政治環境，而以自然界中陰陽五行之關係，或政治社會中種種人與人間之關係，加以說明為止；而是將人性置於「關聯及一切衆生及出三界之佛菩薩之全法界」中以言人之法性衆生性佛性等。而其所謂人性之意義，遂顯然依於一更廣大之觀點矣。

然自另一面言，則佛家之自此種更廣大之觀點以言人性，其目標又唯在人之捨染取淨而證佛果，而此捨染取淨之工夫，則根本上純為個人內在的心性上之切近工夫。由此以觀，佛家之將人性置諸更廣大衆生性、法界之法性、佛性之關聯中而論之，其實際之效用，卽又唯在使人之目光超越於「現實人類之現實的社會政治中之人與人之關係與一般之人性之觀念」之外，以使引導其心思，更向上一着，而還向於其內在的心性，用切近之工夫。於是中國昔之儒者所重視之人類之社會政治，以至人與人之倫理關係，以及人與當前所接之自然之種種關係之問題，則反落在佛家所重個人之內在的工夫之外。而佛家之用心與昔之儒者之用心之孰為更廣大亦不易言。然佛家之儘量自廣大之法性衆生性佛性觀點以說人性，而用意又在個人最切近之內在的心性上之工夫，要為一說人性之前所未有之方式也。

三、般若宗之純破執的說性方式

中國佛家之言性，初盛般若宗之說，其說重在言般若智慧照見諸法時，所見之諸法之無自性，而性空之義。吾書稱之爲卽空言性之說。其說原自印度所傳之般若經大智度論與中論等四論。後陳隋之吉藏，以中論爲主而立三論宗，則更重言二諦之義，而此一流思想之此宗之理論性的著述於以大備。按此一流思想，乃卽宇宙一切諸法之自性之空而言，此人之心色諸法，卽統在一切諸法之中，以故亦無自性，而性空。此無自性性空之性，亦卽其諸法之無自性性或空性。此無自性性或空性，乃由吾人之空種種「對諸法之性之執見」而見。亦卽由吾人對此種種執見，加以破斥，而見。於此，言般若者，其言說之所及，亦實止於破此執見。人之執見破而自證空，則此言亦更不須說，而此破執見之言說亦空，是見空可證而不可說。故破執見之說有遮而無表，說盡而說不立，如火燒物盡而火亦滅。是爲說無所說。此種爲破執見而有之說，以歸於說無所說之說，中國昔之先哲亦固有之。老莊固有「芒然直往而無執」「執者失之」之言。而其言亦儘多破執之言，而待於人之息言以會其意者。後之魏晉之何宴、王弼、向秀、郭象之注論語易經及老莊之言，以及其餘玄學家言，亦復多待人之得意忘言，更體無致虛者。則其與佛家之破執證空之旨，亦不大相遠。然此佛家之空宗之破執之說，仍包涵一新型之思想，而具一特殊之言說方式者，則在其據此以導人證空，初乃就人對諸法之種種執見，一一加以舉出，而次第依理由以破之。此則恒須先有一對種種執見之分類，如人我執之種種法、法我執之種種等，又須試去設想持有此種執見者，其所以有此執見之心理上生活上之種種實際的原因或理由，此理由當以何種方便之言說方能加以破除而解消，再須對持種種執見者之自維護其執見時，所持之理論上之理由加以陳述，更一一依其他種種理論的理由加以駁斥，再須說其破執之言之亦不可執等。此則爲中國昔日先哲之破執之言中，所未有者矣。

由上所述，而在此一流之佛家思想之言說中，就其所包含者，而分別言之，則此中㈠有將世人或對方之執見，重加以說出之言；㈡有說其執見之之人之主觀心理上或實際生活上所依據，而不必皆爲非眞實之事法之言；㈢有破執之言；㈣有代彼有執見者，重說出其持以自辯之理由之言；㈤有更破此理由之言；㈥有指示破執後人所證之究竟眞實法之言；㈦更有言此「諸破執之言，與指證究竟眞實法之言」之亦不可執之言。而此諸言之種類層次皆不同。如人之執有實我爲自性而爲常、爲一、能主宰者，今代之說其執之爲如何卽第一類之言。謂此自我之執，依於五蘊之色受想行識之事法，卽第二類之言。謂其所執之自我之自性，爲常爲一能主宰之說，不能成立，卽第三類之言。設爲此說者更作自辯之辭，再就其辭而更破之，卽第四、五類之言。更說此人之五蘊以無此自我之自性爲自性，卽六類之言。而更謂此無自性之自性亦空，則第七類之言。而每類之言更可有種種，是卽此空宗之思想，雖說空，而其言亦至繁至賾也。

吾人上文謂此一空宗之思想之言說有種種，雖是依吾人之意而說，然此宗亦自始卽謂具義諦之言說之有種種。故龍樹中論早有二諦之分；二諦之世俗諦，卽指世人之執見之所依之因緣生法如五蘊之法，而爲俗有者也。而一切破世俗所執之有，以顯眞空之言，其所指卽眞諦也。卽因緣生法而見其眞空，則卽有觀空之中道也。然中國之三論宗，更有開此二諦爲三重四重之說。此則要不外就此說二諦之言，與佛之所以說此二諦之言，以成敎之目標，而更說之，而開出之層次之論。至其中之層次之何以止於三重四重，亦各有其說。非今之所及。然要之可見此宗之學者，旣能說而亦有所說，更能超臨於此所說之上以再說其所以說；以不斷翻上，方能至於三重或四重。此中之層次之似可翻至無窮，而今又必使之止於三重四重，以不爲無窮，而止於有窮之三或四，以涵攝其無窮之上翻之可能，使還落於實際。其中固有其義之所必然者在，爲作吉藏之二諦章及三論玄義諸書所論而非本文所能。以此觀魏晉之爲玄言者，因亦能有種種上翻之論，如由意出言，而更言「言與意」之類。然以其未嘗及於此上翻之層次之止於三重或四重，則其言將唯有河漢無極之淸談，而將不能言畢而離言以歸實際，卽能離言，亦無術以防其言之再出者矣。

四、法相唯識宗之自心識之內在之構造與外在之關聯之說性方式

至於法相唯識宗一流之卽衆生之心識以言人性，則雖亦爲納人於一切衆生之大類下而言人性，然已較般若三論一流思想之將人性納於法界一切法之性之內而論之者，爲更具體而親切。法相唯識一流思想之言此心識之性，則要不在言此心識之性空之一面，而要在言此心識之如是如是之轉變流行所自生之因緣之一面。由此而有其論八識之種種性、境、行相、因緣、及如何轉捨轉依之論，皆極其複雜而細密，而其言此八識之生起之因之在賴耶識中之種子，及其種子與生起之現行之關係者，其說又極其深微。此固非吾人今所欲及。然其論述此心識之方式，要皆不外將此心識自內部披開，以觀其構造，或自外觀圍繞之者以觀其間之關聯。而此心識之所生起之任何現行，卽皆不依其自而起而依他以起。依他起故無自性，卽佛家之性空義。然必觀，卽所謂「自」者之如何依「他」起，方知其皆無自性，故重在觀一一心識之各方面之依他起，此以知其皆無自性也。

此一觀心識所依之他，無論是內部披開而觀，或外觀其所圍繞之者，要必須先待於人之超拔其初於已生起之心識之所知之外，而更求有所知，是卽皆爲於初所知者之自身之外，更觀其所依之他。而以此他說此「自」之因緣。是亦卽亦卽無異以對此「他」之知，包圍原初之所謂「自」之知。在一般之論，凡言人之心識之生起，乃依他而起者，此他恒指個人之心識之外之自然環境社會歷史之環境。又在人之凡以一事物爲依他起，恒思此他，又依他起，以至無窮。如科學家之遇物而求其原因，更求其原因之原因，以至無窮是也。否則必設定一究竟因，以一切由之而起，其自身更不依他起。如西方哲學家宗教家之以上帝爲第一因造物主之說是也。然在法相唯識宗，則於自然環境中之物，除有心識之有情衆生外，如山河大地，皆視爲心識之所變現之他，非心識以外之他也。社會中之他人因皆有其心識，然人與我之心識相接，我之心識因而生起，其親因仍在我之心識原有能如此生起之種子，藏於我之賴耶識之內，則他人之與我相接，雖亦爲我之心識之生起所依之一外緣之他，而非我之心識之所以起之主因；此主因之他，乃即我之心識種子也。由此言之，我之心識所以生起所依於他，要非外在於我之心識之事物，而亦卽我之心識中之其他方面之事物。我之心識中之各方面之事物，自爲一交關互係之因緣網，以爲我之心識之生起之所依之他，而間接與其他有情之心識交關互係，以成一一切有情之心識之交光互映之因緣網。此外無所謂自然環境社會環境也。一切心識所以生起之因緣之自身，亦互爲其所以生起之因緣，復互爲隱現，而或生起爲現行，或隱爲種子，以爲來日之生起之因緣。由此而爲因緣者，雖皆亦有其因緣，然皆不能追溯至此心識之範圍之外。而此中對因緣之關係之追溯，儘可不依因後有因之方式，以作無窮之追溯，而可以互爲因果，說其關係之無窮；如現行爲種子之因，種子更爲現行之因是也。由一切因果之追溯，唯在此全部心識之範圍中，作往來不窮之追溯，而不必求一外在於心識之第一因或造物主，以說明此心識之所以有與所以生起矣。

然人之依此法相唯識宗之教，以求自觀自知其心識之生起又不必於此心識之因緣網中，實際上作往來無窮之追溯者，則在此佛家之觀依他起、觀因緣，原非以求得無盡之因緣之知識爲目的，而在由知心識之生起之無自性，而破其實有自性之執，而以種種之行持爲因緣，以捨其心識中之染汚，成其心識之清淨。由前者而人之觀其心識之生起之因緣之觀，至於對其所生之因緣，更不再執其有自性，此觀因緣之事，卽可停止，而不須更問此因緣之因緣。由後者，而人所觀得因緣至於可容吾人本所知之染淨法之因緣關係，以自備爲淨之因緣以取淨，備去染之緣，以捨染時，吾人亦卽可惟從事於捨染取染之行持工夫。由此行持工夫之可隨時插入於吾人對因緣之相續不斷之觀之中，而此相續不斷之觀，亦卽隨時可停止，而吾人之對因緣之所知，卽隨時可轉爲吾人之行持工夫之用。此中，由吾人之知因緣，而破除種種之自性執，所增之智慧，亦同爲助成此行持工夫之緣。於是當吾人對因緣之知，其所增之智慧與行持工夫三者之相互爲用，至於無任何自性之執着與染汚之心識之生起時，吾人卽同時證得此心識，與其所涵攝關聯之一切法之空性，而此心識卽轉爲如實知一切法，而全幅淸淨之智慧，而非可以衆生之心識名之，而當以佛之般若智慧名之矣。

吾人在上文之說法相唯識宗之言心識，皆不在細論此心識論之內容，而要在說明此種論心識之因緣之方式，非以心識之外之事物爲心識之因緣，亦非必對心識之因緣作無盡的追溯，故不同於昔之董仲舒王充劉劭之論，亦不陷於西方之科學家、哲學家、宗教家之對因果關係作無窮追溯，或肯定一第一因之說。此中之故，則在法相唯識宗所言之心識之依他起，可只是心識之各方面之互爲依他起。而由佛家之觀因緣，乃所以知無自性，並爲行持工夫之用；故無盡的追溯，亦終歸有盡。此卽盡於「更無自性之執心識全部清淨而轉化之般若智慧」之前。而此法相唯識宗之一切論述，亦同不外說此般若智慧如何得其呈現之道，而亦盡於此說此道之前，亦皆不外使人有般若智慧之目標而說者。故此全部之說，亦只為一使人有此般若智慧之方便。人有此般若智慧，而超於一切煩惱染汚之外，亦超於一切執見與破執之言說之上。而此法相唯識宗之種種之說，亦同歸於一無說可說。此卽其言說之目標與方式，與般若三論宗雖不同，而又未嘗不同者也。

五、由中觀之二諦義與天台三諦義之原於對中觀之觀

天台宗之思想所本者要在法華涅槃之言三乘歸一，及涅槃經言佛性是常之旨，而其一心三觀之理論則由中論而出。而此一心三觀中之三諦之說與智顗所論四種四諦之說，則一方直接關聯於此宗之說法之方式，一方又與上述之三論學者之言二諦之說法方式相類似，其間不無相承之迹者。然中論本有之二諦之說，只謂因緣所生法，我說卽是空。因緣生法為假有，其空為眞空，此卽二諦。二諦不偏說假有，亦不偏說眞空，卽為中道。中道者，卽不偏此二邊之用心之道或用心方式也。然此中道之用心方式，在中論並不自為另一中諦。而在天台則由此中道見中諦，蓋實非中論之原文所有者。故無論在印度西藏之中觀學者，及今之日本中國學者之就中論原意以釋中論者，皆無另立此中諦之說。然據天台所傳其初祖慧文，又純由讀中論言二諦之文而悟，此三觀三諦之義。後乃為智顗所加以發揮。慧文

如何悟法不可知。智顗於法華玄義摩訶止觀，直就三諦三觀之義，以廣說心佛衆生三無差別，及十界一如與種種觀法，其涵義更廣遠無際。若吾人今謂中論本只有二諦之說，則由此二諦之說而悟出三諦或轉出三諦，是否有一義理上之必然之線索可尋，則是吾人之一問題，下文卽擬試爲之答，並藉玆以見天台之說三諦實爲二諦之說所原可發展出之一更高一層之說法方式也。

所謂天台之以中道爲中諦，原可由二諦之說發展出者，吾意是如此中之諦之一名，原爲言說所指之義理或其義理所在之實際。吾人初固可只以因緣生法與其空爲吾人之言說之所指，而無餘法可說，此卽中論二諦之說。然在人既知此二諦之後，又自知其不可只知因緣生法，當更知其卽是空，亦不可離因緣生法以別觀空，而知此偏觀一邊非中觀後，卽可再自反觀此中觀之觀之爲一觀，而更自說此觀與所觀之不同於偏觀一邊者。則人於此所說，固可不同於中論之只就所觀之二諦而說，更可對此能觀二諦之中觀本身之義諦，以有所說，則別說一中諦卽明爲思想上之自然發展矣。

如上說爲是，則天台之三諦之說所以進乎中論二諦之說者，初便不當在其直下於空有二諦之外，更立一中諦爲之統。而當是透過對中觀之觀，以說此中觀與所觀，而後有此中諦之說。此中諦之內容，如落到所觀之因緣法上看，亦可只有此因緣法之假諦與其卽空之眞諦。唯以兼觀此二諦之中觀之不同於偏觀其一者之不統二諦，而此中觀之兼觀二諦，卽爲吾人可說之一事，此中觀亦卽有一能統二諦之義。此能統二諦之義，卽與因緣生法或空之義，別爲一義，以別爲一諦，並可就此觀之爲中，以說此諦爲中諦矣。若然，則此所中諦，亦實自始不當與二諦同在一層次，亦初非只直就二諦之上加此一諦爲之統以成；而是自始透過一更上一層次之對中觀之觀，知其能兼觀二諦而有統二諦之義，乃成立者也。

於此三諦之義，天台家言假諦立一切法而說有，空諦泯一切法而說空，中諦則統一切法而非空非有卽空卽有。於此中諦，又有但中不但中之分。「但中」者，卽以中諦統二諦，而二諦皆攝在中諦中，而雙遮以俱泯。「不但中」者則謂中諦之統二諦，非只將二諦皆攝在中諦中，亦雙照二諦之自獨立於中諦之外。此旣能旣雙遮二諦使俱泯，而又雙照二諦使俱立，方爲眞正統二諦之中諦。是卽不但中之中諦也。由此中諦之有此俱泯二諦亦俱立二諦而雙遮雙照之義，卽見中諦圓融二諦，而二諦亦以圓融於中諦中，以不卽而不離，則一涵三、三涵一，由此而有「一中一切中、一空一切空、一假一切假」之說，而能觀三諦之中觀空觀假觀，其觀亦一涵三、三涵一，以存於一心之中，此卽一心三觀之說也。

於此三諦三觀之說，人所易生之一問題，爲如中諦之中，又分但中與不但中，則何以不於不但中之中更分不但中，與不但不但中？蓋人可謂：不但中之俱泯二諦與俱立二諦之外，應尚有「不俱泯二諦」或「不俱立二諦」與之相對，此卽非不但中之所能統，故當立一「不但不但中」以統之也。若然則無窮。然吾意此一問題之可不發生者，則以此所謂不俱泯二諦不俱立二諦，卽二諦一立一泯之謂。

二諦之一立一泯，則或爲立空諦不立假諦，或立假諦不立空諦，而前者所指卽立空諦，後者所實指卽立假諦，此二固早已爲但中之中諦之所統者矣。就中諦之統二諦而言，不外統之於內而泯之，卽泯二諦，或統之於外而立之，卽立二諦。故中諦而能爲不但中，以兼泯兼立二諦，卽其統二諦之義，已盡而無餘也，不須更說不但中外尚有「不但不但中」；而有不但中之中諦，卽可圓融二諦於一心之三觀中矣。

然此三諦圓融之義，如只在三諦上辨解仍不切，尚須更落實在三觀之本身上了解方切。蓋在三觀之中觀中，原已統有空觀與假觀之所觀在，而非初不外於假有觀眞空，是爲中論所謂中觀之實際。然此於假有觀眞空，既統假有與眞空，卽兼立二諦。而於此中之尅就假有義亦非眞空義，卽假有義中，眞空義無，卽眞空義泯於假有義之中，又尅就眞空義亦非假有義，卽眞空義中無假有義，卽假有義泯於眞空義。故此中觀之論原俱立二諦亦俱泯二諦。今天出家謂此中觀之俱泯二諦而俱立二諦，是中觀之中諦，卽俱立二諦。此中諦實乃此中觀自身之如此如此地俱泯俱立二諦之諦，而初不能離此中觀而獨立，亦不能直接與此中觀成相對而爲所觀者；而唯是對觀中觀之觀，亦顯爲此「觀中觀」之觀之所觀者也。至於人既觀中觀而識中諦後，更據此中觀中之兼有假有與眞空二諦爲所觀，乃卽透過此所觀以再還觀「能對之作中觀」之心，方更可謂此作中觀之心原包涵有假有觀與眞空觀二者，乃可言一心之有三觀。再就此中觀之心之包涵二觀，亦俱立二觀，又俱泯二觀，而後見三觀，乃三而一、一而三，既一心而三觀，亦三觀而一心。三諦亦三而一、一而三，以圓融無礙。夫然，而此一心三觀三諦圓融之說之全部，實不外「能對二諦作中觀之心，更自觀其此心之所成，由此心之自觀，乃得於此心之能觀二諦處，得此心之中諦爲所觀。此乃是由此心之自觀其能觀，更得一所觀更由二諦之爲中觀所觀處，見中觀之涵二觀。此是由所觀以觀能觀更得二能觀。故此中唯賴此「所觀」與「能觀」之互觀，乃有此一心三觀，三諦圓融之義可說。而其所以能有此能所互觀，亦初不外此作二諦之中觀之心，能自覺而自觀其心而已。然此一自覺自觀之心，卽一觀二諦之中觀之心，自升高一層次，而超拔與二諦爲相對之境，而將此二諦與觀二諦之心，合爲一絕對，以得知此絕對之涵義之各方面之所成，而爲此三觀三諦之論所以立之根據所在者也。

吾人上來所說，乃意在說明天臺之三諦說，原有由中論之二諦說轉出之一義理上之線索。此三諦說，亦卽可說爲由二諦說以發展出，而亦見其思想言說之方式，乃較二諦說屬於高一層次，亦非印度所原有者。天臺學者如智顗於法華玄義摩訶止觀等書，直下以三觀通大智度論之道種智、一切智、一切種智，以空假中三諦，說心佛衆生之平等相、差別相，與十法界之十如是等，以及三諦與種種二諦之說及種種四諦之關係等，更皆對應佛智所證而說之，不特牽涉極爲廣遠，而所指之境地，亦至高至大，非如吾人上所說者之枯乾，亦非吾人今所及論。然要之不出以三觀三諦自觀其心之義。智者於法華玄義，首言「心觀心」「以心分別，於心證心」，而歸於觀己心卽佛心衆生心，卽可知天臺之教卽一心之自觀之教。亦唯以心之自觀其能觀二諦之能觀之上，說一統二諦之中諦，後更以不但中圓融三諦，今如純就心之所觀之二諦上說，則中論言二諦，亦未嘗不已具足，如汎說必有一以統二，則一與二對，更須有一以爲之統，即成無窮，則中諦之說，亦無必然，而止於不但中以圓融三諦，亦無必然矣。故上文試爲之說如此。

此天臺之三諦三觀之說，因爲一心性之論。而此三諦三觀之說，亦卽連於一切衆生之是否皆有佛性，一闡提是否有佛性，及法華三乘歸一何以爲究竟說，以及天臺之圓教之義界之規定，與天臺之判教等等問題者。蓋若無此三諦之說而只有二諦，則只有眞空與假有之相對，佛證眞空，而衆生心識之因緣生，只是假有，則二者亦可隔別不融，而衆生亦可有永不能證眞空，而無佛性之衆生，三乘亦不能必能歸一乘。今若能自觀其心之能兼觀此假與空而立中諦，則亦能自觀其能兼觀此衆生與佛，此一心中有佛與衆生之並在，而統於一心，而心佛衆生卽可「三無差別」矣。蓋在此一心中，吾人旣知衆生自發心作佛，亦知佛原爲衆心發心所成，衆生自禮佛，佛亦還渡衆生。則佛界與衆生界卽不可不相攝，而四聖六凡之十界不可不一如。一切衆生必皆有佛性，乃爲義之所必然矣。凡此等等必皆首由人之自觀其己心之兼知假空兼知衆生與佛之一點，如實深觀，乃能次第契入。故觀心爲本，而觀此心之自有其統二諦之中諦亦爲本，卽不能不有此三諦之說也。

此以觀心爲本而立三諦之天臺宗說法之方式，與般若宗之不同者，在此後者之一切言說，皆歸在破執，而說無所說。故其言說在根本上全是遮而無表。然依天臺之觀心之義以說，則無論所觀得者是如何，然本觀心所得而說之，卽總是自表其心，亦卽總有所表。此與唯識法相宗之論心識之種種因緣，其言皆對此法相求有所表者亦相類。然天臺之一心三觀，旣涵假觀亦涵空觀，欲人作空觀，卽亦有破執之言，意純在遮而非表者。此則又與般若同。然唯識法相宗之破執之言與說離言自性之言，亦同爲遮而非表。則必有若干遮而非表之言，固一切佛家宗派之共同的言說方式也。然作遮而非表之言者，可只以此言爲用，用盡而言息，而此遮卽只是遮，而人亦可視此遮只是遮之言，與彼明有所表之言，如法相唯識之論心識之種種因緣之言爲相對，而以彼表卽是表。然在天臺，則依三諦之說，而有中諦以統二諦，亦俱立二諦而俱泯二諦，卽空卽有、而又非空非有。則遮言顯眞空亦同時顯假有，表言表假有亦同時顯眞空，而遮言亦有表用表言亦有遮用。三諦圓融，則表卽是遮，遮卽是表，遮非遮，而表亦非表。心是俱立俱泯二諦之心，言亦是雙表雙遮之言。而此意亦不難解。但遮言乃謂非此，然人聞其非此之言，而思其爲彼，則所聞之言是遮而所得之意是表。今更知言者之意亦正在使聞者得此意，則言者之遮言，卽意亦在表，而爲表之言也。而表言之說是此，亦可意在說非彼，則表言亦爲遮言。則言之爲表爲遮，由言者與聞言者所得之意而定。對「意」言「言」可或遮或表，而離「意」言「言」，則言非遮非表，亦不對意，亦不離意而言「言」，則言者大可意在：使其言使對此人爲遮，對彼人爲表，則其言卽雙照兩邊，不落兩邊，此卽非遮非表、亦遮亦表之言也。此則全由於將一言置於言者之意與聞者所得之意之相互關係中觀同聽者之可異聞，然後可有此通言之遮表之說。有此會通言之遮表之說，而後人之觀人之言求得其意者，乃亦不只執言以觀其意，而能於言之顯然爲遮者，知其意或在表，顯然爲表者，知其意或在遮。是爲知密意。此密意若爲眞意，則其言卽可稱爲權說，而觀天臺宗之釋經論，蓋亦卽重在知其密意，而以語之似與相反者爲權說，而其語之密意同者卽爲實說。而權實之論，乃由天臺而大詳。本此顯密權實之說以釋佛家經論之言，乃於說有者，可說其密意說空，於說空者，可說其密意說有。而凡說之非者、說之偏者，皆爲權說，唯說之是者、說之圓者，方爲實說。而佛家經論，乃無不可通。然說又自有高下。天臺判敎之說卽所以說佛家之說之本身之高下者，而判此說之高下，則當看說之顯密權實，再看說之爲頓說至究竟義，或漸說至究竟義，以及聞者之所得之意，是否相歧異等而定。在天臺唯有非秘密、非不定、非頓非漸而開權顯實之法華爲至高之圓敎。其意蓋謂法華說能實顯說者之佛之意，聞者又非必須頓得，亦非必須漸得，然要可實得此意，故謂爲至高之圓敎。此圓敎之所以至高，亦可說卽在其能使說者所欲說之「意」與「言」及「聞者之心」皆如在一直線者，而聞者之心亦爲必能循此直線，以得此說者之意者。由是而見說者乃以意向聞者往，聞者亦求得其意而向說者來。此亦誠可謂之一圓滿無憾之說。則天臺之說圓敎與其判敎之論，尚不可只就此圓敎與所判之其他敎理之義理內容而論，而亦當自此圓敎與其他敎理之所以說之方式而論。此卽其判敎之論所據之原則，有化法與化儀之分之故。化法爲內容，化儀卽方式也。說之方式不同，而教之高下，亦可因而不同，而由說法之方式之不同以說教之高下，亦又即天臺之判教之特殊方式，而爲前所未有者也。凡一切天臺之言心性之證連於判教之論者，其言說之方式，皆應作如是觀。

六、華嚴之說佛之說法而有其教理之言說方式

至於華嚴宗之說心性，亦自連於其一般之說經論之方式。華嚴之判教，大抵承天臺，然其五教十宗之說，則似純就五教十宗所說之內容義理而分判，不如天臺之兼就化法與化儀而判教者之兼重由說法之方式以判教者。華嚴宗所宗之華嚴經，不對二乘而說，亦不如法華之對三乘而說者，所被機之廣大。然華嚴宗之五教中，特有頓教間於小始終與圓之間，而頓教之根本義，則在絕詮會旨。此即所以上接小始終之教之重言說，而下接華嚴之圓頓教之媒。此則爲華嚴判教之特色。此特色在既說小始終之種種教之後，必須再翻於此一切之說之說，而說一絕詮會旨、說無可說之頓教法門，乃能達於華嚴之圓頓之教。如孤言絕詮會旨，則一切佛家宗派在說一自證境界時，實皆有之。般若三論宗之言法性，法相唯識宗之言心識實性，天臺所宗法華經所開示之佛之知見，皆無不離言說。凡一切佛家之說法，至於人所證所行，以得果處，皆無不離言。而佛家之一切言，亦莫非所以使人離言，而導人以至離言之境者也。故言說而至於離言，卽說至究竟，而說無所說也。然在華嚴，則頓教之絕詮會旨，說

無可說，唯所以上承小始終諸教之有可說，而亦更下開華嚴之圓頓之教之說佛自所證之離言境者。此卽無異於謂離言而說無可說之後，尚有依離言而有之言，依無可說而有之說，自佛心流出，以爲佛對別教菩薩之所說也。據華嚴經，此佛對別教菩薩之所說，乃佛於其自證境界中攝一切菩薩於其境界內，而對之說法。則其對菩薩說，亦無異對自己說；而此諸菩薩之境地已至高，原非必需待佛之說，乃知修行之道。其中之善財童子之五十三參，卽皆已參道於諸菩薩矣。然諸菩薩仍歡喜讚嘆於佛之所說，此則唯由於其於佛之所說，更得印證其原所知與所行之故。華嚴經又載佛說法時，同時化身爲千百萬億身，於佛境界中顯千百萬億世界，於其中同時說法，亦皆同時有無數菩薩圍繞歡喜讚嘆於佛之所說，而佛之一一毛孔世界之一一塵，亦皆化爲無數世界，亦見有無數菩薩所圍繞佛之在其中說法。此卽爲一重重無盡之世界中之重重無盡之佛與重重無盡之菩薩互爲主伴以互說互聞其所說之重重無盡之法。華嚴宗所言之一切攝一、一切攝一之十玄六相，與一切理論，亦實皆由此華嚴經之所說之事相，以爲其理據也。然吾今更當試說此華嚴經與華嚴宗之言說方式之果何所是。

依此華嚴經所言之佛之說法，乃在其自證境界，對菩薩說亦卽對自己說，而諸菩薩亦原非待佛之說而後能修道。則此佛之說法乃以他菩薩爲自而說，菩薩亦以佛之他爲自而聞者。是見此中之說者與聞者，卽已相攝而不二。至若佛說法而無量諸佛同時說法，則更見說者卽是聞者，聞者卽是說者。此中之聞者，非必求聞法，說者亦非爲聞者之求而說，故不同於其他佛經之言佛之說法，皆由悲憫衆生而加以超度者。因而其說亦原非必需說而者。非必需說而說，則說無工具之意義，而其說卽純爲自動而說，爲表現佛心之自己於菩薩心，與爲其化身之無量佛之心而說。此中之說，只是表現，此中之聞，則是重表現此表現，以使此表現相卽相入亦互爲主伴佛菩薩，說無盡聞無盡，而此相卽相入互爲主伴之爲亦無盡，以成一圓融無礙之全體。此表現外無目的，唯是表現其所欲表現。所欲表現者是體，表現是用。用不外向於他，卽唯所以見體，而體用相徹。體因而用果，則因果相徹。依佛心爲體，而表現無窮無盡之多，則卽一卽多，而一多相徹。由此而一切華嚴宗之玄談無不可相引而致。讀者可自思之。然吾今更將進而論者，卽此中之佛心與其言說之有此關係，實又非只在佛心爲然。在吾人一念之心，吾人當下之說亦莫不然。佛之說可只爲表現於其自己之內，而對自己說，對自己心內之菩薩說，吾等凡夫亦皆能如此以對自己說，對自己之心之中人物，如此如此說，而亦能自聞其所說。則吾人之一己亦可自有其化身。如吾之著此文，亦自己對自己說話之例也。讀者之觀我文，而有所評論，亦初爲對其自己而說話也。而在吾與賓客談論之際，賓客雖外於我，亦未嘗不爲我所知所感，而爲在我之所感所知之內之另一我也。我言爲主而賓自聞，賓言爲主而我亦聞。我與賓客互爲主賓，則賓內在於我，我亦內在於賓。亦如我之自說而自聞，聞後更有說，我與我之亦可自爲主賓也。我之自說，或與賓客談論，固或爲指陳一事物而說，亦或爲自命，或相命以共爲一事而說，此皆有所指有所爲之說也。然吾人亦可無所爲而唯自表意表情而說，說後而自讚嘆，或以言與賓客相讚嘆，則言說原非皆必有所指有所爲而說也。詩人言「頻呼小玉原無事，爲要檀郎聽得聲」，卽無事之說，原非必說者也。故不說可，說亦可。說亦只是人與人之相聽，而得聲而矣。聽得聲，而聲與意俱盡，則無可說也。無可說，則歸於寂而默然，則再有重喚之聲，皆自寂與默然而出也。由此以觀，則世間一切人之自由表情表意之言，有話卽長，無話卽短，來也無端，去也無迹，皆華嚴佛境之言也。又在此人與人之主賓對語或一人自爲主賓而對語之中，亦自有我心與人心，己心與己心之以其互說互聞，而互相攝入之事，而此時人之說，唯所表意表情，亦卽唯所表現其心。此時所表現者，是心爲體爲因，表現之言爲用爲果。言能表意表情而體呈爲用，而用顯體，因向於果而果亦證因。情意一而長言之，則言可多，悠哉悠哉之言二，只是一悠哉之情；則情一而言多也。一人言而衆俱聽，言一而聽多也。一人能聽衆人之言，言者多而聽者一也。一朝之自言自語，而終身或不忘，而更反覆念之，則一人之中亦自爲主賓，以自爲一人而亦自多人也。則此一多之相攝，吾人之言談中亦到處有之也。華嚴境界中之佛心與菩薩心之互爲主伴而圓融無礙，與其中之體用因果相澈，及一多相攝之義，於吾人之自語與對語中，亦隨處可證。所證之深淺大小固初可不必問也。

然吾人今果能卽在吾人日常生活之自語與對語中，證得此中之相卽相入，主伴圓融與體用因果一多相攝之義，更以之觀其他一切法，則無數華嚴宗所言之義理，皆不難次第引繹而出，亦不難次第加以契會。華嚴宗說法方式，與其他佛家宗派之說法方式之不同，亦不難見。蓋作此中主伴、體用、因果、一多之義，則如以之與三論宗二諦之說相較而說，卽首當說此二諦不特不二，亦相澈而相攝。如謂二諦之空諦爲理，假諦爲事，則事理當相攝相澈而觀。故世傳此宗初祖杜順之華嚴法界觀有三觀之說。其中之眞空觀卽於假觀空，於事法界觀理法界義，卽空宗義。然下更繼以事理無礙觀，則爲空假之相澈，事理之相澈。而觀事多理一，卽觀一多相澈相攝。一多相攝，而多與多亦相攝，卽事與事亦無礙。故更有周遍涵容觀之說也。至於智儼法藏之說十玄，則要在自所觀之法界之諸法間，言其互爲主伴、因果、體用、一多等之相攝卽相入之關係。法藏之六相，則要在自法界之總別之同異成壞諸相間，言諸相之圓融不二，而法界諸法之因緣關係，卽爲一因緣之相卽相入，因緣與眞空之理之相卽相入之關係。此則不同於法相唯識之言因緣生法與依他起法之唯重說因緣和合而生法者，只求羅列諸因緣，以說一法之所由生者。而是更說因緣之所以和合，乃由因緣之間之有其相卽以相澈、相入以相攝之故。有相入，則有隱於無，而見有非實有，而未嘗不空；而相入亦依於空，而後有相入。一切相入者，皆在空中相入，則「相入」與「空」相卽，無此空亦相入。而相入依於相卽，則「相卽」「相入」，皆與「空」相卽相入。唯有此諸相卽與相入，而後有所謂因緣和合。則因緣和合之義，非只列舉因緣所能盡，因緣和合亦非只假有與假有間事，亦假有與眞空相卽相入之事，亦眞空假有之相澈相攝之事。眞空是理，假有是事，則此亦卽理事相澈而理事無礙也。理事無礙，無事非理，無有非空，而事事皆理皆空，卽事事之同與空相卽相入，而皆無礙，是事事無礙也。理卽眞如，事爲緣會。緣會不同而事變，而理則眞如隨緣而不變，雖不變而恆澈於事，以隨緣，是爲眞如之隨緣不變。眞如卽佛性，眞如隨緣不變，則一切衆生皆有佛性。自亦無唯識宗之所謂無佛性之一闡提。衆生皆有佛性，則衆生卽未來之佛，亦卽佛之因，而佛卽衆生之果，因果相澈，以觀衆生與佛，則佛與衆生畢竟無別。眞如卽佛性，亦一眞法界之心性，事依理起，卽依眞如起，亦卽依一眞法界之心性起。則一切緣會或因緣和合之事之起，不只是緣起，亦是性起。此卽與法相唯識宗之無此中之因緣與空之相卽相入之義，無眞如隨緣不變之義，亦無此衆生皆有佛性佛心之義，只有緣起而無性起之義者，皆不同矣。

至於華嚴宗與天臺宗，則同爲圓教。同有心佛衆生三無差別之義。亦同重以心觀萬法天臺之一心三觀、十界一如、一念三千，亦皆同爲體用、因果、一多、相澈相攝之論，而亦同講圓教，以通般若三論與法相唯識二宗之隔，亦同以華嚴法華爲圓教之經，華嚴之判教亦大體同天臺，而二宗之其他教義亦明互相影響。則二宗間差別何在，頗不易論。昔之以同教一乘爲天臺，別教一乘爲華嚴者，乃純自其說法所對之機或單獨別教菩薩或兼對三乘說而言。其以性起性具之異分二宗者，其義已略見吾原性篇。此皆純自二教之教理內容說。今不更多所討論。吾人今如欲由二宗之思想方式與說法方式分二宗，則吾意此二宗雖同有通假有眞空衆生界佛界之圓教之論，然其初之入路仍有不同。此卽在天臺之以中諦統二諦，要在以中通二邊，以一統二，亦卽以絕對通相對，由此方成其三觀三諦之說。而華嚴之言相卽相入相澈相攝，則是由相對之相涵，以見絕對，亦由二之相涵以見一，而統二邊之「中」，卽在其所統之「二邊」之中。故華嚴之由四法界六相十玄之論，皆兩兩相對爲說。其喜爲因果相澈等四句之論，亦皆由於此。今追溯其原，則在華嚴所宗之華嚴經之說佛於其自證之境界中，對衆菩薩說法，卽自始是於其此自證之境界之絕對中，開出說法者與聞法者之主件之相對。華嚴世界之主件重重之無盡，則更是由此「重重無盡之相對」之開出。然此相對中，又皆處處皆有此相澈相攝相卽相入之關係，而相對中卽涵有絕對之存乎其中，以通此相對，使二而不二，多而卽一。此相對之相澈相攝，初又卽表現於佛之說法與聞者之聞法之事之相澈相攝之中。佛之說法又是由說無可說之絕對自證境界中，自開其心爲相對境界而說，卽以此「說」更通此相對，以見其相澈而相攝。此中佛之一切說所依之絕對，爲說所自流出而非所說。所說者，唯是於相對之相澈相攝中所見之絕對。天臺之標絕對以統相對，則相對皆歸攝於絕對；故天臺於一切只說相對者之一面之權敎，皆歸攝於實說，而開權顯實廢權立實。是卽攝末歸本敎或歸攝敎。華嚴之由絕對自開爲相對，然後說其相澈相攝，故華嚴之敎，則是依本起末，開絕之實顯相對之權，而依實與權，再於權中見實。故華嚴、判敎伸佛汝先說華嚴如先照時更說小始終頓之敎，如轉照時，更於還照時說法華涅槃以還照；於華嚴以成其之圓敎。華嚴經言開佛之自證境界之絕對爲相對之佛與菩薩，而以無礙之言說，通此相對，此是由無說而起有說，卽有說與無說，先自將開，由一而二，如於空中之繁興萬法，萬法之由性起也。天臺之導三乘以歸一，此乃由說三乘之歸於一而開示佛之本懷，卽歸於無說而有說，而有說與無說之二泯於一矣，如萬法之寂然於眞空，而萬法卽皆性具眞空矣。華嚴由無說，而對別敎菩薩開有說，故依頓敎之無說而有說。謂之別敎一乘，實亦無說中開有說，卽無分別中生分別也。天臺會三乘之說同歸佛之無說，是爲同敎一乘。此則唯由其歸以見其一乘也。則昔之以性起性具，依本起末攝末歸本別敎一乘同敎一乘判華嚴天臺之圓敎之異者，吾人之說皆可一以貫之矣。

於此更當略及之一義，是吾人前言天臺之兼化法與化儀判敎，卽兼以諸敎理之內容與說敎之方式判敎，而華嚴五敎十宗之判敎則似純以敎理之內容判。然華嚴之以頓爲五敎之一，又似混化法與化儀，亦混說之內容及說之方式之別。然吾人如知華嚴宗之一切主伴因果體用體用一多之相澈相攝之敎理，初皆依華嚴經中所言佛之對菩薩說法之事相，而用以說此事相之義理，則此華嚴之諸敎理卽無異由說「佛之如此如此在主伴重重無盡中之說法之說」，而說之義理。吾人又謂此諸義理，亦可用以說吾人之對己對人之言說者。則此華嚴宗所說之義理，正是由說華嚴經所說之佛在主伴重重無盡中之說之方式之所成。今只須說此佛之說法之方式，卽可得此種種主伴因果體用一多之諸義理，而此諸義理卽爲華嚴宗所用以說一切法界之一切法之內容，而亦爲華嚴敎理之內容之所在者。則華嚴之敎理內容，卽由說佛說法之方式而得。而亦未嘗不可由說吾人之對己對人之言說之方式之同於此佛之言說方式者而得。則華嚴宗之敎理內容，卽由說說之方式，卽以此方式之義理，爲其敎理內容者也。循此以觀，則華嚴宗實原不當有說之方式與所說內容之分，或化法化儀之分。因其卽由化儀以得化法，以說

「說之方式」，爲其所說之內容教理也。此華嚴由說「說之方式」以得其所說之內容教理，亦卽可爲華嚴之言說方式之一最特殊之處，而爲昔之所未有者也。

七、禪宗之在當下機感中，用言說與非言說之事物代言說之言說方式

華嚴之說乃原自說佛之在自證境界中之由不說而說法之事相而成。禪宗之說則可謂之依不說而說，而又以說成其不說者。禪宗之說近乎華嚴所判之頓教。故華嚴宗與禪宗關係至密。然華嚴之頓教，非卽最高之圓頓教，而禪宗則未嘗自認爲不及華嚴所謂圓頓教，亦未嘗自以爲必在華嚴所判爲小始終諸教之上。此則原於禪宗之根本無此判教之說，亦未嘗欲判諸佛家教理之高下同異得失，而唯在求直下自悟，更以言說直下悟他之故。此卽無異將一切言說皆納之於說者與聞者之機感之中，更無一絲一毫之外溢。依禪宗以觀華嚴，則華嚴之說佛之在其自證境界說法之事相，卽仍是說他佛，再說心佛與衆生無差別之種種義理，此便仍是「抛卻自家無盡寶藏，沿門托鉢效貧兒」之事，則此亦可不須先說。若要有說，唯當對問者之來問，乃說與之聞。則離說者問者或聞者之間之機感，畢竟更無可說。此依此機感而有之說，則不特當以機感之不同而不同，亦當旋說而旋自掃。此則略類三論宗之說破執之言，必更告以此言之不可執。然其中又有不同者在。

此不同所在，在三論宗之言，乃兼舉各類之執而破之，更言此破之之言之不可執。此仍是一論述。而禪宗之破執，則只面對問者之所執而破之，而純爲對語。依禪宗觀三論宗破種種執之論，則如問者本無某種之執，卽不須破，亦不須聞此破執之論。如有此執，此執之依問者當下之情境，必表現爲特殊而唯一之形態。則只一般的純理論性的破此執之言，並不能全相切合。欲求說者問者機感之相應，則一切言說皆須當機創發，不能襲取任何現成之理論。當前之情境爲具體之情境，則言說亦宜爲具體性之直指事物而爲喻之言說。此種言說之方式，在六祖壇經中所載之惠能對徒衆之言說中，已開其端，而大盛於六祖以後之禪宗大德，對學者之言說，而載爲禪宗之語錄者。六祖壇經中猶有若干對敎理之講說與問答，而後之禪宗之徒，乃同趨於無敎理之問答，而以任何對敎理之言說，皆視爲當機之指點，以啓學者之心悟與工夫之用。於是禪宗之言說，乃大異於敎下之詮敎而講說經論、辨析義理者，而直指具體事物爲喻之言說，亦同具文學性，禪語亦時有詩意。然禪語中雅言又可與粗俗語並用，佛家之言亦可與世間言說並用，而所用言說之範圍，由此大開。又此中之言重在聞者之得意而自悟，聞者能由一句以得悟，則此一句不必更說其理由，更不必爲之論辯。則一句之話，可無頭無尾，無來處亦無去處，只從來處來、去處去。如聞者只半句而得悟，則一句亦不必說完。斷句之言，亦未嘗不可說。以至只說一字亦可。由此更進，則只一唱一噓，作圖繪像，以表意亦可。再進一層，則只以一動作或行事表意，而以棒打拳捶，以至燒菴斬貓，皆可以代言說。極之至於以指對所指，而令聞者會意亦可。而凡所指可指之事物皆可代言說之用以使人心悟。有此心悟，則又萬法皆心。故可曰「有人識得心，大地無寸土」。然大地山河亦皆可代人之言說，以使人有此心悟。則「山河及大地，全露法王身」，而皆能說法矣。故在禪宗無異使一切不同其內容與方式之言說，以及一切發聲之事與其他行事、一切萬物、一切法界中之法，皆成為當機指點人之心悟之言說者也。此卽將言說與非言說，同用為言說，而泯言說與非言說之分，亦使言說之範圍同於法界，如成為無限大者也。而此卽為禪宗之用言說之特殊方式，而非昔之佛家學者所有者也。

此禪宗之用言說之特殊方式所在，尚不只在其能說出任何言說任何事物皆可用以說佛法。如只自此而言，則謂世間一切說皆是佛說之言，固早有之。謂佛之說法，可以現種種相而說，維摩詰華嚴經等早已言之；淨土宗言彌陀淨土中之林池樹鳥，固亦皆說法，而依佛家言佛之法身，原無所不在之義，則一切法之所在，卽佛身之所在。如華嚴中之塵塵刹刹，皆佛身所在，亦皆有佛說法其中是也。然此諸經之說出此佛法之無不在，仍不同於禪宗之徒之在一說者與問者之當下機感中，由說者之一言一動，就其當言所用之言所有之事物，而向聞者指出此佛法之卽在於當下之「此」，而在當下證佛法之無不在而無疑。蓋只說佛法雖無不在，因未必卽在於當下之「此」。則此無不在，仍為一虛理，而未見於實事。而未必能使當下之此聞者當下實見其無不在也。若當下之此聞者，能實見其在於當下之此，則當下之此外，更無非此，而此卽涵天蓋地之此，在此，卽更無不在，方為實見其無不在也。故此禪宗之說法之特殊方式，乃在其能將一切言說，納歸於聞者與說者之當下之機感之中，而使在此當下機感中之任何言說任何事物，皆說佛法，仍爲昔之所未有者也。

由禪宗之將一切言說納於當下之說者，聞者之機感之中，故言說之是否應機，較言說之是否應理，爲更要之事。言說之是否應機，不只在言說之組織方式。言說之組織方式固可或爲論辯或非論辯，或只一句或半句或一字，上已及之。儘可與言說組織方式無開式。然衡定言說之運用是否應機者之標準，如說者之言之意是否果能直鍥入聞者之心，聞者之意是否恰合說者之言之意而機鋒相對，以及機鋒相對之言之和，是否實可使人心悟，以及人對他人之言之感應之或遲或速，如是否能即問即答，不經擬議，皆衡定言之是否應機之標準。眞能應機之言，即必須爲機鋒相應不容擬議，而即問即答者，而此則賴於說者之不只知己之意已所用言說之義，亦知聞者之心，而其對言說之運用，能自由自在而無滯礙者，然後能爲。而此自由自在之運用語言方式，則恆正爲禪宗所擅長者也。此自由自在之運用語言之方式，不只在其能用種種語以表種種義，以至用事物以代語言而表義，如上文所已及而亦在其能用無義語，與義相矛盾之語，以表義。此中無義語之可以表義者，由無義語，至少可銷解人平日對種種義之執着，而矛盾語，亦可銷解人對相矛盾之兩端之義之執着。而言之應機而說，其機鋒迅疾者，其言又皆能才應即止，過而不留。能過而不留，則無義語之無義，亦可過而不留，矛盾語之矛盾，亦可過而不留。矛盾者之所以長相矛盾，因矛長爲矛，而盾長爲盾也。若如矛爲矛時則盾不爲盾，盾爲盾時則矛不爲矛，則矛盾卽皆不立。機鋒迅捷之言之所以許人有自相矛盾之說者，以其矛盾之言之相繼，乃在矛爲矛時卽盾不爲盾，向無盾；盾爲盾時卽矛不爲矛，而無矛。則矛盾之言之明的導用不僅在其用以破相反之執時，原可更迭而用；而亦在人用矛盾之言之機鋒迅病之問答之中，實亦用矛則無盾，用盾則無矛，而實是在無矛或無盾中，迭用矛盾之言，而矛盾之言。實從未嘗相並立，以有其矛盾關係之存在之故也。

由禪宗之言說，可有無義語與矛盾之語，而唯在其運用中見其義，見其未嘗矛盾，故禪宗之用佛家之似相差異而或相矛盾之言說，可不待更爲之判敎，以定其孰偏孰圓，孰權孰實。此中之言說純由聞者與說者之機感，以定其意義與價値。則言不應機，無言非偏，應機，卽無不圓。應機之言，則無權非實。不應機則實語亦可增人之妄執，尙不足以當權也。應機則有應，而非不定。一應卽應爲頓，漸說漸修，而能應，應而悟處，亦是頓。故禪宗不必有偏圓權實之判敎論，而要必有頓然之一悟。悟之大小深淺不必論。機感之相應處，如兩鋒相加，只在一點。前此之各自輪刀上陣，固可持刀，次第而行，然交處則只在一點。此一點卽前無所自來，後亦可更無自往，卽只是靈光一閃，而爲一頓也。求有此頓，而有說者，聞者機感相應之言說，卽禪宗之所以敎人明心見性之言說方式也。

下篇

一、儒家之重知言與立言之態度

宋明儒起而重接先秦儒學之傳，亦上承漢唐儒者之論而爲說。此宋明儒言心性之義理，與其言其他之義理之內容與方式，同皆不同於佛學。今如欲論其特殊方式所在，可先由昔之儒者至宋明儒同有對言說之共同態度之不同於佛道諸家者而說之。此儒者共有之對言說之態度，卽重立言，而不必求騁言，重行其言而不必泯其言，重知天下之言，而不必盡用天下之言。大率昔之爲名家之論。道家如莊子之「卮言日出」，魏晉之尙談辯之學者，均頗重騁言，而不必求行其言。然莊子之卮言日出而和以天倪，與魏晉之爲玄言者之重得意忘言，均有由言以歸默，而泯言無言之論。而莊老之狂言寓言與姑妄言之之言，及正言若反之言，則又皆重在言以寄意，使人得意言外，而不重正面之立言者。縱橫法墨諸家，則皆重用言以達一言外之功利之目標，而不重其言之本身是否眞實，是否能自立者。佛家則爲用種種方便之言以敎人，亦敎人行其言，而極其方便言說之量，又可如禪宗之無言之不可用，以顯其辯才無礙，而類若騁言者。以儒家與諸家比，則儒家可以求知天下之言爲儒者之一事，故孔孟皆言知言。後儒亦無不重知言。然知天下之言，是否卽必用此天下之言，則其間無必然之關係。如市井里巷之言異教之言，禪宗可用之，儒者可知之而誌之於史，其論道則恒不必用也。儒者對人之言可依人而異，如佛家之因機不同而言異。然佛家依人而異之言，可無所不說，故亦極能顯其辯才之無礙。然儒者對不可與之言者，則寧默而不言，非其時亦不言。故孔子「時然後言」，亦有「智者不失言」之訓也。此態度，亦爲孟荀所承，而後之儒者咸有其不肯用不屑用之言，故儒者之辯才不能如佛家之無礙，而儒家亦不必以辯才之無礙爲貴也。然儒家如孔子之默識而曰同天之無言，固有其所體會者在，後之儒者亦咸知言說之上一層，有非言所能盡，而類同莊子之以爲至道之極爲言之所不能論，佛家之謂世有不思議之境也。然儒者所言之「不言」實多是因人之不足與言，或非己之位所當言，或本「知之爲知不知爲不知」之訓，以不知故不言。儒者固不常謂其所證之境如何幽深玄遠神秘奧妙，非世間言說所及也。故儒者之「無言」與「不言」不必同於佛道之家，由忘言於一境界前而有之無言與不言。儒家之言中固罕言「忘言」「泯言」也。然儒者雖不必泯言，然亦非以言爲人生最後之事。故有言者，宜更求己與人行其言。此與墨家佛家之亦有一重行之意同。然求己與人之行其言，又不必同於墨家與佛家之唯以言說爲用，爲方便以勸人行者。儒者之爲言而勸人行者，必其言之本身，原足以自立，故墨家之可爲己所不誠信之說以服人，佛家可以不必能自立之言爲權說，而矛盾無意義之語在禪宗亦無不可說。然在儒家則不能作此無義語，矛盾說，亦不能於實說外，有佛家所謂無定限之權說，復不能如墨家之爲一己所不誠信之說以詔世也。

綜上所述，更就人之言與知行三者以言其關係，則人固有不知不言而能行者，如孟子所謂「行不著習不察，終身由之而不知其道」之一般人之行爲是也。亦可有極其言以言其所知而不必行者，如世之學者與騁其言之辯者之徒是也。又有息其言於其一般之知之所不知，而爲體證之知之所知者，而重在由此體證之知，以起某一類之行者，老莊之道家是也。再有極其言，以導人之有某一體證之知與行者，佛家是也。更有只用其言以引導己與人爲某一類之行，而不必重先有體證之言者，墨法縱橫之言是也。必先立其言之爲己之所體證而誠信者，然後望己與人之行其言，必求知人之言，而又不必用其言，求立言，而不必人人與之言，而於人亦有不言，與一般之知之所不及，亦有不言之義，而又不以忘言泯言爲歸者，儒者之言是也。此儒者之言說之態度方式，亦卽依於對「己之言必求其立而可行，對人之言必求知而不必皆言」而求立言行言知言之態度方式也。

上述儒者之立言行言知言之三者，以知言之範圍最廣，立言次之，己之行，又次之。其言用天下之言不問，其能立與否以騁辯說，而只求其言之行於人，非儒者之學也。然儒者以其知言之學，則又可於此一切天下之言，以及一切騁辯說之論，與其所以生之故，又可無所不知。儒者之本知言而爲言，又不必用其所知之言，則是自以其行主宰其所知之言之用。故有其所知之言，而爲其所不取之以爲用者。然此又不礙儒者之可自言其所知之言之爲如何，與其誠妄是非之爲如何，而更暢言之。此卽儒者之博學審問愼思明辨之學之所存，以爲其篤行之之所據者也。

儒者恒求知言，而可求知天下之言，故亦能言其所知於天下之言，故佛家可說一切法，佛家各學派亦可互說各宗派之義，而爲之判敎，而本儒者之博學，亦可記載轉述一切天下之言，而異時或同時之儒者，亦可相互述說其各所言者之爲何若。故儒者依其知言之態度，而說一切言說之量，與佛家之能說一切言說無殊。儒者依言而行，可以行代言而敎世，亦可指天地萬物，而謂「天行健」卽敎「君子以自強不息」地勢坤卽敎「君子以原德載物」。故孔子以天有四時地載神氣，無非敎也。此與佛家之可以行代言而說法，並以山河及大地同露法王身，亦原則上無殊。然儒家對其所知之言，必有二態度。一爲必對其所知之事理，如其所知之而視作歷史性之事實而求如實說。二爲必問其他人之言之是否爲如實說，於事理是否當。如實說謂之誠信，否則謂之妄而不信。當則謂之是，否則謂之非。故知言必當求知其誠妄與是非，而不必遽及於如何用其言或如何將不同之言融通於一系統中，卽儒家之知言之學之自有其具足之意義之處，而異於佛家之重在用種種言以達人信法之目標，並由天下之言無不對某一類在某一因緣關係之下爲有用，只就其用處以觀其言，而不先問其言之本身之是非誠妄，其本身之是否能立者也。

因儒家對言之誠妄是非之辨，與佛家不同。故依佛家有判敎之論，使一切佛家宗派所言之不同敎理，無不在判敎系統中得其一地位，而無一不是。至對所傳之佛說，更視其言無一不是。而儒家則後儒於先儒之說，則儘可謂其不是。而宋明儒更明言則孔子之言未是也只還他未是（朱子語類百二十一）。「求之於心而非也雖其言出於孔子不敢以爲是也」（王陽明拔本塞源論）。而此中之儒佛之所以不同無他，卽佛家可將任何言說自其應用而觀，則任何言說皆可對某一因緣關係下之人有其用處，而任何不是之言說，其所依之意旨，皆可爲善意而是，則純就言對聞者之用處與言者之密意之是處以觀言者，卽天下之言原皆可無不是。而儒家則初不專自言之用處與言者之用意以知言，亦當兼自其言之本身之是非誠妄以觀其言之是否實能立。故雖孔子之聖，如其言不是仍當說其不是，況其他先儒乎？此卽儒者之所以無以權實顯密爲說之判教，以將儒學各派皆納於一系統中之說也。

二、論知言與立言之可能

關於知言之事，當兼知言之本身之是非誠妄，其言之本身之是否能立之事，恒被人視爲不可能。而言之是否能立亦恒視爲非他人之所知，而人亦更以爲實無言之能自立於天下，而立言之事亦原不可能。則此中有種種之執障爲礙，須略加疏解。

大率人之懷疑於立言知言之不可能者，皆由於有見於言之義之多歧，而人用一言所表之意與說者之言於聞者所引起之意，與其所會得之義，亦多歧之故。蓋言之義既多歧，引起之意亦多歧，則說者立任何之言，聞者皆可作別會，則言不被知，而其言所表之意所涵之義卽永無定。而說者之意與其言之義，亦卽永不立於天下後世，而立言之事爲不可能，知言立言之事，亦同不可能矣。

然此中之懷疑之根本出發點，則又正是由言之對聞者之效用上看其效用之多歧以言，言之不能被知，又由言者之言時之用意，亦在使此言對聞者有其引致知其言之效用，而又見此效用之不可必，乃更謂其言之不能立。然若吾人自始不由言之對聞者之效用上着眼，而人之言之用意亦初不在望人之知其言，而自始卽肯定言之有其本身之是非誠妄，亦自始求其言之是與誠，並求先自立其言於其自心之內，則必自知其言之自有其能立與不能立，或是非誠妄之辨，必將謂他人之言亦自有其是非誠妄之辨，而當求有以知之。則知天下固有能自立之言，而此能自立之言，亦固有可爲人所知之理，而人亦可志在立言，與知人之所立言之是非誠妄其是否能之立矣。

何以人可肯定言，自有其本身之是非誠妄，當知此非將此言，只視爲一感覺所對之聲形符號而說。當知言之所以爲言，乃在說者之用此聲形符號，以表意與意中之義。此聲形符號，自始不能離說者之意與用此言之義而獨立。唯此意與義及聲形符號三者之相和合而後有言。在此三者之和合中，卽正有言本身所具之誠妄是非，初爲說者之所可自知，而繼可爲聞者之所以同知者。人之意所會之義者爲此，卽以有某義之言以表之，則言之義與意中之義合，而爲誠言。反是，而或說一言而與意中所知之義相違，並使人由其言其義，不得其意中之義者，卽爲妄言詐語。此言之誠妄，固人自觀其言之義與意之義之合與離而可知者也。至於此言之所以必有是非，則由言所表之意中自具諸義，其自相對或對其意中之所對之事物之自身之義，自有其同異等關係。此同異關係，要有可爲人所實知者。既實知，而言又爲足表此實知之誠言，則此言卽爲是，而此爲是之言，卽能自立之言。至其同異之非吾人所實知，則吾人可志在「此實知而得作一爲是之言」，此卽志在立言之事。此同異總有——爲人所實知者，卽必有能立之言，而此同異人總可求實知之，人卽至少可「志在立此實知之言」也。

此上所說言之自有其誠妄是非，乃言對言者之自心而顯之誠妄是非，此中之人之用某一形聲之符號時固可自定其義，然此皆不礙其言之有是非誠妄。如人以馬字之義指馬，見馬時不說爲馬，固爲不誠，其謂馬有角固自知其非，如己定馬之字指牛，而見牛時不說之爲馬，亦對己爲不誠，而其謂馬無角亦固自知其非也。此中言之誠妄是非乃由其言之秉對人所自定之言之義與意中之義負責，而自見得者。故不待外求，而可知其言之自具誠妄是非也。於此，人易起之疑難，是謂此人之自定其言之義，純爲主觀之事，則所謂言之是非皆主觀之事，而人之立言，亦唯是立言於其自己之主觀，則無立言於天下之事。然實則此疑並不難答，卽人之自定其言之義，雖爲主觀之事，彼亦可任定其言之義，然彼如取世之言以說其意，彼亦當先求知世之言之義，以爲其所用之言之義，則其定所用之言之義，亦卽可同於世之言之義，而此乃純由人原能知世之言之言而亦用其言，以表相同之義之故也。復次，彼自任定世所用之言之義，而使之不同於一般之義，彼亦可對人說出其所自定之言之義，同於世之其他言之義，如謂其所謂牛卽世所謂馬，則世人亦可就其自釋其言之言，以知其所用之言之義。再次，縱彼不自釋其言，人亦可觀其於牛皆說馬，而知其以馬之義爲牛，則人所自定一言之義之非世之所有，並不礙他人之知其意，亦不礙他人之知其言所表之意中之義之是非，而於其言之果能立亦知其能立，於其言之是非不定，亦可與之同志在求有以定之也。此中之言之果能立而是非已定者，卽天下公是公非之所在也。彼謂天下無公是公非者，必須謂人不能自知其言之有一定之是非，又必須謂人必不能知他人之言之意，再必須謂人與人必無共同之是非，亦不知其有共同之是非而後可。反之則人只須能自知其一言之有一定之是非，亦有一言可爲天下所公是或公非，卽可證天下之有公是公非，而人卽可志在求知一切合於公是公非之言，而志求立一一之公是公非之言於天下矣。人與人之相對而立言，並求互知其言之義，以用其言，兼本其所用之言，以互知其意之立言知言之事，卽天下之公是公非，逐步立於天下之大道也。夫然，而人之於言卽當求其所說之言足以自立爲先，人之知言，亦當於知其所用之言之義，與所表之意外，兼求知其言之誠妄與是非；固不可如漢儒之只以訓詁名言之義爲事，亦不可如魏晉論言意之辨者，只以得意爲宗；復不可如佛家之只自言之對聞者之效用而觀，以謂用見卽當泯言，言皆可有用亦可無用，而俱是俱非；更不可由自一言對聞者效用之不一其所引起之意之多歧，與人由一言所會之義之多歧，遂以天下無能立之言，亦不能有立言知言之事也。

三、宋明儒之本德性與義理以說性之方式

上說宋明儒之言說方式之特色，承自昔儒者之重知言立言之態度，而於言意之外，兼重其言之誠

妄是非。蓋人之求自立其言者必兼重其言之是非誠妄。是非或有所不知，而誠妄則己必能自知。至對他人之言，則誠妄或未可定，然是非則可討論。誠妄屬於德性，是非純屬義理。而宋明儒之所以異於漢魏以降之學者，則正在於言意與言之用之外，重人之爲言之德性與義理。

由此而宋儒之言性之論之異於其前之學者，卽正在先由德性義理以言性、德性關乎誠妄義理以定是非。而擴大此「誠」與「義理」之義以言天人之道及人性之論。正宋明儒學之一核心之明者也。

此宋儒之本「義理」之概念以言性之論，首見於張程以降之論孔子孟子或他家所言之性，恒先分別其所言之性爲何義之性。如純就義理言性爲義理之性與連氣質言性爲「氣質之性」。而此二概念之性之分，其本身亦出於義理而以此二性之概念又卽宋明儒用以評論判制昔人之言性者之所謂性之眞實意旨之義之何所是，而定其是非者也。依張程以降，所謂義理之性與氣質之性之分，以觀孔孟荀董所謂性，則大皆以孟子所言者純爲義理之性，而荀董所言者爲氣質之性，而孔子之性相近之性，則或說之爲義理之性或說之爲氣質之性，而其論不定。然要之皆是就孔孟荀董之言所及之性之眞實意旨所在中所涵之義以爲之分別，而初不重在其言之表面之爲何，亦不重其言者之爲人之如何，故亦不以孔子爲至聖便以其言性之論，卽必是最高之義理之性，或兼能知之性之義理氣質之分也。此朱子之所以說此性之有義理氣質之分，其說起於後世之張程也。此則與佛家之爲論者以最高之義皆佛說，凡佛說者無非最高者，固大不同矣。

宋儒論述其前之先儒所謂性之義，亦評述及佛家所謂性之義，宋明儒固亦以佛亦爲賢者，而亦多稱許佛家之徒之爲人。然於佛家之言心性與其他之言，則大皆不能同意。而多將儒佛之所言者較其同異，而更明斥佛家之論。而謝上蔡嘗謂「佛家所謂性爲儒家所謂心，佛家所謂心爲儒家所謂意」。朱子則以禪家所謂性爲作用見性，卽自氣質之知覺運動見性，非自義理之當然見性。後儒又有佛家知儒家所謂心，而不知其所謂性之種種說，其切合與否，可不論。然要之可見宋儒之重觀儒佛之言性者其眞實意旨中所涵之義之同異，而本此所言義之同義以更言其義理上之是非之論性之態度與說性之言說方式矣。

宋儒之評述昔賢與儒佛論性之說皆明知人之言之眞實意旨中所涵卽初不重此言對我直接引起之意，或我直下所會得之義，以及此言之流行意義等；蓋此諸後者皆唯是言之顯於我前之表面意義也。然人欲求實知他人之言之眞實意義，則必須撥開此言之諸表面之意義，而直求由言者之全部之言或他人對言者之言，加以貫通綜合，以求知彼言者在當時用此言之意，其意所表之義與此義之是非，是者之謂合理而爲眞義理。否則爲非眞義理。此論義理上之是非之事唯賴吾人由人之言以透視至其意，意中所涵之義與其義之合理與否或是與非而以義理爲吾人所唯一注目之點者，然後能爲。則此歸於論義理上之是非，因非謂不待吾人對人之言之眞實意旨之了解，而孤立其所言之義理於其言意之外，單獨見得此義理，卽可評述他人之言之是非之謂也。

然吾人雖不能離他人之言意，以評他人所言之義理之是非，吾人未嘗不可離於他人之言意之所已及者之外，以自求於義理之所見者，有是而無非；更眞實說此所見；是爲誠說而非妄語。此卽我之自爲說而自立言之事。人亦恆須先自有見於義理之全者，方能評論他人所見於義理之偏。人又恆須能誠說其所見之義理而不作妄語，方能知他人所言之眞實意旨。而上述之義理之性氣質之性之分等，亦卽宋儒自有見於此性之二方面，而眞實地說之之後，然後能本以評述孔孟荀董之與佛家言性之論者也。則知言而評人之言之是非，與自誠說一爲是之言，又相依而起，亦相依爲用者也。

人之所見如何而眞實說其言者是爲誠，而求知人之言，眞實意旨，卽求知人之誠，必人之言爲誠言而非妄語者，方可更辨其義理上之是非。故誠妄之辨與義理上是非之辨，有先後之序。而宋明儒學之始卽首見得此「誠」之一義之重要，而更推擴其義，以說天人之道與人性。此則首見於周濂溪、張橫渠、程明道之言之中，而程伊川、朱子則緣此而更重義理上之是非之辨而據義理以說天人之道與人性者也。

四、濂溪橫渠之由「言說之德性之誠」以說性與天道之言說方式

宋儒之理學之初起，周張邵皆初自天道言人性。周子首以誠說天道，亦言人本其原於天道之誠而

有之性，以更有思誠之工夫。橫渠亦言人性之原亦在天道，天人合一存乎誠。皆是上承中庸之說。然誠之一名正初爲指人之言說之德性之名，則由誠以言性與天道，亦卽由言此言說之德性，以言性與天道之言說方式也，而此一中庸之依誠說性與天道之論，重提出於佛家之華嚴禪宗之說之後，則另有一新意義。吾人今擬一試此由之誠，何以可據以說性與天道，及此由誠以言人性之異於佛家言性之說之所在。

誠之一名，原所以表示吾人之言說之一種狀態，如所謂誠實之言是也。此狀態則依於一內心之德性而有，其所以必依德性，乃由言之誠非現成之事，亦非人之言談中所必有而皆有者，故人無誠之德性卽不能爲誠言也。吾人前言人在言時，如由其言之結合所涵之義，能表其心中之意之內容，其言卽爲誠言。此事似極容易而人若皆能爲。然實則大謬而不然，其所以不然之故又初非由於人之所知之有義之語言，不足表其意中之義之故。其故乃在人之用一言以表其意（與意中之義）時，亦同時知此一言除有吾人所定之一義之外，在吾人之他時或他人用之，亦有其另定之義。故一言皆有多義。於是人用一言以表意時，此言所有之多義，恆引人心意之歧出，以離於其原所欲表之意（與意中之義）。而人又可將諸言自身自由加以結合編造，緣其義之結合，以別出一意，此亦可導致一心意之歧出。由此二端，而言與意間卽恆有一相分離之勢。人於此欲不隨語言之多義，更不自由結合編造語言，以使心意歧出，而使言皆與意一致，則必須其所欲表之心意（與意中之義）能貫澈於其對語言之應用中，並能自防其言語之多義與自由結合所導至心意之歧出，而本此心意之貫澈以主宰語言之運用然後可。語言之義，以求言意之合一，方得免於言意之分離與對人之妄語。此則非有德性之工夫者不能，而人之一般之言，實罕能皆屬於誠言之類，故言之誠，爲一德性之目也。

所謂人之言罕爲誠言之類者，此乃由於眞正之誠言，皆實本意而有言，必以意貫澈於其言中，而主宰言之選擇與運用，而使言意間從未嘗有間隔分離之事者，方爲標準之誠言，依此標準以觀，則人之只聞人之言而誦習附和之，以言之於人者，卽非先有意而有之誠言。則如漢儒之只以誦習章句爲事者，不必有此所謂誠言。又聞人言而由其言之種種多歧之義，而引生多歧之意，遂更隨意言說，如世之閒談之類，亦非眞正之誠言。而魏晉之淸談之同於閒談者亦非誠言。再一切唯以使聞者聞某言而作某事，以達吾望其作某事之目標，而不先思此言之是否爲眞實，而以言語爲手段者，亦非眞實之誠言。則如墨家之爲說教而有之言，與佛家之方便說法之言，亦不必爲誠言。此數者雖皆非有意之誑語，亦不必皆原於不德，而亦非見誠言之德者也。

此人之爲誠言之德性，乃一「必內先有一意，並求其意之貫澈於言之主宰運用，而不隨言之義之歧出而歧出其意，更歧出其言之德性。此中言在外意在內，卽爲內外之相澈。意爲始爲本爲體爲因，而貫澈於言之運用，以至於終於末，以成言之果，卽爲始終本末體用因果之相澈。意一而言可多，則爲一多之相澈。此皆華嚴所有之義。然此相澈之可能，則又由於中間之一段於言義之可歧出處，不使意隨之轉，而只用言之一義以表意，或以其他之言之義限定此言之義以防此意之歧出。此則為一縱貫於內外、始終、本末、體用、一多間之工夫，而華嚴經之佛之由空寂中自生言說，而體用相徹一多相攝之中，則固不須待有此德性工夫，亦不須說其乃依於誠之為德而有。故依此華嚴之義以說天道人性，則一切皆法爾如是，以體用相徹，一多相攝，而不須以誠道為之說，此即周張以誠道言天道人性之說，所以為華嚴宗所未有之義也。

此周程之以誠道說天道人性之論，不在其形式上之有此始終或本末之相徹之義，同於華嚴，而要在其言始終或本末之歷程中，有一誠道之貫注。有此一貫注，則此始終或本末之歷程間有一中，此歷程即可說為三。以中連始終，而「始」與「終」即各有其始終，而此歷程可說為四，再加此「中」為五。而此四此五，亦縱貫於此始終以為說。而非只由始終之相對相攝而互相反映，成一因陀羅網以為說。始為陽終為陰，開為四為元亨利貞，開為五為五行，初皆為縱貫之說，由此以說太極統陰陽，則亦不同於天臺之以中諦統假有與眞空為說。今如謂言之始於意為陽，意之於終於言為陰；則太極如一誠道之貫澈於此為始之意與為終之言之間，而使此言足表此意；此亦是自「言」與「意」之內部統「言」與「意」之關係，而非如天臺之中諦統眞空假有，乃自能作中觀之一心，自上統眞空假有以說來者也。依此誠道或太極統陰陽以及其所開出之元亨利貞或五行之義，以說天道，則萬物之生於天地間，正有類乎吾人之言之出，而其生生不息之幾，則類乎吾人之意。依此生生不息之幾之貫澈而萬物之化生不已，卽如吾人之正誠言之不已。誠言必有諸內而後形諸外。必內充實，而外之言不容已，方謂之誠言。如天之必有生生不息之幾之鼓盪於內，乃有萬物之化生也。人之爲誠言者，必自防其意之隨言之義之歧出而歧出，故必於事先或事後，自去其意之歧出者，乃能爲誠言。而天地之生任何一定之物，亦必先有去除其爲生此物之礙之事，見於其生此物之先，否則此物不能生也。天地間萬物之變化流行，向前而觀，固無一定之方式，亦似有無定限之歧出之可能。然自其所生之任何物之觀，則皆爲天地之於事先預去除「其歧出，而可使此物不生之一切可能」，而後有此物之生。如人之能爲誠言者，必先在其心中預去其所用之言之言可導其意之歧出者，方能爲此誠言也。

由天道之化生萬物之道無不誠，而周子之言萬物之各正性命，卽皆本於誠道，而人之性命之原亦爲誠，亦卽原爲眞實存在之生命，而亦依誠道以生者。人之秀出於萬物之上，由於其生命之靈通，故其形生而神發知，卽能於他人他物無不感。感通而能愛能敬，應之而得其宜，並有以自知而感應皆無不實，則仁義禮智信之五性，於是乎在。順性卽爲善，不能順性而只循其個體之自然生命之欲，而妄動以違性，卽爲惡。而人之私欲，亦爲原具此五性以生之生命之流行變化，依其個體之私，以歧出陷落於所欲而來，而此卽由人之不誠而來。故人必更有誠之工夫，以更求其生命與心靈之明通而公溥。此則人之所以盡性至命成己成物還契於天之誠道之人道也。

至於張橫渠之言天道人性，與周子之不同，則唯在其言天道之生物之無不誠，而溯其原於天地之太和之道。蓋天之生物原依於和以生，而和則依氣之陰陽之兩兩相感而來。氣之相感，即見氣非實而爲虛，虛而能感即氣之性，而其感之事，即性之神也。氣依性之神以相感，而後成和，而後有萬物生與成，亦見乾坤之道。則性即爲萬物之原，而橫渠之言兩兩相感以成太和之義，亦更類似華嚴之言一切相對者之互攝。然華嚴之言此互攝，初由未嘗統名之曰太和之道，亦不志在以之說萬物之所以化生不已。又華嚴由佛在其自證境界中，對別教菩薩之說法說來，而橫渠則由觀當前之現實的自然界之天地萬物相感說來。則華嚴之佛於其境界中之言說，雖亦當是誠說，而人之說之者，原無此境界，便非誠說。而橫渠所說之自然界，則原爲吾人之實所知，則本之以說之義，即可謂人之誠說也。至於其所說者之孰爲虛孰爲實，則不須論，固未嘗不可皆實也。

此橫渠以性爲萬物之一原之性，初爲天地之所以生萬物之天性，而人爲萬物之一，則亦具此天性。至人之依其氣之虛以感物之事，即見於人之知覺。人由知覺以於物知象，爲合內外之始；超物象，以大其心如天地，而以其性之神之無方，以應萬物，而成萬物，而爲天地立心，爲生民立命，更以此心承往昔之聖賢之心，開太平萬世，即人之盡性至命，以爲天地乾坤之道之肖子，而合天人之道。此合天人之道即誠道，故橫渠謂天人合一存乎誠也。

凡此周張之言性與誠之義，固非只以人之誠言之德性爲說。人之立誠亦不僅限於誠言，而尤重言所依之意之誠。人意之隨有多義之言而歧出，即原自意之不能自如其意，方隨有多義之言而別有意也。然人之意之歧出，亦不必由言之有多義之言而致，而可由心之隨所見之物之事象之牽連與欲望之逐物，以及意念間之自然聯想而致。此皆同爲使人之意不誠者也。人之意不誠者，其行亦不誠。人之可以言語欺人，亦如其可以僞行欺人。則人之立誠之事，固當兼涵意之誠與行之誠，而不限於言之誠。而論天地與聖人之誠道，則又大乎此。然觀此誠之一字之初義，乃自人之言語上說，而言語上之立誠，亦同爲自昔至宋明儒之所重。今吾人如純自「道」而觀言語之誠與意之誠、行之誠、天地之誠、聖人之誠，亦只是一誠道。程子言「能盡語默之道，則能盡去就之道，能盡去就之道卽能盡死生之道」，道固無大小也。則吾人亦可說此一切儒者言誠之道之論，無論其所及之範圍如何廣大，亦皆初自言語中之誠之一字所涵之義之反省，次第說來者。否則此一說言語之一字，亦不能如此遍用，至於範圍一切也。則吾人今如欲會此誠道之廣大之義，亦正當先自誠言之所依之德性，先加以反省而循序以說，此卽上文之所爲。而本上文之所爲，吾人亦可謂儒家之一切說誠道之說，亦卽皆由說人之言說而來，如華嚴之義，由說佛之說法說來。而儒家之誠言之說亦實卽佛之說法之類。說此誠言與說佛之說法，其涵義皆可同其廣大，而皆爲天下之大說，而其所以爲天下之大說之故，其異同之際，則亦不可不試爲之說也。

五、程朱以降以理言性及其與前此所言之氣質之性才性與佛家所謂因緣性空性之異同

周張重誠以誠爲合天人之道；程明道亦重誠，而偏在由誠之德之爲一直下合內外之道，以說誠之爲合天人之道，而又始標出天理之名，以說此道。伊川乃進而以理言性，朱子更兼以理言人性與天道。以理之名與道與誠之名較，則道與誠之義較大，而理之義較切。誠則兼知行動靜義，道則多連於行，理多連於知。道多連於行，故似動，理多連於知，似靜。行可統知，知不必統行。故理之義似最小。然理恆定而有常，爲是非之準。故欲知言之是非必本於理。而由周張明道之重以誠言天人之道與人性，其所依者猶在誠妄之辨。至伊川朱子之重理以言天人之道與人性，而宋學亦更重是非之辨矣。

程朱之重理，而以理言性之論，要在由人之當然之道與當然之義見理。亦卽由人心之所謂是而非之道與義見理，而卽於此見心之性，而心之性，亦卽爲道之所出，亦理之所在。此思路之特色，在由人之理想性以見性，而非卽人之現實性以見性，亦卽由人心之所嚮往歸向以見性，而非只由有此嚮往歸向之人，在自然與社會環境中之地位與其種種現實的關係中見性。此性卽爲吾人之生命所循之道路，以導人至於其理想之成聖成賢之境地者，此卽道義所在之性，亦爲必然之善者。故此人之性，純爲一由人之現實以導向於其理想之境地之理想性，其意義亦唯由其能導引吾人之生命之前程上見得，

而不能只由之以說明人之生命之現實狀態。唯此方爲人之眞正之性之所在，卽所謂義理之性也。至於由此義理之性之亦連於人之生命之現實狀態，而欲實現之於此生命之現實狀態中，固有種種之阻礙，其阻礙之原自後天者，卽私欲習氣之類，其原自先天者，卽上述之氣質之偏蔽之類。凡連氣質之偏正開塞純駁，以說人之先天之性，卽所謂氣質之性也。然氣質之性連於義理之性，則人亦能本其義理之性以自變化主宰其氣質之性，故此氣質之性，雖爲一現實，然非一不可變易之現實，而其爲一現實，固亦包涵可化爲非現實之義於其中者也。

此程朱卽義理言性與前此自人現實的自然生命與自然關係社會政治上言性之荀董王劉之說之一大不同，在此後者之諸說中之人性，如以佛家言性之說衡之，則人如執爲人所實有，卽皆同於佛家所謂自性，而可以佛家破執之說破之，而亦皆可統於佛家所謂因緣性之內，而非人所定有，亦未嘗不可說之爲無者，然宋儒所言之義理之性，則非佛家所謂自性，亦不能本佛家之言加以破斥，並不可納之於佛家所謂因緣性，而只可納之於佛家所謂眞實性中，而又與佛家之所言眞實性不同者。吾人於此二者能加以了解，則程朱以義理說性之言說方式之特色，卽可見矣。

所謂荀董王劉諸人所言之人性之說，皆可納之於佛所謂因緣性，如執爲人實有此性，皆可以佛家之說破者，卽以彼等所說之此諸人性，皆承認其爲可變化，或依於人在自然或社會之種種關係中而產生者。如荀董之性卽皆可以教化而變，王充之中人之性亦皆可變，劉劭之才性亦未言其必不可變。唯劉劭之才性或難變，而王充於上智下愚之性亦謂其不可變。然要皆由自然之陰陽五行之種種關係使之有亦人在社會政治關係之所表現者也。然依佛家義，凡能變化者卽無常，無常卽可有，而未嘗不可無。當其有固可說之有，而當其無時，則當說之爲無。而當其未無時，亦可說其可無、能無，而不可執爲定有，而亦未嘗不可由其可無，以說其有此可無之性，而其有，亦卽非有，其性爲空也。而依佛家之緣生之論以觀，則一切依緣以有者，亦莫不離緣卽無，而只爲緣生性。而人之性之凡依於自然之陰陽五行之關係而有以及人在社會政治關係中所表現之人性，亦卽皆由緣而有，而表現者，卽皆爲緣生之性。卽亦同不能執爲人所定有者，卽其性皆非定有之性，而其性本空者者也。

對荀董王劉所說之性，如執爲定有，佛家可以性空之論破之，如不執爲定有，則佛家亦可皆許其說，而皆納之於其因緣性項下。而唯識宗所言之依因緣生之心識之性，亦正可包括上列各家之說。以唯識宗以言荀子之性惡，卽人之賴耶識中之惡種子，依唯識家以言告子之無善無不善，卽人性之無記種子，依唯識宗以言王充之上智下愚之不移與中人之別，卽由善惡種之有有漏者與無漏種之不同，而有人之種姓之分。依唯識宗以言劉劭之才性之種種不同，亦不外由人之無量之善惡與無善惡之種子差別之所致也。則王充劉劭所言之自然關係社會關係，卽人與器世間及衆生界之外緣關係，則以唯識家論種子以及因緣關係之詳密，固足涵攝此諸家之人性論之義而無餘也。

然程朱所言之義理之性，則不可視之如所執之自性之類，而不可以佛家性空之論破之，亦不可只說之因緣性之心識之性。此則有類佛家之以空性眞如性爲眞實性，爲破執後之所顯，而非可破者。其所以非可破，在此宋儒所謂義理之性，亦正爲使人超於習氣私欲氣質之偏蔽之外，亦使人自超於其依此等而有之偏執之見之外者，故謂宋儒所謂氣質之性爲因緣生可，謂其無常而性空亦可。然謂宋儒所謂義理之性亦爲因緣生而性空，則不識宋儒所謂義理之性者也。此程朱之義理之性之非因緣生，而類似佛家所謂眞實性者，首在宋儒所謂性之仁義禮智，爲至善，與依佛家所謂依眞實性而有之慈悲喜捨之爲至淨，同爲人之嚮往歸向者。次在程朱之說此人之義理之性，若在現實上看，亦皆說其尚未爲人所全實現，亦卽現有之因緣皆尚不足以生之者，則不得說爲因緣生。此義理之性之本身卽天地萬物之理，而此理之自身，原爲無所定在之時與處，而可謂無不在，無始無終者。此義尤爲朱子所發揮，此則正同類似佛家之說其空性、眞實性、法界之法性或其如理，而以此性此理之爲遍法界，固皆不同於由因緣生者之必爲一有其時與處之具體之事物或事相者。此有其一定時與處者，可以因緣之變，而不在其原所在之時與處，故對事相事物，可說無常，而不可執爲定有，而其「有」之性爲空。然義理之性，只是義理，則本非具體事物或事象，本無定在之時與處，則固不可說其爲無常，亦如佛家所言之「無常之義理」「空之義理」，本身不可說爲無常或空也。人於空義無常義有知見而有執，固可更空此執，則此乃由知見之執，亦可視如一有定在之具體事物之故。謂非此「空義理、無常之義理」之上，可說無常與空，亦非能照見此無常義、空義之而不執之空慧皆可空之謂也。依此以例宋儒之言，則宋儒所言之義理性卽是義理，固亦不可空。人有對此義理之性之知，而由之以見生命之道路乃重在行此義理，而非知此義理，而更成執，則此知亦非同知見之執，而不可以佛家之性空之義破之者也」。然程朱所言之義理之性與佛家所謂眞實性，如空性法性眞如性，雖皆不可更謂其空，然儒家所言之義理之性，仍與佛家言其眞實性之義理不同。此不同首卽在說此眞實性之方式之不同。此卽在佛家之說一切眞實性，恒須先破異執而後說，而其說之之道，亦恒是反面的消極說。爲判敎之論者，亦多先說權敎或不了義敎，更指其不足，然後說其了義之眞實敎。然儒家則自始重在正面的平實說一義理，直下開門見山開口見膽，而其立說之前，亦不須先破異執，更不必先說一大套不了義之敎，以開前路，然後將其了義敎，前呼後擁而出。更罕有如禪宗之義之由呼喝棒打而出者。由佛家之說其眞實性，恒先由破執而說，故空宗之精神，實一切佛敎宗派之同有之根本精神所在。至於在破執之說既盡，佛家亦可對其所欲顯示之眞實性之本身，更無所說，或只由妄執之無，更說其無染無煩惱寂滅而寂淨，此卽皆反面的消極說也。故空宗之涅槃不可說，唯識宗遍說一切有爲法，亦以無爲法爲不可說，於眞如亦只說其爲二空所顯而已。天臺華嚴固較重積極說眞如佛性，如天臺所宗之涅槃經以常樂我淨說佛性，華嚴之以一多相攝、一攝一切、一切攝一、一切攝一切，說佛之內證境界是也。然此仍是在人之修行，最後所證之佛性佛果上正面說性，而非直就衆生性上正面說性也。衆生之衆生性中，固有佛性，此如天臺華嚴之所說，然衆生之佛性未開顯時，如貧子有寶珠，而自不識，則仍當說爲貧子，而此衆生之衆生性，仍當先說其爲染汚爲煩惱爲妄執重重，而亦當先說其此等之性空，然後可說及其眞實之佛性也。由此言之，則佛學在說吾人之衆生性時仍當以般若三論法相唯識之論爲本，卽天臺華嚴亦不能外也。

然在儒者之說性，則卽在吾人之凡夫身上，正面直說其有此仁義禮智之性。此則唯與禪宗之以直指人心爲佛性，謂凡夫卽佛，煩惱卽菩提之說最近。然禪宗雖直指人心爲說，謂能明自本心、見自本性，卽成佛之道。然禪宗於此心此性，卻又本般若之教，謂其無一法可得，而卽心卽佛之論，卽同非心非佛之說。則此仍不同於儒家直下指點人之仁義禮智之性或孩童知愛長知欽，卽此心之性而正面說之者也。

依佛家之觀點以看儒家之說心之有正面的性理爲內容者，恒意謂此所謂內容之層次甚低，此不過世間之孝弟仁義之類。然世間之言說，亦有二種。一種是只說其所知之事之言說，此或恒使人只自限其心思於其所知之事之中，固亦當有言以超過之。佛家之破執之說，亦於此有其精彩，並有其必須。然世間之言說，亦有非自限於事中之言說，而爲開導人之行爲與心知之方向之言說。此則其立脚點不離世間，與前者同，而其意義卻大爲不同，卽亦無上述之弊。若儒者之言孝弟仁義，只舉一般之孝弟仁義之事爲證，如漢代儒者之說，則亦未嘗不可使人自封閉其心思於此諸事之中，而佛家卽亦可說其境界，不如佛家所言者之高，亦當更超過之以爲說。然宋儒之言孝弟與仁義爲人性，則非如漢儒之自事上說，而純是自理上說，以開導人之行爲與心知之方向者。從理上說，則此孝弟仁義禮智之理之所導向者，則儘可至遠至高，而佛家所言之大慈大悲與般若智慧，亦不過人之仁之至、智之至之名，而其爲仁爲智，則與最平凡之人所了解之仁與智，亦未嘗非一理也。卽孝弟之事雖若只限於一家，而老吾老以及人之老，敬其長以敬人之長，則其義不限於一家，而人之敬佛亦由此敬長之義而來也。故程子謂「盡性至命，必本於孝弟」也。從理上說，則人先當問者，乃理之是非，而不當先問人之循理而行者，其所居之遠近，最後所達之境界之高下大小。遠近大小高卑者，循理而相續行之結果之「量」，與理之爲理之「性質」，固爲不同之概念也。循理而行者，知千里之行，始於足下，自然可由淺近以極高明致廣大。人之當前足下之路，固皆可導人至於天涯海角，而無遠弗屆也。則「不離日用尋常內，直到先天未畫前」，由孝弟以盡性至命，由禮樂以窮神知化，於中庸與高明，一以貫之，正儒者之學也。佛家學者之以儒者之孝弟仁義之義理者，只爲世間法之義理，故謂別有出世間法，而不知此義理之本身，只是一道。道何所不通，何所不往？道皆引人前行，而自其原所在之現實境界中，超拔而出，則道皆能出人於原所在之世間。則卽道以爲義理，而於此見性，更循之而行，則又何世間之不可出也。則佛家之謂儒者所言之義理，只爲世間法者，其言非是。儒者固在世間，而亦超世間出世間，亦如大乘佛學之欲出世間超世間，而仍言在世間也。然欲在世間而超世間出世間，必須實見得世間之義理中，卽亦出世間之義，亦必須見得人之一般之孝弟與仁義之性之至切近而亦至高明至廣大之義，則亦不可不先正面的說此性之卽在人之心，而不可如佛家只先反面的說人之煩惱染汚其執着之重量，而以破執着之敎爲先；亦不可只高標佛境界之高與佛性之深密，而當卽此當下之人性以見其能爲聖爲賢之性，此正程朱卽義理言性之方式之進於佛家者也。

六、陸王之表現的言說及以心知證心知之說性方式

至於宋明儒之陸王一路之言性，其異於程朱之言性者，則不在不卽義理言性，而在其更扣緊一切義理卽心知之義理，性卽心知之性爲說。而此心知之爲吾人當下現成，而人人共有之心知，亦如此義理之性，爲當下現成，而人所共有。而無論言人之直循義理以行，或本此心知之覺悟以行，其皆可極高明致廣大，則陸王與程朱之所同。然此陸王之重卽此心知以言性，要又爲一說性之新路。此卽緣於其不特能見義理之不同於具體之事象，且兼知義理之不外於知義理之心知，而此能知義理之心知，亦不同一般之心知之亦爲一具體之事象者。此心知乃隨義理之往而俱往，亦與義理之現而俱現之心知，亦能自知其一般之心知之是非善惡誠妄，而自裁判之之一本心或良知。故可說爲在一般之心知之上，而與此義理同居高一層次之心知。故其不能以佛家之破執之言破之，亦正如程朱之義理之不可以佛家破執之言破之者也。

至陸王之就此心知以言性與程朱之卽義理以言性之說性方式之不同，則在卽義理言性，雖說的是

具體事物或事象之義理，而非此具體事物事象，然人亦可混淆此二者之關係，轉而納義理於事象。而陸王之卽心知以言義理者，則將程朱所言之非卽事象之義理，更納之於一本心良知中以說。而此義理卽以此本心良知爲其存在之所。而此義理亦卽不必連事象說，如程朱在種種格物之事上，知人論世之事上，註解訓詁之事上，說義理之類。由是而此義理卽更可自事象中超拔，而唯在人之本心良知之覺悟中說之，以更無滯礙。此卽陸王心學之流之說義理之方式，與程朱之方式之不同也。

在本心良知中說義理之方式與直對義理說義理之方式之又一不同，在義理可分爲種種方面而說。故依此以說人性，可分人物之性爲氣質之性、義理之性，又可分說人性之表現之各方面，如朱子之所爲。然將義理納諸本心良知而說之，則一切不同種類方面之義理，同是在一本心良知之周流不息之運用中呈現者，卽不能預定其種類與方面之有多少者。故吾人之所以分義理不同種類方面，亦實唯在吾人重在卽事物而觀其義理時爲然，以事象固可分爲種類方面而說也。然若吾人將義理皆視爲內在於本心良知者而說，則本心良知在發用時，固可卽其發用中所呈之義理而說之；然當其未有如何之發用時，則心知與義理同歸於寂，卽無不可說。而人之本心良知中之義理，亦可由此本心良知之發用之可無窮而亦無窮，而不能分爲種類與方面，作窮盡之敍述者。由此而陸王之對本心良知之義理之言說亦卽皆非指謂的，而唯是現其本心良知之發用時之一面加以反省，一面對人表現之表現的言說而已。此卽陸象山之所以不喜朱子之將人性分爲心性情才等一一方面而說之故。陽明之不喜心性知意之分別之論之故，而王學之流皆無程朱學者之由分析安排而出之心性理論之故也。

陸王學者之言本言良知之性，皆爲對人之表現的言說，自極類禪宗之言之皆直對人而表現，而不重經論之註疏，或義理本身之論述者。陸王之學者之不願將言語之事，離人與人之相對而虛懸，亦正如禪宗之初不欲任何之語言之有一絲一毫之外溢於說者與聽者之外。然陸王學者之書信與語錄中，又極少類禪家之所謂機鋒之對應者亦無故爲矛盾無意義之言說，更無所謂棒喝交馳噓聲繪相或斬貓燒菴，以代言說之事。禪宗之言重機鋒之對應，故多以奇險出勝，故言有矛盾之詭辭，有無意義之言說，以及種種不可測之行爲動作。此皆意在超出一般之言行之規矩與習慣，而其故皆在其欲造成一聞者之一心靈生命之一激蕩，而有一突然之躍起，以悟說者之旨。然儒家之言則素求平正，而不求奇險，於語言必求有序有則，而求前後一致而無詭辭，語言必有所謂，故無無意語，不欲破一般言行之規矩與習慣，造成學者內心之激蕩。陸王之徒，則雖多讀禪家之書，當時有警策語類儒家言仍未離此榘範。其故則在陸王之言，仍承儒者之傳統，而重在說出其對性之正面意義之所覺悟，而不同禪家之言重在破人心之執障之故也。

上文只是由陸王之由攝義理於心知，以見其言說之爲一面反省一面表現的，而不同於程朱之講述義理之言說，及其仍承儒學之傳重正面的言說，而不同於佛家重在以言說破執者。此下則更當正面的論此陸王之流本其言說之爲一面反省一面表現，並正面的說其心知對義理之體悟，所開出之一種特殊說心性之方式，爲昔之所未有者。卽一本心知以證心知之言說方式。此所謂本心知以證心知之言說方式，首見於陸象山之言「東西南北千百世之上之下之聖人之心同理同」，此卽遙契於孟子之言舜與文王，一爲東夷之人一爲西夷之人，地相距時相隔，而道則同之旨。而與程子之言堯舜之心至今在以其理在之旨亦相差不遠，皆本於深信人心所見之義理果同，則時空不能成此人心之限隔。然何以知人心所見之理同，則由知人言以知之也。此所謂言，不只是聲形符號，而是吾人前所謂「立言於天下」之言。「立言於天下」之言，乃本眞實之義理而爲言。眞實之義理，必對一切人心共眞而爲普遍的眞，卽無時空之限隔而無不在，則言者之意，卽超出時空，意無不在，而其心亦無不在。言者言其意後，固可繼而有他意他言，而在後之他意他言中，其先之意與言自不在。而他人固亦可更有他意他言，而在此他人他意中，其人之意與言亦不在。於此人之恒卽謂其意已滅矣，其言已爲陳言矣。然實則此說之所證者，乃唯是謂其先之言與意不在於其繼起之言與意與他人之言與意中而已。此固不可說在也。至於尅就正言時之意而言，則如其言意所在非一具體事物，而爲一本無所不在之義理，則當其言時，其意其心，卽與其意中之義理，當下俱時而無不在。旣俱時而無不在，則不能更有無不在之時。吾人如後聞其言而得其義，亦得言者之意，而得其心。此得乃是實得，非姑說之譬喻之辭。此義之所以難會，唯在人有根深蒂固之種種執見，以爲古人所留之言，只是書籍上口說中之聲形符號。又以爲人之立言之事，只是一說出寫下一符號，又以爲後人於此亦只能，對前人所留下之符號作主觀之解釋，而此中之後人與前之人，其時地之距不能跨越，因而知言之事，非眞可能；更以爲義理只自爲無不在，然人之心意知此義理時，此心意與義理仍爲二物而不相卽。由此而遂以爲孟子象山此類之言，亦不過姑說譬喩之辭，以見義理之有普遍性而已。然實則吾人果能識得吾人前所辨人之言原非只是一符號，而人實有直接面對義理而立言之事，而人亦實能知言，則今再只須能如陸王之悟得義理之原不離人之心知之一義，卽可頓悟吾人心知之眞見得一義理，卽與此義理頓時爲一，亦頓時與一切古往今來知此義理、言此義理之人之心意，通爲一體，以見此心同理同，而更無千百世之上千百世之下，與東西南北之隔。是知孟子象山之言，皆由其心之所頓悟，而作如實說也。

此象山承孟子而發之心同理同之義，亦卽象山之以其卽理之心，證一切卽理之心之學。此亦似禪宗之敎，以心傳心，以心證心之說。然禪宗之敎，乃師徒直接相傳。禪宗亦必造一禪宗之歷史，謂其敎乃由迦葉於靈山會上直接以其心證佛心，歷西土二十八祖，至達摩而降，以傳來。此則仍以爲此傳心之事，乃經過一時地之相續關係，而由歷代祖師以傳來者；則尙未能有一不經此時地之相續關係之歷代祖師之心與心直接相傳相證之說。卽不同於象山之言其心之能直接四方今古之聖賢，而以心證心者。象山之所以能如此，則又全在其由理同以證心同。而禪宗之言迦葉之傳來此傳心之說，仍是自事之相續上看。卽其傳心之說，仍是由傳事而傳心，非不歷此事之傳，而直以心傳心也。欲直以心傳心，則又當知言與事物，有所謂傳，心之義理，亦無所謂傳。則心亦無所謂傳，而唯有以其所知之義理之同者，證其心之同與心之相通於一義理而爲一。此卽象山之心同理同而以心證心之說，不同禪宗之說者也。禪宗固亦有證心之義，然合之於其迦葉傳來之說，則其以心證心，反爲夾雜於事之相傳之說中，以心證心，而反非純粹之心證心。若欲求不歷事之相傳，而以心證心，則禪家之說，蓋必將向象山之心同理同之說而發展矣。

由象山有此心同理同之言，以通四海古今之隔，故其與弟子及時人之談話，亦自謂如「從天而降，自肺肝中流出」，而重直接感發人，以當下同證此心同理同者。故要學者實見得此同者之同。則其言之不同者，亦不必相爲礙，故又謂千古聖賢之言，如同席而坐，其言亦不必盡同。此則由於人果已見得同處之同，則已足證人心之共會於義理之前，已見人心之可通爲一體。此人心之通爲一體於共會之義理之前，是智亦是仁，亦卽是人之本心之呈現。謂其同處之果何所在，已落第二義，而謂其不同處何所在，亦落在第二義。故千古聖賢之有不同處，亦可任之並存。此不同處，固可由聖賢之共語而同，卽其不能由共語而同者，然當其共語，總有同處。其言之相知處，已是同處，更不必問於此互相知者之是非之不同也。自言之可相知而觀，則異者亦無不同，則「堯舜禹湯文武周公孔子八聖人，同堂共席」，其氣象雖不盡同，然以「陰陽一大氣、乾坤一大象」（全集三十四語錄），「宇宙無際，天地開闢本只一家」（全集卷十三與李泰伯）以觀之，則又無不同矣。

人欲由人與人之相知處，以見得此心同理同之處，要在隨處與人言，卽所以自披露其肺肝，而表現其心，而聞人之言亦當直下視爲其仁之表現。故象山亦自謂於觀人不在言行功過上，而直接離出心肝。此卽純以言說爲使人心覿面相遇之具。此其不同於禪宗之言，亦在使人心與人心覿面相遇者，則在禪宗機鋒之言，乃意在打開兩方之執見之障壁，故必須用奇險語與詭辭，以及無意義之言語與棒喝。而觀象山之披露肺肝之言，則雖亦意在去對方之意見之障壁，如其時敎人去意見之蔽是也。然亦不必皆爲此。此象山之言披露其肺肝，並由人之言以見其肺肝，可唯是以言表現自己，亦視人言爲人之肺肝之表見。而以其心同理同者互相感應，以使人自然去其意見之蔽之道，故亦不須如禪宗之以奇險語詭辭棒喝爲用也。

七、陽明以降之互證其良知之表現之講學方式

至在陽明，則以良知卽象山之本心，而人之自知其良知，亦卽知之自知，不須更說由此知以知心。依陽明之旨以言「言」，則言亦當爲人之良知之表現。人之本良知爲言以相知亦人之良知之自相知。然於此人之本其良知而爲之言之同與不同，則陽明之說又有進於象山者，陽明嘗明說聖賢之不同之言，皆可同爲其良知之表現。此亦正如聖賢之行之不同，而皆可同爲其良知之表現。此乃由於人之良知之原當對其所遇之特殊之境，有其當機的特殊的創發性之表現之故。於是不只聖賢可與聖賢不同，一聖賢亦可自前後不同。故陽明嘗謂武王之不葬興師，舜之不告而娶，皆明爲前之聖賢所未嘗爲

者，亦武王與舜所先未嘗爲者，而皆出於良知。則上下千古與東西南北之聖賢所遇之境不同，其言其行亦即必不同，而正當不同，然後皆同爲良相之表現，固不只如象山之說其言行氣象不必同，無盡合之理，而亦當謂必有所不同，而必有其不合而後成其同與合矣。

由陽明之有此言行之異，不礙其同爲良知之表現之說，而人乃可有眞正之講學之事。講學之時人之言，固不必皆一端，而可有異？然異可證同，而人亦正當證同於異也。此陽明以後而大盛之講學之風，固可以人之所講之互有是非，而人之可有意見意氣私欲之雜入，而講學者之言，亦有非皆爲純粹之良知之表現者。然此講學之初意，唯在使人之言說之互相印證，亦同時印證其言說之異者之未嘗不可同出於人之良知。此則由陽明之欲會通其說與朱子之異，龍溪以降之學者，亦多兼欲會通儒道佛之言，以見其同可爲人之良知之所印證，最見此趣向。由求言說之互相印證，而有說明之盛行講學之風，以有此種種會通之論，已表現出晚明儒學之一新精神、新學風與新的言說之方式矣。而其所言說者，又正皆多爲心性之問題，故此新的言說方式，亦即新的說性之方式也。

對於陽明之求會通朱陸，與明末儒者之欲會通三教之說，表面觀之，亦類似程朱之講論古今學術之異同，亦似佛家之判教之論，而恆歸在一融通之圓教之說。又似南北朝時之私會三教，與後之佛家學者所偶有之兼綜儒道之論之說。然實則其根本上之精神意趣上，實不同，而其言說方式，亦實不同。如以陽明之爲朱子晚年定論，以調和其言與朱子之異而言，此如以程朱辨義理之是非之態度言之，則於他人之言之意，首當先求如實知，此須先考文獻，以求其實意，繼而評論其同異是非。此中同則同，異則異，是則是，非則非，決無強爲和會之事。如朱子之於古人之言，必求本文獻，爲之考訂，而於其不同之說，必一一論其是非，而不容假借是也。然在陽明之爲朱子晚年定論，則明未能合於朱子所謂論述他人之學術之同異是非之道之標準。故當羅整菴謂其所舉以證爲朱子晚年之論實非朱子晚年之論時，陽明乃自言其所以爲此說，乃以其「予生於朱子之說，如神明蓍龜，一旦與之背馳，而心誠有所未忍，故不得已而爲此，知我者謂我心憂，不知我者謂我何求」。而此卽見陽明之所以爲此論之眞正動機，乃唯在不忍其說與朱子之相違。故見朱子之言之同於其說者立卽取之以爲證，「善其說之不謬於朱子，又朱子之先得我心之所同然」（朱子晚年定論序）。以不忍見其不同，而後求見其同，此純爲一欲其心之所知，與朱子之知得互證之良知。依此良知而見其同者，則取之以證，而更不暇細考。此以求客觀的了解人言之態度觀之，因不合標準。然如此陽明之態度，原非求客觀的了解人之言之態度，而唯是求見人言與己之同處，以證人心之可歸於一是，以導天下人亦同歸於一是之旨，亦爲仁者之心，而本於陽明之良知而出。則陽明之朱子晚年定論之著，雖全不合事實而非眞，而陽明之求見朱子之心之同於其心之一態度中，卽自有一良知之天理之存乎其中。如吾人於此全無所會，而只謂陽明不知考訂之功之要，或逕謂其有心作僞以欺世，如後之宗程朱學派之門戶之見者如陳淸瀾等之所說，則皆由不知此人之深心原有一樂見人心之相同，而尤不忍見其心之所思與其平生所崇敬之人相違異之眞實要求，而未能於陽明之言觀過知仁者也。

至於陽明以降之爲會通三敎之論者，其不同於佛家之爲判敎之說者，則在佛家之判敎之說，仍是先客觀的考不同經典所載之敎理，而判別其義，後更說明其所以同出自佛之一心，而所言之義有異者，乃佛言時所對之人與時機之不同之故。此乃以判敎者之心，對佛之言之異，作一解釋，而據以說明佛之言敎雖不一，而其目標亦同在度衆生，而其心未嘗不一。乃據此佛心之同以會通其言之異。而此亦無異於判敎者之往會通作種種言時之佛之心，或由此以會通彼承此諸敎理以言說之各派佛學者之心。至於昔之爲會通三敎者，則意多在由三敎之言之同處，或雖異而可使之不相衝突處，以論其可和會爲一。然自陽明有儒佛道爲三間屋之喩，其後之王龍溪、趙大州、管東溟、焦弱侯咸有以良知之敎通於佛道之論。而此會通三敎之說者，更不在就三敎之說之一一爲如何更爲之會通，亦未嘗先對三敎作判敎之論，然後加以會通。故其會通三敎之言，皆零章斷句以說其義之有相通。故皆實可說只是各本其對三敎之悟解，而自見此對三敎之悟解之原有此會通之處而說之。爲此亦無異於是自會通其對三敎之分別悟解之心，而在其心中自會通三敎。故於謂佛道與儒爲相礙者，或者逕以學佛而可不悖儒者之道，爲一直接之證驗，或以其佛學明而於儒學更有所進爲證驗。此固大不同於昔之以判敎與會通三敎之方式，而亦爲昔所未有者也。

八、清代學者之合義理與氣質言性，及重言對文化之效用與言「言」之態度與言說方式

當明末清初之際，學者乃多由陽明以下言心性之思想之流，更超轉一步，而言經史之學與治國平天下之術。其直截由陽明蕺山之謂「盈天地皆心之心學，而言經史之學者爲黃梨州。蓋盈天地既皆心，則言一切天下之事物，亦無非言心，言經史與治國平天下之術，亦言心之一方式也。其病明儒言心性之學爲空談無用，而倡經史之學者爲顧亭林。亭林亦謂心性之言爲無用而倡經史之學。而其謂心性之言爲無用，則非直言心性，而爲言心性之言之言也。至王船山則將人之心性隸屬於客觀之天命流行之中，而上承橫渠之意，卽客觀天命流行以言吾人之心性之原。船山以天命流行日新不已，而人之氣質亦日有變化，而其心性亦非如故。故人之心性不能離氣質以言，而人心之義理之性，又卽氣質之所以爲氣質之性，故合程朱之二性爲一性。然此合一性爲一性之說，昔先儒亦多有之，其思想之特色，乃在以氣質原自在變化而日新之中，而日新不已，故其性亦日生而日成。而此所謂氣質之自變化而日新，卽已是原於一生生之理之在此氣質中。若無此生生之理，氣質亦不能自變化。則其說雖似以義理之性屬氣質，而又同時使此生生之理爲自存乎氣質之內而主宰之，以使氣質能有其變化日新者。則船山之言性皆氣質之性，似較少了一氣質之性之外之義理之性之一名，而實又使此義理實爲主於氣

質之內，以使氣質得自然變化日新者，而多增一些義理之性之一義。由此而船山之言變化氣質之工夫，亦卽非如程朱之只是本其對義理之性之自覺，以變化其氣質，而乃是兼順此氣質之自變化日新之勢，而更濟以人之工夫，以使此人之工夫與人原自然有之氣質之變化日新，相與並行，而相輔為用。此卽船山之言合義理與氣質言性之方式，與先儒分言二性之不同，而自所創闢之言性之新方式也。

船山以天命流行與人之氣質與其性，原自變化日新。配合此義以觀人事歷史之變，而船山論人事歷史，亦重言人事歷史之變化日新，而不如其故。而吾人持以論歷史之變之義理，亦當隨歷史之事變而與之俱變，而不能只守一成型之義理。本歷史以觀人之學術，則學術亦自有其歷史，而與其時代之文化、政治、社會人心相關而共變，則學術上之事，與其他歷史上之事，亦皆同可更本義理，為之評斷。由是而各代之學風，亦在船山所評斷者之內，而人之講論學術之言說方式，亦在船山所評斷之內。船山之斥魏晉清談與佛老之論及近世之王學之談心性，亦皆船山對學術與歷史中種種言說方式之評斷也。然此評斷，在船山非只就一學術之義理本身之是非或一言說方式自身之是否當有而評斷之，乃恆是兼一學術，一言說方式之對當時之文化政治社會人心之影響效用而評斷之。此則又不同於程朱之評論學術之義理，唯就其義理之本身而說，亦不同陸王之言義理是非，唯自本心良知上言者矣。然此三種評斷之方式，亦無必然相衝突者，則在船山之評斷任一時之歷史與其學術言說之是非，仍由其先見得某一義理之可應用於當時，亦由船山之良知之知此義理之是，然後方本之以評斷，並自知其評斷之是。故船山之評斷「歷史學術與言說方式之是非」之方式雖與程朱陸王皆不同，而亦皆不相衝突。然船山能於立此一就學術言說方式，對其時之文化等之影響效用而評斷之之方式，則又要爲開出一評斷言說之方式。此方式昔之先賢雖亦多有之。然蓋皆如能爲船山於此所說者之弘大而精深，則謂此方式，爲船山繼程朱陸王之評斷是非之方式而新自創出者，亦可也。

清儒中顏元李塨之言性，亦主離氣質無義理之說。而彼等之言此之目標，則在使人知性之不離氣質之身體，以實行其六藝六德六行之敎，並以宋儒離氣質言義理，而只由讀書靜坐以求悟義理，而爲心性之修養工夫者，乃無用之學。則其言氣質之性，乃所以成此氣質之性之用。其言性乃所以求用，亦爲求用而言性。此與船山之重學術義理之用者，實未嘗不同。船山重在自歷史上言學術義理之用，而習齋則重以其學術義理備當身之用耳。然習齋之義理不離氣質之言，又只是義理而非氣質，此一義理本身如爲眞，則又明可初不待其有用而後眞謂人之於學術義理之言，皆不當只以求義理之眞爲自足可，謂必爲實用則不可。而習齋以其所不見其用之學術義理，皆爲無用而不當講，亦不可也。

清儒之戴東原之言心性之義理，雖亦未嘗不重此義理之用，然又無習齋之以不見其用之學卽不當講之意。故東原能治種種在習齋皆將視爲無用之學。而東原之言心性，雖亦以心性不離氣質，然其說此義，又非如習齋之要在本其自己之經驗理性以論之，乃進而本古先聖賢之論性之言。原以性不離氣質以證之。其孟子字義疏證之書，卽本其對孟子之言之解釋，以證孟子之言性未嘗離氣質之同於其說，並證孟子之言性之其他之義，亦皆同於其說，而不同宋儒之說者也。然其謂孟子之言性之說爲如何，只是彼自以其言解釋孟子言性之言，此解釋之是否爲眞，與性之自身當如何，乃不同種類之問題，則縱其於孟子之解釋皆眞，仍不必卽證心性之自身，卽如其所言者也。然東原此書將孟子一一言性之言加以類舉，並以其他先秦儒者之言，亦加比較以爲疏證，要爲能本孟子之言與先秦儒者之言以言孟子之言性者，而爲昔所未有者也。

與戴氏同時之焦循及阮元等，亦嘗將先秦儒者言心性之言加以比類，以見先秦儒者所言之性之義爲如何，並皆與戴氏同，謂宋儒對先秦儒者之言之解釋爲非是，而漢儒之解釋，則多是其時之爲宋學者，如方東樹，則又闢戴氏一流之謂宋儒之解釋爲非是者，未嘗非是，此卽當時之漢宋之爭之一端。然此漢宋之學所爭者，唯是漢儒與宋儒對先秦儒者之言之解釋之言孰爲是之問題，皆同與性之本身當如何說之問題，不必皆相干者，卽皆只是言漢宋儒之言與先秦儒之言之同異之關係之言，亦卽言「言與言」之言而已。

然此淸儒之重言「言與言」之學風，就言而言，亦可謂之較單純之言一義理，如言一心性之義理之言，爲更高言說一層次之言，而亦能包括更多之言而言之者。順此言「言與言」之態度而極之，則可重言一切昔人之言，而一一皆爲之比較異同，而更爲之言，而言之量乃可以反復言人之言，而成爲無窮。而欲求言言，則又將分析言之成份，而先言一字之義形音，由此而有文字聲音訓詁之學，與文字所在之書籍版本校勘器物及金石文物之考訂之學，此則皆由人之欲言言之意相引而必至之學，亦皆以助成人之言言之學之學也。然欲言言，而至於言之所由構成之單字，其本身原非一能表整全之意之言者，更至於版本校勘金石文物之學，以書籍器物之本身爲對象者，則離其初之欲直接言古人之言，以得古人之義之目標亦漸遠。而離宋明儒者之直言義理直本義理言性，或由義理以得其心之學，又更遠，而心性之論，亦在淸儒之學中益居不重要之地位矣。然觀此中之學術演變之趨向，又若此不重心性之論而重文字器物之學之學風，爲勢之所必至。而循淸儒之欲由言言以得其義之目標，亦不能不歸於重在言此諸本身原非言之文字與文物。言此文字文物等，亦因可視爲人之求擴展言說之範圍以至於言說外之事也。今日之科學之更對一切自然社會之事物，而分別加以硏究，亦一一分別言之，又更爲擴展言說之範圍，至於無限之一言說態度與言說方式，而亦爲昔日所未有，而尤與禪宗之不言而以棒喝等行事，指天地萬物代其言，而不更言者，最相對反者也。

五十七年三月

國家圖書館出版品預行編目資料

哲學論集

唐君毅著. – 校訂版. – 臺北市：臺灣學生，1990

面；公分（唐君毅全集；卷 18）

ISBN 978-957-15-0042-3 (平裝)

1. 哲學 – 論文，講詞等 – 中國

120.7 79000777

哲學論集

著作者 唐君毅
出版者 臺灣學生書局有限公司
發行人 楊雲龍
發行所 臺灣學生書局有限公司
地址 臺北市和平東路一段 75 巷 11 號
劃撥帳號 00024668
電話 (02)23928185
傳眞 (02)23928105
E-mail student.book@msa.hinet.net
網址 www.studentbook.com.tw
登記證字號 行政院新聞局局版北市業字第玖捌壹號
定價 新臺幣九〇〇元

一九九六年九月 全集校訂版
二〇二二年六月 全集校訂版二刷

10013

ISBN 978-957-15-0042-3 (平裝)